Beiträge zum
Marketing-Management

Richard Köhler

Beiträge zum Marketing-Management

Planung, Organisation, Controlling

2., erweiterte Auflage

C. E. Poeschel Verlag Stuttgart

CIP-Titelaufnahme der Deutschen Bibliothek

Köhler, Richard:
Beiträge zum Marketing-Management :
Planung, Organisation, Controlling / Richard Köhler.
– 2. erw. Aufl.
– Stuttgart : Poeschel, 1991
  ISBN 3-7910-0567-7

Gedruckt auf säurefreiem, alterungsbeständigem Papier

ISBN 3-7910-0567-7

Dieses Werk einschließlich aller seiner Teile ist urheberrechtlich geschützt. Jede Verwertung außerhalb der engen Grenzen des Urheberrechtsgesetzes ist ohne Zustimmung des Verlages unzulässig und strafbar. Das gilt insbesondere für Vervielfältigungen, Übersetzungen, Mikroverfilmungen und die Einspeicherung und Verarbeitung in elektronischen Systemen.

© 1991 J. B. Metzlersche Verlagsbuchhandlung
und Carl Ernst Poeschel Verlag GmbH in Stuttgart
Einbandgestaltung: Willy Löffelhardt
Satz: Typobauer Filmsatz GmbH, Ostfildern 3
Druck: Gulde-Druck, Tübingen
Printed in Germany

Vorwort zur 2. Auflage

Die 1. Auflage dieses Buches ist in weniger als zwei Jahren beim Verlag vergriffen gewesen. Es hat sich gezeigt, daß den Führungsaufgaben des Marketing-Managements (Planung, Organisation und Controlling im absatzwirtschaftlichen Bereich) zunehmendes Interesse entgegengebracht wird. Insbesondere auf dem Gebiet des Marketing-Controlling zeichnet sich in jüngster Zeit ein deutlich wachsender Bedarf an Fachinformation ab, wie zahlreich stattfindende Weiterbildungsveranstaltungen erkennen lassen. Auch den Fragen der Marketing-Organisation wird in der Praxis steigende Aufmerksamkeit gewidmet, was zu einer Reihe einschlägiger Reorganisationsfälle geführt hat. Konzeptionen der strategischen Marketing-Planung sind praktisch schon recht häufig implementiert. Es kommt jetzt verstärkt darauf an, die operative Marketing-Planung in konsistenter Weise mit den strategischen Entwürfen abzustimmen.

Insgesamt sind also die Überlegungen und Gestaltungsbemühungen zum Problemkreis des Marketing-Managements weiterhin im Fluß. Für wissenschaftliche Untersuchungen und anwendungsbezogene Umsetzungen bietet sich ein interessantes, weitgespanntes Feld.

Gegenüber der 1. Auflage ist jeder der drei Hauptteile um ein zusätzliches Kapitel ergänzt worden. So schließt sich nun im Abschnitt 1 (»*Marketing-Planung*«) an die vorwiegend strategiebezogenen Ausführungen das Kapitel VI. über die *Verknüpfungsmöglichkeiten strategischer und operativer Marketing-Pläne* an. Dieser Diskussionsbeitrag zu einer recht schwierigen Thematik soll grundsätzliche Anregungen zur verbesserten Integration der beiden Planinhalte vermitteln. Auf einzelne operative Teilpläne (beispielsweise zur Außendienststeuerung etc.) geht er nicht näher ein. Es sei aber darauf hingewiesen, daß sich der Abschnitt 3 (»Marketing-Controlling«) in seinem ausführlichen Kapitel IV. damit beschäftigt, wie Informationen des Rechnungswesens für die vorwiegend kurzfristige Planung von Maßnahmen der Produktpolitik, der Preispolitik, der Werbe- und Verkaufsförderungspolitik, der Außendienststeuerung und der physischen Distribution genutzt werden können. Insofern besteht eine Querverbindung zwischen den Sektionen 1 und 3 des Buches.

Im Hauptteil 2 (»*Marketing-Organisation*«) ist das jetzige Kapitel III. mit dem Titel »*Absatzorganisation*« neu eingefügt worden. Es handelt sich um einen Aufsatz, der für die 3. Auflage des Handwörterbuchs der Organisation geschrieben worden ist. Nach den kontingenztheoretisch angelegten Ausführungen zur Organisations- und Planungsforschung im Kapitel II. wird so ein Gesamtüberblick über absatzwirtschaftliche Organisationsprobleme und -formen gegeben, bevor dann anschließend unter IV.–VI. speziellere Organisations- und Führungsfragen zur Sprache kommen.

Im Abschnitt 3 schließlich (»*Marketing-Controlling*«) ist das jetzige Kapitel III. neu hinzugekommen, das aus der 1989 erschienenen Festschrift für Hans Raffée stammt. »*Marketing-Accounting*« bezeichnet dabei die für Steuerungsaufgaben wichtige Informationsbereitstellung an der Schnittstelle von Marketing und Rechnungswesen. Die anschließenden Kapitel IV.–VII. bauen auf dieser Informationsgrundlage auf.

Der Hauptabschnitt »*Marketing-Controlling*« enthält außerdem zwei überarbeitete und aktualisierte Fassungen von Beiträgen, die schon in der 1. Auflage enthalten waren. So weist das Kapitel VI. (früher V.) zur »*Absatzsegmentrechnung*« Ergänzungen auf, die für die 3. Auflage des Handwörterbuchs des Rechnungswesens verfaßt worden sind. Ebenso handelt es sich beim Kapitel VII. (früher VI.) um eine überarbeitete Fassung des Beitrags »Kontrolle und Revision des Marketing«, die sich unter dem jetzigen Titel »*Überwachung des Marketing*« in der 2. Auflage des Handwörterbuchs der Revision findet.

Insgesamt ist das vorliegende Buch gegenüber der 1. Auflage also wesentlich erweitert und in zwei bisherigen Kapiteln überarbeitet worden. Ich danke dem Poeschel Verlag, vor allem wiederum Frau Ass. jur. Marita Rollnik-Mollenhauer, für die gute Zusammenarbeit und die zügige Verwirklichung der 2. Auflage. Herrn Dipl.-Kfm. Wolfgang Breuer und Herrn Dipl.-Kfm. Walter Görgen gilt mein Dank für die Hilfe beim Erstellen des Stichwortverzeichnisses.

Köln, im August 1990 *Richard Köhler*

Vorwort zur 1. Auflage

Lange Zeit, auch in den siebziger Jahren noch, haben sich Theorie und Praxis des Marketing in erster Linie mit dem Einsatz absatzpolitischer Instrumente beschäftigt (Produkt-, Preis-, Kommunikations- und Distributionsgestaltung). Heute richtet sich darüber hinaus besonderes Interesse auf den grundlegenden Entwurf strategischer Marketing-Konzeptionen, die organisatorischen Bedingungen einer marktorientierten Führung sowie die Steuerung mit Hilfe absatzwirtschaftlicher Informations-, Planungs- und Kontrollsysteme. Es sind also die Hauptaufgaben des *Marketing-Managements* (Planung, Organisation, Führung und Controlling im Absatzbereich), die immer mehr Beachtung finden.

Diesem managementbezogenen Ansatz entspricht der Aufbau des vorliegenden Sammelbandes, in dem ich eine Auswahl meiner Aufsätze nach systematischen Gesichtspunkten zusammengefaßt habe. Der erste Hauptteil beschäftigt sich, überwiegend in strategischer Hinsicht, mit den Aufgaben und Methoden der *Marketing-Planung*. Dabei wird auch auf den Aufbau von Früherkennungssystemen und auf die besonderen Anforderungen an eine strategisch ausgerichtete Marktforschung eingegangen.

Im zweiten Hauptabschnitt werden, zum Teil unter Rückgriff auf empirische Untersuchungsergebnisse, Strukturformen der *Marketing-Organisation* dargestellt. Sogenannte objektorientierte Organisationsformen (wie z.B. das Produkt-Management, das Kunden-Management oder das absatzwirtschaftliche Projekt-Management) stehen hier im Mittelpunkt; ebenso die Frage, inwieweit sich solche Organisationseinheiten als Profit Center steuern lassen. Besondere Aufmerksamkeit gilt unter Führungsaspekten dem Einfluß organisatorischer Regelungen auf das marktorientierte Verhalten der Unternehmensmitglieder.

Der dritte Hauptteil greift schließlich die inzwischen sehr aktuell gewordene Thematik des *Marketing-Controlling* auf. Neben einem Gesamtüberblick über die einschlägigen Controlling-Funktionen, einschließlich sogenannter Audits, wird vor allem die erforderliche Verknüpfung zwischen Marketing und Rechnungswesen für Entscheidungsvorbereitungen und Kontrollen aufgezeigt.

Jedem der drei Hauptabschnitte ist eine kurze Einführung vorangestellt, die die Auswahl der einzelnen Aufsatzbeiträge und deren systematischen Gesamtzusammenhang erläutert.

Die in diesem Buch behandelten Sachgebiete betreffen *Schnittstellen* zwischen dem Marketing, der Planungsmethodik, der Unternehmensorganisation und dem Rechnungswesen. Vor allem die Verbindung zur Unternehmensrechnung und zur Organisationslehre kommt üblicherweise in der Marketing-Literatur und -Ausbildung zu kurz. Deshalb besteht ein Anliegen des Sammelbandes auch in dem Versuch, die Einbindung des Absatz-Marketing in eine betriebswirtschaftliche Gesamtperspektive zu betonen.

Im Studienfach Marketing, wie es an der Universität zu Köln gelehrt wird, gehören die genannten Themen zum obligatorischen Ausbildungsstoff. Ein Motiv für die Zusammenstellung dieses Sammelbandes war es deshalb, die auf viele Quellen verstreuten und somit nicht immer leicht greifbaren Aufsätze in kompakter Form zu veröffentlichen. Darüber hinaus ist aber auch beabsichtigt, zu drei für die Praxis sehr bedeutsamen Teilgebieten des Marketing-Managements eine Übersicht zu geben, die zugleich die Entwicklungslinie meiner Beschäftigung mit diesen Problemkreisen erkennen läßt. Die meisten Beiträge stammen aus den achtziger Jahren, manche erst aus 1987 und 1988. Am weitesten zurück reichen aber einige Darstellungen zum Marketing-Controlling (nämlich die Mitte der siebziger Jahre erschienenen Abhandlungen zur Verlustquellenanalyse und überhaupt zur Nutzung des Rechnungswesens im Marketing), die ich dann in jüngerer Zeit immer wieder aufgegriffen und weitergeführt habe.

Für die vorliegende Ausgabe mußte eine Begrenzung des Gesamtumfangs beachtet werden, was eine Aufsatzauswahl erforderlich gemacht hat. Vor allem für die Abschnitte »Marketing-Organisation« und »Marketing-Controlling« wären an sich noch weitere Beiträge in Betracht gekommen, von denen einige aber für den Zweck dieses Bandes zu umfangreich sind. Die hier zusammengestellten Texte stammen aus dem Handwörterbuch der Führung, dem Handwörterbuch der Organisation, dem Handwörterbuch des Rechnungswesens, dem Handwörterbuch der Revision, dem bei Luchterhand erschienenen Loseblatt-Sammelwerk »Marketing«, der Marketing-Enzyklopädie, den Zeitschriften »Absatzwirtschaft«, »Die Betriebswirtschaft« und »Marketing Journal« sowie aus den Festschriften für Erwin Grochla, Gert von Kortzfleisch und Curt Sandig. Der Aufsatz »Marketing-Planung« ist für das Handbook of German Business Management geschrieben worden, wo er 1989 in englischer Sprache erscheinen wird.

Eine formale Vereinheitlichung der Texte wurde besonders in gliederungstechnischer Hinsicht und bei der Schreibweise bestimmter Fachausdrücke vorgenommen. Insoweit haben, wo nötig, auch geringfügige Formulierungsänderungen stattgefunden. Die in Handwörterbüchern üblichen Querverweise zu anderen Artikeln sind gestrichen worden.

Auf eine völlige Vereinheitlichung der *Zitierweise* und der *Abbildungen* mußte allerdings verzichtet werden. Bei den einzelnen Verlagen und auch bei verschiedenen Sammelwerken innerhalb ein und desselben Verlags bestehen zum Teil höchst uneinheitliche Zitierrichtlinien, die ursprünglich bei den jeweiligen Aufsätzen einzuhalten waren. Eine Angleichung im nachhinein wäre in manchen Fällen mit unverhältnismäßig aufwendigen Literaturrecherchen verbunden gewesen. So sind die Anmerkungen und Quellenhinweise bei den einzelnen Beiträgen in ihrer unterschiedlichen Originalform übernommen worden.

Dafür findet sich gesondert am Schluß des Bandes ein *zusammenfassendes Literaturverzeichnis* in einheitlicher Form. Es enthält den größten Teil der Literaturangaben aus den einzelnen Aufsätzen (nur Spezialquellen, die nicht so sehr den Kern des eigentlichen Themas betrafen, wurden dabei weggelassen). Dieses Gesamt-Literaturverzeichnis ist außerdem um zahlreiche Quellen aus jüngster Zeit, soweit diese bei den früheren Arbeiten noch nicht berücksichtigt werden konnten, ergänzt worden. Ich hoffe, daß sich damit eine gute Orientierungshilfe für das Themengebiet im ganzen ergibt, ebenso wie durch das am Schluß angefügte *Stichwortverzeichnis*.

Mein Dank gilt dem Poeschel Verlag, insbesondere Frau Ass. Marita Rollnik-Mollenhauer, für die Betreuung dieser Publikation. Ebenso danke ich den Verlagen, die ihre Einwilligung zum Wiederabdruck von Aufsätzen gegeben haben, die ursprünglich nicht im Poeschel Verlag oder in Fachzeitschriften erschienen waren: dem Verlag Duncker & Humblot (Berlin), dem Hermann Luchterhand Verlag (Neuwied) und dem Verlag Moderne Industrie (Landsberg am Lech, früher München).

Ich freue mich, daß die Mitverfasser der in Koautorenschaft geschriebenen Aufsätze IV. in Teil 1 und IV. B. – F. in Teil 3 mit dem Wiederabdruck einverstanden gewesen sind.

Bei der technischen Vorbereitung der Publikation hatte ich sehr einsatzfreudige Helfer, die es ermöglicht haben, daß alle Texte dem Verlag von unserer Seite aus auf Diskette für die endgültige Satzkonvertierung geliefert werden konnten. Hierfür danke ich Herrn Dr. Bruno Horst als dem Koordinator sowie Frau Kirsten Börger, Frau Katrin Cooper, Frau Elke Grohn, Frau Martina Höber, Frau Mona Kehren, Frau Gaby Kepper und Frau Heike Schwier.

Köln, im Juli 1988 *Richard Köhler*

Inhaltsübersicht

Teil 1: Marketing-Planung

I.	Einführung	3
II.	Marketing-Planung	5
III.	Grundprobleme der strategischen Marketing-Planung	20
IV.	Strategische Marketing-Planung: Kursbestimmung bei ungewisser Zukunft	49
V.	Entwicklungsperspektiven der Marktforschung aus der Sicht des strategischen Managements	59
VI.	Zur Verknüpfung strategischer und operativer Marketing-Pläne	84

Teil 2: Marketing-Organisation

I.	Einführung	109
II.	Unternehmenssituation, Organisationsstruktur und Planungsverhalten. Dargestellt am Beispiel des betrieblichen Absatzbereiches	111
III.	Absatzorganisation	139
IV.	Führung im Marketing-Bereich	156
V.	Organisation des Produkt-Managements	167
VI.	Profit Center im Marketing	182

Teil 3: Marketing-Controlling

I.	Einführung	215
II.	Marketing-Controlling. Funktionale und institutionelle Gesichtspunkte der marktorientierten Unternehmenssteuerung	217
III.	Marketing-Accounting	241
IV.	Verlustquellenanalyse im Marketing	260
V.	Die Nutzung des Rechnungswesens für Marketing-Entscheidungen und -Kontrollen	273
	A. Einführung	273
	B. Nutzen Sie Ihr Rechnungswesen im Marketing: Für die Produktpolitik	280
	C. Nutzen Sie Ihr Rechnungswesen im Marketing: Für die Preispolitik	289
	D. Nutzen Sie Ihr Rechnungswesen im Marketing: Für die Werbe- und VF-Politik	298
	E. Nutzen Sie Ihr Rechnungswesen im Marketing: Zur Steuerung des Außendienstes	308
	F. Nutzen Sie Ihr Rechnungswesen im Marketing: Zur Kostensenkung in der Distribution	318
VI.	Absatzsegmentrechnung	328
VII.	Überwachung des Marketing	337

Inhaltsverzeichnis

Vorwort zur 2. Auflage V
Vorwort zur 1. Auflage VII
Inhaltsübersicht IX
Abkürzungsverzeichnis zu den Literaturquellen XX

Teil 1: Marketing-Planung

I.   Einführung 3

II.   Marketing-Planung 5
1.   Marketing-Planung als Teil der Unternehmensplanung 5
2.   Aufgaben der strategischen und operativen Marketing-Planung ... 7
2.1. Situationsanalyse 7
2.2. Marktprognosen 10
2.3. Defining the Business 10
2.4. Grundsätze der Marktbearbeitung und langfristige Marketing-Mix-Planung . 11
2.5. Kurzfristige Marketing-Mix-Planung 12
2.6. Erarbeitung von Marketing-Zielen 12
2.7. Budgetierung und Vorgabe der Maßgrößen für Ergebnisanalysen ... 13
3.   Informationsgrundlagen und Planungstechniken 13
4.   Prozeß und Organisation der Marketing-Planung 15
4.1. Aggregationsniveau der Marketing-Planung 15
4.2. Koordination strategischer und operativer Marketing-Planung ... 16
4.3. Konsequenzen für die Planungsorganisation 16
5.   Empirische Befunde zur deutschen Praxis der Marketing-Planung . 17

III. Grundprobleme der strategischen Marketing-Planung 20
1.   Aufgaben der strategischen Marketing-Planung 20
1.1. Vorbemerkung 20
1.2. Allgemeine Merkmale der strategischen Marketing-Planung 21
1.3. Ein Stufenkonzept der strategischen Marketing-Planung 22
2.   Definition grundsätzlicher Problemlösungsbereiche der Unternehmenstätigkeit 23
3.   Abgrenzung und Vorauswahl von Marktsegmenten 27
4.   Diagnose der bislang erreichten Marktstellung (Ist-Portfolio-Analyse) ... 29
4.1. Strategische Geschäftsfelder als Untersuchungsobjekte 29
4.2. Erfolgbeeinflussende Schlüsselfaktoren 30
4.3. Darstellungsraster zur Veranschaulichung von Marktstellung und Erfolgspotential 31

5.	Entwicklung mehrdimensionaler Zieltrajektorien	33
6.	Maßnahmenplanung und Budgetierung	37
7.	Kontrollvorkehrungen und Suche nach Frühwarn-Indikatoren	38
8.	Organisatorische Verankerung der strategischen Planungsaufgaben	41
9.	Zusammenfassung	42

IV. Strategische Marketing-Planung: Kursbestimmung bei ungewisser Zukunft 49

1.	Abgrenzung relevanter Umweltbereiche	49
2.	Identifikation strategischer Frühindikatoren	52
3.	Fortlaufende Überwachung zur Erfassung schleichender oder abrupter Veränderungen	55
4.	Ursachenanalyse bei festgestellten Veränderungen	56
5.	Prognose der weiteren Entwicklung und Abweichungsanalyse	56
6.	Beurteilung der Reaktionsdringlichkeit	56
7.	Früherkennung: Aufgabe für alle Unternehmensbereiche	57

V. Entwicklungsperspektiven der Marktforschung aus der Sicht des strategischen Managements 59

1.	Problemstellung	59
2.	Neuere Entwicklungen der Marktforschung	60
2.1.	Sekundärauswertungen	60
2.2.	Standardisierte Marktinformationsdienste	60
2.3.	Primärerhebungen	62
2.3.1.	Befragung	62
2.3.2.	Beobachtung	63
2.3.3.	Experimente	64
2.4.	Meßinstrumente	64
2.5.	Datenanalyseverfahren	65
3.	Die Rolle der Marktforschung im Rahmen des strategischen Managements	66
3.1.	Zum Verhältnis von strategischem Management, strategischem Marketing und Marktforschung	66
3.2.	Der Inhalt strategisch orientierter Informationsanforderungen an die Marktforschung	67
4.	Der Beitrag neuerer Marktforschungsentwicklungen zur Deckung des strategischen Informationsbedarfs: Ansätze und Lücken	70
4.1.	Suche nach grundsätzlich möglichen künftigen Problemlösungsangeboten	70
4.2.	Auswahl von Produkt-Markt-Kombinationen (»Defining the Business«)	72
4.3.	Synergetische Sicht mehrerer Geschäftsfelder	74
4.4.	Planung langfristiger Stufenziele	75
4.5.	Entwurf grundlegender Marketing-Mix-Konzeptionen	75
4.6.	Zwischenkontrollen und Audits	76
4.7.	Organisatorische Verankerung der strategischen Zuständigkeiten	77
5.	Schlußbemerkung	77

VI. Zur Verknüpfung strategischer und operativer Marketing-Pläne ... 84

1. Die Problemstellung ... 84
2. Der strategische Marketing-Plan als Ergebnis grundlegender Konzeptionsentwürfe ... 85
3. Die Ableitbarkeit operativer Planinhalte aus dem strategischen Marketing-Plan ... 91
   - 3.1. Folgerungen aus den vorgesehenen Marktwahlstrategien ... 91
   - 3.2. Operative Konsequenzen der Marktteilnehmerstrategien ... 92
   - 3.3. Marketing-Mix-Strategien und operative Planung ... 93
   - 3.4. Die operative Bedeutung strategischer Zielgrößen ... 94
   - 3.5. Langfrist-Budgets als Orientierung für operative Budgets ... 95
4. Der Aufbau operativer Marketing-Pläne ... 96
5. Organisatorische Probleme der Planabstimmung ... 101

Teil 2: Marketing-Organisation

I. Einführung ... 109

II. Unternehmenssituation, Organisationsstruktur und Planungsverhalten. Dargestellt am Beispiel des betrieblichen Absatzbereiches ... 111

1. Wechselbeziehungen zwischen Organisation und Planung ... 111
   - 1.1. Grundzüge des kontingenztheoretischen Ansatzes ... 111
   - 1.2. Planungsverhalten als abhängige Variable bzw. als Einflußfaktor ... 113
2. Aktuelle Organisationsformen im betrieblichen Absatzbereich und ihre konzeptionelle Begründung ... 114
   - 2.1. Produkt-Management ... 114
   - 2.2. Kunden(gruppen)- bzw. Markt-Management ... 116
   - 2.3. Absatzwirtschaftliches Projekt-Management ... 118
   - 2.4. Die Verknüpfung objekt- und funktionsorientierter Zuständigkeiten in Form der Matrix- oder Tensororganisation ... 118
3. Kontingenztheoretische Untersuchungen über Situations- und Organisationseinflüsse auf die (absatzwirtschaftliche) Planungstätigkeit ... 119
   - 3.1. Der allgemeine Schwerpunkt empirischer Untersuchungen auf der Grundlage des situativen Ansatzes ... 119
   - 3.2. Speziellere Studien zur Beziehung zwischen Unternehmenssituation bzw. Organisationsstruktur und Unternehmensplanung ... 121
   - 3.3. Ansätze zur bereichsspezifischen Analyse des Zusammenhanges zwischen Absatzbedingungen, Absatzorganisation und Absatzplanung ... 124
     - 3.3.1. Einsatzbedingungen und Planungsrelevanz des Produkt-Managements ... 124
     - 3.3.2. Zur Auswirkung des Kunden(gruppen)- bzw. Markt-Managements auf die absatzwirtschaftliche Planung ... 130
     - 3.3.3. Mögliche Planungskonsequenzen des absatzwirtschaftlichen Projekt-Managements ... 130
     - 3.3.4. Zur Planung in der Matrix- oder Tensororganisation ... 131
4. Zusammenfassung ... 132

III. Absatzorganisation ... 139

1. Absatzwirtschaftliche Aufgaben und Effizienzkriterien der Absatzorganisation ... 139
1.1. Aufgaben ... 139
1.2. Effizienzkriterien ... 139
1.3. Absatzwirtschaftliche Aufbau- und Ablauforganisation ... 140
2. Funktionale Absatzorganisation ... 140
2.1. Integrationserfordernisse ... 141
2.2. Stabs- versus Linienfunktionen ... 142
2.3. Effizienzbeurteilung ... 143
3. Objektorientierte Absatzorganisation ... 144
3.1. Formen der Objektorientierung ... 145
3.2. Verhaltenswirkungen objektbezogener Organisationsformen ... 146
3.3. Effizienzbeurteilung ... 147
4. Mehrdimensionale Organisationsformen im Absatz ... 148
4.1. Strukturtypen ... 148
4.2. Fragen der Zentralisation und Dezentralisation ... 150
4.3. Effizienzbeurteilung ... 150
5. Interne und externe Absatzorganisation ... 151
6. Schnittstellenorganisation in absatzwirtschaftlicher Sicht ... 152
7. Zusammenfassung: Kontextabhängigkeit der Absatzorganisation ... 153

IV. Führung im Marketing-Bereich ... 156

1. Besonderheiten der Führungsproblematik im Marketing-Bereich ... 156
1.1. Arten der sozialen Interaktionsbeziehung ... 156
1.2. Die Vielfältigkeit von Marketing-Zielen und -Aufgaben ... 156
2. Ziel- und Aufgabenmerkmale ... 157
3. Kontextabhängige Formen der interpersonellen Einflußnahme ... 158
3.1. Persönliche Interaktion ... 158
3.1.1. Persönlichkeitseigenschaften im Führungszusammenhang ... 160
3.1.2. Rollenverteilungen und Gruppenprozesse ... 160
3.2. Organisationsstruktur ... 161
3.3. Pläne ... 162
3.4. Verfahrensprogramme ... 163
3.5. Anreizsysteme ... 163
4. Zusammenfassung: Führungsstile im Marketing ... 164

V. Organisation des Produkt-Managements ... 167

1. Produkt-Management als Organisationsform nach dem Objektprinzip ... 167
1.1. Merkmale und allgemeine Ziele des Produkt-Managements ... 167
1.2. Abgrenzung gegenüber anderen objektbezogenen Organisationsformen ... 167
2. Anwendungsvoraussetzungen ... 168
3. Eingliederung in den betrieblichen Organisationsaufbau ... 169
3.1. Das funktionsressort-gebundene P.-M. ... 169
3.2. Das nicht funktionsressort-gebundene P.-M. ... 171
3.3. Zentrales und dezentrales P.-M. bei internationalen Unternehmungen ... 172
4. Aufgaben, Kompetenzen und Ergebnisverantwortung ... 173

5.	Koordinationserfordernisse	175
6.	Arbeitstechniken	176
7.	Einführungsprobleme und Verbreitung des P.-M. in der Bundesrepublik Deutschland	177
8.	Mögliche Effizienzwirkungen	178

VI. Profit Center im Marketing 182

1.	Die Merkmale der Profit-Center-Organisation	182
1.1.	Aufgabenbestimmung nach dem Objektprinzip	183
1.1.1.	Profit-Center-Bildung nach Produkten bzw. Produktgruppen	183
1.1.2.	Abnehmerbezogene Organisationsformen	185
1.1.3.	Einteilung nach regionalen Gesichtspunkten	185
1.1.4.	Sonstige Organisationsmöglichkeiten nach dem Objektprinzip	188
1.1.5.	Mischformen	188
1.2.	Die Erfolgsverantwortlichkeit des Profit-Center-Leiters	190
1.2.1.	Rechnungstechnisch unterscheidbare Erfolgsbereiche	190
1.2.2.	Kompetenzregelung	190
1.3.	Profit Center und Investment Center	191
2.	Die Profit-Center-Organisation als Grundlage einer marktorientierten Unternehmensführung	191
2.1.	Anforderungen der Marketing-Konzeption an die Unternehmensorganisation	192
2.2.	Suche nach Marktinformationen und Schnelligkeit der Informationsverarbeitung	195
2.3.	Zielgruppenausrichtung und Anpassungsvermögen bei Marktveränderungen	196
2.4.	Innovationsfähigkeit	196
2.5.	Wirtschaftlichkeit der Ressourcennutzung	197
3.	Die Koordination der Profit Center	197
3.1.	Abhängigkeitsbeziehungen	197
3.2.	Arten von Koordinationsinstrumenten	198
3.3.	Budgets und Kennzahlen als Mittel zur Profit-Center-Steuerung	199
3.4.	Die Rolle von Verrechnungspreisen	200
3.5.	Die Berücksichtigung längerfristiger und nichtmonetärer Ziele bei Koordinationsmaßnahmen	201
3.6.	Persönliche Koordination	202
4.	Die Gestaltung des Rechnungswesens für die Profit-Center-Erfolgsanalyse	202
4.1.	Gliederung der Zurechnungsbereiche	202
4.1.1.	Produkt-, Kundengruppen- und Regionalsparten	203
4.1.2.	Profit-Center-Untereinheiten	203
4.2.	Kriterien für die Kosten- und Erlösverrechnung	204
4.2.1	Bereichseinzelkosten und Bereichsgemeinkosten	204
4.2.2.	Beeinflußbarkeit der Rechnungsgrößen durch die Profit-Center-Leitung	206
4.2.3.	Das Konzept der mehrstufigen Deckungsbeitragsrechnung	207
4.2.4.	Die Berücksichtigung des Kapitaleinsatzes	209
5.	Zusammenfassung	209

Teil 3: Marketing-Controlling

I. Einführung ... 215

II. Marketing-Controlling
Funktionale und institutionelle Gesichtspunkte der marktorientierten Unternehmenssteuerung ... 217

1. Controlling-Konzeption und Marketing-Management ... 217
1.1. Controlling als Planungs-, Kontroll- und Steuerungs- bzw. Regelungssystem ... 217
1.2. Merkmale des Marketing-Managements ... 219
1.3. Strategisches und taktisch-operatives Marketing ... 220
1.4. Informationsbedarf und Koordinationserfordernisse für eine marktorientierte Führung ... 222
1.5. Zusammenfassung: Das inhaltliche Aufgabengebiet eines Marketing-Controlling als Steuerungssystem ... 224
2. Methoden des Marketing-Controlling ... 224
2.1. Diagnose der strategischen Marktposition ... 224
2.2. Marketing-Zielplanung ... 225
2.3. Hilfsmittel der Maßnahmenplanung und Budgetierung ... 226
2.4. Kurzfristige Ergebniskontrollen ... 227
2.5. Die Kontrolle strategischer Marketing-Pläne ... 228
2.6. Marketing-Audit ... 229
3. Organisatorische Verankerung und gegenwärtiger Entwicklungsstand des Marketing-Controlling ... 230
3.1. Argumente für eine Dezentralisierung ... 231
3.2. Abstimmungserfordernisse mit dem zentralen Controlling ... 231
3.3. Organisationsstruktur nach dem sog. »Dotted-Line«-Prinzip ... 231
3.4. Ausgewählte Ergebnisse aus einer empirischen Erhebung ... 233

III. Marketing-Accounting ... 241

1. Marketing-Accounting: Ein Aufgabenbereich an der Schnittstelle zwischen Marketing und Rechnungswesen ... 241
1.1. Die Schnittstellenproblematik als Ergebnis organisatorischer und fachlicher Arbeitsteilung ... 242
1.2. Aktuelle Entwicklungen zur verbesserten Verknüpfung von Marketing und Rechnungswesen ... 242
2. Der Bedarf an Rechnungsweseninformationen in Abhängigkeit von der absatzwirtschaftlichen Problemstellung ... 243
2.1. Ein Ansatz zur Strukturierung der Analyse- und Entscheidungsdimensionen im Marketing ... 243
2.2. Folgerungen für das Marketing-Accounting ... 245
2.2.1. Die relevanten Zweige des Rechnungswesens ... 245
2.2.2. Produkt-Markt-Beziehungen als Untersuchungsgegenstand ... 246
2.2.3. Die rechnerische Analyse absatzpolitischer Maßnahmen ... 249
2.2.4. Erfolgsermittlungen für Marketing-Organisationseinheiten ... 250
2.2.5. Die Berücksichtigung verschiedener Zielinhalte ... 251
2.2.6. Die Bedeutung der Zeitdimension ... 252
3. Organisatorische Anforderungen ... 254

3.1.	Verfahrensorganisation	254
3.2.	Strukturorganisation	255

IV. Verlustquellenanalyse im Marketing ... 260

1.	Aufgaben der Verlustquellenanalyse im Rahmen der Marketing-Konzeption	260
1.1.	Begriff der Verlustquelle	260
1.2.	Verlustquellenanalyse als Bestandteil einer marktorientierten Unternehmenspolitik	261
2.	Zur Gliederungssystematik absatzwirtschaftlicher Verlustquellen	262
2.1.	Der Entscheidungsgegenstand als Zurechnungsobjekt	263
2.2.	Entscheidungsträger als organisatorische Zentren der Erfolgsentstehung	263
2.3.	Entscheidungsvariablen und ihre Wirksamkeit	264
2.4.	Kombinationsmöglichkeiten der verschiedenen Untersuchungsdimensionen	264
2.5.	Erweiterungen der Verlustquellensystematik	265
3.	Rechnungstechniken der Verlustquellenanalyse	266
3.1.	Umsatz- bzw. Marktanteilsrechnungen	266
3.2.	Erlös- und Kostenrechnungen	267
3.3.	Rentabilitätsrechnungen	271
4.	Zur zeitlichen Entwicklung von Verlustquellen	272

V. Die Nutzung des Rechnungswesens für Marketing-Entscheidungen und -Kontrollen ... 273

A. Einführung ... 273

1.	Zum Verhältnis von Marketing und Rechnungswesen	273
2.	Teilgebiete des Rechnungswesens	274
3.	Auswertungskriterien aus der Sicht des Marketing	275
4.	Anforderungen an die innerbetriebliche Kommunikation	275
5.	Sieben Schritte zur Nutzung des Rechnungswesens	276
5.1.	Problemstellungen des jeweiligen Marketing-Teilgebietes definieren	276
5.2.	Zielkriterien angeben	277
5.3.	Entscheidungsrelevante Rechnungsinformationen kennzeichnen	277
5.4.	Datenbestände auswertungsgerecht organisieren	277
5.5.	Entscheidungskalküle zur Bewertung von Handlungsstrategien anwenden	278
5.6.	Rückkopplung rechtzeitiger Kontrollmitteilungen sicherstellen	278
5.7.	Eingriffsmöglichkeiten zur Korrektur von Plan-Ist-Abweichungen untersuchen	279

B. Nutzen Sie Ihr Rechnungswesen im Marketing: Für die Produktpolitik ... 280

1.	Entscheidungssituationen in der Produktpolitik	280
2.	Ziele der Produktpolitik	281
3.	Entscheidungsrelevante Informationen	282
4.	Die Daten müssen auswertungsgerecht abrufbar sein	282
5.	Entscheidungsrechnungen für die Produktpolitik	283
5.1.	Einführung eines neuen Produktes	283
5.1.1.	Die Payoff-Rechnung	283
5.1.2.	Die Breakeven-Analyse	284
5.1.3.	Probleme von Gewinnschwellenrechnungen	284
5.1.4.	Die Kapitalwertmethode	284

5.2.	Kurzfristige Programmentscheidungen im gegebenen Sortiment	285
5.2.1.	Kein interner Kapazitätsengpaß	285
5.2.2.	Interne Kapazitätsengpässe	286
5.3.	Aussonderung von nicht mehr erfolgreichen Produkten	286
6.	Die aktuelle Rückmeldung erlaubt rasches Handeln	286
C.	*Nutzen Sie Ihr Rechnungswesen im Marketing: Für die Preispolitik*	289
1.	Preispolitische Problemstellungen	289
1.1.	Beziehung zwischen Preishöhe und Absatzmenge	289
1.2.	Revidierbarkeit der Preisentscheidung	290
1.3.	Strategische oder taktische Bedeutung der Preisentscheidung	290
1.4.	Preisbestimmung für einzelne Produkte oder für den Sortimentsverbund	290
2.	Preispolitische Ziele	290
3.	Entscheidungsrelevante Rechnungsinformationen	291
4.	Die Datenbestände müssen auswertungsgerecht sein	292
5.	Entscheidungskalküle	292
5.1.	Preisforderung für ein standardisiertes Erzeugnis	292
5.1.1.	Ausrichtung der Preisforderung an den Selbstkosten	292
5.1.2.	Ausrichtung der Preisforderung am Deckungsbeitrag	293
5.2.	Preisforderung für Produktgruppen und Teilsortimente	294
5.3.	Preisforderung bei auftragsabhängig zu erstellenden Produkten	295
5.4.	Preisforderung mit Preisuntergrenzen	296
6.	Kontrollmitteilungen und Korrekturen	297
D.	*Nutzen Sie Ihr Rechnungswesen im Marketing: Für die Werbe-und VF-Politik*	298
1.	Werbung und VF haben gemeinsame, wiederkehrende Probleme	298
1.1.	Informationen für die Programmplanung	299
1.2.	Informationen für die Erfolgskontrolle	299
2.	Kommunikationspolitische Ziele	300
3.	Entscheidungsrelevante Informationen	301
3.1.	Die Kosten der Kommunikation	301
3.2.	Nichtmonetäre Wirkungsdaten	301
3.3.	Monetäre Ergebnisgrößen	302
3.3.1.	Kennzahlenbeziehungen für eine differenzierte Kommunikation	302
3.3.2.	Schätzungen über die Elastizität, mit der die Nachfrage auf Kommunikationsmaßnahmen reagiert	302
3.4.	Kennzahlen aus der Verknüpfung von Kosten- und Ergebnisgrößen	302
3.4.1.	Relationen zwischen nichtmonetären Wirkungen und Kosten	302
3.4.2.	Verhältnis zwischen monetären Ergebnisgrößen und nichtmonetären Wirkungen	303
3.4.3.	Beziehungen zwischen monetären Ergebnissen und Kommunikationskosten	303
4.	Geeignete Formen der Datenorganisation	303
5.	Ansätze zu Entscheidungsrechnungen	304
5.1.	Die Bestimmung von Kommunikationsbudgets	304
5.1.1.	Die einfache Rechnung nach Weinberg	305
5.1.2.	Regressionsrechnungen	305
5.1.3.	Die Ziel-Aufgaben-Methode	306
5.2.	Die Verteilung von Kommunikationsbudgets	307

6.	Kontrollmitteilungen des Rechnungswesens	307
E.	*Nutzen Sie Ihr Rechnungswesen im Marketing: Zur Steuerung des Außendienstes*	308
1.	Problemstellungen der Außendienststeuerung	308
1.1.	Informationen für den Budgetrahmen	309
1.2.	Informationen für die Detailplanung und Erfolgskontrolle	309
1.3.	Informationen für Grundsatzentscheide	310
2.	Zielgrößen konkretisieren den Bedarf an Rechnungsinformationen	310
3.	Entscheidungsrelevante Rechnungsinformationen	311
3.1.	Die standardisierten Besuchsberichte	311
3.2.	Die Vertriebskostenrechnung	311
3.3.	Die Erlösrechnung	312
4.	Auswertungsgerechte Datenorganisation	312
5.	Entscheidungs- und Kontrollrechnungen für die Außendienststeuerung	313
5.1.	Rechenhilfen für die Ermittlung von Zielvorgaben	313
5.2.	Rechenhilfen für die Besuchs-Planung	314
5.3.	Rechenhilfen für die Erfolgskontrolle	316
6.	Änderung des Außendiensteinsatzes aufgrund der Kontrollmeldungen	316
F.	*Nutzen Sie Ihr Rechnungswesen im Marketing: Zur Kostensenkung in der Distribution*	318
1.	Aufgabenbereiche der physischen Distribution	318
1.1.	Strukturierungsaufgaben	319
1.2.	Steuerungsaufgaben	319
1.3.	Kontrollaufgaben	319
2.	Zielkriterien	320
3.	Entscheidungsrelevante Rechnungsinformationen	321
3.1.	Logistik-Kostenstellen	321
3.2.	Logistik-Kostenarten	322
3.3.	Bezugsgrößen für die Kostenzurechnung	322
3.4.	Kosten-Einflußgrößen	322
3.5.	Daten der absatzwirtschaftlichen Statistik	323
3.6.	Kennzahlen	323
4.	Anforderungen an die Datenorganisation	323
5.	Entscheidungskalküle	324
5.1.	Auftragsabwicklung und Rechnungswesen	324
5.2.	Entscheidungsrechnungen für die Lagerbestandsplanung	324
5.2.1.	Die Bedarfsvorhersage	325
5.2.2.	Die Bestimmung von Sicherheitsbeständen	325
5.2.3.	Die Bestellmengenrechnung	325
5.2.4.	Die Ermittlung von Bestellterminen	326
5.3.	Entscheidungsrechnungen für die Tourenplanung	326
5.4.	Umfassende Systemplanungen	326
6.	Kurzfristige Kontrollmitteilungen	327
6.1.	Rückmeldung von Prognosefehlern	327
6.2.	Regelmäßige Auflistung von Kennzahlen	327

VI. Absatzsegmentrechnung ... 328

1. Definition von Absatzsegmenten ... 328
2. Aufgaben der Absatzsegmentrechnung ... 328
3. Kosten- und erlösrechnerische Voraussetzungen ... 329
3.1. Die Konzeption einer vielseitig auswertbaren Grundrechnung ... 329
3.2. Bezugsgrößenhierarchien und Datenverdichtung ... 329
3.3. Das Rechnen mit relativen Einzelkosten bzw. Einzelerlösen und Segment-Deckungsbeiträgen ... 330
4. Mehrdimensionale Segmentuntersuchungen ... 333
5. Kurz- und längerfristige Analysen ... 334

VII. Überwachung des Marketing ... 337

1. Begriffliche Abgrenzungen ... 337
2. Marketing-Kontrollen ... 338
2.1. Kontrollmaßstäbe und Kontrollobjekte ... 338
2.2. Kontrolle der Produkt-Markt-Beziehungen (Absatzsegmente) ... 340
2.3. Kontrolle der Marketing-Organisationseinheiten ... 340
2.4. Kontrolle der Marketing-Maßnahmen ... 341
2.5. Operative und strategische Marketing-Kontrollen ... 342
3. Marketing-Audits ... 342
3.1. Verfahrens-Audit ... 343
3.2. Strategien-Audit ... 344
3.3. Marketing-Mix-Audit ... 344
3.4. Organisations-Audit ... 345
3.5. Beurteilungsmaßstäbe ... 346
4. Organisation der Überwachung ... 346

Zusammenfassendes Literaturverzeichnis ... 349

Stichwortverzeichnis ... 366

Angaben zum Autor ... 374

Abkürzungsverzeichnis zu den Literaturquellen

Acc. R.	–	Accounting Review
AMA	–	American Marketing Association
asw	–	Absatzwirtschaft
AWW	–	Arbeitsgemeinschaft Wirtschaftswissenschaft und Wirtschaftspraxis im Controlling und Rechnungswesen, Köln
BB	–	Der Betriebsberater
BFuP	–	Betriebswirtschaftliche Forschung und Praxis
Cal.Man.R.	–	California Management Review
DBW	–	Die Betriebswirtschaft
DU	–	Die Unternehmung
GEBERA	–	Gesellschaft für betriebswirtschaftliche Beratung mbH, Köln
GFM	–	Gesellschaft für Marktforschung
HBR	–	Harvard Business Review
HWA	–	Handwörterbuch der Absatzwirtschaft
HWB	–	Handwörterbuch der Betriebswirtschaft
HWInt	–	Handwörterbuch Export und Internationale Unternehmung
HWO	–	Handwörterbuch der Organisation
HWPlan	–	Handwörterbuch der Planung
HWR	–	Handwörterbuch des Rechnungswesens
IO	–	Industrielle Organisation
JMark	–	Journal of Marketing
KRP	–	Kostenrechnungspraxis
Man.Int.R	–	Management International Review
NB	–	Neue Betriebswirtschaft
RKW	–	Rationalisierungs-Kuratorium der Deutschen Wirtschaft
RWTH	–	Rheinisch-Westfälische Technische Hochschule
TIMS	–	The Institute of Management Science
WiSt	–	Wirtschaftswissenschaftliches Studium
WISU	–	Das Wirtschaftsstudium
Wpg	–	Die Wirtschaftsprüfung
WWG	–	Werbewissenschaftliche Gesellschaft
ZfB	–	Zeitschrift für Betriebswirtschaft
ZfbF	–	Zeitschrift für betriebswirtschaftliche Forschung
ZfhF	–	Zeitschrift für handelswissenschaftliche Forschung
ZfO	–	Zeitschrift für Organisation
ZFP	–	Zeitschrift für Forschung und Praxis (Untertitel der Zeitschrift »Marketing«)
ZIR	–	Zeitschrift Interne Revision

Teil 1: Marketing-Planung

I. Einführung

Seit Ende der siebziger Jahre haben sich die Unternehmenspraxis und die Betriebswirtschaftslehre in Deutschland verstärkt den Fragen der strategischen Planung zugewandt. Diese Entwicklung zeichnet sich etwa ab 1980 auch auf dem Gebiet des Marketing ab: Über die operative Planung der absatzpolitischen Maßnahmen, Budgets und Verkaufsergebnisse hinaus sind Überlegungen zur längerfristigen Gestaltung des Produktprogramms und der Marktbeziehungen – mit dem Ziel einer dauerhaften Sicherung von Erfolgspotentialen – immer mehr in den Mittelpunkt gerückt. Im Februar 1980 veranstaltete die Volkswagenwerk AG ein Symposium, bei dem Hochschullehrer und Praktiker gemeinsam Strategieprobleme diskutierten. Bei dieser Gelegenheit wurde vom Verfasser das Konzept vorgestellt, das den Kern des hier wiederabgedruckten Beitrags »Grundprobleme der strategischen Marketing-Planung« (1981) bildet. Es greift Ansatzpunkte zum vorausschauenden »Defining the Business« auf, wie sie in den USA von Abell bzw. Abell/Hammond vorgeschlagen worden sind. Der Entwurf mehrperiodiger Zielsysteme und Maßnahmenpläne, die Möglichkeiten frühzeitiger Zwischenkontrollen und Frühwarnsysteme sowie die organisatorische Einbindung der strategischen Marketing-Planung werden angesprochen. Portfolio-Analysen, die einige Zeit schlechthin als Inbegriff strategischer Entscheidungshilfen angesehen worden sind, finden auch in diesem Planungskonzept ihren Platz, wobei aber zugleich auf die Aussagegrenzen und die Ergänzungsbedürftigkeit solcher Portfolio-Darstellungen hingewiesen wird.

Im vorliegenden Sammelband ist dem Kapitel »Grundprobleme der strategischen Marketing-Planung« ein etwas umfassender angelegter Übersichtsartikel (»Marketing-Planung«) vorangestellt. Er skizziert den aktuellen Stand der Diskussion auf diesem Gebiet und ist 1990 in englischer Sprache unter dem Titel »Marketing Planning« im Handbook of German Business Management (C.E. Poeschel Verlag, Stuttgart/Springer-Verlag, Berlin et al.) erschienen. Hier werden auch die Nahtstellen sowie Verknüpfungserfordernisse von strategischer und operativer Marketing-Planung kurz erwähnt, auf die dann später das Kapitel VI. ausführlich eingeht.

Zu den Informationsgrundlagen des strategischen Marketing gehören Früherkennungssysteme, die neue Marktchancen wie auch Bedrohungen so rechtzeitig anzeigen, daß sich die Unternehmung aktiv gestaltend darauf einstellen kann. Damit verbinden sich schwierige Probleme der Auswahl aussagefähiger Indikatoren, der systematischen Informationsbereitstellung und der Prognose. In den letzten zehn Jahren hat die Fachdiskussion über Früherkennungssysteme einen beachtlichen Umfang angenommen. Viele Fragen hinsichtlich ihres konkreten Aufbaus sind aber noch offengeblieben, zumal die Kennzeichnung der jeweils wichtigsten Informationsarten weitgehend von der Branche und von der Analyseebene (z.B. Gesamtunternehmung, Sparte, strategisches Geschäftsfeld) abhängt. Der im folgenden wiedergegebene Aufsatz »Strategische Marketing-Planung: Kursbestimmung bei ungewisser Zukunft« (1984) ist als konzeptioneller Überblick zu verstehen, der grundsätzliche Arbeitsschritte der Früherkennung, den Informationsbedarf auf verschiedenen betrieblichen Untersuchungsebenen und einige Analysetechniken behandelt.

Informationsgrundlagen der marktorientierten Unternehmensführung werden anschließend im Kapitel »Entwicklungsperspektiven der Marktforschung aus der Sicht des strategischen Managements« (1986) erörtert. Es enthält eine Zusammenfassung der neueren methodischen Entwicklungen in der Marktforschung, bei denen elektronische Informations- und Kommunikationstechniken eine wichtige Rolle spielen. Kritisch wird überprüft, welche Unterstützung diese jüngeren Methoden der Datengewinnung und Datenanalyse für längerfristige marktorientierte Planungen liefern können. Eine so verstandene strategische Marktforschung befindet sich gegenwärtig noch im Aufbau. Erst in letzter Zeit finden sich hierzu einige grundlegende Beiträge in der Fachliteratur. Das Kapitel »Entwicklungsperspektiven der Marktforschung...« knüpft an das Sieben-Stufen-Konzept aus den »Grundlagen der strategischen Marketing-Planung« an, um die entsprechenden Informationsanforderungen an die Marktforschung zu systematisieren.

Mit der Verknüpfung strategischer und operativer Marketing-Pläne befaßt sich ein Kapitel, das den 1. Teil des vorliegenden Sammelbandes abschließt. Die konsequentere Verbindung dieser beiden Planungsperspektiven ist eine Aufgabe, die in der Unternehmenspraxis oft als teilweise noch offenes Problem genannt wird. Die betriebswirtschaftliche Fachliteratur hat sich dieser Integrationsfrage nur wenig gewidmet. Auch der hier abgedruckte Beitrag liefert noch keine in Einzelheiten ausgearbeitete Lösung, will aber einen grundlegenden Diskussionsanstoß auf einem relativ vernachlässigten Gebiet geben.

II. Marketing-Planung*

1. Marketing-Planung als Teil der Unternehmensplanung

Marketing-Planung hat die Aufgabe, als systematischer Prozeß zu einer klaren Konzeption im Hinblick auf Zielmärkte, Marktbearbeitung und angestrebte Ergebnisse zu führen. In diesem Sinne beinhaltet die Marketing-Planung

- eine Bewertung der bisherigen und künftig möglichen *Produkt-Markt-Kombinationen*;
- die Auswahl und nähere Beschreibung von *Zielmärkten*;
- den Entwurf *grundsätzlicher Handlungsstrategien* gegenüber Marktpartnern und Wettbewerbern;
- Angaben über die erforderlichen *operativen Maßnahmen* sowie
- *Ergebniserwartungen*.

Diese umfassende Sicht des Planungsgegenstandes hat sich im deutschsprachigen Bereich aus einer früher engeren Interpretation entwickelt. Unter der ursprünglichen Bezeichnung »Absatzplanung« verstand man oft nur die Antizipation bestimmter Maßnahmen (z.B. Werbung, Preisänderungen) sowie die Schätzung der entsprechenden Budgets und Verkaufswirkungen *für das bestehende Produktprogramm* (Saval 1972). Manche – nicht alle – Beiträge in einem Band, der vor 25 Jahren über die damalige Praxis der Bundesrepublik Deutschland berichtete, lassen sich hierfür als Beispiel anführen (*Gutenberg* 1962). Auch die Gleichsetzung von »Absatzplanung« und »Erlösplanung« kam mitunter vor (kritisch dazu *Sundhoff* 1970).

Wird davon ausgegangen, daß *Marketing-Planung* nicht zuletzt die Analyse veränderter oder neuer Märkte und die Suche nach innovativen Problemlösungen mit einschließt, so ist die Verbindung mit der gesamten *Unternehmensplanung* besonders deutlich erkennbar: Gerade bei der Ausrichtung auf eine dynamische Umwelt besteht ein enger Zusammenhang mit der Forschungs- und Entwicklungsplanung, der Investitions- und Finanzplanung sowie der Organisations- und Personalplanung. Untrennbar ist die Marketing-Planung in jedem Fall (auch bei ausschließlicher Betrachtung der schon bestehenden Produkt-Markt-Kombinationen) mit der Beschaffungs-, Produktions- und Finanzplanung verknüpft. Die *Abb.1* skizziert diese Einordnung der Marketing-Planung; dabei wird auch auf ihre Rolle im Rahmen verschiedener (miteinander »verzahnter«) *Planungszeiträume* hingewiesen (teilweise in Anlehnung an *Fiedler* 1977). Die Darstellung in Kreisform soll andeuten, daß die Teilbereiche der Unternehmensplanung in keinem eindeutigen Überordnungs- oder Unterordnungsverhältnis zueinander stehen, sondern sich wechselseitig beeinflussen.

Bei einer wirklich marktorientierten Führungskonzeption besitzt die *Marketing-Planung* allerdings zumindest langfristig eine *Schlüsselfunktion*; denn der dauerhafte Erfolg einer Unternehmung hängt von ihrer Bewährung auf Absatzmärkten ab. Kurzfristig können Restriktionen in anderen betrieblichen Bereichen dazu führen, daß die Absichten hinsichtlich Marktauswahl und Marktbearbeitung modifiziert werden müssen (z.B. aufgrund von Pro-

---

* Ursprünglich in englischer Übersetzung (»Marketing Planning«) erschienen in: Handbook of German Business Management (Hrsg.: E. Grochla / E. Gaugler et al.), Vol. 2, Stuttgart, Berlin et al. 1990, Sp. 1410–1427.

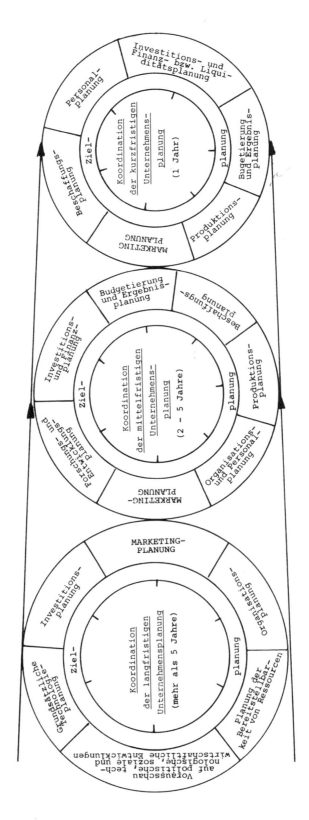

Abb. 1: Die Integration der Marketing-Planung in die Unternehmensplanung

duktionsengpässen). Allerdings besteht auch bei einer weit in die Zukunft gerichteten Perspektive kein einseitiger Primat der Marketing-Planung. In jüngster Zeit wird von einigen deutschsprachigen Autoren betont, daß der *Forschung und Entwicklung* bzw. dem *Technologiemanagement* eine gleichrangige Bedeutung für den Erfolg der Unternehmung zukommt. Als vordringlich wird jedenfalls eine bessere wechselseitige Abstimmung der Marketing-Planung mit der *Forschung und Entwicklung* angesehen (*Brockhoff* 1985; *Servatius* 1985).

Die *Koordination* der Teilplanungen ist ein mehrstufiger Vorgang, der korrigierende Rückinformationen zwischen den verschiedenen Bereichen und schrittweise Anpassungen erforderlich macht (*Gälweiler* 1979). Die Vorstellung, daß eine umfassende, integrierte Unternehmensplanung – ausgehend von Marketingperspektiven – simultan erstellt werden könnte, hat sich als praktisch nicht realisierbar erwiesen (kritisch dazu *Neumann* 1971).

2. Aufgaben der strategischen und operativen Marketing-Planung

Seit dem Ende der siebziger Jahre hat sich die deutschsprachige Betriebswirtschaftslehre sehr intensiv den Fragen der strategischen Planung zugewandt. In der deutschen Unternehmenspraxis sind etwa seit der gleichen Zeit oder ansatzweise schon ab 1970 verstärkte Bemühungen erkennbar, strategische Planungssysteme auf- und auszubauen (*Kreikebaum* 1981).

Die *strategische Marketing-Planung* soll in engem Zusammenspiel mit dem Entwurf der gesamten Unternehmensstrategie zur langfristigen Sicherung von Erfolgspotentialen beitragen. Konkret bedeutet dies, daß systematisch zu prüfen ist, welche Märkte in der Zukunft Absatzerfolge versprechen, wenn ihnen bestimmte Problemlösungen auf der Grundlage einer geeigneten Technologie angeboten werden. Strategischer Ausgangspunkt ist also immer die vorausschauende Beschreibung *möglicher Marktfelder*, die für die Unternehmung aus der Sicht ihrer eigenen Fähigkeiten interessant erscheinen. Daran schließt sich, unter Beachtung der voraussichtlichen Konkurrenzsituation, eine nähere Bewertung der Alternativen und die *Auswahl von Zielmärkten* an. Die Prinzipien der *Marktbearbeitung*, mit der *längerfristige Marketing-Ziele* im Ablauf mehrerer Perioden angestrebt werden, gehören ebenfalls zur strategischen Planung.

Hierauf aufbauend hat die *operative Marketing-Planung* den Zweck, für den nächsten Planungszeitraum (z.B. für ein Jahr) alle Maßnahmen festzulegen, die im einzelnen zur Verwirklichung der grundlegenden strategischen Vorgaben einzusetzen sind. Hinzu kommt die Angabe der dafür benötigten Budgets und der kurzfristigen Ergebniserwartungen.

Die strategische Planung ist auf längere Sicht angelegt als das operative Konzept. Allerdings ist nicht jede langfristige Vorausschau schon ohne weiteres strategisch (nämlich dann nicht, wenn sie lediglich eine Extrapolation bisheriger absatzwirtschaftlicher Kenngrößen beinhaltet, ohne daß die Art der künftigen Produkt-Markt-Kombinationen selbst in Frage gestellt wird).

Abb.2 deutet die Aufgaben der strategischen und operativen Marketing-Planung in Form eines Übersichtsschemas an (*Köhler/Krautter* 1989).

2.1. Situationsanalyse

Grundlage für die Entwicklung längerfristiger Konzepte wie auch für kurzfristige Anpassungen sind Situationsanalysen. Sie diagnostizieren, welche Position die Unternehmung auf ihren Märkten in bezug auf andere Marktteilnehmer erreicht hat, welche Veränderungen sich dabei im Zeitablauf erkennen lassen und welche Konsequenzen für den wirtschaftlichen Erfolg

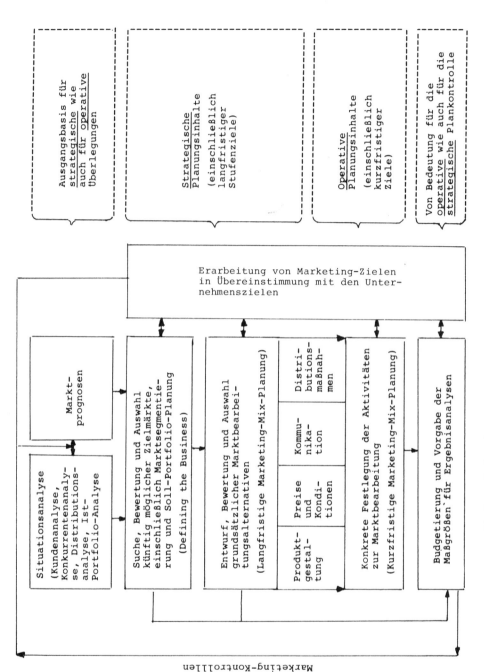

Abb. 2: Aufgaben der strategischen und operativen Marketing-Planung

damit verbunden sind. Diese Untersuchungen, die sich zum Teil auf *Kennzahlen* stützen, können zu wichtigen Frühwarninformationen führen.

Im Rahmen der *Kundenanalyse* liefern bestimmte Kundenstrukturdaten Anhaltspunkte zur Beurteilung der künftigen Absatzchancen (*Gollnow* 1974). Möglicherweise zeigt eine Zeitreihenbetrachtung (aufgrund von Paneldaten oder eigenen Verkaufsstatistiken), daß attraktive Käufergruppen verlorengegangen sind oder daß die Unternehmung zu wenig in Marksegmenten mit hohem Wachstumspotential vertreten ist. Darstellungsmittel solcher Strukturuntersuchungen sind ABC-Klassifikationen und *Kunden-Portfolios*. Bei den letzteren erfolgt eine Einordnung von Kunden(gruppen) auf den beiden Dimensionen »Kundenattraktivität« und »Ausmaß der Kundenbelieferung durch die eigene Unternehmung«. Das Gesamtbild des Portfolios verdeutlicht dann, inwieweit die Unternehmung hohe Liefermengen oder Lieferanteile bei solchen Kundengruppen erreicht hat, die wegen ihres Nachfragevolumens, der Wachstumsaussichten und der erzielbaren Deckungsbeiträge besonders interessant erscheinen.

Zur Kundenanalyse gehört weiterhin die Erfassung und Auswertung von *Käuferurteilen*, wie sie sich z.B. in den Ergebnissen von Imagestudien niederschlagen. Daraus ergeben sich in Verbindung mit *Kundenproblemanalysen* (Angabe der Anforderungen, die von Nachfragern an das Leistungsangebot gestellt werden) wichtige Anregungen für die künftige Marktbearbeitung (*Hansen* 1982; *Huber* 1983).

Die systematische Kundenanalyse ist in der deutschen Unternehmenspraxis noch nicht so weitgehend ausgebaut, wie es ihrer Relevanz für die Marketing-Planung entspricht. Ähnlich wie auf dem Gebiet der *Konkurrentenanalyse* ist jedoch eine zunehmende Verbreitung einschlägiger Diagnoseinstrumente festzustellen. Für die Beurteilung der bestehenden Wettbewerbsbeziehungen sind *Stärken-Schwächen-Vergleiche* zwischen der eigenen Unternehmung und anderen Anbietern üblich (*Müller* 1981; *Hoffmann* 1983; *Wiedmann/Kreutzer* 1985). Sie erfolgen oft in Form von *Profildarstellungen*. Auch *Positionierungsstudien* – soweit sie beschreiben, wie das eigene Produktangebot von Verwendern gegenüber Produkten anderer Anbieter beurteilt wird – gehören zur diagnostischen Konkurrentenanalyse (*Schobert* 1980).

Als weiterer Bestandteil der Situationsanalyse sind *Distributionskennzahlen* sehr geläufig, wie sie vor allem durch die sogenannten *Nielsen-Indices* verfügbar sind. Sie geben Aufschluß über die Erhältlichkeit bestimmter Produkte auf der Handelsstufe. Da sie erkennen lassen, inwieweit der Handel die Absatzbemühungen der Hersteller unterstützt, liefern diese Kennzahlen Planungsgrundlagen für das künftige vertikale Marketing.

Wichtige Diagnosekennzahlen für Zwecke der Marketing-Planung stammen auch aus dem internen *Rechnungswesen* der Unternehmung: Es handelt sich um *Absatzsegmentrechnungen* zur Analyse von Gewinn- oder Verlustquellen. Hierbei werden verschiedene Produkte oder Produktgruppen, Kunden oder Kundengruppen, Auftragsgrößen, Verkaufsgebiete und Vertriebswege als Absatzsegmente definiert. Ihr Einfluß auf die Gewinn- oder Verlustentstehung wird mit Hilfe der *Deckungsbeitragsrechnung* untersucht. Daraus ergeben sich für die Marketing-Planung Hinweise auf erforderliche Änderungen der Marktbearbeitung, möglicherweise bis hin zu Selektionsentscheidungen. Die Absatzsegmentrechnung hat im deutschsprachigen Bereich eine sehr lange Tradition und ist in der Praxis ziemlich weit verbreitet (*Geist* 1963/1974).

Während Kunden-, Konkurrenten-, Distributions- und Ergebnisanalysen für *einzelne Produkte* oder Produktgruppen durchgeführt werden können, sind Untersuchungen des Ist-Portfolios stets auf eine *Gesamtbetrachtung* der bestehenden Marktbeziehungen angelegt. Darstellungen des *Sortiments-Portfolios* gehören zur Situationsanalyse und damit zur Ausgangsbasis der Marketing-Planung, weil sie anzeigen, ob die bisherigen Produkt-Markt-Kombinationen eine ausgewogene Erfolgssicherung versprechen können oder ob neue Geschäftsfelder gesucht werden müssen. Portfolio-Techniken sind seit Mitte der sechziger Jahre in relativ vielen deutschen Unternehmungen eingeführt worden. Inzwischen werden allerdings auch die Gefahren ihrer unkritischen Verwendung gesehen, und es wird versucht, sie stärker mit Daten des betrieblichen Rechnungswesens sowie mit ausdrücklichen Risikoschätzungen zu verbinden (*Robens* 1986).

2.2. Marktprognosen

Prognosen werden in verschiedenen Phasen der Marketing-Planung benötigt. Als Grundlage langfristiger Überlegungen zur Marktauswahl stehen sogenannte *Entwicklungsprognosen* am Anfang des Planungsprozesses. Sie beinhalten eine Schätzung von Umfeldveränderungen (z.B. neuen Konsumgewohnheiten), auf die die einzelne Unternehmung von sich aus keinen gezielten Einfluß nehmen kann. Da zur Vorhersage von Strukturwandlungen eine Extrapolation bisheriger statistischer Daten unzulänglich ist, spielen vorwiegend »qualitative« Verfahren (wie die Delphi-Methode oder die Szenariotechnik) eine wichtige Rolle für die langfristige Vorausschau (*Hüttner* 1982). Entwicklungsprognosen kommen aber auch für kurzfristige Überlegungen in Betracht, wenn es etwa um die Frage geht, welche Zustände des Marktes (z.B. Marktanteile) im weiteren Verlauf entständen, wenn die beteiligten Unternehmungen ihre Aktivitäten völlig unverändert wie in der Vergangenheit einsetzen würden. In diesem Fall wird auf vorliegenden statistischen Daten aufgebaut. Markoffketten-Modelle sind hierfür ein Beispiel (*Meffert/Steffenhagen* 1977).

Im Gegensatz zu Entwicklungsprognosen soll mit sogenannten *Wirkungsprognosen* versucht werden, die Konsequenzen bestimmter Marketing-Maßnahmen (z.B. einer Preiserhöhung) vorauszuschätzen. Wirkungsprognosen setzen deshalb die Auswahl und Beschreibung von Produkt-Markt-Kombinationen und den konkreten Entwurf von Aktivitäten voraus. Damit betreffen sie im wesentlichen die Phase der Marketing-Mix-Planung.

2.3. Defining the Business

Zur Sicherung von Erfolgpotentialen muß in regelmäßigen Zeitabständen überprüft werden, ob die Unternehmung mit ihren bisherigen Produkten und Marktbeziehungen im angestrebten Ausmaß wachsen oder ihre ökonomischen Ergebnisse zumindest stabilisieren kann. Erscheint dies ausgeschlossen, so wird die Suche nach neuen Problemlösungen für bisherige oder zusätzliche Verwendergruppen vordringlich. Zu Recht bezeichnet *Abell* (1980) diese grundlegende Bestimmung der künftigen Geschäftstätigkeit als »The Starting Point of Strategic Planning«. Marketing-Planung und gesamte Unternehmensplanung sind bei dieser Aufgabe besonders eng miteinander verflochten.

Auf die deutsche Fachdiskussion haben die einschlägigen Arbeiten von *Abell* sowie *Abell/ Hammond* (1979) seit Anfang der achtziger Jahre wesentlichen Einfluß genommen. Die systematische gedankliche Verknüpfung potentieller »customer groups«, »customer functions« und »alternative technologies« hat sich als ein nützlicher dreidimensionaler Suchrahmen erwiesen. Dabei können die Methoden der *Marktsegmentierung* (*Böhler* 1977) herangezogen werden, um die Darstellung der erwogenen Geschäftstätigkeiten zu verfeinern.

In jüngster Zeit gibt es im deutschsprachigen Bereich Weiterentwicklungen der Heuristik für das »Defining the Business«. Sie betreffen zum einen das ausdrückliche Einbeziehen von *Konkurrenzmerkmalen* sowie *erfolgsrechnerischer und finanzieller Kriterien* in die Beschreibung und Bewertung künftiger Marktmöglichkeiten (*Huber* 1983). Zum anderen sind es Verfahren der sogenannten *Suchfeldanalyse*, die als verbesserte Hilfsmittel dieser Planungsphase vorgeschlagen werden (*G. Müller* 1986).

Aus den strategischen Überlegungen zur längerfristigen Marktauswahl ergibt sich letztlich die Struktur des geplanten Sortiments-Portfolios. In diesem Zusammenhang muß aber betont werden, daß sich derartige *Soll-Portfolios* nicht unmittelbar aus den üblichen Analysen des Ist-Portfolios ableiten lassen, sondern den wichtigen Zwischenschritt der Suchfeldanalyse voraussetzen.

2.4. Grundsätze der Marktbearbeitung und langfristige Marketing-Mix-Planung

So wie die Planung zukünftiger Zielmärkte einen ausgesprochen strategischen Charakter hat, gehören auch die längerfristig wirksamen Konzepte der *Marktbearbeitung* zum Kern eines Strategieentwurfs. Hierbei lassen sich kundenorientierte, konkurrenzorientierte und handelsorientierte Strategieansätze unterscheiden (*Meffert* 1986). In jüngerer Zeit ist im deutschen Sprachraum die Planung der *Wettbewerbsstrategie* in den Vordergrund getreten, nachdem zuvor die Kundenorientierung etwas einseitig im Mittelpunkt stand (*Fronhoff* 1986). Ohne Zweifel haben dazu die Arbeiten von *Porter* (1980; 1985) beigetragen, obwohl es weniger beachtete deutsche Studien in dieser Richtung schon zuvor gab (*Hoffmann* 1979). Es ist abzuwägen, ob gegenüber den Konkurrenten *Kostenvorteile* oder in erster Linie *qualitative Leistungsvorteile* ausgespielt werden können. Weiterhin stellt sich die Frage, ob die *Auseinandersetzung* mit anderen Anbietern – sei es auf dem Gesamtmarkt, sei es in bestimmten Marktsegmenten – bewußt gesucht werden soll oder ob statt dessen ein *Ausweichen* bzw. ein *Kooperieren* zu bevorzugen ist. Derartige Gesichtspunkte leiten die Planung von Strategien der Kosten- oder Preisführerschaft einerseits, der Leistungsdifferenzierung andererseits. Ergänzend dazu sind die Alternativen der Kampfstrategie, der Anpassung, der Abgrenzung, der ausweichenden Konzentration auf Marktnischen oder der Kooperation gegeneinander abzuwägen.

In *kundenorientierter Hinsicht* ist zwischen den Möglichkeiten der undifferenzierten Marktbearbeitung (*Massenmarktstrategie*) oder der differenzierten Marktbearbeitung (*Marktsegmentierungsstrategie*) zu wählen. Damit verwandt ist das Problem, ob zur Gewinnung von Käufern Strategien der *Präferenzbildung* durch Leistungsdifferenzierung oder *Niedrigpreisstrategien* – z.B. in Massenmärkten – erfolgversprechender sind (*Becker* 1983). Es ist offensichtlich, daß diese Grundfragen gar nicht gelöst von der zuvor erwähnten Wettbewerbsanalyse (sowie von betriebsinternen Kapazitäts- und Kostenanalysen) beantwortet werden können.

Für Produzenten mit indirektem Absatz kann schließlich der *handelsorientierten Strategie*, besonders in Branchen mit häufigen Konflikten zwischen Industrie und Handel, herausragende Bedeutung zukommen. Hier sind Kooperationen durch *Vertragliche Vertriebssysteme* eine aktuelle Form der Marktbearbeitung.

Die genannten drei Dimensionen der Marktbearbeitung sind miteinander und im Hinblick auf die ausgewählten Zielmärkte zu einem Gesamtkonzept zu kombinieren (*Walters* 1984). Damit sind dann Leitlinien für die *langfristige Marketing-Mix-Planung* vorgegeben. Lange Zeit überwog die Ansicht, daß das Marketing-Mix vorwiegend Gegenstand der *operativen* Maßnahmenplanung sei. *Cravens* (1982) hat hingegen mit seinen Ausführungen über »Strategic Marketing Programming«, die in Deutschland Beachtung gefunden haben, die weitreichende Wirkung von Grundsatzentscheidungen im Instrumentbereich betont. Auch in Veröffentlichungen aus der deutschen Beratungspraxis werden die *strategischen* Implikationen des Mitteleinsatzes angesprochen (*Wieselhuber/Töpfer* 1984).

Ausgangspunkt der langfristigen Marketing-Mix-Planung ist die zukunftsgerichtete Produktpositionierung (*W. Müller* 1986). Sie beinhaltet Angaben, wie das Leistungsangebot der

Unternehmung – im Vergleich zu Konkurrenzangeboten – aus der Sicht der Nachfrager wahrgenommen und beurteilt werden sollte. Damit knüpft die geplante Produktpositionierung unmittelbar an die grundlegenden Strategieentwürfe zur kunden- und konkurrenzorientierten Marktbearbeitung an. Die Gestaltung der Kommunikationspolitik, der Distributionspolitik und der Preispolitik muß in eine konsistente Abstimmung mit den Positionierungsmerkmalen gebracht werden. Somit kommt es hierbei weniger auf detaillierte quantitative Plandaten an, sondern vielmehr auf qualitative Beschreibungen der Botschaft, die beispielsweise von der Werbung oder der Außendienstkommunikation, den gewählten Distributionskanälen und dem Preisniveau ausgehen soll. Zur langfristigen Marketing-Mix-Planung gehört darüber hinaus auch ein Entwurf etwaiger Änderungen des Mitteleinsatzes, die im Zeitablauf vorgesehen sind (z. B. Übergang von der Einführungswerbung zur Erinnerungswerbung oder stufenweise Preissenkungen bei einer Abschöpfungspreisstrategie).

2.5. Kurzfristige Marketing-Mix-Planung

In der Einjahres-Planung (und falls erforderlich zur zwischenzeitlichen Anpassung an Verhaltensweisen der Nachfrager, der Konkurrenten oder des Handels) sind die Marketing-Aktivitäten im einzelnen festzulegen. Dies setzt bei systematischem Vorgehen eine Schätzung der *Marktreaktionen* voraus (*Rüfenacht* 1979). Solche schon im Abschnitt 2.2. erwähnten *Wirkungsprognosen* beziehen sich zum Teil auf quantitative Aktivitätsniveaus (z. B. Preise, Werbebudgets), ebenso aber auch auf Gestaltungsqualitäten (z. B. Entwürfe von Werbeanzeigen oder Änderungen am Produktdesign). Im erstgenannten Fall kann unter Umständen auf Anhaltspunkte aus früheren statistischen Daten zurückgegriffen werden, während ansonsten experimentelle Feld- oder Labortests in Betracht zu ziehen sind. Oft stützt sich die Reaktionsschätzung wegen der knappen verfügbaren Zeit lediglich auf subjektive Expertenerwartungen.

Zwei Bedingungen sind für die kurzfristige Planung des Marketing-Mix wesentlich: Es muß wie bei der Langfristplanung darauf geachtet werden, daß keine isolierte Entscheidung über einzelne Instrumente vorbereitet wird, bei der *Interdependenzen* zwischen den Maßnahmen außer acht bleiben (etwa zwischen einer Preissenkung und dem Merchandising seitens des Verkaufsaußendienstes). Darüber hinaus ist zu prüfen, ob die auf kurze Sicht vorgesehenen Aktivitäten *im Einklang mit der Positionierungsstrategie* bleiben. Wenn dies wegen weitreichender Änderungen der Marktsituation nicht mehr möglich erscheint, ist die strategische Marketing-Mix-Planung entsprechend zu revidieren.

2.6. Erarbeitung von Marketing-Zielen

Der Prozeß der Zielbildung ist keine für sich abgegrenzte Phase der Marketing-Planung. Vielmehr besteht eine wechselseitige Verknüpfung mit allen konzeptionellen Schritten, die der Marktwahl und Marktbearbeitung gelten. Beim »Defining the Business« sind die allgemeinen Unternehmensziele maßgebend, nicht zuletzt auch die als »Business Mission« bezeichnete Vorstellung über die prinzipiellen Aufgaben der Unternehmenstätigkeit. Das langfristig geplante Sortiments-Portfolio muß mit dieser allgemeinen Rahmen-Vorgabe vereinbar sein. Aus dem *Soll-Portfolio* ableitbar sind *Ziele der Marktpenetration* (bisherige Produkte/bisherige Märkte), der *Marktentwicklung* (bisherige Produkte/neue Märkte), der *Produktentwicklung* (neue Produkte/bisherige Märkte) und der *Diversifikation* (neue Produkte/neue Märkte).

Mit der darauf folgenden Festlegung der Marktbearbeitungsstrategie verbinden sich in erster Linie *Positionierungsziele*. Aus der langfristigen Marketing-Mix-Planung entstehen

Mehrperiodenziele, das heißt angestrebte Zielausmaße, die nach einigen Jahren erreicht sein sollten. Sie können *nichtmonetärer* Art sein (wie Bekanntheitsgrade, Distributionsgrade, auf Mengenbasis errechnete Marktanteile) oder *monetärer* Art (wie Umsatz, Gewinne, Renditen). Im Zusammenhang mit der kurzfristigen Marketing-Mix-Planung konkretisieren sich diese Richtgrößen zu *Einjahresvorgaben*, die noch weiter nach Quartals- oder Monatsgrößen untergliedert werden können. Dabei lassen sich nun aufgrund der präzisierten Maßnahmenpläne genauere *Kosten-, Absatzmengen- und Erlösziele* erarbeiten als in der mehrjährigen Vorausschau.

Den verschiedenen Phasen der Marketing-Planung entspricht somit eine *Zielhierarchie* mit »nach unten« (das heißt auf kürzere Sicht) zunehmender Detaillierung und Konkretisierung der Vorgaben. Für eine laufende Fortschrittskontrolle empfiehlt sich die Planung sogenannter *Ziel-Trajektorien*, aus denen hervorgeht, wie sich die Zielgrößen über die einzelnen Perioden hinweg entwickeln müßten, damit eine längerfristig angestrebte Zielkonstellation erreicht wird (*Köhler* 1981). Zwischenzeitliche Ergebniskontrollen, die im Rahmen der *Gap-Analyse* Abweichungen von der Ziel-Trajektorie zeigen, ermöglichen dann rechtzeitige Korrekturmaßnahmen.

2.7. Budgetierung und Vorgabe der Maßgrößen für Ergebnisanalysen

Der Hinweis auf die längerfristige Steuerungsaufgabe von Ziel-Trajektorien deutet schon an, daß Ergebnisanalysen nicht nur operative Bedeutung haben. Wenn sie sich auf Abweichungen von Zwischenzielen beziehen (z.B. zu geringe Wiederkaufrate nach dem ersten Halbjahr einer Neuprodukt-Einführung), sind sie eine strategisch wichtige Frühwarn-Information (*Böhler* 1983). Es ist deshalb hilfreich, entsprechende Maßgrößen für Kontrollen aus der strategischen Marketing-Planung abzuleiten und vorzugeben. Ebenso ist die *Budgetierung*, das heißt die Zuteilung finanzieller Mittel auf Organisationseinheiten oder Projekte, keine bloß operative Angelegenheit. Es sollte auch auf längere Sicht geschätzt werden, welche finanziellen Konsequenzen aus der Mitwirkung bestimmter Organisationseinheiten an der Strategieverwirklichung entstehen.

In der kurzfristigen Marketing-Planung sind dann allerdings – analog zur Konkretisierung der Zielhierarchie – genauere Budgets und Sollvorgaben für Ergebniskontrollen möglich; denn erst in dieser Phase liegen die aktuellen Maßnahmenpläne und Wirkungsschätzungen vor. Dabei können aufgrund des jeweils neueren Informationsstandes Korrekturen an den auf weite Sicht konzipierten Budgets und Ergebnisprojektionen nötig werden.

3. Informationsgrundlagen und Planungstechniken

Die in Abschnitt 2. beschriebenen Planungsaufgaben sind nur mit ausreichender *Informationsbereitstellung* und mit Techniken der *Informationsverarbeitung* zu bewältigen. Die *Abb.3* gibt, mit einigen Beispielen, einen groben Überblick über die informationelle Unterstützung der Marketing-Planung.

Die *Marktforschung* ist für alle Teilaufgaben der Marketing-Planung relevant. Praktisch konzentriert sie sich aber bisher vorwiegend auf Beiträge zur Situationsanalyse (z.B. Paneldaten), zur Markt-Entwicklungsprognose (etwa durch statistische Auswertungen von Sekundärdaten) und zur kurzfristigen Wirkungsprognose des Marketing-Mix (z.B. Feld- und Laborexperimente). Die Planungsschritte zum »Defining the Business« sowie zur Festlegung der

Quellen der Informationsbereitstellung		Techniken der zukunftsbezogenen Informationsverarbeitung			
Marktforschung	Rechnungswesen	Such- und Strukturierungstechniken	Prognose- und Entscheidungsmodelle		Bewertungs- und Optimierungsmethoden
z.B. – Nutzung schon vorhandener Statistiken und Marktanalysen, einschließlich externer Datenbanken – Berichte des Verkaufs-Außendienstes – Laufende Paneldaten – Befragungen – Beobachtungsstudien – Feld- und Laborexperimente	z.B. – Absatz- und Kundenstatistik – Erfolgsanalysen durch Absatzsegmentrechnungen (nach Produkten/ Produktgruppen, Kunden/Kundengruppen, Auftragsgrößen, Verkaufsgebieten, Vertriebswegen) – Vorausschätzung der finanziellen Ergebnisse von Marketing-Aktivitäten	z.B. – Kreativitätstechniken – Abell-Schema – Suchfeldanalysen – Manche multivariaten Verfahren (beispielsweise Clusteranalysen)	z.B. – Szenarios – Regressionsmodelle – Stochastische Markenwahlmodelle – Modelle zur Abbildung von Entscheidungssituationen beim Einsatz der Marketing-Instrumente		z.B. – Simulationstechniken – Risikoanalysen – Methoden der mathematischen Programmierung
Verknüpfung im Rahmen von Marketing-Informationssystemen					

Abb. 3: Die informationelle Unterstützung der Marketing-Planung

Marktbearbeitungsstrategie und der langfristigen Marketing-Mix-Konzeption werden noch weitgehend auf intuitive Urteile gestützt, obwohl auch hierzu ein Informationspotential der Marktforschung verfügbar ist (unter anderem die Online-Nutzung externer Datenbanken oder Marktsegmentierungs- und Positionierungsstudien). Eine *strategische Marktforschung* als Bestandteil der Langfristplanung ist im Entstehen, aber noch nicht voll entwickelt (*Köhler* 1986).

Das betriebliche *Rechnungswesen* bietet sich vor allem als Informationsquelle für die Situationsanalyse an (z.B. Absatzsegmentrechnungen), ebenso aber auch für die Vorausschätzung der finanziellen Ergebnisse bestimmter Marketing-Aktivitäten (*Meffert* 1981).

Verhältnismäßig groß ist das Arsenal an Modellen und Methoden zur *Informationsverarbeitung*. Die symbolsprachliche Abbildung von Prognose- und Entscheidungsproblemen sowie die Nutzung mathematischer Bewertungs- und Optimierungsmethoden wurden in der deutschen Marketing-Literatur der siebziger Jahre viel diskutiert (*Krautter* 1973; *Hansen* 1974; *Weinberg/Behrens/Kaas* 1974; *Hammann* 1975; *Haedrich* 1977; *Köhler/Zimmermann* 1977; *Meffert/Steffenhagen* 1977). Nicht alle Vorschläge zur Konstruktion von Planungs- und Entscheidungshilfen haben sich als praktisch einsatzfähig erwiesen. Einige mathematische Planungstechniken finden aber durchaus Anwendung, besonders auf *operativem* Gebiet. Einen ausführlichen Überblick hierzu bietet *Diller* (1980). Relativ schwach entwickelt ist bisher die methodische Unterstützung der *strategischen* Marketing-Planung. Hier stehen bislang vor allem systematische Hilfsmittel der Alternativen-Suche zur Verfügung (*G. Müller* 1986). Unter den formalen Techniken (*Schadenhofer* 1982) zur längerfristigen Bewertung möglicher Produkt-Markt-Kombinationen hat, trotz ihrer Schwachpunkte, die Portfolio-Analyse recht große Verbreitung gefunden.

Eine Verknüpfung von Informationsbereitstellung und Informationsverarbeitung wird in computergestützten *Marketing-Informationssystemen* versucht, die Datenbanken sowie Modell- und Methodenbanken als Bausteine enthalten. Ein Beispiel dafür ist das von mehreren deutschen Firmen genutzte System EXPRESS, das interne Daten und externe Angaben (vor allem Panelinformationen) verbindet und methodisch auswertet (*Heinzelbecker* 1985). Beim jetzigen Stand von Marketing-Informationssystemen liegt der Nutzungsschwerpunkt noch eindeutig im operativen Bereich.

4. Prozeß und Organisation der Marketing-Planung

Beim Erarbeiten von Marketing-Plänen sind zwei grundsätzliche *Ablaufprobleme* zu lösen, die auch bestimmte *Anforderungen an die Planungsorganisation* stellen: Die im Abschnitt 2. beschriebenen Planungsaufgaben betreffen unterschiedlich weit definierte Objekte (vom einzelnen Produkt über Produktlinien bis zum gesamten Produktprogramm der Unternehmung). Dies ist das Problem des *Aggregationsniveaus* der Planung. Außerdem entstehen besondere Fragen im Hinblick auf die *konsistente Verbindung zwischen strategischer und operativer Marketing-Planung*.

4.1. Aggregationsniveau der Marketing-Planung

Vor allem in Multiprodukt-/Multimarkt-Firmen sind verschiedene Stufen der Organisationshierarchie am Planungsprozeß beteiligt (*Böhler* 1983): *Portfolio-Untersuchungen* und das »Defining the Business« beziehen sich auf das Sortiment der ganzen Unternehmung oder zumindest eines größeren Geschäftsbereiches; denn dabei geht es gerade um die Synergie mehrerer Produkt-Markt-Kombinationen. Dementsprechend sind hohe Führungsebenen einbezogen. Die Planung der *Marktbearbeitungsstrategie* ist immer dann für mehrere Produkte gemeinsam durchzuführen, wenn diese hinsichtlich der Nachfrage und/oder Konkurrenzbedingungen verwandt sind, also in diesem Sinne eine Produktlinie oder eine sogenannte strategische Geschäftseinheit bilden. Damit kann beispielsweise die Zuständigkeit eines Produktgruppen-Managements angesprochen sein. Die *Marketing-Mix-Planung* schließlich, vor allem auf kurze Sicht, muß grundsätzlich bis zu den einzelnen Produkten spezifiziert werden (z. B. bei der Preisplanung).

Die Abstimmung zwischen den Planungsebenen kann nicht nur »top down« geschehen. Zwar gibt letztlich die aus einer *Gesamtsicht* festzulegende Marktwahl und Marktbearbeitungsstrategie den Rahmen für produktbezogene Detailpläne vor. Auch die Vereinbarkeit zwischen Marketing-Zielen und übergreifenden Unternehmenszielen ist erst für den ganzen Marketing-Bereich sicherzustellen, bevor die endgültigen Zielvorgaben für enger abgegrenzte Organisationseinheiten verabschiedet werden können (*Becker* 1983). Die Planung auf hohen Aggregationsniveaus ist aber auf Informationsbereitstellungen aus den verschiedenen Teilmärkten angewiesen, so daß eine »bottom up«- Beteiligung unerläßlich ist.

4.2. Koordination strategischer und operativer Marketing-Planung

In der Praxis wird öfters beklagt, daß zwischen der konkreten Kurzfristplanung und strategischen Konzeptionsentwürfen keine genügend klare Verknüpfung bestehe. Zu dieser »Abkoppelung« kann es kommen, wenn Strategieaussagen so abstrakt formuliert sind, daß ihre Umsetzbarkeit eine offene Frage bleibt (z. B. bei sehr allgemeingehaltenen »Normstrategien« im Rahmen der Portfolio-Analyse; oder falls lediglich pauschal von »Differenzierungsstrategie«, »Nischenstrategie« usw. gesprochen wird). Bei der strategischen Marketing-Planung kommt es deshalb darauf an, daß die anvisierten Produkt-Markt-Felder genau definiert, die Positionierungsvorhaben präzisiert und die Grundsätze der Marketing-Mix-Gestaltung klar erläutert werden. Wesentliche Anhaltspunkte für operative Folgerungen ergeben sich im übrigen, wenn nichtmonetäre oder monetäre Ziele für mehrere Perioden in Form von *Ziel-Trajektorien* angegeben werden.

Die Überprüfung, ob der operative Marketing-Plan im Einklang mit dem Strategierahmen bleibt, fällt in den Aufgabenbereich von *Marketing-Audits*. Beispielsweise müßte es moniert werden, wenn bei der Zuteilung von Jahresbudgets strategisch gesetzte Prioritäten (etwa die Erschließung eines neuen Marktes) verletzt würden.

4.3. Konsequenzen für die Planungsorganisation

Die Koordinationsaufgaben im vertikalen Planungszusammenhang oder zur Abstimmung zwischen Strategie und Taktik verlangen besondere organisatorische Vorkehrungen über die übliche Stellen- und Abteilungsbildung hinaus. Die formelle Beschlußfassung über Pläne wird zwar in der Kompetenz bestimmter Linieninstanzen bzw. der Marketing-Gesamtleitung liegen (*Alewell* 1974). Ebenso können einzelne Planungsphasen schwerpunktartig bei jeweils anderen Linien- oder Stabseinheiten angesiedelt sein (*Pümpin* 1970); z. B. Teile der Situationsanalyse bei der Marktforschungsabteilung oder die kurzfristige Marketing-Mix-Planung bei Produkt-Managern. Ein hinreichender Informationsfluß, die Beachtung von Zusammenhängen und Konflikten sowie die Einigung auf ein tragfähiges Gesamtkonzept wird nur durch *Teamfor-*

men erreicht, die sich befristet der Plankoordination widmen. Planungsausschüsse oder Projektkomitees, in denen Angehörige der verschiedenen betroffenen Bereiche mitwirken, sind Beispiele dafür (*Sabel* 1977).

5. Empirische Befunde zur deutschen Praxis der Marketing-Planung

Einige jüngere Befragungen bei deutschen Firmen geben vor allem Aufschluß zu folgenden Fragen:

- Inwieweit werden Marketing-Pläne systematisch erarbeitet und formell dokumentiert?
- Wie ist der Prozeß der Marketing-Planung organisiert?
- Welche Planungstechniken werden im Marketing-Bereich eingesetzt und wovon hängt ihre tatsächliche Anwendung ab?

In einer Erhebung, die *Töpfer* 1981/82 bei deutschen Industrieunternehmungen durchführte, gaben 24% der befragten Firmen an, daß sie *umfassende* strategische Marketing-Konzepte erarbeiten (bei den Firmen mit mehr als 1.000 Beschäftigten waren es 30%). Dieser Prozentanteil mag recht niedrig erscheinen; immerhin sind es aber schon fast doppelt so viele Unternehmungen des Samples gewesen, die zu *Teilproblemen* des Marketing eine strategische Vorausschau entwickeln. Formelle Planungen im Rahmen des *operativen* Marketing gab es bei 81% der untersuchten Fälle (*Töpfer* 1984). Defizite sind in dieser Hinsicht vor allem bei Klein- und Mittelbetrieben festzustellen (*Freter* 1983).

Zur *Organisation* des strategischen Planungsprozesses konnte *Kreikebaum* in Feldstudien feststellen, daß »top down« *und* »bottom up« verlaufende Planungsprozesse als wesentlich für das Zustandekommen einer systematischen Planungskonzeption angesehen werden. Ebenso zeigte sich die hohe Bedeutung von Teambildungen in Ergänzung zu den Planungszuständigkeiten von Linien- oder Stabsstellen (*Kreikebaum* 1985).

Am ausführlichsten beziehen sich die vorliegenden empirischen Studien auf den Verbreitungsstand von *Planungstechniken im Marketing.* Dabei handelt es sich um detaillierte beschreibende Angaben über die Verwendungshäufigkeit ganz bestimmter Prognose-, Bewertungs- und Optimierungsmethoden. Vor allem aber konnte gezeigt werden, daß objektorientierte Organisationsstrukturen (wie Divisionalisierung, Produkt-Management, Kunden-Management) die Tendenz zur methodisch untermauerten Marketing-Planung fördern (*Uebele* 1980; *Köhler* 1984; *Köhler/Uebele* 1986).

Literatur

a) Einführende Literatur

Alewell, K. (1974): Absatzplanung. In: Handwörterbuch der Betriebswirtschaft, 4.Aufl., Bd.1 (Hrsg.: E. Grochla / W. Wittmann), Stuttgart 1974, Sp. 64–78.
Diller, H. (Hrsg.) (1980): Marketingplanung. München 1980.
Köhler, R. (1981): Grundprobleme der strategischen Marketingplanung. In: Die Führung des Betriebes (Hrsg.: M.N. Geist / R. Köhler), Stuttgart 1981, S. 261–291.
Meffert, H. (1986): Marketing. 7.Aufl., Wiesbaden 1986.
Pümpin, C.B. (1970): Langfristige Marketingplanung. 2.Aufl., Bern, Stuttgart 1970.
Sabel, H. (1977): Absatzplanung. In: Handwörterbuch der Wirtschaftswissenschaft, Bd.1 (Hrsg.: W. Albers et al.), Stuttgart, New York et al. 1977, S. 20–31.

b) Weiterführende Literatur

Abell, D.F. (1980): Defining the Business. The Starting Point of Strategic Planning. Englewood Cliffs, N.J. 1980.
Abell, D.F. / Hammond, J.S. (1979): Strategic Market Planning. Englewood Cliffs, N.J. 1979.
Becker, J. (1983): Grundlagen der Marketing-Konzeption. München 1983.
Böhler, H. (1977): Methoden und Modelle der Marktsegmentierung. Stuttgart 1977.
Böhler, H. (1983): Strategische Marketing-Früherkennung. Habilitationsschrift Köln 1983.
Brockhoff, K. (1985): Abstimmungsprobleme von Marketing und Technologiepolitik. In: Die Betriebswirtschaft, 45.Jg., 1985, S. 623–632.
Cravens, D.W. (1982): Strategic Marketing. Homewood, Ill. 1982.
Fiedler, J. (1977): Marketingplanung. In: Marketing (Hrsg.: L.G. Poth), Abschnitt 3.1.1., Neuwied 1977, S. 1–33.
Freter, H. (1983): Marketing-Strategien im Mittelstand. In: Märkte, Mitarbeiter, Management. Erfolgreiche Führung kleiner und mittlerer Unternehmen (Hrsg.: E. Gabele), Bamberg 1983, S. 23–46.
Fronhoff, B. (1986): Die Gestaltung von Marketingstrategien. Bergisch Gladbach, Köln 1986.
Gälweiler, A. (1979): Marketingplanung im System einer integrierten Unternehmungsplanung. In: Marketing (Hrsg.: L.G. Poth), Abschnitt 3.1., Neuwied 1979, S. 1–52.
Geist, M. (1963/1974): Selektive Absatzpolitik auf der Grundlage der Absatzsegmentrechnung. 1.Aufl., Stuttgart 1963. 2.Aufl., Stuttgart 1974.
Gollnow, C. (1974): Kundenstruktur. In: Marketing Enzyklopädie, Bd.2, München 1974, S. 233–239.
Gutenberg, E. (Hrsg.) (1962): Absatzplanung in der Praxis. Wiesbaden 1962.
Haedrich, G. (Hrsg.) (1977): Operationale Entscheidungshilfen für die Marketingplanung. Berlin, New York 1977.
Hammann, P. (1975): Entscheidungsanalyse im Marketing. Berlin 1975.
Hansen, H.R. (Hrsg.) (1974): Computergestützte Marketing-Planung. München 1974.
Hansen, U. (1982): Die Stellung der Konsumenten im Prozeß der unternehmerischen Produktentwicklung. In: Marketing, Zeitschrift für Forschung und Praxis, 4.Jg., 1982, S. 27–36.
Heinzelbecker, K. (1985): Marketing-Informationssysteme. Stuttgart, Berlin, Köln, Mainz 1985.
Hoffmann, J. (1983): Die Konkurrenz. Erkenntnisse für die strategische Führung und Planung. In: Praxis der strategischen Unternehmensplanung (Hrsg.: A. Töpfer / H. Afheldt), Frankfurt am Main 1983, S. 183–205.
Hoffmann, K. (1979): Die Konkurrenzuntersuchung als Determinante der langfristigen Absatzplanung. Göttingen 1979.
Huber, M. (1983): Markt-Konkurrenz-Angebotskombinationen. Diss. St. Gallen 1983.
Hüttner, M. (1982): Markt- und Absatzprognosen. Stuttgart, Berlin, Köln, Mainz 1982.
Köhler, R. (1984): Marketingplanung in Abhängigkeit von Umwelt- und Organisationsmerkmalen. In: Marktorientierte Unternehmungsführung (Hrsg.: J. Mazanec / F. Scheuch), Wien 1984, S. 581–602.
Köhler, R. (1986): Entwicklungsperspektiven der Marktforschung aus der Sicht des strategischen Managements. In: Zukunftsaspekte der anwendungsorientierten Betriebswirtschaftslehre (Hrsg.: E. Gaugler / H.G. Meissner / N. Thom), Stuttgart 1986, S. 111–138.
Köhler, R. / Krautter, J. (1988): Marketingplanung. In: Handwörterbuch der Planung (Hrsg.: N. Szyperski), erscheint Stuttgart 1989.
Köhler, R. / Uebele, H. (1986): Planning Techniques: Conditions for their Application and Acceptance. In: Empirical Research on Organizational Decision-Making (Hrsg.: E. Witte / H.-J. Zimmermann), Amsterdam, New York, Oxford, Tokyo 1986, S. 139–170.
Köhler, R. / Zimmermann, H.-J. (Hrsg.) (1977): Entscheidungshilfen im Marketing. Stuttgart 1977.
Krautter, J. (1973): Marketing-Entscheidungsmodelle. Wiesbaden 1973.
Kreikebaum, H. (1981): Strategische Unternehmensplanung. Stuttgart, Berlin, Köln, Mainz 1981.
Kreikebaum, H. (1985): Ansätze der strategischen Marketingplanung und Probleme ihrer organisatorischen Umsetzung. In: Strategisches Marketing (Hrsg.: H. Raffée / K.-P. Wiedmann), Stuttgart 1985, S. 283–298.
Meffert, H. (1981): Absatzplanungsrechnung. In: Handwörterbuch des Rechnungswesens. 2.Aufl. (Hrsg.: E. Kosiol / K. Chmielewicz / M. Schweitzer), Stuttgart 1981, Sp. 12–19.
Meffert, H. / Steffenhagen, H. (1977): Marketing-Prognosemodelle. Stuttgart 1977.
Müller, G. (1986): Die Identifikation neuer Geschäfte: Strategische Suchfeldanalysen zur Überwindung struktureller Stagnation. Habilitationsschrift Stuttgart 1986.
Müller, W. (1981): Zum Gerüst der Konkurrenzpolitik. In: Die Führung des Betriebes (Hrsg.: M.N. Geist / R. Köhler), Stuttgart 1981, S. 293–309.

Müller, W. (1986): Planung von Marketing-Strategien. Frankfurt am Main, Bern, New York 1986.
Neumann, U.E. (1971): Kurzfristige Absatzplanung. Diss. Bochum 1971.
Porter, M.E. (1980): Competitive Strategy. New York 1980.
Porter, M.E. (1985): Competitive Advantage. New York 1985.
Robens, H. (1986): Modell- und methodengestützte Entscheidungshilfen zur Planung von Produkt-Portfoliostrategien. Frankfurt am Main, Bern, New York 1986.
Rüfenacht, P. (1979): Operative Marketingplanung. Diss. St. Gallen 1979.
Saval, G.A. (1972): Rationale Absatzplanung. Wiesbaden 1972.
Schadenhofer, L. (1982): Analyseinstrumente für die strategische Marketingplanung. Wien 1982.
Schobert, R. (1980): Positionierungsmodelle. In: Marketingplanung (Hrsg.: H. Diller), München 1980, S. 145–161.
Servatius, H.-G. (1985): Methodik des strategischen Technologie-Managements. Berlin 1985.
Sundhoff, E. (1970): Absatzplanung. In: Handwörterbuch des Rechnungswesens. 1. Aufl. (Hrsg.: E. Kosiol), Stuttgart 1970, Sp. 12–25.
Töpfer, A. (1984): Erfolgsfaktoren des strategischen Marketing in deutschen Unternehmen. In: Strategisches Marketing (Hrsg.: N. Wieselhuber / A. Töpfer), Landsberg am Lech 1984, S. 49–66.
Uebele, H. (1980): Einsatzbedingungen und Verhaltenswirkungen von Planungstechniken im Absatzbereich von Unternehmen. Diss. Aachen 1980.
Walters, M. (1984): Marktwiderstände und Marketingplanung. Wiesbaden 1984.
Weinberg, P. / Behrens, G. / Kaas, K.P. (Hrsg.) (1974): Marketingentscheidungen. Köln 1974.
Wiedmann, K.-P. / Kreutzer, R. (1985): Strategische Marketingplanung – Ein Überblick. In: Strategisches Marketing (Hrsg.: H. Raffée / K.-P. Wiedmann), Stuttgart 1985, S. 61–141.
Wieselhuber, N. / Töpfer, A. (Hrsg.) (1984): Strategisches Marketing. Landsberg am Lech 1984.

III. Grundprobleme der strategischen Marketing-Planung*

1. Aufgaben der strategischen Marketing-Planung

1.1. Vorbemerkung

In der Diskussion über Führungskonzeptionen zeichnet sich seit den 1970er Jahren eine auffällige Entwicklung ab: die betriebliche Planung, in früheren Jahrzehnten eher als »derivative« Aufgabe zur technischen Unterstützung von Leitungsinstanzen verstanden, wird verstärkt unter *strategischen* Gesichtspunkten und damit als unmittelbarer Bestandteil grundlegender Führungsprozesse gesehen. Unter einem erweiterten Blickwinkel, der die Umsetzung solcher Pläne in konkrete Maßnahmen und die damit verbundenen Steuerungsprobleme, die systematische Suche nach Früherkennungsinformationen sowie Überlegungen zur Personal- und Organisationsentwicklung einschließt, ist immer häufiger vom »strategischen Management« die Rede.[1]

Die Literatur zu diesen Stichwörtern ist seit etwa 1976 sprunghaft angewachsen. In der Praxis der Unternehmensberatung nimmt die strategische Unternehmensführung in den jüngsten Jahren einen vorrangigen Platz im Angebots- und Auftrags-»Portfolio« vieler Beratungsgesellschaften ein.[2]

Das bereits 1953 erschienene Hauptwerk von Curt *Sandig* – «Die Führung des Betriebes. Betriebswirtschaftspolitik« – enthält die Begriffe »strategische Planung« oder »strategisches Management« nicht. Ebensowenig sind sie in der 1966 unter dem Titel »Betriebswirtschaftspolitik« veröffentlichten 2. Auflage des Buches ausdrücklich genannt. Dennoch haben *Kirsch/Bamberger* in einem Aufsatz anläßlich des 75. Geburtstages von Curt *Sandig* konstatiert: »Wir sind der Meinung, daß die betriebswirtschaftliche Forschung auf dem Gebiet der Unternehmenspolitik und der strategischen Planung größere Fortschritte gemacht hätte, wenn man den Weg konsequenter beschritten hätte, den Anfang der 50er Jahre Sandig mit seinem Hauptwerk »Betriebswirtschaftspolitik« vorgezeichnet hat«.[3]

Bei *Sandig* wird ein Kernstück des strategischen Denkens – nämlich die Entwicklung unternehmerischer Ideen, oberster Sachziele und entsprechender Produkt-Markt-Beziehungen – mit dem Ausdruck »*Konzeption*« angesprochen. Es wird auf das vielfach festzustellende Versäumnis hingewiesen, »die Unternehmungsidee in vorausschauender Sorge weiterzuentwickeln«, obwohl »das Wachhalten, das Überdenken, das Weiterentwickeln der Grundkonzeption für die Führung« umso wichtiger sei, »je beweglicher ... das Marktgeschehen sich bietet«.[4] Der auf potentielle Abnehmer abzielenden Sortimentspolitik komme in diesem Zusammenhang eine tragende Rolle zu, so daß sie nicht lediglich ein Instrument unter anderen darstellt, sondern weiterreichende absatzpolitische Bedeutung besitzt.[5]

Eine Konzeption im oben angedeuteten Sinne dient nach Auffassung *Sandigs* als Basis für die eigentliche Planung, wenn es auch andererseits recht häufig vorkomme, daß ins einzelne gehende Pläne ohne Konzeptionsgrundlage erstellt werden. Wo allerdings »hinter den Maß-

---

* Ursprünglich erschienen in: Die Führung des Betriebes (Hrsg.: M.N. Geist / R. Köhler), Stuttgart 1981, S. 261–291.

nahmen gar keine Konzeption steht, da kann auch nicht mehr von Betriebswirtschaftspolitik die Rede sein«.[6]

Die Zitate machen deutlich, daß hier in anderer Terminologie wesentliche Gesichtspunkte der heute so genannten strategischen Führung anklingen: das Erfordernis, die Tätigkeitsfelder der Unternehmung durch grundlegende, marktbezogene Problemlösungsideen abzustecken; der innovative Wandel dieses Problemlösungsangebots unter rechtzeitiger Berücksichtigung von Umweltveränderungen; die Erweiterung der Produktprogramm- bzw. Sortimentsanalyse zu einer umfassenderen, ebenfalls betont marktgerichteten Portfolio-Betrachtung; nicht zuletzt der Entwurf globaler, aber in weiteren Schritten konkretisierbarer Zielvorstellungen für die Unternehmung.

Die von *Sandig* noch recht dezidiert gezogene Trennungslinie zwischen Konzeption und Planung wird aus strategischer Sicht *nicht* beibehalten; denn es gibt eine »konzeptionelle Planung der Unternehmenspolitik, die hin und wieder als der Kern einer strategischen Planung vorgestellt wird«.[7] Dabei können bestimmte Planungstechniken das Finden konzeptioneller Einfälle erleichtern.

Im *vorliegenden Beitrag* wird nun in etwas engerer Abgrenzung des Themas versucht, die wesentlichen Aufgaben einer strategischen *Marketing*-Planung zu umreißen. Dabei werden die Verflechtungen des (absatz-)marktbezogenen Planungsbereiches mit den anderen betrieblichen Sektoren keineswegs übersehen; sie stehen aber weniger im Mittelpunkt der folgenden Überlegungen. Es geht hier also nicht um den Entwurf eines umfassenden strategischen »Corporate Planning«-Konzeptes. Vielmehr soll vor allem gezeigt werden, welche Schritte im einzelnen zur Systematik einer grundlegenden, innovativen und längerfristigen Ausrichtung auf die Absatzmärkte gehören.

Organisatorisch kann diese sachinhaltliche Systematik letztlich Angehörige verschiedener – nicht nur der obersten – Führungsebenen einschließen, ohne daß jedoch diese organisatorisch-vertikale Zuordnung nachstehend immer ausdrücklich genannt ist. (So werden beispielsweise im Abschnitt 5. strategische Ziele bis hin zur Ebene der Produkt-Manager detailliert.)

1.2. Allgemeine Merkmale der strategischen Marketing-Planung

Als Hauptanliegen jeder Unternehmensstrategie wird ganz grundsätzlich die *Erschließung und Sicherung von Erfolgspotentialen* hervorgehoben. »Die Analyse der Erfolgsquellen und die Entwicklung langfristig angelegter Konzepte zur Zukunftssicherung der Unternehmung stehen im Mittelpunkt und bilden im Kern den Bereich der strategischen Planung«.[8]

Diese umfassende Sicht schließt nicht allein die Auseinandersetzung mit der unternehmensexternen Sphäre (vor allem die Gestaltung der Marktbeziehungen) ein, wenn auch die *Umweltdynamik* als Hauptanlaß für das Erfordernis strategischen Denkens zu nennen ist. Die Schaffung und Nutzung von Erfolgspotentialen verlangt darüber hinaus, daß wesentliche unternehmensinterne Einflußgrößen – wie Forschung und Entwicklung, Fertigungstechnologie, Organisationsstruktur und »Management Development« – in längerfristiger Vorausschau konzipiert werden.

Die *strategische Marketing-Planung* ist Kern-*Bestandteil* der *strategischen Unternehmensplanung*.[9] Sie beschäftigt sich schwerpunktartig mit

– Analysen der Bedarfs- bzw. Wettbewerbsbedingungen und ihres Wandels;
– der Abgrenzung und Auswahl von Marktfeldern, auf denen die eigene Unternehmung mit bestimmten Problemlösungsangeboten tätig sein will;
– der systematischen Gesamtsicht dieser Produkt-Markt-Beziehungen, d.h. ihres Zusammen-

wirkens im Hinblick auf die Erfüllbarkeit von Marketing-Zielen bzw. übergreifenden Unternehmenszielen;
- der Festlegung einer Generallinie für Gestaltung und Einsatz aller absatzpolitischen Instrumente bei jeder Produkt-Markt-Kombination.

Die strategische Marketing-Planung, deren Grundsatzaufgaben hiermit erst einmal in großen Zügen angedeutet sind, ist selbstverständlich mit den innerbetrieblichen Problemgebieten der Unternehmensstrategie vielfältig verknüpft, soweit durch marktgerichtete Vorhaben Fragen der Investition und Finanzierung, der Forschung, Entwicklung und Produktion sowie der Organisationsgestaltung und Personalpolitik berührt werden. Es können im übrigen von den *Beschaffungsmärkten* so wesentliche Restriktionen ausgehen, daß diese Marktseite zumindest begrenzte Zeit dominierend für die Strategiensuche im Bereich des Absatzes wird.[10]

Trotz dieser wechselseitigen Verflechtung absatzorientierter Marketing-Strategien mit der unternehmensinternen und beschaffungsbezogenen Situation lassen sich bestimmte Planungs- und Kontrollschritte abgrenzen, die zuerst einmal einen *konzeptionellen Rahmen für das Absatzmarketing* begründen. Damit wird eine Zerlegung des gesamten Strategieproblems in Teilkomplexe vorgenommen, ohne jedoch die Nahtstellen zu den übrigen betrieblichen Planungsbereichen zu durchtrennen.

1.3. Ein Stufenkonzept der strategischen Marketing-Planung

Wenn im folgenden eine Auflistung gedanklich unterscheidbarer Analyse- und Handlungsschritte dargestellt wird, so ist dieses Stufenkonzept nicht so zu verstehen, als ob es sich dabei um einen eindeutig geordneten Ablauf hintereinandergeschalteter Phasen handle. Es geht vielmehr nur darum, wichtige Ansätze zur planerischen Entwicklung und zur Durchführung einer Marketing-Strategie in ihrem *Zusammenhang* anzudeuten, der Überlappungen und vielfältige Rückverbindungen durchaus einschließt.

Ein solches Rahmenschema trägt praktisch aber auch dazu bei, längerfristige Vorausüberlegungen nach *Teilanforderungen* – die dann jeweils den Bedarf an *methodischer Unterstützung* deutlicher werden lassen – zu systematisieren. Es fehlt sonst (so eine Bemerkung von Praktikerseite) »die koordinierende Wirkung formal »verfaßter« Strategien. Strategisches Denken verlangt ein hohes Maß an Phantasie. Dennoch soll man die Bedeutung formaler Aspekte bei diesem Prozeß nicht unterschätzen«.[11]

Nicht zuletzt wird hier ein *mehrstufiger* Aufgabenzusammenhang skizziert, weil die jüngeren Erörterungen zur strategischen Planung nach Ansicht des Verfassers zu einseitig die sog. Portfolio-Analyse in den Mittelpunkt stellen – ein zwar sicherlich hilfreiches Untersuchungsverfahren, das aber für sich allein genommen Gefahr läuft, eher diagnostizierend und nicht wirklich zukunftsorientiert genug angewandt zu werden.

In den weiteren Abschnitten dieses Beitrags wird auf die in Abb. 1 genannten Unterpunkte der strategischen Marketing-Planung eingegangen, die die Portfolio-Analyse untermauern bzw. ergänzen[12]:

Die am rechten Rand der Abbildung 1 angebrachten Pfeilverbindungen deuten an, daß es sich nicht um eine eindeutig sukzessive Aufgabenfolge handelt, sondern daß sich die Planungsteilbereiche wechselseitig überlagern können. Die Fragen der organisatorischen Verankerung – d.h. der strukturellen Rahmenbedingungen, die dem Planungsablauf förderlich oder bei unzweckmäßiger Gestaltung hinderlich sein können – umgreifen alle anderen Aspekte. Hier wird die enge Verzahnung von strategischer Marketing-Planung und allgemeiner Unternehmensführung besonders augenfällig.

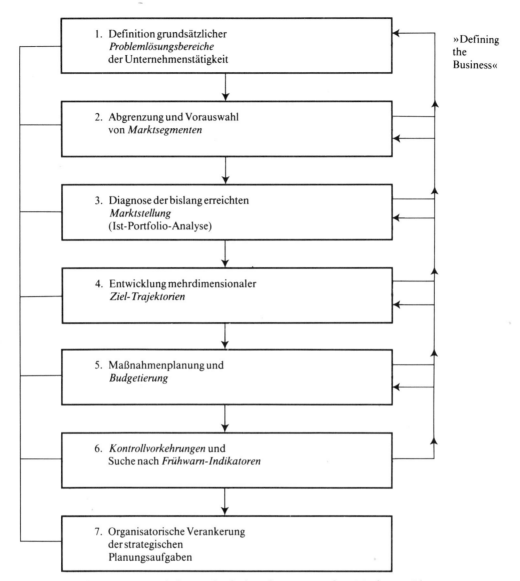

Abb.1: Die wesentlichen Teilaufgaben der strategischen Marketing-Planung

2. Definition grundsätzlicher Problemlösungsbereiche der Unternehmenstätigkeit

In den letzten Jahren ist den Analysetechniken zur *Beurteilung* bestehender Geschäftsfelder besondere Aufmerksamkeit gewidmet worden. Dies hat dazu geführt, daß die Basisüberlegung, wie die marktbezogene Unternehmenstätigkeit unter dynamischen Gesichtspunkten neu abgesteckt werden könnte, etwas in den Hintergrund gerückt ist. Mit Recht kritisiert *Abell*, daß damit der eigentliche Ausgangspunkt von Strategieentwürfen vernachlässigt werde, was schließlich – trotz aller Verfeinerung der diagnostischen Verfahren – zu einer eher statischen Betrachtungweise führe.[13]

Bei der grundlegenden Beschreibung der künftigen marktgerichteten Betätigung geht es im Kern um nichts anderes als das, was *Sandig* unter den Führungsentscheidungen konstitutiver Art als »Wahl des Unternehmungsgegenstandes« und als »Unternehmungsidee« – die aber immer wieder zu überprüfen und weiterzuentwickeln sei – umschrieben hat.[14] Diese Suche nach der Generallinie des unternehmerischen Leistungangebots ist in hohem Maße ein kreativer, oft von spontanen Eingebungen getragener Prozeß, der sich aber andererseits durch bestimmte *Untersuchungsraster* bzw. Denkverfahren ordnen, unterstützen und ausdrücklich in einen strategischen Planungsablauf eingliedern läßt.[15]

Das Erfordernis solcher systematischen Denkhilfen wird in diesem Zusammenhang umso ausgeprägter, je heterogener (insbes. bei Großunternehmungen) die bereits bestehende Produktpalette ist. Hier erscheint es oft kaum mehr möglich, *die* umfassende Unternehmensidee aus einem Guß zu formulieren, wie dies in der Gründerzeit vorstellbar gewesen sein mag. Es muß vielmehr eine gedankliche (und dann auch organisatorische) Zerlegung des Leistungsspektrums in miteinander vereinbare Teilbereiche erfolgen, für die jeweils gezielt und methodengestützt nach neuen Bedarfsdeckungspotentialen gesucht werden kann.

Weitgehende Einigkeit besteht heute darüber, daß es strategisch unzureichend ist, das für die Zukunft ins Auge gefaßte Aufgaben- und Tätigkeitsgebiet einer Unternehmung allein durch Angabe von *Produkten* zu definieren (wiewohl sich historisch gesehen u.a. für Aktiengesellschaften viele Beispiele finden lassen, bei denen die Satzung den Gegenstand der Unternehmung unter Hinweis auf die Produktion und den Vertrieb einer bestimmten Produktart umschrieben hat). In seinem inzwischen schon als »klassisch« zu bezeichnenden Aufsatz »Marketing Myopia« hat Theodore *Levitt* vor 20 Jahren dargelegt, daß eng produktbezogen formulierte Sachziele zur Kurzsichtigkeit gegenüber Bedarfsentwicklungen und Marktveränderungen führen können.[16] *Levitt* betont, daß eine weitblickende Kennzeichnung des Unternehmensgegenstandes nicht bloß auf die gegenwärtig vorhandenen Erzeugnisse, sondern auf *grundsätzliche Problemlösungsmöglichkeiten* abzustellen habe (etwa auf die Lösung von Verpackungsproblemen statt auf die Herstellung von Metallbehältern; auf die Bewältigung von Dokumentations-, Planungs- und Kommunikationsproblemen statt auf die Produktion von EDV-Anlagen; auf die Auseinandersetzung mit logistischen Problemen statt auf die Fertigung von Lastkraftwagen usw.). Diese Sichtweise ist weitgehend Allgemeingut für die Formulierung sogenannter »Marketing-Philosophien« geworden.

Allerdings findet sich auch Kritik, daß das von *Levitt* vorgeschlagene Konzept unter Planungs- und Führungsgesichtspunkten zu allgemein und unverbindlich bleibe. Um eine tatsächlich umsetzbare strategische Grundlage zu finden, müsse der generelle Problemlösungsbezug durch zusätzliche Merkmale konkretisiert werden.[17]

Ein ebenfalls sehr bekanntgewordener Schritt in diese Richtung geht auf *Ansoff* zurück.[18] Anhand seiner vielzitierten Produkt-Markt-Matrix unterscheidet *Ansoff* 4 Möglichkeiten, wie ein zuerst in groben Umrissen abgesteckter Unternehmensgegenstand in genauer faßbare Kombinationen von Käufer-Zielgruppen und Produkten aufgegliedert werden kann:

– Angebot vorhandener Produkte in bisherigen Märkten (*Marktdurchdringung*)
– Angebot vorhandener Produkte in neuen Märkten (*Marktentwicklung*)
– Angebot neuer Produkte in bisherigen Märkten (*Produktentwicklung*)
– Angebot neuer Produkte in neuen Märkten (»*Diversifikation*«).

Die dementsprechende Vierfelder-Matrix stellt einen gewissen Orientierungsrahmen für die umrißhafte Erörterung strategischer Handlungsalternativen dar. Sie soll dazu anregen, die einzelnen Matrixfelder mit denkbaren branchen- bzw. unternehmensspezifischen Beispielen auszufüllen, um systematisch zur Beschreibung und Auswahl künftiger Absatzmöglichkeiten zu gelangen.

Dennoch bleibt auch der Ansoff'sche Vorschlag ein verhältnismäßig allgemeingehaltener Grobraster, der mit seinen zwei Dimensionen »Produkt« und »Markt« nicht hinreichend dazu auffordert, Erfolgspotentiale aus der Beschreibung von *Problemlösungsbereichen* – und zwar in konkreterer Abgrenzung als bei *Levitt* – abzuleiten.

Jüngst hat nun *Abell* (1980) einen Versuch unterbreitet, mögliche Problemfelder der Unternehmenstätigkeit nach *drei Betrachtungsdimensionen* abzustecken. Mit seinem Buch »Defining the Business. The Starting Point of Strategic Planning« legt er die erste, anhand vieler praktischer Beispiele illustrierte Monographie vor, die sich ausführlich mit dem grundlegenden Ausgangsschritt der strategischen Marketing-Planung beschäftigt. Dabei wird nicht mehr allein die etwas verkürzte Frage »Welche Produkte für welche Märkte?« gestellt; vielmehr werden »Märkte« näher nach Nachfragesektoren *und* Merkmalen der bedarfskonstituierenden Probleme beschrieben, während an die Stelle von »Produkten« die Angabe des Problembezugs («Functions») *und* der dafür in Frage kommenden Technologien tritt.[19] Beide Blickwinkel enthalten also gleichermaßen den Problem- bzw. Funktionsaspekt, so daß sie sich letztlich in einer dreidimensionalen Darstellung mit den Koordinaten
– »*Potentielle Nachfragesektoren*«
– »*Funktionserfüllung*« und
– »*Verwendete Technologien*«
zusammenfassen lassen.[20]

Die konkrete Unterteilung der Koordinaten ist durchaus branchenabhängig. Beispielsweise kann ein Verlagsunternehmen das Spektrum seiner grundsätzlichen Betätigungsmöglichkeiten in dem oben genannten Bezugsrahmen wie folgt darstellen (s. Abb. 2).

Die Einteilungen auf den drei Darstellungsachsen sind im Anfangsschritt der Systematisierung noch bewußt global gehalten, um erst einmal ganz prinzipielle Übersichten und Auswahlentscheidungen zu ermöglichen. Wenn so die Grobauswahl erfolgt ist, können tiefergehende Aufgliederungen der drei Ebenen folgen, wobei dann auch die anvisierten Nachfragesektoren in enger beschreibbare Marktsegmente aufzugliedern sind (s. dazu unten, Abschnitt 3.). Es handelt sich bei diesem Systematisierungsvorschlag also um eine stufenweise zu verfeinernde Denkhilfe, die die kreativen Ausgangsüberlegungen zur Strategieplanung anregen und nach wichtigen Ordnungsgesichtspunkten kanalisieren soll. Dabei bleibt durchaus Raum für unkonventionelle Zukunftsüberlegungen – im angeführten Verlagsbeispiel etwa für den Gedanken, eventuell das Angebot an allgemeinbildenden Informationen auf historisch-geographischem Gebiet (neben den Lektüremöglichkeiten) durch entsprechende *Reise*-Offerten zu ergänzen. Dies wäre eine Erweiterung in der Betrachtungsebene »Verwendete Technologien«.

Überhaupt sei darauf hingewiesen, daß sich der beschriebene Raster auch für weiterreichende *Diversifikations*-Überlegungen heranziehen läßt, indem man z.B. bestimmte Dimensionen in der bisher geläufigen Weise interpretiert und eine andere Dimension völlig »verfremdet« (etwa Suche nach ganz andersartigen Funktionserfüllungen in bisherigen oder neuen Nachfragesektoren auf Basis der im Betrieb vorhandenen Technologien).

Zusammenfassend läßt sich sagen: Auf der beschriebenen ersten Planungsstufe geht es um die *Generierung von Einfällen* und um eine *Basisentscheidung* über die längerfristig zu bearbeitenden Problemlösungsbereiche. Für diese erste Auswahlentscheidung müssen bereits Rahmenvorstellungen über die künftigen technologischen Fähigkeiten und finanziellen Möglichkeiten der Unternehmung, über die Entwicklung des Volumens verschiedener Nachfragesektoren und nicht zuletzt auch über die normativen Wertgrundlagen der Unternehmenstätigkeit (d.h. Standpunkte zur ethischen Beurteilung bestimmter »Funktions«-Erfüllungen) vorliegen. Je nach diesen Rahmenbedingungen kann es zu ganz unterschiedlichen Strukturen der für die Zukunft erwogenen Betätigungsfelder kommen, die man in der Abbildung 2 zeichnerisch durch verschiedene dreidimensionale Abmessungen verdeutlichen könnte:

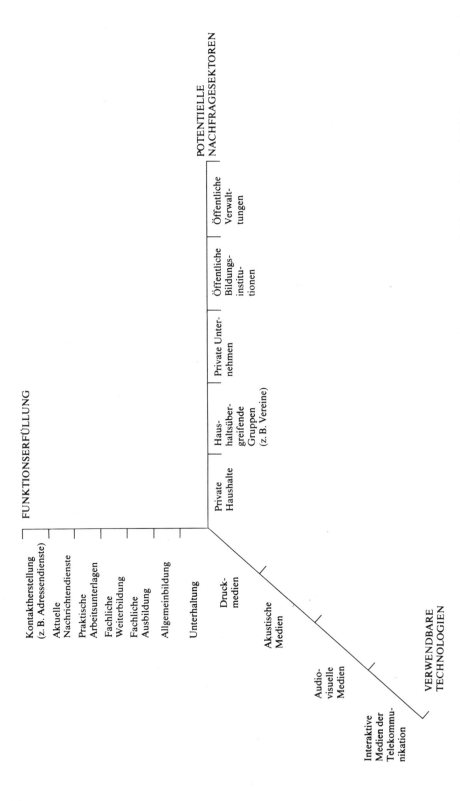

Abb. 2: *Dreidimensionaler Bezugsrahmen zur Grobsystematisierung unternehmerischer Betätigungsmöglichkeiten (Beispiel: Verlagsunternehmung)*

Ein Extremfall wäre die Konzentration auf *einen* Nachfragesektor und *eine* Art der Funktionserfüllung mit Hilfe *eines* bestimmten Technologietyps. Obwohl diese strategische Grundlinie u. U. für kleinere Unternehmungen mit sehr spezialisierten Leistungsmöglichkeiten zu erwägen ist, birgt sie (falls im Planungsablauf zu früh festgelegt) die Gefahr, den Blick auf neue längerfristige Erfolgspotentiale zu versperren. Schwerpunkte können andererseits *entlang* einer Dimensionsachse gesetzt werden, so daß sich eine Unternehmung beispielsweise dadurch zu profilieren sucht, daß sie in einem bestimmten Nachfragesektor eine Kernfunktion mit einem vielfältigen Technologieangebot erfüllt oder mit einer Technologie möglichst viele Funktionserfüllungen zu erreichen sucht.

Der Verzicht auf derart schwerpunktbildende Vorentscheide bedeutet, daß man sich in den nachfolgenden strategischen Analyseschritten noch viele Möglichkeiten offenhalten will. Dies steht allerdings im Konflikt mit dem Anliegen, die Planungsarbeit durch geeignete Heuristiken stufenweise immer stärker einzugrenzen.

3. Abgrenzung und Vorauswahl von Marktsegmenten

Für die am Beispiel der Abbildung 2 erläuterten drei Untersuchungsdimensionen werden – wie gesagt – erst einmal verhältnismäßig weit definierte Klassen von Technologien, »Funktionen« und Nachfragesektoren angegeben. Die daran anschließende Basis-Auswahlentscheidung (die im übrigen nach späteren Abschnitten des Planungsprozesses, etwa nach der Durchführung von Portfolio-Analysen, nochmals überprüfbar und revidierbar ist) grenzt ab, inwieweit die anfangs grobe Klasseneinteilung durch Feingliederungen zu ergänzen ist. Dabei bildet die nähere Unterteilung der ausgewählten *Nachfragesektoren*, d.h. die genauere Bestimmung der in einem solchen Sektor unterscheidbaren *Käufergruppen*, einen sinnvollen Ausgangspunkt für Detailangaben in den beiden anderen Dimensionen der Abbildung 2.

Bleiben wir im Verlagsbeispiel, das schon oben als ein Illustrationsfall diente: Wenn sich ein Verlag entschließt, außer bei Nachfragern im privaten Haushaltssektor einen weiteren Geschäftsschwerpunkt im Bereich privater Unternehmungen zu legen, so bietet sich dafür zum einen eine *Branchenuntergliederung* an, um z.B. näher definierte Leistungen mit der Funktionserfüllung »Praktische Arbeitsanleitungen« oder »Kontaktherstellung (z.B. Adressendienste)« gezielt anzubieten. Innerhalb der Branchen könnte zweitens ein Segmentierungsmerkmal darin bestehen, Unternehmungen mit oder ohne *interne Weiterbildungsinstitutionen* bzw. mit oder ohne spezifische *Ausbildungsabteilungen* zu unterscheiden; denn davon hängen die auf fachliche Aus- und Weiterbildung gerichteten Angebotsmöglichkeiten ab, ebenso aber auch die Einsetzbarkeit bestimmter Technologien (z.B. audiovisueller Medien, da die hierzu erforderlichen Wiedergabegeräte in eingerichteten Lehrinstitutionen eher zu erwarten sind). Die konkrete Feststellung dieses Segmentierungsmerkmals setzt allerdings entsprechende Primärerhebungen, etwa in Form kurzer schriftlicher Anfragen des Verlags, voraus.

Über alle Branchen hinweg lassen sich schließlich drittens Interessentengruppen innerhalb der Unternehmungen nach *fachlichen Zuständigkeitsbereichen* abgrenzen, wie z.B. Personalleiter, Einkaufsleiter, Verkaufsleiter usw. Für sie gelten wiederum besondere Bedarfsgesichtspunkte auf dem Gebiet der Weiterbildung, der unmittelbar anwendungsbezogenen Arbeitsunterlagen oder auch der aktuellen Nachrichtendienste.

Die weiter oben in Abbildung 2 genannten Nachfragesektoren stellen nur in einem sehr weitläufigen Sinne Klassen von Bedarfsträgern dar, die aber im ganzen doch noch sehr heterogen zusammengesetzt sein können. Die soeben angedeutete *Marktsegmentierung* stellt hingegen auf eine Unterscheidung potentieller Käufergruppen ab, die jeweils in sich – was

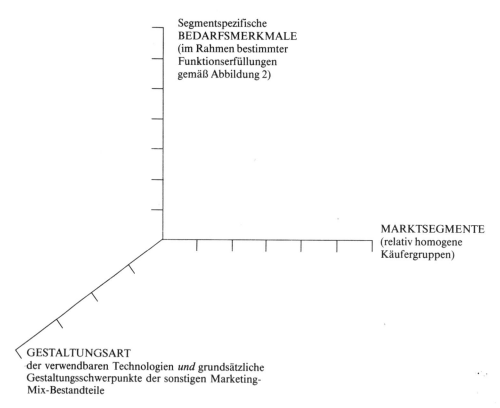

Abb. 3: Segmentspezifischer Bezugsrahmen zur näheren Kennzeichnung möglicher Strategiebereiche

Bedarf und Merkmale des voraussichtlichen Kaufverhaltens betrifft – weitgehend *homogen* sind. In dieser Untersuchungsstufe werden die drei Darstellungsdimensionen der Abbildung 2 in ein ähnliches, nun aber viel mehr ins einzelne gehendes Schema gemäß Abbildung 3 abgewandelt[21]:

Zu konkretisieren sind beim Analyseschritt nach Abbildung 3 nicht nur die Unterscheidungsmerkmale der potentiellen Käufergruppen, vielmehr auch die Angaben über segmentabhängige, besondere Anforderungen an das Leistungsangebot sowie über die technologisch mögliche Gestaltungsart der Leistungen. Aufgrund dieser segmentspezifischen Überlegungen können dann auch schon die Grundzüge der denkbaren Kommunikations-, Distributions- und Preisstrategien (d. h. der produktergänzenden Bestandteile des Marketing-Mix) mit angedeutet werden.

Insofern bestehen bereits hier, wenn auch erst in einer umrißhaften Vorstufe, Verbindungslinien zum späteren Schritt der »Maßnahmenplanung und Budgetierung« (s. Abschnitt 6.).

Auf die Frage, welche vielfältigen Klassifikationsmerkmale zur Beschreibung von Marktsegmenten in Betracht kommen, kann an dieser Stelle nicht näher eingegangen werden.[22] Es sei nur angemerkt, daß man sich bei der am Anfang des strategischen Planungsprozesses liegenden ersten *Vorauswahl* von Marktsegmenten wohl mit verhältnismäßig groben Einteilungen nach geographischen, demographisch/sozioökonomischen und allgemein-psychographischen (z. B. kaufmotivbeschreibenden) Eigenschaftsangaben begnügen muß. Eingehendere Untersuchungen zur Segmentabgrenzung, etwa markenspezifische Einstellungsmessungen, werden i.d.R. erst in späteren Planungsphasen erfolgen können, wenn es um genauere konkurrenzbezogene Analysen in den *endgültig* zur Bearbeitung ausgewählten Teilmärkten geht.

Ebenso werden in der besprochenen Vorstufe etwaige Schätzungen des Marktpotentials pro Segment sowie des kürzerfristig erreichbaren Marktvolumens und unternehmenseigenen Marktanteils nur ungefähre Größenordnungsurteile sein. Sie sollen, ohne genaueren prognostischen Anspruch, lediglich Anhaltspunkte für die vorläufige Selektion der künftigen Marktausrichtungen sein.

4. Diagnose der bislang erreichten Marktstellung (Ist-Portfolio-Analyse)

Die Bestimmung grundsätzlicher Problemlösungsbereiche (»Scope«) der Unternehmenstätigkeit im Sinne von Abbildung 2 wird *zusammen* mit der darauf aufbauenden, vertiefenden Segmentbetrachtung (s. Abbildung 3) in englischsprachigen Darstellungen als »Defining the Business« bezeichnet.[23] Wie schon gesagt, ist dieser Anfangsschritt der strategischen Marketing-Planung in der einschlägigen Fachdiskussion mitunter etwas vernachlässigt worden. Ein Großteil der Erörterungen und Veröffentlichungen konzentriert sich auf Techniken zur Beurteilung des Erfolgspotentials in *bestehenden* Geschäftsfeldern, während über Bezugsrahmen und Heuristiken zum *Auffinden* möglicher neuer Unternehmensgegenstände weniger gesagt wird.

Unter den formalen Techniken zur Beurteilung von Erfolgspotentialen hat die Portfolio-Analyse besondere Aufmerksamkeit gefunden. Hierbei sind sog. *Strategische Geschäftsfelder* der Unternehmung anhand erfolgbeeinflussender *Schlüsselfaktoren* zu bewerten, wobei diese Schlüsselfaktoren aus Gründen der übersichtlichen zeichnerischen Darstellbarkeit in der Regel zu einem zweidimensionalen *Beurteilungsraster* verdichtet werden. Auf die drei genannten Teilgesichtspunkte [24] ist im folgenden einzugehen.

4.1. Strategische Geschäftsfelder als Untersuchungsobjekte

Als Strategische Geschäftsfelder (SGF) werden üblicherweise bestimmte *Produkt-Markt-Kombinationen* einer Unternehmung bezeichnet, die sich voneinander in den nachfrage- und wettbewerbsbedingten Erfolgseinflüssen sowie in der Kostensituation unterscheiden, so daß sich jeweils die Entwicklung eigenständiger betriebswirtschaftlicher Handlungskonzeptionen empfiehlt.[25] Solche SGF sind in der Diagnosephase der strategischen Planung anhand ausgewählter ökonomischer Kriterien zu bewerten; hieraus läßt sich dann in der Gesamtbetrachtung über *alle* SGF ein zusammenfassendes Urteil zur Marktstellung der Unternehmung und zu den damit verbundenen Erfolgsaussichten ableiten.

Es stellt sich also zuerst einmal die Frage nach der mehr oder weniger weitzufassenden *Abgrenzung der Strategischen Geschäftsfelder*.

Eine zu detaillierte Aufgliederung mindert die Übersichtlichkeit und vermehrt die Analysearbeit; bei einer zu globalen Einteilung der Geschäftsfelder werden jedoch u. U. bei ein und demselben Beurteilungskriterium (z.B. Marktwachstum) günstige und ungünstige Gegebenheiten von vornherein miteinander vermengt.

Zu erwägen ist deshalb speziell bei der SGF-Bildung wiederum ein *Vorgehen in mehreren Schritten*:

In einem Ausgangsschritt, der sich an die Betrachtungsweise der Abbildung 2 anlehnen kann, sind zuerst einmal verhältnismäßig weitgefaßte SGF zu unterscheiden, um zu Schwerpunktbildungen zu gelangen. Ähnlich erwähnt *Henzler*, daß es sich als praktikabel erwiesen hat, eine Gruppierung Strategischer Geschäftsfelder »top-down« vorzunehmen, »d.h. aus der Sicht des Top-Managements und nicht »bottom-up« (von den Produkt-/Marktkombinationen aus)«[26]. Zusätzlich empfiehlt sich dann aber eine Überprüfung, inwieweit kleinere Geschäftsfelder nach Marktsegmenten – in denen besonderen Bedarfsmerkmalen unter Anwendung bestimmter Technologien entsprochen werden soll – abgrenzbar sind.

Der Ansicht *Dunsts*, daß Produkte auf verschiedener Technologiegrundlage in einem SGF zusammenzufassen seien, wenn sie dieselbe Verwendungsfunktion erfüllen [27], kann hier nicht ohne weiteres gefolgt werden. Es kommt darauf an, ob bei den technologisch ungleichartigen Produkten dieselbe Konkurrenzsituation gegeben ist oder nicht.

So können in dem oben schon mehrfach herangezogenen Verlagsbeispiel erhebliche Konkurrenzunterschiede und damit genau genommen zweierlei Geschäftsfelder bestehen, wenn Firmen mit eigenen Weiterbildungsinstitutionen für die Durchführung von Fachkursen einerseits Druckmedien, andererseits audiovisuelle Unterrichtsunterlagen angeboten bekommen sollen. Zur einigermaßen eindeutigen Beurteilung der Marktposition und der Erfolgsaussichten sollte eine getrennte Betrachtung der enger abgegrenzten zwei Geschäftsfelder nicht vernachlässigt werden.

Dieses Vorgehen schließt dann im weiteren keineswegs aus, daß man zusammenfassend doch wieder breiter abgesteckte Geschäftsfelder für übersichtliche Strategiedarstellungen und eventuell zur Bildung dafür zuständiger Organisationseinheiten (s. unten, Abschnitt 8.) bildet. Eine solche Aggregation dürfte aber eigentlich – wie gesagt – erst erfolgen, wenn die eingehende Diagnose nach Marktsegmenten, Bedarfsmerkmalen und Angebotstechnologien *hinreichende Ähnlichkeiten* bezüglich der erfolgbestimmenden Einflußgrößen (wie Marktwachstum, Konkurrenz, Kosten usw.) gezeigt hat. Insofern gelten für die abschließend-zusammenfassende Bildung größerer Strategischer Geschäftsfelder (aus zusätzlich untersuchten kleineren Geschäftsfeldern) die für *Clusteranalysen* üblichen Gesichtspunkte. *Sofern* die erwähnten Ähnlichkeitserfordernisse erfüllt sind, mag daraus z.B. im Verlagsfall ein global zu betrachtendes SGF »Lehrmaterial für Institutionen der fachlichen Weiterbildung« resultieren.

4.2. Erfolgbeeinflussende Schlüsselfaktoren

Um die für ein Strategisches Geschäftsfeld erreichte Marktstellung im Hinblick auf die damit verbundenen Erfolgsmöglichkeiten diagnostizieren zu können, werden empirisch gestützte Angaben über Haupteinflußgrößen der Erfolgsentstehung benötigt. Die gegenwärtig umfangreichste Datenbasis dieser Art stammt aus dem PIMS-Programm (*Profit Impact of Market Strategies*) des Strategic Planning Institute in Cambridge/Mass.[28] Mit Hilfe der multiplen Regressionsrechnung werden (quer über verschiedene Branchen) die Zusammenhänge zwischen fast 40 Einflußvariablen und dem »Return on Investment« (ROI) als abhängiger Variablen bzw. dem »Cash Flow« statistisch untersucht.[29] An den Erhebungen sind derzeit nahezu 250 Firmen mit etwa 1500 Strategischen Geschäftseinheiten (»Businesses«) beteiligt, darunter zwei bis drei Dutzend europäische Unternehmungen.[30] [30a]

Aufgrund der PIMS-Analysen wird immer wieder die große Bedeutung des *Marktanteils* für die Gewinnerzielung, den ROI und den Cash Flow hervorgehoben. Dies gilt sowohl für den Anteil einer Unternehmung am gesamten relevanten Markt als auch für den Quotienten »Eigener Marktanteil/Gemeinsamer Marktanteil der drei größten Wettbewerber« (= sog. *relativer Marktanteil*, der etwas abweichend von der PIMS-Definition oft auch als Verhältnis zwischen eigenem Marktanteil und Marktanteil des größten Konkurrenten – also nur *eines* ausgewählten Wettbewerbers – verstanden wird).

Zusammen mit der Größe *Marktwachstum* gesehen, wird der erfolgbestimmende Einfluß des Marktanteils vor allem durch das ebenfalls empirisch gestützte Konzept der sog. *Erfahrungskurve* erklärt: Die mit zunehmender Produktions- und Absatzmenge gesammelten Erfahrungen wirken kostensenkend. Aufgrund konkreter Untersuchungen wird behauptet, daß jede Verdoppelung der im Zeitablauf kumulierten Produktionsmenge einen Rückgang der für die Wertschöpfung anfallenden Stückkosten um 20 Prozent bis 30 Prozent ermögliche. Dabei ist eine Bewertung des in die Stückkosten eingerechneten Güterverbrauchs mit konstanten Geldeinheiten vorausgesetzt.[31]

Diese Zusammenhänge legen den Schluß nahe, daß bei der Beurteilung Strategischer Geschäftsfelder dem Marktanteil und dem voraussichtlichen Marktwachstum besondere Aufmerksamkeit zu schenken ist. Die PIMS-Untersuchungen berücksichtigen im übrigen aber auch noch (neben Angaben zur Investitionsintensität, zur Produktionsstruktur und zur Höhe des Marketing-Budgets in Relation zum Umsatz) u.a. Indizes, die ein Maß für die Produktqualität im Vergleich zu Konkurrenzprodukten ausdrücken sollen. Ein solcher Index errechnet sich »als Umsatzanteil der Produkte, die eindeutig besser im Vergleich zur Konkurrenz eingestuft werden können, minus dem Umsatzanteil der Produkte, die qualitätsmäßig schlechter kategorisiert werden«.[32] Da diese Urteile aus Kundensicht abgegeben werden sollen, sind damit als Schlüsselfaktor – wenn auch nur in äußerst globaler Weise – *Imagewerte* als Kennzeichen der erreichten Marktstellung mit berücksichtigt. (Die Korrelation des genannten Qualitätsindex mit dem ROI und Cash Flow wird vom Strategic Planning Institute als positiv angegeben.)

Wenn auch im einzelnen manche statistisch-methodische Vorbehalte gegen die mit PIMS ermittelten Zusammenhänge angeführt werden können [33], so haben diese Analysen doch eine Reihe begründeter Anhaltspunkte dafür geliefert, welche Einflußgrößen des Erfolgspotentials zur Bewertung Strategischer Geschäftsfelder beachtet werden sollten.

4.3. Darstellungsraster zur Veranschaulichung von Marktstellung und Erfolgspotential

Unter dem Stichwort »Portfolio-Analyse« sind einige graphische Darstellungstechniken recht üblich geworden, mit denen sich die Strategischen Geschäftsfelder einer Unternehmung übersichtlich in ein zweidimensionales Schema einordnen und beurteilen lassen. Den wohl höchsten Bekanntheitsgrad hat die sog. *Marktanteil-Marktwachstum-Matrix* erlangt, die auf Untersuchungen der Boston Consulting Group zurückgeht.[34] Auf der waagerechten Darstellungsachse wird (in logarithmischer Skaleneinteilung) der *relative* Marktanteil für das jeweilige Geschäftsfeld eingetragen; er ist hier definiert als das Verhältnis des unternehmenseigenen Marktanteils zu jenem des größten Wettbewerbers auf dem relevanten Markt. Werte größer als 1 (bzw. größer als 1,5) deuten auf eine eigene, mehr oder weniger ausgeprägte Marktführerschaft in dem betreffenden Geschäftsfeld hin.

Auf der senkrechten Achse wird in Prozenten die erwartete jährliche Marktwachstumsrate (inflationsbereinigt) angegeben. Die eingezeichneten Kreise repräsentieren den »Standort« eines Strategischen Geschäftsfeldes bezüglich der genannten zwei Dimensionen. Die Kreisfläche symbolisiert die Bedeutung eines SGF innerhalb der Unternehmung, wobei dafür zumeist der Jahresumsatz als Maßstab zugrunde gelegt wird.

Die leicht faßbare Präsentationsform und die eingängigen Bezeichnungen der vier Klassen von Geschäftsfeldern haben das in Abbildung 4 gezeigte Schema populär gemacht [35], aber

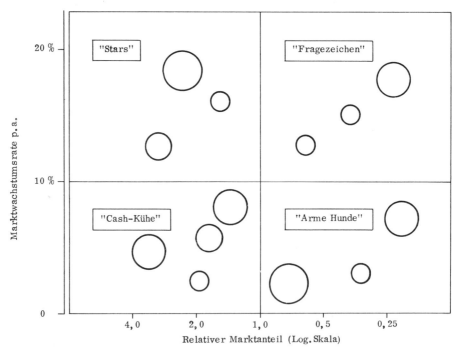

Abb. 4: Marktanteil-Marktwachstum-Portfolio

auch Vorbehalte gegen die damit verbundene Vereinfachung hervorgerufen. Es ist jedoch zu betonen, daß durch die implizite gedankliche Verknüpfung mit dem weiter oben erwähnten Konzept der *Erfahrungskurve* mehr an theoretischem Hintergrund einbezogen ist als es auf den ersten Blick erscheint. Es liegt hier eine konkurrenzbezogene Betrachtung vor, bei der die Größe »relativer Marktanteil« mittelbar auf potentielle Kostenvorteile oder -nachteile gegenüber dem stärksten Wettbewerber hinweist. Die Höhe der Marktwachstumsrate sagt etwas über das Gewicht aus, mit dem dieser Vorsprung oder Rückstand gegenüber der Konkurrenz erfolgswirksam zum Zuge kommen kann.

Was allerdings nicht ausdrücklich genug berücksichtigt wird, ist die absolute Größe des Marktvolumens. Andere Ansätze der Portfolio-Analyse, z.B. das bei General Electric verwendete Neunfelder-Schema mit den Achsen »*Marktattraktivität*« und »*relative Wettbewerbsstärke*« beziehen nicht nur absolute Marktvolumensangaben mit ein, sondern gliedern die beiden Beurteilungsdimensionen überhaupt in eine Vielzahl von Indikatoren auf, die großenteils auch qualitative Gegebenheiten widerspiegeln sollen. So ist beispielsweise die Marktattraktivität u.a. nach soziopolitischen Gesichtspunkten, wie dem Einfluß öffentlicher Einstellungen oder der Möglichkeit gesetzgeberischer Eingriffe, zu beschreiben; die relative Wettbewerbsstärke wird u.a. durch Angaben zum Unternehmensruf oder zum vergleichsweisen Forschungs- und Entwicklungspotential bestimmt.[36]

Auf der Grundlage von *Punktbewertungen* wird dann versucht, die Angaben zu den verschiedenen Indikatoren numerisch zusammenzufassen, wobei im Interesse einer übersichtlichen graphischen Darstellbarkeit eine Verdichtung zu den drei Klassen »hohe«, »mittlere«, »niedrige« Marktattraktivität bzw. »hohe«, »mittlere«, »niedrige« relative Wettbewerbsstärke erfolgt.

Diese und ähnliche Erweiterungen der Portfolio-Analyse haben einerseits den Vorzug, daß sie die Positionsbeschreibung der Strategischen Geschäftsfelder von einem vielfältigen Kriterienkatalog her entwickeln und sich nicht nur auf wenige herausragende Merkmale stützen. Auf der anderen Seite ist die Punktbewertung pro Merkmal, die Gewichtung der verschiedenen Indikatoren und schließlich die Zusammenfassung zu zwei Dimensionsangaben nicht frei von Willkür. Im übrigen fehlt es dabei noch weitgehend an einer statistischen Untermauerung der vermuteten Zusammenhänge zwischen so ermittelten Geschäftsfeldpositionen und deren Beitrag zum künftig möglichen Unternehmenserfolg. Die üblichen Portfolio-Analysen nehmen nur teilweise auf die gleichen Einflußfaktoren des Erfolgs Bezug, die in den weiter oben erwähnten PIMS-Statistiken des Strategic Planning Institute als unabhängige Variablen untersucht werden.[37]

Obwohl so in methodischer Hinsicht durchaus Schwachstellen und Lücken der Portfolio-Techniken aufzuzeigen sind, steht es dennoch kaum in Zweifel, daß diese Darstellungsraster sowie die damit verbundene Systematisierung von Untersuchungsmerkmalen eine *Denkhilfe* für die Geschäftsfelddiagnose darstellen. Ihre Anregungsfunktion als anschaulicher Anhaltspunkt für Strategie-Erörterungen darf nicht unterschätzt werden.

Ein Manko allerdings bleibt, wenn diese Diskussionen ausschließlich im Bezugrahmen der *schon bestehenden* Geschäftsfelder geführt werden: es ergeben sich dann nur Folgerungen über Ausbauerfordernisse oder Einschränkungen im bisherigen System der Produkt-Markt-Beziehungen. Dabei kann die Suche nach neuartigen Problemlösungsgebieten der Unternehmenstätigkeit zu kurz kommen. Die Erstellung des strategischen »*Ziel-Portfolios*«[38] verlangt somit mehr als nur den Versuch zur »Umpositionierung« der *vorhandenen* Geschäftsfelder durch diesbezügliche Investitions- oder Desinvestitionsstrategien.

Es erscheint erforderlich, die im Abschnitt 2. und 3. unter dem Stichwort »Defining the Business« behandelten Suchverfahren enger mit der Portfolio-Analyse zu verbinden. Die entsprechenden Matrix-Darstellungen enthalten dann – zeichnerisch eventuell besonders gekennzeichnet – auch Hinweise auf denkbare *neue Geschäftsfelder*, über deren Einbeziehung in die weitere Zielplanung zu entscheiden ist. Geht man von dem in Abbildung 4 skizzierten Marktanteil-Marktwachstum-Portfolio aus, so erscheinen für das Unternehmen *neuartige* Kombinationen aus Nachfragesektor bzw. Marktsegment, Funktionserfüllung und Technologie (mit einem relativen Marktanteil von gegenwärtig noch Null) bestenfalls unter den sog. »Fragezeichen«. Schon dadurch wird aber die zukunftsorientierte Auswahldiskussion auf eine breitere und dynamischere Grundlage gestellt.

Wird andererseits mit dem *Marktattraktivität-Wettbewerbsstärke-Portfolio* gearbeitet, so gestaltet sich die Einordnung der erwogenen, aber noch nicht bearbeiteten Geschäftsfelder von vornherein differenzierter, da hier die Angaben zur relativen Wettbewerbsstärke nicht nur auf den erreichten Marktanteil zurückgreifen, sondern auch auf Einschätzungen der grundsätzlichen Marketing-Fähigkeiten des Unternehmens, seines Rufes sowie der *Potentiale* im Produktions-, Forschungs-/Entwicklungs- und Führungsbereich. Ein neues, noch gar nicht realisiertes Geschäftsfeld könnte hier also etwa in die zusammenfassenden Kategorien »hohe Marktattraktivität« und »mittlere relative Wettbewerbsstärke« fallen.

5. Entwicklung mehrdimensionaler Zieltrajektorien

Während sich taktisches Management und operative Planung auf den Maßnahmeneinsatz konzentrieren und Zielgesichtspunkte nur im Sinne von »ziel*strebend*« einschließen, ist strategisches Management »weitgehend darauf ausgerichtet, den »gewünschten Zustand« erst zu bestimmen. Es sucht also nach Zielen, die später durch das Operative Management erreicht werden sollen. Es ist als »zielsuchend« zu bezeichnen«[39].

Die Überprüfung und Beschreibung des Unternehmensgegenstandes, d.h. die vorläufige Auswahl der näher zu untersuchenden Strategischen Geschäftsfelder, stellt bereits einen Schritt zu ganz globalen, qualitativen Zielentwürfen dar: es wird dabei die Absicht zum Ausdruck gebracht, in bestimmten Märkten mit jeweils nach Funktionserfüllung und Technologie beschriebenen Leistungsangeboten tätig zu werden.

Die Portfolio-Analyse vermag diese umrißhafte Zielvorstellung ein Stück weiter zu konkretisieren, indem sie letztlich zur engeren, genauer begründeten Geschäftsfeldselektion führt und damit die Angabe sog. *Normstrategien* verbindet (z.B. Halten und Ausbau eines Wettbewerbsvorteils durch Investitions- und Wachstumsstrategie, wobei eine kurzfristig negative Einnahmen-Ausgaben-Differenz für das betreffende Geschäftsfeld in Kauf genommen wird, um das Potential für erhoffte spätere Überschüsse aufzubauen).

Diese allgemeingehaltenen Zielbeschreibungen lassen sich dann in der strategischen *Marketing-Planung* nach verschiedenen *Komponenten* und *zeitlichen Realisierungsstufen* weiter aufgliedern. Eine zeitliche Stufenbetrachtung besteht im vorerwähnten Beispiel (Investitions- und Wachstumsstrategie) schon durch das von Periode zu Periode unterschiedliche Anspruchsniveau hinsichtlich der Zahlungsstrom-Differenzen (wobei ein *anfangs* negativer Einnahmen-Ausgaben-Saldo aufgrund der erwarteten Überschüsse aus anderen Geschäftsfeldern des Gesamtportfolios – den sog. »Cash-Kühen« – tragbar erscheint).

Speziell unter *Marketing-Aspekten* ist jedoch in der strategischen Planung noch auf einige weitere Teilziele zu achten, die miteinander zusammenhängen, aber unterschiedliche zeitliche Verläufe des erreichbar scheinenden Zielausmaßes aufweisen können. Es handelt sich dabei in der Mehrzahl der Fälle um *nichtmonetäre Ziele*, denen – unbeschadet ihres letztlichen Bezugs zu monetären Erfolgsbestrebungen – in der längerfristig-strategischen Vorausschau gesonderte Bedeutung zukommt.[40] Deutlich wird dies z.B. im Falle einer Produkt-Neueinführung, wobei folgende Zielgrößen im Laufe der Perioden bestimmte Mindestausprägungen erreichen müssen, damit Umsätze, Gewinn- und Renditebeiträge bzw. Cash Flows überhaupt in eine angestrebte Größenordnung hineinwachsen können:

– *Bekanntheitsgrad* des Produktes X (= Prozent aller Bedarfsträger im relevanten Markt, die das Produkt kennen);
– *Kumulativer Käuferanteil*, auch »Penetration« genannt (= Zahl der Käufer, die das Produkt X bis zum betreffenden Zeitpunkt *zumindest einmal* gekauft haben, prozentuiert auf die Gesamtheit aller Käufer im relevanten Markt);
– *Wiederkaufrate* (= Prozentangabe, die besagt, welcher Nachfrageanteil aller kumulierten X-Erstkäufer in der Folgeperiode auf Wiederholungskäufe des Produktes X entfällt);
– Bei indirektem Absatz: *Kenngrößen der Distribution* im Handel (z.B. die verschiedenen Nielsen-Indices).

Nach einem Vorschlag von *Parfitt* und *Collins*, der auch in der Praxis von Marktforschungsinstituten [41] aufgegriffen worden ist, läßt sich aus den Größen »kumulativer Käuferanteil« und »Wiederkaufrate«, wenn sie im Zeitablauf ein gewisses *Stabilitätsniveau* erreicht haben, der längerfristig zu erwartende *Marktanteil* abschätzen. Dies geschieht durch Multiplikation der beiden Größen und anschließende Gewichtung mit einem Kaufmengen-Index.[42]

Weniger klar ist, nach den bisher vorliegenden verhaltenswissenschaftlichen Forschungsergebnissen, der Zusammenhang zwischen *Einstellungen* der potentiellen Käufer zum Leistungsangebot und dem Zustandekommen von Käufen bzw. Wiederkäufen.[43] Dennoch erscheint es sinnvoll, produktbezogene Einstellungs- bzw. *Imagepositionen* im Vergleich zu wichtigen Konkurrenzprodukten als strategisches Ziel vorzugeben. Obwohl günstige Einstellungswerte – wegen des Einflusses vieler sonstiger Faktoren der Einkaufssituation – nicht eindeutig auf entsprechend positives Kaufverhalten schließen lassen, kann doch ein ausgeprägter Wettbe-

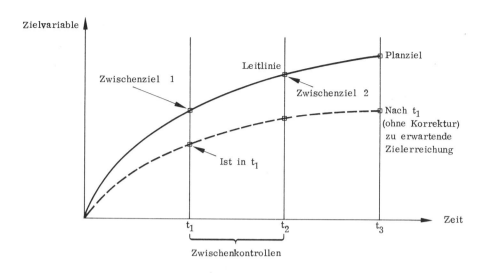

Abb. 5: Das Trajektorien-Konzept in der Zielplanung

werbsvorteil in der Imageposition als grundsätzliche Vorbedingung für die Festigung von Erfolgsmöglichkeiten im Markt gelten. Entsprechende Zielvorgaben sind nach dem heutigen Stand der Einstellungsmessung durch Ergebniskontrollen überprüfbar, d.h. operational.

Eine *mehrdimensionale Ziel-Stufenplanung*, die über eine Reihe von Perioden reicht, versucht nun den erwarteten zeitlichen *Zusammenhang* zwischen wichtigen Zielgrößen abzubilden. Für jede Zielgröße wird über der Zeitachse eine *strategische Leitlinie* aufgetragen, die eine angestrebte Zustandsfolge (in der Systemtheorie als »*Trajektorie*« bezeichnet) wiedergibt.

Schon 1966 hat *Crawford* anhand eines praktischen Falles der Neuprodukteinführung die Verwendbarkeit des Leitlinien- oder Trajektorienkonzepts für die Marketing-Planung erläutert.[44] Auf ein einzelnes Ziel bezogen, stellt sich der Grundgedanke vereinfacht wie in Abbildung 5 dar.[45] Die hier mit eingezeichnete gestrichelte Linie gibt die nach Zwischenkontrollen festgestellten Abweichungen bzw. extrapolierten Ist-Werte an und entspricht damit der in der strategischen Planung hinlänglich bekannten Lückenanalyse (»Gap-Analyse«), auf die in Abschnitt 7. noch kurz einzugehen ist.

Wesentlich erscheint im vorliegenden Zusammenhang, daß *Crawford* – wie gesagt – eine Mehrzahl solcher Leitlinien als dynamischen *Zielzusammenhang* für eine Produkt-Markt-Kombination darstellt. Trägt man über der Zeitachse synoptisch verschiedene Zielinhalte mit ihrer jeweiligen Dimensionsangabe auf, so ergibt sich – wie in Abbildung 6 angedeutet – durch senkrechte Schnitte ein übersichtlicher Vergleich, welche Teilrealisationen des Zielbündels entsprechend den strategischen Vorstellungen zu bestimmten Terminen erreicht sein sollten.

Abbildung 6 zeigt nur beispielhaft mögliche, zeitabhängige Zusammenhänge im Rahmen eines Zielbündels auf, wobei hier manche Zielgrößen und Leitlinienverläufe typisch für Konsumgüter und relativ kurzfristig wiederkehrenden Bedarf sind. Im Beispiel mag etwa die Zielvorstellung zum Ausdruck kommen, die Penetration mit den gegebenen Marketing-Budgets und angesichts der betriebsinternen Kapazitäten nur begrenzt zu steigern, dafür aber die Wiederkaufrate relativ hoch zu halten, d.h. dauerhafte Kundenbeziehungen aufzubauen. Nur in den ersten Perioden möchte man ein gewisses Abbröckeln der Wiederkaufrate in Kauf nehmen, wie es oft bei neuen Markenartikeln durch eine anfänglich größere Zahl bloßer Probierkäufer vorkommt.[46]

Wird ein Geschäftsfeld breiter definiert, so daß es verschiedene Produkte für ähnliche Be-

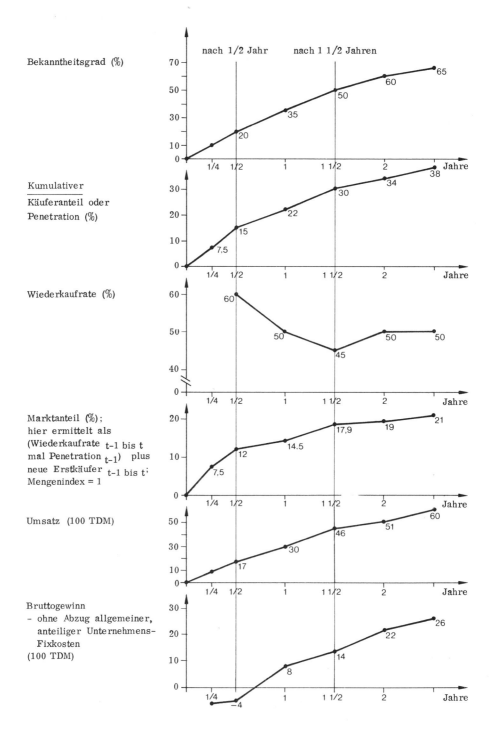

Abb. 6: Beispiel einer Zielbündeltrajektorie (für eine bestimmte Produkt-Markt-Kombination bei einem Produkt-Bedarfszyklus von ca. 1/4 Jahr)

darfsarten und mehrere Marktsegmente umschließt, *müssen selbstverständlich auch die Ziel-Leitlinien globaler betrachtet werden.* Es ist dann beispielsweise kaum mehr sinnvoll möglich, Wiederkaufraten in die Zielprojektion aufzunehmen. Dies schließt aber im übrigen nicht aus, daß für wichtige Einzelprodukte detailliertere Überlegungen in Vorstudien angestellt werden; denn nur so läßt sich eigentlich darlegen, auf welche Annahmen die allgemeineren Erfolgsziele zurückzuführen sind.

Besonders nachdrücklich ist darauf hinzuweisen, daß Zieltrajektorien nicht im Sinne eines exakten Prognoseversuches mißverstanden werden dürfen. Einer näheren Angabe von Zielen in der strategischen Planung wird ja oft entgegengehalten, daß sich die Zukunft auf längere Sicht und in einer wechselhaften Unternehmensumwelt ohnehin nicht hinreichend vorhersehen lasse. Dieser Anspruch wird aber mit der Aufstellung von Leitlinien gar nicht erhoben. Sie bringen lediglich nach dem gegenwärtigen Informationsstand das *strategisch* (und nicht nur auf kurze Sicht) *Gewollte* zum Ausdruck. Damit verbindet sich allerdings die Anforderung, das Zusammenspiel bzw. den Konflikt zwischen verschiedenen Teilzielen (sowie die Konsequenzen bestimmter anfänglicher Entwicklungen für die später noch möglichen Zielerreichungsgrade) zu bedenken.

Zeigt sich relativ kurzfristig schon eine Abweichung zwischen Ziel- und Istgrößen, so ist dies *kein* Anlaß, im weiteren auf Zieltrajektorien zu verzichten. Vielmehr werden durch die frühe Gegenüberstellung von Gewolltem und Erreichtem *rechtzeitige* Analysen der Abweichungsursachen und entsprechende Steuerungsmaßnahmen angeregt. Die Leitlinienvorstellungen bilden so die Grundlage für bewußte Korrektureingriffe; sie lassen sich nach dem jeweils neuesten Informationsstand modifizieren und »fortschreiben«.

6. Maßnahmenplanung und Budgetierung

Zwischen strategischer Ziel- und Maßnahmenplanung bestehen wechselseitige Beziehungen. Die Kenntnis der Aktionsmöglichkeiten, die im Rahmen inner- und außerbetrieblicher Restriktionen gegeben sind, ist wesentlich für die Erarbeitung wirklichkeitsnaher Zielvorstellungen. Umgekehrt vermag die Aufstellung mehrperiodiger Ziel-Leitlinien wichtige Anhaltspunkte für zeitlich entsprechend abgestufte Aktionspläne zu geben. So ist beispielsweise die vorausschauende Annahme, daß die Umsätze und Deckungsbeiträge einer Produkt-Markt-Kombination bestimmten *Lebenszyklusphasen* folgen würden, in ein Leitlinienkonzept der Umsatz- und Deckungsbeitragsziele sowie in phasenbezogene Gestaltungsvorhaben für das Marketing-Mix umsetzbar.[47] Allerdings kann dabei die Zieltrajektorie auch bewußt darauf abstellen, die als typisch behauptete Verlaufsform eines Produktlebenszyklus zu *durchbrechen* und z.B. einer vorübergehenden »Reifephase« ein erneutes Wachstum durch aktive Maßnahmen der Produktveränderung, der Kommunikation, Preisgestaltung und Distribution anzufügen.

Bei den zu Abbildung 6 erläuterten Zielvorstellungen hinsichtlich (eher mittelmäßiger) Marktpenetration und (relativ hoher) Wiederkaufrate bietet sich eine Strategie der nicht zu breit streuenden, sondern möglichst genau segmentbezogenen Kommunikation und Distribution an. Dafür müßte die Gestaltung der Produktqualität und der Kommunikation darauf angelegt sein, bei der enger begrenzten Adressatengruppe nachhaltige Zufriedenheit mit der getroffenen Kaufentscheidung herbeizuführen.

Es gibt jedoch kein generelles Rezept für die geeignetste Wahl des Marketing-Mix bei gegebenen Zielinhalten und bestimmten Leitlinienverläufen. Dafür ist die Vielfalt an situativen Besonderheiten und an Kombinationsmöglichkeiten der Maßnahmen viel zu groß.

Trotzdem läßt sich immerhin sagen, daß einige *Systematisierungsschritte* der strategischen Marketing-Planung *heuristische Hinweise* liefern, worauf bei der Ausgestaltung des Mitteleinsatzes zu achten ist. Dies gilt sowohl für die unter 2. und 3. angesprochenen Vorüberlegungen zur Geschäftsfelddefinition als auch für die im Anschluß an Portfolio-Untersuchungen entwickelten Normstrategien und, wie gesagt, für die Erörterung von Ziel-Leitlinien. Insbesondere die grundsätzliche Überlegung, welche *Problemlösungen* im Hinblick auf die *Bedarfsmerkmale* bestimmter Marktsegmente angeboten werden könnten, erbringt schon Anhaltspunkte für die gestalterische Ausrichtung der Maßnahmen (s. auch die entsprechende Andeutung in Abbildung 3). Zweck der Problemlösungsanalyse ist es ja unter anderem, »Nischen« der Bedarfsdeckungsmöglichkeiten zu finden, die von Konkurrenzangeboten noch überhaupt nicht oder jedenfalls ohne dauerhaft verfestigte Kundenbindungen angesprochen worden sind. Hier besteht die Chance in der glaubhaften Verdeutlichung eines besonderen Problemlösungsvorteils, wie er in praxi oft mit dem Kürzel »*USP*« (Unique Selling Proposition) umschrieben wird.

Ist dieser angestrebte USP in der strategischen Marketing-Planung klar genug umrissen, so ergeben sich hieraus verhältnismäßig konkrete Folgerungen für das technisch-funktionelle und das stilistische Design der Leistungen selbst wie auch für die längerfristig beizubehaltenden Aussageschwerpunkte der Marketing-Kommunikation, eventuell auch für die Wahl geeigneter Distributionskanäle und für Entscheidungen über die Preislage.

Aufgabe der strategischen *Budgetierung* ist es dann, die prinzipiell entwickelten Maßnahmenpläne (unter Beachtung der zugrunde liegenden Ziele) in Richtgrößen und voraussichtliche Mittelzuweisungen für die zuständigen *organisatorischen Teileinheiten* umzusetzen. Anders als bei der taktischen Budgetierung kann es sich beim Entwurf dieser Vorgaben jedoch nur um umrißhafte Orientierungshilfen handeln; sie kündigen lediglich die dezentralen Folgerungen aus unternehmenspolitischen Grundsatzperspektiven für die Zukunft an, und sie tragen so zu einer vorausblickenden Koordination der verschiedenen Zuständigkeitsbereiche im Unternehmen bei.

7. Kontrollvorkehrungen und Suche nach Frühwarn-Indikatoren

Die Probleme der *Ergebniskontrolle* speziell bei *strategischen* Plänen sind bisher noch kaum untersucht. Eine geringe Kontrollneigung mag auf diesem Gebiet u.a. damit zusammenhängen,

– daß es bei längerfristigen Plangrößen nicht einfach ist, kurzfristig realisierte Ist-Ergebnisse als übereinstimmend mit dem Langzeitziel oder aber als wesentliche Abweichung zu diagnostizieren, und
– daß durch besondere Schwierigkeiten einer richtigen anteiligen Zurechnung von Zwischenergebnissen auf Organisationseinheiten sowie durch persönliche Vorbehalte von Führungskräften erhebliche Kontrollbarrieren entstehen.[48]

Zwischenzeitliche Ergebnisüberprüfungen sind, in ihrer Funktion richtig verstanden, dennoch ein wesentlicher Bestandteil der strategischen Führung. Dies folgt aus der Überlegung, »daß der Schwerpunkt der Kontrolle der strategischen Planung nicht im üblichen Soll/Ist-Vergleich mit den Zahlen des laufenden Geschäfts liegen kann, sondern mehr durch den eigentlichen netzplan-analogen Steuerungszweck der Planung bestimmt ist«[49]. Das heißt: Es geht *nicht* um die Gegenüberstellung von Ziel- und Ergebnisgrößen zum *Ende* eines längeren, gesamten Planungszeitraumes; hieraus wären unternehmenspolitische Konsequenzen nur noch völlig verspätet zu ziehen. Vielmehr kommt es bei den hier gemeinten Kontrollen darauf an, schon vorher rechtzeitig Anhaltspunkte für erforderliche Maßnahmenänderungen oder Zielanpassungen – für eine erneute Bewertung der strategischen Grundausrichtung überhaupt – zu gewinnen. Damit besteht ein enger Zusammenhang zwischen schrittweisen Überprüfungen des im Strategieablauf tatsächlich Erreichten und den in jüngster Zeit so vielbesprochenen *Frühwarnsystemen*. Eine Warnung vor ungewollten Entwicklungen setzt ja im Grunde voraus, daß gewisse *Zielvorstellungen* (wenn auch vielleicht recht unstrukturierter, globaler Art) bestehen, die einen Maßstab für die Beobachtung *unerwünschter* Ereignismöglichkeiten abgeben.[50]

Allerdings sind dabei mehr oder weniger enge bzw. lockere Anbindungen an solche Zielmaßstäbe zu unterscheiden, so daß sich die Vielfalt möglicher Frühwarninformationen m. E. in drei Klassen einteilen läßt:

– Unmittelbare Zwischenkontroll-Angaben über Abweichungen von einer Zieltrajektorie;
– Indikatoren, die mittelbar auf die Entstehung künftiger Zielabweichungen hinweisen;
– Schwache Signale, mit denen sich Diskontinuitäten ankündigen, die eine Anpassung der Ziele selbst und eine strategische Umorientierung erforderlich machen könnten.

Die hier genannte Reihenfolge dieser drei Informationsklassen spiegelt einen zunehmenden zeitlichen »Vorlauf« der Frühaufklärung, zugleich aber wachsende Unsicherheit hinsichtlich einer richtigen Interpretation der erfaßten Daten und Anzeichen wider. *Unmittelbare Zwischenkontroll-Angaben* knüpfen an die oben in Abschnitt 5. erläuterten Zieltrajektorien an. Sie setzen also eine ausdrückliche Artikulation von Zielen und deren Aufgliederung nach Zeitabschnitten voraus. Dafür liefern sie verhältnismäßig konkrete Hinweise auf »Schwachstellen«, d.h. auf beginnende Abweichungen, deren Ursachen und Korrigierbarkeit dann erst noch näher zu untersuchen sind.

Um im Beispiel der Abbildung 6 zu bleiben: Zeichnet sich bereits frühzeitig ab, daß der Bekanntheitsgrad des Leistungsangebots in einem neuen Geschäftsfeld und/oder die Wiederkaufrate erheblich unter den anfänglich angestrebten Werten bleiben, so ist mit der Gefahr einer künftigen Unterschreitung des gewünschten Marktanteils und Umsatzes zu rechnen, *auch wenn Marktanteil und Umsatz im Augenblick noch innerhalb der geplanten Größenordnungen liegen.*[51]

Ähnliche frühe Gefahrenanzeichen ergeben sich, wenn die Marktpenetration von Anfang an unter den Sollwerten bleibt, oder wenn sich deutliche Divergenzen zwischen der für ein Produkt geplanten Imageposition und den tatsächlichen Einstellungsurteilen der Nachfrager andeuten. In diesem Zusammenhang schlägt *U. Hansen* eine systematische Auswertung von Verbraucherurteilen als Frühwarneinrichtung vor.[52]

Je mehr darauf geachtet wird, Zieltrajektorien – wie im Abschnitt 5. dargelegt – nach *mehreren Dimensionen* zu erstellen, desto eher kann es auch gelingen, drohende Fehlentwicklungen frühzeitig zu orten. Verhältnismäßig globale Ziel- bzw. Ergebnisgrößen (wie Umsatz und Gewinn) haben, selbst wenn sie in regelmäßigen Zwischenkontrollen mit einer Leitlinie verglichen werden, doch den Nachteil, daß sie die negativen Umsatz- bzw. Gewinn-*Einflüsse* nicht rechtzeitig erkennen lassen.[53] Sie entsprechen, nach einem Vergleichsbeispiel von *Müller-Merbach*, eher »Anlagen zur Messung der Durchschnittstemperatur eines Waldes für ein Waldbrand-Frühwarnsystem. Wenn die Durchschnittstemperatur in einem Wald signifikant gestiegen ist, so daß der Tatbestand eines Waldbrandes als erfüllt zu betrachten ist, dann brennt das Feuer schon so nach Herzenslust, daß auf die Meldung des Warnsystems verzichtet werden kann«.[54]

Der Vorzug mehrdimensionaler Leitliniensysteme besteht in diesem Sinne in der verfeinerten Beobachtung von Teilgesichtspunkten.

Die *Instrumente* zur Auswertung unmittelbarer Ziel-Zwischenkontrollen sind die bereits oben bei Abbildung 5 erwähnte Lückenanalyse (Gap-Analyse) sowie eventuell statistische Techniken, mit denen versucht werden kann, das Ausmaß einer Abweichung von der Zieltrajektorie als zufällig oder als sachlich bedeutsam einzustufen (z.B. 2σ- oder 3σ-Regeln, sofern es sich um Kontrollgrößen handelt, über deren »normale« Streuung um mittlere Werte einer Entwicklungslinie schon vergleichbare Erfahrungen aus der Vergangenheit vorliegen).

Die *Gap-Analyse* wird in jüngeren Veröffentlichungen mitunter als eine etwas überholte Technik hingestellt, die durch neuere Verfahrensansätze der strategischen Planung ersetzt worden sei. Tatsächlich schließen sich aber, wie gezeigt, z.B. Portfolio-Untersuchungen und Gap-Analysen gegenseitig gar nicht aus, sondern sie ergänzen sich in verschiedenen Stufen des Planungsprozesses. (Leitliniendarstellungen und Lückenanalysen lassen sich im übrigen ja auch auf die geplante »Standort«-Veränderung von Geschäftsfeldern innerhalb eines Portfolios anwenden. Für Frühwarnzwecke ist die Feststellung von Abweichungen zwischen Ziel- und Ist-Portfolio aber kaum allein ausreichend, weil es sich dabei noch um recht globale Aussagen handelt.)

Als zweite Klasse von Frühwarninformationen wurden oben *Indikatoren* genannt, die *mittelbar auf die Entstehung künftiger Zielabweichungen hinweisen*. Damit sind Sachverhalte gemeint, die als Vorbedingung für das Zustandekommen der erhofften Geschäftsfeld- bzw. Unternehmensergebnisse anzusehen sind. Nur *zum Teil* sind solche Entstehungszusammenhänge bereits im mehrdimensionalen Leitliniensystem selbst berücksichtigt (z.B. Wiederkaufrate → längerfristig möglicher Marktanteil). Besonders zu nennen sind darüber hinaus gesamtwirtschaftliche, soziale, staatlich-politisch bedingte und technologische Indikatoren, die die künftige *Marktattraktivität* in bezug auf bestimmte Geschäftsfelder betreffen (beispielsweise Konjunkturindikatoren, Angaben über demographische Trends, Steuerveränderungen, Veränderung der Nutzungsdauer vorhandener Technologien aufgrund von Innovationen).

Ebenso kommen innerbetrieblich erfaßbare Indikatoren in Betracht, die einen Einfluß auf die Entwicklungstendenz wichtiger Ergebnisgrößen wie Marktanteil, Umsatz, Gewinn, Rendite oder Cash Flow erwarten lassen. Nur als ausgewählte Beispiele seien das Verhältnis des unternehmenseigenen Marketing-Budgets zu den feststellbaren Marketing-Ausgaben der Konkurrenten, Auftragseingang und -bestand, Materialbeschaffungspreise, Verschuldungsgrad oder Zahlungsverhalten der Kunden genannt.[55]

Das formale *Instrument* zur Auswahl und Beobachtung der mittelbar zielbezogenen Frühwarnindikatoren ist vor allem die (Mehrfach-)*Regressionsanalyse*. Auf stark zusammenfassender, überbetrieblicher Ebene versuchen die im Abschnitt 4. erwähnten PIMS-Studien des Strategic Planning Institute, Zusammenhänge zwischen ausgewählten Ergebnisgrößen und Einflußvariablen regressionsrechnerisch nachzuweisen. Ansonsten scheint jedoch die statistische Untermauerung des Bedeutungsgehaltes vieler Frühwarn-Indikatoren noch auszustehen. Dies führt dazu, daß oft lange Kataloge *denkbarer* Indikatoren aufgelistet werden, die in ihrer unselektierten Vielfalt noch wenig darüber aussagen, unter welchen Bedingungen bestimmte Variablenwerte als Anzeichen einer drohenden Zielverfehlung anzusehen sind. Die Auswahl und Gewichtung ist hier auf subjektive Expertenschätzungen angewiesen.

Noch viel ausgeprägter gilt dies schließlich für sog. *schwache Signale* als Bestandteil von Frühwarnsystemen. Darunter werden Anzeichen verstanden, die als vorerst nur vage Hinweise auf kommende Diskontinuitäten zu deuten sind, denen nicht durch bloße Korrekturmaßnahmen im Rahmen einer bestehenden strategischen Grundausrichtung, sondern nur durch tiefergreifende Neuorientierungen begegnet werden kann.[56]

Es sind »Informationen aus dem Unternehmungsumfeld, deren Inhalt noch relativ unstrukturiert ist«.[57] So mag beispielsweise nur sehr ungenau abzuschätzen sein, ob eine bestimmte außenhandelspolitische Entwicklung, die aufgrund eines internationalen Konfliktpotentials

(= Signal) nicht auszuschließen ist, überhaupt eintreten wird und inwieweit sie für die Unternehmenstätigkeit generell oder in einzelnen Geschäftsfeldern Nachteile bringen würde.

Für das Auffinden und Interpretieren schwacher Signale sind systematische *Verfahrenshilfen* noch wenig entwickelt. Vereinzelt wird vorgeschlagen, »Task Forces«, die sich aus verschiedenen Bereichen der sonst geltenden formalen Organisationsstruktur zusammensetzen, mit dem Identifizieren und der vertieften Untersuchung solcher frühen Anhaltspunkte zu beauftragen. Daran anschließend soll durch eine strukturierte Technik der »Diskontinuitätenbefragung« von Experten geschätzt werden, welche Bedeutung von den festgestellten Signalen auf die Unternehmensentwicklung ausgehen kann. Bei diesen Befragungen wird der Begründung von Außenseiter-Urteilen (die vom Gros der Expertenmeinungen abweichen) besondere Aufmerksamkeit gewidmet.[58]

An die Analyse, unter welchen Gesichtspunkten eine mögliche Diskontinuität Schäden oder auch Chancen für die Unternehmung bringen würde, wären Untersuchungen anzuschließen, inwieweit schon Vorkehrungen bestehen oder erst noch zu treffen sind, um einer grundlegend veränderten Lage überhaupt begegnen zu können. Solche Überlegungen lassen sich u. U. durch checklistenartige Merkmalsangaben über die betroffenen Tätigkeitsbereiche unterstützen.[59]

Umfassende Frühwarnsysteme als Bestandteil der strategischen Planung und Kontrolle schließen alle drei besprochenen Informationsklassen – von der rechtzeitigen Zwischenkontrolle konkreter Zielabweichungen bis hin zu schwachen Signalen – ein. Die Kontrolle von Zielleitlinien impliziert ein verhältnismäßig kurzfristiges Reagieren, um den Kurs einer eingeschlagenen Strategie zu halten. Die Untersuchung schwacher Signale auf der anderen Seite kann die Grundlage zur Vorbereitung eines Strategiewandels bei tiefgreifenden Umweltveränderungen schaffen.

8. Organisatorische Verankerung der strategischen Planungsaufgaben

Der Prozeß der strategischen Marketing-Planung wurde in den vorstehenden Kapiteln als eine *Verknüpfung* mehrerer *konzeptioneller Teilaufgaben* dargestellt, deren Erfüllung sich jedoch durch bestimmte Denkraster, Suchtechniken und formale Darstellungsverfahren unterstützen läßt. Vorschläge zur organisatorischen Einbindung dieser unternehmenspolitisch grundlegenden Tätigkeitsbereiche konzentrieren sich bisher vorwiegend auf die Bildung *Strategischer Geschäftseinheiten (SGE)*, die im Organisationsgefüge Aufgaben bezüglich der oben unter 4.1. erörterten Strategischen Geschäftsfelder (SGF) wahrnehmen sollen. Vorherrschend ist dabei die Ansicht, daß eine Einrichtung Strategischer Geschäftseinheiten die für *operative* Zuständigkeiten bestehende (Linien-)Organisationsstruktur unberührt lassen sollte, so daß tiefgreifende Umorganisationen vermieden werden.[60] Einen besonders deutlichen Unterschied zwischen Strategischen Geschäftseinheiten und gegebener Aufbauorganisation macht *Gälweiler*: »Eine SGE ist... *primär eine gedankliche Konstruktion*, ein Hilfsmittel für die geistige Arbeit, die sich die langfristig bessere Steuerung der Unternehmung zum Ziel setzt«.[61]

Wenn es um die konkrete Ausformung und Durchsetzung solcher Steuerungsideen geht, sind der gedanklichen SGE-Konstruktion jedoch bestimmte Aufgabenträger zuzuordnen. Hierfür wird meist angeregt, die vorhandene organisatorische »Primärstruktur« durch eine »*Sekundärorganisation*« zu ergänzen [62], d.h. durch die personelle Verankerung von Verantwortlichkeiten, die sich gezielt auf die Strategische Geschäftsfeldplanung beziehen. *Szyperski/ Winand* sprechen von einer »dualen Organisation«, in der Überschneidungen möglich sind, so daß Strategieentwicklungen und deren operative Umsetzung teilweise in Personalunion von denselben Führungskräften geleistet werden.[63]

Wie schon im Abschnitt 4.1. angedeutet, stellt sich für die organisatorische Zuweisung von SGE-Zuständigkeiten die Frage, inwieweit man mehrere Strategische Geschäfts*felder* – die unter marktanalytischen Gesichtspunkten evtl. erst einmal *enger* nach Segment-, Bedarfs- und Technologiebezug abgegrenzt worden sind – zu einer größeren Aggregationseinheit zusammenfassen kann bzw. sollte. Dies hängt davon ab, wie weitgehend verschiedene Produkt-Markt-Kombinationen (d.h. speziellere Geschäftsfelder) durch absatzwirtschaftliche Verbundbeziehungen und/oder durch die gemeinsame Inanspruchnahme beschaffungsseitiger bzw. betriebsinterner Ressourcen *zusammenhängen.* Der organisatorische Zuschnitt Strategischer Geschäftseinheiten wird zweckmäßigerweise so vorgenommen, daß auch bereits unterhalb der Unternehmensleitung und ihrer Zentraleinrichtungen eine grundsätzliche Abstimmung im Hinblick auf längerfristig bestehende Marktinterdependenzen und mit Rücksicht auf betriebliche Knappheitsbedingungen erfolgt.

Aus den angedeuteten Gründen können Strategische Geschäftseinheiten beispielsweise bei Marktinterdependenzen Produkte verschiedener Geschäftsbereiche einer Spartenorganisation einschließen, wie die Abbildung 7 zeigt.[64] Das Symbol P steht in der Abbildung für enger abgegrenzte Produkt-Markt-Kombinationen. Während die durchgezogenen Linien die organisatorische Gliederung der operativen Aufgaben andeuten, gelten die gestrichelten Linien für die SGE-Einteilung.

Strategische Planungsstäbe, die *zentral* der *Unternehmensleitung* zugeordnet sind (siehe Abbildung 7), haben die Aufgabe, zur Informationsversorgung und zur Globalabstimmung aller SGE beizutragen. Sie können dabei u.a. für die Suche und Analyse von Frühwarnindikatoren, die mehrere Strategische Geschäftseinheiten betreffen, zuständig sein. Auf der Ebene der Gesamt-Unternehmensleitung finden letztlich auch die im Abschnitt 4.3. genannten Untersuchungsmöglichkeiten von Gesamt-*Portfolios* ihren Niederschlag.

Strategische Geschäftseinheiten sind, wie gesagt, keine festen zusätzlichen Abteilungen, sondern eine *Teamform* der Organisation, in der Stelleninhaber der operativen Struktur – je nach Bedarf ergänzt durch Planungsexperten – unter einer umfassenden und längerfristigen Aufgabensicht zusammengefaßt werden.

Die Bildung dieser SGE setzt jedoch voraus, daß die in den Abschnitten 2. und 3. erörterten kreativen Vorausüberlegungen, die zukunftsbezogen als »Defining the Business« umschrieben worden sind, bereits stattgefunden und zu entsprechenden Selektionsentscheidungen geführt haben. Diese Startphasen der strategischen Marketing-Planung bedürfen einer gesonderten organisatorischen Unterstützung, die nicht einseitig an *bestehende* Geschäftsfelder und SGE-Einteilungen anknüpft. Dafür kommen beispielsweise bereichsübergreifende »Task Forces« (s. oben S. 41) beziehungsweise Kollegien infrage, die nicht an die sonst üblichen Struktur- oder Ablaufregelungen gebunden sind.[65]

9. Zusammenfassung

In der Lehre von der Unternehmensführung wie auch in der Führungspraxis haben seit der zweiten Hälfte der 1970er Jahre Fragen der marktorientierten Strategieentwicklung zunehmend Aufmerksamkeit gefunden. Weit mehr als früher wird dabei erörtert, welche Analyse- und Planungsverfahren zur Unterstützung des strategischen Managements eingesetzt werden können und inwieweit die Formalisierung von Planungsprozessen für dieses unternehmenspolitische Problemgebiet Hilfen zu bieten vermag. In diesem Punkt wird die Trennung von

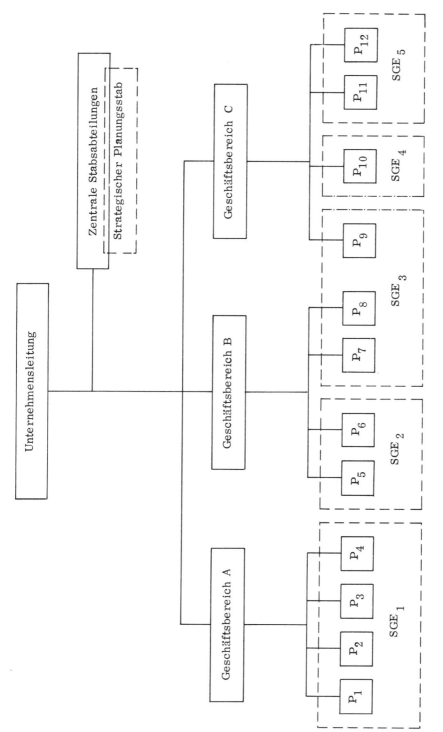

Abb. 7: *Strategische Geschäftseinheiten und operative Zuständigkeiten als »duale Organisation«*

grundlegenden Konzeptionsentwürfen und (darauf aufbauender) Planung nicht mehr so dezidiert vorgenommen, wie dies Curt *Sandig* formulierte, der aber andererseits mit seinen Ausführungen zur Unternehmensidee und -konzeption manche der heutigen Überlegungen vorweggenommen hat. *Sandig* hat offenbar mit »Planung« mehr die Erarbeitung von Plänen zur *operativen* Umsetzung von Grundsatzentscheidungen im Auge gehabt.[66]

Jüngere Erhebungen in der Praxis zeigen zwar, daß – von Tochtergesellschaften einiger multinationaler Konzerne abgesehen – die strategische Unternehmensplanung in der Bundesrepublik Deutschland noch wenig entwickelt ist.[67] Im einzelnen ist sicherlich auch schwer nachzuweisen, welche Effizienzwirkungen von ausgebauten Planungssystemen ausgehen[68] und ob nicht andererseits zu weitgehende Formalisierung Effizienzminderungen nach sich zieht. Bei den hier und in der zitierten Literatur angesprochenen strategischen Planungshilfen handelt es sich aber ohnehin nicht um hochformalisierte Techniken oder um die Gefahr einer Planungsbürokratie. Vielmehr wird davon ausgegangen, daß sich unternehmenspolitische Vorausüberlegungen, d.h. die Entwicklung umfassender und innovativer Konzeptionen, anregen bzw. erleichtern lassen, wenn dafür bestimmte Systematisierungsverfahren, Bezugsrahmen und Heuristiken zugrunde gelegt werden.[69]

Im vorliegenden Beitrag ist versucht worden, einen Überblick über Systematisierungsschritte und Denkraster der strategischen *Marketing-Planung*, die einen wichtigen Bestandteil der strategischen Gesamtplanung bildet, zu geben. Die strategische Marketing-Planung schließt die Mitarbeit an den in letzter Zeit besonders häufig erörterten Portfolio-Analysen ein. Sie beinhaltet darüber hinaus jedoch eine ganze Reihe weiterer Untersuchungsstufen, die als Voraussetzung der Portfolio-Analyse gelten können oder diese weiter konkretisieren und ergänzen.

Anmerkungen

1) Vgl. als Übersicht *Trux/Kirsch* (1979), S. 227ff.; als ausführliche Monographie *Ansoff* (1979).
2) »The decade of the 1970s marked the arrival of strategic planning. Managers everywhere are talking about it; many firms have tried it; and a few, usually large sophisticated firms, have successfully institutionalized it.« *Abell* (1980), S. 3; vgl. Hinweise auf die Rolle von Beratungsgesellschaften für die Bekanntmachung strategischer Planungs- bzw. Führungskonzepte bei *Dunst* (1979), S. 5; *Wittek* (1980), S. 5
3) *Kirsch/Bamberger* (1976), S. 342.
4) *Sandig* (1966), S. 12; ebenso auch *Sandig* (1953), S. 24/25.
5) *Sandig* (1966), S. 219.
6) *Sandig* (1966), S. 11 und wörtl. Zitat S. 12; ebenso *Sandig* (1953), S. 24.
7) *Gabele* (1978), S. 128.
8) Arbeitskreis »Langfristige Unternehmensplanung« der *Schmalenbach-Gesellschaft* (1977), S. 1; vgl. auch *Gälweiler* (1976), S. 366ff. sowie *Szyperski/Winand* (1978), S. 123. Hier sei im übrigen an *Sandigs* Ausführungen zum grundlegenden und langfristigen betriebswirtschaftlichen Ziel einer »Erhaltung und Mehrung der Wirtschaftskraft« erinnert. Vgl. *Sandig* (1966), S. 78ff.
9) Vgl. auch *Meffert* (1980a), S. 89; zur allgemeinen Kennzeichnung strategischer Pläne vgl. *Köhler* (1976), S. 301; *Thanheiser/Patel* (1977), S. 9ff.
10) Vgl. dazu *Kotler* (1974), S. 20ff.; *Welters/Winand* (1980), S. 609f.
11) *Grünewald* (1979), S. 108.
12) Dieses Schema der strategischen Marketing-Planung wurde vom Verfasser zuerst bei einem gemeinsam für Hochschullehrer und Praktiker veranstalteten Marketing-Symposium der Volkswagenwerk AG zur Diskussion gestellt. Vgl. dazu auch Übersichtsberichte von *U. Hansen* (in: Marketing, Zeitschrift für Forschung und Praxis, 2.Jg., 1980, S. 138ff.) sowie von *R. Köhler* (in: DBW, 40.Jg., 1980, S. 329f.).
13) Vgl. *Abell* (1980), S. VIII, S. 8; dazu auch S. 224: »It is unfortunate that the heightened interest in

product portfolio analysis evident in the last decade has failed to adequately encompass these issues. Many managers routinely classify their various activities as »cows«, »dogs«, »stars« or »question marks« based on a *static* analysis of the current position of the firm and its market environment«.

14) *Sandig* (1966), S. 137f.; ebenso *Sandig* (1953), S. 96f.
15) Vgl. eine ähnliche, kurze Bemerkung zur Beziehung zwischen kreativem Prozeß und analytischem Vorgehen in der Planungsstufe »Defining the Business« bei *Abell/Hammond* (1979), S. 9.
16) Vgl. *Levitt* (1960), S. 45.
17) Vgl. z. B. *Tilles* (1969), S. 180ff.
18) Vgl. *Ansoff* (1965), S. 109.
19) Zur Ablösung des Denkens in »Produkten« durch die Betrachtung von »Funktionen« und dafür geeigneten Technologien vgl. auch *Jantsch* (1968), S. 438ff.
20) *Abell* spricht von »customer groups«, »customer functions« und »alternative technologies«; vgl. *Abell* (1980), S. 17 und passim.
21) In Anlehnung an *Abell* (1980), S. 187.
22) Vgl. aber ausführlich *Böhler* (1977), S. 62ff. sowie für Investitionsgütermärkte *Gröne* (1977), S. 51ff.
23) Vgl. insbesondere *Abell/Hammond* (1979), S. 9, S. 389ff.
24) Vgl. als kurzgefaßte Übersicht hierzu *Szyperski/Winand* (1978), S. 123ff. und ausführlich *Dunst* (1979), S. 56ff.
25) Vgl. ähnlich auch *Ebskamp* (1979), S. 13, wo statt von SGF von PPU (Portfolio Planning Unit) gesprochen wird.
26) Henzler (1978), S. 914.
27) Vgl. *Dunst* (1979), S. 57; zur u. U. erforderlichen Unterteilung relativ breit definierter SGF in kleinere Einheiten vgl. auch *Gälweiler* (1979), S. 259f.
28) Vgl. u.a. *Schoeffler/Buzzell/Heany* (1974).
29) Vgl. als deutschsprachige Übersichten u.a. *Dunst* (1979), S. 79ff.; *Neubauer* (1979), S. 5ff.; *Wittek* (1980), S. 160ff.
30) Angaben nach *Neubauer* (1979), S. 6.
30a) Nachträgliche Ergänzung: Ende 1987 haben sich in der PIMS-Datenbank (nach Angaben von PIMS Associates, London) Daten von 350 Firmen mit etwa 3.300 Strategischen Geschäftseinheiten befunden. Darunter sind 75 europäische Firmen mit 800 Strategischen Geschäftseinheiten.
31) Vgl. *Henderson* (1974) sowie *Gälweiler* (1974), S. 241ff.
32) *Dunst* (1979), S. 82.
33) Vgl. z. B. *Wittek* (1980), S. 163, S. 165.
34) Vgl. dazu u.a. *Hedley* (1977), S. 10ff.
35) Vgl. deutschsprachige Wiedergaben der Marktanteil-Marktwachstum-Matrix z. B. bei *Hinterhuber* (1980), S. 92ff.; *Nagtegaal* (1977), S. 68ff.; *Albach* (1978), S. 705f.; *Szyperski/Winand* (1978), S. 126ff.; *Dunst* (1979), S. 94ff.; *Neubauer* (1979), S. 27ff.; *Roventa* (1979), S. 144ff.; *Wittek* (1980), S. 137ff.
36) Vgl. Übersichten zu den vorgeschlagenen Indikatoren bei *Hinterhuber* (1980), S. 76ff.; *Abell/Hammond* (1979), S. 214; *Dunst* (1979), S. 100ff.; *Ebskamp* (1979), S. 13; *Neubauer* (1979), S. 30ff.; *Wittek* (1980), S. 146.
37) Siehe einen tabellarischen Übersichtsvergleich zwischen verschiedenen Portfolio-Ansätzen und PIMS bei *Wittek* (1980), S. 171ff.
38) Vgl. hierzu *Hinterhuber* (1980), S. 106ff.
39) *Trux/Kirsch* (1979), S. 227.
40) Vgl. dazu auch *Köhler* (1971), S. 24.
41) Z. B. bei *G & I, Gfk* und *Infratest Forschungsgemeinschaft für Marketing*.
42) Vgl. im einzelnen *Parfitt/Collins* (1968/1972).
43) Vgl. zu dieser Problematik *Kroeber-Riel* (1980), S. 174ff.
44) Vgl. *Crawford* (1966/1972).
45) Abbildung entnommen aus *Köhler* (1975), S. 70.
46) Vgl. dazu *Meffert/Steffenhagen* (1977), S. 148.
47) Vgl. beispielsweise eine entsprechende Übersicht bei *Meffert* (1980b), S. 55.
48) Vgl. hierzu im einzelnen *Köhler* (1976), S. 308ff.
49) *Gälweiler* (1981), Manuskript S. 4.
50) Vgl. dazu auch einen ähnlichen Hinweis bei *Hahn/Krystek* (1979), S. 82.
51) Vgl. hierzu auch ein Beispiel bei *Kühn/Walliser* (1978), S. 327ff.
52) Vgl. *Hansen* (1979), S. 120ff.
53) Vgl. dazu auch *Kühn/Walliser* (1978), S. 235f.
54) *Müller-Merbach* (1977), S. 427.

55) Vgl. ausführlichere Kataloge bei *Rieser* (1978), S. 57ff.; *Hahn/Krystek* (1979), S. 82ff.; *Hahn/Klausmann* (1979), S. 40ff.
56) Vgl. *Ansoff* (1976), S. 129ff.
57) *Müller/Zeiser* (1980), S. 605; dazu auch *Kirsch/Trux* (1979), S. 52f.
58) Vgl. hierzu näher *Müller/Zeiser* (1980).
59) Vgl. zur »Opportunity-Vulnerability Analysis« und zur »Preparedness Diagnosis« *Ansoff* (1976), S. 143ff.
60) Vgl. dazu z.B. *Henzler* (1978), S. 918; *Hinterhuber* (1978), S. 427; *Dunst* (1979), S. 148; *Szyperski/Winand* (1979), S. 200.
61) *Gälweiler* (1979), S. 253.
62) Vgl. zur »Sekundärorganisation« *Hinterhuber* (1980), S. 221f.; *Dunst* (1979), S. 148.
63) Vgl. *Szyperski/Winand* (1979), S. 200.
64) Die Abbildung ist mit geringfügigen Änderungen übernommen aus *Dunst* (1979), S. 149.
65) Vgl. hierzu *Thom* (1980), S. 291ff.
66) Vgl. *Sandig* (1966), S. 10ff. sowie *Sandig* (1953), S. 22ff.
67) Vgl. *Thanheiser/Patel* (1977), S. 33ff.; *Kreikebaum/Grimm* (1978); Hinweise auch bei *Hadaschik* (1979), S. 302ff.
68) Vgl. Andeutungen zu Untersuchungen in dieser und ähnlicher Richtung bei *Wittek* (1980), S. 38ff., S. 47f.
69) Zur unnötigen Erschwerung strategischer Entscheidungsprozesse, wenn solche Hilfsmittel nicht genutzt werden, vgl. *Thanheiser/Patel* (1978), S. 75.

Literatur

Abell, D.F. (1980): Defining the Business. The Starting Point of Strategic Planning. Englewood Cliffs, N.J. 1980.
Abell, D.F. / Hammond, J.S. (1979): Strategic Market Planning. Problems and Analytical Approaches. Englewood Cliffs, N.J. 1979.
Albach, H. (1978): Strategische Unternehmensplanung bei erhöhter Unsicherheit. In: ZfB, 48.Jg., 1978, S. 702–715.
Ansoff, H.I. (1965): Corporate Strategy. New York u.a. 1965.
Ansoff, H.I. (1976): Managing Surprise and Discontinuity – Strategic Response to Weak Signals. In: ZfbF, 28.Jg., 1976, S. 129–152.
Ansoff, H.I. (1979): Strategic Management. London, Basingstoke 1979.
Arbeitskreis »Langfristige Unternehmensplanung« der Schmalenbach-Gesellschaft (1977): Strategische Planung. In: ZfbF, 29. Jg., 1977, S. 1–20.
Böhler, H. (1977): Methoden und Modelle der Marktsegmentierung. Stuttgart 1977.
Crawford, C.M. (1966/1972): The Trajectory Theory of Goal Setting for New Products. In: Journal of Marketing Research, Vol.III, 1966, S. 117–125; deutsche Übersetzung: Das Leitlinienkonzept in der Absatzplanung. In: Marketingtheorie (Hrsg.: W. Kroeber-Riel), Köln 1972, S. 254–269.
Day, G.S. (1977): Diagnosing the Product Portfolio. In: Journal of Marketing, Vol.41, (April) 1977, S. 29–38.
Dunst, K.H. (1979): Portfolio Management. Konzeption für die strategische Unternehmensplanung. Berlin, New York 1979.
Ebskamp, K. (1979): Strategische Planung in der Praxis. In: ZfbF-Kontaktstudium, 31.Jg., 1979, S. 11–20.
Gabele, E. (1978): Neuere Entwicklungen der betriebswirtschaftlichen Planung. In: Die Unternehmung, 32.Jg., 1978, S. 115–135.
Gälweiler, A. (1974): Unternehmensplanung. Grundlagen und Praxis. Frankfurt, New York 1974.
Gälweiler, A. (1976): Unternehmenssicherung und strategische Planung. In: ZfbF, 28.Jg., 1976, S. 362–379.
Gälweiler, A. (1979): Strategische Geschäfteinheiten (SGE) und Aufbau-Organisation der Unternehmung. In: Zeitschrift f. Organisation, 48.Jg., 1979, S. 252–260.
Gälweiler, A. (1981): Zur Kontrolle strategischer Pläne. In: Planung und Kontrolle. Probleme der strategischen Unternehmensführung (Hrsg: H. Steinmann), München 1981, S. 383–399.
Gröne, A. (1977): Marktsegmentierung bei Investitionsgütern. Wiesbaden 1977.

Grünewald, H.-G. (1979): Erfahrungen beim Einsatz strategischer Analysehilfen in der Unternehmenspraxis. In: DBW, 39.Jg., 1979, S. 107–117.
Hadaschik, M. (1979): Die Einsatzbedingungen organisierter langfristiger Unternehmensplanung. Diss. FU Berlin 1979.
Hahn, D. / Klausmann, W. (1979): Aufbau und Funktionsweise von betrieblichen Frühwarnsystemen in der Industrie. Arbeitsbericht d. Instituts für Unternehmensplanung, Universität Gießen 1979 (DBW-Depot 80–2–2).
Hahn, D. / Krystek, U. (1979): Betriebliche und überbetriebliche Frühwarnsysteme für die Industrie. In: ZfbF, 31.Jg., 1979, S. 76–88.
Hahn, D. / Taylor, B. (Hrsg., 1980): Strategische Unternehmungsplanung. Würzburg, Wien 1980.
Hansen, U. (1979): Verbraucherabteilungen als Frühwarnsysteme. In: ZfB, 49.Jg., 1979, Ergänzungsheft 2 (Frühwarnsysteme. Schriftleitung: H. Albach, D. Hahn, P. Mertens), S. 120–134.
Hedley, B. (1977): Strategy and the »Business Portfolio«. In: Long Range Planning, Vol.10, Nr.1 (February) 1977, S. 9–15.
Henderson, B.D. (1974): Die Erfahrungskurve in der Unternehmensstragie, Frankfurt, New York 1974.
Henzler, H. (1978): Strategische Geschäftseinheiten (SGE): Das Umsetzen von Strategischer Planung in Organisation. In: ZfB, 48.Jg., 1978, S. 912–919.
Hinterhuber, H.H. (1978): Die organisatorische Umsetzung der strategischen Planung in Organisation. In: ZfB, 48.Jg., 1978, S. 425–428.
Hinterhuber, H.H. (1980): Strategische Unternehmungsführung, 2.Aufl., Berlin, New York 1980.
Hoffmann, K. / Wolff, V. (1977): Zur Systematik von Absatzstrategien als Grundlage langfristig wirkender Entscheidungen im Absatzbereich. In: Jahrbuch d. Absatz- u. Verbrauchsforschung, 23.Jg., 1977, S. 161–175.
Jantsch, E. (1968): Integrating Forecasting and Planning Through a Function-oriented Approach. In: Technological Forecasting for Industry and Government (Hrsg.: J.R. Bright), Englewood Cliffs, N.J. 1968, S. 426–448.
Kirsch, W. / Bamberger, I. (1976): Strategische Unternehmensplanung, Rationalität und Philosophien der politischen Planung. In: ZfB, 46. Jg., 1976, S. 341–356.
Kirsch, W. / Trux, W. (1979): Strategische Frühaufklärung und Portfolio-Analyse. In: ZfB, 49.Jg., 1979, Ergänzungsheft 2 (Frühwarnsysteme. Schriftleitung: H. Albach, D. Hahn, P. Mertens), S. 47–69.
Köhler, R. (1971): Operationale Marketing-Ziele im Rahmen des »Management by Objectives«. In: Neue Betriebswirtschaft und betriebswirtschaftliche Datenverarbeitung, 24.Jg., (Mai/Juni) 1971, S. 19–29.
Köhler, R. (1975): Systemforschung und Marketing. In: Systemforschung in der Betriebswirtschaftslehre (Hrsg.: E. Jehle), Stuttgart 1975, S. 53–86.
Köhler, R. (1976): Die Kontrolle strategischer Pläne als betriebswirtschaftspolitisches Problem. In: ZfB, 46.Jg., 1976, S. 301–318.
Kotler, P. (1974): Marketing During Periods of Shortage. In: Journal of Marketing, Vol.38, No.3 (July) 1974, S. 20–29.
Kreikebaum, H. / Grimm, U. (1978): Strategische Unternehmensplanung. Ergebnisse einer empirischen Untersuchung. Arbeitspapier des Seminars für Industriewirtschaft der Universität Frankfurt, Frankfurt a.M. 1978.
Kroeber-Riel, W. (1980): Konsumentenverhalten. 2.Aufl., München 1980.
Kühn, R. / Walliser, M. (1978): Problementdeckungssystem mit Frühwarneigenschaften. In: Die Unternehmung, 32.Jg., 1978, S. 223–246.
Levitt, T. (1960): Marketing Myopia. In: Harvard Business Review, Vol.38, No.4 (July-August) 1960, S. 45–56.
Meffert, H. (1980a): Marketing-Strategie, Teil I. Strategische Planung in gesättigten, rezessiven Märkten. In: Absatzwirtschaft, Zeitschrift f. Marketing, 23.Jg., 1980, H.6, S. 89–97.
Meffert, H. (1980b): Marketing-Strategie, Teil II. Marktführer in gesättigten Märkten. In: Absatzwirtschaft, Zeitschrift f. Marketing, 23. Jg., 1980, H.7, S. 54–59.
Meffert, H. / Steffenhagen, H. (1977): Marketing-Prognosemodelle. Stuttgart 1977.
Müller, G. / Zeiser, B. (1980): Zufallsbereiche zur Beurteilung frühaufklärender Signale. In: ZfB, 50.Jg., 1980, S. 605–619.
Müller-Merbach, H. (1977): Frühwarnsysteme zur betrieblichen Krisenerkennung und Modelle zur Beurteilung von Krisenabwehrmaßnahmen. In: Computergestützte Unternehmensplanung (Hrsg.: H.-D. Plötzeneder), Stuttgart 1977, S. 419–438.
Nagtegaal, H. (1977): Experience Curve & Produktportfolio. Wie überlebt mein Unternehmen?. Wiesbaden 1977.
Neubauer, F.-F. (1979): Portfolio-Management. In: Marketing (Hrsg.: L.G. Poth), Abschnitt 3.1.3., Neuwied 1979, S. 1–61.

Parfitt, J.H. / Collins, B.J.K. (1969/1972): Use of Consumer Panels for Brand-Share Prediction. In: Journal of Marketing Research, Vol.V., 1968, S. 131–145; deutsche Übersetzung: Prognose des Marktanteils eines Produktes auf Grund von Verbraucherpanels. In: Marketingtheorie (Hrsg.: W. Kroeber-Riel), Köln 1972, S. 171–207.
Rieser, I. (1978): Frühwarnsysteme. In: Die Unternehmung, 32.Jg., 1978, S. 51–68.
Roventa, P. (1979): Portfolio-Analyse und Strategisches Management. München 1979.
Sandig, C. (1953): Die Führung des Betriebes. Betriebswirtschaftspolitik. Stuttgart 1953.
Sandig, C. (1966): Betriebswirtschaftspolitik. 2., völlig neu bearbeitete Auflage von »Die Führung des Betriebes. Betriebswirtschaftspolitik«. Stuttgart 1966.
Schoeffler, S. / Buzzell, R.D. / Heany, D.F. (1974): Impact of Strategic Planning on Profit Performance. In: Harvard Business Review, Vol.52, No.2 (March-April) 1974, S. 137–145.
Szyperski, N. / Winand, U. (1978): Strategisches Portfolio-Management: Konzept und Instrumentarium. In: ZfbF-Kontaktstudium, 30.Jg., 1978, S. 123–132.
Szyperski, N. / Winand, U. (1979): Duale Organisation – Ein Konzept zur organisatorischen Integration der strategischen Geschäftsplanung. In: ZfbF-Kontaktstudium, 31.Jg., 1979, S. 195–205.
Thanheiser, H. / Patel, P. (1977): Strategische Planung in diversifizierten deutschen Unternehmen. Fontainebleau, Wiesbaden 1977.
Thanheiser, H. / Patel, P. (1978): *Strategische Führung*. Aktion nach Plan. In: Manager Magazin, 1978, S. 72–79.
Thom, N. (1980): Grundlagen des betrieblichen Innovationsmanagements. 2.Aufl., Königstein/Ts. 1980.
Tilles, S. (1969): Making Strategy Explicit. In: Business Strategy (Hrsg.: H.I. Ansoff), Harmondsworth/Engl. 1969, S. 180–209.
Trux, W. / Kirsch, W. (1979): Strategisches Management oder: Die Möglichkeit einer »wissenschaftlichen« Unternehmensführung. In: DBW, 39.Jg., 1979, S. 215–235.
Welters, K. / Winand, U. (1980): Beschaffung und strategische Unternehmungsführung – Zwischenergebnisse einer Delphi-Untersuchung. In: ZfbF, 32.Jg., 1980, S. 585–610.
Wittek, B.F. (1980): Strategische Unternehmensführung bei Diversifikation. Berlin, New York 1980.

IV. Strategische Marketing-Planung: Kursbestimmung bei ungewisser Zukunft*

Rohstoff- und Energieverknappung, wachsende Verschuldung der Ostblock- und Entwicklungsländer, ökologische Katastrophen, ein scharfer internationaler Wettbewerb um die in manchen Branchen weltweit rückläufige Nachfrage u.a.m. läuteten in den siebziger Jahren unüberhörbar das »Zeitalter der Diskontinuitäten« (Drucker) ein. Diese veränderten Rahmenbedingungen und tiefgreifende technologische Neuerungen (z.B. auf dem Gebiet der Mikroelektronik) bedrohen aber nicht nur Unternehmungen und ganze Wirtschaftszweige, sondern sie eröffnen auch weitreichende Chancen für jene, die sich rechtzeitig darauf eingestellt haben.

Angesichts der herrschenden Instabilität ist es um so wichtiger geworden, die langfristige Kursbestimmung der Unternehmung unter dem Blickwinkel der strategischen Planung vorzunehmen, die auf systematisch gewonnenen Früherkennungsinformationen aufbaut.

Im folgenden wird von den wichtigsten Problemfeldern der strategischen Marketing-Planung ausgegangen, für die Früherkennungsinformationen bereitzustellen sind (vgl. Abb.1).

Die konkrete Bewältigung der strategischen Früherkennung hängt im einzelnen von den unternehmensindividuellen Gegebenheiten (wie Leistungsprogramm, Ausmaß der Umweltdynamik) ab. Grundsätzlich sind jedoch sechs Arbeitsschritte zu durchlaufen, welche im Stufenschema der Abbildung 2 verdeutlicht werden:

1. Abgrenzung relevanter Umweltbereiche

Der in Abbildung 1 gezeigte Aufgabenzusammenhang der strategischen Marketing-Planung läßt erkennen, daß es aus betrieblicher Sicht nicht *die* einzige relevante Umweltabgrenzung geben kann. Vielmehr hängt die in Betracht kommende Umwelt von der jeweiligen Hierarchieebene der Unternehmensführung und von den dort zu bewältigenden Planungsaufgaben ab (z.B. Gesamtunternehmung, Leitung eines strategischen Geschäftsfeldes, Produkt-Manager).

In der Praxis hat es sich als zweckmäßig erwiesen, die Überwachung wichtiger Sektoren der Makro-Umwelt (beispielsweise gesamtwirtschaftliche, demographische, sozio-kulturelle, technologische, politisch-rechtliche Umwelt, physisch-ökologische Rahmenbedingungen) auf der Gesamtunternehmensebene anzusiedeln. Die wichtigsten Trends und Ereignisse werden dann aus dieser Gesamtschau jenen Organisationseinheiten (z.B. Geschäftsbereichsleitungen) vermittelt, die die Auswirkungen auf einzelne Geschäftsfelder zu beurteilen haben. (Geschäftsfelder bestehen aus Produkten bzw. Produktlinien, die untereinander in ihren marktbedingten Erfolgseinflüssen sowie in ihrer Kostensituation hinreichend ähnlich sind und sich von wiederum anderen Produkt-Markt-Kombinationen soweit unterscheiden, daß sich die Entwicklung eigener Strategien empfiehlt.)

---

* Ursprünglich erschienen in: Absatzwirtschaft, Zeitschrift für Marketing, 27.Jg., 1984, H.3, S. 93–103 (Koautor: Heymo Böhler)

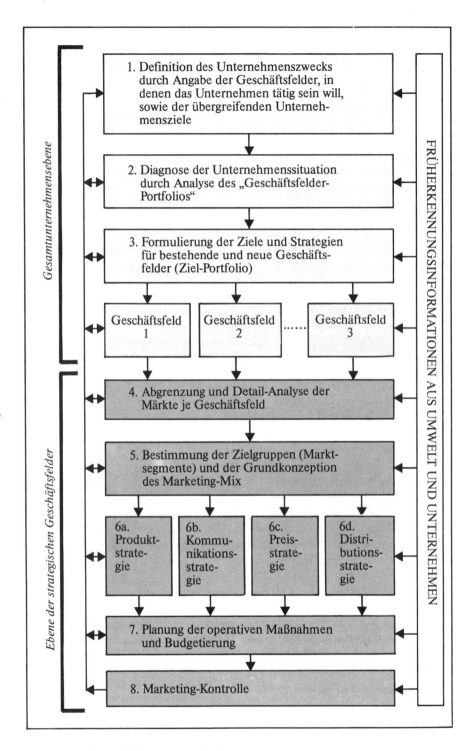

Abb. 1: Wofür werden Früherkennungsinformationen benötigt?

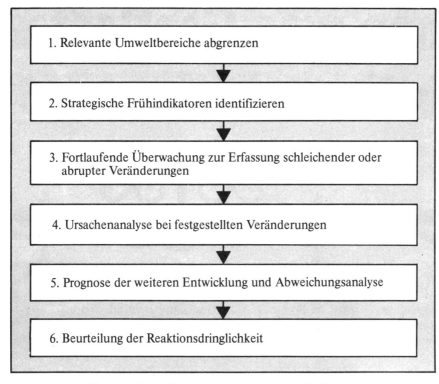

Abb. 2: Arbeitsschritte der strategischen Früherkennung

Die Abgrenzung und Analyse der Märkte, auf denen die Unternehmung künftig tätig sein will, ist teils auf der Gesamtunternehmensebene vorzunehmen, insbesondere bei Diversifikationsprojekten; bei sehr heterogenem Leistungsprogramm wird aber auch ein Teil dieser strategischen Planungsaufgabe an organisatorische Untereinheiten (wie Geschäftsbereiche) delegiert.

Für die strategische Auswahl relevanter Märkte kommt es sodann darauf an, drei Betrachtungsdimensionen zu verknüpfen und dabei nach *neuen Kombinationsmöglichkeiten* zu suchen:

– Verschiedene potentielle *Nachfragergruppen*;
– Anbietbare *Problemlösungen*;
– Einsetzbare *Technologien* der Leistungserstellung und des Leistungsangebots.

Auf alle drei Dimensionsbereiche ist die *Suche nach Früherkennungsinformationen* zur Abschätzung künftiger Erfolgspotentiale auszurichten (siehe in Abbildung 3 den Hinweis auf Forschung und Technologie, auf die demographische bzw. sozio-kulturelle Umwelt sowie auf Zielgruppenuntergliederungen).

Da die Überlebens- und Wachstumschancen der Unternehmung wesentlich davon abhängen, ob bei wichtigen strategischen Erfolgsfaktoren (z.B. Produktionskosten, Produktqualität, F&E-Stand usw.) eine Überlegenheit gegenüber Konkurrenten besteht, spielt bei der Marktanalyse auch die *Identifikation der relevanten Wettbewerber* eine große Rolle. Hier ist ebenfalls zweistufig vorzugehen: Wettbewerber, deren Leistungsprogramm und Märkte sich nur mit einem oder wenigen der eigenen Geschäftsfelder überschneiden, sind vom Management dieser Ebene zu überwachen. Konkurrenten, die ein ähnliches Portfolio von Geschäftsfeldern (d.h.

insgesamt vergleichbare Leistungsprogramme und Märkte) aufweisen, sind auf der Gesamtunternehmensebene mit Blick auf ihre strategischen Stoßrichtungen, Stärken und Schwächen zu analysieren. So setzt sich beispielsweise die Konkurrenzanalyse von General Electric auf der Gesamtunternehmensebene mit den Portfolios und Strategien von Westinghouse, Philips und Siemens auseinander, während Unternehmen wie Pratt & Whitney (Düsentriebwerke) und Whirlpool (Haushaltsgeräte) nur im Rahmen der entsprechenden Geschäftsfelder berücksichtigt werden.

2. Identifikation strategischer Frühindikatoren

In der Abbildung 3 ist eine Liste von Variablen aufgeführt, die für die strategische Früherkennung geeignet sind. Anzumerken ist, daß man diese Liste durchaus erheblich verlängern könnte; doch zeigt sich für die einzelne Unternehmung, daß überraschenderweise oft nur einige wenige Faktoren von ausschlaggebender Bedeutung sind. Neben wichtigen Trends und Ereignissen der Makro-Umwelt handelt es sich dabei vor allem um eine begrenzte Zahl strategischer Marktindikatoren und Aktionsvariablen, die die Erreichung der Unternehmensziele beeinflussen und einen weitreichenden Zeithorizont für die Diagnose von Chancen und Risiken eröffnen (*strategische Schlüsselfaktoren* wie Marktwachstum, Marktanteil, Produkt-Lebenszyklus, Möglichkeiten zur Nutzung der Erfahrungskurve).

Die methodischen Vorgehensweisen zur Identifikation derartiger Frühindikatoren sind äußerst unterschiedlich. Für die Ermittlung relevanter Trends und Ereignisse in der *Makro-Umwelt* werden entsprechende Umweltvorgänge von manchen Beraterfirmen systematisch verfolgt (z.B. von Weiner/Edrich/Brown Inc. oder dem Battelle-Institut für alle wichtigen Umweltbereiche; vom Marktforschungsinstitut Yankelovich für Veränderungen im soziokulturellen Bereich).

Eine große Hilfe bietet auch die heute mögliche Online-Nutzung von *Marktdatenbanken*, deren Informationsangebot von naturwissenschaftlichen Veröffentlichungen über volkswirtschaftliche Zeitreihen bis hin zu detaillierten Marktinformationen reicht.

Die Auslese der letztlich relevanten Umwelteinflüsse aus dieser Informationsflut erfolgt zumweist im Wege einer *Impact-Analyse*, bei der das Management die positiven oder negativen Auswirkungen der ins Auge gefaßten Entwicklungen durch Angabe von Punktwerten abschätzt. Die Identifikation besonders brisanter Gelegenheiten oder Bedrohungen kann dann durch Summierung der Punktwerte einer Umweltentwicklung über die verschiedenen Geschäftsfelder erfolgen.

Die Summierung der Punktwerte eines Geschäftsfeldes über mehrere Umweltfaktoren kann wiederum aufzeigen, welche Tätigkeitsbereiche besonders günstige bzw. gefährliche Rahmenbedingungen aufweisen. Dabei hat es sich bewährt, gerade auch jenen Entwicklungen erhöhte Aufmerksamkeit zu schenken, bei deren Beurteilung die Meinungen der Experten auseinanderklaffen, sei es hinsichtlich des Ausmaßes des Umwelteinflusses oder hinsichtlich seines Charakters als Gelegenheit oder Bedrohung. Die Abb.4 veranschaulicht in vereinfachter Form des Schema einer Impact-Analyse.

Neben solchen Plausibilitätsüberlegungen lassen sich vor allem auf der Ebene der Geschäftsfelder die strategischen Schlüsselfaktoren anhand *empirischer Forschung* bestimmen. Erwähnenswert ist diesbezüglich das bekannte PIMS-Programm (*P*rofit *I*mpact of *M*arket *S*trategies) des Strategic Planning Institute in Cambridge/Mass. Hier werden mittels multipler Regressionsanalysen (quer über verschiedene Branchen) die Zusammenhänge zwischen strategischen Entscheidungsvariablen (z.B. vertikale Integration, Preis, Produktqualität), Umwelt-

Umweltbereich	Beispiele für strategisch relevante Früherkennungsinformationen
1. *Makro-Umwelt* (Informationen für die Planungsaufgaben auf Gesamtunternehmens- und Geschäftsfeldebene)	*Forschung und Technologie* – Ausgaben für Forschung und Entwicklung z. B. nach Ländern, Wettbewerbern, Forschungsinstitutionen – Ergebnisse der Grundlagenforschung – Änderungen bei Produkt- und Verfahrenstechnologien *Physisch-ökologische Rahmenbedingungen* – Entwicklung bei Rohstoffen, Energie, Umweltbelastung – Infrastruktur *Demographische bzw. sozio-kulturelle Umwelt* – Bevölkerungsentwicklung (Wachstum, Altersstruktur) – Bildung – Kulturelle Wertsysteme – »Life Styles« *Politisch-rechtliche Umwelt* – Gesetzesinitiativen – Politische Stabilitätsindices (z. B. BERI-Index) – Aktivitäten von Interessenverbänden und Bürgerinitiativen *Gesamtwirtschaftliche Umwelt* – Konjunkturprognosen – Geschäftsklima-Index – Auftragseingänge – Entwicklung auf Arbeits- und Kapitalmärkten
2. *Marktsituation des Gesamtunternehmens*	– Ist-Geschäftsfelder-Portfolio des Unternehmens – Ist-Geschäftsfelder-Portfolio der wichtigsten Konkurrenten – Grundsätzliche Diversifikationsmöglichkeiten – Diversifikationsrichtungen wichtiger Wettbewerber
3. *Gesamte Marktbeziehungen eines strategischen Geschäftsfeldes* (Basis für Portfolio-Analysen sowie für die Zielgruppenauswahl und Grundkonzeption des Marketing-Mix)	– Marktwachstum des Geschäftsfeldes, untergliedert nach Regionen und Zielgruppen – Konzentrationstendenzen auf der Anbieter- und Nachfragerseite sowie im Handel – Marktanteile (absolut und zu den stärksten Konkurrenten), untergliedert nach Regionen und Zielgruppen – Stand der Produktinnovation – Investitionsvolumen ⎫ – Kapazitätsauslastungen ⎬ relativ zu wichtigen Konkurrenten – Marketing-Budgets ⎪ – FuE-Budgets ⎭
4. *Einzelne Produkt-Markt-Kombinationen innerhalb der strategischen Geschäftsfelder*	– Bekanntheitsgrade – Marktpenetration – Veränderungen der Imageposition von Produkten – Beschwerdeverhalten der Verwender – Wiederkaufrate – Produkt-Lebenszyklusphase – Veränderungen in der Käuferstruktur – Auftragseingang

Abb. 3: Früherkennungsinformationen auf verschiedenen Analyseebenen

Umweltbereich	SGF 1	SGF 2	SGF 3	SGF 4	Auswirkung +	Auswirkung −
1. Gesamtwirtschaft						
Bruttosozialprodukt	−3	−2	0	+1	+1	−5
Zinsen	−3	−3	−3	−2	0	(−11)
2. Politisch-rechtliche Umwelt						
Umweltschutz	−1	+2	0	+1	+3	−1
Subventionen	0	+1	+1	0	+2	0
3. Technologie						
Neue Produkttechnologie	+2	+2	+3	−1	(+7)	−1
Neue Verfahrenstechnologie	−1	0	0	+1	+1	−1
4. Demographie/Kultur						
Bevölkerungsentwicklung	−1	+1	0	0	+1	−1
Einstellung zum Konsum	+2	+2	−1	0	+4	−1
Auswirkung +	+4	(+8)	+4	+3		
Auswirkung −	(−9)	−5	−4	−3		

Legende: SGF = Strategisches Geschäftsfeld
Die vermuteten Auswirkungen sind auf einer 7er-Skala anzukreuzen. Beispiel:
Umweltentwicklung ... stellt für SGF ... eine Bedrohung/Gelegenheit dar

Die Impact-Analyse kann auf SGF-Ebene auch für die dort geltenden Entwicklungen bei Konkurrenz, Abnehmern, Lieferanten usw. und deren Auswirkungen auf die SGF-Teilstrategien durchgeführt werden (vgl. z. B. *Kühn* 1980.)

Abb. 4: Vereinfachte Impact-Analyse für Entwicklungen der Makro-Umwelt

variablen (z. B. Marktwachstum, Konzentrationsgrad der Anbieter und Abnehmer), Wettbewerbsposition (z. B. Marktanteil absolut und relativ zu den drei größten Wettbewerbern) und dem »Return on Investment« (ROI) bzw. dem »Cash Flow« als abhängiger Variablen untersucht.

An den PIMS-Analysen beteiligen sich inzwischen etwa 350 Firmen mit über 3000 strategischen Geschäftsfeldern, darunter auch eine Reihe deutscher Unternehmungen.

Als sehr bedeutsam für die Gewinnerzielung, den ROI und den Cash Flow stellte sich u. a.

immer wieder der Marktanteil heraus: Je höher der Marktanteil (absolut und relativ zu den größten Konkurrenten), desto günstiger der Einfluß auf ROI bzw. Cash Flow. Zusammen mit der Höhe des Marktwachstums wird der Erfolgsbeitrag des Marktanteils auch durch die Untersuchungen der Boston Consulting Group gestützt: Die mit zunehmender Produktions- und Absatzmenge gewonnenen Erfahrungen wirken kostensenkend, so daß der Anbieter mit dem höchsten Marktanteil die relativ geringsten Stückkosten realisieren kann. Er läuft zudem bei intensivem (Preis-)Wettbewerb nicht so leicht Gefahr, aus dem Markt verdrängt zu werden.

Die im PIMS-Programm untersuchten Variablenbeziehungen legen es – trotz mancher Kritikpunkte am methodischen Vorgehen – nahe, auf Geschäftsfeldebene etwaige Veränderungen der erwähnten Schlüsselfaktoren fortlaufend zu erfassen, um bei ungünstigen Entwicklungen rechtzeitig eingreifen zu können.

Hinsichtlich der *Vorlaufzeiten*, mit denen die in Abbildung 3 erwähnten Indikatoren mögliche Gelegenheiten oder Bedrohungen anzeigen, können keine allgemeingültigen Angaben gemacht werden. Immerhin wurde festgestellt, daß wissenschaftlich-technologische Entwicklungen relativ langfristig voraussehbar sind (durchschnittlich rund 15 Jahre); rechtliche Entwicklungen können nach bisherigen Erfahrungen im Durchschnitt bis zu sieben Jahre im voraus erkannt werden, während politische Entwicklungen nur kürzerfristig prognostizierbar zu sein scheinen (der BERI-Index für politische Risiken wies auf den zu erwartenden Zusammenbruch des Schah-Regimes erst zwei Jahre vorher hin). Relativ kurze (und allenfalls für eine abschwächende Korrektur der eingeschlagenen Strategien brauchbare) Vorwarnzeiten weisen auch die gesamtwirtschftlichen Indikatoren auf.

Die Zeithorizonte, welche Indikatoren der betrieblichen Marktsituation (auf Gesamtunternehmens- wie auf Geschäftsfeldebene) eröffnen, dürften überwiegend ebenfalls nur eine mittelfristige Früherkennung gewährleisten. Eine Ausnahme bilden am ehesten Portfolio-Analysen, die auf dem Erfahrungskurvenkonzept beruhen, weil die dort festgestellten Positionen der Geschäftsfelder (Marktwachstum und relativer Marktanteil) nur durch langfristige Bemühungen der Unternehmung bzw. ihrer Konkurrenten gravierend verändert werden können.

3. Fortlaufende Überwachung zur Erfassung schleichender oder abrupter Veränderungen

Die im zweiten Schritt bestimmten Frühindikatoren bilden gewissermaßen das »strategische Radar«, mit dessen Hilfe die Unternehmensumwelt überwacht wird. Bei den meisten Frühindikatoren der Makro-Umwelt genügt es, wenn zwischenzeitlich eingetretene Veränderungen im Rahmen des jährlichen Planungszyklus berücksichtigt werden. Frühindikatoren mit kürzeren Vorwarnzeiten (z.B. aus der Gesamtwirtschaft oder bestimmte Marktindikatoren) sind demgegenüber möglichst *fortlaufend* zu überprüfen, um unverzüglich reagieren zu können.

Als methodisches Hilfsmittel kommt einerseits wiederum die systematische Auswertung von Expertenurteilen in Frage, wobei gerade stark voneinander abweichende Meinungen ein Indiz für drohende Veränderungen sein können. Zum anderen gibt es grundsätzlich statistische Verfahren, mit deren Hilfe eine gegebene Menge quantitativer Frühindikatoren auf Veränderungen »abgetastet« werden kann (z.B. die sog. Interventionsanalyse).

4. Ursachenanalyse bei festgestellten Veränderungen

Die registrierten Veränderungen der Makro-Umwelt und auch Marktveränderungen stellen in vielen Fällen lediglich Symptome tieferliegender Ursachen dar (z.B. Rückgang des Marktanteils, weil das Produkt aufgrund eines eingetretenen Wertewandels nicht mehr akzeptiert wird). Die Fortschreibung der Symptome, insbesondere wenn sie mittels statistischer Zeitreihenanalysen aufgespürt worden sind, genügt daher nicht. Entscheidend ist die *Ursachenforschung*, welche die eigentlich zukunftsprägenden Bedingungen aufdecken soll.

Zu diesem Zweck sind die mittelbaren und unmittelbaren Ursachen einer Entwicklung sowie mögliche Interdependenzen dieser Faktoren mit anderen Bereichen der Umwelt und der Unternehmung zu analysieren. Neben bestimmten statistischen Verahren (z.B. Regressionsanalysen, Mustererkennung mittels Clusteranalyse) kommt dazu die systematische Auswertung von Expertenurteilen in Betracht.

5. Prognose der weiteren Entwicklung und Abweichungsanalyse

Ein kritischer Punkt im Früherkennungsprozeß ist die Prognose der Entwicklungspfade für die als kritisch erkannten Variablen. Erst dann lassen sich zukünftige Abweichungen der Rahmenbedingungen von jenen Annahmen abschätzen, die den strategischen Plänen ursprünglich zugrunde gelegen haben. Hier wird ersichtlich, daß auch die strategische Früherkennung das Problem der Vorhersage nicht vollständig bewältigen kann. Eine naive Gläubigkeit an langfristige Extrapolationen wird in der strategischen Früherkennung jedoch ersetzt durch die Vorausschau auf *alternativ mögliche Zukünfte* (z.B. pessimistische, wahrscheinlichste und optimistische Entwicklung).

Um die Bandbreite der zukünftigen Umweltgegebenheiten realistisch abschätzen zu können, hat es sich bewährt, sowohl auf quantitative Verfahren (ökonometrische und trendextrapolierende Verfahren, Leitindikatorenprognosen, Diffusionsprognosen, Hüllkurven) als auch auf qualitative Ansätze (z.B. Delphi-Prognosen, Morphologischer Kasten) zurückzugreifen.

Häufig zeigt es sich, daß es weniger auf genaue Prognosen ankommt als auf die Identifikation der strategisch relevanten Einflußgrößen, aus denen Chancen bzw. Risiken erwachsen.

Als Instrumente der Abweichungsanalyse kommen bei quantitativen Indikatoren grundsätzlich statistische Techniken in Frage (wie z.B. die 2σ- oder 3σ-Regel sowie die aus der Konjunkturindikatorforschung bekannten Ansätze, bei denen die Warngrenzen um den Sollwert des Indikators als Mindest- oder Höchstpunktwerte definiert werden).

Bei »schwachen Signalen« lassen sich Abweichungsanalysen lediglich auf qualitative Beurteilungen des Managements stützen.

6. Beurteilung der Reaktionsdringlichkeit

Strategische Planung auf der Grundlage von Früherkennungsinformationen hilft ein voreiliges Festlegen der zukünftigen Marschrichtung zu vermeiden. Vorkehrungen und Maßnahmen sollen nur in dem Umfang eingeleitet werden, wie es angesichts der festgestellten Entwicklung erforderlich erscheint. Hierzu sind für wichtige Umweltentwicklungen (neben Richtung, Ausmaß und Eintrittswahrscheinlichkeit) auch die Auswirkungen auf die eingeschlagenen Strategien der Unternehmung zu beurteilen und die Geschwindigkeiten abzuschätzen, mit denen sich diese Auswirkungen zu einer gefährlichen Bedrohung bzw. zu einer Chance für die Unternehmung entwickeln können. Durch Vergleich mit der vermuteten Reaktionszeit, die notwendig ist, eine Gefahr abzuwenden bzw. eine Chance zu nutzen, läßt sich die Reaktionsdringlichkeit ermitteln. Ganz unmittelbare Reaktionen sind nur angebracht, wenn das Ausmaß der positiven bzw. negativen Auswirkungen auf die Unternehmung hoch ist, eine hohe Eintrittswahrscheinlichkeit vermutet wird und wenn es sich um eine abrupt auftretende, äußerst rapide um sich greifende Entwicklung handelt (politischer Umsturz, plötzlicher Lieferstop bei knappen Ressourcen usw.).

Einen auf *Ansoff* zurückgehenden Raster zur Prioritätenermittlung hinsichtlich der weiteren Auswertung von Früherkennungsinformationen zeigt die Abbildung 5.

Reaktions-dringlich-keit	Auswirkung der Schlüsselvariablen lt. Impact-Analyse		
	Niedrig	Mittel	Hoch
Niedrig	Nicht weiter überwachen	Periodisch überwachen	Laufend überwachen
Mittel	Nicht weiter oder nur periodisch überwachen	Periodisch oder laufend überwachen	Planung einer abgestuften Reaktion
Hoch	Nach Variablenselektion kurzperiodisch überwachen	Laufend überwachen (mit Eventualplanung für Reaktionen)	Unverzügliche Reaktion

Abb. 5: Prioritätenermittlung für die weitere Auswertung von Früherkennungsinformationen

7. Früherkennung: Aufgabe für alle Unternehmensbereiche

Die genannten Hinweise zeigen, daß strategische Früherkennung der Sensibilisierung des Managements dient, um schon beizeiten über erforderliche strategische Stoßrichtungen nachzudenken. Dabei genügen in der Regel – bei durchaus begrenzbarem Zeitaufwand – relativ einfache Hilfsmittel wie strukturierte Expertendiskussionen, verbunden mit der Einsicht, daß alle Führungsebenen und Funktionsbereiche einzubeziehen sind. Nur wenn auch der Finanz-, der Personal-, der Produktions-, der F & E- und Beschaffungsbereich mit der Logik der Früherkennung vertraut sind und diese Bereiche die dort festgestellten Entwicklungen und Ereignisse in die Diskussion einbringen, kann von einer funktionsfähigen strategischen Früherkennung ausgegangen werden. Strategische Früherkennung, die sich allein auf das Marketing beschränkt, reicht nicht aus.

Literatur

Ansoff, H.I. (1980): Strategic Issue Management. In: Strategic Management Journal, Vol.1, 1980, S. 131–148.
Böhler, H. (1983): Strategische Marketing-Früherkennung, Habilitationsschrift, Universität zu Köln 1983.
Köhler, R. (1981): Grundprobleme der strategischen Marketingplanung. In: Die Führung des Betriebes (Hrsg.: M.N. Geist und R. Köhler), Stuttgart 1981, S. 261–291.
Kühn, R. (1980): Frühwarnung im strategischen Bereich. In: Management-Zeitschrift Industrielle Organisation, 49.Jg., 1980, S. 497–499 und S. 551–555.
Müller, G. (1981): Strategische Frühaufklärung. München 1981.

V. Entwicklungsperspektiven der Marktforschung aus der Sicht des strategischen Managements*

1. Problemstellung

Im Jahre 1975 wies Erwin *Grochla* auf das Erfordernis strategischer Informationssysteme für die Führung von Betrieben hin. Er konstatierte seinerzeit »Unsicherheit darüber, wer den strategischen Informationsbedarf der Betriebsführung feststellen kann und wie dieser Bedarf formuliert und gemessen wird. In vielen Fällen scheinen die Benutzer selbst nicht in der Lage zu sein, ihren Informationsbedarf zutreffend zu beurteilen.«[1]

In der Zwischenzeit hat die Literatur zu den auch praktisch vieldiskutierten Fragen der strategischen Planung und des strategischen Managements einen fast nicht mehr überschaubaren Umfang angenommen.[2] Dabei überwiegen konzeptionelle Entwürfe, die den Gesamtrahmen dieser Führungsaufgabe abstecken, sowie Darstellungen spezifischer Analyse- und Planungstechniken bzw. Berichte über Anwendungsbeispiele aus der Unternehmenspraxis. Nach wie vor finden sich kaum Abhandlungen, die den besonderen Informationsbedarf für Strategieentwicklungen systematisch kennzeichnen und Ansatzmöglichkeiten zu seiner Deckung konkretisieren.[3]

Nicht zuletzt erscheint es in diesem Zusammenhang wichtig, daß die *Marktforschung* in den Prozeß der strategischen Führung integriert wird und ihrerseits Untersuchungsmethoden anbietet, die auf die Eigenart der strategisch orientierten Informationssuche zugeschnitten sind. Gerade in dieser Hinsicht scheinen aber zwischen Erfordernis und Ist-Zustand noch Lücken zu bestehen, die (wenn bislang auch nur sporadisch) vom wissenschaftlichen wie vom praktischen Standpunkt aus kritisiert werden. »Weder der theoretische Entwicklungsstand der Marktforschung noch ihre Anwendung durch Unternehmen und Marktforschungsinstitute lassen – abgesehen von einzelnen Tendenzen – eine strategische Orientierung erkennen.«[4] Und eine Praktikerzeitschrift folgert: »Eine Neuorientierung und -positionierung der betrieblichen Marktforschung tut not.«[5]

In den folgenden Ausführungen wird zuerst (Abschnitt 2.) skizziert, auf welchen Untersuchungsgebieten bemerkenswerte methodische Neuerungen der Marktforschung zu verzeichnen sind. Danach wird im Abschnitt 3. versucht, wesentliche strategische Teilaufgaben zu systematisieren, zu deren Lösung Marktinformationen beitragen können. Das Kapitel 4. gilt sodann der kritischen Frage, inwieweit die jüngeren Entwicklungsrichtungen der Marktforschung geeignet erscheinen, verbesserte Informationsbereitstellungen für das strategische Management zu fördern, oder welche verbleibenden Informationslücken nur durch andere künftige Forschungsansätze zu schließen sind.

Die Überlegungen zu diesen Problemkomplexen müssen im vorgegebenen Rahmen auf eine umrißhafte Darstellung begrenzt bleiben. Insbesondere erfolgt hier eine Einschränkung auf den Blickwinkel der *Absatz*marktforschung, ohne daß deshalb übersehen wird, welch hohe strategische Bedeutung der Beschaffungspolitik und damit auch der Beschaffungsmarktforschung zukommen kann.[6]

---

* Ursprünglich erschienen in: Zukunftsaspekte der anwendungsorientierten Betriebswirtschaftslehre (Hrsg.: E. Gaugler / H.G. Meissner / N. Thom), Stuttgart 1986, S. 111–138.

2. Neuere Entwicklungen der Marktforschung

In den 60er und 70er Jahren erfolgten die Methodenfortschritte der Marktforschung vor allem auf dem Gebiet der Daten*analyse*. Die Anwendung multivariater Verfahren, wie sie durch die Verfügbarkeit leistungsfähiger ADV-Systeme ermöglicht wurde, stand im Mittelpunkt der Fachdiskussion und fand breiteren Eingang in die Praxis. Multivariate Analysetechniken gehören heute zum »Handwerkszeug« für Datenauswertungen; zugleich werden sie im Hinblick auf ihre Einsatzbedingungen und Aussagefähigkeit nüchterner und abwägender beurteilt als vor zehn bis fünfzehn Jahren. Seit etwa 1980 liegt der Schwerpunkt von Neuerungen in der Marktforschung wieder stärker auf dem Gebiet der Daten*gewinnung*. Dabei gehen wesentliche Entwicklungseinflüsse von elektronischen Informations- und Kommunikationstechniken aus. Die Abbildung 1 gibt einen Überblick über aktuelle Möglichkeiten der Datenbeschaffung.

Für die klassischen Verfahren der *Primärforschung* (eigens durchgeführte Befragungen und Beobachtungen ohne experimentelle Kontrollmaßnahmen sowie Befragungs- oder Beobachtungsexperimente) eröffnen sich besonders vielfältige Ansätze zur veränderten Erhebungsmethodik. Manche damit verbundenen Verfeinerungen der Skalierungstechnik versprechen differenziertere und validere Erhebungsergebnisse. Aber auch die Informationsbeschaffung aus schon anderweitig vorliegenden Datenbeständen kann sich auf einige neue Hilfsmittel stützen.

2.1. Sekundärauswertungen

Externe *Marktdatenbanken* bieten heute im Online-Betrieb den raschen Zugriff auf Informationen u.a. über gesamtwirtschaftliche und internationale Entwicklungen, einzelne Branchen, Produkte/Produktgruppen, demographische Gegebenheiten, Media-Analysen, Wettbewerber, Kooperations- und Lizenzangebote, Ausschreibungen. Innerhalb Westeuropas sind entsprechende Online-Verbindungen seit 1979 durch das Verbundsystem Euronet DIANE geschaffen worden; zum nordamerikanischen Bereich stellt das DATEX-P-Netz die Verbindung her. Innerhalb der Bundesrepublik Deutschland bestehen bislang nur wenige entsprechende Informationsangebote, wobei beispielhaft die Datenbanken des Ifo-Instituts und des Statistischen Bundesamtes (System STATIS-BUND) zu nennen sind, neuerdings auch GENIOS als ein Pool deutscher Wirtschaftsdatenbanken.[7] Jedenfalls werden für die *Sekundärforschung* Wege zur Beschaffung von Marktinformationen durch den unmittelbaren Zugriff auf externe Datenbanken erschlossen. Teilweise noch bestehende Mängel in der Aktualität der Angaben und in ihrer pragmatischen Auswertbarkeit (zweckentsprechende Aufgliederung; Aufbereitungsmöglichkeit der statistischen Rohdaten durch den Benutzer) sind im Prinzip überwindbar.

2.2. Standardisierte Marktinformationsdienste

Bei Panelstudien, wie sie von Marktforschungsinstituten durchgeführt werden, kann es sich um Datenerhebungen handeln, die unabhängig von spezifischen Problemstellungen der Institutskunden stattfinden. Der Benutzer dieser Daten nimmt dann aus seiner Sicht Sekundärauswertungen vor. In begrenztem Umfang lassen sich aber auch besondere Untersuchungsanliegen der Informationsnachfrager im Panel eigens berücksichtigen, so daß insoweit Primärerhebungen erfolgen. Wegen dieser möglichen Doppelrolle wird die *Panelforschung* hier gesondert unter dem Rubrum »Standardisierte Marktinformationsdienste« behandelt.[8]

Für diese Einrichtung der Marktforschung zeichnen sich aufgrund der *Scanner-Technologie* weitreichende Fortschrittsmöglichkeiten ab. Im vorliegenden Zusammenhang bedeutet Scan-

Sekundärauswertungen	Standardisierte Marktinformationsdienste	Primärerhebungen	Meßinstrumente
Online-Nutzung externer Marktdatenbanken	– Auswertung von Scanner-Daten in der Panelforschung – Zugriff auf Paneldaten durch Dialogsysteme	*Befragung:* Elektronische Erhebung von Befragungsdaten – Computergestützte Interviews – Bildschirmbefragungssysteme (einschl. Bildschirmtext und Kabel-TV) *Beobachtung:* – Apparative Beobachtungstechniken (z. B. Blickaufzeichnung) – Scanner-Datenerfassung am Verkaufspunkt *Experimente:* z. B. Alternativen zum klassischen regionalen Testmarkt, teils unter Einsatz von Kabel-TV und Scanning	z. B. – Magnitudeskalierung – Antwortzeitmessung – Programmanalysatoren

Abb. 1: Neuere Methoden der Datengewinnung in der Marktforschung

ning die optisch-elektronische »Erfassung von Artikelnummern, die als Strich- oder Ziffern-code auf der Produktverpackung angebracht sind«[9], mit Hilfe spezieller Kassenterminals. Neben dem artikelgenauen Registrieren der Abverkaufsvorgänge im Handel können dabei computergestützte Verknüpfungen mit anderen Daten (z. B. Preisen, Zeitangaben, Lagerbestandszahlen) vorgenommen werden.

Scanning verkürzt sowohl im *Haushaltspanel* als auch im *Handelspanel* die Analyse- und Berichtszeiträume. Es gestattet eine differenziertere Datenaufbereitung als bei den herkömmlichen Panelerhebungen. Die Validität und die Reliabilität der Messungen ist als hoch einzustufen, da sie unabhängig von subjektiven Wahrnehmungen und menschlichen Erinnerungsfähigkeiten vorgenommen werden. Überdies erlaubt diese Technik im Prinzip die Kombination von Handels- und Haushaltspanel, falls die Mitglieder eines Haushaltspanels Identifikationskarten verwenden, die sie beim Einkaufsvorgang vorlegen, so daß die relevanten Käufermerkmale im Scanning-System miterfaßt werden.[10]

Problematisch ist gegenwärtig noch, jedenfalls in der Bundesrepublik Deutschland, die zu geringe Marktabdeckung, die angesichts der Austattung von nur relativ wenigen Einzelhandelsgeschäften mit Scanner-Kassensystemen zu verzeichnen ist (Anfang 1985: 426, Mitte 1985: 580 Geschäfte).[11] Es besteht also derzeit eine unzureichende Repräsentativität der Panelangaben.[11a]

Die standardisierten Marktinformationsdienste lassen in Ansätzen eine weitere Tendenz zur computergestützten Verbesserung des Datenangebots erkennen: Panelinstitute sind bereits dazu übergegangen, ihren Kunden im Time-Sharing-Betrieb den *direkten Zugriff* auf die vom Informationsnachfrager gekauften *Paneldaten* zu ermöglichen. Dabei ist im *Bildschirmdialog* grundsätzlich auch noch eine Verknüpfung mit sonstigen benutzerspezifischen Daten herstellbar, z. B. mit Absatzmengen- und Preisdaten des Institutskunden. In der Bundesrepublik Deutschland lassen sich als Beispiele das Dialogsystem INFACT der Nielsen-Tochtergesellschaft Coordinierte Management Systeme GmbH sowie das System INMARKT der Gesellschaft für Konsum-, Markt- und Absatzforschung e.V. nennen.[12]

2.3. Primärerhebungen

In der primären Marktforschung, für die sich seit längerem keine grundlegende Änderung der Erhebungsmethoden mehr abzuzeichnen schien, deuten sich in jüngerer Zeit Wandlungen an, die (neben einer rascheren Bereitstellbarkeit von Erhebungsergebnissen) vor allem die Meßgenauigkeit und Validität berühren.

2.3.1. Befragung

In den USA und in Japan hat seit der zweiten Hälfte der siebziger Jahre der Einsatz von Computern für die *Erhebung* von Befragungsdaten Eingang in die Praxis gefunden.[13] Es handelt sich entweder um »*computergestützte Befragungssysteme*« (bei denen die Fragen von einem Interviewer gestellt, aber die Antworten über numerische bzw. alphanumerische Tastaturen unmittelbar in die automatisierte Datenverarbeitung eingegeben werden) oder um »*Bildschirmbefragungssysteme*« (»Computerbefragung« im engeren Sinne), bei denen Fragestellung und Antworteingabe am Bildschirmgerät erfolgen, und zwar mit unmittelbarer Einbeziehung der Befragten in den Mensch-Maschine-Dialog.[14]

In der Institutsmarktforschung des deutschsprachigen Bereiches wird die elektronische Erhebung von Befragungsdaten erst vereinzelt angewandt.[15] Auf weitere Sicht kommen auch die neuen Kommunikationsmedien Bildschirmtext (Btx) und Kabelfernsehen, sofern dabei die sog. Rückkanaltechnik eingesetzt wird, für die Durchführung von Computerbefragungen in Betracht.[16]

Abgesehen von der rascheren Abwicklungsmöglichkeit einer Befragungsstudie (zeitlich parallele, unabhängige Mehrpersonenbefragung; unmittelbare ADV-Auswertbarkeit der Antwortdaten) sind es vor allem einige grundlegende methodische Vorteile, die bei den geschilderten Erhebungstechniken Bedeutung erlangen:

Sogenannte Interviewereffekte, die zu einer systematischen Verzerrung der Ergebnisse führen könnten, entfallen jedenfalls bei der Computerbefragung im engeren Sinne. Die Fragenreihenfolge, die oft ihrerseits nicht ohne Einfluß auf die Antworttendenzen ist, kann quer über das Befragungssample bis zu einem gewissen Grade zufallsgesteuert variiert werden. Filter- und Gabelungsfragen kommen programmgesteuert zuverlässig zum Einsatz, ebenso wie Fehlerkontrollen bei inkonsistenten Antworten. Nicht zuletzt werden die Voraussetzungen für eine automatische Reaktionskontrolle (z.B. Antwortzeitmessungen) geschaffen, worauf später noch bei der Diskussion von Skalierungsansätzen einzugehen ist.

Noch nicht hinreichend geklärt erscheinen gegenwärtig die Validitätsprobleme, die sich daraus ergeben mögen, daß an die Stelle der herkömmlichen Interviewereffekte »Computereffekte« treten, die zu ähnlichen Ergebnisverzerrungen oder im Extremfall zu Antwortverweigerungen führen.

2.3.2. Beobachtung

Für Beobachtungsstudien in der Marktforschung sind (etwa zum Überprüfen von Werbemittelentwürfen oder von Produkt- bzw. Packungsgestaltungen) *apparative Hilfsmittel*, wie Tachistoskope oder Schnellgreifbühnen, schon traditionell gebräuchlich.[17] Intensiviert und wiederholt verfeinert wurde aber der Einsatz psychophysiologischer Meßtechniken, unter denen an dieser Stelle exemplarisch das *Blickaufzeichnungsverfahren* genannt werden soll. Mit Hilfe der Cornea-Reflex-Methode, wie sie z.B. bei dem japanischen Eye-Mark-Recorder Anwendung findet, werden der Blickverlauf und vor allem das Verweilen des Betrachters bei bestimmten Gestaltungselementen des Beobachtungsgegenstandes auf Videoband aufgezeichnet. Die Dauer der Fixationen kann durch einen elektronischen Zeitnehmer registriert werden.[18]

Derartige Beobachtungsansätze weisen den Vorzug auf, daß den Probanden keine erinnerungsabhängigen und subjektiv schon vorinterpretierten Aussagen über die Informationsaufnahme abverlangt werden. Die Meßgenauigkeit ist höher als bei herkömmlicheren Beobachtungsverfahren.

Trotz des bereits verbreiteten und im Ergebnis meist positiv beurteilten Einsatzes der Blickregistrierung in der praktischen Marktforschung bleiben aber noch Fragen zur Verläßlichkeit und inhaltlichen Gültigkeit der Befunde offen. Sie beziehen sich nicht einmal so sehr auf eventuelle Abweichungen zwischen dem Blickverhalten unter natürlichen und andererseits unter apparativ beeinflußten Bedingungen; vielmehr geht es um das theoretisch schwerwiegende Problem, für welche kognitiven Vorgänge die Blickregistrierung tatsächlich einen brauchbaren Indikator liefert.[19]

Im Rahmen der Beobachtungsverfahren ist auch noch einmal die *Scanner-Datenerfassung* zu nennen, die bereits bei den Hinweisen auf standardisierte Marktinformationsdienste erwähnt worden ist. Der Einsatz von Scanning-Kassensystemen gehört zu den apparativen *Beobachtungsverfahren*, da hiermit Kaufverhalten ohne verbale Frage-Antwort-Vorgänge erfaßt wird (und im übrigen nichtreaktiv, d.h. ohne Bezug auf Stimuli, die als Bestandteil einer Marktforschungsstudie wahrgenommen werden). Diese Datenerhebung am Verkaufspunkt ist nicht nur für die schon angesprochenen Paneluntersuchungen der Marktforschungsinstitute interessant, sondern sie bietet ganz unmittelbar für die einzelnen Handelsunternehmen selbst neue Chancen der schnell aktualisierbaren und artikelgenauen Absatzanalyse, bei der auch die Einflüsse bestimmter Maßnahmen – wie z.B. einer Preisveränderung – überprüft werden können. Je nachdem, wie die im Prinzip offenstehende Marktdaten-Kommunikation zwischen Handel und Industrie tatsächlich praktiziert werden wird, können auch Produkthersteller ohne die Zwischenstufe der Panelinstitute direkt an der Auswertung der apparativ gewonnenen Beobachtungsdaten teilhaben.[20]

2.3.3. Experimente

Das Scanning am Verkaufspunkt spielt auch – wie oben zuletzt schon angedeutet – eine Rolle für experimentelle Überprüfungen der Wirkung absatzpolitischer Aktivitäten. Marktforschungsexperimente sind dadurch gekennzeichnet, daß ein Testfaktor oder mehrere unabhängige Variablen unter gleichzeitiger Kontrolle sonstiger Einflußgrößen in verschiedenen Ausprägungen präsentiert werden, so daß ihnen Ergebnisunterschiede bei bestimmten abhängigen Variablen als Wirkung zurechenbar sind. Bereits seit einiger Zeit liefern in der Bundesrepublik Deutschland ausgewählte Einzelhandelsgeschäfte im Rahmen sogenannter Mini-Testmärkte oder kontrollierter Markttests Daten, die auf derartigen Experimentanordnungen beruhen – z.B. Wirkungsanalysen für Werbe- oder Verkaufsförderungsmaßnahmen.[21] Diesen *Alternativen zum klassischen regionalen Markttest* stehen dort, wo genügend Haushalte an das Kabelfernsehen angeschlossen sind, noch weitergehende Möglichkeiten der Werbewirkungsforschung offen: Einer Testgruppe von Panelhaushalten werden über das Kabelnetz gezielt bestimmte Werbespots übermittelt, während eine statistisch vergleichbare Kontrollgruppe von diesem Testfaktor unberührt bleibt. Unter der Voraussetzung, daß die Erfassung der Einkäufe beider Haushaltsgruppen über am Test beteiligte Scanner-Geschäfte sichergestellt ist, lassen sich relativ aussagefähige Rückschlüsse auf die Werbewirkung ziehen.

Die zuletzt genannte Bedingung ist allerdings ausschlaggebend; es dürfen keine relevanten Kaufvorgänge unregistriert bleiben. Dies setzt eine genügende Infrastruktur der Scanner-Ausstattung und die Verwendung von Identifikationskarten durch die Haushalte voraus. Beispiele aus den USA (die von der Gesellschaft Information Resources Inc. durchgeführten Untersuchungen im Rahmen des »Behavior Scan«-Werbetestsystems) zeigen, daß die praktische Umsetzung gelingen kann.[22] In der Bundesrepublik Deutschland sind entsprechende Erprobungen in Regionen mit Kabelpilotprojekten konzipiert, z.B. im ERIM-Scan-Panel der Gesellschaft für Konsum-, Markt- und Absatzforschung e.V.[23][23a]

2.4. Meßinstrumente

Speziell im Zusammenhang mit den Verfahren der elektronischen Datenerhebung sind einige verfeinerte Meßtechniken entwickelt worden. So läßt sich z.B. die sog. *Magnitudeskalierung* in den Ablauf einer Bildschirmbefragung integrieren. Die Antwortpersonen drücken dabei subjektive Empfindungsstärken (etwa Zustimmung oder Ablehnung gegenüber vorgegebenen Aussagen) durch eine nichtverbale Reaktion aus, nämlich durch Größenangaben auf einem physikalischen Reizkontinuum. Ein Beispiel dafür ist die Länge einer Linie, die durch entsprechenden Tastendruck auf dem Bildschirm des elektronischen Befragungsgerätes sichtbar gemacht und vom Computer unmittelbar als Maßangabe für Datenauswertungen erfaßt wird. Auf die theoretisch fundierten Hintergründe des Meßansatzes und die damit verbundenen Validierungsmöglichkeiten kann an dieser Stelle nicht näher eingegangen werden. Zugrunde liegt das sog. psychophysische Potenzgesetz, wonach zwischen subjektiven Empfindungsintensitäten und der gewählten Größenordnung des physikalischen Reizes (neben einer Linienlänge

z. B. auch der Helligkeit einer Lichtquelle oder der Lautstärke eines Tones) gesetzmäßige Beziehungen bestehen. Für die entsprechenden Potenzfunktionen sind aus experimentellen Untersuchungen bestimmte, je nach Reizart unterschiedliche Exponentenwerte bekannt.[24]

Als Vorteile der Magnitudeskalierung werden – insbesondere verglichen mit Angaben auf herkömmlichen Ratingskalen – das bessere Diskriminationsvermögen, das erreichbare Intervallskalenniveau und die Meßbarkeit nur schwer verbalisierbarer Empfindungsunterschiede hervorgehoben.[25]

Während das skizzierte Magnitudeverfahren eine theoretisch begründete eigenständige Meßgrundlage schafft und deshalb als Skalierungsmethode angesehen werden kann, liegt die Besonderheit anderer elektronisch gestützter Meßverfeinerungen in der genaueren Erfassung und der unmittelbar ADV-integrierten Auswertung bestimmter Indikatoren. So wird die Zeitspanne, die bis zur Beantwortung einer Frage durch die Auskunftsperson verstreicht (*Response Latency*), bei bestimmten Fragetypen – etwa bei der Ermittlung von Präferenzen – als Indikator für den Grad der Überzeugtheit angesehen.[26] Die Meßvorschrift als solche (*Antwortzeitmessung*) ist nichts Neues; wohl aber bietet die Bildschirmbefragung verbesserte Möglichkeiten der automatischen Erfassung und Auswertung dieser Indikatorgröße.

Ebenso gilt für die Integration sogenannter *Programmanalysatoren* in computergestützte Erhebungen, daß eine an sich schon länger bekannte Art der Ermittlung nominalskalierter Daten nun mit technischen Hilfsmitteln erfolgt, die sehr kurzfristige und genaue Analysen ermöglichen. Beim Einsatz von Programmanalysatoren zeigen die Testpersonen durch Tastendruck oder ähnliche Gerätebedienungen in nichtverbaler Weise spontan an, welche Momente einer Darbietung (z. B. eines Fernsehfilms) ihnen »gefallen« oder »mißfallen«. Elektronische Aufzeichnungen dieser Verhaltensweisen ermöglichen eine zeitlich sehr fein aufgeteilte Erstellung aggregierter Reaktionsprofile von Personengruppen. In der Werbeakzeptanz-Forschung dürfte dieser Meßansatz von wachsender Bedeutung sein.[27]

2.5. Datenanalyseverfahren

Wie zu Beginn des Abschnitts 2. erwähnt, sind die in den siebziger Jahren vieldiskutierten multivariaten Analysetechniken zum festen Bestandteil des Marktforschungsrepertoires geworden. Die nach Dekaden unterteilte Zusammenstellung wichtiger Forschungsentwicklungen, die *Kotler* in der jüngsten Auflage seines Werkes »Marketing Management« gibt, hebt für die Zeit nach 1980 noch Anwendungen des Conjoint Measurement und Ansätze zur Kausalanalyse hervor.[28] Auch in der jüngeren deutschsprachigen Literatur finden sich – übereinstimmend mit *Kotlers* Feststellung – Anwendungsberichte aus dem Marketingbereich für das Conjoint Measurement[29] und für methodisch neue kausalanalytische Untersuchungen[30], wenn auch in beiden Fällen erst vereinzelt.

Das *Conjoint Measurement* ist ein dekompositionelles Verfahren, mit dessen Hilfe aus globalen Rangordnungsurteilen (etwa Präferenzangaben), die über experimentell vorgegebene Merkmalskombinationen (z. B. Produktgestaltungsformen) abgegeben werden, metrische Teilnutzenwerte für die einzelnen Gestaltungsattribute abgeleitet werden können. Diese Methode erschließt damit wichtige Anhaltspunkte für die gezielte Gestaltung absatzpolitischer Maßnahmen.

Unter den kausalanalytischen Verfahren findet neuerdings eine Verknüpfung der an sich schon länger bekannten Pfadanalyse mit faktorenanalytischen Konzepten Beachtung. Es handelt sich um den sog. LISREL-*Ansatz* (Linear Structural Relations System). Dieser bringt den Vorzug mit sich, daß nicht nur die angenommenen Wirkungsbeziehungen, sondern zugleich auch die Meßansätze für dabei verwendete komplexe Indikatoren kritisch überprüft werden.

Konfirmatorische Analysen, »die gegebene Hypothesen zu einem Modell verbinden und es mit empirischen Daten zu bestätigen versuchen«[(31)], werden damit auf eine ausgefeiltere methodische Grundlage gestellt.

Unter den Neuentwicklungen in der Daten*analyse* sind nicht nur einzelne Auswertungsverfahren zu nennen, wie es vorstehend kurz und exemplarisch geschehen ist; vielmehr zählen hierzu nicht zuletzt auch die Bemühungen um den Aufbau von *Entscheidungsunterstützungssystemen* für das Marketing.[(32)] Derartige ADV-gesteuerte Systeme zeichnen sich durch die Zugriffsmöglichkeit auf verschiedene extern bezogene und intern bereitgestellte Datenbestände aus, für die dann gemeinsame Auswertungen auf der Grundlage mathematisch-statistischer Methoden durchgeführt werden können. Der Benutzer wird im direkten Dialog mit dem System in die Lage versetzt, Veränderungen der eigenen Marktposition (z. B. des Marktanteils) näher zu analysieren und zukunftsbezogene Alternativrechnungen durchzuführen, die Entscheidungskonsequenzen unter bestimmten Handlungsbedingungen aufzeigen. Ein Beispiel aus der Unternehmenspraxis ist das in Deutschland von der Taylorix-Tymshare GmbH angebotene System EXPRESS, das u.a. von der Union Deutsche Lebensmittelwerke GmbH genutzt wird. In diesem Anwendungsfall werden Informationen aus Haushalts- und Handelspanels verschiedener Institute, vielfältige Angaben der Werbestatistik sowie firmeninterne Absatz-, Großhandelspreis- und Rabattdaten kombiniert und mit statistischen Analysetechniken (je nach Anforderung des Benutzers) ausgewertet.[(33)]

3. Die Rolle der Marktforschung im Rahmen des strategischen Managements

Mit der im Abschnitt 2. gegebenen Übersicht ist versucht worden, jene Arbeitsgebiete der Marktforschung zu skizzieren, auf denen Neuentwicklungen in jüngster Zeit besonders augenfällig sind. Im folgenden sollen die Informationserfordernisse umrissen werden, die sich für eine strategische Marktorientierung der Unternehmensführung ergeben. Im Teil 4. bleibt dann zu beurteilen, inwieweit die derzeitigen Marktforschungsschwerpunkte zur Deckung dieses Informationsbedarfs beitragen können bzw. welche Lücken durch andersartige Untersuchungsansätze noch zu schließen sind.

3.1. Zum Verhältnis von strategischem Management, strategischem Marketing und Marktforschung

Strategisches Management wird in allgemeiner Formulierung umschrieben als »die Steuerung und Koordination der langfristigen Evolution des Unternehmens und seiner Aufgabenumwelten... durch eine konzeptionelle Gesamtsicht der Unternehmenspolitik«.[(34)] Dies schließt (über die Analyse, Auswahl und grundsätzliche Gestaltung von Produkt-Markt-Beziehungen auf der Absatzseite hinaus) die Ressourcensicherung und die langfristig orientierte betriebliche Ressourcenallokation ebenso ein wie Entscheidungen über weiterreichende Forschungs- und Entwicklungsschwerpunkte, Entwurf und Implementierung von Organisations- und Führungssystemen, Konzeptionen des Management Development sowie Vorkehrungen zur Früherkennung wichtiger Umweltveränderungen.[(35)]

Das *strategische* (Absatz-)*Marketing* ist ein enger abgegrenzter Teil des strategischen Managements. Je nach der internen und umweltbezogenen Situation einer Unternehmung können auch andere betriebliche Gestaltungsbereiche die ausschlaggebenden Probleme oder Chancen für Evolutionsschritte in der Zukunft aufwerfen.[(36)] Unerläßlich bleibt aber in jedem Fall die

Berücksichtigung von Restriktionen, Beeinflussungsmöglichkeiten und potentiellen Betätigungsfeldern auf der Absatzseite.

In diesem Sinne kommen dem strategischen Marketing im Rahmen des strategischen Managements folgende Hauptaufgaben zu[37]:

- Suche nach grundsätzlich möglichen künftigen Problemlösungsangeboten auf bestimmten Märkten (Beschreibung der für die Unternehmung in Betracht kommenden Produkt-Markt-Kombinationen)
- Bewertung und vorläufige Auswahl von Produkt-Markt-Kombinationen anhand der erwarteten Nachfrage-, Wettbewerbs-, Technologie- und sonstigen Umweltmerkmale (»Defining the Business«)
- Synergetische Sicht mehrerer Geschäftsfelder
- Entwicklung längerfristiger, über mehrere Perioden abgestufter Marketing-Ziele
- Entwurf von Maßnahmen-Programmen (grundlegende Marketing-Mix-Konzeptionen) unter Berücksichtigung alternativer »Wenn-Dann«-Bedingungen
- Zwischenkontrollen und Audits zur rechtzeitigen Gegensteuerung bei ungünstigen Abweichungen
- Verankerung dieser Teilaufgaben in einer dafür geeigneten Organisationsstruktur

Abb. 2: Aufgabenbereiche des strategischen Marketing

Die Perspektive des strategischen Marketing ist nicht von vornherein auf einzelne Ebenen der betrieblichen Zuständigkeitshierarchie beschränkt. Grundsätzlich betrifft sie bestimmte Problemgesichtspunkte der Gesamtunternehmung ebenso wie den Bereich enger definierter Geschäftseinheiten oder (mit manchen Teilfragen) sogar einzelne Produkte und ihre Märkte. Insofern kann hier *Schendel* nicht gefolgt werden, wenn er postuliert: »It should ... be noted in this strategic context that marketing as a function really has little to do with corporate level strategy formulation.« »Hence, marketing strategy needs to be viewed primarily in the context of business level strategy«.[38] Vielmehr werden alle erwähnten Organisationsebenen in einem Wechselspiel von »bottom-up«- und »top-down«-Betrachtung in Überlegungen des strategischen Marketing einbezogen.

Die (Absatz-)*Marktforschung* hat in diesem Rahmen die Aufgabe, Informationen über *unternehmensexterne* Sachverhalte bereitzustellen, um strategische Planungen und Steuerungen in dem durch Übersicht 2 gezeigten Marketing-Zusammenhang zu unterstützen. Damit kann sie nur einen – allerdings sehr wichtigen – *Ausschnitt* aus dem gesamten Informationsbedarf für das strategische Management abdecken.

3.2. Der Inhalt strategisch orientierter Informationsanforderungen an die Marktforschung

Ein grundlegendes Charakteristikum des strategischen Marketing wie des gesamten strategischen Managements besteht darin, daß in mittel- bis längerfristiger Vorausschau Möglichkeiten »abgetastet« werden, wie Erfolgschancen durch veränderte *künftige Problemlösungsangebote* erschlossen werden könnten. Es handelt sich dabei um einen heuristischen Vorgang, der sich in regelmäßigen Abständen – etwa in jährlichen Planungsrunden – empfiehlt, um rückläufigem Absatz in angestammten Leistungsbereichen mit Programmanpassungen zuvorzukommen oder um die eigene Marktposition durch Ausweitung der Angebotspalette zu stärken. Es kommt hier zuerst einmal darauf an, Vorschläge für konkret denkbare Absatzbeziehungen zu generieren, bevor dann eine Auswahl nach eingehenderer Bewertung erfolgt.

Seit 1980 sind zur Systematisierung dieses Suchvorgangs verschiedene Bezugsrahmen vorgeschlagen worden. *Abell* hat gezeigt, wie sich erwägenswerte Marktfelder durch Kombination der Merkmale »potentielle Nachfragergruppen«, »Funktionserfüllung durch das Leistungsangebot« und »verwendbare Technologien« beschreiben lassen.[39] *Day* verwendet einen ähnlichen Ansatz, erweitert um das Kriterium, ob die Unternehmung an eine bestimmte Produktionsstufe gebunden ist oder sich durch Vorwärts- bzw. Rückwärtsintegration zusätzliche Spielräume für die Angebotsgestaltung zu schaffen vermag.[40] Die Verknüpfung solcher Beschreibungsmerkmale kann in Form sogenannter *Suchfeldmatrizen* erfolgen, wie sie schon praktische Anwendung gefunden haben.

Für diese Ausgangsphase strategischer Überlegungen ist der *Informationsbedarf* noch verhältnismäßig grob strukturiert: Benötigt werden Angaben über sich anbahnende Änderungen in der Bevölkerungsstruktur bzw. der Zusammensetzung des gewerblichen Sektors, über den Wandel von Werthaltungen und Verwendungsgewohnheiten, über neue bedarfskonstituierende Problemstellungen (wie sie sich u.a. aus gesamtwirtschaftlichen, politisch-rechtlichen, ökologischen, internationalen Entwicklungen ergeben können) sowie über marktbezogene Nutzungsmöglichkeiten technologischer Innovationen.

Die Stichwörter »Scanning the Business Environment« bzw. »Environmental Scanning« kennzeichnen diesen grundlegenden Suchprozeß.[41] Freilich kann sich die Umfeldanalyse nicht in beliebiger Vielfalt abspielen. Es müssen gewissermaßen Filter eingebaut sein, die die Schwerpunktausrichtung der Informationsbemühungen bestimmen.[42] Ein entsprechender Ansatzpunkt besteht in der Kennzeichnung der besonderen unternehmenseigenen Stärken (z.B. auf technologischem Gebiet) und jener Merkmale (wie etwa starke Exportabhängigkeit), die die Unternehmung am ehesten »verwundbar« machen. Von einem solchen Relevanz-Raster ausgehend, kann die Ausschau nach bedeutsamen Umfeldänderungen gesteuert werden.[43]

Die *Bewertung* und *Auswahl* künftiger Produkt-Markt-Kombinationen (»*Defining the Business*«) knüpft unmittelbar an die vorstehend erläuterte Suchphase an. Sie setzt zweckmäßigerweise – wenn die Unternehmung nicht Gefahr laufen will, zu eng im Rahmen ihrer überkommenen, wohldefinierten Umfeldbeziehungen zu verharren – diesen Entwurf möglicher Betätigungsalternativen voraus. Für deren genauere Beurteilung sind dann folgende *Arten von Marktinformationen* erforderlich:

— Angaben über die Anzahl der potentiellen *Nachfrager* einer bestimmten Problemlösung und über deren bedarfsbeeinflussende Merkmale; Gruppierbarkeit dieser Produktverwender in Marktsegmente mit unterschiedlichen *Anforderungen* gegenüber dem Leistungsangebot bzw. mit verschieden ausgeprägter Bedarfsintensität[44];
— Bestandaufnahme der aktuellen und der möglichen *Technologieanwendung*, wie sie zur Bedarfsdeckung bei den anvisierten Nachfragerkreisen zum Zuge kommen kann[45];
— Kennzeichnung der *Distributionskanäle*, mit denen die Nachfragergruppen am wirkungsvollsten erreichbar sind;
— Analyse der voraussichtlichen *Wettbewerbskonstellation*, wie sie sich im Hinblick auf bestimmte Nachfrager-Zielgruppen, besondere Bedarfsmerkmale, Technologien und Distributionskanäle abzeichnet. Stärken-Schwächen-Vergleiche und die Untersuchung allgemeiner Einflüsse auf die Konkurrenzaktivitäten (z.B. Markteintrittsschranken) gehören hierzu[46];
— Einschätzung der *generellen Rahmenbedingungen* (gesamtwirtschaftlicher, politischer, rechtlicher Art) für die Wachstumsrichtung und das Wachstumsausmaß der betrachteten Märkte.

Erst die *Verknüpfung* dieser fünf genannten Aspekte gestattet eine strategische Bewertung verschiedener absatzwirtschaftlicher Betätigungsfelder, die üblicherweise (etwas verkürzt formuliert) als Produkt-Markt-Kombinationen bezeichnet werden.

Die *synergetische Sicht mehrerer Geschäftsfelder* ist ebenfalls ein Bewertungsvorgang, bei dem im Prinzip eine enge wechselseitige Verflechtung mit dem obenerwähnten »Defining the Business« vorliegen kann. Der zusätzlich hinzukommende Gesichtspunkt besteht darin, daß nun eine Mehrzahl betrieblicher Marktbeziehungen in ihrem *Zusammenspiel* nach bestimmten ökonomischen Kriterien beurteilt wird (woraus sich dann weitere Anhaltspunkte für die Einstufung und Auswahl der künftigen Produkt-Markt-Kombinationen ergeben). Die im Rahmen der strategischen Planung vieldiskutierte *Portfolio-Technik* ist der Prototyp einer solchen Gesamtbeurteilung verschiedener Geschäftsfelder.

Der *Informationsbedarf* für die Erstellung von Portfolio-Analysen[47] betrifft zum einen die Abgrenzbarkeit von sog. *strategischen Geschäftsfeldern*. Dabei handelt es sich um Planungseinheiten, die durch eine Zusammenfassung mehrerer Produkt-Markt-Kombinationen entstehen, wobei es aber wesentlich darauf ankommt, »homogene und weitgehend autarke Chancen- und Gefahrenfelder zu bilden«[48]. Es müssen also Kriterien definiert und entsprechende Maßgrößen ermittelt werden, die die Zusammengehörigkeit mehrerer Produkt-Markt-Beziehungen unter strategischen Analyse- und Planungsaspekten zutreffend erkennen lassen.

Zum anderen ergibt sich ein Informationsbedarf im Hinblick auf die sog. strategischen *Schlüsselfaktoren*, d.h. jene Variablen, die als ausschlaggebend für künftige betriebliche Zielerreichungen gelten und deshalb zur inhaltlichen Kennzeichnung der Dimensionen einer Portfolio-Matrix (z. B. der »Marktattraktivität«) herangezogen werden. Unter zweierlei Gesichtspunkten werden Kenntnisse hierüber benötigt: Es geht um die Aufdeckung *genereller* Zusammenhänge zwischen Schlüsselfaktoren (etwa dem relativen Marktanteil) und Zielgrößen (wie dem Return on Investment); weiterhin aber auch um die Ermittlung der konkreten Ausprägung von Schlüsselvariablen im einzelnen betrieblichen *Anwendungsfall*.

Langfristige Stufenziele sind Bestandteil der strategischen Planung, da sie über mehrere Planperioden hinweg (in Form sogenannter Ziel-Trajektorien) aufzeigen, welches Ausmaß von monetären und nichtmonetären Ergebnisgrößen erreicht werden müßte, um zu einer letztlich angestrebten Erfolgsposition zu kommen.[49] Diese Zielprojektionen gelten unter bestimmten Wenn-Dann-Bedingungen und sind damit zugleich eine Orientierungshilfe für die Gewinnung von Frühwarnanzeichen bei festgestellten Abweichungen von der Ziel-Leitlinie.

Eine wichtige *Informationsgrundlage* für die Zielplanung wäre gegeben, wenn Daten über längerfristige Wirkungsbeziehungen zwischen Maßnahmen und Ergebnisgrößen vorlägen (z. B. dynamische Preisresponse-Funktionen). Außerdem spielen hierbei empirische Kenntnisse über den inhaltlichen und zeitlichen Zusammenhang zwischen mehreren Zielvariablen (z. B. zwischen Wiederkaufrate und längerfristig erreichbarem Marktanteil) eine Rolle.[50]

Die ebenerwähnten dynamischen Wirkungsbeziehungen zwischen Mitteleinsatz und Ergebnissen betreffen zugleich die Informationsbasis für den *Entwurf grundlegender Marketing-Mix-Konzeptionen*. In strategischer Hinsicht sind damit Gestaltungsmaßnahmen gemeint, die in ihrem Zusammenspiel die *Positionierung* eines Leistungsangebots in der Wahrnehmung und im Urteil der Verwender prägen.

Informationsbedarf besteht dabei bezüglich der Frage, welchen Einfluß bestimmte erwogene Gestaltungen der absatzpolitischen Instrumente auf die Einstellungsbildung bei potentiellen Nachfragern ausüben. Darüber hinaus sind Kenntnisse über die Abhängigkeit dieser Wirkungen von besonderen Zielgruppenmerkmalen (also von Eigenschaften der Marktsegmente) wie auch von zeitlichen Ablaufbedingungen (z. B. Phasen eines Produkt-Lebenszyklus) bedeutsam.

Da Positionierungsvorhaben grundsätzlich immer den Bezug zur Konkurrentenstellung aufweisen, erstreckt sich der Informationsbedarf auch auf Angaben über die Beurteilung der Wettbewerberleistungen aus der Sicht der Nachfrager.

Mit dem strategischen Aufgabenbereich der *Zwischenkontrolle* von Ergebnissen im Zeitablauf und der *Audits* zur Überprüfung von Planungsprämissen ist das weite Feld der *Früherkennungsinformationen* angesprochen. Zwar beschränkt sich der Problemkreis der Früherkennung keineswegs auf derartige Abweichungsanalysen, sondern schließt gerade auch die Erfassung von Indikatoren ein, die auf künftig überhaupt erstmals zu planende neue Marktbeziehungen hinweisen können.[51] Ohne Zweifel ergibt aber auch die Zwischenanalyse strategischer Pläne Hinweise auf günstige Gelegenheiten oder auf Bedrohungen, die dann in künftige Überlegungen zum »Defining the Business« (s. o.) mit einfließen.

Speziell an die *Marktforschung* ist dabei die Anforderung gestellt, frühwarnende Daten über nicht planentsprechende Entwicklungen der Kundenstruktur sowie des Käuferverhaltens, der Distribution, der Wettbewerbssituation und allgemeiner Planungsprämissen (z. B. internationaler Abkommen) zu liefern.[52]

Schließlich ist anzumerken, daß auch für die *organisatorische Verankerung der strategischen Zuständigkeiten* Marktforschungsinformationen hilfreich sind. Inwieweit z. B. bestimmte strategische Planungszuständigkeiten zweckmäßigerweise in der Gestaltungsform eines Produkt-Managements oder eines Kundengruppen-Managements verankert werden sollen, hängt nicht zuletzt auch von Informationen über die Art der betrieblichen Produkt-Markt-Verflechtungen ab (z. B. Angaben über einen Bedarfsverbund bei einer Kundengruppe, der die Koordination über mehrere Produktbereiche hinweg erforderlich macht).

In der Abbildung 3 sind die wichtigsten Gesichtspunkte der strategischen Informationsanforderungen an die Marktforschung zusammenfassend dargestellt.

4. Der Beitrag neuerer Marktforschungsentwicklungen zur Deckung des strategischen Informationsbedarfs: Ansätze und Lücken

Bei den folgenden Ausführungen kann es nicht darum gehen, im einzelnen eine Methodik der strategisch ausgerichteten Marktforschung zu entwerfen. Vielmehr soll an dieser Stelle nur versucht werden, die im Abschnitt 2. beschriebenen jüngeren Verfahren im Hinblick auf ihre Leistungsfähigkeit für strategische Untersuchungszwecke zu beurteilen. Dabei wird nach dem in Abbildung 3 skizzierten Bezugsrahmen vorgegangen.

4.1. Suche nach grundsätzlich möglichen künftigen Problemlösungsangeboten

Hinsichtlich der vielfältigen Umfeldinformationen, die für diesen Ausgangspunkt strategischer Überlegungen benötigt werden (s. Spalte 1 der Abb. 3), ist eine recht begrenzte Unterstützung durch die neueren Marktforschungsansätze festzustellen. Beim systematischen Ausfüllen eines Suchrahmens (wie ihn beispielsweise *Abell* mit den Dimensionen »customer groups«, »customer functions« und »alternative technologies« vorgeschlagen hat) kommt es nicht nur auf die Beobachtung von Trends in angestammten Märkten an, sondern vor allem auch auf »Umweltbereiche, die von potentiellem Zukunftsinteresse sein können«.[53] Dafür leisten noch so ausgefeilte Erhebungstechniken wenig, wenn sie lediglich an etablierten Erzeugnissen und Märkten oder an bereits entwickelten Testobjekten (wie Prototypen eines Neuproduktes) anknüpfen.

Der größere Beitrag, um Vorschläge für künftig mögliche Produkt-Markt-Kombinationen zu gewinnen, ist deshalb nicht bei den im Abschnitt 2. genannten verfahrenstechnischen Fortschritten der Primärforschung zu erhoffen, sondern von der Online-Nutzung *externer Datenbanken*. Schon die bisher vorliegenden Informationsangebote zeigen, daß demographi-

Strategische Teilaufgaben →

Suche nach grundsätzlichen künftigen Problemlösungsangeboten	Auswahl von Produkt-Markt-Kombinationen (»Defining the Business«)	Synergetische Sicht mehrerer Geschäftsfelder, z. B. Portfolio-Analysen	Planung langfristiger Stufenziele	Entwurf grundlegender Marketing-Mix-Konzeptionen	Zwischenkontrollen und Audits	Organisatorische Verankerung der strategischen Zuständigkeiten
– Entwicklung der Bevölkerungsstruktur – Strukturveränderungen im gewerblichen Sektor – Wertewandel – Wandel der Verbrauchsgewohnheiten – Nutzungsmöglichkeit technologischer Innovationen – gesamtwirtschaftliche Tendenzen – politisch-rechtliche Rahmenbedingungen – ökologisch bedingte Bedarfsmerkmale – internationale Vorgänge	– Anzahl der potentiellen Nachfrager für bestimmte Problemlösungen – Segmentierungsmerkmale einschl. Anforderungsspezifika und Bedarfsintensität – verwenderabhängig einsetzbare Technologien – geeignete Distributionskanäle – Wettbewerbskonstellation einschl. Stärken-Schwächen-Analysen – generelle Rahmenbedingungen für die Entwicklung des betrachteten Marktes	– Abgrenzbarkeit von sog. strategischen Geschäftsfeldern – generelle Zusammenhänge zwischen sog. strategischen Schlüsselvariablen und betrieblichen Zielgrößen – Ausprägung der Schlüsselfaktoren im konkreten betrieblichen Anwendungsfall	– längerfristige (dynamische) Wirkungen des absatzpolitischen Maßnahmensatzes – inhaltlicher Zusammenhang zwischen mehreren Zielvariablen – zeitlicher Zusammenhang zwischen mehreren Zielvariablen	– Auswirkung bestimmter Marketing-Mix-Gestaltungen auf die längerfristige Positionierung des Leistungsangebotes – Abhängigkeit der Einstellungsbildung von bestimmten Marktsegment-Merkmalen – Einfluß zeitlicher Ablaufbedingungen auf die Positionierung – Positionierung von Konkurrenzangeboten	Nicht planentsprechende Entwicklungen von – Kundenstruktur – Käuferverhalten – Distribution – Wettbewerbssituation – allgemeinen Planungsprämissen	Organisationsrelevante Merkmale der betrieblichen Produkt-Markt-Verflechtungen (z. B. produktlinienübergreifender Bedarfsverbund bei bestimmten Kundengruppen)

↓ Von der Marktforschung benötigte Informationen

Abb. 3: Strategisch orientierte Informationsanforderungen an die Marktforschung

sche und gewerbestrukturelle Änderungen, gesamtwirtschaftliche Tendenzen, technologische Neuerungen und internationale Wirtschaftsbeziehungen durch Datenbankabfragen auf verhältnismäßig aktuellem Stand überwacht werden können.[54] Die Akzeptanzbereitschaft für diese Informationsquellen nimmt bei den Unternehmungen zu.[55]

Die Erfassung und Auswertung von Paneldaten mit Hilfe von *Scanner-Kassensystemen* vermag bei längerer Zeitreihenanalyse gewisse Anhaltspunkte für den Wandel von Verwendungsgewohnheiten zu liefern, die aber – und das ist für den Entwurf künftig möglicher Problemlösungsangebote eine wesentliche Einschränkung – lediglich das Spektrum der bisherigen Produktsortimente widerspiegeln können. Elektronische *Befragungen* sind für die meisten Problembereiche der strategischen Umfeldüberwachung wenig relevant, es sei denn, daß sie Hinweise zum Thema »Wertewandel« vermitteln (deren Ergiebigkeit dann aber weniger von der beim Erheben verwendeten Computertechnik als vielmehr vom geeigneten inhaltlichen Fragenaufbau abhängt).

Es soll jedoch nicht übersehen werden, daß die Nutzung des Bildschirmdialogs, wie er für Computerbefragungen typisch ist, in einer anderen Phase des Suchens nach neuen Problemlösungsmöglichkeiten Bedeutung erlangen kann: Außer der bisher angedeuteten Gewinnung von Umfeldinformationen kommt bei diesem Suchvorgang auch methodischen Konzepten zur strukturierten *Auswertung* des vorhandenen Wissens bzw. alternativer Annahmen wachsendes Gewicht zu.[56] Beispielhaft seien Delphi-Runden, Impact- und Cross-Impact-Analysen oder die Szenario-Technik genannt. Über die Erstellung von Delphi-Prognosen im Computerdialog hat *Brockhoff* schon Ende der siebziger Jahre berichtet.[57] *Goldberg* erwähnt das von General Electric bereits praktizierte »Futurescan-System«, das nach seinen Angaben im interaktiven Online-Betrieb u.a. Delphi-Studien und Cross-Impact-Analysen einschließt.[58]

Wenn man aber alles in allem nach dem heutigen Stand Fazit zieht, muß man anmerken, daß die Marktforschungsmethodik bisher zu wenig auf den Informationsbedarf für längerfristige Umfeldanalysen und für Entwürfe künftiger Marktbeziehungen ausgerichtet worden ist. Zwar nehmen die Beispiele für systematische Untersuchungsansätze zu.[59] Ein zusammenhängender Bezugsrahmen, der Datenquellen und die Analyse von Wirkungsbeziehungen (z.B. im Rahmen der Indikatorenforschung) sowie interaktive Nutzungsmöglichkeiten einschließt, ist jedoch erst im Entstehen.

4.2. Auswahl von Produkt-Markt-Kombinationen (»Defining the Business«)

Diese Bewertungs- und vorläufige Selektionsphase der strategischen Planung stützt sich vor allem auf miteinander *zu verbindende* Nachfrage- und Wettbewerbsanalysen im Hinblick auf erwogene künftige Marktbeziehungen. Lange Zeit hat sich die Marktforschung fast ausschließlich auf die Untersuchung von Nachfragermerkmalen bzw. Nachfragerverhalten – und dabei vor allem auf konsumentenbezogene Studien – konzentriert. Deshalb kann sie auch am ehesten unter diesem Aspekt Anknüpfungspunkte für das strategische Marketing vorweisen.

Day et al. haben sich mit verschiedenen Verfahrensansätzen für nachfragerorientierte Produkt-Markt-Abgrenzungen beschäftigt. Sie unterscheiden dabei einerseits Erhebungen, die sich auf bisheriges Käuferverhalten beziehen (z.B. feststellbare Kreuz-Preis-Elastizitäten, Markenwechsel) und die Ermittlung subjektiver Nachfragerurteile andererseits.[60] Zu beidem können einige der neueren Marktforschungstechniken im Prinzip beitragen: Die *scannergestützten Panelerhebungen* sind (bei der – wie oben erwähnt – möglichen Kombination von Handels- und Haushaltspanel) in der Lage, Kaufverhaltensdaten in inhaltlich und zeitlich detaillierter Untergliederung zu liefern. Unbefriedigend bleibt dabei unter strategischen Gesichtspunkten, daß so zwar Anregungen für die künftige Auswahl bestimmter Marktsegmente bereitstellbar sind, aber eben doch nur in bereits bekannten und geläufigen Produktbereichen.

Sollen Hinweise auf die Akzeptanz neuartiger Problemlösungen (einschließlich der segmentabhängigen Bereitschaft zur Nutzung bestimmter Technologien) gewonnen werden, so muß auf *Befragungen* zurückgegriffen werden. Immerhin ist nicht auszuschließen, daß hierbei die Methoden der interaktiven Bildschirmbefragung und dabei einsetzbare Meßverfeinerungen zu einer zunehmend validen Erhebung der subjektiven Urteile beitragen.

Paneluntersuchungen zum Kaufverhalten sowie Befragungsstudien über subjektive Anforderungsprofile liefern Datengrundlagen für die Unterscheidung mehrerer Marktsegmente, über deren Selektion (d.h. Bearbeitung oder Nichtbearbeitung) beim »Defining the Business« zu entscheiden ist. Es sei ergänzend erwähnt, daß spezielle zeitablaufbezogene Analysen solcher Daten strategisch wichtige Schätzgrößen dafür liefern können, wann gravierende Änderungen in den Werthaltungen, Einstellungen und Verhaltensweisen z.B. bestimmter Altersklassen-Segmente auftreten dürften und wie stark die betreffenden Segmente nach der »Umschichtung« zahlenmäßig besetzt sein werden. Zu nennen sind etwa sog. *Kohortenanalysen*. Eine Kohorte ist in diesem Zusammenhang »ein Aggregat von Personen, die im Hinblick auf ein bestimmtes Ereignis gleichaltrig sind«[61], wobei »gleichaltrig« nicht unbedingt das Lebensalter meint, sondern die Gleichzeitigkeit gewisser Auslöseereignisse bei den Personen, z.B. die erstmalige Verwendung einer neuartigen Technologie.

Zur Bewertung der voraussichtlichen *Wettbewerbskonstellation* in einem strategisch anvisierten Produkt-Markt-Feld hat die Marktforschung bisher weniger systematisierte Beiträge geleistet als zur Nachfrageanalyse.[62] Da sich der Wettbewerb in einem bestimmten Markt in bezug auf Nachfrager-Zielgruppen und deren Bedarfseigenheiten, angesichts verfügbarer bzw. erwarteter Technologien sowie im Rahmen von Distributionskanälen abspielt, liegt es zuerst einmal nahe, die Stellung schon vorhandener Anbieter unter diesen Aspekten zu überprüfen. Es ist eine strategisch wichtige Information, zu wissen, bei welchen Nachfragergruppen die Wettbewerber bereits mehr oder weniger stark vertreten sind, welche Bedarfsanforderungen sie besonders gut abdecken oder nicht, bei welcher technologischen Erfüllung von »functions« sie Vorrang oder Rückständigkeit aufweisen und inwieweit sie eine enge Kooperation mit bestimmten Handelsorganisationen zeigen. Soweit hierüber konkrete Erhebungsdaten vorliegen, lassen sich auch *Stärken-Schwächen-Analysen* besser als nur durch subjektive Schätzurteile begründen.

Manchen der erwähnten Datenerfordernisse kann durch *Panelstudien* entsprochen werden (Erfassung der Kundenstruktur von Wettbewerbern, Distributionskennzahlen für die Konkurrenten); manche anderen sind durch *Verwenderbefragungen* abdeckbar (Konkurrentenimages, d.h. Vorstellungen der Verwender über die Bedarfseignung der Wettbewerberangebote). Insofern sind die in Abschnitt 2. besprochenen Verfahrensneuerungen der Befragungs- und der Panelforschung durchaus von Belang für die Wettbewerbsanalyse.

Auch die Nutzung *externer Datenbanken* fällt in diesen besonderen Auswertungsbereich, da es abrufbare Daten zur Beschreibung von Konkurrenzfirmen sowie über erteilte Patente und über Lizenzen gibt.

Was also eigentlich noch aussteht, ist die konsequente *Verknüpfung* solcher Mosaiksteine zu umfassenden *Konkurrentenprofilen*.[63] Dazu würde dann auch die empirische Abgrenzung sog. *strategischer Gruppen* gehören, d.h. von »Anbietergruppen innerhalb des Marktes, die sich bei wichtigen strategischen Entscheidungsvariablen voneinander unterscheiden«, wozu u.a. beispielsweise »die Breite des Produktionsprogrammes, ... die Marktsegmente, die Wahl der Absatzwege« gehören.[64]

Während sich die vorstehenden Überlegungen auf Wettbewerber beziehen, die in den interessierenden Märkten bereits vertreten sind, besteht bei der Bewertung von Produkt-Markt-

Kombinationen ein schwerwiegendes Problem auch in der Einschätzung *potentieller* Konkurrenten und ihrer Fähigkeit bzw. Willigkeit zum Eintritt in den Markt.[65] Mit der Frage, welche Einflußfaktoren den Markteintritt neuer Wettbewerber hindern oder anreizen, hat sich empirisch die sog. »Industrial Organization«-Forschung beschäftigt.[66] Die betriebswirtschaftliche Marktforschung hat hierzu bisher keine spezifischen Untersuchungsansätze bereitgestellt.

4.3. Synergetische Sicht mehrerer Geschäftsfelder

Auch für *Portfolio-Analysen* gilt, daß methodologische und empirische Beiträge zur Deckung des damit verbundenen Informationsbedarfs[67] vorwiegend aus anderen Arbeitsbereichen als der betriebswirtschaftlichen Marktforschung gekommen sind. So stammen die bislang umfangreichsten und bis auf den Anfang der sechziger Jahre zurückreichenden Studien über Art und Einflußstärke *strategischer Schlüsselfaktoren* aus dem *PIMS-Programm* (Profit Impact of Market Strategies) des Strategic Planning Institute in Cambridge/Mass.[68] Diese regressionsrechnerischen Untersuchungen liefern sicherlich eine Groborientierung, welche inner- und außerbetrieblichen Variablen mehr oder weniger stark zur Erklärung der Varianz von Ergebnisgrößen (wie Return on Investment und Cash Flow) beitragen können. Sie entheben eine Unternehmung aber nicht der Aufgabe, im *konkreten* betrieblichen *Anwendungsfall* zu prüfen, welche Größen jeweils für die Kennzeichnung der Marktbesonderheiten und der eigenen Wettbewerbsposition am wichtigsten erscheinen.

Beispielsweise knüpft das sog. Marktattraktivität-Wettbewerbsvorteil-Portfolio (»McKinsey/General Electric-Matrix«) an eine Reihe von Schlüsselfaktoren an, die in den PIMS-Studien als bedeutsam ausgewiesen worden sind. Die Liste der Merkmale, mit denen Marktattraktivität und Wettbewerbsstellung gekennzeichnet werden sollen, ist aber im einzelnen noch abwandelbar. Aus betrieblicher Sicht können Gewichtungszahlen für die verschiedenen Schlüsselfaktoren vergeben werden.

Damit stellt sich für die *Marktforschung* das Problem, einen ausreichenden Dateninput zur Vorausschätzung von Marktentwicklungen und zur Konkurrenzanalyse bereitzustellen. Diesbezügliche Lücken, wie sie oben in den Abschnitten 4.1. und 4.2. konstatiert worden sind, wirken sich unmittelbar auch auf die Untersuchungsstufe der Portfolio-Analyse aus. »Die Beschaffung dieser Daten wird« außerdem noch »dadurch erschwert, daß sie durch die Diskrepanz zwischen organisatorischen (z.B. Divisionen) und planerischen Einheiten (SGE) oft nicht in entsprechender Form aufbereitet sind oder im Hinblick auf die Konkurrenz nur geschätzt werden können.«[69]

Nicht zuletzt wirft die Abgrenzung der strategischen Geschäftsfelder (SGF) oder strategischen Geschäfteinheiten (SGE), für die eine relativ eigenständige Planung betrieben werden soll, Anforderungen an die Marktforschung auf. Es geht um die Ermittlung hinreichender Ähnlichkeitsmerkmale für mehrere Produkt-Markt-Kombinationen, z.B. im Hinblick auf gemeinsame Abnehmergruppen und Wettbewerber. Eine Schwierigkeit besteht darin, daß es sich (trotz entsprechender Ähnlichkeiten und Aggregierbarkeit auf den ersten Blick) doch zeigt, »daß für die verschiedenen Produkt-/Markt-Segmente innerhalb eines SGF häufig unterschiedliche strategische Erfolgsfaktoren gelten.«[70]

Ein Überblick über die im Abschnitt 2. referierten neueren Marktforschungsentwicklungen zeigt, daß sie für den Dateninput zu Portfolio-Studien wenig leisten. Die durch die Analysetechnik gestellten Informationsanforderungen sind so spezifisch, daß sie einen darauf gezielt zugeschnittenen Untersuchungsansatz verlangen. Vorstellbar wäre aber für die Zukunft, daß die *Nutzung externer Marktdatenbanken* Hilfestellungen für die Einschätzung von Marktattraktivitäten erbringt.

4.4. Planung langfristiger Stufenziele

Die strategische Planung sogenannter Ziel-Trajektorien bringt im Kern stets auch persönlich geprägte Vorstellungen, Bewertungen und Absichten zum Ausdruck. Sie kann aber zum Teil durch empirische Zusammenhangsanalysen unterstützt werden. Dies betrifft zum einen die inhaltliche und zeitliche Beziehung zwischen mehreren Zielgrößen. Es ist wichtig zu wissen, welche Vorziele in bestimmtem Ausmaß bis zu einem Zwischen-Zeitpunkt erreicht sein müssen, damit nicht eine strategische Lücke zustande kommt, die die Verwirklichung längerfristiger Hauptziele gefährdet.

Dieser Grundgedanke ist z.B. in dynamischen Modellen der Neuproduktplanung berücksichtigt worden. Im Planungssystem des schon lange bekannten DEMON-Modells beispielsweise sind u.a. Zusammenhänge zwischen Werbereichweiten bzw. Kontakthäufigkeiten, Markenkenntnis, Erstkäufer- und Wiederkaufanteilen abgebildet und mit empirischen Daten belegt.[71] Die Abhängigkeit der Zielgröße Marktanteil von der Entwicklung der Marktpenetration und der erreichten Wiederkaufrate hat in der Marktforschungspraxis bei Testmarktauswertungen Beachtung gefunden.

Zum anderen ist die dynamische Betrachtung einzelner Wirkungsgrößen, also z.B. der Einfluß einer Kommunikationskampagne auf den Bekanntheitsgrad im Zeitablauf, bedeutsam für die Planung von Stufenzielen. Auch hierzu gibt es empirisch-statistische Untersuchungen.

Man kann also sagen, daß die *Marktforschung* hier zumindest im Ansatz bereits strategisch relevante Beiträge erbracht hat. Ein Blick auf die in Übersicht 1 erwähnten jüngeren Entwicklungstendenzen zeigt, daß darunter wohl die Auswertung von *Scanner-Daten* am ehesten für Teilfragen der strategischen Zielplanung wichtig werden könnte. Dynamische Verhaltensmuster der Nachfrage aufgrund zeitlich vorangegangener Maßnahmen und Bedingungen lassen sich mit Scanning recht genau registrieren (aber eben nur für schon vorhandene Produktangebote, wobei Analogieschlüsse für Neuerungen nur mit Vorbehalt gezogen werden können).

4.5. Entwurf grundlegender Marketing-Mix-Konzeptionen

Die schon bei der Zielplanung erwähnten längerfristig-dynamischen Analysen von Maßnahmenwirkungen berühren selbstverständlich auch die Konzeptionsvorschläge zur Gestaltung des Marketing-Mix. Darüber hinaus besteht ein Kernpunkt des als *strategisch* zu bezeichnenden Marketing-Mix-Entwurfs vor allem in der Suche nach einer *Positionierung* des Leistungsangebotes, so daß es von den Nachfrager-Zielgruppen als attraktiv wahrgenommen wird und im Verhältnis zu Wettbewerbsangeboten Erfolgschancen verspricht.[72] An dieser Positionierung sind im Gesamteffekt alle absatzpolitischen Instrumente beteiligt, soweit sie ein Vorstellungsbild nachhaltig prägen sollen (z.B. verschiedene Attribute der Exklusivität) und nicht nur eine vorübergehende taktische Anpassung beinhalten (wie z.B. bei einer kurzfristig regional anberaumten Verkaufsförderungsaktion).

An Positionierungsstudien besteht in der jüngeren Marktforschung eigentlich kein Mangel, wozu die Verfügbarkeit multivariater Analysetechniken mit beigetragen hat.[73] Da es dabei in den ersten Untersuchungsstufen auch immer um die Ermittlung relevanter Beurteilungsmerkmale bzw. um Ähnlichkeits- und/oder Präferenzurteile geht, sind Weiterentwicklungen auf dem Gebiet der Daten*erhebung* ebenso wichtig wie die Auswertungsverfahren. Soweit die im Abschnitt 2. beschriebenen *elektronisch gestützten Befragungsmethoden* – ergänzt durch verfeinerte *Meßtechniken* wie Magnitudeskalierung und Antwortzeitmessung – zu einer valideren Erfassung subjektiver Urteile führen, sind sie künftig für die methodisch gestützte Grundausrichtung des Marketing-Mix von Bedeutung. Ähnliches gilt für Blickaufzeichnungen oder den Einsatz von Programmanalysatoren, wenn damit einzelne Gestaltungskomponenten der geplanten Positionierung daraufhin zu überprüfen sind, ob sie von den Zielpersonen überhaupt entsprechend wahrgenommen oder akzeptiert werden. Schätzungsweise ist es nicht übertrieben, wenn man sagt, daß einige der neueren Marktforschungstechniken bei der eben erörterten Konzeptionsentwicklung (die allerdings bereits auf sehr niedriger Aggregationsebene, nämlich auf der Ebene der Einzelprodukte oder kleinerer Produktgruppen angesiedelt ist) ihr strategisch belangvollstes Anwendungsfeld haben.

Forschungsdefizite bestehen noch im Hinblick auf die Fragestellung, welcher Einfluß vom *Zeitablauf* (etwa im Rahmen eines Produkt-Lebenszyklus oder durch Merkmalsveränderungen bei den Mitgliedern von Marktsegmenten) auf die Positionierungsmöglichkeiten ausgeht. Als Ausnahmen lassen sich Beispiele zur Dynamisierung mehrdimensionaler Marktmodelle[74] und zur Erfassung von Vorgängen des Imagetransfers im Laufe mehrerer Perioden nennen.[75]

4.6. Zwischenkontrollen und Audits

Zwischenkontrollen setzen die weiter oben besprochene Bestimmung von Stufenzielen für mehrere Perioden voraus. Die frühzeitige Identifikation von Abweichungen zwischen Erwartung und Ist-Zustand ist ein wichtiger Anhaltspunkt für erforderliche Änderungen des Maßnahmeneinsatzes, unter Umständen aber auch für strukturelle Wandlungen, die neue Produkt-Markt-Kombinationen für die Zukunft nahelegen. Derartige Kontrollinformationen gehören also zu einem *Früherkennungssystem*. Dabei ist allerdings noch einmal zu betonen, daß sich Früherkennungen keineswegs nur aus Abweichungsdaten ergeben; die wesentliche Bedeutung des allgemeinen »Environmental Scanning« ist schon erörtert worden. Auch sog. Vorlaufindikatoren, deren Zusammenhang mit nachfolgenden Ereignissen statistisch festgestellt worden ist, sind hier zu nennen.[76] Innerhalb der Marketing-Ergebniskontrollen kann die *Marktforschung* im übrigen nur einen *Teil* der benötigten Angaben beisteuern, nämlich Informationen über externe Wirkungsgrößen.[77]

Es handelt sich dabei vor allem um Daten der Kundenstruktur im Zeitablauf und des Käuferverhaltens, wobei (auf der Planungsebene einzelner Produkt-Markt-Kombinationen) außer unmittelbaren Kaufhandlungen – z.B. gekauften Mengen – auch Größen wie Bekanntheitsgrad, Marktpenetration, produktbezogene Einstellungen, Beschwerdeverhalten, Wiederkaufrate zu nennen sind.[78] Ebenso können Abweichungen zwischen geplanten und tatsächlichen Distributionskennzahlen (z.B. Nielsen-Indices) vorkommen.

Bei der Beschaffung dieser Daten handelt es sich um ein »klassisches« Gebiet der Marktforschung, insbesondere von Paneluntersuchungen. Somit versprechen alle neuen Techniken, die Panelstudien zugute kommen, in diesem Punkt eine Verbesserung des strategisch relevanten Informationsstandes. Dies gilt in herausragender Weise für die Datenerfassung und -auswertung aufgrund von *Scanner-Kassensystemen*. Auch die damit verknüpften *experimentellen Design-Möglichkeiten* können zur frühzeitigen Aufdeckung von Plan-Ist-Abweichungen (z.B. im Rahmen eines kontrollierten Markttests) beitragen.

Die unter 2.5. (Datenanalyseverfahren) erwähnten neueren *Entscheidungsunterstützungssysteme* verarbeiten u.a. Paneldaten und sind daher ein potentieller Bestandteil frühwarnender Kontrollsysteme.

Prämissen-Audits beziehen sich nicht auf Ergebnisabweichungen, sondern sollen Divergenzen zwischen Plan*annahmen* und tatsächlichen Umfeldentwicklungen aufdecken. Dies betrifft z.B. unerwartete Änderungen der Wettbewerbsstruktur bzw. des Konkurrentenverhaltens sowie allgemeinerer Umfelddaten.[79] In dieser Hinsicht lassen die neueren Techniken der Datengewinnung bislang keinen spezifischen Fortschritt erkennen, wenn man einmal von einigen Nutzungsperspektiven externer Marktdatenbanken absieht. Hier ist auf die schon dargelegten Marktforschungs-Lücken im Rahmen der Wettbewerbs- und generellen Umfeldanalysen hinzuweisen.

4.7. Organisatorische Verankerung der strategischen Zuständigkeiten

Die Überprüfung, welche Merkmale der betrieblichen Marktbeziehungen die zweckmäßige organisatorische Aufgabengliederung (speziell auch für strategische Planungen) beeinflussen, ist bisher primär Gegenstand der betriebswirtschaftlichen Organisationsforschung gewesen.[80] Die *Marktforschung* kann sich in diesen Untersuchungsprozeß gezielter als bisher mit einschalten, indem sie Daten zur Überprüfung von Kontingenzhypothesen erhebt. In dieser Hinsicht sind allerdings derzeit keine besonderen Impulse seitens der neueren Marktforschungsverfahren zu verzeichnen. Lediglich manche Datenanalysetechniken, die hier wie auf anderen empirisch ausgerichteten Wissenschaftsgebieten eine Rolle spielen – so die jüngeren Methoden der *konfirmatorischen Analyse* – versprechen eine gewisse Unterstützungsmöglichkeit für diesen Teil des strategischen Managements.

5. Schlußbemerkung

Zu Beginn dieses Beitrags wurde (unter Bezugnahme auf kritische Äußerungen in Literatur und Praxis) die Frage aufgeworfen, ob die Marktforschung mit ihren bisherigen Problemabgrenzungen und Methoden den Informationsbedarf des strategischen Managements hinreichend berücksichtigt. Nach einer skizzenhaften Darstellung von Entwicklungstendenzen der Marktforschung, wie sie seit dem Ende der siebziger Jahre festzustellen sind, erfolgte eine Systematisierung marketingstrategischer Teilaufgaben und eine kurzgefaßte Diskussion der damit verbundenen Informationserfordernisse.

Die kritische Einschätzung der Ergiebigkeit neuerer Marktforschungsansätze für die Deckung des strategischen Informationsbedarfs läßt durchaus relevante Anwendungsbereiche erkennen, z. B. für Positionierungsbemühungen im Rahmen des Marketing-Mix, für Abweichungsanalysen bei strategischen Kontrollen und zum Teil auch für die zeitlich abgestufte Zielplanung sowie für das »Defining the Business«. Andererseits bestehen noch erhebliche Defizite u.a. bei der Unterstützung der Suche nach grundsätzlich möglichen Problemlösungsangeboten in der Zukunft, beim Fundieren von Portfolio-Analysen und auf dem Gebiet umfassender Konkurrenzstudien.

Somit ergibt sich die Schlußfolgerung, daß der Stand der Marktforschung zwar keineswegs jegliche Ausrichtung auf strategische Fragen vermissen läßt, daß aber jedenfalls die konsequente, umfassende Einbindung dieser Informationsfunktion in das strategische Management noch aussteht.

Anmerkungen

1) Grochla (Informationssysteme) S. 145.
2) Vgl. Übersichten zu wesentlichen Teil-Problemkreisen und zu ausgewählten Literaturquellen bei *Hahn/Taylor* (Hrsg.) (Unternehmungsplanung) sowie bei *Töpfer/Afheldt* (Hrsg.) (Unternehmensplanung).
3) eine Ausnahme bildet die Monographie von *Sprengel* (Informationsbedarf). In sehr grundsätzlicher, mehr wissenschaftstheoretisch ausgerichteter Weise geht *Amler* (Informationssysteme) auf die genannte Fragestellung ein.
4) *Muchna* (Investitionsgütermarktforschung) S. 199.
5) o.V. (Marktforschung) S. 24.
6) Vgl. *Arnold* (Beschaffungspolitik) S. 205 ff.; *Bahlmann* (Informationsbedarfsanalyse) S. 243 ff. Hinweise auf die »strategische Dimension der Beschaffung« finden sich bei *Grochla* (Beschaffungspolitik) S. 257 f.; siehe auch S. 245. Zur Beschaffungsmarktforschung vgl. ebd., S. 249 f., sowie *Hammann/Lohrberg* (Beschaffungsmarketing) S. 73 ff.
7) Vgl. Übersichten zum Angebot von Online-Informationen aus externen Marktdatenbanken bei *Heinzelbecker* (Marketing-Informationssysteme) S. 45 ff., bei o.V. (Information) sowie bei *Löcher/Schumacher* (Datenbanken).
8) Vgl. in diesem Sinne *Böhler* (Marktforschung) S. 57 f.
9) *Simon/Kucher/Sebastian* (Scanner-Daten) S. 555.
10) Vgl. dazu *Huppert* (Scanning) S. 21.
11) Vgl. zu diesen für 1985 geltenden Zahlenangaben *Köhler* (Scanning).
11a) Nachträgliche Ergänzung: Ende 1987 hatten allerdings bereits 1544 Einzelhandelsgeschäfte (»Outlets«) Scanner-Kassensysteme. Die Tendenz ist also stark steigend (Zahlenangaben von der CCG, Centrale für Coorganisation, Köln).
12) Vgl. dazu *Heinzelbecker* (Marketing-Informationssysteme) S. 54.
13) Vgl. einen Erfahrungsbericht bei *Kroeber-Riel/Neibecker* (Datenerhebung).
14) Terminologie im Anschluß an *Kroeber-Riel*. Vgl. hierzu sowie zur näheren Beschreibung der Systeme *Kroeber-Riel/Neibecker* (Interviewsysteme).
15) Vgl. dazu z.B. *Glagow* (Interview-Computer) sowie *Nöhmayer* (Computer) S. 170 und *Kuß* (Computereinsatz) S. 12 f.
16) Vgl. dazu *Meffert* (Neue Medien) S. 53 f., 56, 57 f.; *Köhler* (Bildschirmtext) S. 22.
17) Vgl. einen kurzgefaßten Überblick über apparativ unterstützte Erhebungs- (insbesondere Beobachtungs-) Techniken bei *Nieschlag/Dichtl/Hörschgen* (Marketing) S. 702 ff.
18) Vgl. zu Einzelheiten *Bernhard* (Blickaufzeichnung).
19) Vgl. *Böcker/Schwerdt* (Blickaufzeichnungsgerät); *Bernhard* (Blickaufzeichnung) S. 112 f.
20) Zu den damit verbundenen Analysemöglichkeiten vgl. *Simon* (Scanner-Daten).
21) Vgl. dazu *Huppert* (Testmarkt).
22) Vgl. hierzu *Simon* (Scanner-Daten).
23) Vgl. *GfK-Nürnberg* (Testmarkt Ludwigshafen) S. 6 f.; vgl. im übrigen eine Übersicht zum internationalen Stand bei *Huppert* (Instrumente).
23a) Nachträgliche Ergänzung: Inzwischen nennt die GfK ihren experimentellen Mikro-Testmarkt »GfK-BehaviorScan«.
24) Um die Angaben bei einer Mehrpersonenbefragung vergleichbar zu machen, muß allerdings eine Kalibrierung erfolgen, da z.B. starke Zustimmung und dann in Relation hierzu andere Zustimmungsintensitäten nicht bei allen Personen durch dieselben absoluten Linienlängen ausgedrückt werden. Zur Grundlegung des Meßansatzes vgl. *Behrens* (Magnitudeskalierung) sowie *Neibecker* (Reaktionsmessung) S. 210 ff. Einen kurzgefaßten Überblick geben *Nieschlag/Dichtl/Hörschgen* (Marketing) S. 644 ff.
25) Vgl. *Kroeber-Riel* (Marketingforschung) S. 448 f.
26) Vgl. hierzu und zu Validierungsstudien *Kroeber-Riel/Neibecker* (Interviewsysteme) S. 201 f.
27) Vgl. zur Beschreibung elektronisch integrierter Programmanalysatoren *Neibecker* (Reaktionsmessung) S. 228 ff.; *Kroeber-Riel* (Marketingforschung) S. 449 ff.
28) Vgl. *Kotler* (Marketing Management) S. 196.
29) Vgl. z.B. *Schweikl* (Präferenzanalyse); als kurze Darstellung der Grundlagen vgl. *Thomas* (Conjoint Measurement).
30) Vgl. z.B. *Hildebrandt* (Konfirmatorische Analysen); als Grundlagen-Darstellung vgl. u.a. *Förster* u.a. (Kausalanalyse).
31) *Hildebrandt/Trommsdorff* (Konfirmatorische Analyse) S. 139.

32) Vgl. zu solchen »Decision Support Systems« näher *Heinzelbecker* (Marketing-Informationssysteme) S. 133 ff.
33) Vgl. dazu *Gansera/Röske* (Marketing-Support-System) S. 37 ff.; *Mertens/Schrammel* (Informationsbanken) S. 351 f.
34) *Kirsch* (Idee) S. 69.
35) Zu den Aufgaben des strategischen Managements vgl. im einzelnen *Ansoff* (Strategic Management).
36) Vgl. in ähnlichem Sinne auch *Schendel* (Strategic Management) S. 59 f.
37) Übernommen aus *Köhler* (Strategisches Marketing).
38) *Schendel* (Strategic Management) S. 54 (1. Zitat) und S. 56 (2. Zitat).
39) *Abell* (Business) S. 17 und passim.
40) Vgl. *Day* (Market Analysis) S. 282 f., 287.
41) Vgl. als Übersichtsbeitrag *Thomas* (Environmental Scanning); s. zu einem »Strategic Information Scanning System« Aaker (Market Management) S. 108 ff.
42) *Ansoff* (Strategic Management) S. 326–335 spricht in einem ähnlichen Zusammenhang von »surveillance filter«.
43) Dies entspricht der Kennzeichnung von sog. »strategic issues«; vgl. *Ansoff* (Strategic Issue).
44) Vgl. auch *Huber* (Angebotskombinationen) S. 16 ff.
45) Vgl. dazu *Specht/Zörgiebel* (Wettbewerbsstrategien) S. 169 ff.
46) Vgl. *Meffert* (Konkurrenzstrategien) S. 18 f.; *King/Cleland* (Information) S. 62.
47) Vgl. dazu *Sprengel* (Informationsbedarf) S. 193 ff.; *Schadenhofer* (Analyseinstrumente) S. 49 f.
48) *Böhler* (Marketing-Früherkennung) S. 178.
49) Vgl. dazu näher mit Beispielen *Köhler* (Grundprobleme) S. 277 ff.
50) In dem »Goal development information requirements tree«, den *Goretsky* (Frameworks) S. 9 für strategische Planungszwecke skizziert, sind solche Wirkungsbeziehungen allerdings nicht erwähnt.
51) Vgl. eine Übersicht über verschiedene Typen von Früherkennungsinformationen bei *Köhler/Böhler* (Kursbestimmung) S. 98.
52) Manche Einzelpunkte davon klingen in den Informationselementen des »Situation assessment information requirements tree« bei *Goretsky* (Frameworks) S. 8 an.
53) *Muchna* (Investitionsgütermarktforschung) S. 197; vgl. in diesem Zusammenhang auch *Godiwalla* u.a. (Environmental Scanning) S. 90, 1. Zeilenabschnitt der Abbildung 2.
54) Vgl. *o.V.* (Information) S. 84.
55) So empirische Feststellungen lt. *Krups* (Informationsmarkt) S. 100.
56) Vgl. dazu kurzgefaßt *Wiedmann* (Entwicklungsperspektiven) S. 154; auch *Ansoff* (Strategic Management) S. 327.
57) Vgl. *Brockhoff* (Computerdialog).
58) Vgl. *Goldberg* (Informationen) S. 55 f. Vgl. zum computergestützten Szenario-writing mit Cross-Impact-Analyse auch *Mertens/Plattfaut* (DV-Unterstützung) S. 21, 23.
59) Vgl. die Beiträge in Teil 1 und Teil 2 von *Buchinger* (Hrsg.) (Umfeldanalysen).
60) Vgl. *Day* u.a. (Approaches) S. 11 ff.
61) *Kaas* (Untersuchungspläne) S. 238.
62) Vgl. zum Informationsbedarf für eine Konkurrenzanalyse *Sprengel* (Informationsbedarf) S. 278 ff.; zu Elementen einer umfassenden Wettbewerbsanalyse vgl. auch *Porter* (Advantage) S. 6.
63) Vgl. Andeutungen zu diesem Anliegen auch bei *Bergsma* (Geschäftsforschung) S. 11 f.
64) *Böhler* (Marketing-Früherkennung) S. 160. Vgl. zur Bestimmung strategischer Gruppen auch *Hinterhuber/Kirchebner* (Analyse) sowie methodische Überlegungen in einem ähnlichen Zusammenhang bei *Scholz* (Mustererkennung).
65) Vgl. dazu *Huber* (Angebotskombinationen) S. 89 ff.
66) Vgl. z.B. *Harrigan* (Barriers).
67) Vgl. ausführlich zum Informationsbedarf für Portfolio-Analysen *Sprengel* (Informationsbedarf) S. 193 ff.
68) Vgl. kritische Würdigungen z.B. bei *Grimm* (Analyse) S. 33 ff., 52 ff.; *Böhler* (Marketing-Früherkennung) S. 231 ff.
69) *Robens* (Portfolio-Analyse) S. 197; SGE = Strategische Geschäftseinheit.
70) *Borrmann* (Geschäftsfelder) S. 208.
71) Vgl. näher zu diesen und ähnlichen Ansätzen z.B. *Kreußlein* (Neuprodukt-Planung) S. 143 ff.
72) Vgl. in ähnlichem Sinne *Cravens* (Strategic Marketing) S. 209.
73) Vgl. als kurzgefaßten Überblick *Nieschlag/Dichtl/Hörschgen* (Marketing) S. 152 ff.; vgl. weiterhin zu einem interessanten Vorschlag, Positionierungen im Imageraum mit Elementen der Portfolio-Analyse zu verbinden, *Trommsdorff/Schuster* (Imageplanung) S. 117 f.
74) Vgl. *Dichtl/Bauer/Schobert* (Dynamisierung) S. 171 ff.

75) Vgl. *Simon* (Marketingstrategie) S. 15f., 20ff. und passim.
76) Vgl. zu diesem Punkt *Muchna* (Investitionsgütermarktforschung) S. 199 sowie *Wiedmann* (Früherkennung) S. 313ff.
77) Vgl. einen ausführlichen Katalog von Frühwarn-Informationen bei *Hahn/Krystek* (Frühwarnsysteme) S. 82ff.
78) Vgl. *Köhler/Böhler* (Kursbestimmung) S. 98.
79) Vgl. zur strategischen Bedeutung und Überprüfung von Entscheidungprämissen auch *Kühn* (Frühwarnung) S. 554.
80) Vgl. *Frese* (Organisation) S. 544ff., 580ff.

Literatur

Aaker, D.A. (Market Management): Strategic Market Management. New York et al. 1984.
Abell, D.F. (Business): Defining the Business. The Starting Point of Strategic Planning. Englewood Cliffs, N.J. 1980.
Amler, R.W. (Informationssysteme): Analyse und Gestaltung strategischer Informationssysteme der Unternehmung. Göttingen 1983.
Ansoff, H.I. (Strategic Issue): Strategic Issue Management. In: Strategic Management Journal, Vol. 1, 1980, S. 131–148.
Ansoff, H.I. (Strategic Management): Implanting Strategic Management. Englewood Cliffs, N.J. et al. 1984.
Arnold, U. (Beschaffungspolitik): Strategische Beschaffungspolitik. Steuerung und Kontrolle strategischer Beschaffungssubsysteme von Unternehmen. Frankfurt am Main, Bern 1982.
Bahlmann, A.R. (Informationsbedarfsanalyse): Informationsbedarfsanalyse für das Beschaffungsmanagement. Gelsenkirchen 1982.
Behrens, G. (Magnitudeskalierung): Magnitudeskalierung. In: Innovative Marktforschung (Hrsg.: Forschungsgruppe Konsum und Verhalten), Würzburg, Wien 1983, S. 125–137.
Bergsma, E. (Geschäftsforschung): Von der Marktforschung zur Geschäftsforschung. In: Nielsen – Marketing Trends, H.2, 1984, S. 5–12.
Bernhard, U. (Blickaufzeichnung): Das Verfahren der Blickaufzeichnung. In: Innovative Marktforschung (Hrsg.: Forschungsgruppe Konsum und Verhalten), Würzburg, Wien 1983, S. 105–122.
Böcker, F. / Schwerdt, A. (Blickaufzeichnungsgerät): Die Zuverlässigkeit von Messungen mit dem Blickaufzeichnungsgerät NAC Eye-Mark-Recorder 4. In: Zeitschrift für experimentelle und angewandte Psychologie, Bd. 28, 1981, S. 353–373.
Böhler, H. (Marketing-Früherkennung): Strategische Marketing-Früherkennung. Habilitationsschrift. Köln 1983.
Böhler, H. (Marktforschung): Marktforschung. Stuttgart et al. 1985.
Borrmann, W.A. (Geschäftsfelder): Vorgehensweise und Probleme bei der Definition strategischer Geschäftsfelder. In: Praxis der strategischen Unternehmensplanung (Hrsg.: A. Töpfer / H. Afheldt), Frankfurt am Main 1983, S. 206–218.
Brockhoff, K. (Computerdialog): Delphi-Prognosen im Computerdialog. Tübingen 1979.
Buchinger, G. (Hrsg.) (Umfeldanalysen): Umfeldanalysen für das strategische Management. Konzeptionen – Praxis – Entwicklungstendenzen. Wien 1983.
Cravens, D.W. (Strategic Marketing): Strategic Marketing. Homewood, Ill. 1982.
Day, G.S. (Market Analysis): Strategic Market Analysis and Definition: An Integrated Approach. In: Strategic Management Journal, Vol. 2, 1981, S. 281–299.
Day, G.S. / Shocker, A.D. / Srivastava, R.K. (Approaches): Customer-Oriented Approaches to Identifying Product-Markets. In: Journal of Marketing, Vol. 43, Fall 1979, S, 8–19.
Dichtl, E. / Bauer, H.H. / Schobert, R. (Dynamisierung): Die Dynamisierung mehrdimensionaler Marktmodelle am Beispiel des deutschen Automobilmarktes. In: Marketing, Zeitschrift für Forschung und Praxis, 2. Jg., 1980, S. 163–177.
Förster, F. / Fritz, W. / Silberer, G. / Raffée, H. (Kausalanalyse): Der LISREL-Ansatz der Kausalanalyse und seine Bedeutung für die Marketing-Forschung. In: Zeitschrift für Betriebswirtschaft, 54. Jg., 1984, S. 346–367.
Frese, E. (Organisation): Grundlagen der Organisation. Die Organisationsstruktur der Unternehmung. 2. Aufl., Wiesbaden 1984.

Gansera, H. / Röske, W. (Marketing-Support-System): Strategisches Marketing. Ein Vorschlag für ein computergestütztes Marketing-Support-System in den 80er Jahren. In: Datenverarbeitung im Marketing (Hrsg.: R. Thome), Berlin, Heidelberg, New York 1981, S. 25–97.

GfK-Nürnberg (Testmarkt Ludwigshafen): Testmarkt Ludwigshafen. GfK-Handelsforschung. Nürnberg o.J. (1984).

Glagow, H. (Interview-Computer): Interview-Computer: Rechnergestützte Datenerhebung. In: Neue Informations- und Kommunikationstechnologien in der Marktforschung (Hrsg.: J. Zentes), Berlin et al. 1984, S. 42–66.

Godiwalla, Y.M. / Meinhart, W.A. / Warde, W.D. (Environmental Scanning): Environmental Scanning – Does it help the Chief Executive?. In: Long Range Planning, Vol.13, Oktober 1980, S.87–99.

Goldberg, W.H. (Informationen): Spähen und Torhüten als Methoden zum Aufspüren nützlicher Informationen für innovative und strategische Entscheidungen. Unveröff. Manuskript Göteborg 1985.

Goretsky, M.E. (Frameworks): Frameworks of Strategic Marketing Information Needs. In: Industrial Marketing Management, Vol. 12, 1983, S. 7–11.

Grimm, U. (Analyse): Analyse strategischer Faktoren. Wiesbaden 1983.

Grochla, E. (Informationssysteme): Betriebliche Planung und Informationssysteme. Reinbek bei Hamburg 1975.

Grochla, E. (Beschaffungspolitik): Beschaffungspolitik. In: Die Führung des Betriebes (Hrsg.: M. N. Geist / R. Köhler), Stuttgart 1981, S. 243–259.

Hahn, D. / Krystek, U. (Frühwarnsysteme): Betriebliche und überbetriebliche Frühwarnsysteme für die Industrie. In: Zeitschrift für betriebswirtschaftliche Forschung, 31. Jg., 1979, S. 76–88.

Hahn, D. / Taylor, B. (Hrsg.) (Unternehmungsplanung): Strategische Unternehmungsplanung. 3. Aufl., Würzburg, Wien, Zürich 1984.

Hammann, P. / Lohrberg, W. (Beschaffungsmarketing): Beschaffungsmarketing. Eine Einführung. Stuttgart 1986.

Harrigan, K.R. (Barriers): Barriers to Entry and Competitive Strategies. In: Strategic Management Journal, Vol. 2, 1981, S. 395–412.

Heinzelbecker, K. (Marketing-Informationssysteme): Marketing-Informationssysteme. Stuttgart et. al. 1985.

Hildebrandt, L. (Konfirmatorische Analysen): Konfirmatorische Analysen von Modellen des Konsumentenverhaltens. Berlin 1983.

Hildebrandt, L. / Trommsdorff, V. (Konfirmatorische Analysen): Konfirmatorische Analysen in der empirischen Forschung. In: Innovative Marktforschung (Hrsg.: Forschungsgruppe Konsum und Verhalten), Würzburg, Wien 1983, S. 139–160.

Hinterhuber, H.H. / Kirchebner, M. (Analyse): Die Analyse strategischer Gruppen von Unternehmungen. In: Zeitschrift für Betriebswirtschaft, 53. Jg., 1983, S. 854–868.

Huber, M. (Angebotskombinationen): Markt-Konkurrenz-Angebotskombinationen. Diss. St. Gallen 1984.

Huppert, E. (Testmarkt): Der Testmarkt und drei Alternativen. In: Marketing Journal, 10. Jg., 1977, S. 607–611.

Huppert, E. (Scanning): Scanning: Elektronische Handels- und Konsumentenpanels. In: Neue Informations- und Kommunikationstechnologien in der Marktforschung (Hrsg.: J. Zentes), Berlin et al. 1984, S. 18–41.

Huppert, E. (Instrumente): Instrumente der Scanning-Marktforschung. In: Scanning – Zukunftsperspektiven für Handel, Industrie und Marktforschung. Veröffentlichungen der Wissenschaftlichen Arbeitsgemeinschaft für Technik und Wirtschaft des Landes Nordrhein-Westfalen, Bd. 238 (Hrsg.: R. Krumsiek), Düsseldorf 1985, S. 22–35.

Kaas, K.P. (Untersuchungspläne): Zeitbezogene Untersuchungspläne. Neue Analysemethoden der Marktforschung. In: Marketing, Zeitschrift für Forschung und Praxis, 4. Jg., 1982, S. 237–245.

King, W.R. / Cleland, D.J. (Information): Information for More Effective Strategic Planning. In: Long Range Planning, Vol. 10, (Febr.) 1977, S. 59–64.

Kirsch, W. (Idee): Marketing und die Idee des Strategischen Managements. In: Marketing im Wandel (Hrsg.: H. Meffert), Wiesbaden 1980, S. 63–76.

Köhler, R. (Grundprobleme): Grundprobleme der strategischen Marketingplanung. In: Die Führung des Betriebes (Hrsg.: M. N. Geist / R. Köhler), Stuttgart 1981, S. 261–291.

Köhler, R. (Bildschirmtext): Einführung in den Problemkreis »Bildschirmtext und Laser-Bildplatte« aus absatzwirtschaftlicher Sicht. In: Die absatzwirtschaftliche Bedeutung von Bildschirmtext und Laser-Bildplatte. Veröffentlichungen der Wissenschaftlichen Arbeitsgemeinschaft für Technik und Wirtschaft des Landes Nordrhein-Westfalen, Bd. 228 (Hrsg.: H. Schwier), Düsseldorf 1983, S. 6–23.

Köhler, R. (Strategisches Marketing): Strategisches Marketing: Auf die Entwicklung eines umfassenden

Informations-, Planungs- und Organisationssystems kommt es an. In: Marketing, Zeitschrift für Forschung und Praxis, 7. Jg, 1985, S. 213–216.

Köhler, R. (Scanning): Scanning: Einführende Thesen zum Tagungsthema. In: Scanning – Zukunftsperspektiven für Handel, Industrie und Marktforschung. Veröffentlichungen der Wissenschaftlichen Arbeitsgemeinschaft für Technik und Wirtschaft des Landes Nordrhein-Westfalen, Bd. 238 (Hrsg.: R. Krumsiek), Düsseldorf 1985, S. 2–4.

Köhler, R. / Böhler, H. (Kursbestimmung): Strategische Marketing-Planung: Kursbestimmung bei ungewisser Zukunft. In: Absatzwirtschaft, Zeitschrift für Marketing, 27. Jg., 1984, H. 3, S. 93–103.

Kotler, P. (Marketing Management): Marketing Management. Analysis, Planning, and Control. 5. Aufl., Englewood Cliffs, N.J. 1984.

Kreußlein, G. (Neuprodukt-Planung): Modelle zur Bestimmung der Gewinnerwartung im Rahmen der Neuprodukt-Planung. Berlin 1971.

Kroeber-Riel, W. (Marketingforschung): Computergestützte Datenerhebung: Neue Methoden der Marketingforschung. In: Marktorientierte Unternehmungsführung (Hrsg.: J. Mazanec / F. Scheuch), Wien 1984, S. 441–453.

Kroeber-Riel, W. / Neibecker, B. (Datenerhebung): Die computerkontrollierte Datenerhebung – eine japanische Herausforderung der Marktforschung?. In: Interview und Analyse, 8. Jg., 1981, H. 3, S. 94–99.

Kroeber-Riel, W. / Neibecker, B. (Interviewsysteme): Elektronische Datenerhebung: Computergestützte Interviewsysteme. In: Innovative Marktforschung (Hrsg.: Forschungsgruppe Konsum und Verhalten), Würzburg, Wien 1983, S. 193–208.

Krups, M. (Informationsmarkt): Elektronische Datenbanken: Entwicklungsstrategie für den Informationsmarkt. In: Absatzwirtschaft, Zeitschrift für Marketing, 28. Jg., 1985, H. 9, S. 90–100.

Kühn, R. (Frühwarnung): Frühwarnung im strategischen Bereich, 2. Teil. In: Management-Zeitschrift Industrielle Organisation, 49. Jg.,1980, S. 551–555.

Kuß, A. (Computereinsatz): Computereinsatz bei der Datenerhebung in der Marktforschung. In: Thexis, 2. Jg., 1985, H. 3, S. 12–15.

Löcher, W. / Schumacher, F. (Datenbanken): Die Nutzung von Datenbanken. Düsseldorf 1985.

Meffert, H. (Neue Medien): Marketing und Neue Medien. Stuttgart 1985.

Meffert, H. (Konkurrenzstrategien): Zur Bedeutung von Konkurrenzstrategien im Marketing. In: Marketing, Zeitschrift für Forschung und Praxis, 7. Jg., 1985, S. 13–19.

Mertens, P. / Plattfaut, E. (DV-Unterstützung): Ansätze zur DV-Unterstützung der Strategischen Unternehmensplanung. In: DBW, 45. Jg., 1985, S. 19–29.

Mertens, P. / Schrammel, D. (Informationsbanken): Dokumentationssysteme und Informationsbanken. In: Umfeldanalysen für das strategische Management (Hrsg.: G. Buchinger), Wien 1983, S. 337–354.

Muchna, C. (Investitionsgütermarktforschung): Stand und Entwicklungstendenzen der Investitionsgütermarktforschung. In: Marketing, Zeitschrift für Forschung und Praxis, 6. Jg., 1984, S. 195–202.

Neibecker, B. (Reaktionsmessung): Elektronische Datenerhebung: Computergestützte Reaktionsmessung. In: Innovative Marktforschung (Hrsg.: Forschungsgruppe Konsum und Verhalten), Würzburg, Wien 1983, S. 209–235.

Nieschlag, R. / Dichtl, E. / Hörschgen, H. (Marketing): Marketing. 14. Aufl., Berlin 1985.

Nöhmayer, K.A. (Computer): Der Computer als Instrument der Marktforschung. In: Werbeforschung & Praxis, 30. Jg., 1985, S. 168–175.

o.V. (Information): Information ohne Grenzen. In: Absatzwirtschaft, Zeitschrift für Marketing, 25. Jg., 1982, H. 9, S. 80–85.

o.V. (Marktforschung): Marktforschung: Strategisch einschalten – nicht abschalten!. In: Absatzwirtschaft, Zeitschrift für Marketing, 26. Jg., 1983, H. 7, S. 24–29.

Porter, M.E. (Advantage): Competitive Advantage. New York 1985.

Robens, H. (Portfolio-Analyse): Schwachstellen der Portfolio-Analyse. In: Marketing, Zeitschrift für Forschung und Praxis, 7. Jg., 1985, S. 191–200.

Schadenhofer, L. (Analyseinstrumente): Analyseinstrumente für die strategische Marketingplanung. Wien 1982.

Schendel, D.E. (Strategic Management): Strategic Management and Strategic Marketing: What's Strategic About Either One? In: Strategic Marketing and Management (Hrsg.: H. Thomas / D. Gardner), Chichester et al. 1985, S. 41–63.

Scholz, Ch. (Mustererkennung): Strategische Branchenanalyse durch Mustererkennung. In: Zeitschrift für Betriebswirtschaft, 55. Jg., 1985, S. 120–141.

Schweikl, H. (Präferenzanalyse): Computergestützte Präferenzanalyse mit individuell wichtigen Produktmerkmalen. Berlin 1985.

Simon, H. (Marketingstrategie): Goodwill und Marketingstrategie. Wiesbaden 1985.

Simon, H. (Scanner-Daten): Bessere Marketingentscheidungen mit Scanner-Daten. In: Scanning – Zukunftsperspektiven für Handel, Industrie und Marktforschung. Veröffentlichungen der Wissenschaftlichen Arbeitsgemeinschaft für Technik und Wirtschaft des Landes Nordrhein-Westfalen, Bd. 238 (Hrsg.: R. Krumsiek), Düsseldorf 1985, S. 5–21.

Simon, H. / Kucher, E. / Sebastian, K.-H. (Scanner-Daten): Scanner-Daten in Marktforschung und Marketingentscheidungen. In: Zeitschrift für Betriebswirtschaft, 52. Jg., 1982, S. 555–579.

Specht, G. / Zörgiebel, W.W. (Wettbewerbsstrategien): Technologieorientierte Wettbewerbsstrategien. In: Marketing, Zeitschrift für Forschung und Praxis, 7. Jg., 1985, S. 161–172.

Sprengel, F. (Informationsbedarf): Informationsbedarf strategischer Entscheidungshilfen. Thun, Frankfurt am Main 1984.

Thomas, L. (Conjoint Measurement): Conjoint Measurement als Instrument der Absatzforschung. In: Marketing, Zeitschrift für Forschung und Praxis, 1. Jg., 1979, S. 199–211.

Thomas, P.S. (Environmental Scanning): Environmental Scanning – The State of the Art. In: Long Range Planning, Vol. 13, (Febr.) 1980, S. 20–28.

Töpfer, A. / Afheldt, H. (Hrsg.) (Unternehmensplanung): Praxis der strategischen Unternehmensplanung. Frankfurt am Main 1983.

Trommsdorff, V. / Schuster, H. (Imageplanung): Strategie- und Imageplanung für junge Technologiefirmen. In: Absatzwirtschaft, Zeitschrift für Marketing, 28. Jg., 1985, H. 9, S. 116–121.

Wiedmann, K.-P. (Entwicklungsperspektiven): Entwicklungsperspektiven der strategischen Unternehmensführung und des strategischen Marketing. In: Marketing, Zeitschrift für Forschung und Praxis, 7. Jg., 1985, S. 149–160.

Wiedmann, K.-P. (Früherkennung): Konzeptionelle und methodische Grundlagen der Früherkennung. In: Strategisches Marketing (Hrsg.: H. Raffée / K.-P. Wiedmann), Stuttgart 1985, S. 301–348.

VI. Zur Verknüpfung strategischer und operativer Marketing-Pläne*

1. Die Problemstellung

Ursprünglich haben sich Praxis und Wissenschaft vorwiegend mit den Erfordernissen einer relativ kurzfristig angelegten Absatzplanung befaßt, bei der – ausgehend von einem vorgesehenen Einsatz des absatzpolitischen Instrumentariums – die Nachfragereaktionen, die Absatzmengen und Erlöse zu schätzen sind.[1] Das operative Vorgehen und seine vermutlichen Auswirkungen sind dabei der vorrangige Planungsgegenstand.

Erst seit dem Ende der siebziger Jahre ist eine betonte Hinwendung zu Fragen der strategischen Marketing-Planung erfolgt, bei der die längerfristige Sicherung von Erfolgspotentialen durch eine Auswahl künftig geeigneter Produkt-Markt-Kombinationen und die Bestimmung allgemeiner Grundsätze der Marktbearbeitung im Vordergrund stehen. Historisch gesehen, kann man also eine Entwicklung »vom operativen zum strategischen Marketing« konstatieren.[2]

Umgekehrt wird heute unter sachlogischen Gesichtspunkten beinahe selbstverständlich davon ausgegangen, daß operative Planinhalte aus einem zuvor erarbeiteten Strategieentwurf abzuleiten sind. »Die operative Planung geht von einem gegebenen strategischen Plan aus und legt die spezifischen Aktivitäten ... detaillierter fest«.[3]

Diesem prinziell einleuchtenden Sachzusammenhang wird allerdings oft nicht genügend Rechnung getragen. Vielmehr »ergeben sich immer wieder Fälle, in denen einer der beiden sich ergänzenden Teile fehlt oder beide unverbunden nebeneinander stehen«.[4] So wird in vielen Unternehmungen nach wie vor auf eine formale, das heißt schriftlich festgehaltene strategische Planung verzichtet, so daß einer konkreten Ableitung operativer Vorgaben die entsprechende Grundlage fehlt. Handlungs- bzw. Ergebnispläne werden in diesem Fall ad hoc, aus der kürzerfristigen Sicht heraus und nicht selten unter »Fortschreibung« jüngerer Vergangenheitstrends, aufgestellt.

Wo hingegen strategische Pläne erarbeitet worden sind, ist keineswegs auch ohne weiteres die operative Ausrichtung an diesen Grundsatzentwürfen sichergestellt. Dies liegt nicht zuletzt an organisatorischen Mängeln, wenn nämlich für Strategie zuständige Stellen oder Abteilungen als hoch angesiedelte Stäbe fungieren, denen der unmittelbare Kontakt zu operativen Einheiten fehlt und die möglicherweise durch ihre zuständigen Linieninstanzen nicht genügend aktive Unterstützung erfahren. Hier gilt: »Gute strategische Konzepte versanden im Labyrinth der Hierarchien. Es liegt eine sog. ›Implementierungslücke‹ vor«.[5]

Ein weiterer Grund für die wenig konsequente Verbindung der beiden Planungsperspektiven besteht darin, daß es bisher an klar ausgearbeiteten allgemeinen Richtlinien für strategisch untermauerte Realisationsplanungen mangelt.[6] Es fehlt mit anderen Worten an »Brückenprinzipien«, die den Übergang von der strategischen in die operative Planung eindeutig genug regeln. Auch die Betriebswirtschaftslehre als Wissenschaftsdisziplin hat sich mit diesem Problem noch kaum im einzelnen beschäftigt, sondern eher allgemein auf die Notwendigkeit der

---

* Originalbeitrag für die 2. Auflage dieses Buches

»Strategie-Implementierung« hingewiesen. Es liegen nur wenige Beiträge vor, die ausdrücklich auf die Integration strategischer und operativer Pläne eingehen.[7]

Im folgenden wird versucht, für den Marketing-Bereich wenigstens eine Skizze der Verknüpfungsansätze zwischen den beiden Plantypen zu geben.

2. Der strategische Marketing-Plan als Ergebnis grundlegender Konzeptionsentwürfe

Der *Prozeß* einer strategischen Marketing-Planung (d.h. die Schrittfolge zur Erfüllung der erforderlichen Analyse-, Bewertungs- und Auswahlaufgaben) ist im vorliegenden Buch in der Abbildung auf S. 8 angedeutet. In der Literatur finden sich öfter ähnliche Ablaufschemata, die vor allem – trotz mancher Unterschiede im einzelnen – folgende Teilaspekte des konzeptionellen Vorgehens hervorheben[8]:

- *Situationsanalyse* (Diagnose wichtiger Veränderungen der Unternehmensumwelt sowie der erreichten eigenen Stellung in bezug auf Nachfrager, Distributionskanäle, Wettbewerber, das bestehende Produkt-Portfolio und die erfolgsrechnerischen Ergebnisse);
- *Entwicklungsprognosen* (Vorausschätzung von Trends der vorgenannten Beobachtungsbereiche, aber auch von tiefgreifenden diskontinuierlichen Wandlungen, wofür geeignete Früherkennungsindikatoren zu suchen sind);
- Beschreibung der künftig mit bestimmten Leistungsprogrammen ansprechbaren Märkte, Bewertung dieser möglichen *Produkt-Markt-Kombinationen* anhand allgemeiner Zielkriterien des Unternehmens, Marktauswahl und Definition der anzubietenden Problemlösungen (*»Defining the Business«*);
- Erarbeitung *grundlegender Marketing-Ziele* für die geplanten Produkt-Markt-Kombinationen (wie z.B. Produktinnovationsziele, Marktpenetrationsziele, Soll-Portfolio-Vorstellungen);
- Festlegung der prinzipiellen *strategischen Stoßrichtung* gegenüber Nachfragern, Wettbewerbern und Absatzmittlern (z.B. differenzierte oder undifferenzierte Marktbearbeitung, angestrebte Kosten- oder Qualitätsführerschaft gegenüber Konkurrenten, Entwicklung handelsbezogener Kooperationskonzepte);
- Planung der *Marketing-Mix-Konzeption* (Entwicklung längerfristig zu beachtender Gestaltungsgrundsätze für die Marktbearbeitungsmaßnahmen);
- Vorgabe von *Mehrperiodenzielen (Zieltrajektorien)* aufgrund der vorgesehenen Stoßrichtung und der geplanten Marketing-Mix-Konzeption (Berücksichtigung voraussichtlicher Marktbearbeitungs-Wirkungen in der strategischen Zielplanung);
- *langfristige Budgetierung* (Ableitung mehrperiodiger Sollvorstellungen und des finanziellen Ausstattungsrahmens für Organisationseinheiten oder Projekte).

Die vorstehende Auflistung ist nicht so zu verstehen, als ob die Teilaufgaben in einer linearen Abfolge nacheinander anfallen würden. Es gibt Bündelungen mehrerer Planungstätigkeiten zur gleichen Zeit und Rückkopplungsbeziehungen; so z.B., wenn die Budgetierung angesichts begrenzter finanzieller Mittel zu dem Schluß führt, daß die ursprünglich vorgesehenen Ziele und Stoßrichtungen der Marktbearbeitung nicht in vollem Umfang verwirklicht werden können. Es handelt sich bei solchen Ablaufschemata also in erster Linie um gedankliche Untergliederungen.

Vor allem ist anzumerken, daß der *strategische Marketing-Plan* vom beschriebenen Prozeß der *Planung* zu unterscheiden ist. Er stellt eine komprimierte Zusammenfassung der Denkschritte und ihrer Ergebnisse dar. Dies zeigt sich beispielsweise schon daran, daß *Ziele* beim Planungsablauf (s. o.) in mehreren Zusammenhängen und in unterschiedlichem Detaillierungsgrad eine Rolle spielen; teils als Orientierungshilfe für eine nächste Stufe der Überlegungen, teils als Konsequenz aus der schließlich vorgesehenen Art der Marktbearbeitung.

Im strategischen Marketing-*Plan* genügt es hingegen, jene längerfristig ausgerichteten Ziele festzuhalten, die sich im Laufe der gesamten Erörterungen letztlich herauskristallisiert haben und (wie noch zu zeigen ist) als Anhaltspunkt für nähere operative Zielplanungen dienen können.

Ebenso sind die zur Situationsanalyse durchgeführten Studien, die Anwendung von Prognoseverfahren sowie die Such- und Bewertungsschritte beim »Defining the Business« zwar wichtiger Bestandteil des Planungsprozesses; der strategische Marketing-*Plan* weist aber im Kern nur die daraus gezogenen *Schlußfolgerungen* als grundlegende Vorgaben für das Marketing aus. Soweit, wie in der Praxis durchaus vorzufinden, die Situationsanalyse und Entwicklungsprognose sowie die Bewertung verschiedener Produkt-Markt-Kombinationen in den Ausführungen zum strategischen Marketing-Plan enthalten sind, dient dies der Herleitung der eigentlichen Planangaben, also der Begründungsargumentation.

Im folgenden werden die wesentlichen Angaben, die zu einem strategischen Marketing-Plan gehören, genannt. Dabei bleibt im Augenblick noch die Frage offen, wie sich die hierarchische Planungsebene (aus Sicht der Gesamtunternehmung, einer Sparte oder bestimmter Produktlinien bzw. Geschäftsfelder) darauf auswirkt, welchen dieser Planaussagen jeweils besonderes Gewicht zukommt. Hierauf wird aber im Abschnitt 5. zurückgekommen.

Die Abbildung 1 gibt einen kurz zusammenfassenden Überblick über die Hauptinhalte des strategischen Marketing-Plans einer Industrieunternehmung. Im weiteren ist dann zu erörtern, wie aus diesen Angaben genügend konkrete Anhaltspunkte für die operative Marketing-Planung gewonnen werden können.

Wie schon gesagt, finden sich in strategischen Plänen gewissermaßen als Vorspann oft auch Angaben zur gegenwärtigen Situation der Unternehmung und zu erwarteten Entwicklungen der betrieblichen Umwelt sowie sonstige Dokumentationen des Planungsprozesses einschließlich der dabei eingesetzten Such-, Schätz- und Bewertungsverfahren. Sie sind in der Abbildung 1, die sich auf die Nennung der so erarbeiteten strategischen Zukunftsvorstellungen konzentriert, ausgespart worden.

Die hier zugrunde gelegte Einteilung in Marktwahlstrategien, Marktteilnehmerstrategien und Marketing-Mix-Strategien (bzw. Marketing-Instrumentalstrategien) findet sich bei *Meffert*.[9] Dazu enthält der strategische Marketing-Plan ganz überwiegend verbale Aussagen und kaum rechnerische Vorgabedaten, was durch die angedeuteten Textzeilen zum Ausdruck kommt.

Hingegen sind die strategischen *Ziele* (Rubrik IV.) teils verbal zu formulieren, wie etwa die Feststellung, welche internationalen Regionen in welchen kommenden Jahren durch Markteintritt erschlossen werden sollen. Teils handelt es sich aber auch um quantifizierte Zielgrößen, für die sich in mehrperiodiger Sicht über der Zeitachse unterschiedliche Soll-Ausprägungen anführen lassen (z. B. Marktanteilssteigerungen im geplanten Ablauf mehrerer Jahre).

Quantifizierte Planinhalte schlagen sich auch in den *Langfrist-Budgets* nieder. Meist wird die Budgetierung allein mit der operativen Jahresplanung oder mit einer noch kürzerfristigen Sichtweise in Verbindung gebracht.[10] Doch erscheint es auch bei strategischen Überlegungen wichtig, die betroffenen Organisationseinheiten frühzeitig auf die finanziellen Planungskonsequenzen hinzuweisen, selbst wenn es sich dabei nur um recht grobe und vorläufige Schätzungen handeln kann.[11]

Die Abbildung 2 skizziert die wesentlichen Vorgabegrößen, die in ein strategisches Langfrist-Budget eingehen.

Eine sachlich begründete (also nicht bloß faustregelartig ausgehandelte) Zuteilung von langfristigen Budgets läßt sich nur vornehmen, wenn gewisse Vorstellungen darüber bestehen, welche Märkte, Marktteilnehmer und Angebotsleistungen von der betrachteten Organisa-

```
┌─────────────────────────────────────────────────────────────┐
│                  STRATEGISCHER MARKETING-PLAN               │
│                                                             │
└─────────────────────────────────────────────────────────────┘

   I. Marktwahlstrategien


   1. Kennzeichnung der Märkte bzw. Marktsegmente,
      auf denen die Unternehmung sich längerfristig        _____
      betätigen will                                       _____
      (nach Regionen, Nachfragergruppen, Bedarfs-          _____
      merkmalen).

   2. Grundsätzliche Beschreibung der Leistungs-
      programme für die gewählten Märkte                   _____
      (nach technologischen Merkmalen und nach             _____
      Problemlösungsgesichtspunkten).                      _____

   3. Angabe, ob es sich dabei um Strategien der
      Marktdurchdringung, der Produktentwicklung,          _____
      der Marktentwicklung oder der Diversifikation        _____
      (i.S. von Ansoff) handelt; oder ob ein               _____
      Rückzug aus bisherigen Produkt-Markt-Kom-            _____
      binationen vorliegt.



  II. Marktteilnehmerstrategien


   1. Geplanter Standardisierungsgrad bei der
      Deckung des Nachfragerbedarfs                        _____
      (undifferenziertes Vorgehen oder diffe-              _____
      renzierte Bearbeitung von Marktsegmenten).           _____

   2. Konkurrenzbezogene Stoßrichtung
      (Darstellung der angestrebten Wettbewerbs-           _____
      vorteile oder der auszugleichenden Wettbe-           _____
      werbsnachteile).                                     _____

   3. Handelsorientierte Grundsatzentscheidungen
      (Einschaltung oder Nichteinschaltung von             _____
      Handelsbetrieben, Kriterien für die Selek-           _____
      tion bestimmter Handelsbetriebsformen, Ko-           _____
      operationsabsicht im vertikalen Marketing            _____
      oder Bereitschaft zum Konflikt).                     _____
```

Abb. 1: Grundaufbau eines strategischen Marketing-Plans (Forts. auf S. 88)

```
┌─────────────────────────────────────────────────────────────┐
│            STRATEGISCHER MARKETING-PLAN                     │
│                   (Fortsetzung)                             │
└─────────────────────────────────────────────────────────────┘
```

III. Marketing-Mix-Strategien

1. Produktpositionierung
2. Preispositionierung und geplante Abfolge von Preisniveaus im Zeitablauf
3. Kommunikationsgrundsätze
4. Rahmengestaltung für die Distribution (Beschreibung der Absatzwege, der Außendienststruktur, des Logistiksystems)

IV. Strategische Zielgrößen unter Berücksichtigung von I. - III.

1. Grundsätzliche Markterschließungs-, Marktdurchdringungs- oder Marktrückzugsziele
2. Produktinnovationsziele
3. Portfolioziele (Soll-Portfoliostruktur)
4. Grundsätzliche verwender-, konkurrenten- und handelsorientierte Positionierungsziele
5. Bekanntheitsgradziele
6. Angestrebte produktbezogene Einstellungen
7. Distributionsziele
8. Angestrebte Ausmaße der Kenngrößen "Marktpenetration" und "Wiederkaufrate"
9. Marktanteils-, Gewinn- und Renditeziele

Mehrperiodenbetrachtung mit Angabe der angestrebten Zielverwirklichung über die Zeit (Zielleitlinien, sog. Zieltrajektorien)

V. **Langfrist-Budgets** für bestimmte Organisationseinheiten bzw. Projekte   (s. Abbildung 2)

Fortsetzung der Abb. 1

tionseinheit (mit)betreut werden. Ebenso hängt die Budgetbemessung davon ab, welche Mitwirkung an bestimmten Aktivitäten der Informationsbereitstellung für Marketing-Entscheidungen sowie beim Marketing-Mix-Einsatz erwartet wird. Deshalb sind in dem Schema der Budgeterstellung laut Abbildung 2 zunächst qualitative Angaben in den Rubriken I. und II. erforderlich.

Weiterhin ist abzuschätzen, welche der im strategischen Marketing-Plan enthaltenen Zielgrößen durch die Tätigkeit der betreffenden Organisationseinheiten beeinflußt werden können

```
┌─────────────────────────────────────────────────────────────────────┐
│  ┌───────────────────────────────────────────────────────────┐      │
│  │   Bezeichnung der Organisationseinheit: _____   │      │
│  └───────────────────────────────────────────────────────────┘      │
│                                                                     │
│   I.   Zuständigkeit im Rahmen der Marktwahl- und Markt-            │
│        teilnehmerstrategien                                         │
│   1.   Mit welchen der künftigen Produkt-Markt-Kombina-             │
│        tionen wird die Organisationseinheit befaßt sein?  _____  │
│   2.   Besteht eine besondere Ausrichtung auf bestimmte             │
│        Nachfragergruppen, Konkurrenten oder Abnehmer      _____  │
│        der Handelsstufe?                                  _____  │
│                                                                     │
│   II.  Langfristig geplante Tätigkeitsschwerpunkte der              │
│        Organisationseinheit                                         │
│   1.   Aufgaben der Informationsbereitstellung für                  │
│        andere Organisationseinheiten (trifft z.B.         _____  │
│        für die Marktforschungsabteilung zu)               _____  │
│   2.   Mitwirkung bei Aktivitäten im Rahmen der grund-    _____  │
│        legenden Marketing-Mix-Strategien                  _____  │
│                                                                     │
│   III. Von der Organisationseinheit direkt beeinfluß-               │
│        bare Zielgrößen                                              │
│   1.   Nichtmonetäre Ziele                     ⎤  Angestrebtes Ausmaß│
│                                                   der Zielerreichung│
│        (in Übereinstimmung mit dem strategischen  für die verschiedenen│
│        Marketing-Plan)                            Perioden des Planungs-│
│   2.   Monetäre Ziele                             zeitraums:        │
│                                                ⎦  t₁: ___   t₂: ___ │
│        (in Übereinstimmung mit dem strategischen  t₃: ___  ... tₙ: ___│
│        Marketing-Plan)                                              │
│                                                                     │
│   IV.  Budgetkonsequenzen aus I. - III.                             │
│   1.   Erforderliche Investitionen für die                          │
│        Organisationseinheit                  t₁:__ t₂:__ t₃:__ ... tₙ:__│
│   2.   Grob geschätzte laufende Kosten pro                          │
│        Periode                               t₁:__ t₂:__ t₃:__ ... tₙ:__│
│   3.   Grob geschätzte Erlöse pro Periode                           │
│        (soweit Markterlöse zugeordnet                               │
│        werden können)                        t₁:__ t₂:__ t₃:__ ... tₙ:__│
│   4.   Benötigte Finanzmittelzuteilung für                          │
│        die Organisationseinheit              t₁:__ t₂:__ t₃:__ ... tₙ:__│
└─────────────────────────────────────────────────────────────────────┘
```

Abb. 2: Inhalt des strategischen Langfrist-Budgets einer Marketing-Organisationseinheit

und welches Ausmaß der Zielerreichung dabei für die Teilperioden des längerfristigen Planungszeitraums angestrebt wird.

Erst aus all diesen Vorüberlegungen lassen sich die eigentlichen Budgetkonsequenzen ziehen:

Die Aufgabenbeschreibung gibt Anhaltspunkte für eine Schätzung der mehrperiodig benötigten Investitionen pro Organisationseinheit. Ebenso lassen sich aus dem Zuständigkeits- bzw. Tätigkeitsplan sowie manchen Zielangaben (z.B. Aufbau eines Bekanntheitsgrades im

Zeitablauf) ungefähre Kostenprognosen für die Perioden des Planungszeitraums ableiten. Die längerfristige Schätzung von Erlösen kommt für solche Organisationseinheiten in Betracht, die unmittelbar am Verkauf mitwirken, oder die als sog. objektbezogene Organisationsformen jedenfalls in eine rechnerische Zuordnungsbeziehung zu Absatzmengen und Umsatzwerten gebracht werden können (wie z. B. das Produkt-Management oder das Kunden-Management).

Aus dem Investitionsbedarf, den laufenden Kosten (soweit sie mit Ausgaben verbunden sind) und der erwarteten Erlössituation ergibt sich das Erfordernis der Finanzmittelzuteilung für den betrachteten Kompetenzbereich.

Der Budgetierungszusammenhang macht deutlich, daß es nicht einfach *den* strategischen Marketing-Plan gibt, sondern daß eine nach *organisatorischen* Hierarchieebenen abgestufte Vorausschau nötig ist (was im übrigen auch für den operativen Marketing-Plan gilt.) Den verschiedenen, in Abbildung 1 überblicksweise angesprochenen Planinhalten kommt je nach Organisationsebene unterschiedliches Gewicht zu. So stehen aus Gesamtunternehmenssicht bzw. aus der Perspektive eines zentralen Marketing-Ressorts die Fragen der Marktwahl und des gesamten Leistungsprogramms (einschließlich Portfolio-Betrachtungen) im Vordergrund. Die marktteilnehmerbezogenen Stoßrichtungen und die Gestaltungsleitlinien für das Marketing-Mix können aus diesem übergreifenden Blickwinkel nur sehr grob festgelegt werden, soweit es um allgemeine unternehmenspolitische Grundsätze geht.

Je enger objektbezogen der Zuständigkeitsbereich einer Marketing-Organisationseinheit definiert ist (z. B. bei einem bestimmten Produktgruppen- oder Kundengruppen-Manager), desto mehr tritt statt der Marktwahlentscheidung die längerfristige Planung der Marketing-Mix-Strategie und die konkrete planerische Auseinandersetzung mit bestimmten Marktteilnehmern in den Vordergrund. Auf dieser Ebene sind dann auch die strategischen Zielgrößen differenzierter anzugeben (also etwa geschäftsfeld- oder markenbezogene Positionierungsziele statt gesamtunternehmerischer Markterschließungs- und Soll-Portfolioziele). Dementsprechend fallen dann die quantitativen Vorgaben im *Budget* detaillierter aus als im allgemeinen Rahmenbudget des Marketing-Ressorts insgesamt.

Dennoch stellen die strategischen Budgets auch auf den enger abgegrenzten Organisationsebenen nur verhältnismäßig grobe Größenordnungs-Schätzungen dar, da ja die Maßnahmen noch nicht in allen operativen Einzelheiten festgelegt sind und weil ein längerer, mehrperiodiger Planungszeitraum ins Auge gefaßt wird.

Hinzu kommt, daß u. U. verschiedene Größenordnungen der Budgetinhalte ermittelt und gegenübergestellt werden müssen, sofern nämlich strategische *Kontingenzpläne* erstellt werden, d. h. – mit anderen Worten – Eventual- oder Schubladenpläne, die andere mögliche (aber für weniger wahrscheinlich gehaltene) Ausgangsbedingungen als beim Basisplan berücksichtigen.[12]

Trotz dieser Unschärfen erscheint die Aufstellung langfristiger Marketing-Budgets als ein bedeutsames *Bindeglied zur operativen Planung*, weil hier stellen-, abteilungs- oder bereichsbezogen in einem ersten Schritt Umsetzungskonsequenzen aus den grundsätzlichen Konzeptionsentwürfen des strategischen Marketing-Plans gezogen werden. Im folgenden bleibt zu erörtern, welche weiteren Bindeglieder dieser Art aus den in Abbildung 1 genannten Hauptteilen eines strategischen Marketing-Plans gewonnen werden können.

3. Die Ableitbarkeit operativer Planinhalte aus dem strategischen Marketing-Plan

3.1. Folgerungen aus den vorgesehenen Marktwahlstrategien

Im strategischen Marketing-Plan ist anzugeben, welche Regionalmärkte und welche Nachfragergruppen mit charakteristischen Bedarfsmerkmalen künftig als »Zielmärkte« anvisiert werden sollen. In Verbindung damit müssen dann die Leistungsprogramme, die als bedarfsentsprechende Problemlösungen anzubieten sind, und ihre technologischen Grundlagen definiert werden.

Hieraus ergibt sich die Kennzeichnung sogenannter Produkt-Markt-Kombinationen.[13] Es läßt sich daraufhin bestimmen, welche Organisationseinheiten des Marketing-Bereiches für die genannten Produkt-Markt-Kombinationen mit zuständig sein werden. Am klarsten gelingt dies bei der Einrichtung objektorientierter Organisationsformen, da hier der Produkt-Markt-Bezug unmittelbares Kriterium für die Aufgabenzuordnung ist. Aber auch für Funktionsabteilungen ist feststellbar, auf welche Märkte und Absatzobjekte sich ihre Aktivitäten richten werden.

Mit dieser gedanklichen Verknüpfung von Produkt-Markt-Kombinationen und Organisationseinheiten ist bereits ein erster Schritt zur *operativen* Planerarbeitung getan, da hierdurch festgelegt wird, worauf sich die Handlungsentwürfe und das konkrete Vorgehen bestimmter betrieblicher Teileinheiten auszurichten haben.

Eine zusätzliche Erläuterung der Marktwahlstrategie ist allerdings hilfreich für die Ableitbarkeit von Umsetzungsmaßnahmen (s. dazu Punkt I.3. in Abbildung 1): Es handelt sich dabei um Angaben, ob bei der jeweiligen Produkt-Markt-Kombination ein neu zu erschließender oder ein bisher schon bearbeiteter Markt vorliegt und ob Neuproduktentwicklungen erforderlich sind oder auf bestehende Produkte zurückgegriffen werden kann. Die ursprüngliche Diskussion der hiernach zu unterscheidenden vier Fälle geht bekanntlich auf Ansoff zurück.[14] Für die *operative Planung* bedeutet beispielsweise eine strategisch beabsichtigte Durchdringung bisheriger Märkte mit bestehenden Produkten, daß nach erfolgversprechenden Maßnahmen zur Steigerung der Verwendungsintensität jetziger Kunden oder zur Gewinnung bisheriger Kunden der Wettbewerber oder zur Ausschöpfung überhaupt noch nicht aktivierter Käuferpotentiale gesucht werden muß. Die genauere Kennzeichnung der Marktwahlstrategie, ergänzt um Hinweise auf den grundsätzlichen Realisierungsweg, kanalisiert also die Überlegungen zum konkreten Einsatz absatzpolitischer Instrumente.

Aus der Strategie der Neuproduktentwicklung für bereits bearbeitete Märkte folgen wiederum andere operative Anforderungen: Die zuständigen Organisationseinheiten müssen in einem vorgegebenen zeitlichen Rahmen ganz bestimmte Schritte des Produktinnovationsprozesses einschließlich der Produkteinführung am Markt planen.

Dies gilt auch für die von Ansoff so genannte Strategie der Diversifikation, bei der jedoch noch hinzukommt, daß das operative Vorgehen zur Erschließung eines von der eigenen Unternehmung noch nicht belieferten Marktes entworfen werden muß. Ähnliche Erschließungstätigkeiten verlangt die »Marktentwicklung« (Absatz vorhandener Produkte in neuen Märkten), wobei allerdings das Erfordernis einer erstmaligen Planung operativer Produktinnovationstätigkeiten entfällt.

Nicht übersehen werden darf schließlich, daß die strategische Bestimmung der künftigen Produkt-Markt-Kombinationen auch Fälle des *Rückzugs* aus früheren Betätigungsfeldern beinhalten kann. Dies bedeutet für die operative Planung, daß Maßnahmen für bestimmte

Abwicklungszeiträume vorzusehen sind (z. B. Ersatzteildienst) und daß Schätzungen der wegfallenden Deckungsbeiträge, der abbaufähigen Fixkosten bzw. der Kostenremanenz durchgeführt werden müssen.[15]

In der strategischen Planung ist es üblich, mehrere Produkt-Markt-Kombinationen zu sog. *Geschäftsfeldern* zusammenzufassen[16], soweit sie Ähnlichkeiten hinsichtlich der Marktattraktivität, der Wettbewerbssituation und innerbetrieblicher Handlungsbedingungen (z. B. Technologie- oder Produktionsverbund, Kostenniveau) aufweisen, so daß eine Marktbearbeitungsstrategie übergreifend für sie gemeinsam entwickelt werden kann. Nicht zuletzt ist diese aggregierende Bildung von Geschäftsfeldern eine Grundlage für Portfolio-Analysen und für die Aufstellung von Soll-Portfolios in der strategischen Zielplanung.

Bei aller Anregungsfunktion, die ein solcher Bezugsrahmen für das Denken in Zusammenhängen und für eine ganzheitliche Sicht der betrieblichen Markt-Leistungs-Beziehungen ausübt[17], ist seine unmittelbare Verknüpfbarkeit mit der *operativen Planung* doch erschwert. Dies liegt daran, daß meist eine »auf die strategischen Geschäftsfelder ausgerichtete strategische Planung keine Entsprechung in den operativen Einheiten findet«[18]; d.h. daß aus der Geschäftsfeldbetrachtung nicht eindeutig genug abgeleitet werden kann, wer für die *Umsetzung* der sog. Normstrategien praktisch zuständig ist. Hierfür empfiehlt sich vielmehr doch wieder eine disaggregierte Bezugnahme auf die einzelnen Produkt-Markt-Kombinationen (s.o.), wobei es allerdings sehr wichtig wäre, den operativen Einheiten jene Grundsatzvorstellungen zu vermitteln, die sich für ein bestimmtes Produkt und die zugehörigen Zielmärkte aus der umfassenderen Geschäftsfeldplanung ergeben (z. B.: es wird eine Steigerung des relativen Marktanteils durch verstärkte Penetration wachsender Teilmärkte angestrebt).

Im großen und ganzen kann gesagt werden, daß aus einer Beschreibung der Marktwahlstrategien durchaus erste Anhaltspunkte für die operative Planung gewonnen werden können, besonders wenn dazu auch noch diejenigen strategischen Ziele (s. Abschnitt IV. in der Abbildung 1) verdeutlicht werden, die mit der Marktwahl verknüpft sind; nämlich Markterschließungs-, Marktdurchdringungs-bzw. Marktrückzugsziele, Produktinnovationsziele und Portfolioziele (Soll-Portfoliostruktur).

3.2. Operative Konsequenzen der Marktteilnehmerstrategien

In den Marktteilnehmerstrategien werden für die ausgewählten Märkte grundsätzliche Stoßrichtungen gegenüber Nachfragern, Wettbewerbern und Absatzmittlern festgelegt. *Nachfragerbezogen* bedeutet dies vor allem eine Aussage über den Standardisierungsgrad des Leistungsangebots und damit über die mehr oder weniger undifferenzierte bzw. segmentspezifisch differenzierte Marktbearbeitung.

Die strategische Entscheidung, daß bestimmte Produkte oder Leistungbündel im Stammland des Anbieters, international oder gar weltweit in einheitlicher Weise vermarktet werden sollen, bedeutet für die laufende Maßnahmenplanung eine klare grundsätzliche Vorgabe. Zwar bleibt insoweit noch offen, *wie* im einzelnen der »gemeinsame Nenner« zu finden ist. Hierzu ergeben sich eher Anhaltspunkte aus der Umschreibung der Marketing-Mix-Strategien (s. unten, Abschnitt 3.3.). Aber der operative Suchrahmen ist damit jedenfalls abgesteckt.

Ebenso besitzt die grundsätzliche Option für eine unterschiedliche Bearbeitung mehrerer Regionalmärkte oder Marktsegmente einen allgemeinen Aufforderungscharakter für die *operative Planung*, der dann jedoch noch durch nähere Angaben zur jeweiligen Angebotspositionierung (vgl. 3.3.) greifbarer gemacht werden muß. »Die praktische Bedeutung der Marktsegmentierung liegt« jedenfalls »in der Durchführung entsprechender Maßnahmen«.[19]

Ähnlich liefert die Kennzeichnung der *konkurrenzbezogenen* strategischen Stoßrichtung wichtige Hinweise für die operative Planung. Wenn erst einmal definiert ist, welche Wettbewerbsnachteile (die aufgrund von Stärken-Schwächen-Analysen erkennbar geworden sind) ausgeglichen werden sollen oder welche dauerhaften Wettbewerbsvorteile erreichbar erscheinen, kann versucht werden, hieraus *Handlungskonsequenzen* abzuleiten. »Zielt eine Strategie beispielsweise auf Kostenführerschaft ab, so müssen die notwendigen operativen Steuerungssysteme für eine strikte Kostenkontrolle geschaffen werden und sind die Anreizsysteme (z. B. betriebliches Vorschlagswesen, Prämiensysteme) auf Kostensenkung auszurichten.«[20]

Handelsorientiert werden in der strategischen Planung von Industrieunternehmungen Weichen für die Wahl der Absatzwege, die Selektion bestimmter Betriebstypen des Handels sowie die Konfliktbewältigung und Kooperation mit Absatzmittlern gestellt. Es liegt auf der Hand, daß sich hieraus Leitlinien für den genaueren Entwurf von Distributionsmaßnahmen ergeben.

Inwieweit die Hauptgesichtspunkte der Marktteilnehmerstrategien wirklich in der operativen Planung Berücksichtigung finden, hängt davon ab, wie explizit und klar der Informationsfluß zwischen den beiden Planungsteilgebieten geregelt ist. Ebenso wie bei den Marktwahl- und Marketing-Mix-Strategien auch, muß organisatorisch sichergestellt sein, daß die Langfristkonzeptionen den Kurzfristplanern als Ausgangsplattform bewußt sind.

3.3. Marketing-Mix-Strategien und operative Planung

Die Auswahl der künftigen Produkt-Markt-Kombinationen sowie die geplante Stoßrichtung gegenüber anderen Marktteilnehmern bilden den Bezugsrahmen, an dem sich die grundlegende Konzeption des Maßnahmeneinsatzes zu orientieren hat. »Functional strategy decisions (i.e., marketing mix decisions, and decisions about policies and programs for manufacturing, distribution, R&D, procurement, etc.) derive from the definition of the business.«[21] Die Überlegungen zum Einsatz des absatzpolitischen Instrumentariums haben insoweit einen längerfristigen, stilprägenden Charakter und nicht nur einen kurzfristigen Aktionsbezug. Cravens spricht in dieser Hinsicht von »Strategic Marketing Programming«.[22] Der Kern aller Gestaltungsprinzipien besteht dabei in dem Versuch, den Endverwendern und gegebenenfalls dem Handel bestimmte Ausprägungen der kaufentscheidungsrelevanten Angebotsmerkmale bewußt zu machen. Sie sollen dem Bedarf möglichst gut entsprechen und eine deutliche Abhebung gegenüber dem Konkurrenzangebot herbeiführen (oder, falls angestrebt, eine Angleichung).

Diese Schaffung eines bestimmten Vorstellungsbildes bei den Abnehmern und damit einer wahrgenommenen Stellung im Wettbewerbsumfeld wird als *Positionierung* bezeichnet. Sie steht im Mittelpunkt der strategischen Marketing-Mix-Planung.[23] Dabei geht es in erster Linie um Grundsätze der Produktpositionierung, aber auch um eine damit als übereinstimmend empfundene Preispositionierung[24] sowie um langfristig angelegte kommunikationspolitische Ansätze zur wirkungsvollen Vermittlung von Positionierungsinhalten. Die Struktur des Distributionssystems und das Erscheinungsbild der Absatzmittler tragen ebenfalls wesentlich zur endverwenderbezogenen Positionierung bei.

Je klarer in einem strategischen Marketing-Plan zum Ausdruck kommt, welche Positionierungsmerkmale angestrebt werden und worin der entsprechende Beitrag der verschiedenen Marketing-Mix-Instrumente bestehen soll, desto konkreter ist damit auch der Orientierungsrahmen für die *operative Planung* vorgezeichnet. Die allgemeine produktpolitische Vorgabe könnte z. B. lauten: »Das Lebensmittel der Marke XY soll sich durch die Verwendung qualitativ höchstwertiger Rohstoffe und durch nachweislich gesundheitsfördernde Eigenschaften vom Konkurrenzangebot abheben. Darüber hinaus soll die Verpackung umweltfreundlich sein und eine bei der Lagerung und Regalplazierung im Handel raumsparende Form besitzen«. Hieraus ergeben sich Hinweise für die Wahl der Gestaltungsmerkmale im einzelnen (z. B. Art der verwendeten pflanzlichen Fette, Kaloriengehalt etc.). Die Preispositionierung wird, dem hohen Qualitätsanspruch entsprechend, in einer gehobenen Preislage erfolgen. Damit steht die Auswahl von Handelsgeschäften, die als Garanten für eine sorgfältige Auswahl gesundheitsfördernder Ernährungsprodukte angesehen werden, in Einklang. Die Kommunikationsstrategie stellt auf eine konsistente Vermittlung der genannten sachlichen Produktmerkmale und auf ein damit korrespondierendes Erlebnisprofil ab.[25] Alle *operativen Maßnahmen*, die innerhalb des Marketing-Mix auf kurze Sicht (für 1 Jahr und weniger) zu planen sind, müssen auf ihre Übereinstimmung mit den strategischen Rahmenvorgaben geprüft werden. Aus den genannten produktpolitischen Grundsätzen mag sich beispielsweise das kurzfristige Plansoll ergeben, ein noch besser als bisher entsorgbares Verpackungsmaterial einzusetzen. Es werden konkrete Kommunikationsmaßnahmen auf der Handelsstufe vorgesehen (z. B. Displaymaterial), die auf das weiter verbesserte Vorteilsmerkmal hinweisen. Die relativ hohe Preisstellung wird, mit argumentativer Abstützung, für den operativen Planungszeitraum beibehalten.

Neben diesen qualitativen Beziehungen zwischen strategischen Positionierungsvorhaben und operativer Maßnahmenplanung gibt es neuerdings auch Bemühungen, durch sog. *Positionierungsrechnungen* eine Brücke zur kurzfristigen Erfolgsplanung zu schlagen. Dabei wird versucht, die Kosten und Erlöse abzuschätzen, die speziell dadurch entstehen, daß bei den Nachfragern bestimmte Merkmalswahrnehmungen und -beurteilungen durch absatzpolitische Maßnahmen herbeigeführt werden.[26] Manche der damit verbundenen Zurechnungsprobleme sind praktisch wohl kaum exakt zu lösen. Dennoch kann gesagt werden, daß eine begründete Kosten- und Erlösplanung jedenfalls erleichtert wird, wenn eine Positionierungsstrategie vorliegt, aus der gedanklich wiederum der dazu erforderliche Instrumenteneinsatz (mit seinen erwarteten Wirkungen und Kosten) abgeleitet wird.

3.4. Die operative Bedeutung strategischer Zielgrößen

Die strategischen Ziele ergeben sich unter Berücksichtigung der Planungsüberlegungen, die zur Marktwahl, zur Vorgehensweise gegenüber Marktteilnehmern und zur Grundkonzeption des Maßnahmeneinsatzes angestellt werden. Sie sind zum Teil sehr allgemein formuliert, soweit sie nämlich nur ganz grundsätzliche Anliegen im Hinblick auf die gewählten Produkt-Markt-Kombinationen und auf Marktteilnehmer zum Ausdruck bringen. Dies gilt z. B. für Absichtserklärungen, daß näher beschriebene regionale *Märkte* oder Marktsegmente neu *erschlossen* oder daß bisher schon bearbeitete Märkte weiter *durchdrungen* werden sollen. Ähnlich geringen Detaillierungsgrad haben Zielaussagen hinsichtlich der *Produktinnovation*, soweit sie nur die grundlegende Innovationsrichtung ansprechen (etwa »wir wollen bis zum Jahr ... neue Erzeugnisse auf Grundlage der Biotechnik entwickeln, die zu verbesserten Problemlösungen bei der Abwasserreinigung und Abfallbeseitigung beitragen«). Auch *Portfolioziele*, die lediglich die Wachstums-, Stabilisierungs- oder Rückzugsabsichten bei den verschiedenen Geschäftsfeldern und damit die Soll-Portfoliostruktur beschreiben, sind noch recht allgemeingehalten. Ebenso bleiben *Positionierungsziele* und die Angabe entsprechender konkurrenzbezogener Stoßrichtungen (etwa »Qualitätsführerschaft) oft auf der Ebene recht genereller Umschreibungen.

Dennoch ist damit eine wichtige Brücke zur *operativen Planung* hergestellt: Diese kommt auf solche Weise nicht in die Versuchung, frühere Plangrößen einfach extrapolierend »fortzuschreiben«. Vielmehr ergibt sich die Aufforderung, neue Maßnahmen zur Umsetzung der strategischen Absichten zu entwerfen sowie ihre Kosten- und Erlöskonsequenzen zu schätzen.

Freilich steht und fällt diese Anregungsfunktion der strategischen Zielvorgabe für die operative Planung mit der Qualität des innerbetrieblichen Informationsaustausches. Wo strategische Pläne zwar entwickelt und auf Geschäftsleitungsebene zur Kenntnis genommen, aber nicht verbindlich in den operativen Planungsablauf eingespeist werden, kann es zu keinen Umsetzungsvorschlägen kommen (s. dazu Abschnitt 5).

Ein anderer Teil der strategischen Marketing-Ziele weist von vornherein einen höheren Genauigkeitsgrad auf. Dies trifft für jene Soll-Größen zu, die im Anschluß an den Entwurf von Marketing-Mix-Strategien entwickelt werden und deshalb schon in groben Zügen die Verhaltensreaktionen anderer Marktteilnehmer mitberücksichtigen können. Beispielsweise zu nennen sind hier angestrebte Bekanntheitsgrade sowie produktbezogene Einstellungen der Nachfrager oder geplante Ausmaße der numerischen und gewichteten Distribution, der Marktpenetration (i. S. der kumulierten Anzahl von Käufern, die bestimmte Produkte der Unternehmung zumindest schon *ein*mal gekauft haben, prozentual bezogen auf die gesamte Nachfragerschaft im relevanten Markt), der Wiederkaufrate, des Marktanteils, näher abgegrenzter Gewinn- (bzw. Deckungsbeitrags-) und Renditegrößen.

Auf den ersten Blick erscheint es so, als ob derartige Ziele schon gar nicht mehr strategischen, sondern unmittelbar operativen Charakter hätten, zumal sie auch nicht die Unternehmung als Ganzes betreffen, sondern enger definierte Produkte(gruppen). Das Strategische an dieser Art der Zielplanung besteht aber darin, daß in einer mehrperiodigen Betrachtung Zielleitlinien *(Zieltrajektorien)* vorgegeben werden, wie sie auf S. 35f. dieses Buches erläutert worden sind.[27] Ein zeitlicher Entwicklungspfad der Zielverwirklichung wird damit ins Auge gefaßt, wie er nur unter bestimmten angenommenen Bedingungen zu erwarten ist. Treten im Ablauf der Perioden tatsächlich andere Bedingungen auf, so wird eine Zielerreichungslücke anhand der Leitlinie erkennbar und löst Anpassungsüberlegungen bzw. Maßnahmen zur Gegensteuerung aus.

Die *operative Marketing-Planung* kann für den jeweils aktuellen, kurzfristigen Zeitabschnitt an die ursprünglichen oder revidierten Vorgabewerte der Zieltrajektorie anknüpfen. Insofern besteht hierbei in der Tat eine direkte Brücke zwischen den beiden Planungsperspektiven. Operativ muß dann entsprechend den neuesten Situationsgegebenheiten entschieden werden, welche Handlungsmöglichkeiten zur Zielerreichung gewählt werden können.

Mehrperiodenplanungen kommen übrigens auch für die weiter oben erwähnten allgemeinen, qualitativen Zielumschreibungen (Markterschließungsziele etc.) in Betracht, wie es unter Ziffer IV. der Abbildung 1 mit angedeutet ist. Allerdings scheidet hierbei eine genauere Abstufung des gewollten Zielerreichungsausmaßes über die Zeit – und damit ein entsprechend verfeinerter Anhaltspunkt für die operative Planung – aus, weil es ja überwiegend um nur nominale Maßgrößen geht (z. B. »Markteintritt verwirklicht? – Ja oder nein«).

3.5. Langfrist-Budgets als Orientierung für operative Budgets

Operative Marketing-Budgets leiten sich im einzelnen zwar unmittelbar aus der kurzfristigen Aktivitätenplanung ab. Sofern strategische Langfrist-Budgets erstellt worden sind (s. dazu Abbildung 2), können sie aber eine Bindegliedfunktion zur Kurzfristbetrachtung ausüben, die zu beachten ist, um Strategieumsetzungen zu fördern. Wenn nämlich das operative Budget ausschließlich auf den aktuell erstellten Handlungsentwürfen beruht, kann es leicht dazu kommen, daß dabei die ursprünglich einmal ausgearbeiteten Grundsatzkonzeptionen der Marktwahl und Marktbearbeitung in Vergessenheit geraten. »Jeder Bestandteil des Budgets sollte auf eine genehmigte Strategie zurückgehen. Die Marketing-Strategie gewährleistet die *Budgetkontinuität.*«[28]

Konkret bedeutet dies, daß im Rahmen eines *Marketing-Audits*[29] folgende Punkte überprüft werden müssen:

– Ist die Organisationseinheit, für die kurzfristig budgetiert wird, nach wie vor mit jenen Produkt-Markt-Kombinationen und Marktteilnehmern befaßt, von denen im Langfrist-Budget ausgegangen worden ist?
– Stehen die auf kurze Sicht vorgesehenen Maßnahmen der Organisationseinheit im Einklang mit den Positionierungsabsichten, die das grundlegende Marketing-Mix-Konzept bestimmt haben?
– Besteht noch Übereinstimmung zwischen den Stellen-, Abteilungs- oder Bereichszielen, die für das jetzt anstehende Planungsjahr auf der Zielleitlinie (Trajektorie) vorgesehen gewesen sind, und den neuerdings festgelegten Kurzfristzielen?
– Welche Divergenzen gibt es zwischen den langfristig geschätzten Investitionserfordernissen, Finanzmittelzuteilungen, Periodenkosten und ggf. -erlösen der Organisationseinheit und den entsprechenden Größen im Kurzfristbudget?

Der Vergleich dieser Angaben trägt zur Verbesserung der Konsistenz von Strategieentwürfen und tatsächlichem Handeln bei. Festgestellte *Abweichungen* können zum einen aus einer Nichtbeachtung der früher formulierten Grundsätze resultieren, ohne daß es eigentliche Sachanlässe für ein solches Abgehen vom abgesteckten Strategierahmen gibt. Dann wäre auf eine Revision des operativen Budgets hinzuwirken, um die Übereinstimmung wiederherzustellen.

Zum anderen mögen Abweichungen aber dadurch bedingt sein, daß sich die sachlichen Prämissen geändert haben, die den Strategieentwürfen ursprünglich zugrunde gelegen haben. In diesem Fall trägt die Gegenüberstellung von strategischen und operativen Marketing-Budgets dazu bei, die Notwendigkeit von Strategieanpassungen zu erkennen und Lerneffekte zu nutzen.

Zusammenfassend für den ganzen vorstehenden Abschnitt 3. deutet die Abbildung 3 nochmals die Hauptverbindungen zwischen strategischen und operativen Marketing-Plänen an.

4. Der Aufbau operativer Marketing-Pläne

Ein operativer Marketing-Plan weist die konkret vorgesehenen Marketing-Mix-Maßnahmen aus und definiert die damit unmittelbar angestrebten Ziele nach Inhalt und Ausmaß. Auf dieser Grundlage beruht dann bei der Betrachtung einzelner Organisationseinheiten bzw. Projekte die Vorgabe kurzfristiger Budgets.

Wiederum ist hier, wie unter dem strategischen Blickwinkel auch, der Prozeß der Planung vom letztendlich dokumentierten *Plan* zu unterscheiden. Im Ablauf einer operativen Planung sind Analysen der Ausgangssituation vorzunehmen[30], Marktprognosen – insbesondere maßnahmenabhängige Wirkungsprognosen – zu erstellen, Testergebnisse auszuwerten und Entscheidungskalküle anzuwenden.[31] Auf diese sehr vielschichtigen Planungs*tätigkeiten* wird hier nicht näher eingegangen, sondern lediglich auf ihr schließlich schriftlich fixiertes Ergebnis.

Eine besonders wichtige Rubrik des operativen Marketing-Plans gilt der Beschreibung von *Maßnahmen*, die im Referenzzeitraum (d.h. im nächsten Jahr, das meist zumindest noch nach Quartalen unterteilt wird) durchgeführt werden sollen.[32] Pläne, die lediglich Zahlenangaben über erwartete Absatzmengen, Umsatzwerte und Kosten ausweisen, ohne daß sich irgendwelche Hinweise auf die dazu erforderlichen Aktivitäten finden, sind suspekt. Sie unterliegen nämlich dem Verdacht, daß jüngere Vergangenheitsgrößen bloß in sehr pauschaler Weise in die Zukunft projiziert worden sind, während die Handlungsvoraussetzungen und die verantwortlichen Handlungsträger ungenannt bleiben.

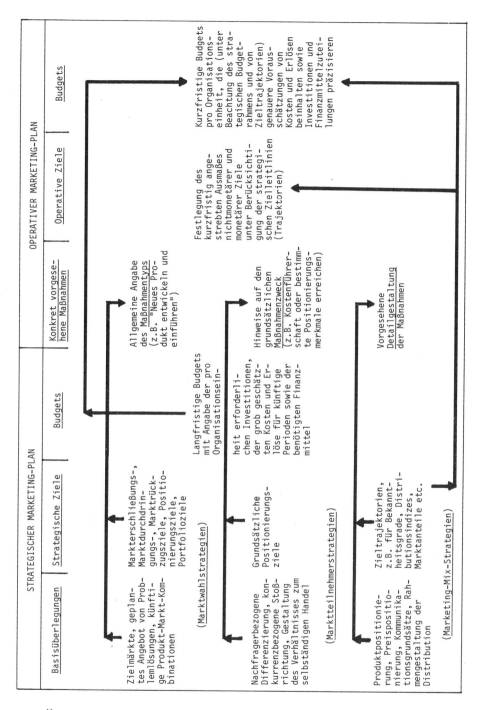

Abb. 3: Übersicht über Verbindungen zwischen strategischer und operativer Marketing-Planung

Der *Maßnahmenplan* als Teil des operativen Marketing-Plans kennzeichnet den vorgesehenen Mitteleinsatz, indem er jeweils den Maßnahmentyp und den grundsätzlichen Handlungsanlaß benennt, das erforderliche Vorgehen sowie dessen Zeitrahmen möglichst konkret beschreibt und die verantwortlichen Organisationseinheiten angibt. So enthält der Maßnahmenplan einer bekannten deutschen Unternehmung u.a. beispielsweise folgende Positionen:

- Maßnahmentyp: »Werbung für Baugeräte«;
- grundsätzlicher Maßnahmenzweck: »Profilierung in den für die Zielgruppe Bauwirtschaft wichtigen Imagekomponenten Qualität, Zuverlässigkeit, Wartungsfreundlichkeit, Kundendienst«;
- Konkretisierung des Mitteleinsatzes: »Schalten von Anzeigen in Baufachzeitschriften unter Referenzbezug auf ...« (d.h. unter Hinweis auf eine allgemein besonders renommierte andere Produktlinie der Unternehmung);
- Angabe der für die Anzeigenschaltung vorgesehenen Monate;
- Bezeichnung der verantwortlichen Organisationseinheit.

Wie die Abbildung 3 erkennen läßt, können sich für den Maßnahmenplan durchaus unmittelbare Anregungen aus dem strategischen Marketing-Plan ergeben. Die Marktwahlstrategie (geplante Produkt-Markt-Kombinationen; z.B. beabsichtigte stärkere Durchdringung eines bestimmten Zielmarktes) liefert Anhaltspunkte für den erforderlichen *Maßnahmentyp* – hier: »Werbung für Baugeräte«. Aus den Marktteilnehmerstrategien und den damit verbundenen Positionierungszielen folgen Hinweise auf den grundsätzlichen *Zweck* der operativen Maßnahme – hier: »Profilierung in bestimmten Imagekomponenten bei dem anzusprechenden Marktsegment«.

Die Marketing-Mix-Strategie schließlich setzt den Rahmen für die *Detailgestaltung* der Maßnahmen. So könnte im vorgenannten Beispiel ein längerfristig festgelegter Kommunikationsgrundsatz lauten, daß in Werbebotschaften generell auf die Stärke der Unternehmung als Problemlöser auf bestimmten Technikgebieten hingewiesen werden sollte. Hieraus mag dann in der aktuellen Anzeigengestaltung für Baugeräte der Referenzbezug auf eine andere bekannte Produktlinie resultieren.

Ebenso haben die in mehrperiodigen Trajektorien ausgedrückten strategischen Ziele eine Anregungsfunktion für die Maßnahmenplanung im einzelnen. Wenn gemäß der längerfristigen Zielleitlinie beispielsweise für das nächste Jahr eine bestimmte Steigerung der numerischen Distribution anvisiert worden ist, müssen u.a. entsprechende Aktivitäten des Außendienstes sowie Logistik-Maßnahmen ins Auge gefaßt werden.

Neben den konkret vorgesehenen Maßnahmen enthält der operative Marketing-Plan auch gesonderte Ausführungen zum aktuell erwarteten Ausmaß der Zielerreichung. Der *kurzfristige Zielplan* umfaßt nichtmonetäre Handlungskonsequenzen (z.B. Bekanntheitsgrade oder prozentuale Marktpenetrationsgrößen) ebenso wie monetäre Ergebnisse (z.B. Umsatzerlöse, Deckungsbeiträge). Er knüpft zum einen direkt an die kurzfristig detaillierte Maßnahmenplanung an, wobei Wirkungsprognosen vorzunehmen sind und Optimierungsrechnungen eine Rolle spielen können.

Die Verbindung zum strategischen Plan ist gegeben, wenn außerdem – wie auch schon bei der Maßnahmengestaltung erwähnt – eine Orientierung an mehrperiodigen Zielleitlinien erfolgt. Dies bedeutet dann im vorliegenden Zusammenhang, daß ein kritischer Vergleich zwischen dem aktuell erarbeiteten Zielplan und den früher einmal vorgegebenen Trajektoriegrößen stattfindet. Bei Abweichungen ist nach den Ursachen zu suchen und zu prüfen, ob Änderungen im Maßnahmenplan eine bessere Übereinstimmung herbeiführen könnten. Die Marktwahl- und Marktteilnehmerstrategien betreffen (anders als die im Rahmen der Marketing-Mix-Strategie entwickelten Zieltrajektorien) die kurzfristige Zielplanung nicht so unmittelbar; denn sie bringen erst einmal nur recht allgemeingehaltene Vorhaben zum Ausdruck – wie eine beabsichtigte Markterschließung, grundsätzliche Positionierungsziele etc. Da sie aber bei der operativen Planung des Marketing-Mix-Einsatzes doch die Wahl des Maßnahmentyps und den grundsätzlichen Maßnahmenzweck mitprägen (s. Abbildung 3), haben sie natürlich indirekt schon ihre Bedeutung für das Zustandekommen der operativen Zielgrößen.

Dritter Bestandteil des operativen Marketing-Plans, oder eigentlich eine auf organisatorische Teileinheiten bezogene Folgerung hieraus, sind die *kurzfristigen Budgets* im Marketing-Bereich. Sie weisen eine klare Verbindung zur strategischen Planung auf, sofern dort Langfristbudgets erstellt worden sind, mit denen nun die neuere Situation verglichen werden kann, um Übereinstimmungen zu registrieren oder erforderliche Änderungen zu begründen. Auch die strategisch entwickelten Zieltrajektorien spielen dabei abermals eine Rolle, da sie den langfristigen Budgetschätzungen mit zugrunde gelegen haben (s. Abbildung 2, III. und IV.). Die wesentlichen *Bestandteile eines operativen Marketing-Plans* sind also [33]

– der konkrete Maßnahmenplan,
– der kurzfristige Zielplan und
– die Kurzfrist-Budgets

Freilich ist es nur bei einfach strukturierten, kleineren Unternehmungen möglich, alle Maßnahmen und Ziele ganz allgemein in einem Gesamtplan für das Marketing-Ressort zusammenzufassen. In der Regel sind der vorgesehene Mitteleinsatz wie auch die Zielangaben weiter nach Produkten bzw. Produktgruppen, regionalen Märkten und Marktsegmenten zu spezifizieren. Man kann z. B. keine eindeutigen Plangrößen für angestrebte Produkt-Bekanntheitsgrade, darauf aufbauende Einstellungen, Distributionskenngrößen, Penetrations- und Wiederkaufraten ohne Bezugnahme auf bestimmte Absatzobjekte vorgeben. Ebenso sind viele Maßnahmen – wie beispielsweise die Gestaltung von Werbeanzeigen – nur mit näherem Objektbezug klar beschreibbar. Lediglich die in Geld ausgedrückten Zielgrößen, wie Umsatzerlöse oder Kosten, lassen sich als abstrakte Wertangaben für den absatzwirtschaftlichen Bereich der gesamten Unternehmung aggregieren.

Insofern ist der operative Marketing-Plan häufig schon von vornherein in sachlich bedingte Teilpläne untergliedert. [34] Fügt man noch die Benennung der jeweils zuständigen Organisationseinheiten hinzu, so ist es nur ein kleiner Schritt zur *Budgetierung* für verantwortliche Stellen oder Abteilungen innerhalb des Marketing-Ressorts.

Kurzfristige Marketing-Budgets beziehen sich (im Gegensatz zu den langfristig-strategischen) nicht auf eine Abfolge mehrerer Referenzperioden, sondern allein auf den nächstliegenden Planungszeitraum. In der Regel beschränken sie sich auf den Ausweis der monetären Planungskonsequenzen für die betreffende Organisationseinheit, insbesondere auf Kosten- und Erlösdaten. Die Abbildung 4 gibt ein öfter zitiertes Beispiel von *Wild* wieder. [35] Sie bezieht sich auf das Produkt-Budget, wie es insbesondere bei der Organisationsform des Produkt-Managements eine Rolle spielt.

Ähnlich wie beim strategischen Langfrist-Budgets (s. Abbildung 2) lassen sich auch kurzfristige Budgets – wenn sie sachlich begründet sein sollen – eigentlich nur aus Angaben zu den geplanten Aktivitäten und Zielen der Organisationseinheit ableiten. In der Abbildung 4 kommt dies bloß indirekt in der Rubrik III. zum Ausdruck, wo auf bestimmte Tätigkeiten hingewiesen wird, die das Produkt-Management bei verschiedenen Funktionsabteilungen in Anspruch nimmt (u.a. Marktforschung, Werbung, Verkaufsförderung, Vertrieb). Es empfiehlt sich, in einem »Vorspann« zu den wertmäßigen Budgetgrößen stets näher auf die Prämissen hinzuweisen, unter denen der z.B. stellenbezogene Kosten- und Erlösplan entstanden ist. Hierdurch wird dann auch die spätere Untersuchung etwaiger Ist-Abweichungen vom operativen Budget erleichtert.

Produkt-Budget

Produkt:	Verantwortl.:		genehm. Dat.:	
I. Produkt-Erlöse		Quartale		
	Jahr	I	II	III	IV

- 1. **Umsatz-Erlöse** (gesamt)
- 2. **Erlösschmälerungen** (./.)
  - * Rabatte
  - * bes. Preisnachlässe, Boni
  - * Retouren
  - * Skonti

  Netto-Erlöse:

- 3. **Netto-Erlöse** nach
  - * Kundengruppen
  - * Regionen
  - * Vertriebswegen

II. Kosten des Product-Management (eigener Etat):   Quartale

	Jahr	I	II	III	IV

1. Gehälter
2. Sozialabgaben
3. Büromaterial
4. Raumkosten
5. Telefon, Fernschreiben
6. Porti
7. Reisekosten
8. Bücher, Zeitschriften
9. Fremdleistungen (Beratung etc.)
10. Gemeinkostenumlage/Verwaltung

  eigene Kosten:

III. Produkt-Kosten in anderen Abteilungen (Kostenstellen) als anteilige variable Kosten (Grenzplankosten, Stellenumlage)

Quartale

	Jahr	I	II	III	IV

1. **Bereich: Marketing**
   a) **Marktforschung**
      * Marktanalysen
      * spez. Tests
      * Umfragen
   b) **Werbung**
      * Werbemaßnahmen/-medien
      * Sachmittel
      * Muster, Kataloge etc.
      * Werbeforschung
   c) **Verkaufsförderung**
      * Verkaufsförderungsmaßnahmen
      * Verpackungsmuster
      * Displaymaterial
   d) **Vertrieb**
      * Dienstleistungen
      * Verkäuferschulung

   gesamt

2. **Bereich: Forschung/Entwicklung**
   * Entwicklungsaufträge

   gesamt

3. **Bereich: Beschaffung**
   * Beschaffungsaufträge

   gesamt

4. **Bereich: Produktion**
   * Sondereinzelkosten

   gesamt

   gesamt

IV. Kennzahlen Gewinnspanne, Umsatzrentabilität, Kosten-Umsatz-Relationen, gebundene Bestände, Verkaufssatz, Werbungssatz etc.

Abb. 4: Kurzfristiges Budget für eine Organisationseinheit des Produkt-Managements. Quelle: Wild (1974), S. 334f.

Abweichungsanalysen dienen zur Rückkopplung für die *Kontrolle strategischer Pläne*. Insofern besteht die Verknüpfung zwischen den beiden Planungsperspektiven nicht nur in *einer* Richtung, sondern wechselseitig: Aus den strategischen Marketing-Entwürfen sind, wie gezeigt, systematisch Anhaltspunkte für das operative Vorgehen ableitbar. Andererseits beruht die Anpassung der strategischen Pläne an im Zeitablauf veränderte Bedingungen auch mit auf Informationen über die aktuelle Verwirklichung oder Nichteinhaltung der operativen Planvorstellungen.

5. Organisatorische Probleme der Planabstimmung

Die Organisationsstruktur wirkt sich auf den Inhalt der Marketing-Pläne sowie auf die mehr oder weniger reibungslose operative Umsetzbarkeit der strategischen Entwürfe aus. So hängt es in »vertikaler« Hinsicht von der jeweils betrachteten Hierarchieebene ab, welche inhaltlichen Schwerpunkte im Plan zum Ausdruck kommen. Hierauf wurde oben schon im Abschnitt 2. hingewiesen: Eine zentrale Marketing-Abteilung der Unternehmung wird, in enger Koordination mit der gesamtbetrieblichen Planung, den Hauptakzent der strategischen Vorausschau auf die Marktwahl und Zusammensetzung des Problemlösungsangebots legen, also auf das »Defining the Business«. Nur wenn diese Zentralabteilung (etwa in einer kleineren Unternehmung mit überschaubarem, recht homogenem Leistungsprogramm) auch direkt für den produkt- und kundenbezogenen Maßnahmeneinsatz zuständig ist, wird ihr längerfristiger Marketing-Plan unmittelbar die Marktteilnehmer- und Marketing-Mix-Strategien präzisieren können. In anderen Fällen sind es nachgeordnete Ebenen wie das Kunden(gruppen)-Management, das Produkt(gruppen)-Management oder das neuerdings vorgeschlagene, auf Bedürfnissysteme der Nachfrager (z.B. Körperpflege- oder Wohnbedarf) bezogene Kategorien-Management[36], in deren Strategiekonzeptionen erst die genauere objektabhängige Art der Marktbearbeitung darstellbar ist. Es ergibt sich also im Organisationsgefüge ein vertikaler Zusammenhang mehrerer strategischer Marketing-Pläne.

Im Prinzip findet sich diese vertikale Abstufung auch bei den operativen Plänen. Wie schon im Abschnitt 4. angedeutet, lassen sich bei sehr vielfältigem Leistungsprogramm und Abnehmerkreis die konkreten Maßnahmen im einzelnen nur auf der Ebene der objektorientierten Organisationseinheiten des Marketing-Bereiches planen. Das zentrale Marketing-Ressort kann dann in seinem operativen Plan übergreifende, grundsätzlichere Handlungsschritte vorsehen; z.B. Joint-Venture-Maßnahmen im Vertrieb zur (strategisch vorgegebenen) Erschließung eines neuen Auslandsmarktes oder Sponsoring-Maßnahmen im Rahmen der Marketing-Kommunikation, mit denen der Absatz des gesamten betrieblichen Angebotsprogramms gefördert werden soll.

Ein besonderes organisatorisches Problem ergibt sich für die Strategieumsetzung daraus, daß die eben erwähnten vertikalen Abstufungen oft keine eindeutige Übereinstimmung aus strategischer und operativer Planungssicht aufweisen. Es findet sich dann also nicht ohne weiteres eine »horizontale« Zuordnung beispielsweise des strategischen Marketing-Plans von Produkt-Manager XY zum operativen Marketing-Plan desselben Produkt-Managers XY. Zu diesem Dilemma – auf das in der Literatur vereinzelt hingewiesen worden ist[37] – kommt es, wenn die strategische Planung unter Zusammenfassung mehrerer Produkt-Markt-Kombinationen für sog. *strategische Geschäftsfelder* erfolgt, während der operative Mitteleinsatz dann wiederum disaggregiert durch die funktions- und objektbezogenen Einheiten der üblichen Marketing-Organisation vorgenommen werden soll. Der Sinn der Geschäftsfeldplanung besteht hierbei darin, für mehrere Produkt-Markt-Kombinationen mit ähnlichen Marktgegebenheiten, innerbetrieblichen Ausgangsbedingungen und Erfolgspotentialen eine gemeinsame

Strategie zu entwickeln und so auch mögliche Synergieeffekte zu nutzen. Die Überlagerung der für operative Tätigkeiten bestehenden Marketing-Stellen und -Abteilungen durch anders strukturierte, strategisch zuständige Planungseinheiten wird als *duale Organisation* bezeichnet.[38]

Für eine gelungene Verknüpfung strategischer und operativer Marketing-Pläne kommt es nun entscheidend darauf an, zwischen den beiden gedanklichen Ausrichtungen der dualen Organisation wirkungsvolle Überbrückungsregelungen zu treffen. Dafür scheint es sich zunächst einmal anzubieten, die Aufgabenträger des operativen Geschäfts auch an den strategischen Planungen zu beteiligen, obgleich sich letztere auf anders abgegrenzte Planungsgegenstände richten. Dies ist der eigentliche Grundgedanke der dualen Organisation. »Sie weist denselben Organisationseinheiten sowohl operative als auch strategische Funktionen zu«.[39] Dem hält *Engelhardt* entgegen, »daß eine solche Vorgehensweise meist zu keinen guten Ergebnissen führt. Die mit der operativen Planung betrauten Personen können sich nur selten von diesem Denken lösen und den ... anderen Denkansatz und -stil der strategischen Planung neben ihrer bisherigen Tätigkeit praktizieren.«[40]

Auf der anderen Seite erscheint es aber wiederum unabdingbar, die Träger der operativen Planung in den strategischen Denkprozeß mit einzubeziehen, da sonst eine richtige Deutung der grundlegenden Konzeptionsentwürfe und die stimmige Ableitung daraus folgender Handlungsschritte nicht gewährleistet ist. Eine entsprechende organisatorische Lösung kann darin bestehen, bei der Marketing-Leitung einen *strategischen Planungsstab* einzurichten[41], der im Zusammenwirken mit der Leitungsinstanz den Entwurf der Marktwahlstrategien erarbeitet sowie die Grundzüge der Geschäftsfeldbearbeitung (einschließlich der Stoßrichtung gegenüber anderen Marktteilnehmern sowie allgemeiner Marketing-Mix-Grundsätze) entwickelt. Dieser strategische Gesamtrahmen muß dann jedoch mit den der Marketing-Leitung nachgeordneten, letztlich auch operativ tätigen Organisationseinheiten abgestimmt werden; und zwar so, daß die einzelnen Abteilungen bzw. Stellen kritisch darlegen, welche Konsequenzen sie für die Marktteilnehmer- und Marketing-Mix-Strategie sowie für längerfristige Zielleitlinien und Budgets aus ihrer Zuständigkeitssicht sehen und ob sie dies akzeptieren können.

Das »Herunterbrechen« der strategischen Umrißplanung in organisatorisch bedingte Teilstrategien findet am besten im persönlichen Kontakt der Beteiligten statt, d.h. in *Gremiensitzungen*, in die bereits schriftliche Stellungnahmen zu den allgemeinen Ausgangskonzeptionen eingebracht werden. Ist der Kreis der betroffenen Organisationseinheiten sehr groß, so daß eine vollständige Teilnahme an gemeinsamen Gremiensitzungen unpraktikabel wird, so gewinnen formale – d.h. schriftliche – Koordinationsverfahren an Gewicht. In jedem Fall wird auf die beschriebene Weise versucht, das strategische Marketing-Denken nicht nur den obersten Führungsebenen vorzubehalten, sondern alle Entscheidungsebenen in eine entsprechende Langfristperspektive einzubinden. Man kann insoweit von einem *Prinzip der mehrstufigen strategischen Planung* sprechen.[42]

Wenn die verschiedenen Ebenen des Marketing-Bereiches jeweils gezielt für sich eine strategische Orientierung gewonnen haben, fällt die Umsetzung in jährliche operative Pläne wesentlich leichter, als wenn lediglich eine relativ abstrakte Gesamtstrategie für das Marketing vorgelegt wird. Jeder Organisationseinheit obliegt dann die Entwicklung ihres operativen Plans, der mit den strategischen Grundlagen im Einklang steht.

Die »Brückenprinzipien« für diese Ableitung sind oben in den Abschnitten 3. und 4. skizziert worden. Sie haben, wenn sie durch unternehmensinterne Bekanntmachung und Vorgabe als Regelung eingeführt werden, ergänzend zu aufbauorganisatorischen Vorkehrungen die Eigenschaft einer *ablauforganisatorischen Planungshilfe*. Wenn in der Unternehmung ein *Marketing-Controlling* eingerichtet ist, gehört zu seinen Aufgaben die Überprüfung, ob die Korrespondenz zwischen strategischen und operativen Marketing-Plänen tatsächlich nach dem vorgesehenen Ablaufmuster hergestellt wird.

Anmerkungen

1) Vgl. *Hammann* (1989), Sp. 1, Sp. 3f.
2) So der Tilel von *Meffert/Wagner* (Hrsg.) (1985).
3) *Perlitz* (1989), Sp. 1302; s. dazu in ähnlichem Sinne auch *Szyperski/Winand* (1980), S. 78; *Solc* (1980), S. 27; *Hammer* (1985), S. 59; *Zahn* (1989), Sp. 1904; *Böcker* (1990), S. 473, Schaubild 9.19.
4) *Engelhardt* (1989), S. 105.
5) *Meffert* (1988), S. 142.
6) Vgl. zu diesem Problem *Wiedmann/Kreutzer* (1989), S. 117.
7) Vgl. hierzu *Hoffmann* (1989).
8) Vgl. u.a. *Solc* (1980), S. 66ff.; *Cravens* (1987), S. 570; *Kreilkamp* (1987), S. 64f.; *Becker* (1988), S. 625ff.; *Aaker* (1989), S. 334. Auch in der Praxis finden sich bei manchen Firmen Leitfäden für die Marketing-Planung, die ähnliche Schritte der strategischen Konzeptionsentwicklung ausdrücklich vorsehen.
9) Vgl. *Meffert* (1986), S. 96ff., S. 103ff., S. 114ff.
10) So z.B. *Busse von Colbe* (1989), Sp. 176 und Sp. 178.
11) Vgl. auch den kurzen Hinweis auf »Mehrjahresbudgets« (im Rahmen der Entscheide über die Kernstrategie) bei *Hill/Rieser* (1990), S. 203. Ausführlich geht *Barzen* (1990), S. 25ff., auf die strategische Budgetierung ein.
12) Vgl. *Matschke/Eickel* (1989).
13) Vgl. dazu, in einer noch um Wettbewerbsaspekte erweiterten Betrachtung, *Huber* (1984).
14) Vgl. *Ansoff* (1965), S. 109.
15) Die unterschiedliche Bedeutung alternativer Wachstumsstrategien (i.S. von Ansoff) für die operative Planung behandelt *Engelhardt* (1989), S. 108ff. Er geht auf S. 110 auch ausdrücklich auf die Berücksichtigung von Desinvestitionsstrategien in der operativen Planung ein.
16) Vgl. zur Zusammenfassung von Produkt-Markt-Kombinationen zu strategischen Geschäftsfeldern *Müller* (1986), S. 62ff., und *Kreilkamp* (1987), S. 317ff.
17) Vgl. eine ähnliche Kennzeichnung bei *Böhler* (1989), Sp. 1556.
18) *Engelhardt* (1989), S. 112.
19) *Freter* (1983), S. 109; ebenso weist *Freter* (1980), S. 457, auf den Zusammenhang zwischen der Analyse allgemeiner Strategien der Segmentwahl bzw. Marktansprache und der Analyse des segmentspezifischen Einsatzes absatzpolitischer Instrumente hin.
20) *Feider/Schoppen* (1988), S. 679.
21) *Abell/Hammond* (1979), S. 404.
22) *Cravens* (1987), S. 359ff.
23) Vgl. hierzu *Bednarczuk* (1990), S. 20ff.
24) Vgl. *Diller* (1985), S. 186ff.; *Becker* (1988), S. 58ff.
25) Zur Positionierung als Grundlage für Strategien der Werbung vgl. *Kroeber-Riel* (1988), S. 45ff.
26) Vgl. dazu *Müller* (1986), S. 256ff.; *Spelsberg* (1989), S. 188ff.
27) Vgl. auch die Wiedergabe und Erörterung dieses Konzepts bei *Becker* (1988), S. 106ff.
28) *Barzen* (1990), S. 65; Kursivdruck = Unterstreichung im Original.
29) s. Teil 3, Kapitel VII. dieses Buches.
30) Vgl. dazu *Böcker* (1990), S. 453.
31) Vgl. *Rüfenacht* (1979), S. 204ff. und passim; auch (speziell auf die Absatzmengenplanung bezogen) *Hammann* (1989), Sp. 2ff.; auf die Bedeutung verschiedener Informationsarten für die operative Marketing-Planung wird bei *Hill/Rieser* (1990), S. 471, eingegangen.
32) Wie die Bezugnahme auf das jeweils nächste Jahr zeigt, wird bei den vorliegenden Ausführungen mit dem Stichwort »*operative* Marketing-Planung« eine *kurzfristige* Betrachtung angesprochen. Es kann allerdings – um die Umsetzung strategischer Pläne zu fördern – auch die gedankliche Konkretisierung von Projekten und Maßnahmen für einen längeren Zeitraum versucht werden. In diesem Sinne beschäftigt sich *Grebenc* (1986) mit den Möglichkeiten einer langfristigen operativen Planung; vgl. außerdem *Grebenc/Geiger/Klotz/Maaßen* (1989).
Manche hierzu gehörende Gesichtspunkte sind in der Systematik, wie sie in dem vorliegenden Beitrag verwendet wird, bei den grundlegenden mehrperiodigen Marketing-Mix-Konzeptionen, den Zieltrajektorien und Langfrist-Budgets berücksichtigt, die hier aber doch der *strategischen* Sichtweise zugeordnet werden.
33) Vgl. in ganz ähnlicher Weise, wenn auch auf den *Prozeß* der Kurzfristplanung bezogen, *Alewell* (1974), Sp. 73/74, Abb. 9.
Nicht eindeutig abgrenzbar ist es, ob die Zielplanung der Maßnahmenplanung vorausgeht, oder ob

die getroffene Wahl der Mittel erst die genaueren Anhaltspunkte für eine Schätzung liefert, welches Zielausmaß erreichbar erscheint. Hier liegt ein Wechselspiel vor, wobei man außerdem noch nach der Fristigkeit der Zielbetrachtung unterscheiden muß: Langfristige Zielvorstellungen schaffen eine Grundlage für die Suche nach geeigneten Maßnahmen in der operativen Planung. Der dann vorgesehene Mitteleinsatz bedingt, zusammen mit Wirkungsprognosen, das kurzfristig vorausschätzbare Niveau der Zielerreichung, wobei im Falle unbefriedigender Erwartungen über das realisierbare Zielausmaß wiederum eine Rückkopplung zur alternativen Maßnahmenplanung erfolgen kann.

34) Deshalb beschränkt sich *Rüfenacht* bei seiner detaillierten Darstellung operativer Planungsmöglichkeiten auch auf eine bestimmte homogene Produktgruppe in einem abgegrenzten Regionalmarkt. Vgl. *Rüfenacht* (1979), S. 2 und passim.
35) *Wild* (1974), S. 334f.
36) *Simon/Tacke* (1990), S. 26.
37) Vgl. beispielsweise *Engelhardt* (1989), S. 112.
38) Vgl. *Szyperski/Winand* (1979), S. 200; *Grün* (1989), Sp. 303ff. *Hinterhuber* (1989), Bd. II, S. 124, spricht von einer Sekundärorganisation in Ergänzung zur ursprünglich vorhandenen Organisationsstruktur.
39) *Grün* (1989), Sp. 306.
40) *Engelhardt* (1989), S. 112.
41) Vgl. dazu auch *Nieschlag/Dichtl/Hörschgen* (1988), S. 823.
42) Zur mehrstufigen Budgetierung vgl. *Barzen* (1990), S. 62ff.

Literatur

Aaker, D. A.: (1989): Strategisches Markt-Management. Wiesbaden 1989.
Abell, D. F./Hammond, J. S. (1979): Strategic Market Planning. Englewood Cliffs, N.J. 1979.
Alewell, K. (1974): Absatzplanung. In: HWB, 4. Aufl., Bd. 1 (Hrsg.: E. Grochla/W. Wittmann), Stuttgart 1974, Sp. 64–78.
Ansoff, H. I.: (1965): Corporate Strategy. New York et al. 1965.
Barzen, D. (1990): Marketing-Budgetierung. Frankfurt am Main et al. 1990.
Becker, J. (1988): Marketing-Konzeption. Grundlagen des strategischen Marketing-Managements. 2. Aufl., München 1988.
Bednarczuk, P. (1990): Strategische Kommunikationspolitik für Markenartikel in der Konsumgüterindustrie. Gestaltung und organisatorische Umsetzung. Offenbach 1990.
Böcker, F. (1990): Marketing, 3. Aufl., Stuttgart 1990.
Böhler, H. (1989): Portfolio-Analysetechniken. In: HWPlan (Hrsg.: N. Szyperski mit Unterstützung von U. Winand), Stuttgart 1989, Sp. 1548–1559.
Busse von Colbe, W. (1989): Budgetierung und Planung. In: HWPlan (Hrsg.: N. Szyperski mit Unterstützung von U. Winand), Stuttgart 1989, Sp. 176–182.
Cravens, D. W. (1987): Strategic Marketing. Second Edition, Homewood, Ill. 1987.
Diller, H. (1985): Preispolitik. Stuttgart et al. 1985.
Engelhardt, W. H. (1989): Absatzfunktion und strategisches Marketing – eine Schnittstellenanalyse. In: Marketing-Schnittstellen (Hrsg.: G. Specht/ G. Silberer/W. H. Engelhardt), Stuttgart 1989, S. 103–115.
Feider, J./Schoppen, W. (1988): Prozeß der strategischen Planung – Vom Strategieprojekt zum strategischen Management. In: Handbuch Strategische Führung (Hrsg.: H. A. Henzler), Wiesbaden 1988, S. 665–689.
Freter, H.: (1980): Strategien, Methoden und Modelle der Marktsegmentierung bei der Markterfassung und Marktbearbeitung. In: DBW, 40. Jg., 1980, S. 453–463.
Freter, H. (1983): Marktsegmentierung. Stuttgart et al. 1983.
Grebenc, H. (1986): Die langfristige operative Planung. München 1986.
Grebenc, H./Geiger, U./Klotz, A./Maaßen, H. (1989): Das Managementsystem der langfristigen operativen Planung und Kontrolle. In: Managementsysteme. Planung und Kontrolle (Hrsg.: W. Kirsch/H. Maaßen), München 1989, S. 341–382.
Grün, O. (1989): Duale Organisation. In: HWPlan (Hrsg.: N. Szyperski mit Unterstützung von U. Winand), Stuttgart 1989, Sp. 304–316.
Hamermesh, R. G. (1986): Making Strategy Work. New York et al. 1986.
Hammann, P. (1989): Absatzplanung, In: HWPlan (Hrsg.: N. Szyperski mit Unterstützung von U. Winand), Stuttgart 1989, Sp. 1–8.

Hammer, R. M. (1985): Unternehmungsplanung, München, Wien 1985.
Hammer, R. M. (1988): Strategische Planung und Frühaufklärung. München, Wien 1988.
Hill, W./Rieser. I. (1990): Marketing-Management. Bern, Stuttgart 1990.
Hinterhuber, H.H. (1989): Strategische Unternehmungsführung. Bd. I: Strategisches Denken. Bd. II: Strategisches Handeln, 4. Aufl., Berlin, New York 1989.
Höfner, K. (1974): Marketingplanung. In: Marketing Enzyklopädie, Bd. 2, München 1974, S. 659–673.
Hoffmann, J. (1989): Integration strategischer und operativer Planung. In: HWPlan (Hrsg.: N. Szyperski mit Unterstützung von U. Winand), Stuttgart 1989, Sp. 763–770.
Huber, M. (1984): Markt-Konkurrenz-Angebotskombinationen. Diss. St. Gallen 1984.
Klotz, A./Geiger, U./Grebenc, H./Maaßen, H. (1989): Das Managementsystem der kurzfristigen operativen Bereichsplanung. In: Mangementsysteme. Planung und Kontrolle (Hrsg.: W. Kirsch/H. Maaßen, München 1989, S. 385–431.
Kreikebaum, H. (1989): Ansätze der strategischen Marketingplanung und Probleme ihrer organisatorischen Umsetzung. In: Strategisches Marketing (Hrsg.: H. Raffée/K.-P. Wiedmann), 2. Aufl., Stuttgart 1989, S. 283–298.
Kreilkamp, E. (1987): Strategisches Management und Marketing. Berlin, New York 1987.
Kroeber-Riel, W. (1988): Strategie und Technik der Werbung. Stuttgart et al. 1988.
Lorange, P. (1982): Implementation of Strategic Planning. Englewood Cliffs, N.J. 1982.
Matschke, M.J./Eickel, D.Th. (1989): Kontingenzplanung. In: HWPlan (Hrsg.: N. Szyperski mit Unterstützung von U. Winand), Stuttgart 1989, Sp. 874–881.
Meffert, H. (1986): Marketing. Grundlagen der Absatzpolitik. 7. Aufl., Wiesbaden 1986.
Meffert, H. (1988): Strategische Unternehmensführung und Marketing. Wiesbaden 1988.
Meffert, H./Wagner, H. (Hrsg.) (1985): Vom operativen zum strategischen Marketing. Arbeitspapier Nr. 24 der Wissenschaftlichen Gesellschaft für Marketing und Unternehmensführung e.V., Münster 1985.
Müller, W. (1986): Planung von Marketing-Strategien. Frankfurt am Main, Bern, New York 1986.
Nieschlag, R./Dichtl, E./Hörschgen, H. (1988): Marketing. 15. Aufl., Berlin 1988.
Perlitz, M. (1989): Organisation des Planungsprozesses. In: HWPlan (Hrsg.: N. Szyperski mit Unterstützung von U. Winand), Stuttgart 1989, Sp. 1299–1309.
Rüfenacht, P. (1979): Operative Marketingplanung. Diss. St. Gallen 1979.
Scholz, Ch. (1987): Strategisches Management. Ein integrativer Ansatz. Berlin, New York 1987.
Simon, H./Tacke, G. (1990): Marketing bringt die Organisationsevolution. In: Thexis, 7. Jg., 1990, S. 26–28.
Solc, Z. (1980): System der strategisch-operativen Marketingplanung in der pharmazeutischen Industrie. Bern, Stuttgart 1980.
Spelsberg, H. (1989): Das Rechnungswesen als Informationsquelle für Planung und Kontrolle der Produktpolitik. Köln 1989.
Szyperski, N./Winand, U. (1979): Duale Organisation – Ein Konzept zur organisatorischen Integration der strategischen Geschäftsfeldplanung. In: ZfbF-Kontaktstudium, 31. Jg., 1979, S. 195–205.
Szyperski, N./Winand, U. (1980): Grundbegriffe der Unternehmungsplanung. Stuttgart 1980.
Wiedmann, K.-P./Kreutzer, R. (1989): Strategische Marketingplanung – Ein Überblick. In: Strategisches Marketing (Hrsg.: H. Raffée/K.-P. Wiedmann), 2. Aufl., Stuttgart 1989, S. 61–141.
Wild, J. (1974): Budgetierung. In: Marketing Enzyklopädie, Bd. 1, München 1974, S. 325–340.
Zahn, E. (1989): Strategische Planung. In: HWPlan (Hrsg.: N. Szyperski mit Unterstützung von U. Winand), Stuttgart 1989, Sp. 1903–1916.

Teil 2: Marketing-Organisation

I. Einführung

Erfolgreiche Marketing-Konzeptionen setzen eine klare Zielgruppen- und Wettbewerbsorientierung, einen schlüssigen Gesamtentwurf der verschiedenen absatzpolitischen Maßnahmen (Marketing-Mix) und eine Koordination mit den anderen betrieblichen Funktionsbereichen voraus. Dies erfordert eine zweckmäßige organisatorische Verankerung der absatzwirtschaftlichen Aufgabengebiete, und zwar unter zwei Gesichtspunkten:

— Zuerst einmal ist sicherzustellen, daß alle wesentlichen marktgerichteten Tätigkeitsfelder im Organisationsaufbau der Unternehmung berücksichtigt und hinreichend aufeinander abgestimmt sind. In dieser Hinsicht mußte das RKW bei einer Feldstudie 1974 noch große Defizite in Deutschland feststellen (vgl. dazu den zusammenfassenden Bericht »Marketingorganisation: Erleuchtung nach Plan«. In: Absatzwirtschaft, 20. Jg., 1977, S. 24f.). Seinerzeit waren Marketing-Aufgaben in vielen Fällen nur sehr unvollständig definiert (z.B. lediglich »Werbung«) und der Verkaufsleitung als Hilfsfunktion zugeordnet. Demgegenüber besteht heute sicherlich eine umfassendere organisatorische Einbindung der Marketing-Funktionen und ein besseres integratives Zusammenwirken mit dem Verkauf. Dies belegen u.a. zwei Erhebungen von Heidrick and Struggles International Inc., Düsseldorf: »Der Marketing-Leiter in Deutschland 1985« und »Der Vertriebs-Leiter in Deutschland 1986«.

— Darüber hinaus ist in den letzten zehn bis fünfzehn Jahren die Frage in den Mittelpunkt gerückt, ob es genügt, den Marketing-Bereich allein nach funktionalen Gesichtspunkten zu organisieren (Marktforschung, Marketing-Planung, Werbung, Verkaufsförderung, Distributionslogistik usw.). Die zunehmende Vielfalt der betrieblichen Produkt-Markt-Beziehungen legt es nahe, Organisationseinheiten nach objektbezogenen Gliederungsmerkmalen zu bilden, d.h. mit einer umfassenden Koordinationszuständigkeit für bestimmte Produkte, Kunden, Distributionskanäle, regionale Absatzgebiete oder absatzwirtschaftliche Projekte. In diesem Sinne haben insbesondere das Produkt(gruppen)-Management und das Kunden-(gruppen)- bzw. Markt-Management Verbreitung gefunden. Neuerdings wird vereinzelt mit Hilfe des sog. Kategorien-Managements versucht, die gezielte Ausrichtung des Marketing auf umfassende Bedürfniskategorien der Nachfrager (z.B. Körperpflege) organisatorisch zu fördern.

Der zweitgenannte Aspekt, die Frage nach der jeweiligen Eignung und nach dem Zusammenspiel funktionsbezogener oder objektbezogener Organisationseinheiten, wird bei den nachfolgenden Ausführungen vorwiegend behandelt. Der Anstoß dazu ergab sich aus verschiedenen Erhebungsprojekten, die der Verfasser seit Mitte der siebziger Jahre im Schwerpunktprogramm »Empirische Entscheidungstheorie« der Deutschen Forschungsgemeinschaft durchführte. Dabei zeigte sich schon in den ersten Untersuchungen, daß absatzwirtschaftliche Planungstechniken und formalisierte Planungssysteme signifikant häufiger in solchen Unternehmungen angewandt werden, die über ein Produkt-Management und nicht nur über rein funktionsorientierte Stellen oder Abteilungen verfügen. Hieraus entstand die allgemeinere These, daß die Organisationsstruktur einen wesentlichen Einfluß auf das Informations-, Planungs- und Entscheidungsverhalten auszuüben vermag.

Der im folgenden abgedruckte Beitrag »Unternehmenssituation, Organisationsstruktur und Planungsverhalten« (1981) erörtert diese Zusammenhänge am Beispiel des betrieblichen Absatzbereiches. Ausgehend vom sog. situativen (kontingenztheoretischen) Ansatz wird aufgezeigt, unter welchen Bedingungen das Produkt-Management, das Kundengruppen- bzw. Markt-Management oder das absatzwirtschaftliche Projekt-Management angebracht erscheinen. Diese Überlegungen sind später in weiteren empirischen Studien des Verfassers noch vertieft und mit zusätzlichen Daten konkretisiert worden. Für den vorliegenden Sammelband wurde aber der Aufsatz aus dem Jahre 1981 ausgewählt, weil er einen grundlegenden konzeptionellen Überblick zu Gestaltungsformen der Marketing-Organisation und ihrer Anpassung an besondere inner- und außerbetriebliche Gegebenheiten bietet.

Eine Überblicksdarstellung zu den verschiedenen praktisch gängigen Organisationsgestaltungen im Bereich des Absatzmarketing gibt der Aufsatz »Absatzorganisation«, der 1989 verfaßt wurde und für die 3. Auflage des Handwörterbuchs der Organisation vorgesehen ist. Funktionale, objektorientierte und mehrdimensionale Organisationsformen werden hier beschrieben und nach bestimmten Effizienzkriterien beurteilt. Ebenso wird auf besondere Organisationsfragen im Rahmen des Internationalen Marketing, auf das Zusammenspiel der betriebsinternen und externen Absatzorganisation sowie auf Vorkehrungen für ein Schnittstellen-Management zwischen Marketing und anderen Funktionsbereichen (z. B. Forschung und Entwicklung, Rechnungswesen) hingewiesen.

Ähnlichen Überblickscharakter hat der Artikel »Führung im Marketing-Bereich« aus dem Handwörterbuch der Führung (1987). Die Organisationsstruktur wird hier als eine unter mehreren Möglichkeiten gesehen, in zielgerichteter Weise Einfluß auf die Erfüllung gemeinsamer Aufgaben der Organisationsmitglieder zu nehmen (d. h., zu führen). Andere Formen der Einflußnahme sind die unmittelbare persönliche Interaktion, Pläne, die Vorgabe bestimmter Verfahrenstechniken sowie geldliche oder nichtmonetäre Anreizsysteme. Ihre Eignung in einer bestimmten Situation hängt von Eigenarten des zu lösenden Marketing-Problems (z. B. vom Innovationsgrad einer Aufgabe) und von Merkmalen des betrieblichen Zielsystems ab. Diese Abhängigkeit vom jeweiligen Führungskontext, die eine starre »Pauschallösung« als unbrauchbar erscheinen läßt, wird anhand verschiedener Beispiele aus dem Marketing-Bereich erläutert.

Die beiden danach folgenden Aufsätze zur Marketing-Organisation gehen auf enger abgegrenzte Detailprobleme ein. Unter dem Stichwort »Organisation des Produkt-Managements« aus der 2. Auflage des Handwörterbuchs der Organisation (1980) werden die diesbezüglichen Anwendungsvoraussetzungen, Gestaltungsmöglichkeiten, Arbeitstechniken und Implementierungsprobleme dargestellt.

Die Führung absatzwirtschaftlicher Organisationseinheiten als Profit Center mit separater Erfolgsermittlung und -verantwortung behandelt der Beitrag »Profit Center im Marketing«, der ursprünglich 1978 für das Sammelwerk »Marketing« (hrsg. von L. G. Poth) geschrieben wurde. Seine hier wiedergegebene Fassung ist für die 2. Auflage des vom Luchterhand-Verlag veröffentlichten Werkes (1988) überarbeitet und aktualisiert worden. Über Organisationsfragen hinaus befaßt sich dieser Artikel mit inhaltlichen Anforderungen an das Rechnungswesen, die aus der Sicht des Marketing bei Profit-Center-Bildungen entstehen. So ergibt sich hiermit bereits eine Überleitung zum 3. Teil des vorliegenden Buches, der dann den Fragen des Marketing-Controlling gewidmet ist.

II. Unternehmenssituation, Organisationsstruktur und Planungsverhalten

Dargestellt am Beispiel des betrieblichen Absatzbereiches*

1. Wechselbeziehungen zwischen Organisation und Planung

1.1. Grundzüge des kontingenztheoretischen Ansatzes

Als konzeptioneller Bezugsrahmen für empirische Organisationsforschungen wird seit den 1970er Jahren auch im deutschsprachigen Bereich vielfach der sog. *kontingenztheoretische Ansatz* (oder *situative Ansatz*) zugrunde gelegt. Gedanklicher Ausgangspunkt ist dabei die These, daß es zur Gestaltung von Organisationsstrukturen keine ganz allgemein – d.h. in jeder Unternehmenssituation – gültigen Zweckmäßigkeitsregeln gebe. Vielmehr hänge es von verschiedenen *Kontextvariablen* und ihrer jeweiligen Ausprägung ab, welche Organisationsform am ehesten geeignet erscheint, für bestimmte Tätigkeitsfelder der Organisationsmitglieder zielentsprechende *Verhaltensbedingungen* zu schaffen.

Dieser beim situativen Ansatz betonte Zusammenhang zwischen Kontext, Organisationsstruktur, Verhalten und Zielverwirklichung läßt sich, im Anschluß an *Kieser* und *Kubicek*, wie folgt skizzieren [1]:

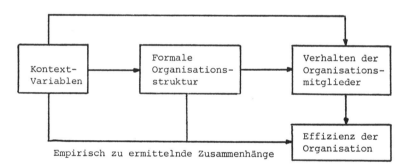

Abb. 1: Der Bezugsrahmen des situativen (kontingenztheoretischen) Ansatzes

Wissenschaftstheoretisch gesehen, handelt es sich bei dieser Betrachtungsweise keineswegs um eine grundlegend eigenständige Konzeption. Es wird – insoweit durchaus »traditionell« – versucht, Hypothesen über faktische Zusammenhänge aufzustellen und diese (als Wenn-Dann-Beziehungen formulierbaren) Behauptungsaussagen empirisch zu überprüfen. Der Unterschied zu manchen älteren Bemühungen, allgemeine »Organisationsprinzipien« aufzustellen, besteht in einer bewußt engeren Fassung der Wenn-Bedingungen: unmittelbare, generelle Effizienzwirkungen der Organisationsstruktur allein werden nicht mehr unterstellt. Statt dessen soll gewissermaßen mehrstufig eine Eingrenzung der ausdrücklich betrachteten Effi-

---

* Ursprünglich erschienen in: Planung und Rechnungswesen in der Betriebswirtschaftslehre (Hrsg.: H. Bergner), Berlin 1981, S. 243–281 (Abdruck mit freundlicher Genehmigung des Verlags Duncker & Humblot).

zienz-*Voraussetzungen* erfolgen (Situation – Struktur – Verhalten), und erst in diesem spezielleren Bedingungsrahmen wird dann nach empirisch bewährbaren Wirkungsaussagen gesucht.[2]

Durch solche Einschränkungen, d. h. geringere Allgemeinheit der Wenn-Komponente, wird zwar einerseits der Informationsgehalt von Wenn-Dann-Hypothesen verringert; andererseits erhofft man sich auf diese Weise aber die Möglichkeit, zu präziseren Konsequenzenangaben in der Dann-Komponente zu gelangen. Dies wiederum erhöht tendenziell den Informationsgehalt der theoretischen Aussagen.[3]

Nicht zuletzt zielt diese Forschungsstrategie des kontingenztheoretischen Ansatzes darauf ab, verbesserte Grundlagen für die praktische Gestaltung organisatorischer Regelungen zu schaffen. Wenn die zuerst einmal rein erklärende Feststellung gelingt, welche Organisationsformen bei gegebenen umwelt- und betriebsspezifischen Bedingungen am ehesten geeignet sind, bestimmte Verhaltensweisen der Organisationsmitglieder bzw. Verhaltens*wirkungen* herbeizuführen, so ergeben sich hieraus auch Anhaltspunkte für eine situations- und zielentsprechende Organisationsentwicklung.[4] Es kann dann versucht werden, organisatorische Maßnahmen so als Aktionsvariablen einzusetzen, daß dem inner- und außerbetrieblichen Kontext entsprochen und auf angestrebte Ergebnisse gezielter hingewirkt wird.[5]

Freilich hängt der Erfolg dieses Forschungsprogramms im wesentlichen davon ab, inwieweit sich Aussagen über einschlägige Beziehungszusammenhänge theoretisch untermauern, d. h. über den einzelnen Untersuchungsfall hinaus begründen lassen und inwieweit sie mehrfachen empirischen Bewährungsproben standhalten. Es ist nicht zu bestreiten, daß beim situativen Ansatz die theoretisch-vertiefende Beantwortung von »Warum«-Fragen, die sich angesichts der faktischen Untersuchungsergebnisse aufdrängen, oft noch unterentwickelt ist.[6] Darunter leidet bisher die Verallgemeinerbarkeit der Forschungsresultate.[7] (Replikationen von Erhebungen, wie sie in manchen Fällen stattgefunden haben, leisten diese eigentliche *Begründungs*funktion nicht, selbst wenn sie wiederum die gleichen Sachbeziehungen erkennen lassen.) Je lückenhafter aber die übergreifend-kritische Reflexion empirischer Untersuchungsdaten ist, desto leichter mag es dazu kommen, daß allein schon der Hinweis auf statistisch festgestellte Kontext/Struktur- sowie Struktur/Effizienz-Zusammenhänge als Argument für Organisationsgestaltungen zu genügen scheint und damit der Blick auf neuartigere, aber empirisch noch nicht konkret erfaßbare Entwicklungsmöglichkeiten verstellt wird.[8]

Schließlich sei darauf hingewiesen, daß die Untersuchung von *Effizienz*-Wirkungen zwar zum konzeptionellen Anliegen des Kontingenzansatzes gehört, aber dennoch in den meisten bisherigen Studien ausgespart worden ist, so daß sich die erhobenen Daten und die Datenauswertungen auf das »Vorfeld« der Problemstellung (nämlich vor allem auf die Relationen zwischen Kontext und formaler Organisationsstruktur) beschränken.[9] Dieses Manko geht sicherlich vor allem auf die Schwierigkeit zurück, ökonomisch sinnvolle *Effizienzmaße* zu bestimmen, die entsprechenden Variablen in empirischen Feldstudien zu erheben und das Zustandekommen der Variablenausprägungen auch klar genug den in Betracht gezogenen organisationsstrukturellen Einflüssen zurechnen zu können.[10]

Trotz der erwähnten Einschränkungen wird im vorliegenden Beitrag die kontingenztheoretische Betrachtungsweise zugrunde gelegt, da sie einen gedanklichen Ordnungsraster für die Überlegung abgibt, daß bei der betrieblichen *Planung* bestimmte Verhaltensweisen durch organisatorische Strukturentscheidungen gefördert bzw. behindert werden können und daß dadurch eine mehr oder weniger angemessene Berücksichtigung der Situationserfordernisse erfolgt (d. h. vermutlich auch eine mehr oder weniger effiziente Planungstätigkeit).

1.2. Planungsverhalten als abhängige Variable bzw. als Einflußfaktor

Das Verhältnis zwischen Organisation und Planung wird üblicherweise unter einem zweiseitigen Blickwinkel problematisiert:
Organisationsstrukturen und grundlegende Ablaufregelungen *bedürfen* als weitreichender Entscheidungstatbestand *der Planung*[11], was in jüngerer Zeit durch die Beschäftigung mit Fragen des »geplanten organisatorischen Wandels« unterstrichen wird.[12]

Umgekehrt setzt eine funktionsfähige formale Planung voraus, daß die Planungszuständigkeiten und die damit verbundenen Kommunikationsvorgänge organisiert werden. Mit diesem Erfordernis einer *Organisation der Unternehmensplanung* hat sich die Betriebswirtschaftslehre relativ eingehend auseinandergesetzt.[13] Einschlägige Abhandlungen konzentrieren sich dabei vor allem auf eine Analyse der Planungsaufgaben, deren Zuordnung zu Planungsstellen bzw. -abteilungen oder Teams sowie auf Vorkehrungen zur Sicherstellung eines funktionsfähigen Planungsablaufes im Zusammenwirken aller betroffenen Organisationseinheiten. Insoweit geht es um ganz gezielte, unmittelbare Einwirkungen auf das Planungssystem selbst.

Man kann die Frage nach dem Verhältnis von Organisation und Planung aber noch unter einem etwas weitergespannten Blickwinkel aufwerfen – nämlich unter dem Gesichtspunkt, daß möglicherweise auch Merkmale der *allgemeineren Unternehmensorganisation* (d.h. nicht nur der Planungsorganisation im besonderen) *die Planungsmentalität* und damit das Planungsverhalten *beeinflussen*. In ähnlichem Sinne unterscheidet *Töpfer*[14] die »Mikrostruktur« der speziell auf Planungsträgeraufgaben zugeschnittenen Planungsorganisation von den »Makrobeziehungen« zwischen dem Planungssystem und grundsätzlichen betrieblichen Strukturen (wie der funktionalen, der divisionalen oder der Matrix-Organisation).

Diesem letztgenannten Aspekt soll hier im folgenden hauptsächlich Aufmerksamkeit gewidmet werden. Damit ergibt sich im übrigen eine gewisse Verbindungslinie zu der vieldiskutierten These *Chandlers*: »structure follows strategy«[15], wenn auch mit anderem Vorzeichen: *Chandler* hat ja bekanntlich die Auffassung vertreten und anhand praktischer Beispiele belegt, daß die Planung und Realisierung von Diversifikationsmaßnahmen eine Umgestaltung der Unternehmensorganisation – nämlich die Bildung von Geschäftsbereichen (Sparten, Divisions) – nach sich ziehen. Diese These ist allerdings inzwischen öfters relativiert worden, indem Fälle aufgezeigt werden konnten, bei denen gerade umgekehrt erst die veränderte Strukturbildung eine Wende im strategischen und planerischen Denken brachte.[16] »Ein entscheidender Grund hierfür dürfte wohl die mit der neuen Struktur geschaffene Arbeitssituation des Managements sein, das sich nunmehr verstärkt strategischen Fragestellungen im Unternehmen zuwenden kann«.[17]

Hall und *Saias* weisen darauf hin, daß strukturelle Merkmale der Unternehmensorganisation wie Filter wirken, von denen es mit abhängt, welche potentiellen Informationen beachtet, in Planungsprozesse eingebracht und zu strategischen Folgerungen ausgewertet werden. Sie schränken deshalb ebenfalls gegenüber *Chandler* ein: »...the hypothesis of a dependent relationship between strategy and structure could be made in both directions«.[18]

Nicht nur auf der gesamtunternehmerischen Führungsebene, sondern auch in spezifischeren Teilbereichen stellt sich dieses Problem eines möglichst sachadäquaten (zugleich aber auch auf die personalen Verhaltensbedingungen achtenden) »Strukturklimas« für die Planung. Gerade im betrieblichen *Absatzbereich*, dem wegen seiner ausgeprägten Umwelt- (Markt-) Orientierung besonderes Gewicht für die betriebliche Planung und Strategieentwicklung zukommt, sind in jüngerer Zeit immer wieder neue – zum Teil auch kontroverse – Vorschläge zur Organisationsgestaltung erörtert und in die Praxis umgesetzt worden. An diesem Beispiel der absatzwirtschaftlichen Aufgabengebiete sollen nun die bisher allgemein skizzierten Zusammenhänge konkreter verdeutlicht werden.

2. Aktuelle Organisationsformen im betrieblichen Absatzbereich und ihre konzeptionelle Begründung

Der grundlegenden Unterscheidung zwischen funktionsorientierten und objektorientierten Organisationsformen wird immer mehr Beachtung geschenkt.

Bei der *Funktionsorientierung* erfolgt die Stellen- bzw. Abteilungsbildung nach einheitlichen oder eng verwandten Tätigkeitsarten (Verrichtungszentralisation); dem entspricht z. B. auf der zweiten, unmittelbar der Geschäftsleitung unterstellten Führungsebene die Gliederung in Ressorts wie Einkauf, Produktion, Marketing/Vertrieb/Verkauf.

Bei einer *Objektorientierung* sind die Aufgaben der betreffenden Organisationseinheiten primär nach Produkten bzw. Produktgruppen oder nach anderen Entscheidungsgegenständen, auf die sich die betriebswirtschaftlichen Maßnahmen beziehen, gegliedert. Hierdurch entsteht tendenziell eine Dezentralisation gleichartiger Verrichtungen. Diesem Grundsatz entspricht auf der zweiten Führungsebene die Bildung von Geschäftsbereichen (Sparten, Divisions), wie sie in der Bundesrepublik Deutschland seit den 1960er Jahren relativ weite Verbreitung gefunden hat.[19]

Beide Gestaltungsprinzipien finden sich auch auf nachgeordneten Stufen der Organisationshierarchie und speziell innerhalb des Absatzbereiches. Der *funktionalen* Gliederung entspricht hier die herkömmliche Abgrenzung von Zuständigkeiten für Marktforschung, Absatzplanung, Werbung, Verkaufsaktivitäten usw., wobei die *Koordination* dieser Tätigkeitsgebiete letztlich Führungsstellen im Rahmen der Geschäftsleitung bzw. auf der unmittelbar folgenden, zweiten Ebene (Leitung Marketing/Vertrieb/Verkauf) obliegt.

Eine solche verrichtungsbezogene Koordination erleichtert einerseits den Entwurf und die Durchsetzung einer *einheitlichen Unternehmenspolitik am Markt*; über die zielentsprechende Anwendung knapper Mittel kann aus zentral-übergreifender Sicht entschieden werden. Auf der anderen Seite ist es gerade diese funktionsorientierte Zentralisation der Abstimmungsaufgaben, die es bei einem vielfältigen Produktsortiment bzw. bei sehr unterschiedlichen Nachfragergruppen erschwert, den jeweiligen Besonderheiten der Absatzleistungen und Teilmärkte durch *diesbezüglich* koordiniertes Planen und Handeln Rechnung zu tragen.

Objektorientierte Organisationsformen sind deshalb auf dem Gebiet des betrieblichen Absatzes vor allem eingeführt worden, um dem Situationsmerkmal der Sortiments- bzw. Markt-*Heterogenität* besser entsprechen zu können. Unterhalb der zweiten Führungsebene handelt es sich dabei im wesentlichen um das *Produkt-Management* sowie das *Kunden*(gruppen)- oder *Markt-Management*. Als zeitlich befristete Organisationsgestaltung nach Objektgesichtspunkten ist das *Projekt-Management* zu nennen, das absatzwirtschaftlich in erster Linie für die Neuproduktentwicklung von Bedeutung ist.[20]

2.1. Produkt-Management

Im Rahmen des Produkt-Managements soll eine Querschnittskoordination (d.h. eine Koordination, die verschiedene Funktionsarten umgreift) im Hinblick auf *bestimmte Absatzobjekte* erfolgen. Die Aufgabe des *Produkt-Managers* ist so definiert, daß er die konzeptionellen Grundlagen für diese Querschnittsabstimmung zu entwickeln und an der entsprechenden Erstellung von Produkt-Marketing-Plänen sowie der Planverwirklichung bzw. Plankontrolle mitzuwirken hat. Wenn auch in praxi die damit verbundenen Kompetenzzuweisungen und die formale Eingliederung in das gesamtbetriebliche Organisationsgefüge recht unterschiedlich sind[21], so gilt intern doch stets das gleiche Konstruktionsprinzip für diese objektbezogene Stellenbildung: Es wird eine produktspezifische Bündelung der Aktivitäten angestrebt – in der

Annahme, daß damit unterschiedlichen Absatzbedingungen und Angebotsmöglichkeiten gezielter entsprochen werden kann.

Vereinfacht läßt sich der Unterschied zwischen dieser Regelung und der funktionalen Organisation durch die Abbildungen 2 und 3 andeuten[22]:

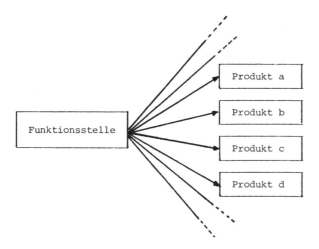

Abb. 2: Mehrfacher, u.U. diffuser Produktbezug bei funktionsorientierter Organisation

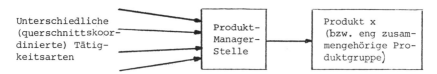

Abb. 3: Einheitlicher Produktbezug bei objektorientierter Organisation in Form des Produkt-Managements

Das Produkt-Management hat in den 1960er und den frühen 1970er Jahren in der Bundesrepublik zunehmend Verbreitung gefunden: 1977 hatten im Schnitt rund 62% der Industrieunternehmungen mit mehr als 1000 Beschäftigten Stellen für Produkt-Manager eingerichtet, wobei die relative Häufigkeit im Konsumgüterbereich (rund 73% der Firmen) deutlich größer war als im Investitions- und Produktionsgüter-Sektor (rund 56%).[23] Eine etwa vier Jahre später – im Frühjahr 1981 – in einem neuen Erhebungsprojekt des Verfassers durchgeführte vorläufige Kontaktbefragung[24] deutet allerdings eher darauf hin, daß eine Stagnation oder sogar eine gewisse Rückläufigkeit in der weiteren Entwicklung des Produkt-Managements eingetreten ist. Der Prozentanteil der Industrieunternehmungen mit mehr als 1000 Beschäftigten, die jetzt bejahen, daß sie eine Produkt-Manager-Organisation besitzen, liegt bei durchschnittlich nur etwa 55%. Möglicherweise schlägt sich in der Antworttendenz auch nieder, daß in den letzten Jahren verschiedentlich tiefgreifende Kritik am Organisationskonzept des Produkt-Managements geübt worden ist.[25] Diese Kritik verweist u.a. auf die Gefahr, daß eine Absatzplanung und Maßnahmenkoordination, die sich auf relativ eng begrenzte Teilmengen des Sortiments konzentriert, zu wenig auf evtl. umfassendere Bedarfs*komplexe* bestimmter Abnehmergruppen eingehe und so die Chancen einer entsprechenden Gesamtangebotspolitik außer acht lasse. Damit werde zugleich versäumt, dem Machtpotential mancher Nachfragerorganisationen eine genügend starke Verhandlungsposition entgegenzustellen.

Derartige Argumente werden zur Begründung für eine vorrangig abnehmer- bzw. marktbezogene Organisationsform angeführt.

2.2. Kunden(gruppen)- bzw. Markt-Management

Die Einrichtung eigener Organisationseinheiten, denen die konzeptionelle Entwicklung einer spezifisch abnehmerbezogenen Absatzpolitik sowie die Koordination der entsprechenden Durchführungsmaßnahmen obliegt, ist in der Bundesrepublik verhältnismäßig jungen Datums. Selbstverständlich hat es in den Unternehmungen seit eh und je die Zuständigkeit für ganz bestimmte Kunden oder Kundengruppen im Rahmen des Verkaufs gegeben, u.a. etwa definiert durch die Abgrenzung regionaler Verkaufsgebiete.

Die hier gemeinte Neuerung besteht jedoch darin, daß (insoweit ähnlich wie beim Produkt-Management, wenngleich mit ganz anderem »Objekt«-Bezug) wiederum eine *Querschnittskoordination* verankert werden soll: Verschiedene Funktionsbereiche und evtl. auch verschiedene produktorientiert arbeitende Stellen sind auf der Grundlage eines Kunden-Marketing-Plans so zu informieren, daß ein abgestimmtes Zusammenwirken im Hinblick auf die besonderen Bedarfs- und Verhaltensmerkmale ausgewählter Abnehmer(gruppen) zustande kommt. Was das Verhältnis zum Verkauf betrifft, so wird damit gewissermaßen »über die regionale Außendienstorganisation die Kundengruppenorganisation als Facheinheit gelegt. Sie arbeitet auf Zentralebene horizontal und überträgt den vertikalen Vollzug dem regionalen Außendienstmanagement«.[26]

In der Konsumgüterindustrie wird diese neue Organisationsform praktiziert, um die Absatzpolitik und die damit verbundene Verhandlungsstrategie möglichst gezielt auf wichtige *Handelsgruppen* – als die unmittelbaren Abnehmer – einzustellen. (Die Bedarfscharakteristika der Endverbraucher sind hingegen schwerpunktartig beim Entwurf der einzelnen *Produkt*-Marketing-Pläne zu berücksichtigen, womit vor allem das Zuständigkeitsfeld von Produkt-Managern angesprochen wäre.)

Über solche organisatorischen Einrichtungen zur Förderung des sog. *vertikalen Marketing* im Verhältnis zwischen Hersteller und Handel berichten die meisten Veröffentlichungen, wie sie im deutschsprachigen Raum zum Kunden(gruppen)-Management erst seit dem Ende der 1970er Jahre erschienen sind.[27]

Beim Direktabsatz von Unternehmungen des Investitionsgütersektors sind jedoch grundsätzlich ähnliche Organisationsgestaltungen anzutreffen, mit denen versucht wird, das kombinierte Leistungsangebot und die gesamte Absatzstrategie unmittelbar den Bedarfsunterschieden wesentlicher Verwendergruppen anzupassen. So wird u.a. berichtet, daß IBM bereits Mitte der 1960er Jahre eine organisatorische Gliederung nach 16 branchenabhängig definierten Abnehmergruppen vornahm.[28]

Unterschiedlich eng oder weit werden in der Praxis die Grenzen für die Zugehörigkeit von Abnehmern zum Objektbereich eines bestimmten Kunden(gruppen)-Managers abgesteckt. Sind z.B. ganze Abnehmerbranchen jeweils Gegenstand einer gesondert koordinierten Absatzpolitik, so wird üblicherweise von einem *Markt-Management* gesprochen. Diese Grobgliederung nach großen Abnehmersektoren kann auf relativ hoher organisatorischer Ebene eingerichtet werden, u.U. auch unmittelbar unterhalb der Geschäftsleitung, was dann bereits einer marktorientierten *Sparten*struktur entspricht.[29]

Eine nach spezielleren Gesichtspunkten – z.B. nach Verbundgruppen des Handels[30] – differenzierende Stellenbildung innerhalb der Herstellerunternehmung läßt sich mit dem Terminus »*Kundengruppen-Management*« bezeichnen.

Für die organisatorisch institutionalisierte Ausrichtung auf einzelne (besonders wichtige)

Kunden findet sich vorwiegend der Ausdruck »*Account-Management*« bzw. »*Key-Account-Management*«.[31]

Unabhängig von diesen Gestaltungsvarianten im einzelnen liegt für unseren Betrachtungszusammenhang eine ausschlaggebende Bedeutung des Kunden(gruppen)- oder Markt-Managements darin, daß möglicherweise durch den schwerpunktartigen »Objekt«-Bezug der Aufgaben die *Planungstätigkeit* in besonderer Weise geprägt wird. Der Grundgedanke solcher abnehmerorientierten Organisationsformen entspricht ja ganz unmittelbar dem Postulat des *Marketing*-Denkens, wonach Angebotsstrategien und eine darauf aufbauende koordinierte Planungstätigkeit an der Problemeigenart und an Verhaltensmerkmalen klar definierter Nachfragerzielgruppen anzuknüpfen hätten. Dementsprechend könnte man von der These ausgehen, daß eine an solchen Zielgruppen ausgerichtete organisatorische Stellenbildung die Informationssuche und Informationsverarbeitung eindeutiger kanalisiert und wirkungsvoller macht als bei rein funktionaler Organisation. Auf diese These und auf die schon erwähnten ähnlichen Annahmen hinsichtlich des Produkt-Managements ist an späterer Stelle noch zurückzukommen.

Im Anschluß an die oben wiedergegebenen Abbildungen 2 und 3 läßt sich der Koordinationszusammenhang des Kunden(gruppen)- oder Markt-Managements wie folgt (Abb. 4) umreißen:

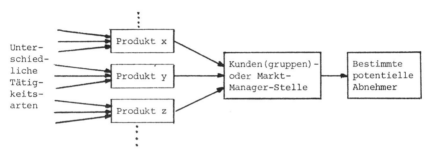

Abb. 4: Einheitlicher Abnehmerbezug bei objektorientierter Organisation in Form des Kunden-(gruppen)- oder Markt-Managements

Die Abbildung 4 deutet an, daß vor allem zwei situative Bedingungsmerkmale für eine abnehmerbezogene Organisationsgestaltung sprechen: die klare Unterscheidbarkeit von Nachfragern bzw. Nachfragergruppen mit jeweils spezifischem Kaufentscheidungsverhalten und das Erfordernis, für diese Teilmärkte nicht nur *ein* bestimmtes Produkt anzubieten, sondern eine Kombination von Leistungen, die u.U. aus unterschiedlichen Erzeugungsbereichen der Unternehmung stammen.

Diese Bedingungskonstellation scheint zunehmend vorzuliegen bzw. jedenfalls häufiger beachtet zu werden. Im Jahre 1976 stellte *Lucke* bei 19% von 328 befragten Industrieunternehmungen besondere Stellenbildungen für das Markt-Management fest.[32] Nach der in Anmerkung 24 erläuterten vorläufigen Kontakterhebung, die 1981 in einem Projekt des Verfassers stattfand, zeichnet sich eine steigende Tendenz ab: Ein Kunden(gruppen)- oder Markt-Management i.S. einer speziellen organisatorischen Stellenbildung wurde im Schnitt (d.h. unter Einschluß auch der Firmen mit weniger als 1000 Beschäftigten) von rd. 24% der befragten Unternehmungen angegeben.

2.3. Absatzwirtschaftliches Projekt-Management

»Projekte umfassen Aufgaben, die durch die Merkmale zeitliche Befristung, Komplexität und relative Neuartigkeit gekennzeichnet sind«.[33] Im *Absatz*bereich von Unternehmungen werden Projekte einerseits zur Durchführung interner organisatorischer Veränderungen in Angriff genommen, wozu beispielsweise auch die Einführung eines computergestützten Marketing-Informationssystems gehört.[34]

Andererseits beziehen sich absatzwirtschaftliche Projekte vor allem auf die Erbringung komplexer oder innovativer Angebotsleistungen. Dies trifft beim Investitionsgütergeschäft ausgeprägt für Vorbereitungs- und Abwicklungsarbeiten im Rahmen des sog. Systems Selling zu. Im Investitions- wie im Konsumgüterbereich ist es ansonsten allgemein die Entwicklung und Einführung *neuer Produkte*, die (bei als hoch empfundenem Neuartigkeitsgrad in produktionstechnischer Hinsicht und/oder bezüglich der spezifischen Marktkenntnis) öfters in *Projektform* durchgeführt wird.

Die befristete Bildung von Projekt-Organisationseinheiten gehört in jedem Falle zu den objektorientierten Gestaltungsformen, da ein Entscheidungsgegenstand – wie etwa ein neues Produkt – den konkreten Bezugspunkt für die Koordination vielfältiger Tätigkeitsarten bildet. Im einzelnen finden sich allerdings sehr unterschiedliche organisatorische Ausprägungen des Projekt-Managements, von der Zuweisung bestimmter Projektaufgaben an Stäbe bis hin zur »reinen Projektorganisation«, bei der sich Angehörige aus mehreren Unternehmensabteilungen (oder auch externe Mitarbeiter) unter einem Projektleiter für begrenzte Zeit als festes Team ausschließlich dem betreffenden Vorhaben widmen.[35]

In unserem Zusammenhang interessiert vor allem, inwieweit sich das Planungsverhalten von Projektgruppen gegenüber dem Verhalten dauerhafter Organisationseinheiten unterscheidet. In diesen Vergleich ist nicht nur das Produkt- sowie das Kunden(gruppen)- oder Markt-Management einzubeziehen, sondern bei Innovationsaufgaben auch die ständig mit absatzwirtschaftlichen Entwicklungsaufgaben betraute feste Neuprodukt-Abteilung (New Product Development Department), wie sie manchmal insbesondere bei Unternehmungen mit betonter Diversifikationsstrategie eingerichtet ist.

In der Praxis kommen *absatzwirtschaftlich* ausgerichtete Projektorganisationen und andererseits auch die erwähnten Neuprodukt-Abteilungen nicht so häufig vor wie die organisatorischen Einrichtungen des produkt- oder des abnehmerbezogenen Managements. Immerhin weist die in Anmerkung 24 erwähnte vorläufige Kontakterhebung auf eine Verbreitung des Projekt-Managements für Absatzvorhaben bei ca. 15% der befragten Firmen hin, während feste Neuprodukt-Abteilungen in rd. 10% der Fälle genannt worden sind[36] (jeweils im Schnitt aller befragten Unternehmungen, also auch jener mit weniger als 1000 Beschäftigten, ermittelt).

2.4. Die Verknüpfung objekt- und funktionsorientierter Zuständigkeiten in Form der Matrix- oder Tensororganisation

Abgesehen von Spartengliederungen auf der zweiten, unmittelbar nach der Geschäftsleitung folgenden Organisationsebene kommt es praktisch kaum vor, daß den abnehmer- oder produkt- bzw. projektbezogenen Zuständigkeitsbereichen alle erforderlichen funktionalen Aufgabenträger im Unterstellungsverhältnis zugeordnet sind. Indirekt mag sich eine solche »vertikale« Zuordnung vielleicht noch dort ergeben, wo die objektorientiert arbeitenden Stellen formal als Stäbe einer Leitungsinstanz (z.B. der Marketing-Leitung) fungieren und so mittelbar auf Anordnungsbeziehungen einwirken können.

Ansonsten aber überwiegt die Kompetenz*überschneidung* zwischen objekt- und funktionsgerichtet tätigen Organisationseinheiten, so daß – wenn auch in vielfältigen Varianten – die Form einer *Matrixorganisation* vorliegt. Formal besitzen dabei meist die Leiter der Funktionsabteilungen (wie z.B. Produktion, Verkauf) die ausgeprägtere Linienkompetenz, so daß die Inhaber der objektbezogenen Stellen zur Durchsetzbarkeit der von ihnen erwarteten »Querschnittskoordination« weitgehend auf ihre sachliche und persönliche Überzeugungskraft bzw. auf die Unterstützung einer übergeordneten Gesamtleitung angewiesen sind.

Seit das Kunden(gruppen)- oder Markt-Management als neueres Organisationskonzept Bedeutung gewonnen hat, stellt sich überdies für nicht wenige Unternehmungen das Problem, nach Möglichkeit die Produkt- *und* die Marktausrichtung zusammen mit funktionalen Aufgabenverteilungen in ein organisatorisches Gesamtsystem zu bringen. Der Kunden(gruppen)- oder Markt-Manager soll in diesen Fällen das Produkt-Management keineswegs ersetzen. Vielmehr fällt z.B. die Entwicklung nationaler Markenstrategien in den Aufgabenbereich der Produkt-Manager, während die (evtl. nur regionale) Kundenstrategie von Kundengruppen-Managern vertreten wird und der Funktionsbereich Verkauf insgesamt den Außendiensteinsatz und die physische Distribution leitet sowie die allgemeinen Grundlinien der Preis- und Konditionenpolitik bestimmt.[37]

Derartige Erwägungen weisen in die Richtung von »Tensororganisationen, welche drei und mehr Dimensionen umfassen«[38] und damit im Vergleich zur Matrixorganisation noch zusätzliche Zuständigkeitsüberschneidungen beinhalten.

Es liegt auf der Hand, daß Matrix- und Tensororganisationen zwar einerseits die Möglichkeit zur Bündelung unterschiedlich spezialisierten Sachverstandes und damit zu einer günstigen Synergiewirkung eröffnen, daß sie aber andererseits von vornherein *konflikträchtig* angelegt sind. Bis heute ist es ein noch weitgehend offener Punkt, inwieweit es durch die Aufgabenbeschreibung und durch die personelle Besetzung der objektbezogenen Stellen gelingen kann, das kooperative *Problemlösen* als ergiebige Form der Konflikthandhabung zu verwirklichen, oder ob in den erwähnten mehrdimensionalen Organisationsstrukturen letztlich Kampfformen der Konfliktaustragung bzw. innovationslähmende Strategien der vorsichtigen Konfliktvermeidung überwiegen werden.[39]

Im hier untersuchten Zusammenhang würde es wiederum besonders interessieren, ob das *Planungsverhalten* der objektorientiert tätigen Stelleninhaber in einer Matrix- bzw. Tensororganisation intensiviert oder eher gehemmt wird. Zur Untersuchung dieser Frage könnte man z.B. von der These ausgehen, daß der Zwang, die Vertreter anderer Zuständigkeitsebenen sachlich zu überzeugen, zu einer relativ ausgebauten, formalen Planung als Argumentationshilfe führt. (Konfliktpotential würde insoweit planungsfördernd wirken, was aber vermutlich nur unter der Bedingung zutrifft, daß gemeinsame Problemlösungsversuche bereits als Regel der Konflikthandhabung akzeptiert sind.)

3. Kontingenztheoretische Untersuchungen über Situations- und Organisationseinflüsse auf die (absatzwirtschaftliche) Planungstätigkeit

3.1. Der allgemeine Schwerpunkt empirischer Untersuchungen auf der Grundlage des situativen Ansatzes

Wenn auch vielleicht der Sammelbegriff »situativer (kontingenztheoretischer) Ansatz« den Eindruck einer einheitlich-geschlossenen Konzeption erwecken mag, so ist doch festzustellen, daß darunter recht verschiedenartige Studien eingeordnet werden, denen kein einheitliches und allgemein-übergreifendes Theoriegerüst zugrunde liegt. Was diese Arbeiten eint, ist lediglich die zu Beginn des vorliegenden Beitrags erwähnte Auffassung, daß es keine (situationsunabhängig) allgemeingültigen Organisationsregeln gebe.

Schon im Hinblick auf den in Abbildung 1 skizzierten Bezugsrahmen trennen sich die Untersuchungsschwerpunkte. Es gibt Erhebungen, die sich ausschließlich mit dem Zusammenhang zwischen Kontextvariablen und Organisationsstruktur befassen, sowie andere, die (mit oder ohne Einschluß intervenierender Variablen, wie z.B. der Rollenperzeption und des wahrgenommenen »Organisationsklimas«) auf die Beziehungen zwischen Organisationsstruktur und Verhalten der Organisationsmitglieder eingehen.

Nur wenige Arbeiten versuchen die dreistufige Relation zwischen Kontext, Organisationsstruktur und Verhalten konkret zu erfassen. Ebenso ist die Einbeziehung der programmatisch durchaus als wichtig betonten *Effizienzgrößen* bei den empirischen Analysen keineswegs der Regelfall.

Es ist an dieser Stelle nicht beabsichtigt und auch nicht möglich, im einzelnen auf die inzwischen schon recht zahlreichen und vielfältigen Forschungen einzugehen, denen der situative Ansatz zugrunde liegt. Einige Lehrbücher der Organisationstheorie geben dazu ausführliche Überblicke. [40] Nur zusammenfassend soll hier darauf hingewiesen werden, daß ein Hauptakzent der bisherigen empirischen Studien dem Zusammenhang zwischen sog. *Kontextvariablen und* betrieblicher *Organisationsstruktur* gegolten hat. Es wurden dabei statistische Beziehungen zwischen Maßgrößen der betriebsinternen oder -externen Situation und Strukturmerkmalen geprüft. Als wichtig erachtete Strukturmerkmale, wie sie ursprünglich insbesondere von der Aston-Gruppe um *Pugh* definiert worden sind [41], sind u.a. die äußere Aufbaugestalt des Stellengefüges (Konfiguration), die Spezialisierung, Zentralisierung oder andererseits Entscheidungsdelegation sowie der Formalisierungsgrad organisatorischer Regeln zu nennen.

Als interne Situationsvariablen sind vor allem die Unternehmensgröße (meist durch die Zahl der Beschäftigten gemessen), die Fertigungstechnologie, das Leistungsprogramm und die Informationstechnologie berücksichtigt worden; als externe Kontextgrößen Maße der Konkurrenzsituation, der Kundenstruktur, der technologischen Dynamik [42] sowie der Abhängigkeit von anderen Wirtschaftseinheiten.[43]

Manche Untersuchungen basieren auf dem Versuch, mehrere Indikatoren zu Maßen der »Umweltkomplexität« bzw. der »Umweltdynamik« zusammenzufassen.

Im Grundsatz steht hinter diesen Studien die Überlegung, daß Unternehmungen, die ihre Organisationsstruktur »richtig« auf die Situationsgegebenheiten abstimmen, erfolgreicher seien als Unternehmungen, die diese Anpassung nicht vollziehen (*Korrespondenzthese*). Die Schwierigkeit des empirischen Nachweises liegt nicht nur in der brauchbaren Definition und der faktischen Erhebbarkeit geeigneter Effizienzgrößen (sowie der Kontext- und Strukturmaße), sondern auch im Mangel an *theoretisch* eindeutig vorgegebenen Aussagen über die jeweils angemessene Korrespondenz von Situation und Organisationsgestaltung. So sind die Studien eher induktiv, indem sie eine nachträgliche Interpretation statistisch ermittelter Zusammenhänge zwischen Kontext und Struktur liefern und nur vereinzelt (relative) Effizienzmaße, wie Umsatz- oder Gewinn*veränderungen* in einem bestimmten Vergleichszeitraum, mit einbeziehen.

Unbefriedigend erscheint überhaupt der Versuch, eine *direkte* Beziehung zwischen Kontext (Situation) und Organisationsstruktur einerseits sowie Effizienzgrößen andererseits herzustellen, ohne näher auf das dazwischen stattfindende Informations-, Entscheidungs- und Ausführungs*verhalten* der Organisationsmitglieder einzugehen. »Die Analyse des Einflusses von Kontext und Organisationsstruktur auf das Verhalten von Individuen und Gruppen in Organisationen, die ursprünglich den Ausgangspunkt der Aston-Studien darstellte..., steckt bis heute noch in ihren Anfängen«.[44] Letztlich sind es aber gerade die (durch den organisatorischen Rahmen mitgeprägten) personalen Handlungen, die zu positiv oder negativ bewerteten Ergebnissen führen, und nicht der Gestaltungsaufbau einer Organisation per se.

Zu den wenigen Studien, in denen korrelationsanalytisch sowohl Beziehungen zwischen Kontextmerkmalen und Variablen der Organisationsstruktur als auch anschließend zwischen Variablen der Organisationsstruktur (bzw. zusätzlich der Rollenperzeption) und Verhaltensgrößen untersucht wurden, zählen die Arbeiten von *Child* und *Kieser*.[45] Allerdings beschränken sich die erfaßten Verhaltensmerkmale auf Kriterien, die gewissermaßen im Vorfeld des inhaltlich-ökonomischen Handelns liegen, nämlich auf Angaben über das Ausmaß von Nonkonformität, die Präferenz für eine abwechslungsreiche Tätigkeit und das Auftreten von Konflikten.

Kriterien des *Planungsverhaltens* spielen in den »klassischen« empirischen Arbeiten auf der Grundlage des situativen Ansatzes nur eine untergeordnete Rolle. Als Ausnahme hervorzuheben sind der konzeptionelle Bezugsrahmen und die Erhebungen von *Khandwalla*.[46] Sie gelten zwar primär den Beziehungen zwischen Größen des Unternehmenserfolges (gemessen auf der Basis des Return on Investment mehrerer Jahre) und bestimmten unternehmerischen Maßnahmen zur Anpassung an umweltinduzierte Ungewißheit. Zu diesen Anpassungsmöglichkeiten gehören aber neben der organisatorischen Differenzierung (z.B. Entscheidungsdelegation) und neben Integrationsvorkehrungen (z.B. Kontrollsystemen) auch »technokratische« Hilfsmittel zur Ungewißheitsreduktion, u.a. die Anwendung von *Planungsverfahren*. Ähnliche Analysen von Erhebungsdaten sind dann im Anschluß an *Khandwalla* von *Kieser* durchgeführt worden.[47]

Das Planungsverhalten wird hierbei im statistischen Zusammenhang mit der *Umweltsituation* betrachtet; eine unmittelbare Überprüfung auf Korrelationen mit der Organisationsstruktur erfolgt allerdings nicht.

3.2. Speziellere Studien zur Beziehung zwischen Unternehmenssituation bzw. Organisationsstruktur und Unternehmensplanung

Erst in ganz wenigen Fällen und auch erst in jüngster Zeit finden sich empirische Arbeiten, in denen für die Darstellung und Erläuterung von *Planungsaktivitäten* ausdrücklich vom situativen Ansatz ausgegangen wird. Zur Unternehmensplanung (also nicht zur bereichsspezifischeren Planung in bestimmten funktional oder objektbezogen gegliederten Abteilungen) haben kürzlich *Poensgen* und *Hort* einen Beitrag vorgelegt.[48] Sie gründen ihre Datenauswertungen[49] auf folgenden Bezugsrahmen [50]:

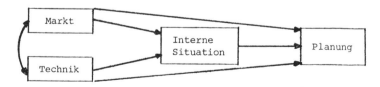

Abb. 5: Grundsätzlicher Bezugsrahmen der Untersuchung von Poensgen und Hort

Die *Planungsgepflogenheiten* werden durch Indikatoren für die Breite und Tiefe der kurz- und mittelfristigen Planung, für die zeitliche Planungsreichweite sowie die Formalisierung gemessen. Zur Beschreibung der internen Unternehmenssituation dienen Angaben zur Größe (hier ermittelt anhand der »Nettoproduktion« genannten Nettowertschöpfung zu Faktorkosten); weiterhin Indikatoren der Diversifikation, der finanziellen Beengtheit sowie der Abhängigkeit von einer Muttergesellschaft im Konzernverbund.

Nicht vollständig, sondern nur beispielhaft seien Größen genannt, die die *Marktseite* charakterisieren (wie z. B. Umsatzwachstum, Umsatzvariabilität, Zahl der wichtigsten Mitbewerber, Bedeutsamkeit von Großkunden) bzw. die *technische Situation* beschreiben sollen (wie z. B. Verhältnis jährliche Investitionen/Beschäftigte, Verhältnis Facharbeiter/alle Arbeiter, durchschnittliche Fertigungszeit, Verhältnis F & E-Aufwand/Umsatz).

Diese Größen werden unmittelbar als Kennzeichen für »Komplexität« oder für »Dynamik« oder für »Variabilität« gedeutet.

Als bedeutendster Einfluß auf Breite, Tiefe, Dauer und Formalisierung der Planung erweist sich statistisch die *Unternehmensgröße*. Da *Poensgen* und *Hort* aber keine näheren Beschreibungsangaben zur *Organisationsstruktur* in ihre Analysen mit aufgenommen haben, bleibt offen, inwieweit es genau genommen bestimmte größenabhängige Aufbaugestaltungen und Ablaufregelungen sind, die die Planungsintensität prägen.

Weiterhin besteht eine positive Beziehung zwischen Planung und Kenngrößen, die auf *Komplexität* hinweisen, während sich der Einfluß von Indikatoren der *Dynamik* als wesentlich geringer zeigt und die Variabilität der Marktbeziehungen auf die Planungsneigung sogar negativ zu wirken scheint. Aufgrund einer pfadanalytischen Auswertung kommen *Poensgen* und *Hort* weiterhin zu dem Schluß, daß Variablen des *Marktes* unmittelbar auf die (hier aber, wie gesagt, kaum organisationsstrukturell beschriebene) interne Unternehmenssituation und nur indirekt über diese auf die Planung wirken. Merkmale der *Technik* würden sich hingegen auch direkt, d. h. ohne besondere Berücksichtigung der Firmensituation im hier definierten Sinne, in der Planungsweise niederschlagen. (Hierzu ist allerdings festzustellen, daß die Technik-Indikatoren in dem genannten Projekt ja ihrerseits durchaus spezifisch firmenintern ermittelt wurden.)

Hadaschik untersucht im besonderen die *langfristige* Unternehmensplanung unter Rückgriff auf die Konzeption des situativen Ansatzes.[51] Verkürzt dargestellt, sieht sein Bezugsrahmen wie in Abb. 6 dargestellt aus.[52]

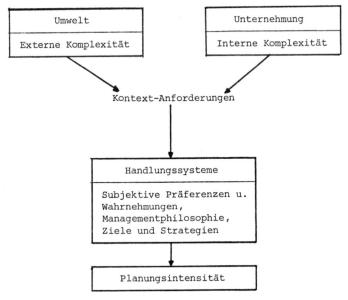

Abb. 6: Grundsätzlicher Bezugsrahmen der Untersuchung von Hadaschik

Die »*Planungsintensität*« wurde bei dieser Studie dreifach abgestuft ermittelt (gering, mittel, hoch), und zwar unter Auswertung von Angaben über die Existenz

- eines Unternehmensgesamtplans,
- weiterer Unterpläne,
- einer Langfristplanung,
- der Quantifizierung von Planungsgrößen in langfristiger Sicht
- und der formellen Abstimmung einzelner Langfristplanungsbereiche schon während des Planungsprozesses.

Hadaschik nennt als *Umweltvariablen* die Branche, den technologischen Wandel, die Konkurrenzsituation und die sozio-ökonomischen Rahmenbedingungen.

Als *interne Kontextfaktoren* betrachtet er u.a. die Unternehmensgröße, die organisatorische Globalstruktur (insbesondere funktionale oder divisionale Gliederung), den Diversifikationsgrad, die Fertigungstechnologie und den Eigentümereinfluß.

Allerdings ist es im Ergebnis nur teilweise gelungen, den in Abbildung 6 skizzierten Bezugsrahmen mit stichhaltigen empirischen Daten auszufüllen, was in diesem Fall zum einen an der auf relativ wenige Firmen begrenzten Zahl von Untersuchungseinheiten und dem eher explorativ gemeinten Charakter der zu einem größeren Projekt gehörenden Teilstudie liegt, zum anderen aber sicher auch an unbewältigten Operationalisierungsschwierigkeiten bei manchen Variablen, so etwa beim Versuch zur Erfassung des technologischen Wandels.[53]

Erwähnenswert ist jedoch, daß sich auch hier ein tendenziell positiver Zusammenhang zwischen Unternehmensgröße (nach Beschäftigten) und Planungsintensität sowie speziell zwischen Unternehmensgröße und Planungszeitraum gezeigt hat [54], ebenso eine tendenziell positive Beziehung zwischen Diversifikationsgrad und Planungsintensität.

Hervorzuheben ist weiterhin, daß in der genannten Studie bei *Divisionalstruktur* (die ja ihrerseits bei weitgehendem Diversifikationsgrad eher zu erwarten ist) eine deutlich höhere Planungsintensität vorlag als bei Funktionalstruktur. Diese im Vergleich zur Funktionalorganisation grundsätzlich planungsfördernde (wenn auch sicherlich noch durch andere dahinterstehende Kontextvariablen mitbeeinflußte) Wirkung der objektorientierten Spartenorganisation wird auch aus einigen anderen, vorangegangenen Erhebungsergebnissen deutlich. Entsprechende Feststellungen klingen beispielsweise bei *Töpfer* an [55]; sie decken sich auch mit Angaben von *Keppler* et al., die eine positive Beziehung zwischen der Spartenorganisation und der Existenz von Langfristplänen konstatieren.[56]

Außer den beispielhaft erwähnten wenigen Arbeiten, die ausdrücklich einen breiter angelegten Kontingenzansatz für die Analyse von Einflüssen der Unternehmenssituation bzw. der Organisationsstruktur auf Merkmale der *Unternehmensplanung* heranziehen, gibt es eine Reihe von empirischen Beiträgen, die mehr »punktuell« auf Zusammenhänge zwischen ausgewählten Firmenkriterien und dem Planungsumfang bzw. den angewandten Planungsverfahren hinweisen. Die Bedeutung der *Unternehmensgröße* für die Planungsintensität – insbesondere auch für den Anwendungsstand formaler Planungstechniken – wird dabei am einhelligsten hervorgehoben. Eine Zusammenstellung einschlägiger Studien, die hier nicht im einzelnen erläutert werden können, findet sich bei *Pfohl* und *Drünkler*.[57] Die von diesen beiden Autoren gelieferte Übersicht läßt ebenfalls erkennen, daß bislang nur wenige *organisationsstrukturelle* Gegebenheiten empirisch auf ihre Bedeutung für die Planungstätigkeit überprüft worden sind.[58]

3.3. Ansätze zur bereichsspezifischen Analyse des Zusammenhanges zwischen Absatzbedingungen, Absatzorganisation und Absatzplanung

Das Interesse, statt der Gesamtunternehmensplanung einzelne Planungssektoren (wie z. B. das Aufgabengebiet des Absatzes) näher zu durchleuchten, geht u.a. auf die Vermutung zurück, »daß bei einer bereichbezogenen Desaggregation der Organisationsstruktur die Erklärungskraft des situativen Ansatzes gesteigert werden kann«.[59] Hinzu kommt, daß – wie im Kapitel 2. erläutert – gerade unter absatzwirtschaftlichen Gesichtspunkten einige Sonderformen der objektorientierten Organisation entstanden sind, zu denen die verschiedensten Pro- und Contra-Ansichten vorgetragen werden, ohne daß dazu immer auf hinlänglich breit angelegte empirische Befunde zurückgegriffen werden kann.

Es wäre nicht nur in theoretischer Hinsicht, sondern auch für praktische Anwendungsüberlegungen wünschenswert, das Erfahrungswissen zu folgenden Fragen durch Querschnittsuntersuchungen bei einer größeren Zahl von Firmen zu vertiefen:

– Welche *organisatorisch-strukturellen* Regelungen zur Verteilung absatzwirtschaftlicher Aufgaben sind – je nach den situativen Merkmalen der Unternehmensumwelt und der unternehmensinternen Leistungserstellung – geeignet, ein den Marktbedingungen entsprechendes *Planungsverhalten* zu fördern?
– Welche *personalen Voraussetzungen* und faktischen *Kompetenzbedingungen* sind im Rahmen der betreffenden Organisationsstrukturen zu erfüllen, damit die grundsätzlich planungsfördernden Arbeitsbedingungen auch tatsächlich genutzt werden können?
– Welcher Einfluß auf Größen, die als *Effizienz*-Indikatoren anzusehen sind, ist zu erwarten?
– Wie wirken sich die vorgenannten Aspekte auf die *Zufriedenheit* der Organisationsmitglieder mit ihrem Tätigkeitsfeld bzw. mit ihrer Aufgabenerfüllung aus?

Die Abbildung 7 faßt diese Perspektiven in vereinfachter Darstellung zusammen.[60]

Ein Forschungsprogramm, das auf alle diese Problemstellungen und ihre *absatzwirtschaftliche* Bedeutung systematisch eingeht, ist bisher bestenfalls in Ansätzen verwirklicht. Es gibt lediglich eine Reihe enger abgegrenzter empirischer Studien, die sich auf ausgewählte Einzelfragen aus dem gesamten skizzierten Bezugsrahmen beschränken.

Instruktive Übersichtsdarstellungen zum Inhalt und zu den Ergebnissen dieser bisherigen empirischen Forschungsbemühungen finden sich bei *Kieser/Fleischer/Röber*[61] sowie bei *Uebele*.[62]

Auf einige der dort genannten Quellen wird auch im folgenden noch eingegangen.

3.3.1. Einsatzbedingungen und Planungsrelevanz des Produkt-Managements

Der verschiedentlich belegten und plausiblen These, daß das Produkt-Management seinen Einsatz vorwiegend in Unternehmungen mit vielfältigem Produktions- und Absatzprogramm sowie heterogenen Produkt-Markt-Beziehungen finde[63], entsprechen auch die Befunde aus einem eigenen Erhebungsprojekt des Verfassers.[64] Die statistische Auswertung der Daten ergab hierbei, daß die Existenz von *Produkt-Manager-Stellen* (verglichen mit einer funktionsorientierten Organisationsgliederung) signifikant mit *höheren Meßwerten für Umweltkomplexität* einhergeht. Dabei ist Komplexität mit Hilfe der Faktorenanalyse als ein zusammenfassender Indikator ermittelt worden, der mehrere Fragebogen-Items verdichtet (soweit sie, im statistischen Sinne, auf demselben Faktor hoch laden und sich alle inhaltlich sinnvoll als Merkmal vielfältiger Produkt-Markt-Beziehungen interpretieren lassen). Im vorliegenden Fall luden Fragebogen-Items, die die Produktanzahl und die Produktheterogenität sowie die

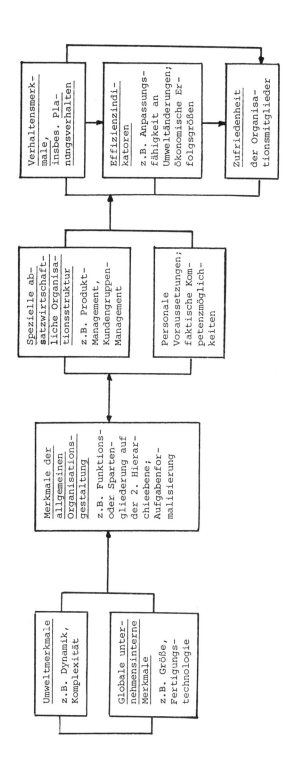

Abb. 7: Raster eines Forschungsprogramms zur Untersuchung von Kontext-, Organisationsstruktur- und Verhaltensmerkmalen im Absatzbereich

Unterschiedlichkeit der Abnehmer(gruppen) bzw. der Regionalmärkte betrafen, hoch auf dem dann mit dem Begriff »Komplexität« bezeichneten Faktor.

Ebenso haben es nach den erwähnten eigenen Erhebungen jene Unternehmungen, die ein Produkt-Management besitzen, mit einer relativ ausgeprägten *Umweltdynamik* [65] zu tun.

Diese Ergebnisse bestärken die Vermutung, daß vielfältige Produkt-Markt-Beziehungen und häufige Veränderungen des betrieblichen Entscheidungsfeldes einen Koordinationsbedarf bedingen, dem bei einer (funktionalen) Verrichtungszentralisation nicht mehr ohne weiteres Rechnung getragen werden kann, während ein entsprechend differenziert vorgehendes Produkt-Management hierzu eher geeignet erscheint.

Interessant ist es, daß hingegen ein Produkt-Management wesentlich seltener vorkommt, wenn hohe Abhängigkeit gegenüber starken Abnehmergruppen vorliegt.[66] Solche Abhängigkeitsbeziehungen machen eine verstärkte Ausrichtung auf die Geschäftspartner und damit eine abnehmerbezogene Koordination erforderlich, was eher für ein Kunden(gruppen)- oder Markt-Management sprechen dürfte (das aber in die 1977 durchgeführten Erhebungen noch nicht als Untersuchungsgegenstand mit einbezogen war).

Zu den Umweltbedingungen, die nach den Befunden in einer positiven Beziehung mit der Existenz eines Produkt-Managements stehen, kommen noch verschiedene Merkmale der allgemeinen Organisationsgestaltung hinzu, die offenbar einen ähnlich positiven Zusammenhang ergeben:

So zeigt sich statistisch eindeutig, daß im Rahmen einer bestehenden *Spartenorganisation* das Produkt-Management prozentual häufiger vorkommt als in Unternehmungen, die auf der Führungsebene unmittelbar nach der Geschäftsleitung im wesentlichen funktional gegliedert sind. Dies deutet darauf hin, daß die strukturelle Grundsatzentscheidung, die betrieblichen Aufgabengebiete bereits auf hoher Hierarchiestufe nach *Objekt*gruppen zu gliedern, entsprechend konsequent auch auf die Gliederungsprinzipien der nachgelagerten Organisationsebenen durchschlägt. Der Versuch einer Anpassung an bestehende Umweltdynamik und -komplexität zeigt sich in diesen Fällen in einer ziemlich durchgängigen Dezentralisation der Verrichtungsüberlegungen, die dann jeweils auf speziellere Gegenstände des Leistungsangebotes hin koordiniert werden. Diese objektbezogene Koordination wird hinsichtlich ihrer angestrebten »Querschnittswirkung« anscheinend durch formelle Regelungen (wie Stellenbeschreibungen, Organisationshandbücher, schriftliche Ausführungsbestimmungen) erleichtert; denn das Produkt-Management geht nach den Erhebungsresultaten mit einem höheren Grad an *Aufgabenformalisierung* [67] einher, als dies bei funktionalen Aufgabengestaltungen der Fall ist. Ähnliches gilt für die Kooperation mit unterstützenden Abteilungen (wie Operations Research, EDV, Marktforschung), die in Firmen mit Produkt-Management-Organisation ausgeprägter angeboten und wahrgenommen wird als in anderen Unternehmungen.

Während die vorstehenden Bemerkungen empirisch festgestellte *Kontextbedingungen* des Produkt-Managements kennzeichnen, richtet sich nun das Hauptaugenmerk auf die erkennbaren Konsequenzen hinsichtlich des *Planungsverhaltens*: Wie die Tabelle 1 im einzelnen veranschaulicht, weist eine ganze Reihe von Kriterien darauf hin, daß das unter den erwähnten Umwelt- und internen Gestaltungsbedingungen eingerichtete *Produkt-Management* mit *deutlich ausgeprägteren Planungsaktivitäten* einhergeht als eine nicht objektbezogene Organisationsform.[68]

Auch ein aufgrund mehrerer Ratingangaben gebildeter Indikator für die *Zufriedenheit* mit der Informationsversorgung ergibt im Falle des Produkt-Managements (allerdings statistisch nicht signifikant) höhere Werte.

Man könnte vermuten, daß es sich bei der Klasse der Unternehmungen *mit* Produkt-Management um größere und aufgrund ihrer komplexen Produkt-Markt-Beziehungen ohnehin planungsaktivere Unternehmungen handelt, so daß es eigentlich nur scheinbar die objektbezogene Organisationsform ist, die das intensivere Planungsverhalten prägt. Schon aus der Tabelle 1 ist jedoch ersichtlich, daß sich die beiden verglichenen Untersuchungsgruppen im Größenmerkmal ihres Durchschnittsumsatzes nicht wesentlich unterscheiden. In einer vertiefenden Auswertungsrechnung hat *Uebele* den Einfluß der Unternehmensgröße (wie auch jenen der Umweltdynamik, der Komplexität und der Abhängigkeit von starken Abnehmergruppen) statistisch neutralisiert [69]; danach bleibt jedoch immer noch signifikant ein Einfluß der Produkt-Manager-Organisation auf die Planungsintensität erkennbar.

Man kann wohl davon ausgehen, daß es eher der beim Produkt-Management konkretisierte Bezug auf ein *bestimmtes Planungsobjekt* sowie *Stellenbeschreibungen* und *Rollenwahrnehmungen* sind, die im Planungsverhalten ihren Niederschlag finden. Die *Aufgabenformalisierung* ist (wie gesagt) für Produkt-Manager relativ weit entwickelt; es liegt dabei außerdem ein Fall der *Planungsdezentralisation* vor. Diese beiden Größen korrelieren aber ihrerseits in signifikanter Weise mit der Verwendungsintensität von Planungstechniken.[70]

Mit der Übertragung von Informations-, Planungs- und Entscheidungsaufgaben (bzw. Entscheidungsvorbereitungen) an Produkt-Manager mag sich im übrigen auch ein *wahrgenommener »Rechenschaftsdruck«* verbinden, d.h. der tatsächliche oder vermeintliche Zwang, Lösungsvorschläge für die delegierten Probleme gegenüber vorgesetzten Instanzen näher zu belegen und zu rechtfertigen. Die Annahme, daß ein solcher »Rechenschaftsdruck« bei zunehmendem Delegationsgrad mit verstärkter Informations- und Planungstätigkeit einhergeht (und zwar im wesentlichen unabhängig von der Unternehmens-Größenklasse!), wurde schon durch andere Untersuchungen gestützt.[71] In der vorstehend etwas ausführlicher beschriebenen Studie konnten Beziehungen zwischen Umweltmerkmalen bzw. internem Kontext und der Existenz eines Produkt-Managements sowie dem Planungsverhalten aufgewiesen werden, wie sie grundsätzlich dem Bezugsrahmen des situativen Ansatzes entsprechen. Lückenhaft bleibt auch hier leider, wie bei den meisten einschlägigen Arbeiten, der Nachweis einer verbesserten *Effizienzwirkung*, zumal die Veränderung ökonomischer Effizienzgrößen gerade bei einer *Felderhebung* schwerlich in eindeutiger Weise bestimmten Organisationsmaßnahmen *zugerechnet* werden kann. Aus den eigenen Untersuchungen liegen nur sehr globale statistische Anhaltspunkt dafür vor, daß Unternehmungen, die sich – wie es für das Produkt-Management gezeigt werden konnte; s. Tabelle 1 – durch intensiveren Einsatz von Planungstechniken an eine bestehende Umweltdynamik anzupassen suchen, auch die »erfolgreicheren« sind. »Erfolg« wurde hierbei vereinfachend als branchenbezogen überdurchschnittlicher *Umsatzzuwachs* über mehrere Jahre definiert.[72]

Soweit dem Verfasser bekannt, liegen bislang keine sonstigen empirischen Erhebungen vor, in denen speziell Zusammenhänge zwischen der Unternehmenssituation, der objektorientierten Organisationsform des Produkt-Managements und der *Planungsintensität* überprüft worden sind. Im Grundsatz am ehesten verwandt mit diesem Blickwinkel sind noch jene Befragungsstudien, die sich mit dem Informationsverhalten von Produkt-Managern beschäftigen, wie vor allem die Arbeit von *Diller*.[73] Andere empirische Forschungen zum Produkt-Management haben den persönlichen Eigenschaften bzw. der zu erfüllenden Rolle von Produkt-Managern gegolten.[74] Einige Autoren haben sich weiterhin eingehender mit der formalen Kompetenz und Verantwortung sowie mit den faktischen Einflußmöglichkeiten von Produkt-Managern auseinandergesetzt. Dabei ist die schriftliche Befragungsstudie von *Josten* hervorzuheben, weil sie ausdrücklich an den situativen Ansatz anknüpft. Die Einflußmöglichkeiten der Produkt-Manager werden hier in Abhängigkeit vom *Lebenszyklus*-Stadium der betreuten Produkte gesehen.[75]

Kontext- und Verhaltensmerkmale	Produkt-Management vorhanden (Angaben aus 207 Unternehmen)	Kein Produkt-Management vorhanden (Angaben aus 127 Unternehmen)	Signifikanz der Unterschiede[a]
I. Umweltmerkmale			
1. Dynamik durch-	0,09	− 0,15	++
2. Komplexität schnittl. Faktor-	0,06	− 0,11	+
3. Abhängigkeit werte	− 0,07	0,115	+
II. Globale unternehmensinterne Merkmale			
Unternehmensgröße (hier nach Umsatz)	Nur unbedeutende (nicht signifikante) Unterschiede der beiden Klassen		
III. Merkmale der allgemeinen Organisationsgestaltung			
1. Spartenorganisation vorhanden	69,8 %	30,2 %	++
2. Keine Spartenorganisation vorhanden	55,7 %	44,3 %	++
3. Aufgabenformalisierung (durchschnittl. Faktorwerte)	0,16	− 0,27	+++
4. Zusammenfassender Indikator für die Existenz unterstützender Abteilungen und die Kooperation mit diesen (addierte Ratings)	15,9	12,3	+++
IV. Planungsverhalten			
1. Indikator für die Intensität der Verwendung von Prognoseverfahren[b]	22,6	18,3	+++
2. Indikator für die Intensität der Verwendung mathematischer Entscheidungshilfen[c]	7,2	3,8	+++
3. Monetärer Indikator für Aktivitäten zur Bereitstellung von Marktforschungsinformationen[d]	707 TDM/Jahr	319 TDM/Jahr	+++

Tabelle 1: Empirische Befunde zu den Kontextbedingungen und zum Planungsverhalten des Produkt-Managements

Kontext- und Verhaltensmerkmale	Produkt-Management vorhanden (Angaben aus 207 Unternehmen)	Kein Produkt-Management vorhanden (Angaben aus 127 Unternehmen)	Signifikanz der Unterschiede[a]
4. Intensität der Nutzung einzelner bereitstellbarer Informationstypen:			
— Deckungsbeitragsanalysen	höher		+
— Panelinformationen	höher		+
— Markttests	höher		++
— Storetests	höher		×
— Produkttests	höher		+
5. Planungszeitraum für die			
— laufende Absatzplanung	länger		++
— Planung spezieller absatzwirtschaftlicher Vorhaben	länger		++
6. Schriftliche Festlegung langfristiger Ziel- bzw. Plangrößen im Absatzbereich:			
— überhaupt nicht	8,2 %	19,7 %	++
— falls grundsätzlich ja	häufiger detaillierter		+++ +
V. Zufriedenheit mit der Informationsversorgung[e]	höher		n. s

a) +++ = hochsignifikant bei α ≤ 0,001; ++ = signifikant bei α ≤ 0,01; + = signifikant bei α ≤ 0,05; × = Ergebnis im Sinne einer Tendenzaussage; n. s. = nicht signifikant.
b) Zur Bildung des Indikators vgl. im einzelnen Köhler/Uebele (1977) S. 98.
c) Vgl. ebd., S. 136.
d) Vgl. ebd., S. 146.
e) Vgl. ebd., S. 210.

3.3.2. Zur Auswirkung des Kunden(gruppen)- bzw. Markt-Managements auf die absatzwirtschaftliche Planung

Abgesehen von einigen fallweisen Erfahrungsberichten [76] liegen breiter angelegte empirische Befundanalysen zu dieser erst in jüngerer Zeit institutionalisierten, abnehmerbezogenen Organisationsform noch nicht vor.[77] Somit sind gegenwärtig nur Mutmaßungen über die tatsächlichen Planungskonsequenzen dieser besonderen Struktur im Absatzbereich möglich.

Die bisherigen Berichterstatter sind sich einig, daß Kunden(gruppen)- bzw. Markt-Manager für die koordinierte Entwicklung *zielgruppenentsprechender Marketingstrategien* zuständig seien und unter diesem spezifischen Blickwinkel *Planungsaufgaben* wahrzunehmen hätten.[78] Im Grundsatz ähnlich wie beim Produkt-Management kann die klare Ausrichtung auf wohlabgegrenzte Planungsobjekte sowie eine entsprechende Rollenbeschreibung dazu führen, daß potentielle Informationsquellen intensiver genutzt und für vorausschauende Aktionsentwürfe ausgewertet werden. In diesem Sinne erörtert z. B. *Kemna* die Aufstellung eines kundenbezogenen Strategieplans, aus dem sich Aktionsterminpläne und kundenbezogene Absatzpläne für verschiedene Produkte ableiten lassen.[79]

Verglichen mit der Planaufstellung im Produkt-Management, dürfte jedoch der Schwerpunkt nicht durchwegs auf denselben absatzpolitischen *Instrumenten* liegen, woraus sich wiederum Unterschiede in den anwendbaren *Planungstechniken* ergeben mögen. So weist auch *Ehrlinger* darauf hin, daß das Produkt- und das (klassische) Kommunikationsmix eher in den Planungsbereich des Produkt-Managements fallen, während Überlegungen zum Distributionsmix einschließlich Konditionenfragen und Außendienstgestaltung stärker das Feld des Kunden(gruppen)-Managements berühren.[80]

Die persönliche Kommunikation in *Verhandlungsform* ist im übrigen ein Instrument, das (jedenfalls im Konsumgüterbereich) für das Produkt-Management nicht die Bedeutung als Planungsparameter hat wie für das Kunden(gruppen)-Management. Die Planung von Verhandlungsabläufen gehört jedoch zu jenen Problemstellungen, bei denen eher qualitative Vorausüberlegungen als quantitativ-rechnerische Analysen angestellt werden.

So wäre es eine Fragestellung für künftige empirische Vergleichsuntersuchungen zu abnehmerbezogenen bzw. produktbezogenen Organisationsformen, inwieweit der ungleiche Problembezug Abweichungen im Planungsinhalt sowie in den bevorzugten Planungstechniken bedingt (»Planungsintensität« könnte insofern nicht mehr ohne weiteres in beiden Fällen auf identischer Meßgrundlage ermittelt werden).

Offen bleibt vorerst schließlich noch die (ohnehin kaum ohne nähere Bezugnahme auf Kontextbedingungen beantwortbare) Frage nach der Planungs-*Effizienz* der abnehmerorientierten Organisationsform – wenn auch *Lucke* berichtet, daß Unternehmungen mit der Organisationsform des Markt-Managements der Ansicht sind, dadurch eine verbesserte Marktübersicht, Marktdurchdringung und Marktausschöpfung erreicht zu haben.[81]

3.3.3. Mögliche Planungskonsequenzen des absatzwirtschaftlichen Projekt-Managements

Hinsichtlich der Planungstätigkeit von Projektgruppen werden von *Frese* [82] grundsätzlich zwei alternative Möglichkeiten unterschieden:

— Es wird von übergeordnet-zentraler Stelle vorweg ein vollständiger Projektplan aufgestellt, so daß die Projektmitarbeiter lediglich detail- und termingerechte Abwicklungsaufgaben wahrzunehmen haben,
oder
— es existiert nur die Vorgabe eines groben Rahmenplans, der im einzelnen dann innerhalb des Projekts weiterzuentwickeln ist.

Sicherlich hängt die Wahl zwischen diesen beiden Regelungen von dem Grad der Neuartigkeit und Unstrukturiertheit der Problemstellung ab. So hat z. B. die Untersuchung von Implementierungsfragen bezüglich der Einführung computergestützter Marketing-Informationssysteme gezeigt, daß hierbei vieles für den Entwurf zentraler Rahmenpläne *in Kombination* mit der Detailplanung durch dezentrale Projektteams spricht.[83] Ebenso ist bei Produktentwicklungen, die grundlegende Innovationen und nicht bloße Variationen bisheriger Erzeugnisse betreffen, eher von einer an Teams delegierten statt von einer zentral bewältigbaren Planung auszugehen.[84]

Wiederum besteht aber bislang ein *Defizit* an stichhaltigen *empirischen* (und über Einzelfallstudien hinausgehenden) *Belegen*, wie sich die Übertragung entsprechender Kompetenzen an Projektgruppen auf das Planungsverhalten auswirkt, etwa auch verglichen mit analogen Aufgabenbearbeitungen in festen, zeitlich unbefristeten Neuprodukt-Abteilungen. Einen interessanten, aber nicht zu sehr verallgemeinerbaren Aufschluß liefert die Befragungsstudie von *Goodman*, deren Ergebnisse darauf hinweisen, daß Kompetenzüberschneidungen in Projektteams die Teammitglieder zu intensiven Problemwahrnehmungs- und Problemlösungsprozessen veranlassen.[85]

Ist hinreichende Kooperationsbereitschaft gegeben, so wird durch diese Anstöße die »Feinplanung auf der Ebene der von der horizontalen Interdependenz Betroffenen« [86] intensiviert. Gerade umgekehrt könnte aber in solchen Fällen eine ausgeprägte Tendenz zur nichtkooperativen Konfliktaustragung oder zur Konfliktvermeidung die dezentrale Planungsbereitschaft bzw. -fähigkeit verringern.

Mehr spekulative als empirische Hinweise gibt es ebenso zur Frage, ob die Planungs-*Effizienz* in festgefügten Innovations-Abteilungen oder in zeitlich befristeten Projektgruppen größer sei. Diese Fragestellung läßt sich wohl nicht ohne nähere Kennzeichnung des Neuerungs- und Komplexitätsgrades der jeweiligen Vorhaben beantworten. Eine Vermutung könnte lauten, daß fest eingerichtete Stellen im Laufe der Zeit eher gleichmäßige *Planungsmuster* entwickeln als immer wieder neu und heterogen zusammengesetzte Teams. Dies würde zwar für die Lösung ähnlich gelagerter Probleme Standardisierungsvorteile bringen, während die hinreichende Anpassung an tiefgreifende Problemveränderungen möglicherweise zu kurz käme.

Mit solchen Einflüssen (und allgemeinen Qualifikationsunterschieden der festen bzw. projektbezogenen Stelleninhaber) mag es zusammenhängen, wenn *Souder* nach einer jüngeren Felderhebung über Neuproduktentwicklungen konstatiert, daß die von Produkt-Komitees und Marketing-Projektmanagern betreuten Produkteinführungen im Markt duchsnittlich erfolgreicher waren als jene, die auf Neuprodukt-Abteilungen zurückgingen.[87]

3.3.4. Zur Planung in der Matrix- oder Tensororganisation

Wie schon im Kapitel 2. erwähnt, sind produkt-, abnehmer- bzw. projektbezogene Stellen oft in eine sog. Matrix- oder Tensororganisation eingegliedert, was Zuständigkeitsüberschneidungen mit einem weiteren oder sogar mit mehreren Organisationsbereichen bedingt. Das Planungsverhalten der jeweiligen objektorientiert tätigen Aufgabenträger wird in diesen Fällen – über die vorstehend angedeuteten Gesichtspunkte hinaus – noch durch zusätzliche Kooperations- oder Konfliktmöglichkeiten beeinflußt.

Die Beurteilung dieser neueren mehrdimensionalen Organisationsgestaltungen ist bislang noch sehr widersprüchlich. Den grundsätzlich denkbaren Vorteilen einer vielseitigeren Problemdurchdringung, einer umfassenderen Koordination und einer größeren Flexibilität bei Umweltänderungen stehen die faktischen Gefahren von Kompetenzstreitigkeiten, unbewältigten Konflikten und dadurch verzögerten Entscheidungsprozessen gegenüber. Über diesen Zwiespalt wird auch im Anschluß an einzelne empirische Studien berichtet.[88]

Überwiegen die persönlich aufgefaßten Konflikte die sachlich austragbaren Divergenzen, so kann aus der mehrdimensionalen Organisationsform schwerlich ein ausreichend problembezogenes *Planungsklima* entstehen. Wenn hingegen die fachlichen Überschneidungen dazu führen, daß mehr Problemaspekte wahrgenommen sowie unterschiedliche Standpunkte erkannt und in die Aufgabendiskussion einbezogen werden, so sind hieraus sogar gewisse Planungsanreize zu erwarten:

Vergleichbar mit dem oben im Abschnitt 3.3.1. behandelten »Rechenschaftsdruck« vermag sich aus den Sachkonflikten die Herausforderung zu einer planerisch fundierten Begründung abweichender Auffassungen ergeben. Anzeichen (aber keine Beweise), daß derartige Vermutungen in eine zutreffende Richtung gehen, liefern Erhebungsergebnisse von *Töpfer*. [89] Dort wird dargelegt, daß Unternehmen mit *Matrixorganisation* einen überdurchschnittlichen Entwicklungsstand von Planungs- und Kontrollsystemen aufweisen, und zwar im Hinblick auf die Zielartikulation, den Planungshorizont, die Anzahl der Planungsträger sowie den Einsatz von Planungs- und Kontrollinstrumenten. (Rein funktionale Organisationen besitzen dagegen nach der Studie *Töpfers* tendenziell unterdurchschnittlich entwickelte Planungs- und Kontrollsysteme.)

Eine eingehendere Analyse und Beurteilung der mehrdimensionalen Organisationsstrukturen würde wohl voraussetzen, daß genauer nach erforderlichen personalen Eigenschaften der beteiligten Stelleninhaber sowie nach der Art der jeweils übergeordneten Schlichtungs- und Koordinationsinstanzen unterschieden wird.

4. Zusammenfassung

Im vorliegenden Beitrag ist versucht worden, den gedanklichen Bezugsrahmen des sog. situativen (kontingenztheoretischen) Ansatzes auf die Spezialfrage anzuwenden, wie das *Planungsverhalten* in Unternehmungen durch bestimmte Gestaltungsformen der Organisationsstruktur geprägt wird und welche Bedeutung hierfür jeweils auch die externe sowie die interne Unternehmenssituation besitzt. Hierzu wurden die Grundzüge des situativen Ansatzes kurz skizziert. Als Untersuchungsfeld wurden sodann einige neuere (objektbezogene) Organisationsformen im betrieblichen Absatzbereich gekennzeichnet: das Produkt-Management, das Kunden(gruppen)- bzw. Markt-Management, das absatzwirtschaftliche Projekt-Management sowie die Einbindung dieser Aufgabenverteilungen in eine Matrix- oder Tensororganisation.

Das Kapitel 3. gibt einen globalen Überblick zum Stand der *empirischen Forschung* auf der Grundlage des Kontingenzansatzes. Es zeigt sich, daß aus dem programmatischen Gesamtzusammenhang zwischen Kontext, Organisationsstruktur, Verhalten der Organisationsmitglieder und Effizienz bisher meist nur Teilausschnitte untersucht worden sind (wobei die Beziehungen zwischen Struktur und Verhalten vorerst weniger vertieft ermittelt worden sind als jene zwischen Kontext und Struktur, während Effizienzangaben überhaupt nur andeutungsweise vorliegen).

Erst wenige jüngere Arbeiten beschäftigen sich anhand des situativen Bezugsrahmens mit der *Unternehmensplanung* als Teil des organisationalen Verhaltens. Was speziell die Wirkung absatzorganisatorischer Strukturen auf die *Absatzplanung* betrifft, so ist die empirische Überprüfung noch am weitesten bei der in Deutschland seit den 1960er Jahren eingeführten Form des Produkt-Managements gediehen. Hierzu konnten auch einige Ergebnisse aus eigenen Erhebungen berichtet werden.

Die anderen neueren Formen der objektbezogenen absatzwirtschaftlichen Organisation werden zwar gegenwärtig vielfach diskutiert. Hierzu bleiben aber weiterhin viele auszufüllende »Leerstellen«, die auf das Erfordernis künftiger erfahrungsgestützter Untersuchungen hinweisen.

Anmerkungen

1) Mit geringfügiger Abänderung übernommen von *Kieser/Kubicek* (1978), Bd. II, S. 112.
2) Vgl. zu dieser wissenschaftstheoretischen Interpretation auch *Staehle* (1976), S. 37 u. passim.
3) Zur Kritik, daß ältere Organisationsprinzipien gerade aufgrund mangelnder Spezifikation der Anwendungsbedingungen wenig präzise Informationen über die Einsatzmöglichkeit für differenzierte organisatorische Problemstellungen liefern, vgl. *Grochla* (1978), S. 124.
4) Vgl. in diesem Zusammenhang *Köhler/Uebele* (1981).
5) Vgl. eine ähnliche Darstellung dieses Erklärungs- und Gestaltungszusammenhanges im organisatorischen Bereich bei *Staehle* (1980), S. 71.
6) Vgl. in ähnlichem Sinne *Schanz* (1977), S. 480.
7) »Little cumulation of the results of »contingency« research is possible, because no commonly agreed upon theoretical scheme has been adopted.« *Aldrich* (1979), S. 57.
8) Vgl. Kritik in ähnlichem Sinne bei *Schreyögg* (1978), S. 336ff.
9) Zur Vernachlässigung des Effizienzgesichtspunktes vgl. *Frese* (1980), S. 310 u. passim. Zu den im Rahmen des situativen Ansatzes durchgeführten empirischen Arbeiten vgl. ausführliche Übersichten vor allem bei *Kieser/Kubicek* (1977).
10) Vgl. zu diesem Problemkreis die Übersichten bei *Staehle/Grabatin* (1979).
11) Vgl. dazu auch *v. Kortzfleisch* (1968).
12) Vgl. z. B. *Kirsch/Esser/Gabele* (1979).
13) Vgl. dazu Bleicher (1963); *Szyperski* (1975); *Gälweiler* (1980).
14) Vgl. *Töpfer* (1976), S. 226ff.
15) *Chandler* (1962), S. 14.
16) Vgl. dazu die Untersuchungen von *Rumelt* (1974).
17) *Kirsch/Esser/Gabele* (1979), S. 165; vgl. zur Auseinandersetzung mit der Chandlerschen These und entgegengerichteten Argumenten auch *Gabele* (1979).
18) *Hall/Saias* (1980), S. 161; zum Filter-Beispiel vgl. ebd., S. 156.
19) Nach eigenen Erhebungen hatten 1977 rd. 45% der industriellen Großunternehmungen in der Bundesrepublik Deutschland mit mehr als 1000 Beschäftigten eine Spartenorganisation; vgl. im einzelnen *Köhler/Uebele* (1977), S. 48ff.
20) Vgl. eine Übersicht zu allen genannten grundsätzlichen Gestaltungsalternativen bei *Barth* (1976), S. 97ff.
21) Vgl. dazu *Köhler* (1980), Sp. 1926ff.
22) Etwas verkürzt entnommen aus *Köhler* (1978), S. 15f.; vgl. zu diesem Gesichtspunkt auch *Baligh/Burton* (1979), S. 94.
23) Vgl. zu diesen Angaben aus eigenen Erhebungen *Köhler* (1980), Sp. 1939.
24) Die (im ersten Schritt nur sehr kurzgefaßte) Kontaktbefragung wurde als Teil einer Pilotstudie durchgeführt im DFG-Schwerpunktprogramm »Empirische Entscheidungstheorie«, Projekt »Der Einfluß objektorientierter Organisationsformen auf die Gestaltung absatzwirtschaftlicher Entscheidungsprozesse«, unter Mitarbeit von K. Tebbe und H. Uebele. Ausgewertet wurden vorerst 800 Antwortbogen von Industrieunternehmungen in der Bundesrepublik Deutschland (davon 450 mit mehr als 1000 Beschäftigten, der Rest mit weniger als 1000 – aber überwiegend mehr als 500 – Beschäftigten).
25) Vgl. *Lucke* (1977).
26) *Ehrlinger* (1979), S. 264.
27) Vgl. z. B. *Zimmermann* (1978); *Meffert* (1979); *Ehrlinger* (1979); *Kemna* (1979); *Sandler* (1980).
28) Vgl. *Zimmermann* (1978), S. 8.
29) Vgl. dazu den Bericht über eine ähnliche, jüngst durchgeführte Reorganisation bei SEL, in: Handelsblatt Nr. 40 vom 26.2.1980, S. 20 (»Die SEL geht vom Profit-Center ab und organisiert sich kundennäher«).
30) Vgl. Beispiele bei *Ehrlinger* (1979), S. 262.
31) Vgl. zur Unterscheidung der drei genannten Aggregationsebenen auch *Meffert* (1979), S. 290.

32) Vgl. *Lucke* (1977).
33) *Frese* (1980), S. 376.
34) Vgl. dazu *Heinzelbecker* (1977), S. 467ff.
35) Vgl. näher zu den verschiedenen projektorientierten Organisationsformen *Frese* (1980), S. 381ff.
36) In den letzten zehn Jahren dürfte sich der Einsatz dieser besonderen Formen der absatzwirtschaftlichen Objektorganisation erhöht haben. Im Bereich kurzlebiger Konsumgüter (Markenartikel der Produktkategorien Nahrungs- und Genußmittel, Kosmetika und Körperpflegemittel, Waschmittel/Waschhilfsmittel/Wäschepflege sowie Haushaltsreinigung und Haushaltspflege) gab es 1971 kaum Neuprodukt-Projektteams; feste Neuprodukt-Abteilungen kamen nur bei größeren Unternehmungen (mit seinerzeit mehr als 50 Mio. DM Jahresumsatz) vor, dort allerdings auch damals schon in etwa 15% der untersuchten Fälle. Vgl. zu diesen älteren Daten *Köhler* (1972), S.43 und S. 45 in Verbindung mit S. 12.
37) Vgl. dazu auch die Ausführungen bei *Meffert* (1979), S. 295ff.; auch *Meffert* (1978), S. 233. Vgl. kritisch zu den Aufteilungsmöglichkeiten einer Absatzaufgabe nach Produkt- und Kundengesichtspunkten auf der gleichen Organisationsebene *Frese* (1980), S. 424.
38) *Bleicher* (1980), Sp. 1520; zur Tensororganisation im Absatzbereich vgl. auch *Barth* (1976), S. 150ff.
39) Vgl. zu den möglichen Formen der Konfliktreaktion den kurzgefaßten Überblick bei *Krüger* (1980), Sp. 1077f.
40) Vgl. z.B. *Kieser/Kubicek* (1977), S. 201ff., S. 341ff.; *Kieser/Kubicek* (1978), Bd. II, S. 120ff.; *Frese* (1980), S. 203ff.
41) Vgl. dazu *Pugh/Hickson/Hinings/Turner* (1968).
42) Vgl. hierzu in grundsätzlicher Hinsicht auch *v. Kortzfleisch* (1976); zur Systematisierung von Produktionsmethoden als internem Unternehmensmerkmal *v. Kortzfleisch* (1972).
43) Vgl. eine kurze Übersicht über diese vorwiegend beachteteten Dimensionen der Unternehmenssituation bei *Kubicek/Kieser* (1980), Sp. 1540.
44) *Kieser/Kubicek* (1978), Bd. II, S. 131.
45) Vgl. *Child/Kieser* (1975) sowie einen zusammenfassenden Überblick bei *Kieser/Kubicek* (1977), S. 350ff.
46) Vgl. *Khandwalla* (1972/1975) sowie *Khandwalla* (1973); zur Interpretation vgl. auch *Uebele* (1980a), S. 251ff.
47) Vgl. *Kieser* (1974).
48) Vgl. *Poensgen/Hort* (1981).
49) Die Daten stammen teils aus zugänglichen Bilanz- und Kapitalbesitzangaben, teils aus Interviews, wobei zu den Planungsgepflogenheiten Interviews in 88 Firmen der Industriezweige Chemie, Elektrotechnik, Metallweiterverarbeitung und Textil geführt wurden.
50) In zusammenfassender Form übernommen von *Poensgen/Hort* (1981), S. 23.
51) Vgl. *Hadaschik* (1979); die Daten stammen hier aus Interviews in 25 Firmen der Nahrungs- und Genußmittelindustrie, der Unterhaltungselektronik und des Maschinenbaus.
52) Vgl. eingehender *Hadaschik* (1979), S. 71.
53) Vgl. zur Einschränkung auf die explorative Absicht *Hadaschik* (1979), S. 81, zum Teilprojekt-Charakter der Studie ebd. S. 6ff., zur Operationalisierung des »technologischen Wandels« ebd., S. 103ff.
54) Vgl. Ergebnisse im gleichen Sinn bei *Golling* (1980), S. 208ff., der mit seinen schriftlichen Befragungen bei 74 Unternehmungen des Rhein-Main-Neckar-Raumes (vgl. ebd., S. 149) im Grundkonzept (s. ebd., S. 172) ebenfalls dem situativen Ansatz nahesteht.
55) Vgl. *Töpfer* (1976), S. 357f.
56) Vgl. *Keppler/Bamberger/Gabele* (1977), S. 52.
57) Vgl. *Pfohl/Drünkler* (1978).
58) Vgl. dazu *Pfohl/Drünkler* (1978), S. 109f.; erwähnenswert ist die mehrfach nachgewiesene positive Beziehung zwischen Anwendungsstand von Planungstechniken und Einrichtung spezifischer Projektgruppen. Auf einen neuartigen, noch in Arbeit befindlichen Ansatz von *Szyperski* et al. zur clusteranalytischen Typisierung von Planungsorganisationen sei hier hingewiesen. Außer Merkmalen der Planungsorgane, der Planungsaufgaben und des Formalisierungsgrades werden hier aber auch Variablen der Planungstätigkeit (die im vorliegenden Beitrag eher als strukturabhängige Größen betrachtet werden) ihrerseits in die Bildung von Organisationstypen mit einbezogen; z.B. die angewandte Planungstechnologie.
Weiterführendes Untersuchungsziel u.a. »die Analyse der Beziehungszusammenhänge zwischen Umweltgrößen und der Ausgestaltung von Planungsorganisationen«. *Fürtjes/Müller-Böling* (1980), S. 13; vgl. dazu auch *Szyperski/Müller-Böling* (1980).
59) *Kieser/Fleischer/Röber* (1977), S. 417.
60) Vgl. ähnlich und ausführlicher *Uebele* (1980b), S. 88.

61) Vgl. *Kieser/Fleischer/Röber* (1977), S. 419f.
62) Vgl. *Uebele* (1980b).
63) Vgl. z. B. *Fulmer/Brunner* (1968); *Brunner* (1969); *Corey/Star* (1973); *Clewett/Stasch* (1975).
64) Vgl. zum folgenden näher *Köhler/Uebele* (1977), S. 54ff.; zugrunde liegt eine schriftliche Befragung von 334 Industrieunternehmungen in der Bundesrepublik Deutschland mit mehr als 1000 Beschäftigten.
65) Auf dem mit »Umweltdynamik« bezeichneten Faktor luden Fragebogen-Items hoch, die sich auf das erwartete Ausmaß an Änderungen in der Zusammensetzung des Produktions- und Absatzprogramms, des absatzpolitischen Instrumenteneinsatzes sowie des technischen Fortschritts im Tätigkeitsfeld der Unternehmung bezogen.
66) Auch »Abhängigkeit« wurde bei der zitierten eigenen Studie faktorenanalytisch auf der Grundlage mehrerer Items ermittelt, die unmittelbar nach dem Einfluß großer Abnehmer(gruppen) fragten, aber u.a. auch nach der Auftragsbedingtheit der Produktion.
67) Die Aufgabenformalisierung wurde ebenfalls auf der Grundlage einer faktorenanalytischen Zusammenfassung von Fragebogen-Items ermittelt.
68) Die Daten der Tabelle 1 stammen, in etwas anderer Anordnung, aus *Köhler/Uebele* (1977), S. 55f.
69) Vgl. *Uebele* (1980a), S. 311; gearbeitet wurde dabei mit partiellen Korrelationsanalysen 4. Ordnung.
70) Vgl. die nähere Darlegung dieser Korrelationsergebnisse bei *Uebele* (1980a), S. 318.
71) Vgl. dazu empirische Ergebnisse und Hinweise auf sozialwissenschaftlich-theoretische Begründungen bei *Köhler* (1972), S. 22ff.
72) Vgl. Näheres bei *Köhler/Uebele* (1977), S. 151ff.; in ähnlicher Weise hat *Kieser* (1974) versucht, Effizienzangaben zu gewinnen. Andere, jedoch auf subjektive Einschätzungen von Organisationsmitgliedern zurückgehende Effizienzmaße mit Bezug auf den Einsatz formaler Planungshilfen sind von *Uebele* in einer gesonderten Studie erfaßt worden. Vgl. Uebele (1980a), S. 579ff.
73) Vgl. *Diller* (1975), der allerdings keine ausdrücklichen Beziehungen zu situativen Variablen herstellt; vgl. außerdem empirische Daten zur Nutzung von Marktforschungsinformationen durch Produkt-Manager bei *Robinson* (1975).
74) Vgl. z. B. *Lawrence/Lorsch* (1967), die sich allerdings allgemeiner auf die Aufgabe von »Integratoren« im Organisationsgefüge beziehen, sowie Ausführungen von *Fisher* (1970) zur Rolle von Produkt-Managern.
75) Vgl. *Josten* (1979); ferner zum Verantwortungsbereich und zu den Kompetenzen bzw. Einflußmöglichkeiten von Produkt-Managern *Gemmill/Wilemon* (1972), *Clewett/Stasch* (1975), *Venkatesh/Wilemon* (1976).
76) S. dazu die oben im Kapitel 2.2. zitierten Quellen.
77) Vgl. Ansätze nur bei *Lucke* (1977) und zum Teil bei *Corey/Star* (1973).
78) Vgl. dazu *Zimmermann* (1978), S. 13ff.; *Meffert* (1979), S. 291; *Ehrlinger* (1979), S. 266; relativ ausführlich *Kemna* (1979), S. 103ff.; *Sandler* (1980), S. 227.
79) Vgl. dazu überblicksweise *Kemna* (1979), S. 124.
80) Vgl. *Ehrlinger* (1979), S. 264.
81) Vgl. *Lucke* (1977), S. 64.
82) Vgl. *Frese* (1980), S. 401f.
83) Vgl. *Heinzelbecker* (1977), S. 471.
84) Vgl. in diesem Zusammenhang ähnlich auch *Thom* (1980), S. 487.
85) Vgl. *Goodman* (1967).
86) *Frese* (1980), S. 403.
87) Vgl. *Souder* (1978).
88) Vgl. z.B. *Argyris* (1967) und *Brings* (1976) sowie *Brings* (1977).
89) Vgl. *Töpfer* (1976), S. 359f.

Literatur

Aldrich, H.E. (1979): Organizations and Environments. Englewood Cliffs, N.J. 1979.
Argyris, Ch. (1967): Today's Problems with Tomorrow's Organizations. In: The Journal of Management Studies, Vol. 4, No.1, 1967, S. 31–55.
Barth, H. (1976): Die Absatz- und Marketingorganisation der Unternehmung. Zürich, Frankfurt/M., Thun 1976.
Baligh, H.H. / Burton, R.M. (1979): Marketing in Moderation – The Marketing Concept and the Organization's Structure. In: Long Range Planning, Vol. 12, No. 2, (April) 1979, S. 92–96.

Bleicher, K. (1963): Organisation der Unternehmensplanung. In: Unternehmensplanung (Hrsg.: K. Agthe / E. Schnaufer), Baden-Baden 1963, S. 121–161.
Bleicher, K. (1980): Organisationsformen, mehrdimensionale. In: HWO, 2. Aufl. (Hrsg.: E. Grochla), Stuttgart 1980, Sp. 1517–1525.
Brings, K. (1976): Erfahrungen mit der Matrixorganisation. In: Zeitschrift f. Organisation, 45. Jg., 1976, S. 72–80.
Brings, K. (1977): Kompetenz und Verantwortung der Entscheidungsträger in mehrdimensional strukturierten Organisationssystemen. Frankfurt/M., Zürich 1977.
Brunner, L. (1969): Product Management in der Konsumgüterindustrie unter besonderer Berücksichtigung der Stellung des Product Managers. Diss. Mannheim 1969.
Chandler, A.D.jr. (1962): Strategy and Structure. Chapters in the History of the Industrial Enterprise. Cambridge, Mass., London 1962.
Child, J. / Kieser, A. (1975): Organization and Managerial Roles in British and West German Companies – An Examination of the Culture-Free Thesis. Arbeitspapier des Instituts f. Unternehmensführung der Freien Universität Berlin, Berlin 1975.
Clewett, R.M. / Stasch, S.F. (1975): Shifting Role of the Product Manager. In: Harvard Business Review, Vol. 53, (Jan.-Febr.) 1975, S. 65–73.
Corey, R.E. / Star, S.H. (1973): Marktorientierte Unternehmensplanung. Essen 1973.
Diller, H. (1975): Produkt-Management und Marketing-Informationssysteme. Berlin 1975.
Ehrlinger, E. (1979): Kundengruppen-Management. Erfahrungen mit einer neuen Organisationsform im Vertrieb. In: DBW, 39. Jg., 1979, S. 261–273.
Fisher, D. (1970): Entrepreneurship and Moderation: The Role of the Integrator. In: Studies in Organization Design (Hrsg.: J.W. Lorsch / P.R. Lawrence), Homewood, III. 1970, S.153–187.
Frese, E. (1980): Grundlagen der Organisation. Die Organisationsstruktur der Unternehmung. Wiesbaden 1980.
Fürtjes, H.-T. / Müller-Böling, D. (1980): Typen von Planungsorganisationen. Arbeitsbericht Nr. 34 des Seminars für Allgem. BWL und Betriebswirtschaftliche Planung der Universität zu Köln, Köln 1980.
Fulmer, R.M. / Brunner, L. (1968): Analysis of U.S. and German Practice of Product-Management. In: Management International Review, Vol. 8, No. 2/3, 1968, S. 33–36.
Gabele, E. (1979): Unternehmungsstrategie und Organisationsstruktur. In: Zeitschrift f. Organisation, 48. Jg., 1979, S. 181–190.
Gälweiler, A. (1980): Planung, Organisation der. In HWO, 2. Aufl. (Hrsg.: E. Grochla), Stuttgart 1980, Sp. 1884–1895.
Gemmill, G.R. / Wilemon, D.L. (1972): The Product Manager as an Influence Agent. In: Journal of Marketing, Vol. 36, (Jan.) 1972, S. 26–30.
Golling, H.-J. (1980): Planung unter Unsicherheit. Eine theoretische und empirische Betrachtung unter besonderer Berücksichtigung des Einsatzes quantitativer Ansätze bei der Vorbereitung strategischer Unternehmensentscheidungen. Diss. Darmstadt 1980.
Goodmann, R.A. (1967): Ambiguous Authority Definition in Project Management. In: Academy of Management Journal, Vol. 10, 1967, S. 395–407.
Grochla, E. (1978): Einführung in die Organisationstheorie. Stuttgart 1978.
Hadaschik, M. (1979): Die Einsatzbedingungen organisierter langfristiger Unternehmensplanung. Diss. FU Berlin 1979.
Hall, D.J. / Saias, M.A. (1980): Strategy Follows Structure!. In: Strategic Management Journal, Vol. 1, 1980, S. 149–163.
Heinzelbecker, K. (1977): Partielle Marketing-Informationssysteme. Moduln für computergestützte Entscheidungen in Marketing, Verkauf, Vertrieb. Zürich, Frankfurt/M., Thun 1977.
Josten, F.A. (1979): Determinanten von Product-Management-Strukturen. Eine empirische Untersuchung in den USA. Frankfurt/M., Bern, Las Vegas 1979.
Kemna, H. (1979): Key Account Management: Verkaufserfolg der Zukunft durch Kundenorientierung. München 1979.
Keppler, W. / Bamberger, I. / Gabele, E. (1979): Organisation der Langfristplanung. Theoretische Perspektiven und empirische Ergebnisse. Wiesbaden 1977.
Khandwalla, P.N. (1972/1975): Uncertainty and the »Optimal« Design of Organizations. Working Paper, TIMS XIX. Meeting, Houston, Texas 1972; deutsche Übersetzung: Unsicherheit und die »optimale« Gestaltung von Organisationen. In: Organisationstheorie (Hrsg.: E. Grochla), 1. Teilband, Stuttgart 1975, S. 140–156.
Khandwalla, P.N. (1973): Effect of Competition on the Structure of Top Management Control. In: Academy of Management Journal, Vol. 16, 1973, S. 285–295.

Kieser, A. (1974): Der Einfluß der Umwelt auf die Organisationsstruktur der Unternehmung. In: Zeitschrift f. Organisation, 43. Jg., 1974, S. 302–314.
Kieser, A. / *Fleischer, M.* / *Röber, M.* (1977): Die Struktur von Marketingentscheidungsprozessen. In: DBW, 37. Jg., 1977, S. 417–432.
Kieser, A. / *Kubicek, H.* (1977): Organisation. Berlin, New York 1977.
Kieser, A. / *Kubicek, H.* (1978): Organisationstheorien. Bd. I und Bd. II, Stuttgart, Berlin, Köln, Mainz 1978.
Kirsch, W. / *Esser, W.-M.* / *Gabele, E.* (1979): Das Management des geplanten Wandels von Organisationen. Stuttgart 1979.
Köhler, R. (1972): Das Informationsverhalten im Entscheidungsprozeß vor der Markteinführung eines neuen Artikels. Bericht über eine empirische Erhebung. Wiesbaden 1972.
Köhler, R. (1978): Profit Center. In: Marketing (Hrsg.: L.G. Poth), Abschnitt 4.2.4., Neuwied 1978, S. 1–41.
Köhler, R. (1980): Produkt-Management, Organisation des. In: HWO, 2. Aufl. (Hrsg.: E. Grochla), Stuttgart 1980, Sp. 1923–1942.
Köhler, R. / *Uebele, H.* (1977): Planung und Entscheidung im Absatzbereich industrieller Großunternehmen. Ergebnisse einer empirischen Untersuchung. Arbeitsbericht Nr. 77/9 des Instituts für Wirtschaftswissenschaften, RWTH Aachen, Aachen 1977 (DBW-Depot 78–2–5).
Köhler, R. / *Uebele, H.* (1981): Einsatzbedingungen von Planungs- und Entscheidungstechniken. Programmatik und praxeologische Konsequenzen einer empirischen Untersuchung. In: Der praktische Nutzen empirischer Forschung (Hrsg.: E. Witte), Tübingen 1981, S. 115–158.
v. Kortzfleisch, G. (1968): Die Organisation als Instrument der langfristigen Gesamtplanung. In: Planung und Organisation als Instrument der Unternehmensführung (Hrsg.: Deutsche Gesellschaft für Betriebswirtschaft), Berlin 1968, S. 49–58.
v. Kortzfleisch, G. (1972): Systematik der Produktionsmethoden. In: Industriebetriebslehre in programmierter Form, Bd. I: Grundlagen (Hrsg.: H. Jacob), Wiesbaden 1972, S. 119–205.
v. Kortzfleisch, G. (1976): Technologisch bedingter Wandel in der Gesellschaft, Technologietransfer und Willensbildung im Unternehmen. In: Die Bedeutung gesellschaftlicher Veränderungen für die Willensbildung im Unternehmen (Hrsg.: H. Albach / D. Sadowski), Berlin 1976, S. 283–302.
Krüger, W. (1980): Konflikt in der Organisation. In: HWO, 2. Aufl. (Hrsg.: E. Grochla), Stuttgart 1980, Sp. 1070–1082.
Kubicek, H. / *Kieser, A.* (1980): Organisationsforschung, Vergleichende. In: HWO, 2. Aufl. (Hrsg.: E. Grochla), Stuttgart 1980, Sp. 1533–1557.
Lawrence, P.R. / *Lorsch, J.W.* (1967): New Management Job: The Integrator. In: Harvard Business Review, Vol. 45, (Nov.-Dez.) 1967, S. 142–151.
Lucke, K. (1977): Wachablösung: Markt- statt Produktmanagement. In: Absatzwirtschaft, 20. Jg., 1977, H. 11, S. 62–68.
Meffert, H. (1978): Status und Zukunftsperspektiven des Produktmanagement. In: Unternehmung und Markt (Hrsg.: H. Weinhold-Stünzi), Zürich 1978, S. 203–239.
Meffert, H. (1979): Die Einführung des Kundenmanagements als Problem des geplanten organisatorischen Wandels. In: Humane Personal- und Organisationsentwicklung (Hrsg.: R. Wunderer), Berlin 1979, S. 285–320.
Pfohl, H.-Ch. / *Drünkler, W.* (1978): Stand der Anwendung moderner Planungs- und Entscheidungstechniken in Betriebswirtschaften. In: Anwendungsprobleme moderner Planungs- und Entscheidungstechniken (Hrsg.: H.-Ch. Pfohl/ B. Rürup), Königstein/Ts. 1978, S. 99–112.
Poensgen, O. H. / *Hort, H.* (1981): Die situativen Einflüsse auf die unternehmerische Planung. In: ZfB, 51. Jg., 1981, S. 3–32.
Pugh, D.S. / *Hickson, D.J.* / *Hinings, C.R.* / *Turner, C.* (1968): Dimensions of Organization Structure. In: Administrative Science Quarterly, Vol. 13, 1968, S. 65–105.
Robinson, R.K. (1975): An Organizational Study of Marketing Research Acquisition in Product Management. Doctoral Dissertation, Evanston/Ill. 1975.
Rumelt, R.P. (1974): Strategy, Structure, and Economic Performance. Boston 1974.
Sandler, G. (1980): Account-Management in der Praxis. In: Marketing, Zeitschrift f. Forschung und Praxis, 2. Jg., 1980, S. 225–228.
Schanz, G. (1977): Ausgewählte Entwicklungslinien der Organisationsforschung. In: DBW, 37. Jg., 1977, S. 475–483.
Schreyögg, G. (1978): Umwelt, Technologie und Organisationsstruktur. Eine Analyse des kontingenztheoretischen Ansatzes. Bern, Stuttgart 1978.
Souder, W.E. (1978): Effectiveness of Product Development Methods. In: Industrial Marketing Management, Vol. 7, 1978, S. 299–307.

Staehle, W.H. (1976): Der situative Ansatz in der Betriebswirtschaftslehre. In: Zum Praxisbezug der Betriebswirtschaftslehre in wissenschaftstheoretischer Sicht (Hrsg.: H. Ulrich), Bern, Stuttgart 1976, S. 33–50.

Staehle, W.H. (1980): Management. Eine verhaltenswissenschaftliche Einführung. München 1980.

Staehle, W.H. / Grabatin, G. (1979): Effizienz von Organisationen. In: DBW, 39. Jg., 1979, S. 89–102.

Szyperski, N. (1975): Planung, Organisation der. In: HWB, 4. Aufl. (Hrsg.: E. Grochla / W. Wittmann), 2. Bd., Stuttgart 1975, Sp. 3016–3026.

Szyperski, N. / Müller-Böling, D. (1980): Gestaltungsparameter der Planungsorganisation. Ein anwendungsorientiertes Konzept für die Gestaltung von Planungssystemen. Arbeitsbericht Nr. 32 des Seminars für Allgem. BWL und Betriebswirtschaftliche Planung der Universität zu Köln, Köln 1980.

Thom, N. (1980): Grundlagen des betrieblichen Innovationsmanagements. 2. Aufl., Königstein/Ts. 1980.

Töpfer, A. (1976): Planungs- und Kontrollsysteme industrieller Unternehmungen. Eine theoretische, technologische und empirische Analyse. Berlin 1976.

Uebele, H. (1980a): Einsatzbedingungen und Verhaltenswirkungen von Planungstechniken im Absatzbereich von Unternehmen. Eine empirische Untersuchung. Diss. Aachen 1980.

Uebele, H. (1980b): Objektorientierte Organisationsformen im Absatzbereich industrieller Unternehmen. Eine Bestandsaufnahme und konzeptionelle Analyse empirischer Untersuchungen. Arbeitsbericht des Instituts f. Markt- und Distributionsforschung der Universität zu Köln, Köln 1980 (DBW-Depot 81-2-6).

Venkatesh, A. / Wilemon, D.L. (1976): Interpersonal Influence in Product Management. In: Journal of Marketing, Vol. 40, (Okt.) 1976, S. 33–40.

Zimmermann, G.B. (1978): Kundengruppen-Management. In: Marketing (Hrsg.: L.G. Poth), Abschnitt 4.2.3., Neuwied 1978, S. 1–24.

III. Absatzorganisation*

1. Absatzwirtschaftliche Aufgaben und Effizienzkriterien der Absatzorganisation

1.1. Aufgaben

Instrumental gesehen, soll *Organisation* als System von Regeln eine zielentsprechende Aufgabenerfüllung sicherstellen (*Grochla* 1975). Die betriebliche Absatzfunktion ist auf die Gestaltung von Austauschbeziehungen mit anderen Wirtschaftseinheiten ausgerichtet, ebenso wie die Beschaffung. Sie ist deshalb durch das Erfordernis gekennzeichnet, Abstimmungen auch im betriebsexternen Bereich herbeizuführen, und zwar oft mehrstufig wie z.B. beim indirekten Absatz eines Herstellers über den Handel. Daraus ergibt sich die Besonderheit, daß neben der *internen Absatzorganisation* eine *externe Absatzorganisation* zu konzipieren ist, die zur Verbindung der innerbetrieblichen Tätigkeitsbereiche mit ihrem Umsystem beiträgt (*Meffert* 1974; *Schweitzer/Hettich* 1974; *Alewell* 1980).

Die in diesem Rahmen zu erfüllenden *absatzwirtschaftlichen Aufgaben* umschließen nicht allein den Einsatz der absatzpolitischen Instrumente. Darüber hinaus sind die Marktforschung und überhaupt die entscheidungsbezogene Informationsversorgung, die strategische und operative Marketing-Planung sowie Kontrollfunktionen organisatorisch einzubinden. Ähnlich systematisiert bereits *Sundhoff* die wesentlichen Aufgabenfelder der Absatzvorbereitung, Absatzdurchführung und Absatzkontrolle, die durch die Absatzorganisation integriert werden sollen (*Sundhoff* 1958).

Bei dieser umfassenden Sicht der absatzwirtschaftlichen Tätigkeitsbereiche, die im Sinne einer marktorientierten Unternehmensführung zu koordinieren sind, wird heute statt von »Absatzorganisation« häufig auch von »*Marketing-Organisation*« gesprochen. Sie weist zu anderen Unternehmensfunktionen *Schnittstellen* auf, die vor allem für Marketing-Planungen und -Kontrollen eine Rolle spielen. Dabei kommt es auf geeignete »Interface«-Regelungen an (s. zum entsprechenden Schnittstellen-Management Abschnitt 6.).

1.2. Effizienzkriterien

Absatzwirtschaftliche Organisationsformen sind nach ihrer Eignung zu beurteilen, die erwähnten Aufgaben so zu erfüllen, daß angestrebte Wirkungen erreicht werden. Effizienz betrifft somit einen Zielerreichungsgrad (*Frese* 1988). Sie wird grundsätzlich als Verhältnisangabe verstanden, d.h. als Relation zwischen einer Wirkungsgröße und dem dafür erforderlichen Mitteleinsatz.

---

* Erscheint in: Handwörterbuch der Organisation, 3. Aufl. (Hrsg.: E. Frese), Stuttgart 1991

Da es kaum möglich ist, einer Organisationsmaßnahme eindeutig Umsatz- oder Gewinnkonsequenzen zuzurechnen, wird zur Wirkungsbestimmung üblicherweise auf nichtmonetäre Hilfsgrößen zurückgegriffen. Hierfür gibt es zahlreiche Vorschläge. Im folgenden wird eine Einteilung verwendet, die sich bei Felderhebungen über Absatzorganisationen als operational erwiesen hat (*Köhler/Tebbe/Uebele* 1983 a; Fallzahl: Antworten aus 317 Industrieunternehmungen in der BR Deutschland mit mindestens 500 Beschäftigten). Aus Ratingangaben von Firmenangehörigen zu 25 Beurteilungsitems ließen sich mit Hilfe der *Faktorenanalyse* folgende Wirkungsdimensionen der Organisation zusammenfassend herausschälen:

– Koordinationsfähigkeit;
– Marktanpassungs-und Innovationsfähigkeit;
– Schnelle und reibungslose Informationsversorgung;
– Möglichkeit aussagefähiger Kontrollaktivitäten;
– Zufriedenheit der Mitarbeiter.

Diese Effizienzmerkmale werden, zusammen mit Tendenzaussagen über organisationsbedingte Kosten, für die weitere Erörterung von Absatzorganisationsformen zugrunde gelegt.

1.3. Absatzwirtschaftliche Aufbau- und Ablauforganisation

Die folgenden Ausführungen konzentrieren sich im wesentlichen auf die *Aufbauorganisation*, d.h. auf die Bildung organisatorischer Teileinheiten und die grundsätzliche Struktur ihres Zusammenwirkens. Nicht im einzelnen behandelt werden die inhaltlichen, zeitlichen und räumlichen Regelungen der Arbeitsprozesse, die zur *Ablauforganisation* gehören. Sie spielen im Absatzbereich in Form von Arbeitsablaufübersichten und Arbeitsanweisungen eine Rolle (*Tietz* 1976). Ablaufdiagramme für die Anfragenbearbeitung, Tourenvorgaben für den Außendienst oder Handbücher zur Vereinheitlichung des Vorgehens bei Marketing-Planungen in international tätigen und nach Sparten gegliederten Unternehmungen sind dafür Beispiele. Auch die Netzplantechnik, die u.a. bei Neuproduktprojekten angewandt wird, weist Eigenschaften eines ablauforganisatorischen Hilfsmittels auf.

Eine Gesamtübersicht zur Ablauforganisation müßte in sehr umfangreicher Weise an die Detaildarstellung der verschiedenen Arbeitsvorgänge im Absatzbereich anknüpfen.

2. Funktionale Absatzorganisation

Bei einer funktionsorientierten Organisation sind die Stellen bzw. Abteilungen jeweils für eine bestimmte Tätigkeitsart zuständig, so daß eine Verrichtungsspezialisierung vorliegt. Im absatzwirtschaftlichen Zusammenhang handelt es sich dabei vor allem um Organisationseinheiten für Marktforschung, Marketing-Planung, Werbung, Verkaufsförderung, Verkauf (Innen- und Außendienst), Distributionslogistik, Kundendienst. Praktisch weist auch eine funktionale Organisation oft gewisse objektbezogene Feinuntergliederungen auf; so z.B., wenn die Verkaufskompetenzen im einzelnen nach regionalen Gesichtspunkten, Kundengruppen oder Produktgruppen aufgeteilt sind (*Goehrmann* 1984). Die Zuständigkeitsbeschreibungen für den *Verkaufsaußendienst* folgen oft diesen Zusatzkriterien (*Tietz* 1976). Vorrangig liegt hier aber jedenfalls eine Stelleneinteilung und Aufgabendefinition nach einem speziellen Tätigkeitstyp vor.

Reine Funktionsgliederungen des Absatzbereiches kommen in Klein- und Mittelbetrieben häufiger vor als in Großunternehmungen. Doch auch bei Industrieunternehmungen mit mehr als 500 Beschäftigten liegt, nach verfügbaren Erhebungsdaten aus der BR Deutschland, der Anteil an Firmen mit ausschließlich funktionaler Absatzorganisation durchschnittlich zwischen 40 und 50% (*Köhler/Tebbe/Uebele* 1983 a und 1983 b). Er fällt im Investitionsgütersektor höher aus als im Konsumgüterbereich. In der Branchengruppe »Fahrzeugbau, Luft- und Raumfahrttechnik, Schiffbau« ist die rein funktionale Absatzorganisation am verbreitetsten; am wenigsten findet sie sich in der Branche »Nahrungs- und Genußmittel«. Bemerkenswert erscheint es außerdem, daß bei Existenz einer *Spartenorganisation* auch die Absatzorganisation innerhalb der einzelnen Geschäftsbereiche (Divisions) nur ganz selten rein funktional aufgebaut ist, während dies in nichtdivisionalisierten Industrieunternehmungen (sogar mit mehr als 1.000 Beschäftigten) doch noch in rd. 55 bis 60% der Fälle vorkommt.

2.1. Integrationserfordernisse

Bei einer funktionalen Organisation des Absatzbereiches ist zunächst darauf zu achten, daß alle wesentlichen Aktivitäten, die zum Entwerfen und Verwirklichen einer Marketing-Konzeption gehören, bei der Stellenbildung und Aufgabenbeschreibung berücksichtigt sind. Nach einer 1974 vom RKW durchgeführten Studie war dies seinerzeit bei 47% von 809 befragten bundesdeutschen Industrieunternehmungen – von denen immerhin fast die Hälfte mehr als 500 Beschäftigte hatte – keineswegs der Fall (*o. V.* 1977). Aufgaben der Marktforschung, der Marketing-Planung sowie der Kommunikationspolitik beispielsweise wurden und werden nicht immer ausdrücklich ausgewiesen, sondern gelten dann im Zweifel als Tätigkeitsbestandteil der Verkaufsleitung.

Die Integration der absatzwirtschaftlichen Funktionen (*Meyer* 1990) ist auch dann nicht hinreichend erfüllt, wenn einzelne von ihnen zwar explizit verankert sind, aber ausschließlich in anderen Ressorts; z. B. die Produktplanung im Bereich Produktion oder die Verkäuferschulung im Personalwesen.

Ein besonders bedeutsames Problem der Funktionsabstimmung ist das organisatorische Verhältnis zwischen *Verkauf und Marketing*. Dabei wird in der Praxis mit der Aufgabenbezeichnung »Marketing« oft die Konzeptionsplanung der Marktwahl und Marktbearbeitung betont, während der Verkauf stärker als operative Umsetzung dieser Konzeption im Distributionskanal und Kundenkontakt gesehen wird. Wie immer die Aufgabenverteilung zwischen diesen beiden Funktionsbereichen im einzelnen definiert wird, kommt es doch jedenfalls darauf an, ein enges Zusammenwirken sicherzustellen und »Funktionsinseln« (z. B. eine vom Verkaufsgeschehen weitgehend abgekoppelte Planungsgruppe Marketing) zu vermeiden.

Praktisch wird diese Koordination in verschiedenen Varianten der Unter- oder Gleichordnung versucht (*Steidle/Hauskrecht/Schnelle* 1977; *Nieschlag/Dichtl/Hörschgen* 1988). Es überwiegen bei weitem die Regelungen, wonach Marketing und Verkauf als nebeneinander bestehende Organisationseinheiten durch die Geschäfts- oder Spartenleitung bzw. durch Steuerungsteams koordiniert werden sollen (*Köhler/Tebbe/Uebele* 1983 b; *Heidrick and Struggles* 1985 und 1986). Am zweithäufigsten kommt es vor, daß das Marketing als eine Abteilung innerhalb des Vertriebs oder Verkaufs geführt wird. Die vom Marketing-Denkansatz her sachlich nächstliegende Lösung, den Verkauf als organisatorische Teileinheit des Marketing-Bereiches einzugliedern, gibt es zwar in praxi, aber bislang doch wesentlich seltener als die beiden anderen Gestaltungsformen.

2.2. Stabs- versus Linienfunktionen

Historisch gesehen, erfolgte die organisatorische Einbindung der zusätzlich zum Verkauf anfallenden Planungs- und Unterstützungsfunktionen zunächst so, daß der Geschäftsleitung eine *Stabsabteilung Marketing* oder Marketing-Services zugeordnet worden ist, während der Verkauf zur Linie gehört. Die Abb. 1 deutet diese Lösung an, die sich heute noch verhältnismäßig oft (wenn auch nicht mehr überwiegend) findet, und zwar bei Investitionsgüterherstellern deutlich häufiger als im Konsumgüterbereich.

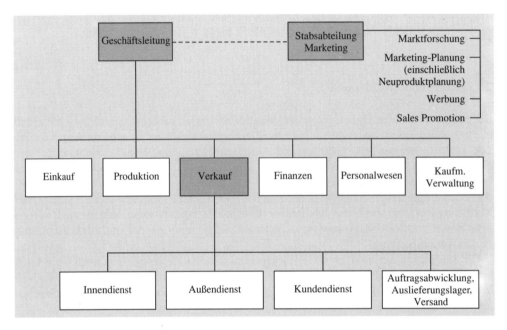

Abb. 1: Funktionale Absatzorganisation mit Marketing-Stäben

Ein möglicher Nachteil besteht dabei in der Gefahr, daß die konzeptionellen Vorschläge der Marketing-Abteilung nicht hinreichend mit dem Verkauf abgestimmt sind oder andererseits auch dem Verkauf nicht konsequent genug vermittelt werden, weil die Geschäftsleitung diese »Brückenfunktion« aus Überlastungsgründen nur begrenzt ausüben kann. Ähnliches gilt auch, wenn Verkauf und Marketing auf der zweiten Hierarchieebene parallel in der Linie angesiedelt sind. Allerdings können gemeinsame Arbeits-, Planungs- oder Steuerungsgruppen dazu beitragen, die internen Kommunikationsbedingungen zu verbessern.

Die Umrisse einer funktionalen *Linienorganisation* des Absatzes, bei der die wichtigsten Zuständigkeiten entsprechend einer marktorientierten Unternehmensführung zusammengefaßt sind, zeigt die Abb. 2 (teilweise ähnlich *Nieschlag/Dichtl/Hörschgen* 1988). Hier ist ein Direktor Marketing/Vertrieb/Absatz (die praktisch gebräuchlichen Bezeichnungen sind sehr unterschiedlich) unmittelbar der Geschäftsleitung nachgeordnet. Ihm kommt die Aufgabe zu, Marketing-Dienste und Verkauf aus einer übergreifenden konzeptionellen Sicht zu verbinden.

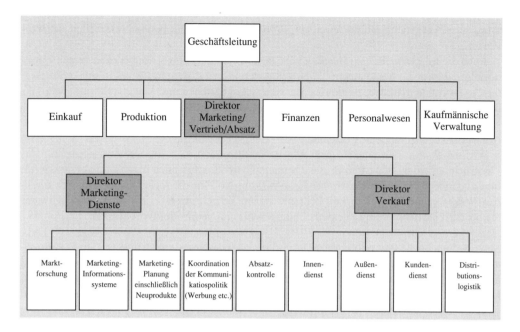

Abb. 2: Integrierte Linienorganisation des Absatzes nach Funktionen

Auch dabei können in bestimmten Zeitabständen zusammentretende Arbeitsgruppen, die in das Organigramm nicht ausdrücklich eingezeichnet sind, die Koordination zusätzlich fördern.

2.3. Effizienzbeurteilung

Die rein funktionale Absatzorganisation bietet sich am ehesten an, wenn das betriebliche Produktprogramm weitgehend homogen ist und die Produkt-Markt-Beziehungen verhältnismäßig überschaubar sind. Dies trifft für viele kleinere Unternehmungen zu, bei denen im übrigen auf eine so weitgehende organisatorische Ausdifferenzierung der Marketing-Dienste wie in Abb. 2 verzichtet wird – nicht zuletzt wegen der begrenzten personellen Ressourcen.

Aber auch bei Großunternehmungen bewährt sich die *Funktionalorganisation* durchaus, sofern relativ gleichartige Produkte angeboten werden und wenn für die Kundenbearbeitung keine besonders unterschiedlichen Anforderungen gelten. Mit anderen Worten: je geringer die *Komplexität* der absatzwirtschaftlichen Umweltbeziehungen, desto besser erfüllt eine funktionsorientierte Absatzorganisation ihren Zweck. Auch eine geringe *Dynamik* der Umweltveränderungen kommt den Einsatzmöglichkeiten der reinen Funktionsgliederung entgegen (vgl. zu empirischen Belegen *Köhler* 1984). Die Spezialisierung auf bestimmte Verrichtungsabläufe und deren Standardisierbarkeit sind unter den genannten Bedingungen als Vorteile anzusehen (*Weitz/Anderson* 1981).

Die *Koordinationsfähigkeit* einer funktionalen Absatzorganisation ist aber andererseits unzureichend, wenn große Heterogenitäten des Produktprogramms sowie der Kundenbeziehungen eine entsprechend unterschiedliche Gestaltung der absatzwirtschaftlichen Tätigkeiten verlangen. Hier werden *objektbezogene* Spezialisierungen erforderlich, um eine genügende Abstimmung aller Aktivitäten auf die jeweiligen Produkt- oder Zielgruppenbesonderheiten sicherzustellen.

Auch die *Marktanpassungsfähigkeit* wird beeinträchtigt, wenn – wie bei einer reinen Funktionalorganisation – keine ausdrücklich geregelten Zuständigkeiten für bestimmte *Absatzsegmente* (Produkte, Kunden, Regionen, Vertriebswege) bestehen und Marktveränderungen sehr differenziert verlaufen. Aus dem gleichen Grund werden möglicherweise Innovationserfordernisse, die sich auf kundenorientierte Verbesserungen in vorhandenen Produktgruppen beziehen, nicht konsequent genug beachtet.

Was die *Innovationsfähigkeit* ganz allgemein (also auch in bezug auf zusätzliche, für das Unternehmen völlig neuartige Produktbereiche) betrifft, so können Teams aus Absatz, F&E und anderen *Funktions*bereichen durchaus wirkungsvoll für die *Ideenfindung* sein. Die *Ideenrealisierung* gelingt in diesem Fall bei einer reinen Verrichtungsspezialisierung aber schwerer als bei der klar definierten Objektzuständigkeit für ein Neuproduktvorhaben.

Sowohl die schnelle und reibungslose *Informationsversorgung* als auch aussagefähige *Kontrollaktivitäten* lassen sich bei funktionaler Absatzorganisation gewährleisten, solange weitgehend ähnliche Produkt-Markt-Beziehungen einen einheitlichen Informationsbedarf bedingen und keine tiefe Aufgliederung der Kontrollobjekte erfordern. Bei komplexen Absatzverhältnissen wird es nötig, daß sich um die produkt- oder marktspezifische Informationsbeschaffung Organisationseinheiten mit gezielter Objektzuständigkeit kümmern.

Nicht zuletzt hängt auch die *Zufriedenheit der Mitarbeiter* davon ab, ob sie ihren Informationsstand als ausreichend für die verlangte Aufgabenerfüllung empfinden. Dies stößt an Grenzen, wenn eine Funktionsausübung (z.B. anwendungstechnische Beratung) für insgesamt sehr heterogene Gegenstandsbereiche erwartet wird.

Ohne Zweifel weist die funktionale Absatzorganisation *Kostenvorteile* auf, da sie tendenziell eine Zentralisation gleichartiger Verrichtungsaufgaben beinhaltet und damit eine wirtschaftliche *Ressourcennutzung* ermöglicht. Die Kostengünstigkeit kann aber nicht absolut gesehen werden, sondern ist gegen die anderen genannten Effizienzmerkmale abzuwägen (*Frese* 1988).

3. Objektorientierte Absatzorganisation

Wegen der Effizienzeinbußen, zu denen eine reine Funktionsausrichtung bei großer Vielfalt und Dynamik der Absatzbeziehungen führt, sind besondere Zuständigkeitsregelungen nach Objekten entstanden. Dies trifft für die BR Deutschland, von wenigen Vorläuferfällen abgesehen, vor allem seit den sechziger und siebziger Jahren zu. *Objektorientierte Organisationsformen* sind dadurch gekennzeichnet, daß sie Zuständigkeiten nicht vorrangig nach einer Tätigkeitsart definieren, sondern im Hinblick auf bestimmte Planungs- und Steuerungsgegenstände. Dies bedeutet, daß verschiedene Verrichtungen (wie Marktforschung, Werbung, Verkauf, physische Distribution) gewissermaßen quer über diese Funktionsbereiche nach den spezifischen Erfordernissen z.B. einer Produktgruppe oder Kundengruppe abzustimmen sind. Deshalb wird dabei von der Aufgabe einer *Querschnittskoordination* gesprochen.

3.1. Formen der Objektorientierung

Das Objektprinzip der Organisation wird auf der Ebene unmittelbar nach der Gesamtunternehmensleitung durch die *Spartenorganisation* verwirklicht, bei der es sich um Teilunternehmungen handelt, die nach bestimmten Produktgruppen oder Marktausschnitten gebildet worden sind. Sie enthalten jeweils auch Organisationseinheiten mit der Bezeichnung Marketing bzw. Absatz, Vertrieb oder Verkauf.

Innerhalb des *Absatzbereiches* sind als wichtigste Formen der Objektorganisation das *Produkt(gruppen)management* und das *Kunden(gruppen)management* zu nennen. Produktmanagern obliegt der Entwurf einer Marketing-Konzeption für die von ihnen betreuten Produkte, die Abstimmung dieser Vorstellungen mit anderen betrieblichen Organisationseinheiten und das Mitwirken bei der operativen Konzeptionsumsetzung. Kundenmanager konzentrieren sich auf Großkunden oder Kundengruppen, die wegen ihrer Bedarfseigenheiten und Verhaltensweisen – oft auch wegen ihrer Machtposition – in besonderer Weise bearbeitet werden müssen.

Weitere absatzwirtschaftlich bedeutsame Formen der Objektorganisation sind die regionale Zuständigkeit für Verkaufsgebiete, *Neuprodukt-Abteilungen* sowie das *Projektmanagement*, das sich zeitlich befristet ebenfalls auf Produktinnovationen beziehen kann. Das absatzwirtschaftliche Projektmanagement kommt außerdem z.B. auch für komplexe Kundenaufträge – wie etwa bei Herstellern von Anlagensystemen – oder für die Einführung von Neuerungen (z.B. von Marketing-Informationssystemen) im innerbetrieblichen Absatzbereich in Betracht (vgl. zur absatzwirtschaftlichen Objektorganisation *Baumgartner* 1972; *Bidlingmaier* 1973; *Poth* 1974; *Barth* 1976; *Steidle/Hauskrecht/Schnelle* 1977; *Hill* 1988; *Meffert* 1986; *Böcker* 1990; *Nieschlag/Dichtl/Hörschgen* 1988; speziell auch mit Bezug zum Handel *Tietz* 1976).

Diese objektbezogenen organisatorischen Regelungen haben in der BR Deutschland eine inzwischen teils ziemlich stabil gewordene, teils noch steigende Verbreitung gefunden, wie Längsschnittuntersuchungen zeigen (*Köhler/Tebbe/Uebele* 1983 b sowie eine unveröffentlichte Erhebung des Instituts für Markt- und Distributionsforschung der Universität zu Köln aus dem Jahre 1986 bei 224 Industriefirmen, von denen fast alle mehr als 1.000 Beschäftigte hatten): Durchschnittlich rd. 52% der Industrieunternehmungen mit mehr als 1.000 Beschäftigten verfügen über ein *Produktmanagement*; im Konsumgüterbereich sind es über 60%. Das *Kundenmanagement* findet sich inzwischen im Schnitt bei knapp 30% der genannten Firmen (im Konsumgütersektor bei ca. 45%). Das absatzwirtschaftliche *Projektmanagement* wird von 20–25% der Unternehmungen genannt (in Investitionsgüterbranchen von rd. 30%). *Neuprodukt-Abteilungen* bzw. -Stellen scheinen zunehmend eingerichtet zu werden (Anfang der achtziger Jahre rd. 15%; 1986 rd. 25%).

Objektbezogene Absatzzuständigkeiten sind in der Praxis organisatorisch auf recht unterschiedliche Weise verankert. Sie finden sich teils auf hoher Hierarchieebene, mitunter unmittelbar nach der Geschäftsleitung, etwa bei einem nationalen *Key-Account-Manager*, der den regionalen Verkaufsdirektoren gleichgestellt ist (*Diller/Gaitanides* 1988). Teils sind sie wesentlich nachrangiger angesiedelt, z.B. auf der vierten oder fünften Hierarchieebene, wie dies bei Produktmanagern in Großunternehmen der Konsumgüterindustrie vorkommt (*Josten* 1979). Die Einbindung in das *Leitungssystem* geschieht ebenfalls nicht einheitlich. Derselbe Typ der Objektausrichtung (z.B. Produkt-, Kunden- oder Projektmanagement) ist in manchen Unternehmungen als *Stabsstelle*, in anderen als Linieninstanz oder im Rahmen einer *Matrix-Organisation* eingegliedert.

Wie auch immer diese Ausgestaltung erfolgt, wird doch stets ein wesentlicher Unterschied zur funktionalen Absatzorganisation deutlich:

Während bei der Verrichtungsspezialisierung einer *Funktionsstelle* der Bezug zu den verschiedenen Produkten und Märkten sehr vielfältig und u.U. diffus werden kann, kommt es bei allen objektorientierten Organisationsformen zur Bündelung von Aktivitäten im Hinblick auf den definierten Planungsgegenstand. *Produktbezogene Organisationseinheiten* koordinieren Tätigkeiten zur gezielten Betreuung bestimmter Sortimentsbestandteile; dabei haben sie es im einfachsten Fall mit einem homogenen Markt, oft aber auch mit mehreren Teilmärkten zu tun. *Marktbezogene Organisationseinheiten* konzentrieren sich auf wichtige Regionen bzw. Kundengruppen (Marktsegmente) oder auf Großkunden, wobei es sich bei diesen Abnehmern um Industrie-, Handels- oder andere Dienstleistungsunternehmungen, öffentliche Institutionen, aber im Direct Marketing auch um Konsumentensegmente handeln kann. Hierauf sind die absatzpolitischen Aktivitäten abzustimmen, und zwar in der Regel quer über eine Mehrzahl von Produkten.

Die produktorientierte Organisationsform erfüllt ihren Zweck ausreichend, wenn zwischen den entsprechenden Absatzobjekten keine wesentlichen *Marktinterdependenzen* bestehen. Sind jedoch die von verschiedenen Produktmanagern betreuten Erzeugnisse gegenseitig substituierbar oder fragen Kunden aufgrund eines Bedarfsverbundes gleichzeitig Artikel aus mehreren Produktbereichen nach, so empfiehlt sich eine kundenorientierte Koordinationsstelle. Die Absatzorganisation nach Objekten muß also unter Berücksichtigung von Spannungsbeziehungen zwischen Produkt und Markt gestaltet werden (*Frese* 1981). Dies bedeutet jedoch kein »entweder – oder«, sondern führt praktisch oft zu mehrdimensionalen Strukturen, bei denen sich produkt- und kundengerichtete Zuständigkeiten ergänzen sollen.

3.2. Verhaltenswirkungen objektbezogener Organisationsformen

Mehrere empirische Studien zeigen übereinstimmend, daß eine Aufgabendefinition und Stellenbildung nach absatzwirtschaftlichen Objekten mit einer Intensivierung des *Planungsverhaltens* einhergeht (*Köhler* 1984. Eine in Österreich durchgeführte erweiterte Replizierung solcher Untersuchungen bestätigt den erwähnten Zusammenhang; vgl. *Kropfberger* 1984). Besonders signifikant zeigt sich dieser Unterschied beim Vergleich der reinen Funktionalorganisation mit dem Produktmanagement.

Anscheinend wirkt sich die klare Abgrenzung überschaubarer Produkt-Markt-Beziehungen förderlich auf die Planungsmentalität und gezielte Informationseinholung aus. Die personellen Anforderungen und Stellenbeschreibungen für die verhältnismäßig neuartigen objektbezogenen Organisationseinheiten bedingen es, daß dafür vorwiegend Mitarbeiter mit Methodenkenntnissen und Planungsneigung eingesetzt werden. Hinzu kommt, daß die Dezentralisierung von Aufgaben, wie sie mit der Einrichtung von Objektzuständigkeiten einhergeht, insgesamt eine verstärkte Abstimmung durch Pläne notwendig macht. Dabei unterliegen Stelleninhaber auf nachgeordneten dezentralen Ebenen auch einem erhöhten »*Rechenschaftsdruck*« zur Rechtfertigung ihrer Vorschläge, was eine Tendenz zur formalisierten Planung schafft. Es stellt sich die Frage, inwieweit diese Verhaltensweisen und die ihr zugrunde liegenden Organisationsregelungen geeignet sind, zur verbesserten Verwirklichung von Absatzzielen beizutragen.

3.3. Effizienzbeurteilung

Im Umkehrschluß zu den bei der Funktionalorganisation genannten Effizienzbedingungen gilt, daß hohe *Komplexität* der Absatzbeziehungen (vielfältige Produkte, unterschiedliche Kundensegmente mit jeweils besonderen Bedarfsmerkmalen) und große *Dynamik* der Märkte eine Objektorganisation zweckmäßig erscheinen lassen. Die *Koordinationsfähigkeit* zur Erarbeitung klarer Konzeptionen im Produktmarketing und zur konsequenten Ausrichtung auf Abnehmer-Zielgruppen wird dann durch objektbezogene Zuständigkeitsregelungen verbessert. Allerdings muß ergänzend gesagt werden, daß die damit einhergehende Dezentralisierung ihrerseits neue Koordinationsprobleme aufwirft:

Die umfassende Betreuung bestimmter Produkte durch Produktmanager oder die konzentrierte Großkundenbearbeitung durch Key-Account-Manager führt zwar jeweils »punktuell« zu einer gezielten Maßnahmenabstimmung; es bedarf darüber hinaus aber zusätzlicher Gremien oder übergeordneter Instanzen, die die Ressourcenverteilung und die Zielplanung aus gesamtbetrieblicher Sicht steuern und etwaige Konflikte zwischen den dezentralen Aufgabenträgern beizulegen helfen. Damit wächst der Koordinationsaufwand.

Die *Marktanpassungsfähigkeit* läßt sich in dynamischer Umwelt durch die Einrichtung besonderer produkt- bzw. kundenbezogener Organisationseinheiten erhöhen; denn Veränderungserfordernisse im abgegrenzten Produkt-Markt-Zusammenhang werden unmittelbar wahrgenommen und aufgegriffen. Dadurch wird auch die *Innovationsfähigkeit* günstig beeinflußt, soweit es um Neuerungen in enger Abstimmung mit Kunden bzw. um Produktdifferenzierungen geht. Hingegen ist von Produkt- und Kundenmanagern kaum zu erwarten, daß sie weitreichende Innovationen über ihren angestammten Objektbereich hinaus anregen werden. Hierzu erscheinen Teams aus unterschiedlichen Funktionsbereichen, z.B. in der Organisationsform der Projektgruppe, oder Neuproduktabteilungen – wenn sie sich nicht zu sehr von den operativen Einheiten isolieren – geeigneter (*Tebbe* 1989).

Die Qualität der *Informationsversorgung* wird, wie die obenerwähnten empirischen Befunde belegen, durch eine aktive und genau gegenstandsbezogene Informationsnachfrage der produkt- oder marktorientierten Stellen gefördert. Ebenso verbessert eine objektbezogene Absatzorganisation die Möglichkeiten aussagefähiger Ergebnis-*Kontrollen*, da sie der *Absatzsegmentrechnung* nach Produkten, Kunden(gruppen) oder Verkaufsgebieten entgegenkommt. Die betreffenden Organisationseinheiten können als *Profit-Center* geführt werden, da sich Objektkosten und -erlöse zurechnen lassen.

Die *Zufriedenheit der Mitarbeiter* hängt wesentlich von ihrer Ausstattung mit Kompetenzen ab. Grundsätzlich dürfte die Zuordnung einer klar abgegrenzten, aber inhaltlich vielseitig angelegten Objektzuständigkeit motivationsfördernd sein. Wenn aber zu geringe Durchsetzungschancen für die entwickelten Absatzkonzeptionen bestehen (etwa bei bloßer Stabseigenschaft des Produktmanagements) oder wenn es mangels übergreifender Gesamtkoordination zu unbewältigten Konflikten mit anderen Organisationseinheiten kommt, sinkt das Zufriedenheitsniveau. So haben auch *Gaitanides/Diller* (1989) deutliche Unterschiede zwischen den Zufriedenheitsangaben und sonstigen Effizienzmerkmalen bei einem kompetenzmäßig »schwachen« gegenüber einem »starken« *Großkundenmanagement* festgestellt.

Aus *Kostensicht* ist die objektbezogene Absatzorganisation aufgrund der weitgehenden Stellendifferenzierung und wegen zusätzlicher Erfordernisse der Gesamtkoordination wohl aufwendiger als die Funktionalorganisation. Dafür ist sie aber unter bestimmten, oben genannten Bedingungen bei vielfältigen und stark veränderlichen Marktbeziehungen wirkungsvoller.

4. Mehrdimensionale Organisationsformen im Absatz

Mehrdimensionalität bedeutet im vorliegenden Zusammenhang, daß der absatzwirtschaftliche Entscheidungsbereich bei der Aufgabensynthese nach zwei oder mehr unterschiedlichen Ordnungsgesichtspunkten in Organisationseinheiten gegliedert wird. Den im Kapitel 3. besprochenen objektorientierten Stellen oder Abteilungen stehen grundsätzlich auch noch eigenständige Funktionsabteilungen gegenüber. Es ist also nicht so, daß das Objektprinzip das Funktionenprinzip völlig ersetzt. Vielmehr führt es zu kombinierten Lösungen des Organisationsaufbaus.

4.1. Strukturtypen

Nach der Art des Zusammenwirkens der verschiedenen Dimensionen lassen sich drei Grundformen unterscheiden (*Frese* 1988):

Mehrdimensionalität kann zum einen nach dem Stabsprinzip erreicht werden, wenn beispielsweise zu einer funktional aufgebauten Absatzorganisation ein Produktmanagement als *Stabsstelle* der Marketing-Leitung hinzukommt. Hier stellt sich das Problem der Durchsetzbarkeit produktbezogener Konzeptionen; sie setzt deutliche Unterstützung durch die Linieninstanz voraus, um ein konstruktives Mitwirken der Funktionsabteilungen sicherzustellen.

Mehrdimensionale Strukturen werden zweitens nach dem Prinzip der *Matrix-Organisation* verwirklicht; d.h. daß sowohl objekt- als auch funktionsbezogene Organisationseinheiten mit Entscheidungskompetenzen ausgestattet sind und aus unterschiedlichen Blickwinkeln bei bestimmten Sachproblemen und Ressourceneinsätzen zusammenarbeiten sollen. Dies kommt im Absatzbereich überall dort vor, wo sich Produkt-, Kunden-, Regional- oder Projektmanager sowie feste Neuproduktabteilungen (die nicht nur eine Stabsrolle ausüben) mit Funktionsabteilungen (z.B. Verkauf, Werbung und Verkaufsförderung) abzustimmen haben. Aufgrund der hier zusammenkommenden unterschiedlichen Spezialisierungsschwerpunkte erhofft man sich umsichtigere und anpassungsfähige Problemlösungen, unter Inkaufnahme eines erhöhten Konfliktpotentials.

Schließlich gibt es Regelungen nach dem *Ausgliederungsprinzip*, die innerhalb des Absatzbereiches darauf hinauslaufen, daß z.B. eine vorrangige Kompetenzeinteilung nach größeren Produktgruppen erfolgt, wobei den Produktgruppenleitern jeweils Funktionsstellen wie Marktforschung, Marketing-Planung, Werbung, Verkaufsförderung unterstellt sind. Bestimmte Funktionen, soweit sie mehrere Produktgruppen gemeinsam betreffen, werden aber an Zentralabteilungen (s. 4.2.) ausgegliedert, beispielsweise die Distributionslogistik.

Unterschiedliche Strukturtypen ergeben sich außerdem aus der Anzahl der Ordnungsdimensionen, die nebeneinander bei der absatzwirtschaftlichen Aufbauorganisation berücksichtigt werden. Müssen sich Funktionsabteilungen, Produktmanager und kunden- oder regionbezogene Stellen mit Entscheidungskompetenzen aufeinander abstimmen, so liegt nicht mehr nur eine Matrix-, sondern eine sog. *Tensororganisation* vor.

In der Praxis überlappen sich mitunter mehrere Strukturgesichtspunkte, ohne daß die Organigramme ganz eindeutig auf die Koordinationsbeziehungen schließen lassen. Die Abb. 3 gibt als Beispiel die Angaben einer Unternehmung der Elektrotechnischen Industrie und Medizintechnik mit einer Beschäftigtenzahl zwischen 1.000 und 2.000 wieder. Das Organigramm läßt erkennen, daß auf den ersten beiden Ebenen nach der Geschäftsleitung eine funktionale Organisation vorliegt. Zusätzlich ist aber der Bereich »Marketing und Vertrieb« nach vier objektbezogenen Gesichtspunkten gegliedert. Es gibt ein Produktmanagement, regionale Vertriebszuständigkeiten, Ansätze eines Großkundenmanagements und für das Anlagengeschäft ein Projektmanagement. Wie sich etwa das Produkt- und das Kundenmanagement miteinander abstimmen (ob im Rahmen matrixartiger Kompetenzüberschneidungen oder durch gemeinsame Mitarbeit in Planungsausschüssen), wird nicht explizit ersichtlich. Eine übergreifende Koordinationsaufgabe obliegt in dieser Hinsicht dem Marketing- und Vertriebsleiter.

Bemerkenswert erscheint es außerdem, daß es sich die Geschäftsleitung durch die Ausgliederung der (Neu-)Produktplanung aus der Marketing-Abteilung und durch entsprechende Einrichtung einer zentralen Stabsstelle vorbehalten hat, die Grundlinien der Produktpolitik zu bestimmen.

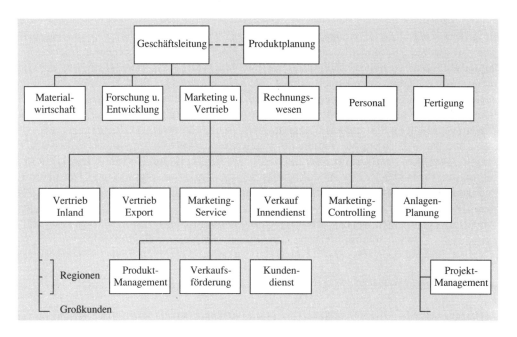

Abb. 3: Ein Praxisbeispiel für die mehrdimensionale Absatzorganisation

4.2. Fragen der Zentralisation und Dezentralisation

Für den Absatzbereich gilt, wie generell in Organisationen, daß zunehmende *Komplexität* und unsichere Vorhersehbarkeit der Umweltbeziehungen eine stärkere Aufgabendifferenzierung und Dezentralisation bedingen (*Nonaka/Nicosia* 1979; *Weitz/Anderson* 1981). Die objektbezogenen Formen der Absatzorganisation unterstreichen dies. Dennoch werden gerade im mehrdimensionalen Organisationsaufbau bestimmte Funktionen auf zentraler Ebene angesiedelt. Die Abb. 3 ist hinsichtlich der Produktplanung ein Beispielsfall. Mitunter übernimmt eine Zentralinstanz auch ausgewählte Objektzuständigkeiten selbst; so etwa, wenn der Marketing- bzw. Vertriebsleiter oder die Geschäftsleitung die direkte Großkundenbetreuung beibehalten, während ansonsten die Bearbeitung bestimmter Marktsegmente auf Kundengruppenmanager delegiert ist. Hierbei gibt die besondere Bedeutsamkeit der Aufgabe den Ausschlag.

Ein anderer Grund für teilweise *Zentralisierungen* leitet sich aus Wirtschaftlichkeits- und Koordinationsüberlegungen ab. So ist es in der Regel unökonomisch, jedem Produktmanager eine eigene Werbestelle zuzuordnen. Es wird unmittelbar unter der Marketing-Leitung eine Werbeabteilung eingerichtet, die sich mit den verschiedenen Produktmanagern und nach außen gesamtheitlich mit den Werbeagenturen abstimmt. Ebenso ist die Distributionslogistik ein Tätigkeitsfeld, bei dem sich eine zentrale Zuständigkeit z. B. zur regionalen Abstimmung für alle Produkte und Gebietskunden empfiehlt (*Specht* 1988).

Besondere Zentralisierungsfragen ergeben sich bei *international tätigen Unternehmungen*, wenn sie aus Kostengründen sowie zur Festigung eines einheitlichen Erscheinungsbildes eine länderweit möglichst hohe Standardisierung ihrer Marketing-Aktivitäten anstreben, wie sich dies am konsequentesten im Konzept des »*Global Marketing*« ausdrückt. Hier sind dezentrale Verkaufsfunktionen und Kundenorientierungen in den einzelnen Ländern mit einer länderübergreifenden Konzeption des Produktmarketing in Einklang zu bringen. Ein Global-Produktmanagement im Stammhaus übernimmt in diesem Fall die zentrale Steuerung.

Nicht ausschließlich auf das Stammland zugeschnitten ist der Organisationsansatz des sog. *Lead-Country-Konzepts*, bei dem die internationale Konzeptionsentwicklung jeweils für ein bestimmtes Produkt oder eine Produktgruppe auf die Niederlassung in jenem Land übertragen wird, das für diesen Sortimentsausschnitt eine führende strategische Bedeutung hat. Zu allen diesen Formen der Kompetenzbündelung kommen aber zweckmäßigerweise noch Koordinationsgremien hinzu, die den dezentralen Standpunkt der übrigen Länder und ihrer Marketing- bzw. Verkaufsorganisationen berücksichtigen (*Kreutzer/Raffée* 1986).

4.3. Effizienzbeurteilung

Mehrdimensionale Formen der Absatzorganisation versuchen, die Vorteile der verschiedenen Gestaltungsgrundsätze (z. B. die verrichtungsbezogenen Spezialkenntnisse von Funktionsstellen einerseits, die höhere Marktanpassungsfähigkeit bei objektbezogener Ausrichtung andererseits) zu verbinden und deren Nachteile möglichst auszugleichen. Insofern kann hier auf die Ausführungen unter 2.3. und 3.3. hingewiesen werden. Die auftretenden Überschneidungen zwischen manchen Aufgaben- und Kompetenzgebieten verlangen allerdings mehr Vorkehrungen zur *Gesamtkoordination* als bei rein funktionalen Gliederungen in einem Einliniensystem. Es muß sichergestellt werden, daß die *Motivation* und die *Zufriedenheit der Mitarbeiter* nicht durch mangelnden Konfliktausgleich und fehlende absatzpolitische Gesamtorientierung beeinträchtigt werden.

Die *Kostenbelastung*, die mit diesen Erfordernissen und mit der Stellendifferenzierung einhergeht, ist relativ hoch. Das häufige Vorkommen mehrdimensional aufgebauter Absatzorganisationen in der Praxis ist jedoch ein Anzeichen, daß sie bei sehr vielfältigen Produkt-Markt-Beziehungen (insbesondere in Großunternehmungen) als notwendig angesehen und ihre Effizienzwirkungen dann günstig eingeschätzt werden.

5. Interne und externe Absatzorganisation

Die bisherigen Ausführungen haben sich schwerpunktartig auf die *interne Absatzorganisation* einer Unternehmung bezogen, obwohl der dabei miterwähnte *Verkaufsaußendienst* schon die Nahtstelle zum betrieblichen Umsystem darstellt. Er gehört, soweit es sich um angestellte Mitarbeiter (z.B. Reisende) handelt, jedoch zum unternehmenseigenen Organisationsaufbau. Von *externer Absatzorganisation* spricht man im Hinblick auf »Absatzaufgaben und -tätigkeiten, die unternehmensfremden selbständigen Organen übertragen werden« (*Alewell* 1980, Sp. 31).

Im Grundsatz geht es dabei immer um Aufgaben, die auch durch die ausgliedernde Unternehmung selbst wahrgenommen werden könnten, aber oft nur kostenungünstiger oder weniger wirkungsvoll (z.B. Marktforschung, Werbung, akquisitorische und physische Distribution, Kundenservice, Absatzfinanzierung). Hierfür bieten sich besondere Institute, Agenturen, Absatzhelfer (z.B. Handelsvertreter), Groß- und Einzelhandelsunternehmungen, Transport- und Lagerhaltungsbetriebe, Serviceleister (z.B. manche Handwerksbetriebe) sowie Banken an.

Es wird in jüngerer Zeit versucht, die Wahl zwischen internen oder externen Formen der Absatzorganisation aus *transaktionskostentheoretischer Sicht* zu begründen. Dabei wird die Übertragung von Tätigkeiten auf fremde Wirtschaftseinheiten tendenziell empfohlen, wenn ihre Durchführbarkeit nicht zu eng von fallspezifischen Know-how-Erfordernissen und Sonderinvestitionen abhängt (so daß es dann auch eher eine Mehrzahl möglicher Vertragspartner gibt, die miteinander konkurrieren), wenn weiterhin die Beziehungen zur relevanten Umwelt überschaubar und einigermaßen sicher prognostizierbar sind und wenn es möglichst eindeutige Maßstäbe für die Bewertung des externen Leistungsbeitrags gibt (*Ruekert/Walker/Roering* 1985).

Es stellt sich das Problem, welcher Einfluß bei der ausgliedernden Unternehmung verbleibt, so daß sie auch im Außenbereich aktiv Regelungen treffen – also wirklich Absatz*organisation* betreiben – kann. Bei rechtlich selbständigen, wirtschaftlich aber unselbständigen Verkaufsgesellschaften ist diese Einflußnahme weitgehend gesichert. Gegenüber Marktforschungsinstituten oder Werbeagenturen hat das »Briefing« die Funktion der Richtlinie für ein abgestimmtes Vorgehen.

Als schwierig erweist sich hingegen oft das Verhältnis zwischen Hersteller- und Handelsunternehmungen, wenn letztere absatzpolitisch und organisatorisch großen Wert auf eigenständige Konzepte legen. Vertragliche Vertriebssysteme – es wird auch von *Kontraktmarketing* gesprochen – sind aus Herstellersicht ein Ansatz, strategische Vorstellungen im Rahmen der externen Absatzorganisation verwirklichen zu können. Besonders eng ist hierbei die Koordination in *Franchise-Systemen*, deren Zahl in jüngerer Zeit sprunghaft gestiegen ist. Derartige Bemühungen um eine gemeinsame, letztlich konsumentenbezogene Abstimmung der Absatzpolitik zwischen Hersteller und Handel werden unter dem Begriff »*Vertikales Marketing*«

zusammengefaßt. Noch allgemeiner sind Aufgaben der externen Absatzorganisation neuerdings unter dem Stichwort »*Beziehungsmanagement*« mit angesprochen (*Diller/Kusterer* 1988).

6. Schnittstellenorganisation in absatzwirtschaftlicher Sicht

Schnittstellen entstehen, wenn sachlich eng verbundene Arbeitsgebiete durch Funktionsteilung verselbständigt werden, so daß es dann ergänzender Vorkehrungen bedarf, um an den inhaltlich gemeinsamen Berührungspunkten für eine Zielausrichtung im Interesse der Gesamtunternehmung zu sorgen (*Brockhoff* 1989). Nach Funktionsausgliederungen auf andere Betriebe sind derartige Schnittstellen Gegenstand der externen Absatzorganisation (s. oben). *Innerhalb* der Unternehmung besitzt der Absatzbereich u.a. besonders wichtige Schnittstellen zur gesamtbetrieblichen strategischen Planung (*Engelhardt* 1989), zur Forschung und Entwicklung (*Benkenstein* 1987), zum Rechnungswesen (*Köhler* 1989) und überhaupt zum Aufgabenfeld der Informationswirtschaft (*Hayhurst/Wills* 1972). In Handelsbetrieben ist darüber hinaus die sachliche Berührung zwischen Beschaffung und Absatz sehr eng.

Regelungen zur Schnittstellenorganisation haben den Zweck, den Informationsaustausch zwischen den Absatz- und anderen Unternehmensabteilungen zu verbessern, Prozeduren für die wechselseitige Abstimmung festzulegen und Konfliktlösungen zu erleichtern (*Ruekert/Walker* 1987). Zeitlich befristet tragen hierzu Projektteams bei, wie sie etwa bei der Neuproduktplanung aus Mitgliedern der Absatz-, F&E-, Produktions- und anderer Bereiche gebildet werden. Ohne grundsätzliche Befristung dienen *Ausschüsse* (funktionsübergreifende Arbeitsgruppen bzw. Planungsrunden, »Steering Committees«) als Koordinationshilfe.

Es gibt aber auch einzelne Stelleninhaber, die sich speziell der Schnittstellenüberbrückung

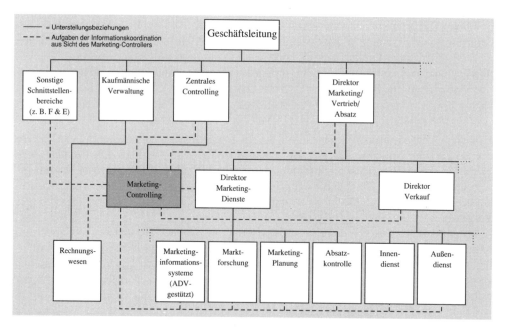

Abb. 4: Der Marketing-Controller im Rahmen der Schnittstellenorganisation

widmen. Ein Beispiel ist die in angelsächsischen Ländern inzwischen häufiger eingerichtete Zuständigkeit eines »Marketing-Accountant«, der – im Rechnungswesen und in grundsätzlichen Absatzfragen ausgebildet – eine sachgerechte Informationsaufbereitung für Absatzentscheidungen und -kontrollen fördern soll (*Görgen/Huxold* 1987). Noch umfassendere »Interface«-Aufgaben werden *Marketing-Controllern* zugeordnet, deren Tätigkeitsfeld nach aktueller Auffassung keineswegs nur Kontrollen umfaßt, sondern die Koordination der Informationsversorgung für das Marketing-Management. Die Abb. 4 deutet diese schnittstellenbezogene Rolle des Marketing-Controllers an.

7. Zusammenfassung: Kontextabhängigkeit der Absatzorganisation

Eine allgemeingültige Regel für den effizientesten Aufbau der Absatzorganisation gibt es nicht, wie in den vorangegangenen Kapiteln begründet worden ist. Vielmehr hängt die zweckmäßige Wahl der Organisationsform von einer Reihe situativer Merkmale ab (*Piercy* 1985; *Zeithaml/Varadarajan/Zeithaml* 1988). Ein wesentlicher Einfluß auf das Erfordernis der Aufgabendifferenzierung, der Dezentralisation und der Bildung objektbezogener Organisationseinheiten geht von der Vielfalt und Dynamik der betrieblichen Produkt-Markt-Beziehungen aus. Empirische Untersuchungen zeigen, daß die Objektorganisation (wie das Produkt- oder das Kundenmanagement) bei hoher Komplexität und Turbulenz der Absatzbedingungen im ganzen effizienter ist als bloß verrichtungsorientierte Aufgabengliederungen. Umgekehrt aber hat sich die reine Funktionalorganisation des Absatzes als wirkungsvoll erwiesen, wenn stabile und verhältnismäßig homogene Absatzverhältnisse vorliegen (*Köhler/Tebbe/Uebele* 1983 a; *Köhler* 1984).

Weitere bedeutsame Kontextmerkmale für die Organisationsgestaltung sind die Unternehmensgröße, die Branche, die Internationalität der Marktbeziehungen sowie der Routine- oder Neuartigkeitscharakter der Absatzaufgaben (beispielsweise feste Verkaufsorganisation für das gängige Produktsortiment versus Projektorganisation für ein Neuproduktvorhaben).

Die Organisationsberatung durch interne Überwachungsstellen (sog. *Organisations-Audit*) wie auch durch Außenstehende muß diese unterschiedlichen Ausgangsbedingungen berücksichtigen.

Literatur

Alewell, K.: Absatzorganisation. In: HWO, 2. Aufl., hrsg. v. E. Grochla. Stuttgart 1980, Sp. 30–42.
Barth, H.: Die Absatz- und Marketingorganisation der Unternehmung, Frankfurt/M., Thun 1976.
Baumgartner, U.: Marketing-Organisationen unter Berücksichtigung der neuen Führungs- und Motivationstheorien. Diss. Linz 1972.
Benkenstein, M.: F&E und Marketing. Wiesbaden 1987.
Berekoven, L.: Die Absatzorganisation. Herne, Berlin 1976.
Bidlingmaier, J.: Marketingorganisation. In: DU, 27. Jg., 1973, S. 133–154.
Böcker, F.: Marketing. 3. Aufl., Stuttgart 1990.
Brockhoff, K.: Schnittstellen-Management. Stuttgart 1989.
Buell, V.P.: Organizing for Marketing/Advertising Success in a Changing Business Environment. New York 1982.
Diller, H./Gaitanides, M.: Das Key-Account-Management in der deutschen Lebensmittelindustrie. Forschungsbericht, Hamburg 1988.

Diller, H./Kusterer, M.: Beziehungsmanagement. In: Marketing ZFP, 10. Jg., 1988, S. 211–220.

Engelhardt, W.H.: Absatzfunktion und strategisches Marketing – eine Schnittstellenanalyse. In: Marketing-Schnittstellen, hrsg. v. G. Specht, G. Silberer u. W.H. Engelhardt. Stuttgart 1989, S. 103–115.

Fischer, A.J.: Marketing-Organisation. In: Management Enzyklopädie. Bd. 7, München 1975, S. 2312–2321.

Frese, E.: Die Unternehmungsorganisation im Spannungsfeld zwischen Produkt und Markt. In: DU, 35. Jg., 1981, S. 209–228.

Frese, E.: Grundlagen der Organisation. 4. Aufl., Wiesbaden 1988.

Gaitanides, M./Diller, H.: Großkundenmanagement – Überlegungen und Befunde zur organisatorischen Gestaltung und Effizienz. In: DBW, 49. Jg., 1989, S. 185–197.

Goehrmann, K.E.: Verkaufsmanagement. Stuttgart u.a. 1984.

Görgen, W./Huxold, St.: Schnittstellenmanagement zur Koordination von Marketing und Rechnungswesen. Forschungsbericht, Köln 1987 (DBW-Depot 88-1-1).

Grochla, E.: Organisation und Organisationsstruktur. In: HWB, 4. Aufl., hrsg. v. E. Grochla u. W. Wittmann. Bd. 2, Stuttgart 1975, Sp. 2846–2868.

Hayhurst, R./Wills, G.: Organizational Design for Marketing Futures. London 1972.

Hecking-Binder, E.E.: Führungsmodelle und Marketingorganisation. Wiesbaden 1974.

Heidrick and Struggles: Der Marketing-Leiter in Deutschland 1985. Düsseldorf 1985.

Heidrick and Struggles: Der Vertriebs-Leiter in Deutschland 1986. Düsseldorf 1986.

Hesse, J.: Funktionale Marketing-Organisation. In: Integrierte Marketingfunktionen, hrsg. v. P.W. Meyer u. A. Hermanns. Stuttgart u.a. 1978, S. 168–189.

Hill, W.: Marketing. Bd. 2, 6. Aufl., Bern, Stuttgart 1988.

Hopkins, D.S./Bailey, E.L.: Organizing Corporate Marketing. Conference Board Report No. 845, New York 1984.

Jerke, A.: Konzepte für eine innerbetriebliche Marketing-Organisation. In: Modernes Marketing – Moderner Handel, hrsg. v. J. Bidlingmaier. Wiesbaden 1972, S. 163–178.

Josten, F.A.: Determinanten von Product-Management-Strukturen. Frankfurt/M., Bern, Las Vegas 1979.

Köhler, R.: Marketingplanung in Abhängigkeit von Umwelt- und Organisationsmerkmalen. Ergebnisse empirischer Studien. In: Marktorientierte Unternehmungsführung, hrsg. v. J. Mazanec u. F. Scheuch. Wien 1984, S. 581–602.

Köhler, R.: Marketing-Accounting, In: Marketing-Schnittstellen, hrsg. v. G. Specht, G. Silberer u. W.H. Engelhardt. Stuttgart 1989, S. 117–139.

Köhler, R./Tebbe, K./Uebele, H.: Der Einfluß objektorientierter Organisationsformen auf die Gestaltung absatzpolitischer Entscheidungsprozesse. Forschungsbericht, Köln 1983 a (DBW-Depot 84-1-3).

Köhler, R./Tebbe, K./Uebele, H.: Objektorientierte Organisationsformen im Absatzbereich von Industrieunternehmen. Ergebnisse empirischer Studien. Forschungsbericht (Teilnehmerbericht), Köln 1983 b.

Kreutzer, R./Raffée, H.: Organisatorische Verankerung als Erfolgsbedingung eines Global-Marketing. In: Thexis, 3. Jg., 1986, H. 2, S. 10–21.

Kropfberger, D.: Der erweiterte situative Ansatz in der Planungsforschung – Einsatzbedingungen von Marketing und Marketing-Planung in Industrie und Gewerbe. In: Marktorientierte Unternehmungsführung, hrsg. v. J. Mazanec u. F. Scheuch. Wien 1984, S. 603–623.

Meffert, H.: Absatzorganisation, In: HWB, 4. Aufl., hrsg. v. E. Grochla u. W. Wittmann. Bd. 1, Stuttgart 1974, Sp 51–63.

Meffert, H.: Marketing. 7. Aufl., Wiesbaden 1986.

Meyer, P.W. (Hrsg.): Integrierte Marketingfunktionen. 2. Aufl. Stuttgart u.a. 1990.

Neske, F.: Marketing-Organisation. Gernsbach 1973.

Nieschlag, R./Dichtl, E./Hörschgen, H.: Marketing. 15. Aufl., Berlin 1988.

Nonaka, I./Nicosia, F.M.: Marketing Management, Its Environment and Information Processing: A Problem of Organizational Design. In: Journal of Business Research, Vol. 7, 1979, S. 277–300.

Numrich, K.J.: Marketinggerechte Organisationsformen. In: Führung in Organisationen, hrsg. v. V.H. Peemöller. Berlin 1979, S. 99–110.

o.V.: Marketingorganisation: Erleuchtung nach Plan. In: Absatzwirtschaft, 20. Jg., 1977, H. 3, S. 24–33.

Piercy, N.: Marketing Organisation: An Analysis of Information Processing, Power and Politics. London, Boston, Sydney 1985.

Poth, L.G.: Marketingorganisation. In: Marketing Enzyklopädie. Bd. 2, München 1974, S. 633–657.

Ruekert, R.W./Walker, O.C.: Marketing's Interaction with Other Functional Units: A Conceptual Framework and Empirical Evidence. In: Journal of Marketing, Vol. 51, January 1987, S. 1–19.

Ruekert, R.W./Walker, O.C./Roering, K.J.: The Organization of Marketing Activities: A Contingency Theory of Structure and Performance. In: Journal of Marketing, Vol. 49, Winter 1985, S. 13–25.

Scheppach, J.: Möglichkeit der Institutionalisierung von Marketingfunktionen in der Unternehmensorganisation. Arbeitspapier, Augsburg 1983 (DBW-Depot 84-1-6).
Schweitzer, M./Hettich, G.O.: Absatzorganisation, betriebliche. In: HWA, hrsg. v. B. Tietz, Stuttgart 1974, Sp. 61–70.
Specht, G.: Distributionsmanagement. Stuttgart u.a. 1988.
Spillard, P.: Organization and Marketing. London, Sydney 1985.
Steidle, B./Hauskrecht, M./Schnelle, A.: Organisationsformen im Marketing. In: Marketing, hrsg. v. L.G. Poth. Neuwied 1977, Abschn. 4.2., S. 1–59.
Sundhoff, E.: Absatzorganisation. Wiesbaden 1958.
Tebbe, K.: Die Organisation von Produktinnovationsprozessen. Diss. Köln 1989.
Tietz, B.: Die Grundlagen des Marketing. 3. Bd.: Das Marketing-Management. München 1976.
Weitz, B./Anderson, E.: Organizing the Marketing Function. In: Review of Marketing, hrsg. v. B.M. Enis u. K.J. Roering. Chicago 1981, S. 134–142.
Zeithaml, V.A./Varadarajan, P./Zeithaml, C.P.: The Contingency Approach: Its Foundations and Relevance to Theory Building and Research in Marketing. In: European Journal of Marketing, Vol. 22, 1988, No. 7, S. 37–64.

IV. Führung im Marketing-Bereich*

1. Besonderheiten der Führungsproblematik im Marketing-Bereich

Marketing bedeutet in ganz grundsätzlicher Auslegung eine Planungs- und Steuerungskonzeption zur Gestaltung von Austauschprozessen zwischen Marktteilnehmern. »Marketing is a social process by which individuals and groups obtain what they need and want through creating and exchanging products and value with others« (*Kotler* 1984, S. 4). Aus einzelbetrieblicher Sicht geht es dabei um die »Planung, Koordination und Kontrolle aller auf die aktuellen und potentiellen Märkte ausgerichteten Unternehmensaktivitäten« (*Meffert* 1982, S. 35). Für die *Führung* als »zielorientierte soziale Einflußnahme zur Erfüllung gemeinsamer Aufgaben« (*Wunderer/Grunwald* 1980a, S. 52) ergeben sich im Marketing-Bereich einige *spezifische Anforderungen:*

1.1. Arten der sozialen Interaktionsbeziehung

Anders als z.B. in rein innerbetrieblich tätigen Organisationseinheiten bedingt die Marktorientierung eine zweifache Perspektive der ziel- und aufgabenbezogenen Einflußnahme. Führung ist einerseits zur Motivation und Koordination der Mitglieder *innerhalb* einer betrieblichen Marketing-Organisation erforderlich. Andererseits bestehen aber auch Führungsprobleme in bezug auf *externe* Marktteilnehmer (*Tietz* 1976). Dies gilt in all jenen Fällen, bei denen mit Lieferanten, Nachfragern, selbständigen Handelsvertretern oder zwischengeschalteten Handelsbetrieben bestimmte Vorhaben gemeinsam verfolgt werden (wie etwa bei engen Zulieferkooperationen auf der Beschaffungsseite, Referenzprojekten zur Erprobung von Produktinnovationen mit ausgewählten Verwendern, vertraglichen Vertriebssystemen zwischen Industrie und Handel). Das gleiche trifft für gemeinsame Marketing-Aktivitäten mit anderen Anbietern zu (z.B. beim Zusammenwirken mehrerer Anbieter im Anlagensystemgeschäft).

Führung im Marketing-Bereich einer Unternehmung kann also *»institutionsintern«* oder auch *»institutionsextern«* ausgerichtet sein (*Macharzina* 1974, S. 777).

1.2. Die Vielfältigkeit von Marketing-Zielen und -Aufgaben

Die verschiedenen internen und externen Blickwinkel, unter denen Führungsprobleme im Marketing zu lösen sind, bedingen auch die Beachtung mehrerer *Zielebenen*. Innerbetriebliche Zielvorstellungen sind in Einklang mit den Interessenstandpunkten von Marktpartnern auf der Abnehmer- und Lieferantenseite zu bringen (*Köhler* 1984). Für die dauerhafte Sicherung von Erfolgspotentialen ist es deshalb wesentlich, daß *Zielgrößen* in die Führungsüberlegungen mit einbezogen werden, deren Erfüllungsgrad Zufriedenheitsniveaus bestimmter anderer

---

* Ursprünglich unter dem Stichwort »Marketingbereich, Führung im« erschienen in: Handwörterbuch der Führung (Hrsg.: A. Kieser / G. Reber / R. Wunderer), Stuttgart 1987, Sp. 1389–1403

Marktteilnehmer widerspiegelt. Aus diesem Erfordernis können *Konflikte* zwischen kurz- und langfristigen, monetären und nichtmonetären Erfolgskriterien sowie zwischen Marketing-Organisationseinheiten mit unterschiedlichen Zielprioritäten entstehen.

Ähnlich vielfältig sind die Prozesse der *Aufgabenerfüllung*, auf die im Rahmen der Marketing-Führung Einfluß zu nehmen ist. Gegensatzpaare wie »strategisch/taktisch«, »Innovationsaufgabe/Routineaufgabe«, »Außendienst/Innendienst« sind Stichwörter, die bereits die Unterschiedlichkeit der zu koordinierenden Tätigkeitsfelder andeuten. Im folgenden wird deshalb etwas näher auf die heterogenen Ziel- und Aufgabenmerkmale im Marketing eingegangen, um dann auf dieser Grundlage darstellen zu können, welche Führungsformen jeweils *kontextabhängig* angemessen erscheinen (*Belz* 1984).

2. Ziel- und Aufgabenmerkmale

Marketing-Ziele beziehen sich sowohl auf Soll-Ergebnisse, die die eigene Unternehmenssphäre kennzeichnen, als auch auf angestrebte Zustandsgrößen im Unternehmensumfeld. Im ersten Fall handelt es sich vorwiegend (wenn auch nicht ausschließlich) um *monetäre Ziele* wie Kosten, Umsatzerlöse, Deckungsbeiträge, Nettogewinne, Renditen.

In umfeldbezogener Hinsicht dominieren *nichtmonetäre Ziele*. Hier sind Sollgrößen zu nennen wie Bekanntheitsgrade, die numerische und gewichtete Distribution auf der Handelsstufe, die Marktpenetration, Wiederkaufraten, (mengenmäßige) Marktanteile, Einstellungen von Nachfragern bzw. Lieferanten gegenüber der Unternehmung als Anbieter oder Beschaffer, Produktimages, konkurrentenbezogene Produktpositionierungen.

Der *Führung im Marketing-Bereich* stellt sich die Aufgabe, das Erreichen der für erforderlich gehaltenen Zielniveaus in kurzfristiger Betrachtung sicherzustellen, ohne die für eine langfristige Erfolgssicherung so wichtigen nichtgeldlichen Ziele zu vernachlässigen. Gerade für *strategische* Marketing-Überlegungen ist es kennzeichnend, daß eine länger vorausschauende Ausrichtung an Intentionen erfolgt, deren Verwirklichung auf die gegenwärtigen unmittelbaren Gewinnmöglichkeiten einschränkend wirken kann (*Köhler* 1971). Je nachdem, anhand welcher Maßstäbe die Effektivität von Organisationseinheiten oder Mitarbeitern beurteilt wird, sind dabei Interessengegensätze möglich, deren Ausgleich ein vorrangiges Führungsproblem bedeutet.

Das Spektrum der *Marketing-Aufgaben* stellt differenzierte Anforderungen an die Führung, weil dabei Tätigkeiten mit erheblichen Unterschieden bezüglich Innovativität oder Routinisierbarkeit, Komplexität, Planungs- oder Ausführungscharakter, innerbetrieblichem oder außerbetrieblichem Interaktionsfeld vorkommen.

Ein hoher *Innovationsgrad* ist den Aufgaben der strategischen Konzeptionsentwicklung eigen. Hierzu zählen beispielsweise die Suche nach künftig erfolgversprechenden Markt-Leistungs-Kombinationen, die Entwicklung unkonventioneller Marketing-Mix-Entwürfe (etwa im Rahmen eines besonderen vertraglichen Vertriebssystems zwischen Hersteller und Handel), die Erschließung eines neuen Beschaffungsweges.

Hingegen befaßt sich die »Routineführung... mit allen Maßnahmen, die für die Aufrechterhaltung und Förderung der bestehenden Leistungsprogramme eingesetzt werden müssen« (*Tietz* 1976, S. 744). Als *Routineaufgaben* in diesem Sinne lassen sich u.a. Standardbestellungen auf der Beschaffungsseite oder Auftragsabwicklungen im Massengeschäft auf der Absatzseite nennen.

Es ist davon auszugehen, daß die zielorientierte Einflußmöglichkeit auf Routineabläufe anderen Gesichtspunkten unterliegt als die Führung bei innovativen Projekten. Die *Komplexi-*

tät von Marketing-Aufgaben ergibt sich aus der Anzahl, Verschiedenartigkeit und Verknüpfungsvielfalt von Tätigkeitselementen. Umfassende objektorientierte Steuerungsaufgaben (z. B. für eine Produktgruppe, Kundengruppe, Ländergruppe) sind komplexer als spezialisierte verrichtungsbezogene Tätigkeiten (wie etwa Auslieferungsdienste im Rahmen der Marketing-Logistik). Die adäquaten Formen der Einflußnahme sind davon nicht unabhängig.

Der Unterschied zwischen *Planungs-* und *Ausführungsaufgaben* verdient unter Führungsaspekten Aufmerksamkeit, weil zu prüfen ist, inwieweit die Willens*bildung* anderen Interaktions- und Einflußkriterien folgt als die »willensdurchsetzende Führungstätigkeit« (*Magyar* 1985, S. 119).

Die Gegenüberstellung *innerbetrieblicher* und *außerbetrieblicher Interaktionsfelder* ist bisher im Marketing vor allem im Hinblick auf den Einsatz des Verkaufsaußendienstes thematisiert worden (*Goehrmann* 1984). Wenn auch die Führung von Außendienstmitarbeitern ohne Zweifel einen herausragenden Problemkreis darstellt, sind hier mit »außerbetrieblich« in erweiterter Fassung alle Beziehungen gemeint, bei denen es um die Verfolgung von Interessengemeinsamkeiten mit anderen Marktteilnehmern geht. Die angemessenen Einwirkungsmöglichkeiten unterliegen hierbei anderen Bedingungen als in unternehmensinterner Sicht.

3. Kontextabhängige Formen der interpersonellen Einflußnahme

Soziale Einflußnahme im Hinblick auf gemeinsame Aufgaben und Ziele geschieht im persönlichen Kontakt, aber auch durch bestimmte Gestaltungen sachlicher Strukturen und Abläufe in der Unternehmung. Im folgenden werden – stark zusammenfassend – die persönliche Interaktion, die Organisationsstruktur, Pläne, Verfahrensprogramme und Anreizsysteme als Einflußparameter betrachtet. Diese Einteilung lehnt sich an *Kieser/Kubicek* (1983) an, die Koordination auf persönlicher Basis, durch Pläne oder durch Programme unterscheiden. Darüber hinaus wird an die Darstellung bei *Bleicher/Meyer* (1976) angeknüpft, die u. a. das Organisationssystem und das Anreizsystem als wichtige Bestandteile von Führungsformen hervorheben. Informations- und Kommunikationsprozesse stellen ein weiteres unabdingbares Merkmal der Führung dar. Sie sind hier nur deswegen nicht als gesonderter Gliederungspunkt angeführt, weil sie praktisch alle anderen Einflußdimensionen überlagern, also jeweils dort mit angesprochen werden können.

Abbildung 1 gibt den *Marketing-Führungskontext* im Zusammenspiel von Aufgaben- bzw. Zielmerkmalen und Einflußformen wieder.

3.1. Persönliche Interaktion

Die führungstheoretische Literatur widmet Persönlichkeitseigenschaften der Führenden und der Geführten, Rollenverteilungen und Gruppenprozessen besondere Beachtung (*Neuberger* 1976; *Wunderer/Grunwald* 1980a). Dabei geht es u. a. um die Frage, ob ein vorwiegend personenbezogener (interaktionsorientierter) oder ein stärker sachlich-aufgabenbezogener *Führungsstil* effektiver sei. In dem vieldiskutierten und häufig kritisierten Kontingenzmodell von *Fiedler* beispielsweise wird die Beantwortung dieser Frage von den als gut oder schlecht empfundenen Beziehungen zwischen den Beteiligten, der formalen Positionsmacht des Führers und der Aufgabenstruktur abhängig gemacht (*Fiedler* 1967). Ausgeprägt personenbezogenes Führungsverhalten wird von *Fiedler* als wirkungsvoll eingestuft, wenn es sich um gut strukturierte Aufgaben bei bisher unbefriedigendem Beziehungsverhältnis zwischen den Betei-

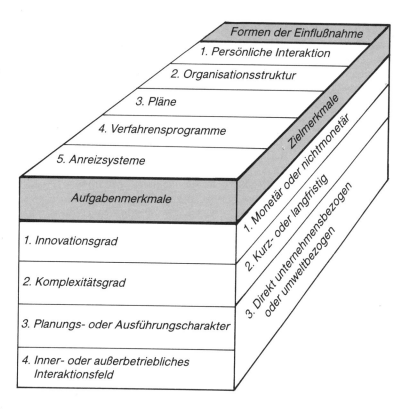

Abb. 1: Der Führungskontext im Marketing-Bereich

ligten oder um nur schwach strukturierte Aufgaben, gute Beziehungsverhältnisse, aber geringe formale Positionsmacht des Führers handelt. So anfechtbar die theoretische Grundlegung und die empirische Verallgemeinerbarkeit dieser Feststellungen auch sein mögen (*Macharzina* 1977), lassen sich doch für den *Marketing-Bereich* typische Situationen aufzeigen, bei denen die genannten Zusammenhänge plausibel erscheinen: Schwache Aufgabenstrukturierungen sind kennzeichnend für Tätigkeitsfelder mit hohem *Innovationsgrad*, oft aber auch bei hohen *Komplexitätsgraden*. Als Beispiele zu nennen sind strategische Überlegungen zur Suche und Auswahl künftiger Markt-Leistungs-Kombinationen des Unternehmens (»Defining the Business«), Neuproduktplanungen, umfangreiche Projektierungen im Investitionsgütermarketing. In diesen Fällen, bei denen es oft zu *Teambildungen* ohne herausragende Positionsmacht einzelner Mitglieder kommt, gewinnt die *persönliche Interaktion* zur Bewältigung gemeinsamer Vorhaben besonderes Gewicht (ähnlich wie bei einem Forschungsteam; *Staehle* 1985). Die *Zielorientierung* ist hierbei längerfristig und schließt wichtige nichtmonetäre bzw. umfeldbezogene Zielgrößen mit ein.

Wenn im *außerbetrieblichen Bereich* Einfluß auf gemeinsam mit anderen Marktteilnehmern verfolgte Vorhaben genommen werden soll, treffen oft ebenso die Merkmale der schwachen Aufgabenstrukturierung, gleichgestellter formaler Position und positiver zwischenmenschlicher Beziehungen zusammen (Beispiel: Verhandlungen auf Geschäftsleitungsebene über Möglichkeiten des Kontraktmarketing). Der *persönliche wechselseitige Informationsaustausch* dominiert hier als Mittel der Einflußnahme.

Aber auch bei manchen klar strukturierten marktbezogenen Aufgaben mit *Ausführungscharakter* tritt die unmittelbar personenorientierte Führung als Mittel der Einflußnahme in den

Vordergrund, gerade wenn die bestehende interpersonelle Beziehung als unbefriedigend wahrgenommen wird. Beispiele finden sich im *Außendienstbereich.* »In sales management, it is important that good communications exist between each salesperson and his or her superior – unless it does, there will be depressed morale and low productivity« (*Still* u.a. 1981, S. 416; *Correll* 1984. Die persönliche Kommunikation mit selbständigen Handelsvertretern erörtern *Dichtl* u.a. 1985).

3.1.1. Persönlichkeitseigenschaften im Führungszusammenhang

Wenn auch persönliche *Eigenschaftsmerkmale* für sich allein genommen keine hinreichende Erklärung von Führungserfolg ermöglichen, gehören sie doch – gerade auch im Rahmen der unmittelbaren Interaktion – zu den wesentlichen Einflußfaktoren (*Stogdill* 1974). In einer neuesten Erhebung in der deutschen Unternehmenspraxis sind, aus der Sicht der *Marketing-Leiter* selbst, folgende allgemeine Fähigkeiten am häufigsten als vorrangig genannt worden: Denken in Zusammenhängen, Durchsetzungsvermögen, Kontaktfähigkeit, Kreativität, Menschenführungsfähigkeiten (*Heidrick and Struggles International Inc.* 1985). Die verschiedentlich ermittelten Anforderungsprofile für *Beschaffungsmanager* unterscheiden sich davon bezüglich der grundsätzlichen Persönlichkeitszüge nicht wesentlich (*Arnold* 1982).

Mehr ins Detail gehen, je nach engerer Abgrenzung des Aufgabengebietes, die Anforderungsbeschreibungen für *Mitarbeiter* in den verschiedenen Organisationseinheiten des Marketing (*Kramer/Bechtoldt* 1975). Dabei wird allerdings oft relativ vernachlässigt, daß es für den Erfolg der Aufgabendurchführung nicht auf ein bestimmtes Fähigkeitsmerkmal der Mitarbeiter allein ankommt, sondern auf das *Zusammenspiel* zwischen Eigenschaften der Führungspersönlichkeiten und Charakteristika, Erwartungen, Bedürfnissen der Mitarbeiter (*Reber* 1984). *Informations-* und *Trainingsmaßnahmen*, die die Erfordernisse dieser zweiseitigen Beziehung berücksichtigen, sind Bestandteil einer Führung auf personenbezogener Verhaltensgrundlage (*Gaugler* 1974). Bisherige Erhebungen deuten darauf hin, »daß Aus- und Weiterbildung im Beschaffungsbereich – verglichen bspw. mit der Absatzseite – relativ selten und vor allem kaum systematisch geplant vorkommt« (*Arnold* 1982, S. 257).

3.1.2. Rollenverteilungen und Gruppenprozesse

Durch Rollenzuordnungen und -erwartungen »wird Verhaltens- und Umweltkomplexität reduziert« (*Wunderer/Grunwald* 1980a, S. 129). Im Marketing-Bereich finden sich dementsprechend Gruppenbildungen mit verteilten Rollendefinitionen insbesondere bei komplexen und innovativen Aufgaben; z.B. in strategischen *Planungsteams* oder *Projektteams* zur Entwicklung und Einführung neuer Produkte. Die Rollenverteilung in einer Projektorganisation ist auch bei Kooperation mit anderen Unternehmungen – z.B. im Anlagensystemgeschäft – führungsrelevant, d.h. bei umfassenden Aufgaben im *außerbetrieblichen Interaktionsfeld*.

Ein besonders bekanntes Beispiel der Gremiumsbildung im Beschaffungsmarketing ist die Zusammensetzung des sog. *Buying Center*, in dem als Rollenträger (Informations-) »Gatekeeper«, beeinflussende interne und externe Berater, Verwender des Beschaffungsgutes, Einkäufer und die für die formale Beschlußfassung zuständigen Entscheidungsträger unterschieden werden (*Hammann/Lohrberg* 1986).

Grundsätzlich läßt sich sagen, daß bei der nach innen wie nach außen gerichteten Führung im Marketing-Bereich Teambildungen den geeigneten Rahmen schaffen, um Nichtroutineaufgaben in direkter *persönlicher Wechselbeziehung* zu erfüllen.

3.2. Organisationsstruktur

Wenn auch Führung eingangs als soziale Einflußnahme definiert worden ist, tragen formale Strukturen der Aufgaben- und Kompetenzzuordnung sowie der Kommunikationsmöglichkeiten doch wesentlich zur Gestaltung von Einflußprozessen bei. Die Organisation als Rahmenbedingung der Führung läßt sich »als Struktur von Anreizen begreifen, durch die es mehr oder weniger gelingt, die Motive der Organisationsmitglieder so zu aktivieren, daß Verhaltensintentionen im Sinne vorgegebener Zielsetzungen das Ergebnis sind« (*von Rosenstiel* 1980, S. 270; weiterhin u.a. *Bleicher/Meyer* 1976; *Neuberger* 1977; *Wunderer/Grunwald* 1980a; *Staehle* 1985).

Im Marketing-Bereich sind verschiedene *objektorientierte Organisationsformen* entwickelt worden, die zur besseren Handhabung einer hohen *Komplexität* absatzwirtschaftlicher Aufgaben dienen sollen. Bei vielfältigem Produktions- und Absatzprogramm, das eine große Heterogenität der Markt-Leistungs-Beziehungen bedingt, bietet es sich an, objektspezialisierte Organisationseinheiten für das *Produkt-Management* einzurichten (*Weirich* 1979). Wenn die Bedarfs- bzw. Nachfragemerkmale bestimmter Abnehmerkreise eine dauerhafte verwenderbezogene Koordination quer über die betriebliche Produktpalette nahelegen (z.B. bei Systembedarf) und wichtige kundenspezifische Verhandlungsbemühungen erfordern, kommt die organisatorische Zuständigkeitsregelung des *Kunden(gruppen)-Managements* (Account Management, Key Account Management) in Betracht (*Meffert* 1979). Für zeitlich befristete, komplexe Vorhaben, z.B. bei einem spezifischen Großauftrag im Investitionsgütermarketing, sind Regelungen der Projektorganisation geläufig.

Diese Strukturformen sehen vor, daß die Stelleninhaber eine sog. *Querschnittskoordination* ausüben, d.h. eine Einflußnahme auf Angehörige anderer Organisationseinheiten (insbesondere in den funktional gegliederten Abteilungen wie Marktforschung, Werbung, Verkauf), und zwar unter objektbezogenen Konzeptions- und Zielgesichtspunkten. Da aber praktisch oft die entsprechende Ausstattung der Produkt-, Kunden- oder Projekt-Manager mit formaler Positionsmacht fehlt, kommt es auf die persönliche und sachliche Überzeugungskraft des Querschnittskoordinators an. Seine Beziehungen zu den anderen betrieblichen Organisationseinheiten spielen sich in *Matrix-* oder *Tensorform* ab, d.h. mit einer wechselseitigen Aufgaben- und Interessenüberlagerung. Daß dabei *Konflikte als Führungsproblem* zu erwarten sind, liegt auf der Hand. Es wird aber günstigenfalls davon ausgegangen, daß gerade durch die mit diesem Organisationsmuster verbundene Tendenz zur offenen *Konflikthandhabung* eine letztlich wirkungsvolle Abstimmung hinsichtlich der gemeinsamen Aufgaben erfolgt. Wenn dies dennoch innerhalb der Matrix nicht gelingt, verlagert sich die Koordinationszuständigkeit notgedrungen auf übergeordnete Führungsinstanzen oder Teams des Marketing-Bereiches (*Baumgartner* 1972).

Auch das Aufgabenmerkmal des *Innovationsgrades* wirkt sich auf die unterschiedliche Eignung bestimmter Organisationsformen für eine effektive Marketing-Führung aus. Innovative absatzwirtschaftliche Aufgaben stellen sich vor allem in der *Neuproduktpolitik*, überhaupt bei Grundsatzüberlegungen zur *strategischen Marketing-Planung* und dabei mitunter im Zusammenspiel mit *außerbetrieblichen* Partnern (z.B. beim geplanten Aufbau eines neuartigen Vertriebssystems). Handelt es sich um der Art nach wiederkehrende Problemstellungen, so findet sich in größeren Unternehmen nicht selten die Bildung einer festen, am Innovationsobjekt ausgerichteten Abteilung (Beispiel: Neuprodukt-Abteilung). Ansonsten aber sind es befristet projektbezogene oder regelmäßig in gewissen Zeitabständen zusammentretende *Teams*, in denen Spezialkenntnisse mehrerer Mitarbeiter durch assoziationsfördernde direkte Wechselbeziehungen zwischen mehreren Personen zusammengeführt werden. Ein *organisatorisches Dilemma* (*Wilson* 1966) besteht bei Innovationen darin, daß für verschiedene Stufen eines Neuerungsprozesses nicht jeweils dieselben Ausprägungen von Organisationsvariablen den besten Einfluß auf die Problemlösung gewährleisten. So geben empirische Studien Anhaltspunkte dafür, daß für die Phase der Ideengewinnung möglichst freie, unformalisierte Kommunikationsverbindungen in Gruppen mit weitgehend dezentralisierter Aufgabenwahrnehmung förderlich sind, während für eine effektive Umsetzung der gefundenen Innovation am Markt eher umgekehrte Bedingungen angemessen erscheinen. Der organisatorische Führungsrahmen wäre unter diesem Gesichtspunkt für verschiedene Neuerungsphasen flexibel zu gestalten (*Köhler/Tebbe* 1985).

Für das betriebliche *Beschaffungsmarketing* gelten im Prinzip ähnliche Überlegungen zur organisatorischen Behandlung komplexer und innovativer Führungsaufgaben wie im Absatzsektor. So lassen sich z. B. auch hier bei sehr vielfältigen Beschaffungsobjekten und -beziehungen objektbezogene Organisationsstrukturen und daraus entstehende Matrixformen anwenden (*Grochla/Schönbohm* 1980; *Hammann/Lohrberg* 1986).

3.3. Pläne

»Jeder Beeinflussungsversuch, der eine vom Beeinflussenden bezweckte Verhaltensweise bewirkt, wird als Führung bezeichnet« (*Reinhard/Weidermann* 1984, S. 55). Planungsprozesse und Pläne gehören in diesem Sinne zum Führungsinstrumentarium. Sie sind in enger Wechselbeziehung zur Organisationsstruktur zu sehen: Empirische Untersuchungen speziell im Marketing-Bereich haben wiederholt ergeben, daß bei objektorientierten Zuständigkeitsregelungen (wie Produkt-Management, Kunden-Management, Projekt-Management) mehr Aktivitäten der Informationseinholung und -aufbereitung stattfinden, in größerem Umfang Planungstechniken zum Einsatz kommen und langfristige Ziele häufiger schriflich festgelegt werden als bei funktions- (verrichtungs-)bezogener Organisation (*Köhler* u. a. 1983).

Marketing-Pläne haben unter zwei miteinander verknüpften Aspekten Auswirkungen auf die gemeinsame Verfolgung von Marketing-Aufgaben und -Zielen in der Unternehmung. Sie bilden zum einen die Grundlage für das sog. *Management by Objectives*. Eine Führung durch das Setzen von Zielen findet im Absatzbereich überwiegend auf mittleren Ebenen der Organisationshierarchie bei objektbezogener Abgrenzbarkeit der Ergebnisgrößen Anwendung (*Hekking-Binder* 1974). Dieses Führungsmodell kann motivationsfördernd wirken, sofern es aus der Sicht der Geführten nicht vorwiegend als repressives Kontroll- und Beurteilungssystem empfunden wird (*Frese* 1979).

Zweitens kommt Plänen im Marketing die wichtige Funktion zu, monetäre und nichtmonetäre sowie kurz- bzw. langfristige *Ziele aufeinander abzustimmen* und damit das Verhalten der Marketing-Mitarbeiter an einem Gesamtkonzept unter Einschluß strategischer Gesichtspunkte auszurichten. Im Planungsprozeß werden *Zielkonflikte* deutlich, z. B. zwischen einer an Umsatzsteigerungen für gängige Produkte interessierten Verkaufseinheit und einer für die langfristige Sortimentspolitik zuständigen Leitungsstelle, die personelle und finanzielle Ressourcen für eine auf kurze Sicht noch nicht gewinnbringende Produktneuerung abzweigen möchte. Im letzteren Fall können erst einmal Ziele in den Vordergrund treten, die umfeldbezogene Zustandsgrößen betreffen; wie Bekanntheitsgrade, Imagebildung, Marktpenetration auch gegen anfängliche Absatzwiderstände. Das Erarbeiten von Marketing-Plänen dient somit nicht nur einer Ziel*vorgabe* (wie »Management by Objectives« mitunter zu eng ausgelegt worden ist), sondern vor allem der Ziel*vereinbarung*. Eine jüngere empirische Untersuchung über Marketing-Konzepte in der deutschen Industrie zeigt allerdings, daß häufig innerbetriebliche »Informationsdefizite in bezug auf« die »strategische Zielformulierung« bestehen (*Töpfer* 1984, S. 405).

3.4. Verfahrensprogramme

Verhaltenseinfluß wird auf die Mitglieder des Marketing-Bereiches auch durch die interne Einführung von Instrumenten zur Informationsgewinnung, -aufbereitung, -auswertung und -weitergabe genommen. Diese *Führungstechniken* (*Macharzina* 1974) umfassen den Einsatz von Hilfsmitteln für die Problemerkennung, Planung und Kontrolle einschließlich EDV-gestützter Informationssysteme.

Auf die Fülle der im Marketing verwendbaren Ansätze dieser Art kann hier nicht eingegangen werden. Nur zur Illustration seien als Techniken der *Problemerkennung* die Stärken-Schwächen-Analyse oder die Cross-Impact-Analyse genannt. *Planungshilfen* schließen Verfahren der Ideen- und Alternativengenerierung (z.B. Brainstorming, morphologische Methode), der Prognose und der Bewertung von Planalternativen (z.B. Wirtschaftlichkeitsrechnungen, Entscheidungsbaumanalysen) ein. *Kontrolltechniken* beruhen im Marketing beispielsweise auf besonderen Konzepten der aufgegliederten Erfolgsanalyse, wie etwa der Absatzsegmentrechnung.

Heute stehen auch Hilfsmittel für die Behandlung von Aufgaben mit hohem *Innovationsgrad* (z.B. Kreativitätstechniken), hoher *Komplexität* (z.B. Simulationstechniken) und *langfristigem Planungscharakter* (z.B. Szenariotechnik) zur Verfügung. Diese Instrumente werden oft als »*technokratische*« Koordinationsmechanismen bezeichnet. Sie haben aber, wie empirische Studien im Absatzbereich zeigen, bemerkenswerte Auswirkungen auf die Problemwahrnehmung, den empfundenen Informationsbedarf und die Alternativenbeurteilung seitens der Organisationsmitglieder (*Uebele* 1980; technokratische Maßnahmen im Beschaffungsbereich erwähnt *Arnold* 1982). Es ist keineswegs so, daß Führung durch persönliche Interaktion und Führung durch Verfahrensprogramme unbedingt im Gegensatz zueinander stehen. Vielmehr können das durch strukturierende Techniken erhöhte Problemempfinden und der dann deutlicher gesehene Informationsbedarf dazu führen, daß auch mehr ziel- und aufgabenbezogene interpersonelle Abstimmungen erfolgen. Ebenso stellen EDV-gestützte *Informationssysteme* im Grundsatz keine Substitution, sondern eine ergänzende Unterstützung persönlicher Wechselbeziehungen im Führungsprozeß dar. Dabei ist in der Informationsaufbereitung (z.B. Verdichtung) nach der Aufgabenbreite und -tiefe der verschiedenen Organisationsebenen sowie nach dem »Strukturierungs- bzw. Komplexitätsgrad der jeweils zu treffenden Entscheidungen« zu differenzieren (*Heinzelbecker* 1985, S. 26).

3.5. Anreizsysteme

»Als Anreize werden die in der Umgebung des handelnden Individuums wirkenden Aufforderungsgehalte bezeichnet. Anreize aktivieren Motive und richten das Verhalten auf eine Erfüllung dieser Bedürfnisse« (*Steinle* 1978, S. 61). Im betrieblichen Führungszusammenhang wird mit Anreizsystemen versucht, ein Verhalten der Organisationsmitglieder herbeizuführen, das sowohl den individuellen Ansprüchen als auch der gesamtbetrieblichen Aufgaben- und Zielerfüllung genügt. Ein solches Anreizsystem ist allerdings mit den bisher besprochenen Formen der Einflußnahme eng verknüpft und nicht als völlig eigenständige Führungskategorie zu sehen (*Bleicher/Meyer* 1976). Der soziale Kontakt durch persönliche Kommunikationsabläufe, der durch Organisationsstrukturen oder Verfahrensregelungen bestimmte Aufgabengehalt und Handlungsspielraum, eine akzeptierte Zielausrichtung aufgrund von Plänen haben positiv oder negativ auffordernde Wirkungen. Dies gilt grundsätzlich für alle Aufgabenträger in einer Unternehmung.

Im *Marketing-Bereich* spielt indes das Problem der anreizabhängigen *Außendienststeuerung* eine besondere Rolle. Da es dabei um Mitarbeiter geht, die überwiegend im *außerbetrieblichen Interaktionsfeld* tätig sind und nur begrenzt der unmittelbaren innerbetrieblichen Einflußnahme unterliegen, ergeben sich besondere Koordinationserfordernisse (*Vanderhuck* 1981).

Zur zielentsprechenden Steuerung der Außendiensttätigkeit kommen im wesentlichen drei Arten der Einflußnahme in Betracht:

Ins einzelne gehende Aktivitätenregelungen, wie Besuchsnormen, die sich auf einschlägige Planungsmodelle stützen (*Zentes* 1980); Zielvorgaben, die persönlichen Handlungsspielraum zur Zielerreichung offenlassen; und schließlich Entlohnungsanreize (diese Dreiteilung findet sich bei *Rudolphi* 1981.).

Strikte *Aktivitätenregelungen* haben den scheinbaren Vorteil, daß eine den Unternehmenszielen entsprechende Tätigkeit des Außendienstes durch zentrale Planungen sichergestellt werden kann. In Wirklichkeit besteht aber die Gefahr, daß von derart detaillierten Eingriffen und Vorschriften auf Dauer eine demotivierende Wirkung ausgeht. Besuchsnormenmodelle sind nur dann ein effektives Führungsinstrument, wenn das betroffene Außendienstpersonal bereit und in der Lage ist, selbst an ihrer Verwendung im Planungsprozeß mitzuwirken und sich die dabei ermittelten Planvorgaben zu eigen zu machen.

Verhältnismäßig breiten Raum für eigenständiges Handeln lassen leistungsabhängige *Entlohnungssysteme* (*Wolter* 1978), die als Steuerungsmittel in der Praxis recht verbreitet sind. Hier besteht jedoch das schwierige Problem, die Bemessungsgrundlage für die finanziellen Anreize so zu wählen, daß das Einkommensstreben der Außendienstmitarbeiter nicht letztlich doch mit den Unternehmenszielen kollidiert. Rein *umsatzabhängige* Provisionsanreize scheiden als adäquates Führungsmittel aus, weil sie eine zu einseitige Erlösorientierung ohne Berücksichtigung von Gewinn- oder Verlustkonsequenzen und anderer Zielgrößen herbeiführen. Eine Provisionsbemessung aufgrund erwirtschafteter *Deckungsbeiträge* stellt besondere Anforderungen an die rechnungstechnische Organisation des Anreizsystems und an die Gestaltung der vom Außendienst benötigten Informationen (z.B. Angabe, wieviel Provisions-»Punkte« der Verkauf eines bestimmten Produktes pro Mengen- oder Umsatzwerteinheit erbringt, statt ausdrücklicher Bekanntgabe von Artikel-Deckungsbeiträgen). Vor allem aber ist zu bedenken, daß die Anreizorientierung allein an Bruttogewinngrößen wiederum keine hinreichende Berücksichtigung aller wichtigen Marketing-Ziele gewährleistet. Beispielsweise würden dann erfolgversprechende neue Produkte, die anfangs noch geringe Deckungsbeiträge abwerfen, im Verkauf zu wenig gefördert.

So besteht für die Führung und Anreizgestaltung im Außendienst eine Hauptschwierigkeit in der vollständigen Beachtung aller wesentlichen *Zielmerkmale*. Um sicherzustellen, daß auch nichtmonetäre umfeldbezogene Sollgrößen (z.B. Imageziele) und langfristige Vorhaben der Sortimentspolitik in die Außendienststeuerung mit einfließen, bietet sich die gemeinsam mit den Außendienstmitarbeitern abgestimmte *Zielplanung* und *-vereinbarung* als umfassendstes Führungsmittel an. Finanzielle Prämien und nichtgeldliche Anerkennungen für eine gelungene Zielverwirklichung kommen dabei als Anreizformen in Betracht.

4. Zusammenfassung: Führungsstile im Marketing

Ausgehend von einem allgemeinen Führungsbegriff wurden im vorliegenden Beitrag die unmittelbar persönlichen und die auf sachlichen Regelungen beruhenden Formen der ziel- und aufgabenbezogenen Einflußnahme (speziell im Marketing-Bereich) skizziert. Dabei zeigte sich, daß bestimmte *Ziel- und Aufgabenmerkmale* für die im Einzelfall wirkungsvolle Führungsform ausschlaggebend sind (s. Abb.1). Die Vielfältigkeit dieser Kriterien, wie sie in den verschiedenen marktgerichteten Tätigkeitsfeldern einer Unternehmung besteht, verlangt eine jeweils kontextentsprechende Ausgestaltung der Führungsteilsysteme. Es ist deshalb problematisch, für das Marketing ganz allgemein die Angemessenheit eines bestimmten Führungsstils – soweit er nach dem Gesichtspunkt der überwiegenden Mitarbeiter- oder Aufgabenorientierung definiert wird – zu behaupten.

Hervorzuheben bleibt aber, daß alle besprochenen Formen der Einflußnahme (persönliche Interaktion, Organisationsstruktur, Pläne, Verfahrensprogramme, Anreizsysteme) einen *kooperativen Führungsstil* nicht ausschließen. Die von *Wunderer* und *Grunwald* dargelegten »Neun Merkmale kooperativer Führung« (*Wunderer/Grunwald* 1980b, S. 99) sind auch erfüllbar, wenn Sachregelungen formaler Art zur Unterstützung und Ergänzung der direkten persönlichen Kommunikation und Einflußnahme eingesetzt werden.

Literatur

Arnold, U. (1982): Strategische Beschaffungspolitik. Frankfurt a.M., Bern 1982.
Baumgartner, U. (1972): Marketing-Organisationen unter Berücksichtigung der neuen Führungs- und Motivationstheorien. Diss. Linz 1972.
Belz, Ch. (1984): Marketing-Führungshilfen zwischen starrem Konzept und Aktionismus. In: IO, 53.Jg., 1984, S. 556–560.
Bleicher, K. / Meyer, E. (1976): Führung in der Unternehmung. Formen und Modelle. Reinbek b. Hamburg 1976.
Correll, W. (1984): Motivation und Überzeugung in Führung und Verkauf. 2. Aufl., Landsberg am Lech 1984.
Dichtl, E. / Raffée, H. / Niedetzky, H.-M. (1985): Die Kommunikation zwischen Handelsvertretung und vertretener Unternehmung. Heidelberg 1985.
Fiedler, F.E. (1967): A Theory of Leadership Effectiveness. New York 1967.
Frese, E. (1979): Führungsmodelle. In: RKW-Handbuch Führungstechnik und Organisation (Hrsg.: E. Potthoff), Kennzahl 1098, Berlin 1979, S. 1–21.
Gaugler, E. (1974): Personalwesen in der Absatzwirtschaft. In: HWA (Hrsg.: B. Tietz), Stuttgart 1974, Sp. 1599–1617.
Goehrmann, K.E. (1984): Verkaufsmanagement. Stuttgart, Berlin, Köln, Mainz 1984.
Grochla, E. / Schönbohm, P. (1980): Beschaffung in der Unternehmung. Stuttgart 1980.
Hammann, P. / Lohrberg, W. (1986): Beschaffungsmarketing. Stuttgart 1986.
Hecking-Binder, E.E. (1974): Führungsmodelle und Marketingorganisation. Wiesbaden 1974.
Heidrick and Struggles International Inc. (1985): Der Marketing-Leiter in Deutschland 1985. Düsseldorf 1985.
Heinzelbecker, K. (1985): Marketing-Informationssysteme. Stuttgart, Berlin, Köln, Mainz 1985.
Kieser, A. / Fleischer, M. / Röber, M. (1977): Die Struktur von Marketingentscheidungsprozessen. In: DBW, 37.Jg., 1977, S. 417–432.
Kieser, A. / Kubicek, H. (1983): Organisation. 2. Aufl., Berlin, New York 1983.
Köhler, R. (1971): Operationale Marketing-Ziele im Rahmen des »Management by Objectives«. In: NB, 24.Jg., 1971, H.3/4, S. 19–29.
Köhler, R. (1984): Zur Problematik der Markteffizienz der Unternehmung. In: Probleme der Unternehmungseffizienz im Systemvergleich (Hrsg.: G. Dlugos / M. Napierala), Bad Honnef 1984, S. 227–248.
Köhler, R. / Tebbe, K. (1985): Organizational Conditions for Product Innovations in Small and Medium-Sized Firms. In: Economia Aziendale, Vol.IV, 1985, S. 427–443.
Köhler, R. / Tebbe, K. /Uebele, H. (1983): Der Einfluß objektorientierter Organisationsformen auf die Gestaltung absatzpolitischer Entscheidungsprozesse. Arbeitspapier, Institut für Markt- und Distributionsforschung der Universität zu Köln 1983 (DBW-Depot 84–1–3).
Kotler, P. (1984): Marketing Management. Analysis, Planning, and Control. 5. Aufl., Englewood Cliffs, N.J. 1984.
Kramer, R. / Bechtoldt, T. (1975): Stellenbeschreibungen Marketing und Verkauf. München 1975.
Lattmann, Ch. (1982): Die verhaltenswissenschaftlichen Grundlagen der Führung des Mitarbeiters. Bern, Stuttgart 1982.

Macharzina, K. (1974): Führungstechniken im Marketing. In: Marketing Enzyklopädie. Bd.1, München 1974, S. 775–796.

Macharzina, K. (1977): Neuere Entwicklungen der Führungsforschung. In: ZfO, 46.Jg., 1977, S. 7–16 u. S. 101–108.

Magyar, K.M. (1985): Das Marketing-Puzzle. Rorschach 1985.

Meffert, H. (1979): Die Einführung des Kundenmanagements als Problem des geplanten organisatorischen Wandels. In: Humane Personal- und Organisationsentwicklung (Hrsg.: R. Wunderer), Berlin 1979, S. 285–320.

Meffert, H. (1982): Marketing. 6. Aufl., Wiesbaden 1982.

Muser, V. (1984): Führungsaufgaben und Organisation des Verkaufs. In: Zukunftsorientiertes Marketing für Theorie und Praxis (Hrsg.: A. Hermanns / A. Meyer), Berlin 1984, S. 73–87.

Neuberger, O. (1976): Führungsverhalten und Führungserfolg. Berlin 1976.

Neuberger, O. (1977): Organisation und Führung. Stuttgart, Berlin, Köln, Mainz 1977.

Reber, G. (1984): Führung und Motivation. In: Die Bibliothek als Betrieb (Hrsg.: H. Gamsjäger), Wien, New York 1984, S. 8–57.

Reinhard, W. / Weidermann, P. (1984): Planung als Voraussetzung der Führung. In: Betriebswirtschaftliche Führungslehre (Hrsg.: E. Heinen), 2. Aufl., Wiesbaden 1984, S. 51–137.

v. Rosenstiel, L. (1980): Grundlagen der Organisationspsychologie. Stuttgart 1980.

Rudolphi, M. (1981): Außendienststeuerung im Investitionsgütermarketing. Frankfurt a.M., Bern, Cirencester 1981.

Staehle, W.H. (1985): Management. 2. Aufl., München 1985.

Steinle, C. (1978): Führung. Stuttgart 1978.

Still, R.R. / Cundiff, E.W. / Govoni, N.A.P. (1981): Sales Management. 4. Aufl., Englewood Cliffs, N.J. 1981.

Stogdill, R.M. (1974): Handbook of Leadership: A Survey of Theory and Research. New York 1974.

Tietz, B. (1976): Die Grundlagen des Marketing. Bd.3. Das Marketing-Management. München 1976.

Töpfer, A. (1984): Innovationsmanagement. In: Handbuch Strategisches Marketing (Hrsg.: N. Wieselhuber / A.Töpfer), Landsberg am Lech 1984, S. 391–407.

Uebele, H. (1980): Einsatzbedingungen und Verhaltenswirkungen von Planungstechniken im Absatzbereich von Unternehmen. Diss. Aachen 1980.

Vanderhuck, R.W. (1981): Führung und Motivation von Außendienst-Mitarbeitern. Landsberg am Lech 1981.

Weirich, W. (1979): Das Produkt-Management als Führungs- und Organisationssystem. Berlin 1979.

Wilson, J.Q. (1966): Innovation in Organization: Notes Toward a Theory. In: Approaches to Organizational Design (Hrsg.: J. D. Thompson), Pittsburgh 1966, S. 193–218.

Wolter, F.H. (1978): Steuerung und Kontrolle des Außendienstes. Gernsbach 1978.

Wunderer, R. / Grunwald, W. (1980a): Führungslehre. Bd.1. Grundlagen der Führung. Berlin, New York 1980.

Wunderer, R. / Grunwald, W. (1980b): Führungslehre. Bd.2. Kooperative Führung. Berlin, New York 1980.

Zentes, J. (1980): Außendienststeuerung. Stuttgart 1980.

V. Organisation des Produkt-Managements*

1. Produkt-Management als Organisationsform nach dem Objektprinzip

1.1. Merkmale und allgemeine Ziele des Produkt-Managements

Die grundsätzlichen Merkmale des Produkt-Managements (künftig:P.-M.) lassen sich in folgender Definition zusammenfassen:

Das Produkt-Management ist eine nach dem *Objektprinzip* gestaltete, zeitlich *nicht* von vornherein *befristete* Organisationsform, bei der eine *produktbezogene Querschnittskoordination* verschiedener Tätigkeitsbereiche erfolgt. Den mit diesen Aufgaben betrauten Stelleninhabern (*Produkt-Managern*) obliegt es, die zur Querschnittsabstimmung erforderlichen Konzeptions- und Planungsgrundlagen zu entwickeln. Es handelt sich – selbst wenn formelle Weisungsrechte fehlen – um eine besondere *Management-Rolle,* soweit auf andere Organisationsmitglieder koordinierend Einfluß genommen wird (so auch *Wild* 1972; anders z.B. *Grüneberg* 1973).

Mit der Einrichtung des P.-M. wird insbesondere das *Ziel* verfolgt, Produkte als die eigentlichen Erfolgsträger zum Bezugspunkt der betrieblichen Aufgabenintegration zu machen und durch diese Organisationsform Erfolgssteigerungen herbeizuführen. Gleichzeitig soll damit das Top-Management entlastet werden, das bei funktionaler Gliederung die *Koordination* der Teilbereiche wahrnimmt, aber in diesem Gesamtrahmen nur begrenzt auf produktspezifische Probleme eingehen kann.

Im Regelfall zielt das P.-M. zugleich betont auf eine organisatorische Verankerung des *Marketing-Gedankens* ab: Die klare Kennzeichnung der anvisierten Märkte bzw. Marktsegmente, die problembewußte Informationssuche und Informationsauswertung, die einheitliche Planung aller absatzfördernden Maßnahmen für ein Produkt und die Anpassungsfähigkeit an Marktveränderungen hofft man mit Hilfe des P.-M. zu verbessern.

1.2. Abgrenzung gegenüber anderen objektbezogenen Organisationsformen

Das Objektprinzip hat vor allem in jüngerer Zeit noch weitere organisatorische Ausprägungen gefunden, die sich jedoch vom P.-M. nach drei Kriterien unterscheiden lassen: nach der Objektart, nach der vertikalen (hierarchischen) Einordnung in die *Organisationsstruktur* und nach der Befristung.

1) Ähnlich wie das P.-M. zielen auch das *Kunden-Management*, das *Regional-Management* und Aufgabengliederungen nach *Vertriebswegen* auf eine sachgerechte Querschnittskoordination ab. In diesen Fällen liegen Marktbedingungen zugrunde, die in erster Linie eine Abstimmung der Absatzpolitik auf komplexen Abnehmerbedarf, auf geographische Besonderheiten

---

* Ursprünglich unter dem Stichwort »Produkt-Management, Organisation des« erschienen in: Handwörterbuch der Organisation, 2. Aufl. (Hrsg.: E. Grochla), Stuttgart 1980, Sp. 1923–1942

oder auf sehr unterschiedliche Distributionskanäle verlangen (*Köhler* 1978). Es steht also ein *anderer Objektbezug* im Vordergrund als beim P.-M.

2) Die sog. *Divisions- bzw. Sparten-* oder *Geschäftsbereichsorganisation* stimmt hingegen vom Objekt her meistens mit dem P.-M. überein, da Sparten in der Regel nach Produktbereichen – seltener nach Abnehmergruppen oder Regionen – gebildet werden. Die Spartenleitung hat für die von ihr geführte Organisationseinheit weitgehende Linienkompetenzen, so daß bei einer Divisionsgliederung nach Leistungsarten der Ausdruck »Produkt-Management« an sich besonders zutreffend erschiene (*Bidlingmaier* 1973). Dennoch ist es praktisch nicht üblich, den P.-M.-Begriff für produktbezogene Zuständigkeitsbereiche zu verwenden, die unmittelbar der obersten Geschäftsleitung unterstehen und eine verhältnismäßig große Erzeugnispalette umfassen. Innerhalb eines solchen *Sparten-Managements* werden Stellen für Produkt-Manager oft auf einer nachfolgenden Ebene eingerichtet, um die Detailbetreuung enger abgegrenzter Erzeugnisgruppen oder Einzelprodukte sicherzustellen.

3) Ebenfalls objektbezogen sind die Zuständigkeiten im Rahmen des sog. *Projekt-Managements* festgelegt. Ein Unterschied zum P.-M. ergibt sich aber in jedem Fall durch die *zeitliche Befristung* von Projekten. Außerdem kommen nicht nur Absatzleistungen, sondern alle Arten von komplexen bzw. novativen Vorhaben als Projektgegenstand in Frage.

2. Anwendungsvoraussetzungen

1) Hauptkriterium ist die *Zusammensetzung des Leistungsprogramms* nach Zahl und Heterogenität der Produkte. Beschränkt sich die Angebotspalette insgesamt auf wenige Erzeugnisse, so können in der Regel auch die Leitungsstellen einer funktionalen Organisation produkt- und marktgerichtete Bereichsabstimmungen vornehmen. Das gleiche gilt, wenn sich das Sortiment zwar aus einer Vielzahl von Artikeln zusammensetzt, die jedoch in der Herstellung *und* in ihrem Marktbezug sowie hinsichtlich ihrer Anforderungen an die Absatzplanung ähnlich sind (z.B. in der Kugellagerindustrie).

Das P.-M. findet dagegen sein geeignetes Anwendungsfeld bei einem Leistungsspektrum, das eine Mehrzahl von Produkten bzw. Produktgruppen mit recht unterschiedlichen Marktbedingungen enthält. Bei einem sehr hohen Grad der Leistungs-Diversifikation bietet es sich allerdings als weiterer Schritt an, zur *Spartenbildung* auf der obersten bzw. zweiten Leitungsebene überzugehen. Insofern trifft es zu, daß das P.-M. oft eine Zwischenstufe zu noch konsequenteren Formen der Objektgliederung, d.h. einen »Kompromiß zwischen funktions- und produktbezogener Absatzorganisation« darstellt (*Barth* 1976, S.100f.), obwohl es oft auch innerhalb von Sparten vorkommt.

2) Neben der Struktur des Leistungsprogramms beeinflussen *Marktkomplexität* und *Marktdynamik* die Notwendigkeit eines P.-M. Je vielfältiger für ein Produkt bzw. eine Produktgruppe die Beziehungen zu Teilmärkten sind, je stärker sich die Einzelleistungen in dieser absatzwirtschaftlichen Hinsicht unterscheiden und je häufiger die Marktbedingungen wechseln, desto notwendiger wird die Verknüpfung der produktbezogenen Aufgaben und deren *Delegation* auf speziell zuständige Stellen (s. dazu auch *Kieser / Kubicek* 1977).

Ein vielfältiges Leistungsprogramm sowie eine komplexe und rasch veränderliche Marktumwelt bedeuten, daß an die objektspezialisierten Stellen besondere Anforderungen bei der Informationssuche und planerischen Informationsauswertung gestellt werden. Im übrigen kommt die Einrichtung solcher Stellen nur positiv zur Wirkung, wenn in den anderen Unternehmensbereichen die Fähigkeit und Bereitschaft zur abteilungsüberschreitenden Zusammenarbeit vorhanden ist. Dies sind – neben den sachlichen Voraussetzungen – wesentliche *perso-*

nenabhängige Kriterien für die Einsatzmöglichkeiten eines P.-M. (zu fehlkonzipierten P.-M.-Einführungen vgl. z. B. *Ames* 1963; *Buell* 1975).

3. Eingliederung in den betrieblichen Organisationsaufbau

In der gesamtbetrieblichen Organisationsstruktur kann das P.-M. sowohl bestimmten Funktionsbereichen – insbesondere dem Marketing-Ressort – angehören als auch ohne derartige Bindung direkt der Geschäfts- oder einer Spartenleitung unterstellt sein (*Wild* 1972; *Grüneberg* 1973; *Kreuz* 1975). Beide Regelungen sind praktisch vorzufinden, wie empirische Erhebungen in der Bundesrepublik Deutschland ergeben haben; allerdings überwiegt der zuerst genannte Fall (*Poth* 1968; *Linnert* 1973).

3.1. Das funktionsressort-gebundene P.-M.

Bei der historischen Entwicklung des P.-M. ist (jedenfalls in der Konsumgüterindustrie) zuerst fast ausnahmslos von einer Einordnung in den Funktionsbereich der Marketing-Abteilung ausgegangen worden (*Hüttner* 1966; *Brunner* 1969; *Voegeli* 1969; *Linnert* 1974). Dies erscheint auch naheliegend, wenn man das P.-M. als organisatorische Verankerung des marktorientierten Denkansatzes und als Integrationsstelle zur Objektabstimmung absatzwirtschaftlicher Tätigkeiten versteht. Dennoch ist auf Ausnahmefälle hinzuweisen, in denen das P.-M. an andere Funktionsbereiche »angebunden« werden kann, so etwa in Handelsbetrieben an den Einkauf, sofern in *diesem* Sektor Koordinationserfordernisse nach Produktgruppen besonders überwiegen (*Frese* 1976); oder an den technischen Bereich, wenn die »Fähigkeit zur Lösung gravierender technischer Probleme zum ... überwiegenden Kriterium der Absatzwirksamkeit der Erzeugnisse wird« (*Grüneberg* 1973, S. 203).Letzeres trifft für manche Investitionsgüterhersteller zu, obgleich auch hier zu bedenken ist, daß die Eingliederung des P.-M. in Forschung/Entwicklung oder Produktion sehr leicht den Überblick auf die Gesamtheit der absatzwirtschaftlichen Analyse- und Steuerungserfordernisse versperrt.

Im folgenden wird näher auf den Regelfall, d. h. die *Zugehörigkeit des P.-M. zum Marketing-Ressort,* eingegangen. Eine herkömmliche Organisationsform, die sich auch heute noch verhältnismäßig häufig findet (*Wild* 1972), ist die Eingliederung des P.-M. als *Stab* der Marketing-Leitung; s. Abb.1.

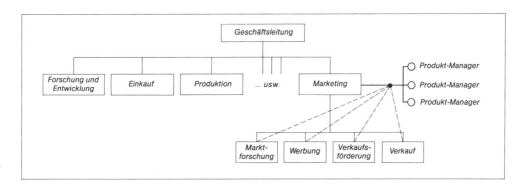

Offiziell bedeutet dies, daß die mit Weisungsrecht verbundenen Koordinationsmaßnahmen der Marketing-Leitung obliegen, während die Produkt-Manager hierfür konzeptionelle und analytische Vorarbeit leisten. Daß damit faktisch doch gewisse unmittelbare Einflußnahmen auf die Teilressorts des Marketing einhergehen können, ist in Abb. 1 durch unterbrochene Verbindungslinien angedeutet. Diese Organisationsform führt aber zu einem gewissen Widerspruch zwischen der grundsätzlichen Aufgabenbeschreibung des P.-M. und seiner Kompetenzausstattung: Die Produkt-Manager sollen definitionsgemäß die Tätigkeit verschiedener anderer Stellen aufeinander abstimmen und produktbezogen steuern. Sie haben als Stab aber formell »keine Autorität kraft Amtes« (*Sihler* 1966, S.22). Im übrigen wird dabei die angestrebte Entlastung der Marketing-Leitung nur begrenzt erreicht.

Es gibt deshalb eine Reihe von Vorschlägen zur organisatorischen Eingliederung des P.-M. als Instanz des Marketing-Bereiches mit bestimmten Anordnungsbefugnissen. An Durchsetzungsmöglichkeiten gegenüber den funktionalen Unterabteilungen des Marketing ist allerdings noch kaum etwas gewonnen, wenn die Leitung des P.-M. zwar gleichrangig in der »Linie« eingeordnet ist, aber direkte Einwirkungsmöglichkeit doch nur gegenüber den einzelnen Produkt-Managern und Produkt-Assistenten besitzt.

Um unmittelbar eine Steuerung der Marketing-Services und evtl. auch des Verkaufs zu erreichen, müßte das P.-M. als Instanz zwischen Marketing-Leitung und nachgeordneten Unterabteilungen eingeschaltet sein. Dies ist zum Beispiel denkbar, wenn sich der Marketing-Bereich der Gesamtunternehmung in mehrere sehr unterschiedliche Produktgruppen unterteilen läßt, für deren Größenordnung jeweils gesonderte Stellen des Marketing-Service und Verkaufs in Frage kommen. Diese Lösung, die im Grunde eine Anwendung des Spartengedankens *innerhalb* des Marketing-Bereiches darstellt (*Wild* 1972; *Kreuz* 1975), ist in Abb.2 skizziert. Es liegt aber auf der Hand, daß diese echte Linienstellung des P.-M. besondere Verhältnisse voraussetzt, die nicht gerade als Regelfall gelten können: Es handelt sich dabei um Unternehmungen, die zwar auf der zweiten Hierarchieebene noch funktional gegliedert sind, wobei aber die Eigenart und das Absatzvolumen der verschiedenen Produktgruppen schon so beträchtlich sind, daß eine entsprechende Dezentralisation der Marktforschungs-, Kommunikations- und Verkaufsaufgaben wirtschaftlich gerechtfertigt erscheint.

Abb. 2: Produkt-Management als echte Linieninstanz bei spartenähnlicher Untergliederung des Marketing-Bereichs

Liegen solche Bedingungen nicht vor und will man dennoch dem P.-M. eine stärkere formelle Einflußmöglichkeit als bei der Stabsregelung verschaffen, so bietet es sich statt der durchgängig-eindimensionalen Linienorganisation an, die Funktionsabteilungen und die produktbezogenen Stellen auf zwei überlappenden Ebenen zu verknüpfen. Das heißt, daß die Produkt-Manager mit möglichst klar bestimmten Teilkompetenzen auf die ansonsten den Funktionsinstanzen unterstehenden Stellen Einfluß nehmen können.

Das so mit gewissen Entscheidungs- und Anordnungsrechten ausgestattete P.-M. wird in dieser Form mitunter als »*Produkt-Leitstelle*« bezeichnet (*Grüneberg* 1973, S.195ff.; *Kreuz* 1975, S. 266ff.). Das Zusammenwirken mit Marketing-Services und Verkauf entspricht dann einer *Matrix-Organisation* innerhalb des Marketing-Bereiches, wobei jedoch die »horizontalen« Einwirkungsbefugnisse des P.-M. durch *Kompetenzbilder* und *Funktionsdiagramme* eingegrenzt sind (vgl. Abb.3 sowie unten, Abschnitt 4.).

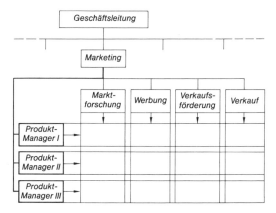

Abb. 3 : Produkt-Management als »Produkt-Leitstelle« (Matrix-Management) und Bindung an das Funktionsressort Marketing

Wird das P.-M. – wie in allen vorstehenden Beispielen – ausschließlich als *Teil*einheit des *Marketing*-Ressorts gesehen, so ist damit die Reichweite der Querschnittskoordination oft stärker eingeschränkt, als es den Sacherforderniossen entspricht. Z.B. trifft es keineswegs immer zu, daß auch der Verkauf (wie in den Abb.1–3) der Marketing-Leitung untersteht und dadurch unmittelbar der produktbezogenen Steuerung mit unterliegt. Die Abstimmungsmaßnahmen nach dem Objektprinzip müssen in einem solchen Fall über die Grenzen der Marketing-Leitung hinausgreifen und im übrigen alle Ressorts berühren, die sonst noch bei der Produktentwicklung bzw. Sortimentsgestaltung, bei kommunikations- und preispolitischen Maßnahmen sowie bei der Produktdistribution mitwirken.

3.2. Das nicht funktionsressort-gebundene P.-M.

Für die Bundesrepublik Deutschland liegen Erhebungsergebnisse vor, wonach bei ca. 20–30% der Firmen mit P.-M.-Organisation eine Direktunterstellung der Produkt-Manager unter die allgemeine Geschäftsleitung vorgenommen worden ist (*Poth* 1968; *Linnert* 1973). Überwiegend handelt es sich dabei um Stäbe der Geschäftsleitung, vereinzelt aber auch um gleichrangige Linienpositionen neben den üblichen Funktionsabteilungen der zweiten Organisationsebene. Hierbei besteht jedoch formell keine direkte Einwirkungsmöglichkeit des P.-M. auf die Funktionsbereiche. Vielmehr läuft der offizielle Weg der produktbezogenen Querschnittsabstimmung über die Geschäftsleitung, die somit u.U. nicht in dem gewünschten Maße entlastet wird.

Hingegen bewirkt eine Kompetenzregelung in Form der *Matrix-Organisation,* daß P.-M. und Funktionsressorts unmittelbar in wechselseitige Einflußnahme zueinander treten. Es gelten dabei im Grundsatz die Beziehungen lt. Abb.3; mit dem Unterschied, daß das P.-M. hier nun ohne Zwischeninstanz der Geschäftsleitung unterstellt ist und die Matrix-Spalten von den verschiedenen Funktions-Hauptabteilungen einschließlich Marketing gebildet werden.

Die Aufgabe der Querschnittsabstimmung kann vom P.-M. bei dieser bereichsübergreifenden Form der Matrix-Organisation umfassend wahrgenommen werden. In großen Unternehmungen wird allerdings die produktspezifische Zusammenarbeit mit den Funktions-Hauptabteilungen erschwert, falls deren Tätigkeitsfeld eine breite Palette unterschiedlicher Objektarten einschließt. Ein Ausweg besteht evtl. darin, einzelne Stellen innerhalb der Funktionsbereiche mit engen, produktbezogenen Aufgaben zu betrauen und als Kontaktstelle für die betreffenden Produkt-Manager zu bestimmen.

Ansonsten bleibt bei heterogenem Leistungsprogramm die Möglichkeit, unterhalb der Geschäftleitung zuerst eine Spartenbildung nach Produktgruppen vorzunehmen und *innerhalb jeder Sparte* eine *Matrix-Organisation* mit Funktionsabteilungen und ressortunabhängigen Produkt-Managern aufzubauen (vgl. Abb.4).

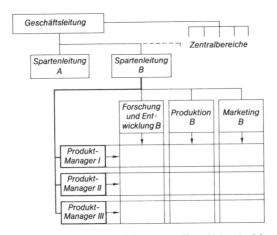

Abb. 4: Produkt-Management als »Produkt-Leitstelle« (Matrix-Management) innerhalb einer Sparte; ohne Bindung an ein bestimmtes Funktionsressort

Nach dem heutigen Stand praktisch vorkommender P.-M.-Organisationen kann man die These nicht aufrechterhalten, daß sparteninterne Produkt-Manager bei einer ohnehin schon »produktorientierten Unternehmungsgliederung ... überflüssig seien« (*Voegeli* 1969, S. 69). Innerhalb der nach Produktgruppen gebildeten Geschäftsbereiche erscheint es im Gegenteil am ehesten möglich, einem ressortungebundenen – also nicht in die Marketing-Abteilung eingegliederten – P.-M. umfangmäßig überblickbare Aufgaben der gesamten Querschnittskoordination mit begrenzten Weisungsrechten zu übertragen (zur Eingliederung des P.-M. bei divisionaler Organisationsstruktur s. auch *Marettek* 1967).

3.3. Zentrales und dezentrales P.-M. bei internationalen Unternehmungen

Ein besonderes Problem entsteht für die Gestaltung des P.-M., wenn in einer Unternehmung produktorientierte und größere regionale Organisationseinheiten zu kombinieren sind. Dies findet sich vor allem bei international tätigen Gesellschaften, wobei z.B. Organisationsgliederungen mit *Produkt*sparten und gleichrangigen *Regional*sparten für das Ausland vorkommen. Wenn hier sparteninterne Stellen für Produkt-Manager eingerichtet werden, stehen im wesentlichen drei Regelungen zur Auswahl (*Wild* 1972; *Gehrig* 1973; *Kreuz* 1975): (a) ausschließlich zentrales P.-M.; (b) ausschließlich dezentral-regionales P.-M. (»peripheres P.-M.«); (c) zentral/dezentrale Mischformen.

Lösung (a), bei der auf länderspezifische Produkt-Manager verzichtet wird, setzt weitgehende Gleichartigkeit der regionalen Anforderungen an die Produktgestaltung und die sonstigen Eigenschaften des Marketing-Mix voraus.

Die *Variante (b)* erscheint nur zweckmäßig, wenn die einzelnen Ländereinheiten ziemlich autonom mit eigenen Entwicklungs- und Produktionsstätten sowie mit eigenen Absatzorganisationen ausgestattet sind.

Lösung (c) geht davon aus, daß die Gesamtunternehmung überregional einheitliche Grundlinien der Produktpolitik einzuhalten hat, die jedoch durch Anpassung an die Marktbesonderheiten des jeweiligen Landes zu ergänzen sind. Dem zentralen P.-M. werden hier grundsätzlich Weisungsrechte gegenüber den dezentralen Produkt-Managern eingeräumt.

4. Aufgaben, Kompetenzen und Ergebnisverantwortung

Die Grundsatzaufgabe des P.-M. (Wahrnehmung produktbezogener Planungs-, Koordinations- und Kontrolltätigkeiten) läßt sich in ausführlichen *Stellenbeschreibungen* konkretisieren. Solche Stellenbeschreibungen pflegen die Analyse des Produktstatus im Markt, die Konzeptionsentwicklung für Produkt-Markt-Strategien, Vorschläge zur Produktinnovation, Produktänderung oder auch -elimination, die entsprechende Erarbeitung mittelfristiger und jährlicher Pläne sowie die Abstimmung von Teilplänen mit anderen Stellen bzw. Abteilungen besonders zu betonen (Beispiele für Stellenbeschreibungen von Produkt-Managern bei *Troll* 1972; *Wild* 1972; *Linnert* 1974; *Kreuz* 1975).

Die Produkt-Manager selbst geben nach einer Untersuchung von *Diller* an, daß sie die meiste Zeit für Koordinationsmaßnahmen, für Konzeptionsentwürfe der Marketing-Strategie sowie für Umsatz- und Erfolgsplanungen aufwenden (*Diller* 1975a; sowie *Diller* 1975b).

Die vielfältigen und bereichsübergreifenden Aufgaben des P.-M. setzen an sich, wenn die angestrebte Querschnittsabstimmung durchsetzbar sein soll, entsprechende *Kompetenzausstattungen* voraus. In der Praxis hat es sich jedoch als äußerst schwierig erwiesen, eine volle Übereinstimmung zwischen Anforderungen bzw. Verantwortung und formeller Kompetenz der Produkt-Manager herbeizuführen. Lediglich bei echten Linienpositionen gemäß Abb. 2, die aber besondere Möglichkeiten der Sortimentsaufspaltung und Verrichtungsdezentralisation voraussetzen und verhältnismäßig selten vorkommen, sind weitgehende Entscheidungs- bzw. Weisungsrechte gegeben.

Als Stabsabteilung (Abb. 1) verfügt das P.-M. über diese formellen Befugnisse ohnehin nicht. Wird eine Form der *Matrix-Organisation* nach Abb. 3 oder 4 gewählt, so stellt sich das Problem, die Konflikte zwischen Funktionsbereichen und Produkt-Managern zu begrenzen sowie unklare Mehrfachunterstellungen der Angehörigen von Funktonsabteilungen zu vermeiden. Oft wird dieses Problem einfach dadurch gelöst, daß man auf Anordnungskompetenzen des P.-M. so gut wie ganz verzichtet und sich auf das Schlagwort des »Management by Persuasion« (d.h. der »Führung durch Überzeugen«) verläßt.

Ein Mittelweg besteht darin, den Produkt-Managern klar definierte Auftrags-, Mitsprache-, Einspruchs-, Entscheidungs- wie auch partielle Weisungsrechte einzuräumen, soweit dies den produktbedingten Sacherfordernissen entspricht (objektbezogene Kompetenzen). Daß begrenzte Weisungsrechte des P.-M. gegenüber Stabsstellen der Marktforschung, Werbung und Produktforschung, gegenüber externen Werbeagenturen und in geringem Umfang sogar gegenüber Einkaufs-, Produktions- und Verkaufs- bzw. Außendienstabteilungen praktisch vorkommen, geht aus Erhebungen hervor (*Poth* 1968; *Linnert* 1973).

Zum Veranschaulichen dieser Regelungen dienen *Organisationsmittel* wie z.B. *Kompetenzbilder* und *Funktionendiagramme*, die den Zuständigkeitszusammenhang übersichtlich darstel-

Stellen / Aufgaben	Produkt-Manager	Geschäftsleitung	Marketing-Leitung	Allg. Untern.-Planung	Marktforschungs-Abt.	Werbe-Abt.	Verkaufsförderungs-Abt.	Verkaufs-Abt.	Forschung u. Entwicklung	Einkaufs-Abt.	Produktions-Abt.	Finanz- u. Rechnungswesen
Erstellung des Produkt-Marketing-Plans	P K M	E W	E W	B ES M	I B	I	I	I	I ES	I ES	I ES	I ES
⋮	⋮	⋮	⋮	⋮	⋮	⋮	⋮	⋮	⋮	⋮	⋮	⋮
Erstellung der Werbekonzeption; Werbemittel und Werbeträgereinsatz	A V M bzw. E W		E W		I	P ES D						
⋮	⋮	⋮	⋮	⋮	⋮	⋮	⋮	⋮	⋮	⋮	⋮	⋮

Symbolerläuterung: A = Anregung bzw. Auftragserteilung; B = Beratung; D = Durchführung; E = Entscheidungsrecht; ES = Einspruchsrecht; I = Informationslieferung; K = Koordination, Abstimmung; M = Mitsprache bei der Entscheidungsfindung; P = Planung; V = Vorschlag; W = Weisungsrecht

Abb. 5: Ausschnitt aus einem Funktionendiagramm

len und unter der Bezeichnung »*Charting-System*« zusammengefaßt werden (hierzu ausführlich *Wild* 1972; vgl. Abb. 5 u. 6).

Stellenbeschreibungen, Kompetenzbilder und *Funktionendiagramme* lassen die Aufgabenbereiche des P.-M. und damit die Verbindung zu bestimmten Kosten- und Erlösarten erkennen. Sie machen aber auch deutlich, daß eine *Einflußnahme* auf die Kosten- und Erlösentstehung oft *gemeinsam* von verschiedenen betrieblichen Stellen ausgeht. Die *Ergebnisverantwortung* des P.-M. kann deshalb nicht einfach durch produktbezogene Erfolgsgrößen (z. B. Perioden-Deckungsbeitrag pro Artikel) definiert werden. Vielmehr empfiehlt es sich, zwischen einer Betrachtung der P.-M.-Stellen als verrechnungstechnische Bezugsebene – «accounting entity» – und als Träger der Ergebnisverantwortung – «responsibility center» – zu unterscheiden (dazu ausführlich *Köhler* 1978). Im ersten Fall werden Brutto-Periodenergebnisse für das Erzeugnis oder die Erzeugnisgruppe einer P.-M.-Stelle ermittelt, wobei die Erfolgsentwicklung der *Absatzobjekte* und die damit zusammenhängenden Steuerungsprobleme im Vordergrund stehen. Geht es hingegen um die Frage, welche *Organisationseinheiten* die Produktergebnisse im einzelnen zu *vertreten* haben, so ist die Rechnung weiter zu verfeinern: Kosten- und Erlösarten sind danach zu kennzeichnen, ob sie durch Produkt-Manager selbständig, nur zusammen mit anderen Stellen oder überhaupt nicht *beeinflußt* werden können. Aus solchen Analysen ergibt sich, daß das P.-M. aufgrund seiner eingeschränkten Weisungsmöglichkeiten manchmal nur für bestimmte Kostenarten eindeutig verantwortlich gemacht werden kann (z. B. für Marktforschungs- oder Werbestreukosten, wenn sie vom P.-M. durch selbständigen Entscheid im Rahmen des Produktbudgets veranlaßt werden). Bei einer Reihe anderer Erfolgskomponenten bedingt die *Kompetenzteilung* im Grunde, daß auch eine entsprechende *Verantwortungspoolung* auf mehrere Stellen vorzunehmen ist (*Wild* 1972).

Deshalb erscheint es problematisch, Prämienzahlungen an die Produkt-Manager von den

Stelle: Produkt-Manager	Produkt bzw. Produktgruppe:	Stellen-Inhaber	Vorgesetzter: ....

Aufgabenart	Teilaufgaben	Kompetenz	Kompetenzbeziehung zu folgenden Stellen:
Erstellung der Werbekonzeption; Werbemittel- und Werbeträgereinsatz	Konzeptionserstellung auf der Grundlage von Zielgruppen – Daten	A	Marktforschungs-Abt.
	Briefing	V, A	Werbe-Abt.
	Copy-Tests	A	Marktforschungs-Abt. und/oder Werbe-Abt.
	Werbemittelauswahl	V, M	Marketing-Leitung Werbe-Abt.
	Grundsätzliche Werbeträgerauswahl	V, M	Marketing-Leitung Werbe-Abt.
	Streuplanung im Rahmen des gegebenen Produkt-Etats	E, W	Werbe-Abt.

Symbolerläuterung: wie bei Abb. 5

Abb. 6: Ausschnitt aus einem Kompetenzbild

Bruttogewinnen »ihrer« Produkte abhängig zu machen, wie dies praktisch öfters geschieht (Erhebungsangaben bei *Linnert* 1973).

Im übrigen widerspräche es einer längerfristig angelegten Marketing-Strategie, wenn die Produkt-Manager nur nach Kennzahlen der Kosten- und Erlösrechnung beurteilt würden. Produktinnovations-, Produktimage-, Distributions- und Marktanteilsziele gehören mit zu einem *Zielsystem* des P.-M., das die Erweiterung und Festigung von Marktbeziehungen im Auge hat (*Cunningham / Clarke* 1975).

5. Koordinationserfordernisse

Als eine Hauptaufgabe des P.-M. ist die produktbezogene Abstimmung zwischen verschiedenen Funktionsabteilungen hervorgehoben worden. Zur Systematisierung solcher Maßnahmen kann zwischen der persönlichen Koordination, der Koordination durch Programme und der Koordination durch Pläne unterschieden werden (*Kieser / Kubicek* 1977). Die im Abschnitt 4. erwähnten Funktionendiagramme stellen eine Art Programm dar, das die Abteilungsbeziehungen bei bestimmten Aufgaben der Markt- und Produktpolitik regelt. Ähnliche Programmwirkung haben Arbeitstechniken des P.-M., die auf andere Stellenbereiche mit ausstrahlen (s. unten, Abschnitt 6.). Diese »*technokratischen*« *Abstimmungsinstrumente* reichen allerdings allein nicht aus, um zwischen den betroffenen Stellen einen ausreichenden Informationsaustausch herbeizuführen und Konflikte zu bewältigen. Das P.-M. macht zusätzlich Einrichtungen der *persönlichen Koordination*, z.B. besondere Arbeitsausschüsse, erforderlich. Die Ergebnisse einer solchen *Teamarbeit*, die zum Teil in verbindlichen Gemeinschaftsbeschlüssen zum Ausdruck kommen können, gehen wiederum in Pläne bzw. Budgets mit ein.

Im wesentlichen kommen *drei Abstimmungsebenen* in Betracht, auf denen ein *Konfliktausgleich* zu suchen ist:

1) im Verhältnis von Marketing und zugehörigem P.-M. gegenüber allen übrigen Haupt-Funktionsabteilungen; 2) innerhalb der Marketing-Abteilung zwischen dem P.-M. und den Funktionsstellen für Marketing-Services sowie Verkauf; 3) zwischen verschiedenen Produkt- oder Produktgruppen-Managern untereinander.

Zu 1): Es stößt an praktische Grenzen, bei einer Vielzahl von Erzeugnissen feste Arbeitsausschüsse, in denen Angehörige verschiedener Funktionsbereiche mitwirken, für sämtliche Produktgruppen oder Hauptartikel einzurichten. Am ehesten ist dies noch innerhalb einer Sparte bei verhältnismäßig überschaubarem Sortiment möglich. Ansonsten wird man sich zumeist damit begnügen, ein bestehendes *Marketing*-Gremium bei besonderem Anlaß ad hoc zu einem befristeten *Mehrbereichs-Komitee* zu erweitern.

Zu 2): Innerhalb des Marketing-Bereichs sind regelmäßig zusammenkommende *Teams* mit Bezeichnungen wie »*Produkt-Ausschuß*« oder »*Produkt-Kommission*« üblich, die einen Ausgleich zwischen Vorschlägen der Produkt-Manager und eventuellen Gegenstandpunkten der Marktforschungs-, Werbe-, Verkaufsförderungs- und Verkaufsstellen herbeizuführen suchen. Für dieses fachlich enger begrenzte Koordinationsgremium wird in manchen Unternehmungen Produkt-Managern der Vorsitz eingeräumt. Wenn kein Interessenausgleich zustande kommt, muß (angesichts der meist geringen Weisungsmöglichkeiten des P.-M.) letztlich doch die Marketing-Leitung als übergeordnete Instanz entscheiden.

Zu 3): Nicht selten konkurrieren mehrere Produkt-Manager untereinander um knappe Mittel oder um das Nachfragevolumen gleicher Abnehmergruppen. Dies macht ein *Marketing-Komitee* erforderlich, in dem grundsätzlich der Marketing-Leiter den Vorsitz führt. Die dort gefaßten Beschlüsse sind in den Zielprojektionen und den Budgets der einzelnen Produkt-Manager zu berücksichtigen.

Ein solches Komitee hat außerdem die Aufgabe, die langfristigen Ziele des gesamtbetrieblichen Marketing gegenüber der produktspezifischen und manchmal kürzerfristigen Erfolgsorientierung des P.-M. zur Geltung zu bringen. Ebenso ist darauf zu achten, daß über einer Planung für Einzelprodukte nicht die koordinierte Betreuung bestimmter Abnehmergruppen, die für verschiedene Leistungen der Unternehmung zugleich Bedarf haben, vernachlässigt wird. Die Kombinationsmöglichkeit des sog. *Markt-Managements* oder *Kunden-Managements* mit dem Produkt-Management wird in jüngster Zeit öfters erörtert. Anfang 1976 hatten in der Bundesrepublik immerhin schon rd. 19% von 328 befragten Industrieunternehmungen besondere Stellen für das Markt-Management in ihre Organisation mit einbezogen (*Lucke* 1977).

Diese Integration des produktbezogenen und des auf Abnehmergruppen gerichteten Blickwinkels zählt mit zum Aufgabenfeld von Marketing-Komitees oder ähnlich übergreifenden Arbeitsgruppen.

6. Arbeitstechniken

Auf die Arbeitsinstrumente des P.-M kann an dieser Stelle nicht näher eingegangen werden (ausführlich *Wild* 1972). Unter organisatorischen Kriterien verdienen jedoch zwei Gesichtspunkte Beachtung:

1) Durch Analyse- und Planungsverfahren, die mehr oder weniger standardisiert bei wiederkehrenden P.-M.-Aufgaben verwendbar sind, werden die benötigten Informationen und eventuelle Informationslücken besonders verdeutlicht. Die Beschäftigung mit solchen Arbeitstechniken erleichtert so die Feststellung des Informationsbedarfs.

2) Darüber hinaus hat ein formeller Methodeneinsatz koordinierende Wirkungen.

Beides gilt z.B. für Schemata, die die Erstellung von *Marketing-Produkt-Plänen* und von *Produkt-Budgets* regeln. Stark koordinierende Bedeutung besitzt außerdem das Arbeiten mit *Ablaufdiagrammen* und *Netzplänen*, die etwa bei Neuprodukt-Vorhaben zum Steuern der Zusammenarbeit vieler Stellen und zur Terminüberwachung geeignet sind. *Checklisten* für die möglichst vollständige Berücksichtigung von Planungs-Teilaufgaben, Produkt-Status-Analysen (die bestimmte Kenngrößen zur Beurteilung der relativen Marktstellung von Produkten vorsehen) sowie Hilfsmittel für die vorausschauende Auswertung von Soll-Ist-Abweichungsdaten *(Gap-Projektionen)* fördern die Klärung eines sachbedingten Informationsbedarfs und die gezielte Informationssuche.

Die Koordinationsmöglichkeit durch Pläne und Programme bzw. Techniken darf zwar nicht einseitig überbewertet werden. Zu weitgehende Standardisierung führt zu der Gefahr, daß Intuition und *Kreativität* bei der P.-M.-Arbeit zurückgedrängt werden. Die Vorgabe eines gewissen Grundbestandes an Verfahrenstechniken gehört aber dennoch zu den organisatorischen Rahmenbedingungen, von denen die Erfüllbarkeit der P.-M.-Aufgaben abhängt.

7. Einführungsprobleme und Verbreitung des P.-M. in der Bundesrepublik Deutschland

Die Einführung eines P.-M. bedeutet zwar keinen so tiefgreifenden organisationalen Wandel, wie es beispielsweise beim Übergang zur Spartenbildung der Fall ist. Das P.-M. stellt – wenn es in eine ansonsten funktionale Organisation eingebaut wird – eher einen Kompromiß zwischen noch stärker objektbezogenen und herkömmlichen Organisationsformen dar. Trotzdem bereitet die Einrichtung des P.-M.-Systems Schwierigkeiten, wenn bestimmte *unternehmensspezifische und persönliche Voraussetzungen* nicht erfüllt sind:.

1) Das P.-M. ist bei der Durchsetzung produkt- und marktbezogener Konzeptionen überfordert, sofern in der Unternehmung nicht schon zuvor Stellen mit betonter Marktausrichtung bestanden und Einfluß ausgeübt haben. Üblicherweise wird das P.-M. denn auch im Zusammenspiel mit einer bereits ausgebauten Marketing-Abteilung aufgebaut.

2) Das P.-M. ist praktisch zum Scheitern verurteilt, wenn es keine oder nur ganz geringe Linienvollmachten erhält und auch von übergeordneten Instanzen nur unzulänglich unterstützt wird.

3) Der Aufgabenkatalog der Produkt-Manager verlangt Stelleninhaber, die überdurchschnittliche qualitative Anforderungen erfüllen und das Tätigkeitsfeld möglichst vieler Marketing-Funktionsbereiche aus eigener Anschauung kennen. Von der Aufgabenbeschreibung her ist das P.-M. gerade nicht für berufliche Anfangsstellungen geeignet. Manche Unternehmungen beachten dies zu wenig und beschneiden damit von vornherein die sachliche Einflußmöglichkeit und Koordinationswirkung dieser Organisationseinheiten. Auf diese und ähnliche Umstände ist es wohl zurückzuführen, wenn des öfteren von Unzulänglichkeiten der P.-M.-Konzeption und manchmal auch von Firmen, die von dieser Organisatonsform wieder abgekommen sind, berichtet wird (z.B. *o. Verf.*, 1976; *Lucke* 1977).

Insgesamt ist jedoch in der Bundesrepublik Deutschland seit Mitte der sechziger Jahre eine beträchtliche Ausbreitung des P.-M.-Systems festzustellen. *Brunner* schätzt für den Zeitabschnitt von 1966 bis 1968 eine Zunahme der Firmen mit P.-M. um rd. das Dreieinhalbfache (*Brunner* 1969). In der deutschen Markenartikelindustrie war die P.-M.-Organisation Anfang 1968 bei rd. 46% der Firmen eingeführt (*Poth* 1968; es handelt sich um eine Befragung bei 330 Unternehmungen mit einem auswertbaren Fragebogenrücklauf von rd. 35%). Weit überdurchschnittlich war dabei die Verbreitung in der chemisch-pharmazeutischen Industrie und relativ hoch in der Nahrungs- und Genußmittelindustrie (so auch *Groenewald* 1970).

1973 verfügten nach einer Untersuchung *Linnerts*, in der Antworten aus 216 Unternehmungen verschiedenster Wirtschaftszweige ausgewertet wurden, im Durchschnitt bereits 60% der antwortenden Firmen über ein P.-M. (*Linnert* 1973).

Eine Erhebung aus dem Jahre 1977 weist die Anwendung des P.-M.-Systems bei 62% von 334 befragten Unternehmungen aus (*Köhler / Uebele* 1977. Zugrunde liegt eine Zufallsstichprobe von 400 Firmen aus der Grundgesamtheit von Industrieunternehmungen mit mehr als 1000 Beschäftigten; auswertbarer Rücklauf: 83,5%). Dabei ist die Häufigkeit im Konsumgüterbereich mit rd. 73% nach wie vor beträchtlich höher als im Investitions- bzw. Produktionsgütersektor (zusammen rd. 56%). Interessant ist aber, daß der mittels Rating-Skalen erfaßte Umfang von *Anordnungsbefugnissen* der Produkt-Manager bei Investitions- und Produktionsgüterfirmen deutlich größer ist als bei Konsumgüterherstellern. Dies dürfte mit den besonderen Steuerungsaufgaben und entsprechenden Kompetenzerfordernissen bei technisch komplizierten Produkten zusammenhängen.

Insgesamt deuten die Häufigkeitsangaben auf eine gewisse Stabilisierung der P.-M.-Organisationsform in den letzten Jahren hin. Bemerkenswert erscheint es im übrigen, daß – entgegen manchen anderslautenden Meinungen – das P.-M. in Unternehmungen mit *Sparten*organisation signifikant öfter vorkommt als in nicht divisionalisierten Firmen (in durchschnittlich rd. 70% der erstgenannten Gruppe, gegenüber rd. 56% im zweitgenannten Fall). Außerdem haben nach der Erhebung von 1977 Produkt-Manager im Rahmen einer Sparte mehr Entscheidungsbefugnisse, d.h. eher die Rolle einer Linienstelle, als in primär funktional gegliederten Unternehmungen.

8. Mögliche Effizienzwirkungen

Für die Beurteilung der *Effizienz* von Organisationsformen können zahlreiche ökonomische oder soziale *Prozeß-* und *Ergebnisindikatoren* herangezogen werden. Dem P.-M. wird im allgemeinen zugeschrieben, daß es eine marktbezogene und an Bedarfs- bzw. Produktbesonderheiten angepaßte Absatzpolitik fördere. Etwas eingehender soll im folgenden lediglich auf einige ausgewählte Teilaspekte dieser Marktorientierung eingegangen werden, nämlich auf Merkmale der Informationsgewinnung und Informationsverarbeitung, der *Koordination* sowie der Anpassungs- bzw. Innovationsfähigkeit.

Was die *Suche nach Marktinformationen* sowie die planungsrelevante *Informationsverarbeitung* betrifft, so läßt die schon erwähnte Erhebung aus dem Jahre 1977 einige Unterschiede zwischen P.-M.-System und anderen Organisationsformen erkennen (*Köhler / Uebele* 1977): Beispielsweise deuten die Erhebungsdaten auf ein erheblich höheres Budgetvolumen zur Bereitstellung von Marktinformationen hin, wenn ein P.-M. besteht. Panels, Markttests und Labortests sowie Deckungsbeitragsanalysen werden in P.-M.-Organisationen mehr genutzt als in anderen Fällen.

Besteht ein P.-M., so ist der Formalisierungsgrad für Absatzpläne ausgeprägter, der Planungszeitraum insgesamt länger und die schriftliche Zielfestlegung gebräuchlicher bzw. detaillierter als in Unternehmungen ohne P.-M. Prognoseverfahren und sonstige quantitative Entscheidungshilfen werden intensiver eingesetzt.

Was die *Koordination* betrifft, so zeigen die vorliegenden Antworten für P.-M.-Stellen einen höheren Grad an Zusammenarbeit mit Marktforschungs-, Planungs- und OR/EDV-Abteilungen als für Marketing-Ressorts ohne P.-M.

Die vorgenannten Angaben sind im statistischen Sinne signifikant (ohne daß man sie deswegen als Kausalbeziehung deuten kann; es handelt sich lediglich um eine Angabe gemeinsamer Merkmalsausprägungen). Das gilt auch für die Feststellung, daß die P.-M.-Organisation überwiegend in Unternehmungen vorkommt, für die hohe Indikatorwerte bei der Größe »*Umweltdynamik*« gelten. Freilich besagt dies Ergebnis noch nichts Näheres über die tatsächliche *Anpassungsfähigkeit* an Marktveränderungen. Die intensive und durch Verkürzung der Kommunikationswege i.d.R. auch genügend schnelle Nutzung von Marktinformationen läßt jedoch Anpassungsvorteile des P.-M. vermuten. Für grundlegende *Produktinnovationen*, die über Produktvariationen im gewohnten Sortimentsrahmen hinausgehen, ist hingegen das P.-M. nicht ohne weiteres die geeignetste Organisationsform. Produkt-Manager sind mit laufenden Planungs-, Koordinations- und Kontrollaufgaben für eingeführte Erzeugnisse meist so stark belastet, daß sie sich weitreichenden Innovationsprojekten nur begrenzt widmen können. Hierzu empfiehlt sich eher ein »integriertes *Innovationsmanagement*« (*Thom* 1974), das spezielle teamorientierte Planungsgruppen bzw. ein Projekt-Management mit den Ideenfindungs- und frühen Entwicklungsaufgaben betraut und das P.-M. erst in späteren – der Markteinführung näheren – Phasen einschaltet.

Ob die grundsätzlich möglichen Effizienzwirkungen zum Zuge kommen, hängt nicht zuletzt von der erreichbaren *Motivation* der Produkt-Manager ab. Ein Auseinanderklaffen von *Verantwortung* und Kompetenzausstattung ist ohne Zweifel motivationshemmend. Deshalb setzt die Wirksamkeit der P.-M.-Organisation nicht zuletzt voraus, daß den Produkt-Managern – z.B. durch besondere Matrix-Regelungen – aufgabenentsprechende Mitentscheidungsrechte eingeräumt werden.

Literatur

Ames, B.Ch. (1963): Payoff from Product Management. In: HBR, 41.Jg., 1963, S. 141–152.
Evans, G.H. (1964): The Product Manager's Job. AMA Research Study 69, New York 1964.
Fulmer, R.M. (1965): Product Management: Panacea or Pandora's Box?. In: Cal.Man.R, 7.Jg. 1965, S. 63–74.
Luck, D.J. / *Nowak, Th.* (1965): Product Management – Vision Unfulfilled. In: HBR, 43.Jg., 1965, S. 143–154.
Hüttner, M. (1966): Produkt-Management. In: Wirtschaftsdienst, 46.Jg., 1966, S. 277–281.
Marettek, A. (1967): Produkt-Manager-System in der Investitionsgüterindustrie. In: BFuP, 19.Jg., 1967, S. 218–231.
Sihler, H. (1967): Brief an einen Produkt-Manager. In: Plus, 1.Jg., 1967, S. 21–24.
Fulmer, R.M. / *Brunner, L.* (1968): Analysis of U.S. and German Practice of Product-Management. In: Man.Int.R, 8.Jg., 1968, S. 33–36.
Poth, L. (1968): Produkt-Management in der deutschen Markenartikelindustrie. Düsseldorf 1968.
Boll, P. (1969): Die Funktion des Produkt Managers bei der Schaffung neuer Produkte. Diss. Innsbruck 1969.
Brunner, L. (1969): Product Management in der Konsumgüterindustrie unter besonderer Berücksichtigung der Stellung des Product Managers. Diss. Mannheim 1969.
Hytha, R. (1969): Das System des Product Managers. In: Der Markt, H.31, 1969, S. 85–89.
Voegeli, F. (1969): Das Produkt-Manager-Konzept. In: DU, 23.Jg., 1969, S. 61–76.
Weber, H.K. (1969): Das Produkt-Management als Ausdruck marktbewußter Unternehmensführung. In: GFM-Mitteil., 2.Jg., 1969, S. 41–52.
Groenewald, H. (1970): Der Product Manager in der deutschen Wirtschaft. In: Betriebswirtschaftliche Umschau, 40.Jg., 1970, S. 317–328.
Gemmill, G.R. / *Wilemon, D.L.* (1970/71): Interpersonal Barriers to Effective Product Management. In: British Journal of Marketing, Winter 1970/71, S. 208–214.
Andresen, G.A. (1971): Product-Management. In: Management Enzyklopädie, Bd.4, München 1971, S. 1201–1220.

Böcker, E. / Treis, B. (1971): Produktmanagement – Garant für eine erfolgreiche Produktpolitik? In: Jahrbuch der Absatz- und Verbrauchsforschung, 17.Jg., 1971, S. 59–78.
Evans, G.H. (1971): Der Produkt-Manager. In: Marketing-Management und Organisation (Hrsg.: St. H. Britt /H. W. Boyd jr., dt. Bearb. v. P. Linnert), München 1971, S. 113–131.
Gemmill, G.R. / Wilemon, D.L. (1972): The Product Manager as an Influence Agent. In: JMark, 36.Jg., 1972, S. 26–30.
Grochla, E. (1972): Unternehmungsorganisation. Reinbek b. Hamburg 1972.
Jerke, A. (1972): Konzepte für eine innerbetriebliche Marketing-Organisation. In: Modernes Marketing – Moderner Handel (Hrsg.: .J Bidlingmaier), Wiesbaden 1972, S. 163–178.
Troll, K.H. (1972): Der Product-Manager. In: Marketing Journal, 5.Jg., 1972, S. 238–241.
Wild, J. (1972): Product-Management, München 1972 (2. Aufl., 1973).
Bidlingmaier, J. (1973): Marketingorganisation. In: DU, 27.Jg., 1973, S. 133–154.
Dietz, S. (1973): Get More out of Your Brand Management. In: HBR, 51.Jg., 1973, S. 127–136.
Gehrig, W. (1973): Zentrales Product Management in der pharmazeutischen Industrie. Aulendorf/ Württ. 1973.
Grüneberg, N. (1973): Das Produkt-Management. Seine Funktionen im Marketing. Wiesbaden 1973.
Linnert, P. (1973): Produkt-Management in Deutschland. Hamburg 1973.
Dominguez, G.S. (1974): Praxis des Produkt- und Marken-Managements (übersetzt v. E.E. Scheuing), Heidelberg 1974.
Law, P. u.a. (Hrsg.) (1974): Product Management. London u.a. 1974.
Linnert, P. (1974): Produkt-Manager. Aufgaben und Stellung im Unternehmen. Gernsbach 1974.
Thom, N. (1974): Innovationsfördernde Organisations- und Führungsformen: Projekt- und Produktmanagement. In: Der Betriebswirt, 15.Jg., 1974, S. 118–125.
Wild, J. (1974): Produktmanagement. In: Marketing Enzyklopädie, Bd.2, München 1974, S. 1155–1169.
Buell, V.P. (1975): The Changing Role of the Product Manager in Consumer Goods Companies. In: JMark, 39.Jg., 1975, S. 3–11.
Clewett, R.M. / Stasch, S.F. (1975): Shifting Role of the Product Manager. In: HBR, 53.Jg., 1975, S. 65–73.
Cunningham, M.T./Clarke, C.J. (1975): The Product Management Function in Marketing. In: European Journal of Marketing, 9.Jg., 1975, S. 129–149.
Diller, H. (1975a): Produkt-Management und Marketing-Informationssysteme. Berlin 1975.
Diller, H. (1975b): Das Selbstverständnis der Produkt-Manager. In: ZfO, 44.Jg., 1975, S. 86–94.
Grochla, E. (1975): Organisation und Organisationsstruktur. In: HWB, 4.Aufl. (Hrsg.: E. Grochla / W. Wittmann), Bd.2, Stuttgart 1975, Sp. 2846–2868.
v. Kortzfleisch, H. (1975): Das Produktmanagement in der pharmazeutischen Industrie. In: Betriebswirtschaftliche Unternehmensführung (Hrsg.: G. v. Kortzfleisch / H. Bergner), Berlin 1975, S. 219–238.
Kreuz, A. (1975): Der Produkt-Manager. Seine Rolle im Marketing-Prozeß. Essen 1975.
Barth, H. (1976): Die Absatz- und Marketingorganisation der Unternehmung. Frankfurt a.M., Zürich 1976.
Frese, E. (1976): Aufbauorganisation. Gießen 1976.
Venkatesh, A. / Wilemon, D.L. (1976): Interpersonal Influence in Product Management. In: JMark, 40.Jg., 1976, S. 33–40.
Kellner, J. (1977): Produktmanagement. In: Marketing (Hrsg.:L. G. Poth), Neuwied 1977, 4.2.1. S. 1–54.
Kieser, A. / Kubicek, H. (1977): Organisation. Berlin, New York 1977.
o.V. (1976): Produktmanager: Bewährungsfrist verlängert. In: Absatzwirtschaft, 19.Jg., 1976, H.9, S. 80–90.
Koppelmann, U. / Paass, W. (1977): Zum Konzept des Produktmanagements. In: Wirtschaftswissenschaftliches Studium (WiSt), 6.Jg., 1977, S. 559–566.
Lucke, K. (1977): Wachablösung. Markt- statt Produktmanagement. In: Absatzwirtschaft, 20.Jg., 1977, S. 62–68.
Pessemier, E.A. (1977): Product Management. Strategy and Organization. Santa Barbara u.a. 1977.
Göbel, B. / Eichstaedt, B. (1978): PM auch für Investgüter?. In: Marketing Journal, 11.Jg., 1978, S. 48–50.
Köhler, R. (1978): Profit Center. In: Marketing (Hrsg.: L. G. Poth), Neuwied 1978, 4.2.4. S. 1–41.
Köhler, R. / Uebele, H. (1977): Planung und Entscheidung im Absatzbereich industrieller Großunternehmen. Ergebnisse einer empirischen Untersuchung. Arbeitsbericht Nr. 77/9, TH Aachen, DBW-Depot 78–2–5.
Meffert, H. (1978a): Status und Zukunftsperspektiven des Produktmanagement. In: Unternehmung und Markt (Hrsg.: H. Weinhold-Stünzi), Zürich 1978, S. 203–239.
Meffert, H. (1978b): Das PM-Konzept verlangt nach Anpassung. In: Marketing Journal, 11.Jg., 1978, S. 424–431.

Josten, F.A. (1979): Determinanten von Product-Manager-Strukturen. Eine empirische Untersuchung in den USA. Diss. Aachen 1979.
Rösner, H.J. (1979): Produkt-Manager: Konzept, Integration und Einsatz-Kontrollverfahren. Berlin, New York 1979.

VI. Profit Center im Marketing*

1. Die Merkmale der Profit-Center-Organisation

Profit Center sind organisatorisch und rechnungstechnisch abgegrenzte betriebliche Teilbereiche, für die gesonderte Erfolgsanalysen als Grundlage einer erfolgsorientierten Steuerung durchgeführt werden.

Die Aufspaltung des gesamten Periodengewinnes oder -verlustes in Teilergebnisse wird grundsätzlich nach absatzwirtschaftlichen *Objekten* – vor allem nach Produkten bzw. Produktgruppen – vorgenommen.

Zwar finden sich auch Vorschläge zur Profit-Center-Bildung nach *funktionalen* Gesichtspunkten (zur praktischen Bedeutung vgl. 42, 53 ff.). Wenn man dabei aber Wert darauf legt, am Markt *realisierte* Umsatzerlöse und nicht ausschließlich fiktive (über Verrechnungspreise ermittelte) Erlöse zuzurechnen, kommen hierfür nur Funktionsbereiche mit unmittelbarem Absatzmarktkontakt in Frage (vgl. 12b, 285). Dies sind die Organisationseinheiten des Verkaufs bzw. Vertriebs, unter Umständen auch des Kundendienstes (vgl. 6a, 232 ff.), wobei aber kosten- und erlösrechnerisch letztlich doch wieder an Produkte oder Produktgruppen bzw. an zusätzliche objektbezogene Abgrenzungen – wie Kundengruppen oder Verkaufsgebiete – angeknüpft wird (vgl. 9, 38 ff.; 60 ff.; 10, 214 ff.; 10a, 214; 26, 36 ff.; 26a, 75 f.; 30a, 114).

Die aus der sog. *Absatzsegmentrechnung* (vgl. 15; 25a) seit langem bekannte objektbezogene Erfolgsaufgliederung genügt für sich allein genommen allerdings noch nicht, um von Profit Center sprechen zu können. Das eigentliche Profit-Center-Konzept verlangt, außer der *abrechnungstechnischen* Unterscheidung solcher Objektbereiche, auch eine entsprechende Regelung der *Kompetenzen und Verantwortung* innerhalb der Organisationsstruktur. Es setzt also eine Übereinstimmung von »Accounting Entity« und »Responsibility Center« voraus (35, 40; vgl. auch 28, 1; 42, 14, 17 ff.).

Wir können somit die folgenden drei *Begriffsmerkmale* eines *Profit Center* festhalten:

– Aufgabenbestimmung nach dem *Objektprinzip*;
– objektbezogene *Erfolgsaufspaltung;*
– *Erfolgsverantwortlichkeit* des Profit-Center-Leiters.

Diese drei Kriterien werden im folgenden näher erläutert:

---

* Ursprünglich unter dem Titel »Profit Center« erschienen in: Marketing (Hrsg. L.G. Poth), Neuwied 1978, Kapitel 4.2.4., S. 1–41. Die vorliegende überarbeitete Fassung ist 1988 in der 2. Auflage desselben Werkes, Kapitel 54, S. 1–38, erschienen (Abdruck mit freundlicher Genehmigung des Hermann Luchterhand Verlags).

1.1. Aufgabenbestimmung nach dem Objektprinzip

Funktionsgliederungen teilen Zuständigkeiten in erster Linie nach Verrichtungskomplexen ein, wie »Einkauf«, »Produktion«, »Lagerhaltung«, »Marktforschung«, »Werbung«, »Verkauf« usw. Erst ergänzend kommt hier eine objektbezogene Aufgabenkennzeichnung für einzelne Unterabteilungen hinzu, z. B. »Einkauf elektrotechnischer Bauelemente«, oder »Produktion von Heizaggregaten im Werk X«.

Funktionale Organisationsformen beruhen somit auf einer Aufgabenabgrenzung nach Tätigkeitsarten. Durch die Zusammenfassung gleichartiger Verrichtungen in Stellen, deren Leistungspotential für verschiedene Produkte bzw. Märkte zur Verfügung steht, erhofft man sich sog. Synergievorteile (vgl. 39, 44ff.).

Hingegen werden bei einem Organisationsaufbau nach dem *Objektprinzip* die Aufgaben der betrieblichen Teileinheiten in erster Linie für bestimmte Produkte oder Märkte festgelegt. Dies führt zu einer Dezentralisation von Verrichtungsarten, sofern die so gebildeten Organisationsbereiche gewisse Grundfunktionen – wie Produktion, Verkauf usw. – jeweils in eigener Zuständigkeit übernehmen (vgl. 28, 27).

Vorteile dieser Organisationsstruktur werden darin gesehen, daß sie eine umfassendere Problemorientierung der Bereichsleiter fördert. Die Bereichsleiter nehmen in diesem Fall nicht nur Spezialfunktionen wahr, sondern sie erfüllen Koordinationsaufgaben im Hinblick auf das Leistungsangebot am Markt. Hiervon soll zugleich ein Anreiz zu unternehmerischem Denken in Gesamtzusammenhängen ausgehen (vgl. 7, 730ff.).

1.1.1. Profit-Center-Bildung nach Produkten bzw. Produktgruppen

Produkte sind die ursprünglichen Kosten-, Erlös- und Erfolgsträger. Erfolgsaufspaltungen nach anderen Kriterien greifen stets mit auf Produktdaten zurück. Über solche rechnungstechnische Erwägungen hinaus bietet sich die Produktbetrachtung vor allem deshalb für eine Profit-Center-Gliederung an, weil damit auch organisatorisch das Erfordernis einer geschlossenen Marketing-Mix-Konzeption für bestimmte Absatzobjekte unterstrichen wird.

Die Profit-Center-Bildung geht dabei im allgemeinen von einer Zusammenfassung ähnlicher Erzeugnisse zu Produkt*gruppen* aus. Die *Spartenorganisation* (Geschäftsbereichsorganisation, Divisionalisierung), wie sie in Deutschland meist seit dem Ende der sechziger Jahre – vor allem in der chemischen Industrie, der elektrotechnischen Industrie und dem Maschinenbau – eingeführt worden ist (vgl. 31, 113, 115; 12a, 519ff.), bedeutet i.d.R. eine Abgrenzung nach verhältnismäßig weit definierten Produktklassen, wie z.B. »Farben«, »Fasern«, »Pharma«, »Pflanzenschutz« usw.

Zumindest rechnungstechnisch lassen sich im Rahmen einer Sparte aber außerdem Erfolgsbereiche mit speziellerem Produktbezug festlegen, z.B. das Aufgabengebiet von Produktgruppen-Managern innerhalb der Pharma-Sparte, oder noch enger das Produkt-Management, das für einzelne Markenartikel zuständig ist.

Eine produktorientierte Organisationsstruktur kann also *mehrstufig* aufgebaut sein (vgl. 28, 51). Dies ist in Abbildung 1 angedeutet. Es hängt jedoch von den Kompetenzregelungen ab, inwieweit man hier die Ebenen des Produktgruppen- bzw. Produkt-Managements als *Profit Center* bezeichnen kann. Besitzen diese Stelleninhaber keine selbständigen Weisungsvollmachten gegenüber anderen Abteilungen der Sparte, sondern nehmen sie im wesentlichen die entscheidungsvorbereitende Beratung für die Spartenleitung wahr, so ist das Profit-Center-Merkmal der *Erfolgsverantwortlichkeit* nicht uneingeschränkt erfüllt. Man kann dann von einem *Sub*-Profit-Center sprechen, dessen Tätigkeit zum Spartenergebnis beiträgt.

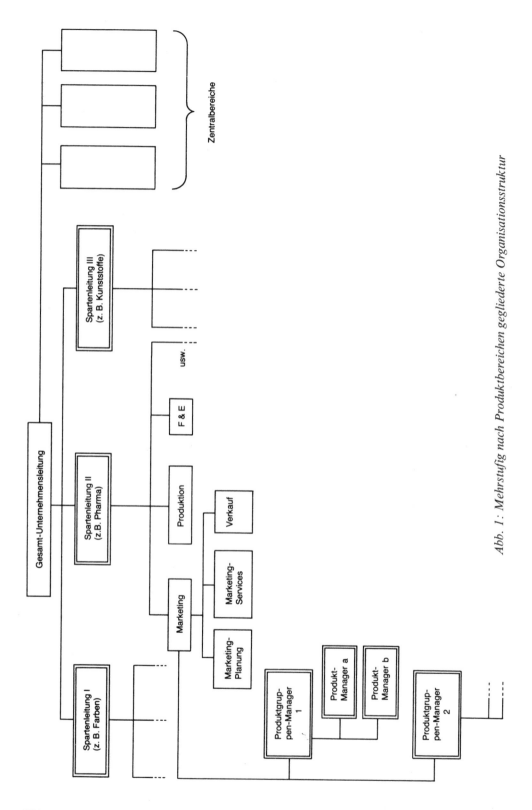

Abb. 1: Mehrstufig nach Produktbereichen gegliederte Organisationsstruktur

1.1.2. Abnehmerbezogene Organisationsformen

Die Abgrenzung der Profit Center nach Produkten läßt sich um so reibungsloser praktizieren, je weniger die Erzeugnisse produktions- und/oder absatzwirtschaftlich verbunden sind. Hingegen ergeben sich vor allem unter Marketing-Gesichtspunkten Abstimmungsprobleme, wenn Absatzaktivitäten nach Erzeugnisarten dezentralisiert sind, während der Bedarf und die Auftragszusammensetzung bestimmter Abnehmergruppen die Produkte verschiedener Sparten umfaßt. Hierbei kann es z.B. vorkommen, daß die Außendienste mehrerer Geschäftsbereiche ohne hinreichende Koordination mit ein und demselben Kunden verhandeln, der seinerseits eine umfassendere Systemberatung und angemessene Konditionen für sein Gesamt-Auftragsvolumen wünscht (vgl. 29, 2, 5). In solchen Fällen, die im Investitionsgütersektor häufiger auftreten als im Konsumgüter-Marketing, liegt es nahe, Aufgaben organisatorisch nach Abnehmergruppen zusammenzufassen. In diesem Sinne wird die Bezeichnung *»Kunden-Management«* oder, allgemeiner auf Marktsegmente bezogen, der Ausdruck *»Markt-Management«* (12a, 598ff.) verwendet.

Allerdings ist es bei der Bildung kundenbezogener Aufgabenbereiche in der Regel nicht sinnvoll, diese Organisationseinheiten völlig selbständig mit eigenen Abteilungen für Produktion, Einkauf usw. auszustatten. Wenn Produktionswerke insgesamt für die verschiedenen Kundengruppen fertigen können, wäre ihre Aufsplittung unwirtschaftlich.

Unter diesen Bedingungen kommt es – falls das Kunden-Management z.B. bei sehr großen Abnehmergruppen der zweiten Hierarchieebene angehören soll – zu einer Gleichordnung von Kundenressorts und bestimmten Zentral-Funktionsabteilungen einschließlich der Produktion (vgl. Abbildung 2a).

Gebräuchlicher ist die Zugehörigkeit des Kunden-Managements zur dritten Hierarchieebene unter einer gemeinsamen Marketing-Leitung, d.h. mit eingeschränkter Erfolgsverantwortlichkeit (vgl. Abbildung 2b).

1.1.3. Einteilung nach regionalen Gesichtspunkten

Eine mit Erfolgsverantwortlichkeit verbundene Zusammenfassung von Tätigkeiten kann auch nach geographischen Kriterien erfolgen, wenn regional bedingte Nachfrageeigenarten (z.B. auf Auslandsmärkten) besonders heterogene Anforderungen an das Marketing stellen. Die gebietsweise Aufgabenkoordination wird dabei erleichtert, wenn es möglich und unter Wirtschaftlichkeitsaspekten vertretbar ist, dezentrale Produktionsstätten in den Marktregionen zu errichten.

Allerdings sind diese Voraussetzungen nur selten so ausgeprägt gegeben, daß ein sog. *Regional-Management* unmittelbar unterhalb der obersten Geschäftsleitungsebene verwirklicht wird (siehe aber z.B. die neben den produktbezogenen Unternehmensbereichen bestehenden Länderbereiche bei der BASF Aktiengesellschaft).

Regionale Zuständigkeitsgliederungen finden sich häufiger auf nachgelagerten Hierarchieebenen bei produktbezogen abgegrenzten Sparten, insbesondere im Rahmen der Verkaufsorganisation. Im Hinblick auf die Profit-Center-Konzeption bleibt dabei wiederum zu prüfen, inwieweit die Regional-Manager die wesentlichen Komponenten des Gebietserfolges tatsächlich eigenständig beeinflussen können.

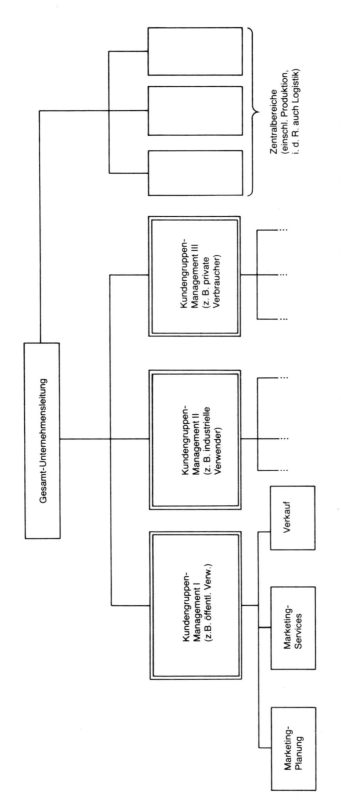

Abb. 2a: Abnehmerbezogene Organisationsstruktur mit Kundengruppen-Management auf der zweiten Hierarchieebene

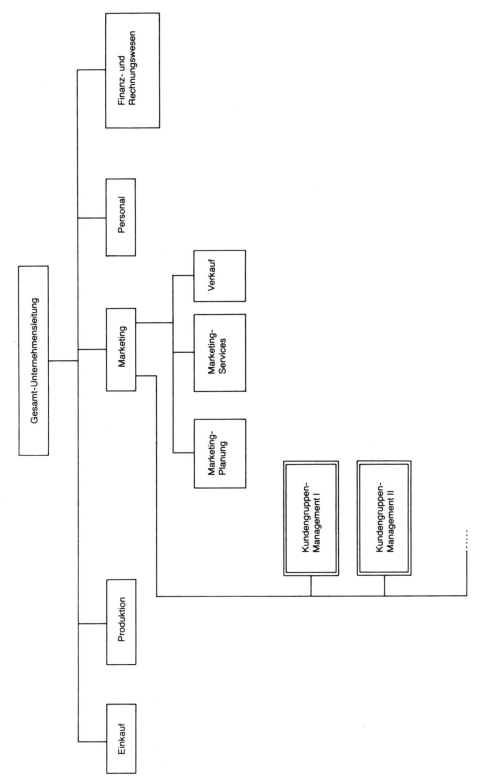

Abb. 2b: Kundengruppen-Management als Teil des Marketing-Bereichs (dritte Hierarchieebene)

1.1.4. Sonstige Organisationsmöglichkeiten nach dem Objektprinzip

Mitunter sind die Distributionskanäle und -methoden einer Unternehmung so verschiedenartig, daß es angebracht erscheint, Planungs- und Distributionsaufgaben nach entsprechenden Vertriebskriterien aufzuteilen. Dies hat z.B. bei der ARAL AG zu getrennten Geschäftsbereichen (»Vertriebswegsparten«) für das Tankstellengeschäft einerseits und für das auf gewerbliche Kunden zugeschnittene Lagergeschäft andererseits geführt (vgl. 12, 190f.; 12a, 529ff.).

Bei Unternehmungen des Handels kommen getrennte Organisationseinheiten für das Lager- und das Streckengeschäft vor (vgl. 5, 600). Nach diesem absatzwirtschaftlichen Unterscheidungsmerkmal läßt sich allerdings im allgemeinen nur ein Teil aller betriebswirtschaftlichen Aufgabenarten sinnvoll segmentieren (beispielsweise kaum die Forschung und Entwicklung, der Einkauf oder die Produktion). Deshalb werden nach Distributionskanälen abgegrenzte Erfolgsbereiche meist erst auf nachgelagerter Ebene unterhalb der Marketing- oder Vertriebsleitung gebildet.

1.1.5. Mischformen

Die Darstellung der produkt-, kunden- oder regionenbezogenen Organisationsstrukturen hat bereits gezeigt, daß die Zuständigkeitsregelung nach dem Objektprinzip kaum in »reiner« Form – d.h. mit konsequenter Zuordnung aller Aufgabenarten nach *einem* produkt- bzw. marktbedingten Gliederungsmerkmal – zustande kommt. Der Grundgedanke einer Aufgabensegmentierung nach Produktsparten wäre am vollkommensten verwirklicht, wenn sich direkt unterhalb der Unternehmensleitung völlig unabhängig operierende Geschäftsbereiche mit Einschluß sämtlicher betriebswirtschaftlichen Hauptfunktionen bilden ließen. Kosten und Erlöse wären dann auch völlig eindeutig auf die Entscheidungen und Aktivitäten dieser einzelnen Profit Center zurückzuführen.

Die produktions-, beschaffungs- und absatzwirtschaftliche Unverbundenheit der verschiedenen Produktlinien geht jedoch meist nicht so weit, daß auf zentrale gemeinsame Funktionsabteilungen ganz verzichtet werden kann. Außerdem sprechen Kosten- wie auch Koordinationsgesichtspunkte dafür, daß manche sachlich an sich aufteilbare Ressourcen für mehrere Sparten zusammengefaßt werden (z.B. Personalwesen, EDV).

In der Praxis finden sich deshalb in aller Regel *Mischformen*, bei denen Funktionsabteilungen gleichrangig mit objektbezogenen Organisationseinheiten verknüpft oder diesen sogar übergeordnet sind. Ein Beispiel mit primärer Funktionsausrichtung, der dann objektbezogene Zuständigkeitsbereiche nachgeordnet sind, findet sich in Abbildung 2b. An die Stelle von »Kunden-Management« ließe sich hier ebenso »Produkt-Management« oder »Regional-Management« setzen.

Abbildung 1 und Abbildung 2a deuten hingegen eine Überschneidung von Objekt- und Funktionsgliederungen auf gleicher Rangebene an (vgl. zur mehrdimensionalen Strukturierung auf gleichen oder verschiedenen Ebenen auch 1, 148ff.).

Diese wechselseitige Überlagerung verschiedener Linienkompetenzen, die teils »vertikal« für bestimmte Verrichtungsarten und teils »horizontal« mit Objektausrichtung definiert sind, wird als *Matrix-Organisation* bezeichnet (vgl. hierzu ausführlich 33; 26b).

Die Kombination verschiedener Gliederungsgrundsätze betrifft jedoch nicht nur das Verhältnis von Funktions- und Objektorganisation. Mischformen kommen außerdem auch durch die gleichzeitige Verwendung *mehrerer* Objektkriterien vor, wenn beispielsweise innerhalb einer Produktsparte Teilzuständigkeiten nach bestimmten Kundengruppen und/oder Regionen zusammengefaßt werden. Abbildung 3 zeigt die Umrisse einer Matrix-Organisation mit mehrstufiger Aufgabengliederung nach Produkten, Kundengruppen und Regionen.

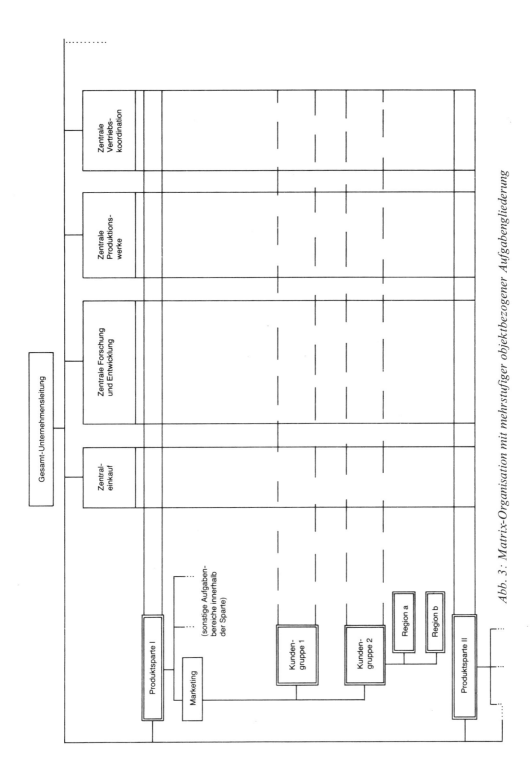

Abb. 3: Matrix-Organisation mit mehrstufiger objektbezogener Aufgabengliederung

Es liegt auf der Hand, daß die Koordination der nach Objektgesichtspunkten gebildeten Profit Center wie auch die Bestimmung der Erfolgsverantwortlichkeit um so größere Probleme aufwirft, je vielschichtiger sich die Zuständigkeiten in derartigen Mischformen überschneiden.

1.2. Die Erfolgsverantwortlichkeit des Profit-Center-Leiters

Eingangs wurde bereits betont, daß die Profit-Center-Konzeption streng genommen eine Übereinstimmung zwischen rechnungstechnischem Erfolgsbereich (»Accounting Entity«) und kosten- bzw. erlösbeeinflussender Entscheidungsbefugnis (»Responsibility Center«) verlangt. Die beiden Gesichtspunkte decken sich, wie schon bei den Mischformen aus Objekt- und Funktionsorganisation angedeutet worden ist, nicht automatisch.

1.2.1. Rechnungstechnisch unterscheidbare Erfolgsbereiche

Unabhängig davon, wer im einzelnen die beschaffungs-, produktions- und absatzwirtschaftlichen Entscheidungen trifft, lassen sich Produkte, Abnehmer bzw. Vertriebswege sowie Verkaufsgebiete als Kosten- und Erlösträger definieren.

Ganz ähnlich kann man Stelleninhaber, deren Tätigkeit bestimmten Absatzobjekten gilt – etwa Produkt-Manager, aber auch Außendienstmitarbeiter – zum rechnerischen Bezugspunkt der Erfolgsaufspaltung machen (vgl. im vorliegenden Zusammenhang z. B. zur Erfolgsanalyse nach einzelnen Gebietsreisenden bzw. -vertretern 26, 46ff.; 5, 600; 26a, 89ff.).

Ohne Zweifel liefert eine solche Untergliederung des Periodenerfolgs wichtige Hinweise zur Lokalisierung von Gewinn- oder Verlustquellen. Hingegen ist damit nicht ohne weiteres schon klargestellt, welche betrieblichen Instanzen durch ihre Entscheidungen im wesentlichen den Erfolgsbeitrag der Absatzsegmente oder Organisationseinheiten beeinflußt haben (vgl. 31, 28).

Wir haben es insoweit erst einmal nur mit Verrechnungsbereichen (»Accounting Entities«) zu tun, für die man den Ausdruck «Profit Center» nicht ohne zusätzliche Prüfung der organisatorischen Zuständigkeiten verwenden sollte.

1.2.2. Kompetenzregelung

Profit Center werden gebildet, um organisatorische Teileinheiten durch produkt- bzw. marktorientierte Aufgabenintegration stärker auf die absatzwirtschaftlichen Erfolgsbedingungen auszurichten und nach Erfolgskennzahlen zu steuern.

Diese Art der Steuerung setzt an sich voraus, daß dem *Grundsatz der Beeinflußbarkeit* aller zugerechneten Gewinnkomponenten entsprochen wird (vgl. 34, 208ff.; 35, 54ff.; 28, 167f.; 12b, 284).

Verantwortlichkeit und Kompetenz müssen sich decken, wenn Verrechnungsbereiche als »Responsibility Center« ausgestaltet werden sollen.

Hieraus ergeben sich zwei mögliche Folgerungen:

1) Entweder wird jedes Profit Center so aufgebaut und von anderen Organisationseinheiten abgegrenzt, daß keine erfolgswirksame Überschneidung von Entscheidungsrechten auftritt. Dies ist allerdings ein nur schwer verwirklichbarer Idealfall, bei dem die verschiedenen Objektbereiche hinsichtlich der Märkte weitestgehend voneinander unabhängig wären, wobei außerdem eine wirtschaftlich sinnvolle Ressourcenteilbarkeit gegeben sein müßte.

2) Die Alternative besteht darin, daß man Kompetenzüberschneidungen in Kauf nimmt oder sogar – wie bei der Matrix-Organisation – bewußt herbeiführt, dann aber bei der Profit-

Center-Kontrolle eine Trennung der Rechnungsdaten in beeinflußbare und in nichtbeeinflußbare Größen versucht. Dabei besteht dann sehr wohl ein Unterschied zwischen der differenzierten Erfolgsermittlung für absatzwirtschaftliche Zurechnungssegmente (Produktgruppen, Kundengruppen, Verkaufsgebiete usw.) und dem »Responsibility Accounting«. Im ersteren Fall geht es um Informationen, die für die künftige Absatzpolitik von Nutzen sind. Im zweiten Fall besteht der Rechnungszweck in einer Wirtschaftlichkeitsanalyse bestimmter Stellen, woraus sich Anregungen für die betriebsinterne Führung ergeben.

Daß man in diesem Sinne »zweigleisig« rechnen muß, sofern die einzelnen Erfolgsbereiche nicht völlig eigenständig alle Kompetenzen haben, wird in der Profit-Center-Diskussion nicht immer deutlich genug zum Ausdruck gebracht (vgl. aber eingehend hierzu 28, 167ff., bes. 177; 4a, 84ff.).

Der Einfluß anderer Stellen auf das Ergebnis eines Profit Center kann von Instanzen gleicher Rangebene ausgehen (z.B. im Verhältnis zwischen Produktsparte und zentraler Einkaufsabteilung). Bei Unterstellungsverhältnissen (z.B. Regional-Management als Sub-Profit-Center im Rahmen einer Produktsparte) kommt ein solcher Einfluß ohnehin zum Zuge.

Die damit zusammenhängenden abrechnungstechnischen Probleme werden unten im Kapitel 4.2.2. behandelt.

1.3. Profit Center und Investment Center

Auch bei der Verwendung des Ausdrucks »Investment Center« sind ein rein rechnungstechnischer und ein führungsorganisatorischer Aspekt zu unterscheiden: Der Begriff meint manchmal nicht mehr, als daß der für einen organisatorischen Teilbereich ermittelte Gewinn zu dem dort investierten Kapital in Beziehung gesetzt wird – gleich, welche Entscheidungsinstanzen für die Bereichsinvestitionen zuständig sind.

Stellt man hingegen Kompetenz- und Verantwortlichkeitsgesichtspunkte in den Vordergrund, so wird die Bezeichnung »Investment Center« nur für solche Organisationseinheiten verwendet, die auch über ihre Investitionen in eigener Zuständigkeit beschließen (vgl. auch 29,1).

Diese Art der Entscheidungsdelegation wirft besondere Koordinationsprobleme bei der Lenkung finanzieller Mittel auf; sie können in diesem Aufsatz, der sich im wesentlichen mit dem Profit Center ohne so weitgehende dezentrale Investitionsbefugnis befaßt, nicht im einzelnen behandelt werden.

2. Die Profit-Center-Organisation als Grundlage einer marktorientierten Unternehmensführung

Im allgemeinen wird auf folgende Gesichtspunkte zurückgegriffen, um die Vor- und Nachteile objektbezogener Organisationsformen zu beurteilen (vgl. 12a, 455ff.; 28, 43ff.; 39, 80ff., 185ff., 208ff.; 35, 8ff.):

1) Kriterien der Entscheidungsfindung,
2) Motivationswirkungen,
3) Schnelligkeit der Informationsverarbeitung,
4) Anpassungsvermögen an Umweltänderungen,
5) Innovationsfähigkeit,
6) Wirtschaftlichkeit der Ressourcennutzung,
7) Koordinierbarkeit der Teilbereiche nach gesamtunternehmerischen Vorstellungen.

Diese zum Teil eng miteinander verknüpften Merkmale werden im folgenden unter dem besonderen Blickwinkel des Marketing-Denkens diskutiert.

2.1. Anforderungen der Marketing-Konzeption an die Unternehmensorganisation

Für das Marketing sind die systematische Informationsgewinnung über Marktdaten und Möglichkeiten der Marktgestaltung, die klare Definition von Zielgruppen (»Target Markets«) sowie die Entwicklung zielgruppenentsprechender Angebotsstrategien kennzeichnend.

Der *Informationsaspekt* schließt die längerfristige Vorausschätzung eines Bedarfswandels und einer eventuell damit verbundenen Veränderung der Nachfragestruktur mit ein.

Der *Zielgruppenaspekt* verlangt, daß auch der *Bedarfsverbund* bestimmter Nachfragergruppen – soweit er verschiedene Güter aus dem Leistungsprogramm des Anbieterunternehmens betrifft – beachtet wird.

Der *angebotsstrategische Aspekt* bedeutet, daß die absatzpolitischen Maßnahmen zeitlich und in der Art ihrer Gestaltung aufeinander abzustimmen und an den Zielgruppenmerkmalen auszurichten sind.

Die Verwirklichung einer solchen Marketing-Konzeption setzt voraus, daß die mit absatzwirtschaftlichen Aufgaben betrauten Organisationsmitglieder zu einer Denk- und Handlungsweise *motiviert* werden können, die nicht auf eng spezialisierte Verrichtungsarten beschränkt ist, sondern den Problemzusammenhang von Markt- und Betriebsfaktoren beachtet.

Die *Profit-Center-Organisation* schafft für die marktorientierte Bearbeitung eines ganzheitlichen, aber überschaubar abgegrenzten Problembereichs grundsätzlich günstige Voraussetzungen.

Werden hingegen Funktionsgliederungen als vorrangiges Organisationsprinzip herangezogen, so sind die einzelnen Organisationseinheiten für sehr verschiedene Produktarten tätig, aber jeweils nur in einem *Ausschnitt* der Prozesse, die zur Leistungserstellung und -verwertung beitragen. Der *funktionsbezogene* Zuständigkeitsbereich erbringt Teilleistungen für vielerlei Objekte, arbeitet auf seinem Spezialfeld also gewissermaßen »distributiv« (vgl. Abbildung 4).

Durch eine auf bestimmte *Produkte* zugeschnittene Zuständigkeitsbeschreibung entstehen Organisationseinheiten, denen von der Marktanalyse über die Produktgestaltung und die dazugehörige Marketing-Mix-Planung bis hin zur Untersuchung des Produkterfolgs die Überwachung aller Teilaufgaben obliegt, deren Zusammenwirken letztlich den Absatz an die anvisierten Abnehmergruppen ermöglicht. Hier liegt objektbezogen eine *integrative* Aufgabenerfüllung vor (vgl. Abbildung 5).

Ähnlich integrativ wirkt sich eine an *Abnehmergruppen* ausgerichtete Organisationsform aus. Der Unterschied zu dem in Abbildung 5 skizzierten Fall besteht darin, daß hier möglicherweise – je nach Zusammensetzung des Kundenbedarfs – Aktivitäten für mehrere Produktarten zusammenzufassen sind. Dafür kommt der *Zielgruppenbezug* um so eindeutiger zum Ausdruck (vgl. Abbildung 6).

Durch die so vorgegebene Produkt-Markt-Betrachtung kommt die Profit-Center-Organisation dem Denkansatz des Marketing entgegen. Sie fordert dazu heraus, für den jeweiligen Objektbereich ein umfassendes, absatzstrategisch begründetes Planungskonzept zu entwickeln.

Dies trifft für die Bildung abnehmerbezogener Profit Center sogar noch stärker zu als für produktbezogene Organisationseinheiten, weil die Zielgruppenausrichtung der absatzpolitischen Maßnahmen im Marketing besonderen Vorrang hat. Die praktisch (jedenfalls auf oberen Hierarchieebenen) häufiger verwirklichten Produkt-Zuständigkeiten erfordern immer

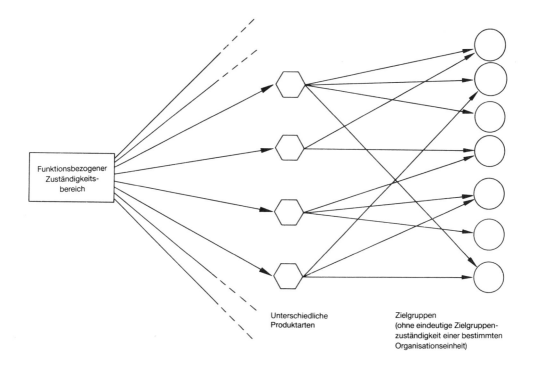

Abb. 4: Der funktionsbezogene Zuständigkeitsbereich als distributive Organisationseinheit

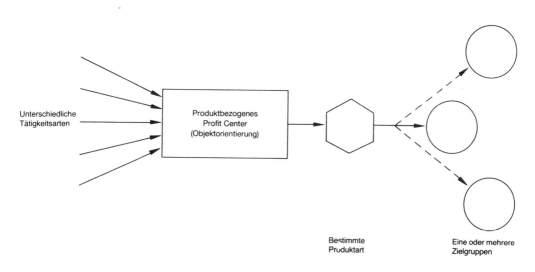

Abb. 5: Der produktbezogene Zuständigkeitsbereich als integrative Organisationseinheit

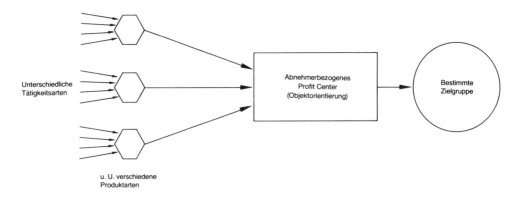

Abb. 6: Der abnehmerbezogene Zuständigkeitsbereich als integrative Organisationseinheit

dann noch zusätzliche marktgerichtete Koordinationsmaßnahmen, wenn die Gliederung nach Produktarten nicht zugleich auch eine eindeutig entsprechende Kundengruppengliederung beinhaltet.

Den unter Marketing-Gesichtspunkten bestehenden Mängeln einer reinen Funktionsorganisation wird in vielen Fällen durch die Bildung von Stäben oder Komitees mit produkt- und marktspezifischen Planungsaufgaben begegnet. Die Einrichtung eines Profit Center geht einen Schritt weiter, da sie diesen Ansatz der Objektplanung organisatorisch grundlegender verankert und verselbständigt (vgl. 19, 158f.).

Im Anschluß an die zu Beginn des Abschnitts 2. genannten Beurteilungsmerkmale läßt sich somit schon an dieser Stelle sagen:

Die *Kriterien der Entscheidungsfindung* stehen bei einem Profit Center eher im Einklang mit den Grundsätzen einer marktorientierten Führung als bei Abteilungen, deren Tätigkeit auf Teilfunktionen beschränkt ist.

In rein funktionalen Organisationseinheiten werden Maßnahmen nach fachspezifischen Überlegungen getroffen; es fehlt die für ganz bestimmte Produkte oder Märkte konkretisierte Zielvorgabe, die alle damit zusammenhängenden Verrichtungen umfaßt.

Die Profit-Center-Organisation hingegen führt dazu, daß die Entscheidungsfindung an *objekt*spezifisch meßbaren Erfolgszielen anknüpft und möglichst alle Einflüsse berücksichtigt, die von den verschiedenen Verrichtungsarten auf die Zielerreichung ausgehen.

(Daß trotzdem auch diese Form der ganzheitlicheren Planung noch zu eng auf bestimmte Bereichsinteressen beschränkt sein kann und insoweit einer übergreifenden gesamtunternehmerischen Lenkung bedarf, bleibt im Abschnitt 3. zu besprechen.)

Angesichts der klar objektbezogenen und zugleich vielseitigen Problemstellung eines Profit Center findet sich oft die These, daß die Profit-Center-Bildung eine günstige *Motivationswirkung* ausübe. Es wird gesagt, daß die im Profit Center gestellte quasi-unternehmerische Aufgabe und die Delegation von eigener Erfolgszuständigkeit besondere Leistungsanreize ausübe (vgl. z.B. 7, 733; 17, 125ff.; 12b, 283; 42, 38).

So generell und uneingeschränkt läßt sich die These wohl nicht aufrechterhalten. Es hängt zum einen von Persönlichkeitsmerkmalen der Führungskräfte ab, inwieweit die in der Profit-Center-Organisation gewährte Quasi-Autonomie und die Beurteilung anhand gesonderter Ergebnisrechnungen zu Leistungssteigerungen anregen. Sie können manchmal statt dessen sogar leistungshemmend wirken, etwa bei Personen, die sehr auf Mißerfolgsvermeidung bedacht sind (vgl. zu dieser Problematik 8, 827; dazu auch 31, 143ff., 153ff.). Gerade unter dem Gesichtspunkt, daß Mißerfolgsbefürchtungen womöglich Leistungsminderungen nach sich ziehen, käme es darauf an, die Profit-Center-Abrechnung weniger als »Sanktionsinstrument« zu benutzen, sondern sie vor allem als eigene Planungs- und Analysehilfe der Profit-Center-Mitglieder auszugestalten.

Schließlich ist noch darauf hinzuweisen, daß die Motivationswirkung einer Profit-Center-Bildung auch mit davon abhängt, welches Verhältnis zwischen formaler Aufgabenbeschreibung, Erfolgszurechnung und tatsächlichem Entscheidungsspielraum besteht. Wenn zwar das Zuständigkeitsbild eines marktorientierten Teilbereich-»Unternehmers« gezeichnet wird, in Wirklichkeit aber doch eine sehr starke Abhängigkeit von den Entscheidungen anderer Instanzen besteht, kann die empfundene Diskrepanz leistungshemmend wirken.

Diese einschränkenden Bemerkungen sind jedoch keineswegs als allgemeine Ablehnung der für Profit Center aufgestellten Motivationsthese zu verstehen. Sie sollen nur verdeutlichen, daß hierzu eine ganze Reihe persönlicher und organisatorischer Bedingungen erfüllt sein müssen.

Vom *Grundgedanken* her schaffen objektbezogene Organisationseinheiten, die den Gesamtzusammenhang von Markt, Produkt und innerbetrieblichen Teilfunktionen ausdrücklich unterstreichen, wohl gute Motivationsvoraussetzungen.

2.2. Suche nach Marktinformationen und Schnelligkeit der Informationsverarbeitung

Allgemeine Marktforschungsstellen in Unternehmungen neigen, solange kein spezieller Projektauftrag an sie ergeht, zu verhältnismäßig globalen Marktuntersuchungen, d.h. zur Analyse von Entwicklungen des Marktvolumens oder des Konsum- und Investitionsverhaltens, die weitgehend an gesamtwirtschaftliche Größen anknüpft. Ohne den Wert solcher grundsätzlichen Studien in Zweifel zu ziehen, läßt sich jedoch feststellen, daß eine gezielte Auswertung der Ergebnisse oft unterbleibt, wenn der Problembezug zu ganz bestimmten Bestandteilen der betrieblichen Produktpalette nicht klar genug definiert wird.

Die Nutzung produktspezifischer Marktdaten – wie sie z.B. für Panelerhebungen kennzeichnend sind – findet sich überwiegend dort, wo entsprechende Objektzuständigkeiten organisatorisch besonders verankert worden sind.

Auch intern bereitstellbare absatzwirtschaftliche Angaben (etwa über den Produktabsatz, gegliedert nach Kundengruppen bzw. nach Vertriebswegen) werden stärker nachgefragt und genutzt, wenn eine vom Objektprinzip ausgehende Stellenbildung diesen detaillierten Informationsbedarf ins Bewußtsein rückt. Jedenfalls zeigt empirisches Untersuchungsmaterial, daß z.B. im Produkt-Management der Nutzung artikelbezogener Analyse- und Prognosedaten größere Bedeutung zugemessen und ganz erheblich mehr an Arbeitszeit gewidmet wird als allgemeinen Marktbeobachtungen (vgl. 6, 70).

Es liegt somit die These nahe, daß die Profit-Center-Bildung eine verstärkte Informationssuche für die Marketing-Planung hervorruft und die konkrete Ausgestaltung der betrieblichen Informationsdienste in dieser Richtung prägt (vgl. dazu auch 25b, 589ff.).

Was die *Schnelligkeit* der Informationsverarbeitung betrifft, so zeigt sich die Objektorganisation gegenüber der Funktionsorganisation im Regelfall durch *kürzere Kommunikationswege* überlegen. Hinzu kommt der Vorteil einer sachbedingt sehr ähnlichen Interessenausrichtung der Profit-Center-Mitglieder, wodurch der Informationsfluß innerhalb des Profit Center auch *reibungsloser* abläuft als zwischen unterschiedlichen Funktionsbereichen (vgl. 12, 193).

2.3. Zielgruppenausrichtung und Anpassungsvermögen bei Marktveränderungen

Die Beziehungen zwischen der Umweltdynamik und daraus entstehenden Ungewißheiten einerseits sowie erfolgversprechenden Organisationsstrukturen andererseits sind in der Organisationsforschung verschiedentlich empirisch untersucht worden. Einige der bislang vorliegenden Ergebnisse sprechen für die Annahme, daß objektbezogene Organisationseinheiten »eine schnellere Anpassung an die Entwicklung auf den Märkten für die einzelnen Produktgruppen« ermöglichen (22, 257). Aus manchen Untersuchungen wird der Schluß gezogen, bei konkurrenzintensiven – z.B. besonders preisempfindlichen – Märkten seien »offenbar diejenigen Unternehmungen erfolgreicher, die eine teamorientierte Kommunikationsstruktur unterhalten, Entscheidungen in einem relativ starken Umfang delegieren und sich eine produktorientierte Abteilungsgliederung geben« (22, 337/338; vgl. dazu weiterhin 21, 149ff., wonach sich eine Divisionalisierung vor allem bei ausgeprägtem technologischen Wandel als vorteilhaft erwiesen hat, während sich dies hinsichtlich allgemeiner Konkurrenzeinwirkungen statistisch nicht eindeutig zeigte).

In vorangegangenen Abschnitten dieses Beitrags ist dargelegt worden, daß die Aufgabenzuordnung an Profit Center eine Ausrichtung auf Zielgruppen im Markt sowie die Marktinformationssuche fördert. Dies folgt z.T. allein schon aus der Rollenbeschreibung, die eine laufende Beobachtung der Absatzmöglichkeiten für bestimmte Produkte bzw. bei bestimmten Kundengruppen auferlegt.

Es ist plausibel, daß auf diese Weise die Voraussetzungen verbessert werden, Änderungen im Kunden- oder Konkurrenzverhalten sowie das Entstehen neuer potentieller Zielgruppen frühzeitig zu erkennen und eine Anpassung der Marketing-Programme vorzunehmen (vgl. 38, 596).

Bei vorrangig funktionalem Organisationsaufbau dürften solche raschen Anpassungen schwieriger sein. Dies hängt nicht nur mit den etwas umständlicheren Kommunikationswegen zusammen (vgl. 29, 4), sondern nicht zuletzt auch mit der weniger produkt- und marktspezifischen Problemsicht.

Als eine Form der Marktanpassung kann die Fähigkeit zum Hervorbringen grundlegender *Produktinnovationen* angesehen werden. Dennoch wird auf diesen Punkt gesondert eingegangen, weil in dieser Hinsicht für die Beurteilung der Profit-Center-Organisation zusätzliche Überlegungen gelten.

2.4. Innovationsfähigkeit

Einschlägige Arbeiten der Organisationsforschung legen die Vermutung nahe, daß ein geringer Spezialisierungs-, Zentralisations- und Formalisierungsgrad der organisatorischen Regelungen das Zustandekommen von Neuerungsideen begünstigt. (Für die konkrete *Durchsetzbarkeit* von Neuerungsvorschlägen trifft jedoch eher die umgekehrte Beziehung zu, da hierbei ein Mindestmaß an Machtkonzentration sowie formeller Einflußmöglichkeit erforderlich erscheint. Vgl. hierzu nähere Erörterungen, besonders zu den grundlegenden Thesen von J.Q. Wilson, in 39, 214ff.).

Herkömmliche Funktionsabteilungen sind verhältnismäßig stark nach Tätigkeitsarten spezialisiert, was nach der obengenannten These als Innovationshemmnis gelten kann. Dennoch fällt es schwer, für die mit ganzheitlicherer Objektplanung betrauten Profit Center eine generell größere Fähigkeit zu Innovationsimpulsen nachzuweisen.

Dies mag damit zusammenhängen, daß auch die Objektorganisation in gewissem Sinne spezialisierend wirkt; zwar nicht nach Teilverrichtungen, wohl aber in bezug auf die Beschäftigung mit besonderen Produktarten oder Marktsegmenten. Auch hierdurch kann sich im Laufe der Zeit eine bestimmte Problemsicht verfestigen.

Es empfiehlt sich deshalb im hier erörterten Zusammenhang, zumindest zwei Neuartigkeits-*grade* der Produktinnovation zu unterscheiden (vgl. auch 39, 219):

- Handelt es sich um »*Routine-Neueinführungen*«, die der Art nach im Rahmen der bisherigen Produktpalette bleiben, so mag ein objektbezogener Organisationsaufbau für die Ideenentwicklung förderlich sein. Intensive Beschäftigung mit einer ausgewählten Produktgruppe und ihren Absatzmöglichkeiten liefert immer wieder Anregungen für Erzeugnisänderungen oder zur Entwicklung von Varianten, die zusätzliche Marktsegmente ansprechen sollen.
- Hingegen ist es zweifelhaft, ob von einem bestehenden Profit Center bemerkenswerte Anstöße zu grundlegenden Neuerungen des Sortiments (im Sinne einer *Diversifikation*) ausgehen können. Die vorhandene Produktart-Spezialisierung wird hierbei eher hemmend wirken.

Für weitreichende Innovationsvorhaben bietet sich daher die Verselbständigung der Ideensuche in befristeten Projekt-Teams oder in gesonderten Abteilungen der Grundlagenforschung bzw. Neuproduktplanung an (vgl. hierzu näher 25c, 45ff.).

2.5. Wirtschaftlichkeit der Ressourcennutzung

Die Verwirklichung des Grundgedankens, ein Profit Center selbständig mit allen Mitteln auszustatten, die zur Leistungserstellung und -verwertung im betreffenden Produkt- bzw. Marktbereich erforderlich sind, stößt an Wirtschaftlichkeitsgrenzen. Nur wenn produktionstechnisch und hinsichtlich der Marktausrichtung eine völlige Heterogenität der einzelnen Erfolgsbereiche vorliegt, tritt die Möglichkeit einer gemeinsamen Inanspruchnahme von zentralen Funktionsabteilungen in den Hintergrund.

In allen anderen Fällen bleibt zu prüfen, ob eine zentrale Zusammenfassung mancher Tätigkeiten bessere Kapazitätsauslastungen in der Fertigung, vorteilhaftere Beschaffungskonditionen sowie die Nutzbarkeit von nicht beliebig aufteilbarem Wissenspotential bedeutet und so für die Gesamtunternehmung kostengünstig ist (vgl. dazu auch 42, 44ff.).

Aus solchen Überlegungen kommt es praktisch oft zu Mischstrukturen, bei denen zwar objektbezogenen Abteilungen verhältnismäßig umfassende Produkt- und Marktaufgaben zugeordnet werden, während andererseits (auf zumindest gleichrangiger Organisationsebene) bestimmte Einkaufs-, Produktions-, F&E- sowie Verwaltungstätigkeiten in Funktionsstellen zusammengefaßt bleiben.

Diese gemeinsame Inanspruchnahme über- oder gleichgeordneter Ressorts bedeutet wiederum, daß die Profit Center untereinander nur teilweise »entkoppelt« sind. Nicht zuletzt hieraus entstehen Abstimmungsprobleme, auf die im nächsten Abschnitt näher einzugehen ist.

3. Die Koordination der Profit Center

3.1. Abhängigkeitsbeziehungen

Im wesentlichen lassen sich (nach 7, 743) *drei Abhängigkeitstypen* unterscheiden, die das Verhältnis zwischen mehreren Erfolgsbereichen berühren und eine Abstimmung nach übergreifenden Zielvorstellungen verlangen:

1) Die organisatorischen Teileinheiten konkurrieren um *knappe Kapazitäten*, die gemeinsam genutzt werden müssen.

2) Bestimmte Maßnahmen eines Profit Center können innerbetriebliche oder marktbedingte Engpässe überhaupt erst schaffen (bzw. beseitigen), also zu Lasten (oder zu Gunsten) mehrerer Teileinheiten *restriktionsverändernd* wirken.
3) Es besteht ein unmittelbarer *Leistungsaustausch* der Profit Center untereinander.

Der an dritter Stelle genannte Fall hat bislang in der Betriebswirtschaftslehre am meisten Aufmerksamkeit gefunden, wobei hier das Problem der Bildung von Verrechnungspreisen – das außerdem auch bei Fall (1) eine Rolle spielt – besonders in den Mittelpunkt rückt (vgl. hierzu als Überblick aus der Sicht divisionalisierter Unternehmungen 3, 373ff.; 12c, 115ff.).

Vor allem sind es produktionswirtschaftliche Verflechtungen, die in manchen Branchen – wie der chemischen Industrie – zu einem unmittelbaren Leistungstransfer zwischen Sparten führen.

Aus der Sicht des *Marketing* ist jedoch im folgenden das Hauptaugenmerk auf die unter 1) und 2) genannten, indirekten Profit-Center-Beziehungen zu richten.

Fall 1): Knappe gemeinsame Kapazitäten schaffen nicht nur Konfliktmöglichkeiten im Fertigungsbereich für technisch verwandte Produkte. Sie begrenzen u.a. auch den Anteil einzelner Profit Center bei der Inanspruchnahme von Beschaffungs-, Marktforschungs-, Werbe- und Verkaufsabteilungen (Außendiensteinsatz), sofern diese Funktionen nicht völlig gesondert in die verschiedenen Profit Center integriert sind. Es wurde schon gezeigt, daß solche Abweichungen vom reinen Spartenprinzip zum Beispiel bei der Matrix-Beziehung zwischen Produktsparten und zentralen Funktionsabteilungen vorkommen (s. Abbildung 3).

Finden Profit-Center-Bildungen auf einer niedrigeren Organisationsebene statt, so ergibt sich ohnehin ein Wettbewerb der einzelnen Erfolgsbereiche um absatzwirtschaftliche Unterstützungsleistungen der übergeordneten Marketing-Stellen. Dies trifft beispielsweise zu, wenn bei vorrangig funktionalem Organisationsaufbau der Absatzbereich in sich produkt-, kunden- oder gebietsbezogen untergliedert wird. Ebenso kommt es zur »vertikalen« Gemeinschaftsnutzung absatzwirtschaftlicher Planungs-, Service- und Vertriebsstellen durch mehrere Profit Center, wenn eine produkt- oder marktbezogen gebildete Organisationseinheit stufenweise weiter nach Objektbereichen aufgespalten wird (z.B. Sparte → enger abgegrenzte Produktgruppen → Einzelmarken).

Fall 2): Die Maßnahmen eines Profit Center können für andere Erfolgsbereiche vor allem hinsichtlich der Absatzmöglichkeiten *restriktionsverändernd* wirken. So ist es beispielsweise denkbar, daß die erfolgreiche Absatzpolitik einer Produktgruppen-Leitung zugleich das Absatzpotential einer anderen, bedarfsverwandten Produktgruppe erweitert (vgl. 7, 743; 36, 31). Umgekehrt vermag etwa die kurzsichtige Verkaufstaktik einer Sparte, wenn sie zu wenig den Gesamtbedarf bestimmter Kunden und deren Wunsch nach Systemberatung beachtet, zugleich die künftige Absatzmöglichkeit anderer Sparten zu verringern.

Auch ohne direkten Leistungsaustausch zwischen den Erfolgsbereichen erfordert die Profit-Center-Organisation somit gesamtunternehmerische Abstimmungsmaßnahmen, insbesondere auch eine Marketing-Koordination.

3.2. Arten von Koordinationsinstrumenten

Für unsere Betrachtung wollen wir (in Anlehnung an 22, 112ff.) drei Koordinationstypen unterscheiden:

1) Persönliche Koordination durch bestimmte Steuerungsinstanzen oder Gremien,
2) Koordination durch Programme,
3) Koordination durch Pläne.

Alle drei Formen sind für die hier zu betrachtende marketing-strategische Abstimmung der Profit Center von Bedeutung.

Persönliche Koordination liegt vor, wenn übergeordnete Weisungsstellen oder gemeinschaftlich gebildete Arbeitsgruppen (etwa Ausschüsse, Komitees, Konferenzen) Konflikte beizulegen suchen. Zentralstellen der Marketing- bzw. Vertriebskoordination oder Teams unter der Bezeichnung »Marketing-Ausschuß« u. ä. nehmen diese Aufgaben wahr.

Die Abstimmung durch *Programme* legt generalisierend fest, welche Verhaltensweisen unter näher definierten Bedingungen einzuschlagen sind. Hierzu zählt beispielsweise die Regelung, daß eine Sparte den Einkauf ganz bestimmter Vorprodukte über die zentrale Beschaffungsabteilung leiten muß, oder daß vor Angebotserstellungen für eine besondere Kundengruppe stets Nachricht an die Stellen der Vertriebskoordination zu geben sei. Auch sog. »Manuals«, die ein einheitliches und gesamtbetrieblich ausgerichtetes Vorgehen bei der Erarbeitung von Planvorschlägen innerhalb der Profit Center sicherstellen sollen, lassen sich als Spielart koordinierender Programme auffassen (s. dazu ein Beispiel in 35, 236f.).

Eine Koordination durch *Pläne* schließlich beruht auf konkreten Budgetvorgaben an die einzelnen Profit Center, wobei die Zielprojektionen und die verfügbaren Mittel der Gesamtunternehmung berücksichtigt werden. Als Sonderfall dieser Koordinationsart kann man auch den Ansatz von Verrechnungspreisen sehen, da deren Festlegung jedenfalls bei Knappheitspreisen eine vorausgehende Gesamtplanung verlangt.

Die unter 1) bis 3) genannten Koordinationsformen schließen sich nicht gegenseitig aus; sie werden vielmehr in der Regel miteinander kombiniert. Die folgenden Ausführungen beschäftigen sich mit einigen ausgewählten Gesichtspunkten dieser Koordinationsmöglichkeiten.

3.3. Budgets und Kennzahlen als Mittel zur Profit-Center-Steuerung

Budgets beinhalten die Vorgabe monetärer Plangrößen für einen festgelegten Zeitraum. Eine Budgetbestimmung, die sich überwiegend aus Zentralentscheiden der Gesamt-Unternehmensleitung ergibt, widerspricht dem Grundsatz, daß Profit Center als eigenverantwortliche Organisationseinheiten so weit wie möglich Planungs- und Aktionsselbständigkeit erhalten sollten. Andererseits ist eine Einschränkung dieser Teilbereichs-Autonomie unumgänglich, wenn sich die Vorhaben der Profit Center nicht ohne weiteres mit der Ziel-Rangordnung der Gesamtunternehmung decken. Die Gesamtleitung mag beispielsweise unter längerfristigen Diversifikations-Gesichtspunkten einem erst neu aufgebauten Produktbereich Vorrang bei der Mittelzuweisung einräumen, wodurch dann den übrigen Mittelanträgen nicht mehr voll entsprochen werden kann. (Zur Ressourcenzuteilung als Koordinationsmaßnahme vgl. 11, 223.)

Ein Ausgleich solcher Interessengegensätze ist weder durch einseitig auferlegte Planvorgaben (»imposed budgets«) noch durch völlig unabhängig aufgestellte Teilbereichs-Budgets herbeizuführen. Am ehesten gelingt dies vielmehr durch eine gemeinsame Budgeterarbeitung, bei der Ziele und Rahmenbedingungen aus zentraler Perspektive wie auch aus der Sicht der Profit Center in die Verhandlungen eingebracht werden (vgl. 36, 26f.).

In den als Kompromiß verabschiedeten Plänen ist es aber durch entsprechend reduzierte Erfolgsvorgaben zu berücksichtigen, wenn ein bestimmtes Profit Center aus Umverteilungsgründen Abstriche bei seiner Mittelzuweisung in Kauf nehmen muß. Die gemeinsame Budgetbestimmung dient so zugleich dem möglichst realistischen Vorausschätzen der Erfolgsmöglichkeiten, zumal als unerreichbar angesehene Plangrößen kaum Leistungsanreiz ausüben. (Zur Anreizfunktion von Budgets vgl. 8, 835f.)

Von manchen Autoren – so von Dearden (4, 80ff.) – wird allerdings bezweifelt, daß Budget-

199

vorgaben und anschließende Soll-Ist-Vergleiche überhaupt dazu geeignet sind, die Profit-Center-Leitung zu gesamtbetrieblich »richtigem« Verhalten anzureizen. Dem stehe u.a. die Schwierigkeit entgegen, über die Erreichbarkeit bestimmter Zielgrößen verläßliche Vorhersagen abzugeben, die später als sinnvoller Maßstab für Abweichungsanalysen dienen könnten. Die Profit-Center-Beurteilung solle sich deshalb allein auf *Ist*-Zahlen stützen und hierzu die ex post verfügbaren Kenntnisse über die tatsächlichen Markt- und Betriebseinflüsse mit heranziehen.

Diesem Vorschlag ist allerdings entgegenzuhalten, daß dadurch die *Koordination* der Profit Center abgeschwächt würde. Wenn gesamtbetrieblich aufgestellte Pläne keine Maßstabsfunktion mehr haben, gibt es von vornherein auch wenig Anlaß für die einzelnen Erfolgsbereiche, die zu Abstimmungszwecken getroffenen Auflagen bzw. Beschränkungen einzuhalten.

Die Profit-Center-Leitung würde sich dann vor allem darauf konzentrieren, möglichst hohe Bereichsgewinne bzw. -renditen auszuweisen, die bei ausschließlicher *Ist*-Kennzahlenrechnung als Erfolgsindikator im Vordergrund stehen.

Kennzahlen bilden aber nicht ohne weiteres schon dadurch ein Koordinationsinstrument, daß ihre Maximierung von allen Teileinheiten einer Organisation angestrebt wird. Sofern organisatorische Erfolgsbereiche nicht überschneidungs- und konfliktfrei »nebeneinander« tätig sind, haben nur solche Kennzahlen koordinierende Wirkung, die als Vorgabegrößen auf den Ergebnissen eingehenderer Planungsrechnungen beruhen.

3.4. Die Rolle von Verrechnungspreisen

Verrechnungspreise haben sowohl eine Lenkungsfunktion als auch die Aufgabe, zur genaueren Ermittlung der Profit-Center-Erfolge beizutragen. Ihr Ansatz ist nicht nur bei einem Leistungsaustausch der Profit Center untereinander von Bedeutung. Sie kommen außerdem auch in Betracht, wenn die objektbezogen gebildeten Erfolgsbereiche gemeinsam Leistungen gesamtbetrieblicher Funktionsabteilungen in Anspruch nehmen (beispielsweise, abgesehen von etwaigen zentralen Produktionseinrichtungen: Dienste einer zentralen Marktforschungs- bzw. Werbeabteilung; möglicherweise auch eine für mehrere Profit Center insgesamt bereitstehende Außendienstkapazität).

Auf die verschiedenen Bemessungsgrundlagen für die Höhe von Verrechnungspreisen kann an dieser Stelle nur kurz hingewiesen werden (vgl. u.a. 3, 376ff.; 31, 472ff.; 28, 114ff.; 30b, 62; 42, 125ff.). Der Rückgriff auf *Marktpreise* setzt voraus, daß vergleichbare Leistungen zu einem einigermaßen einheitlichen und stabilen Preis auch außerhalb der Unternehmung ausgetauscht werden und grundsätzlich durch die Profit Center dort erwerbbar wären. Fehlt ein solcher externer Markt, so werden für Lenkungszwecke *Grenzkosten* als Verrechnungsbasis vorgeschlagen, falls bei den liefernden Stellen keine Kapazitätsengpässe vorliegen.

Sind die Leistungsmöglichkeiten dieser Stellen – gemessen an der Nachfrage – beschränkt, so kommen *Knappheitspreise* zum Ansatz, die sich aus den Grenzkosten plus sogenannten Opportunitätskosten zusammensetzen, wobei letztere die pro Engpaßeinheit erzielbaren Deckungsbeiträge zum Ausdruck bringen.

Je nach den gegebenen Situationsbedingungen wird diesen drei Arten von Verrechnungspreisen im Prinzip eine Lenkungs- und Koordinationsfähigkeit zugeschrieben.

Hier ist aber folgendes zu betonen: Selbst wenn sich die Verrechnungspreisansätze praktisch hinreichend genau bestimmen lassen, führen sie zeitlich und sachlich gesehen doch nur zu einer *teilweisen* Koordination. Im Vordergrund der bisherigen Verrechnungspreisdebatte stehen Fragen der *kurzfristigen* Disposition über den innerbetrieblichen Leistungsaustausch bei gegebener Mittelausstattung (vgl. auch 8, 839).

Gerade bei einer zeitlich weitergreifenden Marketing-Planung gehört zur Teilbereichs-Koordination natürlich auch die Frage, ob Kapazitäten für die durch mehrere Profit Center gemeinsam nutzbaren Funktionsleistungen oder für direkten Leistungsaustausch zwischen den Erfolgsbereichen zu *verändern* sind, um den voraussichtlichen Marktanforderungen zu genügen.

Vom sachlichen Umfang her gesehen, können Verrechnungspreise gewisse Koordinationsprobleme nicht erfassen, die sich aus gesamtbetrieblichen, aber nicht unmittelbar in Geldeinheiten ausdrückbaren Überlegungen zur Kundenpolitik sowie zur Markterschließung und -durchdringung ergeben. Erinnert sei beispielsweise an die Ausrichtung mehrerer Produktsparten auf ein einheitliches Systemangebot für Großkunden oder an die Frage, inwieweit man Aktivitäten für schon länger eingeführte Erzeugnisgruppen vorübergehend begrenzen sollte, um die Einführung von Diversifikationsprodukten (mit anfänglich noch geringen Erfolgsbeiträgen) voranzutreiben.

Diese marktstrategischen Abstimmungserfordernisse in bezug auf mehrere Profit Center lassen sich nur in Marketing-Gesamtplänen berücksichtigen, in denen längerfristige und teils auch nichtmonetäre Zielvorstellungen ihren Niederschlag finden.

In ihrem engeren Anwendungsbereich behalten Verrechnungspreise dessen ungeachtet eine steuernde und erfolgsrechnerische Bedeutung.

3.5. Die Berücksichtigung längerfristiger und nichtmonetärer Ziele bei Koordinationsmaßnahmen

Werden Profit Center im engsten Wortsinn ihres Namens nur nach dem Gewinn in Geldeinheiten beurteilt, so führt dies manchmal zu Konflikten mit strategischen Vorhaben der Gesamtunternehmung. Die Profit-Center-Leitungen neigen in diesem Fall dazu, Maßnahmen zu unterlassen, die zwar die längerfristige Marktstellung festigen, auf kurze Sicht jedoch Gewinneinbußen bringen (vgl. Beispiele in 29, 4). So werden möglicherweise Forschungs- und Entwicklungsarbeiten bzw. Neuproduktideen zurückgestellt. Sie verursachen beträchtlichen Aufwand, ohne schon gegenwärtig den Gewinnbeitrag zu bringen, der durch höheren Mitteleinsatz für die Absatzförderung vorhandener Produkte erzielbar wäre.

Ebenso treten Marktanteils- und Imageziele für die Profit-Center-Leiter in den Hintergrund, wenn sie nicht unmittelbar mit kurzfristigen Gewinnverbesserungen einhergehen. Damit wird u. U. das Eindringen in bisher nicht bearbeitete Marktsegmente unterbunden.

Für eine wohlverstandene Marketing-Konzeption ist es im Gegensatz hierzu gerade kennzeichnend, daß dem Aufbau einer längerfristig erfolgversprechenden Marktstellung besondere Aufmerksamkeit gewidmet wird. Hierzu sind im Zeitablauf auch nichtmonetäre Ziele wie Bekanntheitsgrade, Produkt- und Firmenimages, Distributionsquoten, Wiederkaufraten u. ä. zu berücksichtigen.

Zur Veranschaulichung, wie in diesem Sinne »Zwischenziele« in ein insgesamt mehrdimensionales Zielsystem eingehen können, dient beispielsweise das »Measurements Project« der Geschäftsbereichsorganisation bei General Electric (beschrieben in 31, 410ff.; s. auch 35, 277ff.). Es enthält außer dem Gewinn eine Reihe weiterer Orientierungsgrößen wie Marktanteile, F&E- Vorrangstellung gegenüber Konkurrenten oder Einstellungen (Zufriedenheit) der Kunden.

Sicher liegt der Einwand nahe, daß derartige Zwischenziele zusätzliche Meßprobleme aufwerfen und daß vor allem die Motivation der Profit-Center-Leitungen abnehmen könne, wenn an die Stelle eines eindeutigen Erfolgsmaßstabs (Gewinn) ein ganzes Zielbündel tritt.

Hier liegt zweifellos ein Dilemma bei der Aufgabendelegation an produkt- bzw. marktbezogen abgegrenzte Teil-Erfolgsbereiche: Soll man sich auf ein möglichst einfaches und »handliches« Erfolgsmerkmal beschränken, oder kommt es nicht gerade dadurch zu einem einseitigen und kurzsichtigen Bereichsegoismus, der den Interessen der Gesamtunternehmung entgegensteht?

Zwischenziele unter Einschluß nichtmonetärer Kenngrößen spielen eine zunehmende praktische Rolle, wo strategische Marketing-Pläne ausgearbeitet werden, die über reine Umsatzschätzungen hinausgehen (vgl. 25, 277ff.). Diese Sichtweise wird im übrigen durch das laufende Erhebungsangebot von Marktforschungsinstituten gefördert, die vielfältige Daten zur Beschreibung einer Marktposition und ihrer zeitlichen Veränderung bereitstellen (Marktanteile, Marktpenetration bei bestimmten Zielgruppen, Distributionsindizes, Wiederkaufraten, Einstellungsurteile usw.).

Eine Profit-Center-Koordination durch *Pläne* kann kontrollierbare Zielgrößen dieser Art mitenthalten und ausdrücklich auch berücksichtigen, wie sich vorübergehende Prioritäten beim Verfolgen solcher Ziele auf den kurzperiodischen Gewinn auswirken. Damit läßt sich gewährleisten, daß den einzelnen Erfolgsbereichen keine gewinnbeeinflussenden Zusatzauflagen gemacht werden, ohne andererseits auch die Gewinnerwartung im Budgetansatz entsprechend anzupassen.

3.6. Persönliche Koordination

Die vorstehenden Bemerkungen deuten an, daß sich die Idealvorstellung völlig autonom planender Profit Center, die ganz auf den Erfolgsmaßstab »Bereichsgewinn« konzentriert sind, nicht ohne jede Einschränkung verwirklichen läßt. Es geht vielmehr darum, die Vorteile einer umfassenden objektbezogenen Betreuung bestimmter Produkte oder Märkte mit Überlegungen zur gesamtbetrieblichen Sortimentspolitik und Marktverflechtung zu verbinden.

Die Motivation der Profit-Center-Leitungen würde wohl in der Tat beeinträchtigt, wenn sie insoweit gegenüber anderen Stellen Zugeständnisse zu machen hätten, ohne selbst an der Entwicklung der strategischen Generallinie beteiligt zu sein.

Die persönliche Koordination in Gremien, denen Mitglieder von »vertikal« verschiedenen Entscheidungsebenen und von »horizontal« gleichgeordneten Erfolgsbereichen angehören, besitzt deshalb besonderes Gewicht. So kommt beispielsweise einem *Gesamtausschuß für Marketing* die Aufgabe zu, absatzpolitische Grundsätze der Unternehmung für die Profit-Center-Tätigkeit zu konkretisieren.

Über die Abteilungsgrenzen hinausgreifende Planungs-*Teams* sind in diesem Sinne erforderlich, damit bei einer Profit-Center-Gliederung nicht die tatsächlichen »Entscheidungsinterdependenzen« durch den formalen Organisationsaufbau »zerschnitten werden« (33, 236; vgl. auch zu Teamstrukturen 16, 2859f.).

4. Die Gestaltung des Rechnungswesens für die Profit-Center-Erfolgsanalyse

4.1. Gliederung der Zurechnungsbereiche

Die Profit-Center-Bildung kann – wie gezeigt – nach verschiedenen absatzwirtschaftlichen Objekten erfolgen. Zwar ist in allen Fällen die Produktkalkulation die wesentliche Rechnungsgrundlage; dennoch ergeben sich unterschiedliche Anforderungen an die Erfassung sowie Speicherung des Datenmaterials.

4.1.1. Produkt-, Kundengruppen- und Regionalsparten

Sind *Produktgruppen* das Hauptabgrenzungsmerkmal für Erfolgsbereiche, so empfiehlt sich eine getrennte Erfassung der direkt artikelabhängigen Kosten, der nicht direkt artikelbedingten Stellenkosten innerhalb der Sparte (z. B. Gehälter) sowie der Kosten für absatzfördernde Maßnahmen zugunsten der Produktgruppe als Ganzes (z. B. Erstellung und Versand von Katalogen).

Die direkt artikelabhängigen Rechnungsgrößen bilden im weiteren den Ausgangspunkt für eine auf *Kundengruppen* ausgerichtete Bereichsanalyse, wobei an die bei Auftragsabwicklung festgehaltene Zusammensetzung der Kundenorders angeknüpft wird. Als weitere wichtige Datenarten kommen aber nun in diesem Zurechnungsbereich noch kundengruppenspezifische Aktionskosten (z. B. Besuchskosten) sowie wiederum die nicht direkt artikelbedingten Stellenkosten des Kunden-Managements hinzu.

Ähnlich ist auch bei der Datenerfassung für *Regional*abrechnungen vorzugehen (vgl. 5a, 53).

Der für die Profit-Center-Bildung gewählte Objektbezug ist somit maßgebend dafür, welche Ordnungsbegriffe zur Datenspeicherung und zur periodischen Bereichsauswertung heranzuziehen sind.

Die Anforderungen an die Organisation des Rechnungswesens steigen, wenn in einer Unternehmung objektbezogene Zuständigkeitsbereiche nach einer Mehrzahl von Kriterien gebildet worden sind. Dieser Fall liegt namentlich vor, wenn Geschäftsbereiche stufenweise in immer engere Teileinheiten untergliedert werden.

4.1.2. Profit-Center-Untereinheiten

Bestehen auf der Ebene unmittelbar nach der Geschäftsleitung beispielsweise Sparten für größere Produktlinien, so kann eine objektbezogene Aufgabenzusammenfassung innerhalb der Sparte weiter nach immer engeren Produkt- bzw. Marktabgrenzungen erfolgen. Im Geschäftsbereich Pharma sind dann etwa *Produktgruppen-Manager* für Erzeugnisse verschiedener Indikationsarten sowie *Produkt-Manager* für einzelne Markenartikel tätig.

Ebenso finden sich spartenintern regionale Aufgabenbeschreibungen, nach denen beispielsweise die *Verkaufsgebietsleitung* eine organisatorische Untereinheit darstellt, die wiederum bis hin zum einzelnen *Außendienstmitarbeiter* regionale Teilzuständigkeiten vergibt.

Rein rechnerisch lassen sich für alle diese Stellen Erfolgsbeiträge aus der Differenz von Umsatzerlösen minus produkt- und stellenabhängigen Kosten ermitteln. Es ist dazu erforderlich, daß die *Umsatz*positionen nach Produkt- und Gebiets- bzw. Kundennummern gekennzeichnet werden, damit sie jeweils für die zuständigen Objektstellen zusammenfaßbar sind.

Entsprechendes gilt bei den *Kosten*arten: Auch sie müssen u. U. nach mehreren Ordnungsbegriffen erfaßt werden; Kosten der Direktwerbung z. B. sowohl nach Produkt- als auch nach Kunden- oder Gebietsnummern, wenn es sich um eine Aktion für ein bestimmtes Erzeugnis bei ausgewählten Marktsegmenten handelt.

Bei Kosten- und Erlösdaten, die unmittelbar mit Auftragsabwicklungen zusammenhängen, kommt man für Auswertungen nach den verschiedensten Objektebenen mit wenigen Beschreibungsmerkmalen aus (vor allem mit Kunden- und Produktnummern). Diese dienen als »Bausteine« für stufenweise, logische Datenverdichtungen. (Abbildung 7 deutet dies an, wobei von den Zeilenpositionen eines Auftrags ausgegangen wird.)

Es muß aber an dieser Stelle noch einmal betont werden, daß die rechnerische Erfolgsaufspaltung auf verschiedene absatzwirtschaftliche Objektgruppen nicht ohne weiteres mit dem Begriff des *Profit Center* gleichzusetzen ist, ohne daß die *organisatorischen* Voraussetzungen der *Profit-Center-Konzeption* mitberücksichtigt werden.

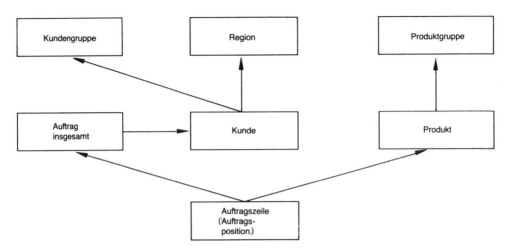

Abb. 7: Verdichtungsebenen für die Kosten- und Erlöszurechnung auf verschiedene Objektbereiche (ausschnittweise entnommen aus 30, 80)

Zwar ist es für die Absatzanalyse eine äußerst wichtige Information, die unterschiedlichen Erfolgsbeiträge der einzelnen Produkte, Kundengruppen, Gebiete usw. zu kennen, wobei in diese Rechnung alle eindeutig objektabhängigen Kosten und Erlöse eingehen.

Um aber von diesen »Accounting Entities« zur Profit-Center-Betrachtung im Sinne organisatorischer Verantwortlichkeit zu gelangen (»Responsibility Center«), muß die tatsächliche Einflußmöglichkeit der Stelleninhaber näher geprüft werden.

Es mag sich dann zeigen, daß man zwar für bestimmte Außendienstmitarbeiter Bruttoerfolge aufgrund ihres Gebietsabsatzes errechnen kann, daß sie aber – z. B. mangels uneingeschränkter Abschlußvollmacht – nur gewisse Reisekosten unmittelbar beeinflussen. Diese Stellen sind dann, verantwortungsbezogen gesehen, lediglich Untereinheiten im Sinne eines »Expense Center« oder »Cost-Center«.

Das Rechnungswesen einer Profit-Center-Organisation müßte also alle Daten unter zwei Gesichtspunkten kennzeichnen: nach *der Objekt-Zurechenbarkeit*, wenn es um Erfolgsvergleiche für die Sortiments- und Kunden- bzw. Gebietsanalyse geht; zum anderen nach der *Beeinflußbarkeit durch Stelleninhaber,* wenn die Beurteilung von Organisationsmitgliedern im Vordergrund steht (vgl. 12b, 288f.).

Hieraus ergeben sich zum Teil recht schwierige Probleme.

4.2. Kriterien für die Kosten- und Erlösverrechnung

4.2.1. Bereichseinzelkosten und Bereichsgemeinkosten

In diesem Abschnitt betrachten wir die Erfolgsbereiche zuerst einmal nur als »Accounting Entity«. Zu ihrer Analyse ist eine Einteilung zweckmäßig, die danach unterscheidet, welche Kostenarten unmittelbar oder indirekt durch die betreffende Organisationseinheit und ihre absatzwirtschaftlichen Objekte bedingt sind.

Als Kennzeichen von Bereichs*einzelkosten* gilt: Sie würden grundsätzlich nicht anfallen, wenn es die bereichsspezifischen Absatzobjekte bzw. die unmittelbar zum Bereich gehörenden Stellen nicht gäbe.

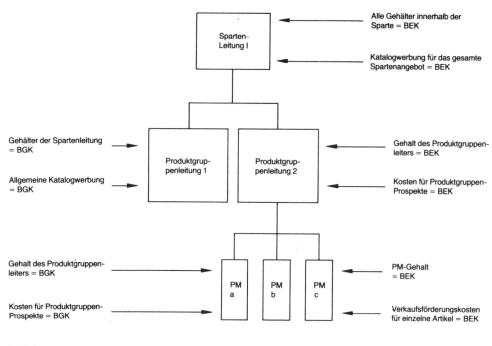

Abb. 8: Abhängigkeit der Einzelkosteneigenschaft von der Bezugsgrößenhierarchie

Bereichs*gemeinkosten* hingegen entstehen in anderen Organisationsteilen der Unternehmung für Tätigkeiten, die *mehreren* »Accounting Entities« zugute kommen.

Verfügt eine Produktsparte beispielsweise völlig eigenständig über eigene Fertigungsabteilungen, so sind die gesamten Herstellkosten Bereichseinzelkosten. Arbeitet statt dessen ein zentrales Produktionswerk für mehrere Sparten zugleich, so sind zwar die variablen Herstellkosten der Erzeugnisse jedem Geschäftsbereich direkt zurechenbar; die fixen Kosten des Zentralwerks stellen hier jedoch Bereichsgemeinkosten dar.

Ein und dieselbe Kostenart kann außerdem je nach der Zuordnungsebene im »vertikalen« Stellenzusammenhang Einzel- oder Gemeinkostencharakter haben, wie die Abbildung 8 zeigt.

Bei den *Erlösen* scheint die Zuordnung praktisch eindeutiger zu sein: Jedem Erfolgsbereich werden die Erlöse zugerechnet, die durch den Verkauf »seiner« Produkte bzw. an »seine« Kunden oder Gebiete entstanden sind. Nur am Rande sei hier aber erwähnt, daß es genau genommen auch Gemeinerlöse gibt, so z.B. wenn im Rahmen eines Absatzverbundes der Verkauf des von Produkt-Manager a betreuten Artikels durch einen zum Produkt-Management b gehörenden Artikel mitgefördert wird.

Die besprochene Unterscheidung in Bereichseinzel- und Bereichsgemeinkosten bedeutet nicht, daß die letzteren bei Abrechnungen für eine bestimmte »Accounting Entity« stets ganz außer Ansatz zu bleiben hätten.

Zum Beispiel wird die Umlage zentral entstandener Gemeinkosten in manchen Fällen durch das Argument gestützt, daß ein teilweiser Abbau dieser Kostenarten möglich sei, wenn es den nachgeordneten, durch die Umlage belasteten Organisationsbereich nicht gäbe. Dies sei für längerfristige Beurteilungen der Teilbereichserfolge von Bedeutung (vgl. 35, 80 f.; dazu auch 8, 829; zur tatsächlichen Verrechnung von Umlagen in der Profit-Center-Praxis vgl. 42, 168 ff.).

Ähnliche Überlegungen lassen sich bei einem Leistungsaustausch zwischen Sparten anführen, wenn etwa Sparte I einen Teil ihrer Kapazität regelmäßig dafür bereitstellen muß, um für die Sparten II und III bestimmte Vorleistungen zu erbringen. Hier wird argumentiert, daß der Ansatz von Verrechnungspreisen zu reinen Grenzkosten (d.h. der *Lenkungs*preis im Fall ohne Kapazitätsengpässe) für Zwecke der *Erfolgsermittlung* unzulänglich sei, weil dadurch eine einseitige Gewinnverlagerung in die Sparten II und III erfolge (vgl. 3, 377).

Die Behandlung von Bereichsgemeinkosten hängt also sehr vom *Auswertungszweck* der Bereichserfolgsrechnungen ab. Weil es dabei aber recht unterschiedliche Auswertungszwecke nebeneinander geben kann und weil die Gemeinkostenumlage immer mit einer gewissen Schätzwillkür verbunden ist, empfiehlt sich in jedem Fall ein *getrennter Ausweis* der bereichsbezogenen Einzel- und Gemeinkostenarten in der Erfolgsübersicht einer »Accounting Entity« (s. dazu auch unten, 4.2.3.).

4.2.2. Beeinflußbarkeit der Rechnungsgrößen durch die Profit-Center-Leitung

Die vorstehend besprochene Erfolgsaufspaltung nach Objektbereichen (Produkten, Kundengruppen, Gebieten) dient zur Analyse von Gewinn- oder Verlustquellen der Unternehmung (s. dazu 24, 605ff.), ohne daß damit schon Näheres über den Ergebniseinfluß der beteiligten Stellen gesagt ist.

Bereichseinzelkosten sind nicht unbedingt durch die betreffende Bereichsleitung beeinflußbar. Als Beispiel lassen sich Abschreibungen auf sparteneigene Fertigungsanlagen nennen, sofern sie auf zentral verfügte Investitionsprogramme der Unternehmensleitung zurückgehen. Ebenso ist ein von der Unternehmens- oder Spartenleitung angestellter Produkt-Manager nicht in der Lage, eigenständig über sein Gehalt zu disponieren, das seinem Produktbereich belastet wird (vgl. 35, 76ff.).

Betrachtet man ein Profit Center, wie es dem organisatorischen Grundgedanken entspricht, als Unternehmensteil mit abgegrenzter Objekt-Verantwortung, so setzt die nunmehr stellen- bzw. personenbezogene Analyse eine Einteilung der Rechnungsgrößen nach ihrer Abhängigkeit oder Unabhängigkeit von Profit-Center-Entscheidungen voraus.

»Nicht beeinflußbare« Größen gehen demnach auf Entscheidungen von Instanzen außerhalb des Profit Center zurück.

Praktisch bringt diese Unterscheidung allerdings ganz erhebliche Wertungsprobleme mit sich. Obgleich eine möglichst genaue Lösung gerade unter Motivations- und Koordinationsgesichtspunkten wichtig wäre, wird man sich mit näherungsweisen Zuordnungen begnügen müssen. Für manche Kostenentscheidungen läßt sich zwar eindeutig sagen, daß dazu die Kompetenz außerhalb des Profit Center liegt. Man kann insoweit einen *Negativkatalog* aufstellen (so 28, 173ff.). Dies gilt beispielsweise für einige schon oben genannte Bereichseinzelkosten (gewisse Gehälter, u. U. Abschreibungen); weiterhin zählen hierzu grundsätzlich Bereichsgemeinkosten, die durch Umlage auf Profit Center verteilt worden sind, aber auf zentral getroffene Maßnahmen zurückgehen (z.B. fixe Kosten eines zentralen Rechenzentrums).

Freilich knüpft ein solcher Katalog vor allem an *formelle* Zuständigkeitsregelungen an, die jedoch nicht unbedingt die tatsächlichen Einflußverhältnisse widerspiegeln. Besonders deutlich wird dies, wenn man versucht, den Bereich eines Produkt-Managements als Profit Center zu führen: Falls der PM als Stabsstelleninhaber tätig ist, fallen kostenverursachende Entscheidungen formell an anderer Stelle, z.B. bei der Marketing-Leitung. Aufgrund seiner Vorbereitungsarbeiten und Spezialkenntnisse hat der Produkt-Manager aber oft den faktisch ausschlaggebenden Anstoß gegeben.

Sehr schwierig ist die Frage nach dem hauptsächlichen Einflußträger auch bei Teamentscheidungen zu beantworten, die von mehreren Bereichsvertretern getragen werden.

Vor allem aber ist die »Verursachung« von *Umsatzerlösen* kaum eindeutig ganz bestimmten Entscheidungsstellen zuzuschreiben. Diese Schwierigkeit wird bei Erörterungen des »Responsibility Accounting« meist weitgehend vernachlässigt.

Abgesehen davon, daß Umsätze erheblich von der Veränderung allgemeiner Marktvariablen mit abhängen (vgl. 28, 174), sind auch die unternehmensinternen Beiträge zur Umsatzanbahnung vielfältig. Selbst bei weitgehender Verselbständigung von Sparten, die in sich mit allen absatzwirtschaftlichen Funktionen ausgestattet sind, können Kontaktgespräche eines zentralen Vorstandsmitglieds oder Maßnahmen der allgemeinen Firmenwerbung wesentliche Auslöser für das Zustandekommen eines Spartenauftrags sein.

Je enger die Objektzuständigkeit eines Erfolgsbereichs gefaßt ist (z. B. bei einem Produkt-Manager), desto größer wird die Zahl anderer Organisationseinheiten, die durch gewisse Kompetenzen bezüglich Gestaltung und Einsatz des Marketing-Mix zur Umsatzerzielung beitragen.

Eine Profit-Center-Abrechnung unter *Verantwortlichkeits*gesichtspunkten wird sich wohl oder übel damit begnügen müssen, in einer mehrstufigen Bruttoerfolgs-Ermittlung nur jene Rechnungsgrößen auszusondern, die zweifelsfrei außerhalb der Kompetenz- und Handlungsmöglichkeiten der Profit-Center-Leitung entstanden sind.

Es gibt hierfür kein allgemein-einheitliches Rechnungsschema mit bestimmten Abzugspositionen, sondern es ist im Einzelfall eine Aufgliederung anhand der Organisationsstruktur und Aufgabenverteilung der Unternehmung vorzunehmen. Diese für ein »Responsibility Accounting« erforderliche Vorarbeit mag dann vielleicht auch Anlaß dazu geben, manche Kompetenzen ausdrücklicher und klarer voneinander abzugrenzen.

Da eine eindeutige Trennung *aller* Daten nach ausschließlich vom Profit Center beeinflußten bzw. unbeeinflußbaren Rechnungsgrößen nur begrenzt gelingt, sind Zusatzanalysen von Bedeutung, die zumindest Anhaltspunkte über die Wirksamkeit von Einflußüberschneidungen vermitteln. In diese Richtung zielt die systematische Verknüpfung verschiedener objekt- bzw. stellenbezogener Teilrechnungen zu einer *mehrdimensionalen Erfolgsaufspaltung*. Hierbei geht es darum, den für einen Stellenbereich errechneten Erfolgsbeitrag relativ zum Bruttoerfolg anderer Organisationseinheiten zu sehen, mit denen Tätigkeitsüberschneidungen bestehen. Nehmen wir beispielsweise an, innerhalb einer Sparte gibt es unterhalb der Spartenleitung mehrere *Produktgruppen-Leiter*, und für einen von ihnen wird gegenüber dem Vorjahr ein stark rückläufiger Bereichserfolg ausgewiesen. Die Umsatzerzielung wird wesentlich durch die Aktivitäten regionaler Verkaufsleitungen mitbeeinflußt. Zeigen nun die Erfolgsanalysen, daß speziell in *einer* dieser Regionen ebenfalls ein überdurchschnittlicher Rückgang zu verzeichnen ist, so ergibt sich damit ein Hinweis für weitergehende Nachforschungen: Möglicherweise ist der Produktgruppen-Leiter mit seinem Teilsortiment bislang besonders stark in diesem einen Verkaufsgebiet vertreten gewesen, in dem jedoch ein personeller Wechsel der Verkaufsleitung stattgefunden hat. Die mehrdimensionale Rechnung trägt dazu bei, daß einzelne Stelleninhaber nicht voreilig nur aufgrund ihrer eigenen Bereichsabrechnung beurteilt werden (s. dazu ausführlicher 24, 607ff., bes. 610).

4.2.3. Das Konzept der mehrstufigen Deckungsbeitragsrechnung

Für die Profit-Center-Erfolgsanalyse ist die Deckungsbeitragsrechnung geeignet, weil sie die Zuordnung der Erlöse und Kosten so in mehreren Stufen vornimmt, daß fragwürdige Schlüsselungen weitgehend vermieden werden (vgl. zu praktischen Beispielen u.a. 26a, 153ff.; 16a, 18ff.).

Im vorliegenden Zusammenhang sind in den einzelnen Zurechnungsstufen die oben erörterten Unterschiede zwischen Bereichseinzel- und Bereichsgemeinkosten ebenso zu berücksichti-

		Produkt A	Produkt B	Produkt C
(1)	Netto-Umsatzerlöse	...	...	...
(2) ./.	Variable Produktkosten	...	...	...
(3) =	Deckungsbeitrag I (Produkt-DB pro Periode)	...	...	...
(4) =	Σ Deckungsbeiträge I:		...	
(5) ./.	Variable Produktgruppenkosten (z. B. gemeinsame Frachten)		...	
(6) =	Deckungsbeitrag II (Produktgruppen-DB)		...	
(7) ./.	Fixe Bereichseinzelkosten (z. B. bereichsspezifische Gehälter oder Abschreibungen)		...	
(8) =	Deckungsbeitrag III (Bereichs-DB; DB der „Accounting Entity")		...	
(9) ./.	Zugeschlüsselte Bereichsgemeinkosten (z. B. Regiekosten; aber auch etwa über die Produktkalkulation angelastete Fixkostenanteile aus anderen Unternehmensbereichen)		...	
(10) =	Bereichs-Bruttogewinn nach Umlagen		...	
(11) +	Oben enthaltene Kosten, die eindeutig nicht von der Profit-Center-Leitung beeinflußbar sind		...	
(12) ./.	Evtl.: Oben enthaltene Erlöse, die eindeutig nicht von der Profit-Center-Leitung veranlaßt sind		...	
(13) =	Profit-Center-Bruttogewinn i. S. eines „Responsibility Center"		...	

Abb. 9: Schema einer mehrstufigen Profit-Center-Ergebnisrechnung

gen wie die Grobeinteilung in beeinflußbare und nichtbeeinflußbare Rechnungsgrößen. Hinzu kommt – im Hinblick auf kurzfristige Entscheidungsüberlegungen des Profit Center – die Aufgliederung in variable und fixe Bestandteile, vor allem bei den Bereichseinzelkosten (vgl. Vorschläge z. B. in 35, 72; 28, 173, 178).

In großen Zügen ergibt sich somit z. B. für den Bereich einer Produktgruppe ein Schema wie in Abbildung 9 dargestellt, wobei allerdings die mehrstufige Deckungsbeitragsrechnung ab der Zeile (9) zusätzlich noch durch gesondert ausgewiesene Umlagen und durch Überlegungen zum »Responsibility Accounting« ergänzt ist.

4.2.4. Die Berücksichtigung des Kapitaleinsatzes

Auf dieses besondere Problem der Profit-Center-Erfolgsanalyse, das in der Literatur vor allem unter dem Stichwort »Return on Investment« (ROI) Beachtung findet, kann hier nur in Form eines kurzen Exkurses eingegangen werden (vgl. näher 35, 123; 31, 260ff.; 28, 179ff.; 23, 240ff.).

Eine Alternative zur ROI-Rechnung, d.h. zur Bildung von Beziehungszahlen aus dem Gewinn im Zähler und dem Kapitaleinsatz im Nenner, besteht in der Verrechnung kalkulatorischer Zinsen, die den Bereichserfolg als kapitalbedingte Kosten verringern. Der dann verbleibende Überschuß der Erlöse über die Kosten wird als *Residualgewinn* bezeichnet (wobei wir hier etwaige neutrale Aufwendungen oder Erträge eines Profit Center nicht in die Betrachtung einbezogen haben.).

In dem in Abbildung 9 dargestellten Schema einer mehrstufigen Ergebnisrechnung ist die Möglichkeit der Residualgewinnermittlung schon mit eingeschlossen: Die kalkulatorischen Zinsen auf das eingesetzte (betriebsnotwendige) Kapital gehören, soweit die Kapitalbindung eindeutig dem Erfolgsbereich zuzurechnen ist, zu den unter Ziff. (7) angeführten fixen Bereichseinzelkosten pro Periode. Für eine Rechnung unter Verantwortlichkeitsgesichtspunkten sind dann u. U. wieder Korrekturen dieser Kostenposition nach Ziff. (11) des Schemas vorzunehmen.

Befürworter einer ROI-Ermittlung argumentieren, daß der Residualgewinn nichts über die vergleichsweise Rentabilität des Kapitaleinsatzes aussage. Um für mehrere Bereiche einen Ergiebigkeitsvergleich der Kapitalnutzung anzustellen, müsse man den Quotienten aus Gewinn und Kapital bilden. Ein schon erfolgter Abzug kalkulatorischer Zinsen ist dabei wieder rückgängig zu machen, bevor der Gewinn auf das betriebsnotwendige Kapital des Profit Center bezogen wird.

Einschränkend ist hierzu jedoch folgendes zu bemerken: Der für jedes Profit Center ausgewiesene absolute Gewinn ist nur eine *Brutto*erfolgsgröße, wobei sich (wie in Abbildung 9 gezeigt) mehrere Brutto-Bereichsergebnisse unterscheiden lassen. Da man sehr darüber streiten kann, welche Gemeinkostenumlagen vorzunehmen oder zu unterlassen sind, um den Gewinn speziell für die Bereichs-*Rendite*rechnung »richtig« zu bemessen, kommt hier eine gewisse Willkür in die ROI-Ermittlung.

Dies gilt besonders für Profit Center unterhalb der zweiten Hierarchieebene der Unternehmung, d.h. für verhältnismäßig eng objektbezogen abgegrenzte Erfolgsbereiche.

Auf jeden Fall empfiehlt es sich, die Ergebnisbeurteilung nicht allein nach ROI-Kennzahlen vorzunehmen, da ansonsten womöglich Investitionen unterlassen werden, die die *durchschnittliche* Bereichs*rendite* verringern, obgleich sie für die längerfristige Marktstellung der Unternehmung wichtig sind und auch kurzfristig schon – absolut gerechnet – einen Gewinnbeitrag erbringen (vgl. hierzu 8, 833).

5. Zusammenfassung

1) Profit Center sind nach dem Objektprinzip gebildete Organisationseinheiten einer Unternehmung. Die Aufgabenzuordnung erfolgt dabei primär im Hinblick auf bestimmte Produkte bzw. Produktgruppen, Kunden(gruppen) oder Verkaufsgebiete. Für diese objektbezogen abgegrenzten Bereiche werden gesonderte Erfolgsanalysen erstellt, wobei die Profit-Center-Leitung im Rahmen ihrer Entscheidungskompetenzen auch Erfolgsverantwortung trägt.

Grundsätzlich können solche organisatorischen Erfolgsbereiche auf mehreren Ebenen unterhalb der allgemeinen Unternehmensleitung eingerichtet werden, so daß Profit Center und Sub-Profit-Center mit unterschiedlich weitgefaßter Objektzuständigkeit entstehen.

2) Die Aufgabenbeschreibung eines Profit Center deckt sich weitgehend mit dem Denkansatz des Marketing, denn sie verlangt eine produkt- und marktgerichtete Integration aller Bereichstätigkeiten. Damit wird die Entwicklung zielgruppenentsprechender Strategien im Sinne eines in sich ausgewogenen »Marketing-Mix« gefördert. Vor allem ist auf Grund des klaren Objektbezugs eher eine gezielte Suche nach Marktinformationen zu erwarten als bei einer Organisationsgliederung, die vorrangig nach Funktionen aufgebaut ist. Die Schnelligkeit der Informationsverarbeitung und die Anpassungsfähigkeit an Marktveränderungen wird durch kürzere Kommunikationswege sowie durch die produkt- und marktspezifische Problemsicht erhöht.

Hingegen können sich für das Auffinden grundlegender Innovationen, die in neuartige Sortiments- und Leistungsbereiche führen, aus der Produktspezialisierung der Profit-Center-Mitglieder auch gewisse Hemmnisse ergeben.

3) Obwohl die Profit-Center-Bildung durchaus dem Ansatz einer marktorientierten Führung entspricht, werden meist noch besondere Koordinationsmaßnahmen erforderlich, um ein Abweichen von den übergeordneten Marketing-Zielen der Gesamtunternehmung zu vermeiden. Je nach der absatzwirtschaftlichen Verbundenheit verschiedener Produktbereiche müssen u. U. die Maßnahmen mehrerer Profit Center kunden- oder gebietsbezogen aufeinander abgestimmt werden.

Vor allem ist darauf zu achten, daß die Gewinnorientierung der einzelnen Bereiche in keinen Widerspruch zur längerfristigen Sicherung der Marktposition gerät. Dies könnte etwa der Fall sein, wenn Aufwendungen für Forschung, Entwicklung, Marktdurchdringung, Imagepflege usw. zurückgestellt werden, da sie nicht unmittelbar gewinnsteigernd wirken.

Eine Koordination durch übergreifende Rahmenpläne ermöglicht es, daß auch nichtmonetäre Zwischenziele einbezogen werden bzw. daß vorübergehend die Förderung bestimmter, gesamtunternehmerisch wichtiger Produkt- oder Kundengruppen Priorität erhält. Die Voraussetzung hierfür ist eine gemeinsame Beteiligung aller Profit-Center-Leiter an den Budgetbesprechungen (persönliche Koordination). Ergeben sich aus koordinationsbedingten Auflagen Gewinneinschränkungen für einzelne Bereiche, so ist dies in den Budgetvorgaben ausdrücklich zu berücksichtigen.

4) Bei Profit-Center-Erfolgsanalysen ist zwischen dem rechnerischen Erfolgsbeitrag bestimmter Absatzsegmente (wie Produkte, Kundengruppen, Gebiete) und der Ermittlung des speziell vom Profit-Center-Leiter beeinflußbaren Bereichsergebnisses zu unterscheiden.

Im ersten Fall werden »Accounting Entities« untersucht, um Gewinn- oder Verlustquellen im Sortiment bzw. in den Vertriebsbeziehungen aufzudecken. Aus dieser sog. Absatzsegmentrechnung – die allerdings auch schon bei funktionaler Abteilungsgliederung, also ohne feste organisatorische Profit-Center-Bildung, möglich ist – ergeben sich wichtige Hinweise für die Sortiments-, Kunden- und Vertriebswegpolitik.

Fragt man hingegen nach den vom Profit-Center-Leiter beeinflußbaren Erfolgsbestandteilen, so steht die Wirtschaftlichkeitskontrolle eines organisatorischen Verantwortungsbereiches im Vordergrund. Hieraus folgen für das Rechnungswesen besondere Anforderungen hinsichtlich der Erlös- und Kostenklassifikation. Das sog. »Responsibility Accounting« wird erschwert, wenn die Profit Center untereinander eine enge produktions- oder absatzwirtschaftliche Verbundenheit aufweisen bzw. wenn es Kompetenzüberschneidungen mit Zentralbereichen oder anderen Organisationseinheiten gibt (so beispielsweise in der Matrix-Organisation).

5) Wo die Voraussetzungen für eine weitestgehend dezentralisierte und von anderen Produkt- oder Kundenbereichen unabhängige Profit-Center-Tätigkeit nicht voll gegeben sind, stellen sich auch besondere Probleme für die Bemessung etwaiger Prämien.

Eine schematisch am Bereichsgewinn ausgerichtete Prämienermittlung würde immer dann zu Konflikten führen, wenn mehrere Organisationseinheiten zugleich Einfluß auf bestimmte Erfolgskomponenten nehmen können.

Die Zuständigkeitsabgrenzung nach absatzwirtschaftlichen Objekten erscheint zwar grundsätzlich auch sinnvoll, wenn solche Kompetenzüberschneidungen nicht ganz zu vermeiden sind; denn sie erleichtert jedenfalls das Zustandekommen umfassender Produkt-Markt-Strategien. Sofern Bereichsverflechtungen eine Koordination durch gemeinsam abgestimmte Pläne bedingen, kommt jedoch als Prämiengrundlage weniger die absolute Höhe des Profit-Center-Gewinns in Frage, sondern vielmehr das Maß der Übereinstimmung zwischen Soll und Ist bei den als besonders wichtig erachteten Plangrößen.

Literatur

1) *Bidlingmaier, J.* (1973): Marketingorganisation. In: Die Unternehmung, 27.Jg., 1973, S. 133–154.
2) *Blohm, H. / Seppeler, W.* (1976): Neue Impulse durch Sparten- und Matrixorganisation – auch für Klein- und Mittelbetriebe. In: Zeitschrift für Organisation, 45.Jg. 1976, S. 65–71 und S. 124–132.
3) *Coenenberg, A.G.* (1973): Verrechnungspreise zur Steuerung divisionalisierter Unternehmen. In: WiSt, Wirtschaftswissenschaftliches Studium, 2.Jg., 1973, S. 373–382.
4) *Dearden, J.* (1968): Appraising Profit Center Managers. In: Harvard Business Review, Vol.46, No.3 (May-June), 1968, S. 80–87.
4a) *Dearden, J.* (1987): Measuring Profit Center Managers. In: Harvard Business Review, Vol.65, No.5 (September-October), 1987, S. 84–88.
5) *Deyhle, A.* (1974): Ertragszentren (Profit Centers). In: Marketing Enzyklopädie, Bd.1, München 1974, S. 593–603.
5a) *Deyhle, A.* (1981): Regionale Profit Centers und Kundendeckungsbeitragsrechnung. In: Controller Magazin, 6.Jg., 1981, S. 51–54.
6) *Diller, H.* (1975): Produkt-Management und Marketing-Informationssysteme. Berlin 1975.
6a) *Döhle, P.* (1983): Kundendienst profitabel steuern als Profit-Center. In: Marketing Journal, 16.Jg., 1983, S. 232–236.
7) *Eisenführ, F.* (1970): Zur Entscheidung zwischen funktionaler und divisionaler Organisation. In: Zeitschrift für Betriebswirtschaft, 40.Jg., 1970, S. 725–746.
8) *Eisenführ, F.* (1974): Lenkungsprobleme der divisionalisierten Unternehmung. In: Zeitschrift für betriebswirtschaftliche Forschung, 26.Jg., 1974, S. 824–842.
9) *Finkenrath, R.* (1976): Profit-Centers – Verdienen im Verkauf. In: Absatzwirtschaft, 19.Jg., 1976, H.5, S. 38–40 u. H.6, S. 60–62.
10) *Finkenrath, R.* (1976): Bilden Sie Profit-Centers im Verkauf. In: Marketing Journal, 9.Jg., 1976, S. 214–217.
10a) *Finkenrath, R.* (1986): Deckungsbeitragsorientierte Vertriebssteuerung mit Profit-Centers. In: Kostenrechnungspraxis, Jg., 1986, H.6, S. 213–218.
11) *Frese, E.* (1975): Koordination von Entscheidungen in Sparten-Organisationen. In: Betriebswirtschaftliche Forschung und Praxis, 27.Jg., 1975, S. 217–234.
12) *Frese, E.* (1976): Aufbauorganisation. Gießen 1976.
12a) *Frese, E.* (1987): Grundlagen der Organisation. 3.Aufl., Wiesbaden 1987.
12b) *Frese, E.* (unter Mitarbeit von H. Mensching und A. v. Werder) (1987): Unternehmungsführung. Landsberg am Lech 1987.
12c) *Frese, E. / Glaser, H.* (1980): Verrechnungspreise in Spartenorganisationen. In: Die Betriebswirtschaft, 40.Jg., 1980, S. 109–123.
13) *Gabele, E. / Esser, W.-M.* (1974): Divisionalisierung im Marketing. In: Marketing Enzyklopädie, Bd.1, München 1974, S. 453–460.
14) *Gälweiler, A.* (1971): Grundlagen der Divisionalisierung. In: Zeitschrift für Organisation, 40. Jg., 1971, S. 55–66.
15) *Geist, M.* (1963/1974): Selektive Absatzpolitik auf der Grundlage der Absatzsegmentrechnung. 1.Aufl., Stuttgart 1963; 2.Aufl., Stuttgart 1974.
16) *Grochla, E.* (1975): Organisation und Organisationsstruktur. In: Handwörterbuch der Betriebswirtschaft, 4.Aufl. (Hrsg.: E. Grochla / W. Wittmann), Bd.2, Stuttgart 1975, Sp. 2846–2868.

16a) *Groß, G.H.* (1980): Einrichtung vertriebsbezogener Profit-Center in einem kleineren Unternehmen. Ein Praxisbeispiel. Eschborn 1980 (RKW-Schrift Nr. 677).

17) *Hartmann, P.* (1974): Divisionsorganisation in Produktionsunternehmen. Bochum 1974.

18) *Heberlein, W.* (1971): Unternehmensführung mit Profit Centers und finanziellen Zielsetzungen. Bern 1971.

19) *Hecking-Binder, E.E.* (1974): Führungsmodelle und Marketingorganisation. Wiesbaden 1974.

20) *Jerke, A.* (1972): Konzepte für eine innerbetriebliche Marketing-Organisation. In: Modernes Marketing – Moderner Handel (Hrsg.: J. Bidlingmaier), Wiesbaden 1972, S. 163–178.

21) *Khandwalla, P.N.* (1975): Unsicherheit und die »optimale« Gestaltung von Organisationen. In: Organisationstheorie, 1. Teilbd. (Hrsg.: E. Grochla), Stuttgart 1975, S. 140–156.

22) *Kieser, A. / Kubicek, H.* (1983): Organisation. 2.Aufl., Berlin, New York 1983.

23) *Kloock, J.* (1975): Zur Anwendung ein- und mehrperiodiger ROI-Verfahren im Rahmen der Spartenerfolgsrechnung. In: Betriebswirtschaftliche Forschung und Praxis, 27.Jg., 1975, S. 235–253.

24) *Köhler, R.* (1975): Verlustquellenanalyse im Marketing. In: Marketing Enzyklopädie, Bd.3, München 1975, S. 605–618.

25) *Köhler, R.* (1981): Grundprobleme der strategischen Marketingplanung. In: Die Führung des Betriebes (Hrsg.: M.N. Geist/ R. Köhler), Stuttgart 1981, S. 261–291.

25a) *Köhler, R.* (1981): Absatzsegmentrechnung. In: Handwörterbuch des Rechnungswesens, 2. Aufl. (Hrsg.: E. Kosiol / K. Chmielewicz / M. Schweitzer), Stuttgart 1981, Sp. 19–29.

25b) *Köhler, R.* (1984): Marketingplanung in Abhängigkeit von Umwelt- und Organisationsmerkmalen – Ergebnisse empirischer Studien. In: Marktorientierte Unternehmungsführung (Hrsg.: J. Mazanec / F. Scheuch), Wien 1984, S. 581–602.

25c) *Köhler, R. / Tebbe, K.* (1987): Organisational Design for Effective Product Innovation. In: Irish Marketing Review, Vol.2, 1987, S. 43–50.

26) *Körlin, E.* (1972): Profit Centers im Verkauf. Gauting 1972.

26a) *Körlin, E.* (1983): Gewinnorientierte Steuerung des Verkaufs über Profit Center. Landsberg am Lech 1983.

26b) *Leumann, P.* (1980): Die Matrix-Organisation. Unternehmungsführung in einer mehrdimensionalen Struktur. Theoretische Darstellung und praktische Anwendung. Bern, Stuttgart 1980.

27) *Mayer, G.* (1974): Divisionalisierung – Beispiel eines geplanten Wandels von Organisationen. Diss. Mannheim 1974.

28) *Menz, W.-D.* (1973): Die Profit Center Konzeption. Theoretische Darstellung und praktische Anwendung. Bern, Stuttgart 1973.

29) *Mertens, P.* (1969): Divisionalisierung. In: Neue Betriebswirtschaft, 22.Jg., 1969, H.2, S. 1–10.

30) *Mertens, P. / Hansen, K. / Rackelmann, G.* (1977): Selektionsentscheidungen im Rechnungswesen – Überlegungen zu computergestützten Kosteninformationssystemen. In: Die Betriebswirtschaft, 37.Jg., 1977, S. 77–88.

30a) *Neubert, H.* (1985): Praxisbewährung für Profit-Centers. In: Absatzwirtschaft, 28.Jg., 1985, H.11, S. 114–122.

30b) *Neuhof, B.* (1982): Profit Center-Organisation – Grundkonzeption und praxisorientierte Modifizierungen. In: WISU (Das Wirtschaftsstudium), 11.Jg., 1982, S. 11–15 (Teil I) und S. 61–66 (Teil II).

31) *Poensgen, O.H.* (1973): Geschäftsbereichsorganisation. Opladen 1973.

32) *Poth, L.G.* (1974): Marketingorganisation. In: Marketing Enzyklopädie, Bd.2, München 1974, S. 633–657.

33) *Schneider, S.* (1974): Matrixorganisation – Gestaltungsmöglichkeiten und Gestaltungsprobleme einer mehrdimensionalen teamorientierten Organisation. Frankfurt/Main, Zürich 1974.

34) *Shillinglaw, G.* (1962): Toward a Theory of Divisional Income Measurement. In: Accounting Review, Vol.37, 1962, S. 208–216.

35) *Solomons, D.* (1965): Divisional Performance, Measurement and Control. Homewood, Ill. 1965.

36) *Streim, H.* (1975): Profit Center-Konzeption und Budgetierung. In: Die Unternehmung, 29.Jg., 1975, S. 23–42.

37) *Wagner, H.* (1975): Gestaltungsmöglichkeiten einer marketingorientierten Strukturorganisation. In: Marketing heute und morgen (Hrsg.: H. Meffert), Wiesbaden 1975, S. 279–297.

38) *Weber, H.K.* (1968): Funktionsorientierte und produktorientierte Organisation der Industriellen Unternehmung. In: Zeitschrift für Betriebswirtschaft, 38.Jg., 1968, S. 587–604.

39) *Welge, M.K.* (1975): Profit-Center-Organisation. Wiesbaden 1975.

40) *Welge, M.K.* (1975): Profit Center. In: Handwörterbuch der Betriebswirtschaft, 4.Aufl. (Hrsg.: E. Grochla und W. Wittmann), Bd.2, Stuttgart 1975, Sp. 3179–3188.

41) *Wille, F.* (1970): Management mit Profit Centers. München 1970.

42) *Wolf, M.* (1985): Erfahrungen mit der Profit-Center-Organisation. Frankfurt am Main 1985.

Teil 3: Marketing-Controlling

I. Einführung

Das allgemeine Konzept des Controlling – das die Koordination von Informationsversorgung, Planung und Kontrolle betrifft – ist noch nicht sehr lange auf den besonderen Anwendungsbereich des Marketing übertragen worden. Die erste umfassend angelegte Buchveröffentlichung in Deutschland mit dem Titel »Marketing-Controlling« stammt aus dem Jahre 1980, verfaßt von Joachim Kiener. 1981 wurde die 10. BFuP-Tagung in Köln unter dem Generalthema »Marketing-Controlling« durchgeführt. Bei dieser zweitägigen Veranstaltung fand über das noch junge Sachgebiet ein intensiver Meinungs- und Erfahrungsaustausch zwischen Fachwissenschaftlern und einer großen Zahl von Praktikern statt. Spezielle Stellen für Marketing-Controller waren zu dieser Zeit, wie einschlägige Erhebungen ergaben, in Unternehmungen erst selten eingerichtet. Die Wichtigkeit einer koordinierten Überwachung des absatzwirtschaftlichen Informations-, Planungs- und Kontrollsystems wurden aber gesehen und ausführlich diskutiert.

Der Verfasser hielt das Einführungsreferat zu dieser Tagung. Es erschien 1982 in der Zeitschrift »Die Betriebswirtschaft (DBW)« unter dem Titel »Marketing-Controlling. Funktionale und institutionelle Gesichtspunkte der marktorientierten Unternehmenssteuerung«. Mit diesem Übersichtsbeitrag (der auf die inhaltlichen Aufgaben, die Methoden und die organisatorische Verankerung des Marketing-Controlling eingeht) wird der 3. Teil des vorliegenden Sammelbandes eingeleitet.

Die zweckentsprechende Nutzung des betrieblichen Rechnungswesens spielt für Controllingzwecke eine wesentliche Rolle. Üblicherweise beschäftigen sich aber Marketing-Fachleute recht wenig mit Fragen des Rechnungswesens, während wiederum dort die Datenaufbereitung nicht immer genau genug auf die Entscheidungs- und Kontrollprobleme des Marketing abgestellt ist. Beide Bereiche müssen für eine betriebswirtschaftliche Steuerung des Marketing enger aufeinander abgestimmt werden. Im angelsächsischen Sprachraum finden sich in diesem Sinne neuerdings öfter Hinweise auf die Bedeutung eines »Marketing Accountant« bzw. des »Marketing Accounting«. An der Universität zu Köln gehört eine einschlägige Lehrveranstaltung, die im zweisemestrigen Turnus angeboten wird, zum festen Studienplan des Faches Marketing. Der Beitrag »Marketing-Accounting«, der 1989 in dem Buch »Marketing-Schnittstellen« (Festschrift für Hans Raffée) erschien, kennzeichnet den mit diesem Stichwort gemeinten Aufgabenbereich, die einschlägigen Anforderungen an absatzwirtschaftlich relevante Informationen aus dem Rechnungswesen sowie organisatorische Regelungsmöglichkeiten zur wirkungsvollen Überbrückung der Schnittstelle zwischen Marketing und Rechnungswesen.

Im weiteren folgen dann mehrere Artikel, die sich im einzelnen mit der Bereitstellung von Rechnungswesendaten für absatzwirtschaftliche Analysen befassen. Der früheste Beitrag hierzu (»Verlustquellenanalyse im Marketing«) wurde 1975 in der Marketing Enzyklopädie veröffentlicht. Er zeigt auf, wie bestimmte Bruttoergebnisse auf sogenannte Absatzsegmente, aber auch auf Marketing-Organisationseinheiten und unter Umständen auf bestimmte absatzpolitische Maßnahmen zugerechnet werden können.

Zu der Aufsatzserie »Nutzen Sie Ihr Rechnungswesen im Marketing« (1976/1977) ging der Anstoß von Wolfgang K. A. Disch aus, der sehr frühzeitig auf die Idee kam, in der Zeitschrift »Marketing Journal« Überlegungen zum Zusammenspiel von Marketing und Rechnungswesen zu präsentieren. Dies geschah über sechs Hefte hinweg mit einem Grundsatzbeitrag und mit Ausführungen zur Produktpolitik, Preispolitik, Werbe- und Verkaufsförderungspolitik, Außendienststeuerung und physischen Distribution. Im Mittelpunkt steht dabei die Frage, welche Daten des Rechnungswesens (insbesondere der Kosten- und Leistungsrechnung) jeweils entscheidungsrelevant sind. Das dabei immer wieder betonte »Prinzip der Veränderungsrechnung« besagt, daß in einen vorausschauenden Entscheidungskalkül nur solche rechnerischen Größen einzubeziehen sind, die sich durch die Wahl einer bestimmten Entscheidungsalternative verändern; die also nicht ohnehin schon fest und unabhängig vom Entscheidungsfall gegeben sind. Dies wird vor allem anhand von Beispielen aus der Produkt- bzw. Sortimentspolitik und der Preispolitik deutlich. Der genannte entscheidungsrechnerische Grundsatz macht Konzeptionen der Teilkostenrechnung erforderlich. Die einfache Trennung in variable und fixe Kosten genügt allerdings in diesem Zusammenhang nicht. Es gibt bei vorausschauender Betrachtung Entscheidungsmöglichkeiten, bei deren Wahl sog. fixe Kosten (wie etwa feste Gehälter) in ihrer Gesamtsumme sprunghaft steigen würden, um dann auf dem erhöhten Niveau wieder beschäftigungsunabhängig zu bestehen. Solche Differenzkosten sind in dem betreffenden Fall selbstverständlich entscheidungsrelevant.

Ebenso kommt es bei rückblickenden Ergebnisanalysen nach Produkten oder Produktgruppen, Aufträgen, Kunden oder Kundengruppen, Absatzgebieten und Absatzwegen darauf an, jedem dieser erfolgsrechnerischen »Absatzsegmente« genau die Kosten und Erlöse zuzuordnen, die ohne seine Existenz nicht entstanden wären. Auch hier sind fixe Kosten (z.B. Abschreibungen auf das Gebäude eines regionalen Verkaufsbüros) sinnvoll zurechenbar. Auf die damit verbundenen Fragen der geeigneten Datenkennzeichnung in einer Grundrechnung sowie auf die Darstellung relativer Einzelkosten in einer mehrstufigen Bezugsgrößenhierarchie wird näher im Beitrag »Absatzsegmentrechnung« (1981) eingegangen, der hier in einer ergänzten Fassung (mit Aktualisierungen, die 1990 für die 3. Auflage des Handwörterbuchs des Rechnungswesens stattfanden), abgedruckt ist. Dieser Artikel deutet außerdem die Möglichkeiten einer mehrdimensionalen Erfolgsanalyse bei kombinierter Betrachtung mehrerer Absatzsegmente an. Es geht dabei z.B. darum, die Erfolgsbeiträge verschiedener Produktgruppen zusätzlich getrennt nach mehreren Verkaufsgebieten festzustellen. Solche mehrdimensionalen Erfolgsanalysen sind inzwischen durch die heute verfügbaren Datenbanktechniken und EDV-gestützten Datenverknüpfungen praktisch leichter anwendbar geworden.

Der Sammelband »Beiträge zum Marketing-Management« wird mit einem Aufsatz aus der 2. Auflage des Handwörterbuchs der Revision (geschrieben 1990) abgeschlossen: »Überwachung des Marketing«. Hier wird mit der Darstellung der drei Kontrolldimensionen »Absatzsegmente«, »Marketing-Organisationseinheiten« und »Marketing-Maßnahmen« der Bogen zurückgeschlagen zu dem Artikel »Verlustquellenanalyse«. Die Beschreibung von vier wichtigen Prüfbereichen im Rahmen sogenannter Marketing-Audits stellt eine Rückverbindung zum Einführungsaufsatz »Marketing-Controlling« her.

II. Marketing-Controlling

Funktionale und institutionelle Gesichtspunkte der marktorientierten Unternehmenssteuerung*

Die Aufgabenbezeichnung »Controlling« und Stellen für Controller sind in der Unternehmenspraxis der Bundesrepublik Deutschland seit den siebziger Jahren immer üblicher geworden. Neuerdings wird öfter diskutiert, ob es sich empfiehlt, bestimmte Controlling-Teilbereiche dezentral zu organisieren. Angesichts der besonderen Anforderungen an eine systematisch marktorientierte Unternehmensführung sind manche Firmen dazu übergegangen, Zuständigkeiten für sog. Marketing-Controller einzurichten.

Der vorliegende Beitrag befaßt sich zunächst mit der Frage, welche allgemeinen Beziehungen in funktionaler Hinsicht zwischen Controlling und Marketing bestehen. Es wird dann näher darauf eingegangen, worin die spezifischen Merkmale der Marketing-Planung, -Kontrolle und -Steuerung bestehen, die es rechtfertigen können, inhaltlich vom Tätigkeitsfeld eines »Marketing-Controlling« zu sprechen.

Eine Übersicht über das hierzu benötigte methodische Instrumentarium schließt sich an.

Durchaus kontrovers wird bisher in Literatur und Praxis die Frage erörtert, wie die als »Marketing-Controlling« umschriebenen funktionalen Steuerungsaufgaben organisatorisch – also unter institutionellen Gesichtspunkten – zu verankern sind. Der letzte Teil des Aufsatzes vergleicht die wesentlichsten Organisationsmöglichkeiten und versucht, die Zuständigkeiten gesonderter Marketing-Controller-Stellen einzugrenzen. Außerdem wird der Realisierungsstand anhand von Erhebungsdaten aus den letzten Monaten des Jahres 1981 beschrieben.

1. Controlling-Konzeption und Marketing-Management

1.1. Controlling als Planungs-, Kontroll- und Steuerungs- bzw. Regelungssystem

»Controlling« und »Controller« sind (ähnlich wie »Marketing«) Bezeichnungen, die im deutschsprachigen Raum erst in den letzten 10–15 Jahren größere Verbreitung gefunden haben. Daß sie inzwischen zum gebräuchlichen Vokabular der Unternehmenspraxis gehören, hat wohl mehrere Gründe:

– Diese Stichwörter umschreiben nicht bloß Tätigkeitsfelder. Sie kennzeichnen, viel umfassender, eine *prinzipielle Sicht der Unternehmensführung.*
– Es gibt keine deutschen Übersetzungen, die diesen besonderen Führungsbezug in gleich knapper Form – mit einem einzigen Terminus – zum Ausdruck bringen können.
– Und schließlich trägt es zur raschen Übernahme solcher angelsächsischen Bezeichnungen auch bei, daß sie oft als Etikett für eine engere Vertrautheit mit modernen Managementtechniken empfunden werden.

Immerhin gaben anläßlich einer 1981 durchgeführten Erhebung (bei der Antworten von 227 Industrieunternehmungen mit mindestens 500 Beschäftigten ausgewertet werden konnten)

---

* Ursprünglich erschienen in: Die Betriebswirtschaft, 42.Jg., 1982, S.197–215.

rd. *51%* dieser Firmen an, daß sie *Stellen bzw. Abteilungen* mit der ausdrücklichen *Bezeichnung »Controlling«* eingerichtet haben.[1]

Fünf Jahre zuvor, also 1976, war nach einer Umfrage von Horváth und Gaydoul selbst in Unternehmungen mit mehr als 1000 Beschäftigten die *explizite* Benennung »Controlling« längst noch nicht so üblich – nämlich nur bei rd. 17%. Hahn stellte 1977 in einer empirischen Untersuchung fest, daß der Begriff bei 35% der antwortenden Unternehmungen *offiziell* verwendet wurde.[2]

Trotz der nur bedingt vergleichbaren Stichproben kann man aus diesen Erhebungsergebnissen den Schluß ziehen, daß sich die Bezeichnung »Controlling« während der letzten 5 Jahre in der Bundesrepublik immer mehr durchgesetzt hat.

Allerdings: Besondere *Stellen* für die Koordination von Planung, Kontrolle und Informationswesen hatten auch schon 1976 (bei Horváth und Gaydoul) gut 60% der befragten Firmen mit mehr als 1000 Beschäftigten genannt. Nur *hießen* diese Organisationseinheiten überwiegend anders als »Controlling«; z.B. »Unternehmensplanung«, »Betriebswirtschaft« oder auch »Rechnungswesen«.[3]

Dies unterstreicht, daß zwischen *Controlling als Funktion* und *Controller-Stellen als Institution* zu unterscheiden ist.

Der funktionale Aufgabenbereich des Controlling umfaßt grundsätzlich die *Koordination von Informationsversorgung, Planung und Kontrolle.*

Auf diese Weise soll – wie der ja nicht einfach mit »Kontrolle« übersetzbare Begriff »control« besagt – ein *Steuerungs- bzw. Regelungssystem* zur Verwirklichung der Unternehmensziele geschaffen werden.[4] *Inhaltlich* gesehen stellt Controlling somit eine auf die Gesamtunternehmung bezogene *Managementfunktion* dar. Es ist eine andere Frage, wie die damit verbundenen Tätigkeiten in *organisatorischer* Hinsicht gegliedert, zugeordnet und mit Kompetenzen ausgestattet werden.

Hervorzuheben ist, daß sich das Controlling nach neueren Auffassungen *nicht nur* auf die *operative Ebene* beschränkt. Je stärker Unternehmungen von Änderungen ihrer politisch-gesellschaftlichen, technologischen und wirtschaftlichen Umwelt beeinflußt werden, desto größeres Gewicht gewinnt die längerfristige Vorausschau auf neue Erfolgspotentiale, auf Chancen und Risiken im Wettbewerb.

Daraus ergeben sich besondere Ansprüche an die Informationsgewinnung, die Planungs- und Kontrollmethodik wie auch an die Steuerungsbemühungen auf grundlegende, qualitative Zielgrößen hin. Diese Herausforderung an ein *strategisches Controlling* wird heute zunehmend gesehen und betont.[5]

Skizzenhaft lassen sich die *Kernaufgaben des Controlling* wie in Abbildung 1 umreißen.

Die Abbildung 1 deutet u.a. das Erfordernis an, *strategische Pläne* in konkrete *operative Folgerungen* auf kürzere Sicht umzusetzen – ein Problem, auf das an späterer Stelle noch einzugehen ist.

Weiterhin ist erkennbar, daß die durch Controlling sicherzustellende *Informationsversorgung* einerseits Daten des *internen Rechnungswesens* als wichtige Grundlage für Planungen und Kontrollen einschließt; andererseits aber auch *umweltbezogene Informationen*, die sich nicht unmittelbar in Geldgrößen ausdrücken lassen.

Schließlich sei noch auf die *Rückverbindungen* zwischen Planrealisation und Kontrollbereich verwiesen: Die Einwirkmöglichkeiten des Controlling werden ja gerade in jüngerer Zeit gern nach dem Muster eines *Regelkreises* dargestellt.[6] Sicherlich ist es wünschenswert, ein Meldesystem zu organisieren, das Übereinstimmungen oder Abweichungen im Vergleich zu Zielgrößen eindeutig ermittelt und *rückkoppelt,* so daß regelnd eingegriffen werden kann. Gerade im *strategischen Bereich* läßt sich aber dieser geschlossene Kreislauf nur schwer herstellen, weil hier ein besonderes Problem darin besteht, wirklich signifikante Abweichungen schon frühzei-

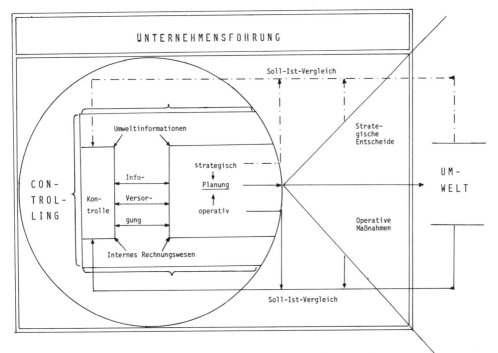

Abb. 1: Controlling als Planungs-, Kontroll- und Steuerungs- bzw. Regelungssystem

tig und unzweifelhaft zu orten. Die »Mechanik« des geschlossenen Regelkreises ist dabei nicht ohne weiteres erreichbar. Deshalb wird in diesen Fällen (unterbrochene Linie in der Abbildung 1) von *Steuerungssystem* gesprochen.

1.2. Merkmale des Marketing-Managements

»*Marketing*« bedeutet eine *Konzeption der Unternehmensführung*, bei der systematisch gewonnene Marktinformationen eine Hauptgrundlage für die Planung, Maßnahmenkoordination und Kontrolle darstellen.[7]

In Stichworten läßt sich das *Marketing-Management* durch fünf Gesichtspunkte charakterisieren; einmal durch den schon betonten

- *Informationsaspekt*
(systematische Gewinnung und Auswertung von Marktinformationen).

Hinzu kommen folgende Merkmale:
- *Problemlösungsaspekt*
(Abgrenzung von Problemlösungsgebieten, auf denen sich die Unternehmung künftig zur Bedarfsdeckung betätigen möchte);
- *Zielgruppenaspekt*
(nähere Beschreibung der potentiellen Verwender – der »target markets« bzw. Marktsegmente –, denen man sich gezielt zuwenden will);
- *Mittelaspekt*
(die zielgruppenentsprechende Gestaltung aller zusammenwirkenden absatzpolitischen Maßnahmen, d.h. des sog. Marketing-Mix);

– *Koordinationsaspekt*
(marktorientierte Abstimmung aller Teilpläne unter Berücksichtigung der unternehmensintern gegebenen Bedingungen).

Diese Führungskonzeption des Marketing gewinnt an Bedeutung, je *komplexer* die Angebotsbeziehungen zu den Märkten werden und je *dynamischer* sich die Unternehmensumwelt entwickelt.

Ähnlich hat übrigens A. Zünd für das *Controlling* einen engen Zusammenhang mit der Umweltdynamik aufgezeigt. Die mit Controlleraufgaben betrauten Organisationsmitglieder können sich – so Zünd – nur bei einer weitgehend stabilen Umwelt mit der Rolle eines »*Registrators*« begnügen. Bei begrenzt dynamischer Umwelt seien die Eigenschaften eines »*Navigators*« erforderlich; und in einer überdurchschnittlich dynamischen Umwelt komme es beim Controlling auf die Fähigkeiten eines frühwarnenden und an neuen Problemlösungen beteiligten »*Innovators*« an.[8]

Die Parallelen bzw. Ergänzungen zwischen *Marketing und Controlling* sind offenkundig[9]: In beiden Fällen steht die gezielte Informationsversorgung, Planung und Kontrolle zwecks Anpassung an veränderte Umwelt- und Unternehmensbedingungen im Vordergrund. Marketing braucht in dieser Hinsicht koordinierende Steuerungshilfen.

Die Steuerungs- und Regelungsprobleme des Controlling sind allerdings, *im ganzen* gesehen, weitergespannt. Sie schließen sämtliche Funktionsbereiche der Unternehmung und die Informations*verdichtung* für entsprechende Globalanalysen ein.

Umgekehrt wirft die spezifisch *absatzorientierte Steuerung* eine ganze Reihe von Sonderfragen auf, die nicht ohne weiteres mit demselben Instrumentarium wie beim umfassenden Controlling der Gesamtunternehmung gelöst werden können.

Es wird uns an späterer Stelle noch beschäftigen, was diese Besonderheiten für eine etwaige Ausgliederung des Marketing-Controlling und für die zugleich unerläßliche Verknüpfung mit der Zentralebene bedeuten (d.h. in *organisatorischer* Hinsicht).

Vorerst sollen in den folgenden Punkten wiederum nur die *inhaltlichen Aufgaben des Marketing-Controlling* skizziert werden.

1.3. Strategisches und taktisch-operatives Marketing

Hauptanliegen einer strategischen Unternehmensführung ist, wie es meist in recht allgemeiner Weise formuliert wird, die Erschließung und Sicherung von Erfolgspotentialen. Im *Marketing*-Bereich verlangt dies schwerpunktartig[10]:

– die Analyse von *Bedarfs- und Wettbewerbsveränderungen;*
– die Auswahl und möglichst klare Definition von *Marktfeldern*, auf denen die Unternehmung künftig *Problemlösungen* anbieten will;
– die systematische Gesamtsicht aller Produkt-Markt-Beziehungen als »*Portfolio*«, und zwar unter *längerfristigen Zielgesichtspunkten;*
– die Entwicklung einer grundsätzlichen *Generallinie* für den kombinierten Einsatz der *absatzpolitischen Instrumente* (soweit erforderlich differenziert nach verschiedenen Produkt-Markt-Kombinationen).

Besonderes strategisches Gewicht kommt dabei der Suche nach erfolgversprechenden künftigen Angebotsbereichen zu. Diese Suche kann man (nach einem Vorschlag von Abell) systematisch in einem dreidimensionalen Bezugsrahmen vorantreiben[11]:

– nach zu erfüllenden *Funktionen,*
– nach einsetzbaren *Technologien,*

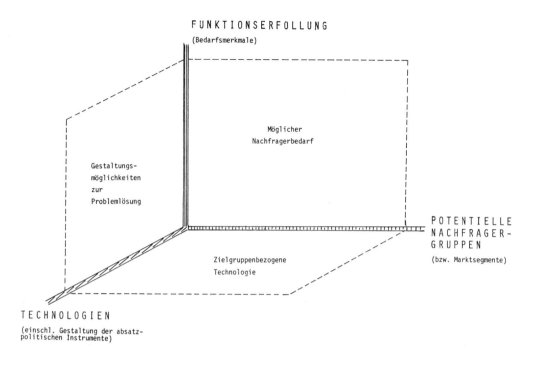

Abb. 2: Suchrahmen für künftige Angebotsmöglichkeiten

— nach damit ansprechbaren *Nachfragergruppen*, die je nach ihren Bedarfseigenheiten evtl. noch feiner in Marktsegmente zu untergliedern sind.

Abell nennt dieses gedankliche Vorgehen »*Defining the Business. The Starting Point of Strategic Planning*«.[12]

Erst auf dieser Grundlage kann eine wirklich *zukunftsgerichtete* Gesamtüberprüfung der betrieblichen Erfolgspotentiale (als Portfolio-Analyse) aufbauen. Hierfür ist dann im übrigen noch eine eingehende Konkurrenzuntersuchung — eine vorausschauende Einschätzung der eigenen vergleichsweisen *Wettbewerbspositionen* — erforderlich.[13]

Für die Steuerungsfunktion des *Controlling* bedeuten diese Schwerpunkte der marktbezogenen strategischen Planung, daß weitgehend »qualitative«, externe Daten zu beachten sind, um Informations- und Planungsvorgänge problemsprechend aufeinander abzustimmen.

Vor allem in der waage- und senkrechten Dimension der Abbildung 2 kommt hier zuerst einmal der *Marktforschung* ein höherer Stellenwert zu als dem internen Rechnungswesen.

Wer immer für *Marketing*-Controlling zuständig ist, muß mit diesen marktanalytischen Kategorien umgehen können.

Selbstverständlich ist es in weiteren Schritten dann auch beim Marketing-Controlling unerläßlich, eine Verknüpfung der »qualitativen«, nichtmonetären Strategievorstellungen mit den geläufigen *Rechengrößen der Ergebnisplanung* anzustreben. Schon in der strategischen Vorausschau selbst geschieht dies beispielsweise durch Schätzungen von Marktanteilen, Umsätzen, Cash Flows und Renditen für die erwogenen *Ziel-Portfolios*.

Wenn schließlich die Entscheidung für eine bestimmte Produkt-Markt-Strategie gefallen ist, kommt es (gerade aus der Sicht des Controlling) auf die Ableitung *taktisch-operativer Marketing-Pläne* an, die mit der längerfristigen Leitlinie vereinbar erscheinen.[14]

Dabei ist die Verknüpfung zwischen absatzpolitischen Aktionsprogrammen und Plangrößen der herkömmlichen *Erfolgsrechnung* herzustellen. Hierauf wird später noch einmal im Abschnitt »Marketing-Zielplanung« eingegangen.

1.4. Informationsbedarf und Koordinationserfordernisse für eine marktorientierte Führung

Die Koordination von Informationsbedarf und Informationsbeschaffung gilt ganz generell als eine *Kernaufgabe des Controlling*.[15] Sowohl nach dem Inhalt der benötigten Angaben als auch nach organisatorischen Merkmalen der Informationsempfänger finden wir im *Marketing* wiederum Besonderheiten.

Am meisten decken sich die Datenanforderungen der globalen Unternehmensebene und des Marketing-Bereiches bei Teilen der strategischen Planung; denn grundlegende Überlegungen zur Marktauswahl und zur relativen Wettbewerbsposition berühren unmittelbar die Unternehmung als Ganzes. Das Sammeln von Informationen über Umweltentwicklungen – das sog. »*Environmental Scanning*«[16] – und die Beschreibung künftig möglicher Problemlösungsfelder im Markt sind gesamtunternehmerische Perspektiven, die wohl insoweit noch kein ausgegliedertes Marketing-Controlling erfordern.

Anderes gilt jedoch bei den Detailinformationen für *Zielgruppenanalysen*, bei *Konkurrenzuntersuchungen* innerhalb der einzelnen *Marktsegmente*, Absatzkanal- bzw. *Distributionsstudien* und Fragen nach der *Wirkung absatzpolitischer Instrumente*. Derartige Angaben sind für systematische Marketing-Planungen und -Kontrollen unabdingbar. Sie setzen aber eine verhältnismäßig fachspezifische, marktforscherische Orientierung voraus.

Auch Informationen aus dem internen Rechnungswesen müssen für Marketing-Entscheidungen oft nach anderen Gliederungs- und Zuordnungsgesichtspunkten aufbereitet sein, als es bei gesamtbetrieblichen Erfolgsanalysen üblich ist.

Die *Kosten- und Erlöszurechnung* nach dem Grundsatz der *Entscheidungsrelevanz* fällt in den Einzelheiten unterschiedlich aus, je nachdem ob es sich z. B. um sortimentspolitische Überlegungen, um eine geplante Neuprodukteinführung oder um Probleme der Preis-, Kommunikations- bzw. Distributionspolitik handelt.[17]

Einzelne Firmen schufen deshalb schon vor Jahren spezielle Verbindungsstellen zwischen dem Rechnungswesen bzw. der Datenverarbeitung und dem Marketing-Bereich, die zwar nicht die volle Aufgabenbreite eines Marketing-Controlling ausfüllten, aber gewissermaßen eine »Interface«-Funktion zur Anpassung der Rechnungsinformationen an den *bereichs*spezifischen Bedarf wahrnehmen sollten.

Als weitere Eigenheit des Marketing-Informationsbedarfs kommt noch hinzu, daß hier die *Verknüpfung* von *internen* Rechnungsdaten mit *Markt*informationen eine Rolle spielt.

Will beispielsweise ein Konsumgüterhersteller, der über den Handel absetzt, die Wirtschaftlichkeit einer Direktwerbung bei unterschiedlichen Konsumentengruppen vergleichen, so kann er dazu ungefähre Schätzangaben erhalten, wenn er die nach demographischen Versandmerkmalen gegliederten Werbekosten entsprechend unterteilten Panelinformationen über die Absatzentwicklung (etwa nach Altersklassen oder Berufsgruppen) gegenüberstellt.

Ebenso gibt es, um ein weiteres Beispiel zu nennen, Ansätze zur Verbindung von Außendienstberichtsdaten mit Besuchskostenanalysen und kundenbezogenen Umsatzinformationen.[18]

Wie schon erwähnt, sind es aber nicht nur die spezifischen *Aufgabeninhalte* des Marketing, die den Informationsbedarf prägen. Hinzu kommt, daß sich ein Marketing-Controlling bei den *Informationsempfängern* oft auf die Koordination recht unterschiedlich ausgerichteter Organisationseinheiten einzustellen hat.

Seit den sechziger Jahren sind im betrieblichen Absatzbereich zunehmend sog. *objektorientierte Organisationsformen* entstanden. Die Zuständigkeiten sind dabei nicht in erster Linie tätigkeitsbezogen definiert, sondern nach Produkten, Kunden, Regionen oder Projekten. Hervorzuheben sind das Produkt-Management und das Kunden(gruppen)-Management.

Produkt-Manager und Kunden(gruppen)-Manager weisen aufgrund ihrer jeweiligen Objektorientierung unterschiedliche Schwerpunkte des *Informationsbedarfs* auf.

Beispielsweise interessieren den Produkt-Manager Angaben über *alle* Verwendergruppen seines Produktes. Periodische Erfolgsrechnungen benötigt er primär *artikelbezogen*.

Der Kunden(gruppen)-Manager hat eine bestimmte – etwa regional bzw. nach Branchen oder Organisationsformen im Handel abgegrenzte – Zielgruppe im Auge. Er sucht Informationen über den komplexen Bedarf dieser Nachfrager, quer über die gesamte betriebliche Produktpalette. Erfolgsanalysen braucht er vor allem in der Aufgliederung *nach Kunden*.[19]

Zwischen den beiden Organisationsformen im Absatzbereich kann es wegen der verschiedenartigen Aufgabenschwerpunkte zu *Konflikten* kommen, u.a. bei der Verteilung knapper Budgets. In dieser Auseinandersetzung ergibt sich ein besonderer Bedarf an *Informationen zur Koordination*. Es muß zumindest verdeutlicht werden, inwieweit Ziele und Maßnahmeneinsatz pro Kundengruppe oder Produkt gewissen Einschränkungen aufgrund der übergreifenden Marketing-Planung und der Gesamtplanung der Unternehmung unterliegen.

In dieser Hinsicht bedeutet *Controlling*, durch grundlegende Planungsinformationen einen Steuerungsbeitrag zur wechselseitigen Abstimmung innerhalb von *Matrixformen der Marketing-Organisation* zu leisten (s. Abbildung 3).[20]

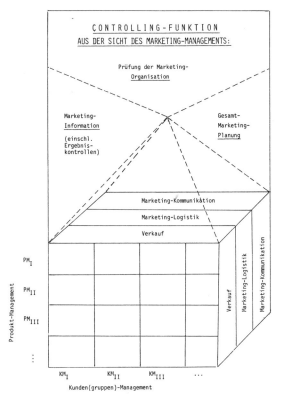

Abb. 3: Informations- und Koordinationserfordernisse bei Matrixorganisation

1.5. Zusammenfassung: Das inhaltliche Aufgabengebiet eines Marketing-Controlling als Steuerungssystem

Als Fazit aus dem bisher Gesagten, einschließlich der Abbildung 3, lassen sich die folgenden Hauptprobleme des *Marketing-Controlling* hervorheben.[21] Dazu sei nochmals betont, daß vorerst eine rein *funktionale* Gesamtbetrachtung der Tätigkeitsarten erfolgt, die zur Koordination von Informationsversorgung, Planung und Kontrolle im Marketing-Bereich dienen.

Dieser sachbezogene Überblick soll dann im 3. Kapitel in die Überlegungen mit einfließen, welche *organisatorischen* Zuständigkeiten am ehesten gewährleisten können, daß der Aufgabenkomplex im ganzen hinreichend wahrgenommen wird:

- *Informationsversorgung* (aus externen und internen Quellen der Marktforschung bzw. des Rechnungswesens; Verknüpfung externer und interner Daten);
- *Strategische Marketing-Planung* (insbes. Suche nach Problemlösungsgebieten auf künftigen Märkten, Auswahl von Marktsegmenten und Festlegung von Grundsätzen der Marketing-Mix-Gestaltung; Gesamtsicht aller Produkt-Markt-Kombinationen);
- *Operative Marketing-Planung* (Ziel- und Maßnahmenkonkretisierung sowie Schätzung der Erfolgskonsequenzen auf kürzere Sicht);
- *Abstimmung der Marketing-Planung mit der Unternehmensgesamtplanung;*
- *Ergebniskontrollen der Marketing-Aktivitäten* (nichtmonetär sowie nach Erfolgsgrößen des Rechnungswesens, insbes. Absatzsegmentrechnung);
- *Querschnittskoordination* (der verschiedenen objekt- und funktionsbezogenen Organisationseinheiten im Marketing-Bereich);
- *Organisationsprüfung* (d.h. Zweckmäßigkeitsbeurteilung bestehender Organisationsregelungen).

2. Methoden des Marketing-Controlling

Im hier verfügbaren Rahmen kann es nicht darum gehen, technische Einzelheiten des Methodeneinsatzes darzulegen. Es wird lediglich versucht, eine systematisch gegliederte *Übersicht*, unter Beachtung der Problembesonderheiten des Marketing, zu geben.

2.1. Diagnose der strategischen Marktposition

Es ist seit einigen Jahren üblich geworden, die strategische Lage der Unternehmung mit Hilfe von Portfolio-Analysen zu kennzeichnen. So wichtig dieses Instrument auch für eine Gesamtschau aller Produkt-Markt-Beziehungen ist, verlangt doch *die Steuerung im Absatzbereich* darüber hinaus eingehende Positionsbestimmungen in den einzelnen Produkt- bzw. Marktfeldern, wie sie etwa dem Blickwinkel von Produkt- oder von Kunden(gruppen)-Managern entsprechen würden.

Marketing-Controlling muß dabei darauf achten, daß Schwerpunktverschiebungen in der *Käuferstruktur* für bestimmte Produkte rechtzeitig erkannt und auf ihre Bedeutung für die längerfristige Absatzentwicklung überprüft werden.

Bei Direktabsatz, gerade in Investitions- bzw. Produktionsgüterbranchen, bietet sich hierfür die regelmäßige Auswertung der *Kundendatei* in Verbindung mit absatzstatistischen Daten an. In die Kundendatei sind Deskriptoren aufzunehmen, die für eine Käufer*gruppen*einteilung aussagefähig erscheinen.

Konsumgüterhersteller mit indirektem Absatz über den Handel können Käuferstrukturbeobachtungen (auf der Endverwenderseite) nur mit Hilfe von *Paneldaten* der Marktforschungsinstitute vornehmen.

In diesem Fall des indirekten Absatzes ist selbstverständlich auch die Überwachung von *Distributionsdaten* (z. B. entsprechend den Nielsen-Indices) ein wesentlicher Hinweis für die Beurteilung von Marktpositionen.

Unerläßlicher Bestandteil eines *Marketing-Controlling* sind systematische *Konkurrenzanalysen*. Als Hauptgesichtspunkte kommen dafür in Betracht:

- Erfassung der maßgeblichen Wettbewerber in einer *Konkurrentendatei*; Beschreibung ökonomisch wichtiger Merkmale, einschließlich (soweit bekannt) Marktanteilsdaten
- *Produktbezogene Konkurrenzanalyse*
  - Objektive Produkteigenschaften
  - Produkt-Images nach subjektiven Käuferurteilen
  - Profilvergleiche (d.h. Vergleich objektiv bzw. subjektiv gesehener Produkteigenschaften) für eigene und Konkurrenzerzeugnisse
- *Abnehmerbezogene Konkurrenzanalyse*
  - Kundenstruktur der Konkurrenten
  - Suche nach möglichen »Marktnischen« für das eigene Angebot
- *Aktivitätsbezogene Konkurrenzanalyse*
  - z. B. Forschungs- und Entwicklungsaktivitäten, Lizenzgeschäfte
  - Preispolitik, Kommunikationspolitik, Vertriebsstrategie, Neuproduktaktivitäten

Aus Konkurrenzvergleichen lassen sich ausführliche *Stärken-Schwächen-Profile* ableiten, die ihrerseits mit eine Grundlage für Portfolio-Untersuchungen abgeben.[22]

Auf die Portfolio-Technik und die dabei gebräuchlichen Matrixdarstellungen ist hier nicht im einzelnen einzugehen.[23] Vielmehr soll die wichtige Beziehung zwischen *Marketing-Controlling* und *gesamtbetrieblichem Controlling* in diesem Zusammenhang hervorgehoben werden:

- Die *Portfolio-Analyse* stellt ein typisches *Verbindungsglied* zwischen diesen beiden Betrachtungsebenen dar.
- Vom Marketing-Bereich *allein* können längst nicht alle Daten überblickt werden, die zur Beurteilung der relativen Wettbewerbsposition und der erfolgswirtschaftlichen Auswirkungen einer bestimmten Portfolio-Struktur benötigt werden.
- Umgekehrt sind für eine fundierte *gesamt*betriebliche Betrachtung vertiefte Markt- und Konkurrenzanalysen unentbehrlich, die entsprechende Marketing-Kenntnisse verlangen.
- Das Suchen *neuer Problemlösungsgebiete*, das oben unter 1.3. als ein Hauptmerkmal der marktorientierten Unternehmenssteuerung hervorgehoben worden ist, kann mit einer wirklich *zukunftsgerichteten Portfolio-Analyse* verbunden werden: Hierzu sind Marktentwicklungen sowie potentielle Vorteile gegenüber der Konkurrenz für solche strategische Geschäftsfelder zu schätzen, die die Unternehmung gegenwärtig noch nicht besitzt, aber in Erwägung zieht.[24]

2.2. Marketing-Zielplanung

Im Rahmen des *gesamtbetrieblichen* Controlling dominieren Zielgrößen, die ein angestrebtes Ergebnis in *Geldeinheiten* oder daraus abgeleiteten Verhältniszahlen ausdrücken; beispielsweise Umsatzerlöse und Kosten bzw. Erträge und Aufwendungen, Gewinne, Return on Investment (ROI), Cash Flow.

Für die *Marketing-Planung* spielen verschiedene *nichtmonetäre Ziele* eine bedeutende Rolle.

Es handelt sich dabei, gerade in strategischer Hinsicht, um angestrebte Zustände in den Produkt-Markt-Beziehungen, die als notwendige *Vorstufen* für einen nachhaltigen geldlichen Erfolg angesehen werden.

Erwähnenswert sind vor allem:

- *Bekanntheitsgrade* (z.B. für bestimmte Produkte oder Produktgruppen) bzw. *Erinnerungswerte* (z.B. für die Aussagen einer Werbebotschaft);
- *Einstellungsurteile* der Nachfrager bzw. *Image-Positionen* von Produkten;
- *Distributionsgrade* (z.B. im Sinne der Nielsen-Indices);
- Prozentangaben der *Marktpenetration*;
- *Wiederkaufraten*.

Derartige Ziele sind nach den heutigen Ermittlungsmöglichkeiten grundsätzlich operational, d.h. die Zielerreichung ist konkret überprüfbar.[25] Manche der genannten Größen sind zwar typisch für das Markenartikelgeschäft; manche (wie die Marktpenetration) sind aber branchenunabhängig beachtenswert.

Dem Marketing-Controlling obliegt es, derartige *Zielvorstellungen* im Planungs- und Überwachungsprozeß zu berücksichtigen. Zugleich verbindet sich damit jedoch die Aufgabe, die *Kosten-Erlös-Konsequenzen* ihrer Verwirklichung zu schätzen.[26]

Dies erfordert Vertrautheit mit den nicht einfachen Fragen der *Wirkungsprognose* im Marketing. Aber nur so, trotz aller unausweichlichen Schätzungenauigkeiten, kann die *zusammenfassende Erfolgszielplanung* der Unternehmung mit sachlich begründbaren Daten aus dem Absatzsektor »unterfüttert« werden. Demgegenüber erscheint es viel unbefriedigender, einfach Extrapolationen der jüngeren Vertriebskosten- und Absatzentwicklung als pauschale Marketing-Plandaten beizusteuern.

Auch in der *Zielplanung* nimmt so der Funktionsbereich des *Marketing-Controlling* eine spezielle *Verbindungsrolle zur Gesamtebene* ein.

2.3. Hilfsmittel der Maßnahmenplanung und Budgetierung

In die Planung der absatzpolitischen Aktivitäten gehen zum einen die *marktanalytischen* Annahmen über nichtmonetäre Ergebnisse sowie über Umsatzwirkungen des Mitteleinsatzes ein. Zum anderen sind, für eine erfolgsrechnerische Beurteilung der erwogenen Maßnahmen, *Kostendaten* aus dem internen Rechnungswesen erforderlich.

Eine Funktion des *Marketing-Controlling* besteht darin, diese beiden Arten von Informationsquellen zu *integrieren*. Die bisherige Praxis hat oft gezeigt, daß sich Marketing-Fachleute mit kostenrechnerischen Einzelheiten nur sehr ungern befassen, während mitunter umgekehrt in der Betriebsabrechnung und Kalkulation das Verständnis für Marktzusammenhänge fehlt (so daß beispielsweise Preisentscheidungen einseitig von der kalkulatorischen Seite her gesehen werden).

Großes Gewicht kommt hier der gemeinsamen Arbeit an einem nicht nur rückblickend-registrierenden, sondern *entscheidungsorientierten Rechnungswesen* zu. Es geht darum, dem Entscheidungsobjekt jeweils nur jene Kostenarten und -beträge zuzurechnen, die sich voraussichtlich durch eine geplante *Maßnahme* (verglichen mit deren Unterlassung) *ändern* werden.

Um nur ein *Beispiel* herauszugreifen: Wenn im Planungsprozeß vor der Einführung eines neuen Produktes Breakeven-Analysen durchgeführt werden, ist es äußerst problematisch, dem Neuprodukt schematisch Kosten anzulasten, die in ihrer Höhe überhaupt nicht beeinflußt würden, wenn man auf die Entwicklung und Vermarktung des Erzeugnisses verzichtete.

Kurz gesagt: Für Controlling-Zwecke kommt es auf die Abgrenzung der *entscheidungsrelevanten Kosten* und auf das sog. *Prinzip der Veränderungsrechnung* an.[27]

Auf den genannten marktanalytischen und kosten- sowie erlösrechnerischen Grundlagen bauen Marketing-Budgets auf. Diese sind »die schriftliche Zusammenfassung der

- aus der Marketing-Planung abgeleiteten und
- in Geldeinheiten bewerteten (quantifizierten)

Soll-Ergebnisse geplanter Aktivitäten«.[28] Sie werden, zusammen mit den nicht unmittelbar von Einzelmaßnahmen abhängigen Fixkosten pro Periode, den Organisationseinheiten des Marketing-Bereiches für einen bestimmten Zeitraum vorgegeben.

2.4. Kurzfristige Ergebniskontrollen

Die kurzfristige Ergebniskontrolle stellt – neben der Entscheidungsrechnung für den Aktivitäteneinsatz – das *»klassische« Verbindungsglied* zwischen *Marketing-Controlling und internem Rechnungswesen* dar.[29] Obwohl die Controlling-Konzeption, wie gezeigt, heute insgesamt umfassender zu verstehen ist, wird nach wie vor die erfolgsanalytische Überwachung von Kosten und Leistung bzw. Aufwand und Ertrag als vorrangiger Aufgabenschwerpunkt betont.[30]

Im Marketing-Bereich zählt die *Absatzsegmentrechnung* zu den wesentlichsten einschlägigen Verfahren. Es geht dabei darum, eine Erfolgsaufspaltung nach gedanklich unterscheidbaren Teilbereichen der Absatztätigkeit vorzunehmen, um daraus genauere Hinweise auf Gewinn- bzw. Verlustquellen und Anhaltspunkte für Steuerungseingriffe zu gewinnen.[31]

Die wichtigsten *Absatzsegmente* sind:

- Produkte bzw. Produktgruppen,
- Kunden bzw. Kundengruppen,
- Aufträge (Auftragsarten, Auftragsgrößen),
- Verkaufgebiete,
- Absatzwege.

Diese Absatzsegmente stehen, was die Zurechenbarkeit von Kosten und Erlösen betrifft, zum Teil in logischer Verknüpfung miteinander, im Sinne einer *Bezugsgrößenhierarchie*. Dies wird in Abbildung 4 angedeutet.[32]

In einer *stufenweisen Deckungsbeitragsrechnung* lassen sich diese Verkettungsbeziehungen rechentechnisch nutzen, wobei dann aber auf jeder Bezugsgrößenebene noch Kosten dazukommen, die genaugenommen erst dort als relative Einzelkosten ohne Schlüsselung zugeordnet werden können.

Eine derart vielseitige Analyse der Erfolgsbeiträge verlangt offensichtlich bei der Datenerfassung entsprechende Kennzeichnungen durch Produktdeskriptoren, Kundendeskriptoren, Auftragsdeskriptoren usw. Traditionelle Systeme der *Vollkostenrechnung* weisen nicht die Beweglichkeit sowie die Transparenz und Eindeutigkeit der Datenzuordnung auf, wie sie für Absatzsegmentrechnungen erforderlich sind.

Unter den Absatzsegmentrechnungen haben bislang insbesondere die *Produkt- oder Artikelerfolgsrechnung*, die *Kunden-Deckungsbeitragsrechnung*[33] wie auch die Erfolgsbetrachtung nach *Verkaufsgebieten* praktische Verbreitung für das Marketing-Controlling gefunden. Auch Standardsoftware wird hierfür von verschiedener Seite angeboten – zum Teil bereits seit mehr als 10 Jahren, wie etwa die Berichtssysteme MESORT, MEGROS und MEREG der DbO (Aktiengesellschaft für Datenverarbeitung und betriebswirtschaftliche Organisation).[34]

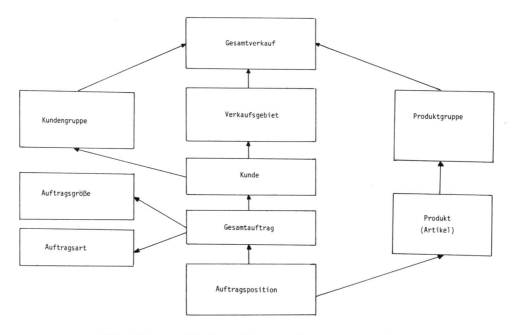

Abb. 4: Bezugsgrößenhierarchie in der Absatzsegmentrechnung

Die aufgegliederten Bruttoerfolgs- (d.h. Deckungsbeitrags-)Angaben, die aus der Absatzsegmentrechnung verfügbar sind, bedeuten für das Marketing-Controlling eine wesentliche *Steuerungshilfe* beim Überwachen der Sortimentspolitik, der Preispolitik, der Kunden- bzw. Auftragsselektion, des regionalen Maßnahmeneinsatzes sowie der Außendienststeuerung.[35]

Ähnliche Bruttoerfolgsaufgliederungen sind in bezug auf *organisatorische Einheiten* des Marketing-Bereiches möglich, so z.B. pro Verkaufsbüroleitung, Produktgruppen-Management oder Kundengruppen-Management. Die so verstandene *Profit-Center-Analyse*[36] läßt sich bei Berücksichtigung des Kapitaleinsatzes pro Organisationseinheit grundsätzlich zu *Renditebetrachtungen* erweitern, obgleich die Fragen der Zurechenbarkeit von Kapital*teilen* und der rechnerisch darauf beziehbaren Erfolgsgrößen keineswegs immer problemlos sind.

Wohl zu unterscheiden ist außerdem der *rechentechnisch* feststellbare Bruttoerfolg eines Profit Center von jenen Erlös- und Kostengrößen, die der Leiter der Organisationseinheit tatsächlich zu *verantworten* hat.

2.5. Die Kontrolle strategischer Marketing-Pläne

Im Gegensatz zur kurzfristigen Erfolgsüberwachung *operativer* Tätigkeiten ist die Kontrolle *strategischer* Pläne[37] bislang nur wenig entwickelt. Dies liegt u.a. daran, daß oft gezögert wird, einen strategischen Gesamtentwurf in periodenbezogene Zielgrößen aufzugliedern und daraus konkrete Folgerungen für die *nächstliegenden* Zeitabschnitte sowie für die beteiligten *Organisationseinheiten* zu ziehen.

Für ein *Marketing-Controlling* besteht also die Herausforderung, sich bei der schon weiter oben besprochenen *Zielplanung* an dieser »Übersetzerfunktion« zu beteiligen. Beispielsweise wäre bei einer Diversifikationsstrategie zu schätzen, welcher Penetrationsgrad und welche Wiederkaufrate bereits in frühen Perioden erforderlich erscheinen, um ein bestimmtes Marktanteilsziel zu erreichen. Die so entwickelten, zeitablaufbezogenen *Ziel-Leitlinien* sind von vornherein nicht als Prognosen mit Unfehlbarkeitsanspruch zu interpretieren, sondern als Hilfsmittel für die Feststellbarkeit und Rückmeldung von Abweichungen, die *rechtzeitig* zum Überdenken des eingeschlagenen Weges Anlaß geben können.

Die sog. *Lückenanalyse* (»Gap-Analyse«) ist hierbei keineswegs ein veraltetes Instrument der strategischen Planung, sondern ein nützlicher Anhaltspunkt für Zwischenkontrollen und Steuerungseingriffe.

Über die an Zwischenzielen orientierte Lückenanalyse hinaus kann *Marketing-Controlling* sich bemühen, *Früherkennungshinweise* für möglicherweise drohende Störungen der strategischen Vorhaben zu liefern. Hierfür kommt es darauf an, *Vorlaufindikatoren* zu finden, die in einem – möglichst regressionsrechnerisch untermauerbaren – Zusammenhang mit den eigenen Zielgrößen stehen.

Beispielsweise kann die rechtzeitige Feststellung bestimmter Trends der Bevölkerungsstruktur als Frühanzeige für das Schrumpfen eines längerfristig anvisierten Marktes dienen.[38]

2.6. Marketing-Audit

Wenn wir Marketing-Controlling als *Funktion* – also vom gesamten Aufgabenspektrum her – betrachten, so fällt darunter nicht nur die koordinierende Beteiligung am Informations-, Planungs- und Kontrollablauf. Hinzu kommt das kritische Infragestellen der dabei angewandten Verfahren, der Basisannahmen und des organisatorischen Rahmens.

Diese gewissermaßen als »Meta-Analyse« anzusehende Prüfung wird neuerdings öfter mit dem Ausdruck *»Marketing-Audit«* umschrieben.[39]
Im wesentlichen können die nachstehenden Teilaspekte unterschieden werden:

– *Verfahrens-Audit*: Überprüfung, ob die *Informationsversorgung* (einschließlich der verfügbaren EDV-gestützten Informationssysteme) sowie die angewandten *Planungs- und Kontrolltechniken* dem aktuellen allgemeinen Wissensstand entsprechen;
– *Strategien-Audit*: Beurteilung der *Systematik* und der Grundannahmen beim Entwickeln strategischer Konzeptionen sowie der Vollständigkeit und Operationalität von *Zielangaben*;
– *Marketing-Mix-Audit*: Feststellung, ob sich alle an Maßnahmen der Absatzpolitik beteiligten Stellen hinreichend bezüglich der *Gestaltungskonzeptionen* (z.B. für einen Markenartikel oder für eine eng zusammengehörende Produktlinie) *abstimmen*;
– *Organisations-Audit*: Untersuchung, ob alle wesentlichen Aufgabengebiete einer *marktorientierten* Unternehmensführung in der betrieblichen *Gesamtorganisation* verankert und durch zweckmäßige Stellenbildung (z.B. objektbezogen nach Produkten oder Teilmärkten) *koordiniert* sind.

Das Marketing-Audit befaßt sich somit nicht mit quantitativen Planungs- und Ergebnisgrößen, sondern in qualitativer Hinsicht mit den gesamten *Rahmenbedingungen* des Planens, der Kontrolle und des Steuerns.

Vereinzelt sind als Hilfsmittel hierfür ausführliche Checklisten der wichtigsten *Beurteilungskriterien* entwickelt worden.[40]

3. Organisatorische Verankerung und gegenwärtiger Entwicklungsstand des Marketing-Controlling

Der Überblick über die Aufgabenpalette und das Methodenarsenal all dessen, was in *funktionaler* Hinsicht zum Marketing-Controlling gehört, macht deutlich, daß damit ein spezieller Stelleninhaber für sich allein wohl überfordert wäre.

Damit stellt sich die Frage nach der *organisatorischen* Zuordnung dieser Tätigkeiten, die als Ganzes ein Steuerungs- bzw. Regelungssystem ergeben sollen.

Allgemein zugängliche *Stellenbeschreibungen* für »Marketing-Controller« sind bis zum gegenwärtigen Zeitpunkt sehr rar.[41] So bleibt es meist bei globalen Anforderungsbeschreibungen, etwa in einem deutschsprachigen Handbuch: »Ein Marketing-Controller muß Rechnungswesen-Erfahrung haben, also Betriebswirt sein, aber gleichzeitig auch Marketing-Mann«.[42] Oder bei Kotler: »The new marketing controllers are trained in both finance and marketing...«[43]

Über eines dürfte jedoch Einigkeit bestehen: Die organisatorischen Stellen, deren Inhaber »Marketing-Controller« heißen, ersetzen natürlich nicht – quasi mit neuer Bezeichnung – die »Marketing-Manager« oder »Marketing-Leiter«, denen letztlich die Entscheidung über absatzwirtschaftliche Ziele, Aktionspläne und Kontroll-Schlußfolgerungen zukommt.[44]

Ein Marketing-Controller soll Planungs-, Entscheidungs- und Kontrolltechniken einschließlich des mit ihrem Einsatz verbundenen Informationsbedarfs gut kennen und beurteilen können. Er ist aber nicht dafür zuständig, alle Informationsbeschaffungen, -auswertungen und Pläne selbst zu »machen«. Vielmehr obliegt ihm in der organisatorischen Aufteilung eine Bewertung und Koordination dieser Entscheidungsvorbereitungen sowie die spätere Ergebnisanalyse.

Umgekehrt erscheint es nicht unproblematisch, wenn der Standpunkt eingenommen wird, die inhaltlichen Aufgaben des Marketing-Controlling könnten samt und sonders vom *Marketing-Leiter* miterledigt werden. Obwohl Koordination und Steuerung typische Managementfunktionen sind, wird ab einer bestimmten Unternehmensgröße und -komplexität die Delegation von Teilzuständigkeiten unumgänglich. In der Marketing-Praxis findet sich mitunter die Ansicht, daß dann ja beispielsweise die verschiedenen *Produkt-Manager* oder *Kunden(gruppen)-Manager* absatzbezogene Controlling-Tätigkeiten jeweils arbeitsteilig übernehmen könnten, ohne daß deswegen spezielle Stellen für Controller einzurichten wären.

Mit dieser Auffassung wird aber wohl verkannt, daß zwischen solchen objektorientierten Organisationseinheiten Interessengegensätze und Konfliktpotentiale bestehen können, die grundsätzlich eine übergreifend denkende, gewissermaßen »neutralere« Stelle für die Abstimmung von Planungen bzw. Budgets und für Ergebniskontrollen erforderlich machen (s. dazu auch oben, Kapitel 1.4.).[45] Hierfür kommt der Zuständigkeitsbereich eines *Marketing-Controllers* in Betracht.

Somit ergibt sich ein *Zusammenwirken* zwischen Marketing-Leiter (einschließlich der ihm zugeordneten Marketing-Services-Stellen) und dem Marketing-Controller. Beide gemeinsam (und in Verbindung mit Controllern auf der zentralen Unternehmensebene) sind an dem weiter oben beschriebenen Steuerungs- bzw. Regelungssystem beteiligt.[46]

Auf eine Kurzformel gebracht, lassen sich die besonderen *Stellenzuständigkeiten* eines *Marketing-Controllers* schwerpunktartig umschreiben[47] als

– koordinierende Wahrnehmung der *Audits* (bezüglich Informations-, Planungs- und Kontrollverfahren, Strategieannahmen, Marketing-Mix-Abstimmung und Marketing-Organisation) sowie
– Anlage und interpretierende Auswertung von *Kontrollen der Marketing-Ergebnisse*.

Im folgenden sollen noch einige weitergehende Überlegungen zur Einordnung des Marketing-Controlling in den Organisationsaufbau skizziert werden.

3.1. Argumente für eine Dezentralisierung

Ganz allgemein hängt das Erfordernis der Dezentralisierung in einer Organisation von Unternehmens- und Marktmerkmalen, sog. *Kontextfaktoren*, ab. Hierzu zählen beispielsweise die Unternehmensgröße, das Produktprogramm, die Vielfalt oder Einheitlichkeit der Marktbeziehungen, die Dynamik der Umwelt.

In unserem Zusammenhang ist es sicherlich auch ein ausschlaggebendes Merkmal, inwieweit und in welcher Form die Unternehmung überhaupt Marketing-Zuständigkeiten organisatorisch vorgesehen hat.[48]

Eine ausschließlich *zentrale* Controller-Organisation wird sich bei zunehmender Unternehmensgröße und Vielfalt der Produkt-Markt-Beziehungen auf verhältnismäßig globale Beiträge zur Planungskoordination (sowie auf übergreifende erfolgs- bzw. finanzwirtschaftliche Planungs- und Kontrollgrößen) beschränken müssen. Der bereichsspezifische Informationsbedarf und die Möglichkeiten der Informationsversorgung sind in diesem Fall von zentraler Warte aus nur unvollkommen zu überblicken.[49]

Je stärker größere Unternehmungen durch eine systematisch *marktorientierte Führung* geprägt sind, desto notwendiger werden entsprechend spezialisierte Controller-Tätigkeiten und die unmittelbare Kooperation mit der Marketing-Leitung.

3.2. Abstimmungserfordernisse mit dem zentralen Controlling

Die Einrichtung gesonderter Stellen für *Marketing-Controller* erscheint allerdings wenig sinnvoll, wenn nicht schon übergreifende Controller-Zuständigkeiten auf der zentralen Unternehmens- oder Sparten-(Geschäftsbereichs-)Ebene bestehen.[50]

Es ist sicherzustellen, daß die für die Unternehmung als Ganzes bzw. für die Sparte bedeutungsvollen quantitativen Steuerungsgrößen – etwa Gewinn, Rendite, Cash Flow – sowie die qualitativ formulierte strategische Gesamtorientierung auch in Planungen und Kontrollen des Marketing-Bereiches einbezogen werden.

Dies verlangt eine entsprechende persönliche Kontaktaufnahme des Marketing-Controllers mit dem Zentral-Controller. Darüber hinaus empfiehlt sich die Festlegung gemeinsamer *Planungs- bzw. Budgetierungsrichtlinien* und von Rahmengrundsätzen für Audits.

Bei der Gestaltung des Rechnungswesens sind zur Abstimmung zwischen zentralen und dezentralen Controller-Stellen *Kennzahlensysteme* von wesentlicher Bedeutung.[51] Sie können tendenziell sicherstellen, daß die im Kapitel 2.2. erläuterten besonderen Marketing-Ziele stets in Verbindung mit den herkömmlichen erfolgsanalytischen Maßstäben gesehen werden.

3.3. Organisationsstruktur nach dem sog. »Dotted-Line«-Prinzip

Verschiedentlich wird vorgeschlagen, die Beziehungen zwischen der dezentralen Stelle eines Marketing-Controllers, der Marketing-Leitung und dem Zentral-Controller nach dem »Dotted-Line«-Prinzip zu regeln.[52] Dies bedeutet, daß der Marketing-Controller zwar disziplinarisch dem Marketing-Leiter zugeordnet ist, daß aber zugleich – gewissermaßen in »gestrichelter Linie« – eine funktionale Unterstellung beim Controlling auf Zentralebene besteht. In

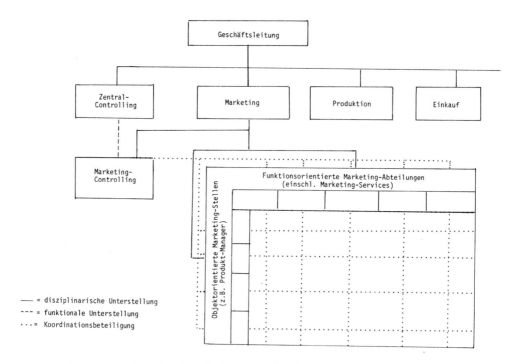

Abb. 5: Beispiel einer möglichen Eingliederung des Marketing-Controlling nach dem »Dotted-Line«-Prinzip

dieser Form kommt der doppelte Problembezug zum Ausdruck, mit dem sich der Inhaber einer gesonderten Controller-Position für Marketing auseinanderzusetzen hat. Die *Abbildung 5* deutet dies beispielartig an.

Es sei aber dahingestellt, ob die dabei vorgesehene Art der disziplinarischen Unterstellung als voll geglückt gelten kann. Eine formelle Unterstellung gegenüber der Marketing-Leitung kann die *Unabhängigkeit* schwächen, die der Bereichs-Controller für Verfahrensanalysen, Plankritik und Ergebnisüberprüfungen braucht. Nicht von ungefähr werden ja gerade mit Marketing-*Audits* oft Unternehmens*externe* betraut.[53]

Eine zu enge disziplinarische Bindung an den Marketing-Bereich kann den *Konfliktstoff*, dem der Marketing-Controller in seiner zweiseitigen Sicht ohnehin leicht ausgesetzt ist, eher noch verschärfen. Statt dessen läßt sich die fachliche Nähe, die der dezentrale Controller zu den Stellen der Marktforschung, der Marketing-Planung und zur Marketing-Leitung aufweisen muß, z.B. durch die Eingliederung in absatzwirtschaftliche Komitees, Arbeitsgruppen, *Teams* herstellen (bei grundsätzlicher Unterstellung gegenüber dem Zentral-Controlling).[54]

Es wurde an früherer Stelle schon erwähnt, daß der Marketing-Controller die Exekutiventscheidungen und auch im einzelnen die Planungsarbeiten nicht selber trifft, sondern daß er koordiniert und dabei bestimmte Bewertungen vornimmt. Dazu braucht er aber den aktuellen Einblick in den Planungs- und Entscheidungszusammenhang, den die *Teamzugehörigkeit* viel eher vermittelt als eine außenstehende »Aufpasser-Rolle«.

Auf diese Weise wird im übrigen deutlich, daß sich Controller nicht mehr einfach in das überkommene Schema von »Stab« und »Linie« einordnen lassen, sondern Beraterfunktion mit eigenständigen Eingriffsmöglichkeiten haben.

3.4. Ausgewählte Ergebnisse aus einer empirischen Erhebung

Einige jüngere empirische Studien enthalten Angaben über die Verbreitung und Gestaltung des Controlling (im ganz *allgemein*-umfassenden Sinne) bei Unternehmungen in der Bundesrepublik Deutschland.[55] Speziell zum *Marketing-Controlling* sind jedoch noch keine Daten aus großzahligen Erhebungen bekannt geworden.

Anläßlich der in Anmerkung 1 erwähnten eigenen Umfrage aus dem Jahre 1981, bei der Antworten von 227 Industriefirmen mit mindestens 500 Beschäftigten ausgewertet werden konnten, wurden auch einige wenige Fragen zum Marketing-Aspekt gestellt.

Es zeigte sich, daß der neuerdings öfter diskutierte Teilbereich eines *Marketing-Controllers* erst bei wenigen Unternehmungen gesondert *institutionalisiert* ist. Von den Firmen, die eine Abteilung oder Stelle mit der *ausdrücklichen Bezeichnung* »Controlling« bzw. »Controller« eingerichtet haben (rd. 51% aus 227), verfügen lediglich 17% über einen organisatorisch ausgegliederten Controlling-Teilbereich, der sich speziell mit *Absatz-* bzw. *Marketing-Problemen* befaßt (= Fall 3 in Tabelle 1).

Es dominiert bislang die nur *indirekte* und sehr *globale* Berücksichtigung des Absatzbereiches bei der Planung und Kontrolle für die Gesmtunternehmung (Fall 1). Der in Tabelle 1 genannte Fall 2 entspricht dem Versuch, das Marketing wenigstens im Zentral-Controlling *explizit* und eingehender mitzuberücksichtigen.

	Abteilung bzw. Stelle mit der offiziellen Bezeichnung »Controlling« vorhanden
1. Bereich Absatz/Marketing nur indirekt (nicht ausdrücklich) in die Controlling-Tätigkeit einbezogen	52 (= 46,0%)
2. Bereich Absatz/Marketing unmittelbar und ausdrücklich in die Controlling-Tätigkeit mit einbezogen	42 (= 37,2%)
3. Gesonderter Controlling-Teilbereich, der sich ausschließlich mit Absatz/Marketing befaßt	19 (= 16,8%)
	113* (= 100 %)

* Fehlende Werte (keine auswertbare Antwort) = 2

Tab. 1: Berücksichtigung des Absatz- bzw. Marketing-Bereiches bei Firmen mit offiziell eingerichtetem Controlling

Daß der Schwerpunkt von Controlling-Aufgaben oft noch aus dem Blickwinkel des gesamtbetrieblichen Rechnungswesens gesehen wird, wobei dann absatzwirtschaftliche Planungs- und Kontrollgesichtspunkte eher in den Hintergrund rücken, zeigen auch die Nennungen der Firmen zur Frage, welche Sachgebiete in den *Aufgabenbereich des Controlling* fallen. In der Tabelle 2 (die nur einen Ausschnitt aus dem Gesamtspektrum der insgesamt genannten Aufgaben enthält) findet sich außerdem eine durchschnittliche Ratingangabe zum Beteiligungsgrad des Controlling an den betreffenden Tätigkeiten. Dabei lag eine 7stufige Ratingskala zugrunde, mit 1 = geringe Beteiligung des Controlling und 7 = ausschließliche Durchführung seitens des Controlling.

Schließlich sei auf einige *Kontextbedingungen* hingewiesen, die – nach den verfügbaren Erhebungsergebnissen – die gesonderte institutionelle Einrichtung eines *Marketing-Control-*

Sachgebiete, die zum Aufgabenbereich des Controlling gezählt werden (Auswahl)	Nennungen in %* (gerundet)	Beteiligungsgrad an der Durchführung (Durchschnittswert)
Gesamtplanung	87	5,8
Kostenrechnung	86	5,7
Berichts- und Informationswesen	84	5,5
Kurzfristige Erfolgsrechnung	82	6,0
Investitionsplanung und -kontrolle	81	5,0
Ergebniskontrolle bei absatzpolitischen Entscheidungen	66	4,8
Planung neuer Produkte	44	2,8
Einsatz absatzpolitischer Instrumente	44	2,7

* Prozentangaben bezogen auf die Gesamtzahl der Unternehmungen *mit* Controlling

Tab. 2: Wahrgenommene Aufgabenbereiche des Controlling

ling zu begünstigen scheinen (hierzu sind im folgenden ausschließlich Angaben aus jenen Firmen ausgewertet worden, die in irgendeiner Form über Organisationseinheiten mit der ausdrücklichen Bezeichnung »Controlling« bzw. »Controller« verfügen).

Erwartungsgemäß findet sich der in Tabelle 1 genannte dritte Fall (*gesonderter* Controlling-Teilbereich, der sich ausschließlich mit *Absatz/Marketing* befaßt) in *größeren Unternehmungen* häufiger als in kleineren. Dies gilt sowohl in bezug auf den Jahresumsatz als auch die Beschäftigtenzahl als Größenindikator. In Unternehmungen mit *mindestens 5000 Beschäftigten* finden sich eigene Organisationseinheiten für Marketing-Controlling immerhin bei *rd. 25%* dieser Größenklasse (während der entsprechende Prozentanteil in Firmen mit weniger als 1000 Beschäftigten nur rd. 6% beträgt).

Im übrigen verwundert es nicht, daß Unternehmungen, die (was ja keineswegs gang und gäbe ist) offiziell über eine *Marketing-Abteilung* verfügen, auch deutlich öfter spezielle Organisationseinheiten für Marketing-*Controlling* schaffen (in rd. 22% gegenüber nur 3% bei anderen Firmen). Diese Aussage wird aber relativiert, wenn man Maßgrößen für den *Diversifikationsgrad* der Unternehmung mit in die Betrachtung einbezieht: Es hat sich bei den in Fußnote 1 genannten Untersuchungen gezeigt, daß mit zunehmender Diversifikation (d.h. Vielfalt von Produktgruppen aus nicht verwandten Leistungsbereichen) zwar die Tendenz zur Schaffung allgemein koordinierender Controlling-Stellen wächst; gesonderte Organisationseinheiten ausschließlich für das *Marketing-Controlling* kommen jedoch bei stark diversifizierten Unternehmungen deutlich seltener vor als bei Firmen mit geringem Diversifikationsgrad.

Dieser erst einmal erstaunliche Befund könnte vielleicht eine Erklärung darin finden, daß bei hoher Diversifikation der Absatz- bzw. Marketing-Bereich eher nach objektbezogenen Organisationsgesichtspunkten gegliedert wird (etwa Produktgruppen- oder Kundengruppen-Management). In praxi werden dann wohl die marktgerichteten Koordinationsaufgaben der Planung, Steuerung und Kontrolle z.B. einzelnen Produktgruppenleitern in stark dezentralisierter Weise überlassen.

Daß dies für eine übergreifende *Marketing-Koordination* der Unternehmung nicht ohne weiteres ausreicht und Interessengegensätze u. U. zuwenig ausgleicht, wurde oben im Kapitel 1.4. wie auch im 3. Kapitel erörtert.

Es scheint so, als ob *ausländische Konzerne* das Erfordernis einer den gesamten Marketing-Bereich umschließenden Koordination deutlicher sehen als rein inländische Unternehmungen: Nach den Befunden aus der eingangs erwähnten Umfrage des Verf. kommt die Organisationsform eines gesonderten Controlling-Teilbereiches für *Marketing* in Deutschland bei *rd. 25%*

der befragten *Tochtergesellschaften ausländischer Konzernmütter* vor. Für Töchter inländischer Muttergesellschaften hat sich dies nur in 15% der Fälle gezeigt.

Ohne aus der obigen Feststellung zu weitreichende Folgerungen ziehen zu wollen, sei doch daran erinnert, daß es vielfach auch Tochtergesellschaften eines ausländischen Konzernverbundes waren, die seit den sechziger Jahren Beispiele für aktive und systematische Marketing-Konzeptionen gaben und ihre angestammten inländischen Konkurrenten zu einer entsprechenden Anpassung im Wettbewerb zwangen.(56)

Anmerkungen

Dieser Beitrag ist Herrn Professor Dr. *Edmund Sundhoff* gewidmet, der am 1. 4. 1982 sein 70. Lebensjahr vollendet hat.

1) Es handelt sich um eine vom Institut für Markt- und Distributionsforschung der Universität zu Köln unter Leitung des Verf. durchgeführte Untersuchung über Organisationsformen im betrieblichen Absatzbereich; dabei wurde ein gesonderter Kurzfragebogen zum Problemkreis »Controlling allgemein« und »Marketing-Controlling« mit angefügt; vgl. im einzelnen zu Ergebnissen dieser Teilstudie *Uebele* (1981).
2) Vgl. *Gaydoul* (1980), S. 331; zum 1976 versandten Fragebogen ebd., S. 294ff. Vgl. *Hahn* (1978), S. 107. Etwa gleich hohe Prozentangaben wie *Hahn* hat auch *Braun* in einer Umfrage ermittelt; vgl. *Braun* (1979), S. 45.
3) Vgl. *Horváth/Gaydoul* (1978a), S. 18; *Gaydoul* (1980), S. 330.
4) Vgl. zu dieser Controlling-Definition insbesondere *Horváth* (1979), S. 163 und passim.
5) Vgl. z.B. *Blatz* (1978); *Becker/Mackenthun/Müller* (1978), S. 17ff.; *Mann* (1979), S. 27ff.; *Horváth* (1981), S. 405ff.
6) Vgl. etwa *Mackenthun/Becker/Müller* (1978), S. 21; *Mann* (1979), S. 172; *Mayer* (1981), S. 161; s. zu dieser Bezugnahme auf die kybernetische Betrachtungsweise aber auch schon *Wickenhäuser* (1970), S. 206ff.
7) Ähnlich die Definition bei *Meffert* (1980), S. 35.
8) Vgl. *Zünd* (1978), S. 3ff.; *Zünd* (1979), S. 17ff.
9) Vgl. dazu auch *Rüschen* (1977), S. 167.
10) Vgl. sinngemäß *Köhler* (1981a), S. 264.
11) Vgl. *Abell* (1980), S. 17, 187 und passim. Zu einem konkreten Beispiel aus dem Verlagssektor vgl. *Köhler* (1981a), S. 269ff.
12) *Abell* (1980).
13) Vgl. speziell dazu *Müller* (1981), S. 297ff.
14) Vgl. dazu *Mann* (1979), S. 33ff.; *Schröder* (1981b).
15) Vgl. *Müller* (1974), S. 686ff.; *Horváth* (1979), S. 318ff.
16) Vgl. *Aguilar* (1967).
17) Vgl. *Köhler u. Mitarb.* (1976/1977).
18) Vgl. hierzu auch *Heinzelbecker* (1977), S. 98ff.
19) Vgl. zum Informationsbedarf des Produkt-Managers *Diller* (1975), S. 109ff.; zum Informationsbedarf des Kunden(gruppen)-Managements vgl. *Kemna* (1979), S. 103ff.
20) Vgl. Andeutungen hierzu auch bei *Kiener* (1980), S. 38ff.; *Mackenthun* (1977), S. 76.
21) Vgl. eine tiefer gegliederte Darstellung der Funktionen des Marketing-Controlling bei *Kiener* (1980), S. 174f. u. 289ff.; vgl. ferner ausgewählte Tätigkeitsangaben bei *Eifler* (1976), S. 142; *Lange* (1976), S. 136; *Becker/Mackenthun/Müller* (1978), S. 61f.; *Ehlcke* (1978), S. 339; *Schosteck* (1978), S. 161; *Liebl* (1981), S. 17.
22) Vgl. zu diesem Zusammenhang auch *Huch* (1981), S. 29ff.
23) Vgl. zum Überblick *Albach* (1978); *Szyperski/Winand* (1978); *Dunst* (1979); *Neubauer* (1979); *Roventa* (1979); *Hinterhuber* (1980); *Wittek* (1980); *Gabele* (1981).
24) Vgl. speziell zu diesem Gedanken *Köhler* (1981a), S. 276f.

25) Vgl. dazu *Köhler* (1971), S. 22ff.
26) Vgl. in ähnlichem Sinne auch *Lange* (1976), S. 136f.
27) Vgl. dazu näher *Köhler* (1976b); s. in diesem Zusammenhang bereits den Hinweis von *Sundhoff* (1958), S. 84: »Das Rechnungswesen muß dazu gebracht werden, solche Zahlen und Unterlagen zu liefern, die für die Absatzpolitik auswertbar sind«.
28) *Kiener* (1980), S. 144; zur Funktion des Marketing-Controlling im Rahmen des Budgetsystems siehe ebd. S. 146ff.
29) Vgl. z.B. die Ausführungen zur »Entscheidungsrechnung« und zur »Verantwortungsrechnung« bei *Verheyen* (1978), S. 15ff.
30) Vgl. in diesem Sinne z.B. *Krüger* (1979), S. 160f.
31) Vgl. *Köhler* (1975), S. 607f., 613ff.
32) Etwas verkürzt entnommen aus *Köhler* (1981b), Sp. 23/24.
33) Vgl. dazu aus Controller-Sicht *Schröder* (1978a); *Schröder* (1978b); *Schröder* (1981); *Schröder* (1982).
34) Vgl. Näheres hierzu im Überblick bei *Heinzelbecker* (1977), S. 419ff.
35) Vgl. zum Zusammenspiel von Sortimentsanalyse bzw. Artikelerfolgsrechnung, Kundenanalyse und Verkaufssteuerung *Mayer/Pawlowski* (1980) bzw. *Mayer/Pawlowski* (1981).
36) Vgl. aus Controlling-Sicht hierzu *Deyhle* (1971), Bd. I, S. 67ff.
37) Vgl. hierzu *Köhler* (1976a); *Pekar/Burack* (1976); *Gälweiler* (1979); *Gälweiler* (1981).
38) Vgl. zu Früherkennungssystemen *Müller-Merbach* (1977); *Kühn/Walliser* (1978); *Rieser* (1978); *Hahn/Krystek* (1979); *Rieser* (1980); *Heinzelbecker* (1981); eine Klassifikation von Früherkennungssystemen vgl. bei *Köhler* (1981a), S. 282ff.
39) Vgl. dazu *Köhler* (1981c); tiefergehende Aufgliederungen der Audit-Aufgaben finden sich bei *Kotler/Gregor/Rodgers* (1977); *Kühn* (1977); *Kiener* (1978); *Kiener* (1980), S. 33 ff u. passim.
40) Vgl. z.B. *Kiener* (1978), S. 69ff.; *Kotler* (1980), S. 652ff.
41) Eine stark auf Kosten- und Erlösanalysen eingeengte amerikanische Stellenbeschreibung ist abgedruckt bei *Biel* (1981), S. 11; zur Einordnung des Marketing-Controllers in eine Kompetenz-Matrix s. ein Beispiel bei *Mackenthun* (1977), S. 78.
42) *Ehlcke*, S. 342.
43) *Kotler* (1980), S. 657; zur Marketing-Ausbildung des Marketing-Controllers vgl. auch *Reis* (1973), S. 223.
44) Vgl. in diesem Sinne auch *Kiener* (1980), S. 301f.
45) Die Koordinationsprobleme, die sich z.B. bei den Organisationsmöglichkeiten des Absatzbereiches »nach Erzeugnisgruppen«, »nach Abnehmergruppen« bzw. »nach Absatzgebieten« ergeben, sind schon angedeutet bei *Sundhoff* (1958), S. 85ff.
46) Noch akzentuierter drückt dies *Blatz* (1978), S. 33, aus: »To be effective, controllers must be part of the management team.... It means also that controllers provide information in a constructive manner, being objective at all times. When the inevitable differences of opinion arise, they must avoid taking sides or slanting information.«
47) So auch *Kiener* (1978), S. 68; *Kiener* (1980), S. 34ff.
48) Einige ausgewählte Kontextbedingungen für Controller-Organisationen allgemein hat *Gaydoul* (1980) empirisch untersucht. Vgl.zum situativen Ansatz hier auch *Buchner* (1981), S. 130ff. sowie die Datenauswertungen bei *Uebele* (1981). Eine ganze Reihe von Kontextbedingungen für die Organisation des Absatzbereiches hat schon *Sundhoff* (1958), S. 79ff., berücksichtigt.
49) Vgl. grundsätzliche Argumente gegen die zu einseitige Zentralisierung der Controlling-Zuständigkeiten bei *Kiener* (1980), S. 300: »Allerdings besteht im Falle einer vollständigen Unterordnung des Marketing-Controlling unter den zentralen Controller-Bereich u. E. die Gefahr einer zu großen Distanz gegenüber den marketingrelevanten Planungs- und Kontrollproblemen.«
50) Zur Bedeutung der Zentralabstimmung vgl. in diesem Zusammenhang auch *Hahn* (1978), S. 116.
51) Vgl. dazu *Kern* (1971), insbes. S. 706ff. (»Der Einfluß der Organisationsstruktur«); speziell im Marketing-Zusammenhang vgl. *Koch* (1972), S. 67ff. sowie *Kiener* (1980), S. 163ff.
52) Vgl. zum »Dotted-Line«-Prinzip *Hoffmann* (1972), S. 86; *Horváth* (1979), S. 788f.; *Baumgartner* (1980), S. 138f.; *Kiener* (1980), S. 299f.; auch *Bramsemann* (1978a), S. 52f. und *Wissenbach* (1980), S. 9.
53) Vgl. z.B. den Hinweis von *Kotler* (1980), S. 650 und 657
54) Vgl. Hinweise auf solche Teambildungen bei *Kiener* (1978), S. 73; in eine ähnliche Richtung gehen Anmerkungen bei *v. Geldern* (1979), S. 201.
55) Vgl. *Bramsemann* (1978b); *Hahn* (1978), S. 106ff.; *Horváth/Gaydoul* (1978a); *Horváth/Gaydoul* (1978b); *Braun* (1979); *Dörr* (1979); *Hahn* (1979), S. 81f.; *Gaydoul* (1980), S.14ff. und passim; *Gege* (1981). Zum Überblick über empirische Untersuchungen vgl. auch *Buchner* (1981), S. 80ff.
56) Schon bei einer 1971 durchgeführten Erhebung (persönliche Interviews) über Informations- und

Planungsaktivitäten für das Marketing neuer Produkte zeigte sich, daß »bei Töchtern ausländischer Obergesellschaften eine deutlichere Neigung zur vielfältigen Beschaffung von Marktinformationen und zu Planungsrechnungen erkennbar ist als bei Gliedern eines inländischen Konzerns«. *Köhler* (1972), S. 22.

Literatur

Abell, D.F. (1980): Defining the Business. The Starting Point of Strategic Planning. Englewood Cliffs, N.J. 1980.
Aguilar, F.J. (1967): Scanning the Business Environment. New York, London 1967.
Albach, H. (1978): Strategische Unternehmensplanung bei erhöhter Unsicherheit. In: ZfB, 48.Jg., 1978, S. 702–715.
Baumgartner, B. (1980): Die Controller-Konzeption. Theoretische Darstellung und praktische Anwendung. Bern, Stuttgart 1980.
Becker, R. / Mackenthun, M. / Müller, R. (1978): Controlling. Bd.8 der Reihe Strategische Unternehmensführung (Hrsg.: G. Kienbaum). München 1978.
Biel, A. (1981): Vertriebs-Controlling. In: Controller Magazin, 6.Jg., 1981, S. 5–11.
Bircher, B. / Praxmarer, W. (1978): Marketing-Evaluation. In: Industrielle Organisation, 47.Jg., 1978, S. 393–397.
Blatz, L.G. (1978): The Controller as a Corporate Strategist. In: Controller's Handbook (Hrsg.: S.R. Goodman / J.S. Rice), Homewood, Ill., 1978, S. 32–41.
Blings, H. (1978): Die Vertriebserfolgsrechnung im Controlling-System. In: Controller Magazin, 3.Jg., 1978, S. 163–166.
Bramsemann, R. (1978a): Controlling. Wiesbaden 1978.
Bramsemann, R. (1978b): Entwicklung und Zukunft des Controllers. Eine empirische Untersuchung über das Berufsbild des Controllers. In: Kostenrechnungspraxis, Jg. 1978, S. 221–232.
Braun, H. (1979): Controller-Funktion in der Praxis. Ergebnisse einer Umfrage. In: Controller Magazin, 4.Jg., 1979, S. 45–55.
Buchner, M. (1981): Controlling – ein Schlagwort? Eine kritische Analyse der betriebswirtschaftlichen Diskussion um die Controlling-Konzeption. Frankfurt a.M., Bern 1981.
Deyhle, A. (1971): Controller-Praxis, Bd.I und Bd.II. Gauting b. München 1971 (3.Aufl., 1975).
Deyhle, A. (1976): Controlling im Verkauf mit Soll-Ist-Vergleich und Erwartungsrechnung. In: Controller Magazin, 1.Jg., 1976, S. 147–156.
Diller, H. (1975): Produkt-Management und Marketing-Informationssysteme. Berlin 1975.
Dörr, J. (1979): Zur Person des Controllers. In: Controller Magazin, 4.Jg., 1979, S. 289–291.
Dunst, K.H. (1979): Portfolio-Management. Konzeption für die strategische Unternehmensplanung. Berlin, New York 1979.
Ehlcke, M. (1978): Das Marketing-Controlling: organisatorische Zuordnung, Aufgaben, Entwicklungstendenzen. In: Handbuch Marketing (Hrsg.: J. Koinecke), Bd.I, Gernsbach/Baden 1978, S. 335–344.
Eifler, G. (1976): Kre-Aktiveres Marketing durch Marketing-Control. In: Controller Magazin, 1.Jg., 1976, S. 141–146.
Evers, P. (1979): Vertriebs-Controlling in einem mittleren Pharma-Industrie-Betrieb. In: Controller Magazin, 4.Jg., 1979, S. 177–182.
Fox, H.W. (1974): The Marketing Controller as Planner. In: Managerial Planning, Vol.23, No.1 (July/August), 1974, S. 33.
Fries, P. (1975): Die Marketingprüfung. Konzeption und Formalisierung. Diss. Freiburg (Schweiz) 1975.
Gabele, E. (1981): Die Leistungsfähigkeit der Portfolio-Analyse für die strategische Unternehmensführung. In: Unternehmungsführung aus finanz- und bankwirtschaftlicher Sicht (Hrsg.: E. Rühli / J.-P. Thommen), Stuttgart 1981, S. 45–61.
Gälweiler, A. (1979): Zur Kontrolle strategischer Pläne. In: Controller Magazin, 4.Jg., 1979, S. 209–217.
Gälweiler, A. (1981): Zur Kontrolle strategischer Pläne. In: Planung und Kontrolle (Hrsg.: H. Steinmann), München 1981, S. 383–399.
Gaydoul, P. (1980): Controlling in der deutschen Unternehmenspraxis. Darmstadt 1980.
Gege, M. (1981): Aufgabenstellung des Controlling in deutschen Unternehmen. In: Der Betrieb, 34.Jg., 1981, S. 1293–1296.
v. Geldern, R. (1979): Der Controller im Management-Team. In: Controller Magazin, 4.Jg., 1979, S. 195–202.
Hahn, D. (1978): Hat sich das Konzept des Controllers in Unternehmungen der deutschen Industrie bewährt?. In: BFuP, 30.Jg., 1978, S. 101–128.

Hahn, D. (1979): Organisation des Controlling in der deutschen Industrie. In: Controlling – Integration von Planung und Kontrolle. Bd.4 der GEBERA-Schriften (Hrsg.: W.Goetzke / G. Sieben), Köln 1979, S. 73–97.

Hahn, D. / Krystek, U. (1979): Betriebliche und überbetriebliche Frühwarnsysteme für die Industrie. In: ZfbF, 31.Jg., 1979, S. 76–88.

Heinzelbecker, K. (1977): Partielle Marketing-Informationssysteme. Moduln für computerunterstützte Entscheidungen in Marketing, Verkauf, Vertrieb. Frankfurt a.M., Thun 1977.

Heinzelbecker, K. (1981): Frühwarnsysteme für industrielle Absatzmärkte. In: Jahrbuch für Betriebswirte (Hrsg.: W. Kresse / W. Alt), Stuttgart 1981, S. 322–328.

Hinterhuber, H.H. (1980): Strategische Unternehmungsführung. 2.Aufl., Berlin, New York 1980.

Hoffmann, F. (1972): Merkmale der Führungsorganisation amerikanischer Unternehmen. In: Zeitschrift f. Organisation, 41.Jg., 1972, S. 3–8, 85–89, 145–148.

Horváth, P. (1979): Controlling. München 1979.

Horváth, P. (1981): Entwicklungstendenzen des Controlling: Strategisches Controlling. In: Unternehmungsführung aus finanz- und bankwirtschaftlicher Sicht (Hrsg.: E. Rühli / J.-P. Thommen), Stuttgart 1981, S. 397–415.

Horváth, P. / Gaydoul, P. (1978a): Controlling in deutschen Unternehmen. Bericht über eine empirische Erhebung. In: Kostenrechnungspraxis, Jg. 1978, H.1, S. 7–18.

Horváth, P. / Gaydoul, P. (1978b): Bestandsaufnahme zur Controllingpraxis in deutschen Unternehmen. In: Der Betrieb, 31.Jg., 1978, S. 1989–1994.

Huch, B. (1981): Erfahrungen mit traditionellen und neu entwickelten Instrumenten des Controlling in einem Unternehmen der Konsumgüterindutrie. In: E. Mayer mit Autorenteam der AWW: Entwicklungen und Erfahrungen aus der Praxis des Controlling (I), Bd.7 der GEBERA-Schriften (Hrsg.: W. Goetzke/G. Sieben), 2.Aufl., Köln 1981, S. 27–48.

Kaindl, K. (1977): Ein geschlossenes System des Vetriebs-Controlling. In: Operationale Entscheidungshilfen für die Marketingplanung (Hrsg.: G. Haedrich), Berlin, New York 1977, S. 259–268.

Kemna, H. (1979): Key Account Management: Verkaufserfolg der Zukunft durch Kundenorientierung. München 1979.

Kern, W. (1971): Kennzahlensysteme als Niederschlag interdependenter Unternehmungsplanung. In: ZfbF, 23.Jg., 1971, S. 701–718.

Kiener, J. (1978): Marketing-Audit. In: Absatzwirtschaft, Zeitschrift f. Marketing, 21.Jg., 1978, H.4, S. 68–73.

Kiener, J. (1980): Marketing-Controlling. Darmstadt 1980.

Koch, H.-P. (1972): Die Kontrolle der Marketing-Konzeption mit Hilfe elektronischer Datenverarbeitung. Winterthur 1972.

Köhler, R. (1971): Operationale Marketing-Ziele im Rahmen des »Management by Objectives«. In: Neue Betriebswirtschaft, 24.Jg., 1971, H.3/4, S. 19–29.

Köhler, R. (1972): Das Informationsverhalten im Entscheidungsprozeß vor der Markteinführung eines neuen Artikels. Bericht über eine empirische Erhebung. Wiesbaden 1972.

Köhler, R. (1975): Verlustquellenanalyse im Marketing. In: Marketing Enzyklopädie, Bd.3, München 1975, S. 605–618.

Köhler, R. (1976a): Die Kontrolle strategischer Pläne als betriebswirtschaftspolitisches Problem. In: ZfB, 46.Jg., 1976, S. 301–318.

Köhler, R. (1976b): Nutzen Sie Ihr Rechnungswesen im Marketing. Teil I: Einführung. In: Marketing-Journal, 9.Jg., 1976, S. 267–271.

Köhler, R. (1981a): Grundprobleme der strategischen Marketingplanung. In: Die Führung des Betriebes (Hrsg.: M.N. Geist / R. Köhler), Stuttgart 1981, S. 261–291.

Köhler, R. (1981b): Absatzsegmentrechnung. In: Handwörterbuch des Rechnungswesens, 2.Aufl. (Hrsg.: E. Kosiol / K. Chmielewicz / M. Schweitzer), Stuttgart 1981, Sp. 19–29.

Köhler, R. (1981c): Marketing-Audit. In: Die Betriebswirtschaft, 41.Jg., 1981, S. 662f. (DBW-Stichwort).

Köhler, R. u. Mitarb. (1976/1977): Nutzen Sie Ihr Rechnungswesen im Marketing. Teil II-Teil VI. In: Marketing-Journal, 9.Jg., 1976, S. 346–351, 485–492, 578–587 und 10.Jg., 1977, S. 61–68, 138–147.

Kotler, P. (1980): Marketing Management. Analysis, Planning, and Control. Fourth Edition, Englewood Cliffs, N.J. 1980; deutsche Übersetzung Stuttgart 1982.

Kotler, P. / Gregor, W. / Rodgers, W. (1977): The Marketing Audit Comes of Age. In: Sloan Management Review, Vol.18, 1977, Nr.2, S. 25–43.

Krüger, W. (1979): Controlling: Gegenstandsbereich, Wirkungsweise und Funktionen im Rahmen der Unternehmungspolitik. In: BFuP, 31.Jg., 1979, S. 158–169.

Kühn, R. (1977): Marketing-Audit, ein Führungsinstrument. In: Die Unternehmung, 31.Jg., 1977, S. 199–212.

Kühn, R. / Walliser, M. (1978): Problemtdeckungssystem mit Frühwarneigenschaften. In: Die Unternehmung, 32.Jg., 1978, S. 223–246.
Lange, M. (1976): Marketing-Controlling. In: Controller Magazin, 1.Jg., 1976, S. 135–140.
Liebl, W.F. (1981): Marketing-Controlling. Das rationale Element im Marketing. In: Controller Magazin, 6.Jg., 1981, S. 13–17.
Mackenthun, M. (1977): Controlling: Hohes C für den Vertrieb. In: Absatzwirtschaft, Zeitschrift f. Marketing, 20.Jg., 1977, H.6, S. 72–78.
Mann, R. (1979): Praxis strategisches Controlling mit Checklists und Arbeitsformularen. München 1979 (2.Aufl., 1981).
Mayer, E. (1981): Biokybernetisch orientiertes Controlling als Unternehmensphilosophie. In: Controller Magazin, 6.Jg., 1981, S. 153–170.
Mayer, E. / Pawlowski, E. (1980): Kernbaustein Deckungsbeitragsrechnung im Controlling mit den Anwendungsbeispielen Sortimentsbereinigung, Umsatzplanung, Nutzenprovision (Erfahrungsbericht). In: Praxis des Rechnungswesens, Heft Nr.4, Gruppe 11, Freiburg 1980, S. 499–546.
Mayer, E. / Pawlowski, E. (1981): Frühwarn- und Steuerungssysteme im Controlling eines Fertigungsbetriebes. Sortimentsbereinigung – Umsatzplanung – Nutzenprovision. In: E. Mayer mit Autorenteam der AWW: Entwicklungen und Erfahrungen aus der Praxis des Controlling (I), Bd.7 der GEBERA-Schriften (Hrsg.: W. Goetzke / G. Sieben), 2.Aufl., Köln 1981, S. 157–206.
Meffert, H. (1980): Marketing, 5.Aufl., Wiesbaden 1980.
Müller, W. (1981): Zum Gerüst der Konkurrenzpolitik. In: Die Führung des Betriebes (Hrsg.: M.N. Geist / R. Köhler), Stuttgart 1981, S. 293–309.
Müller, W. (1974): Die Koordination von Informationsbedarf und Informationsbeschaffung als zentrale Aufgabe des Controlling. In: ZfbF, 26.Jg., 1974, S. 683–693.
Müller-Merbach, H. (1977): Frühwarnsysteme zur betrieblichen Krisenerkennung und Modelle zur Beurteilung von Krisenabwehrmaßnahmen. In: Computergestützte Unternehmensplanung (Hrsg.: H.-D. Plötzeneder), Stuttgart 1977, S. 419–438.
Neubauer, F.-F. (1979): Portfolio-Management. In: Marketing (Hrsg.: L.G. Poth), Abschnitt 3.1.3, Neuwied 1979, S. 1–61.
Paul, H. (1979): Marketing-Controlling. In: Handbuch Revision, Controlling, Consulting (Hrsg.: G. Haberland / P.R. Preißler / C.W. Meyer), 1. Nachlieferung, München 1979, Abschnitt Controlling 10.3, S. 1–20.
Pekar jr., P.P. / Burack, E.H. (1976): Management Control of Strategic Plans Through Adaptive Techniques. In: Academy of Management Journal, Vol.19, No.1 (March), 1976, S. 79–97.
Reis, A. (1973): Controller – Ein Frühwarnsystem. In: Marketing-Journal, 6.Jg., 1973, S. 219–223.
Rieser, I. (1978): Frühwarnsysteme. In: Die Unternehmung, 32.Jg., 1978, S. 51–68.
Rieser, I. (1980): Frühwarnsysteme für die Unternehmungspraxis. München 1980.
Roventa, P. (1979): Portfolio-Analyse und Strategisches Management. München 1979.
Rüschen, G. (1977): Marketing und Controlling. In: Controller Magazin, 2.Jg., 1977, S. 167–178.
Schostek, L. (1978): Marketing-Controlling-Checklist. In: Controller Magazin, 3.Jg., 1978, S. 145–161.
Schröder, E.F. (1978a): Kundendeckungsbeitragsrechnung. In: Controller Magazin, 3.Jg., 1978, S. 242–249.
Schröder, E.F. (1978b): Neuland: Die kundenorientierte Gewinnsteuerung. In: Absatzwirtschaft, Zeitschrift f. Marketing, 21.Jg., 1978, H.10, S. 50–55.
Schröder, E.F. (1981): Kundendeckungsbeitragsrechnung als Controlling-Instrument in der Konsumgüterindustrie. In: E. Mayer mit Autorenteam der AWW: Entwicklungen und Erfahrungen aus der Praxis des Controlling (I), Bd.7 der GEBERA-Schriften (Hrsg.: W. Goetzke / G. Sieben), 2.Aufl., Köln 1981, S. 97–113.
Schröder, E.F. (1982): Operationalisierung strategischer Pläne. In: E. Mayer mit Autorenteam der AWW: Entwicklungen und Erfahrungen aus der Praxis des Controlling (II), Bd.11 der GEBERA-Schriften (Hrsg.: W. Goetzke / G. Sieben), Köln 1982, S. 195–220.
Schwarz, J.U. (1979): Die Stellung und Bedeutung des Marketing-Audit im Prozeß der langfristigen Marketingplanung. Diss. Zürich (Univ.) 1979.
Sundhoff, E. (1958): Absatzorganisation. Wiesbaden 1958.
Szyperski, N. / Winand, U. (1978): Strategisches Portfolio-Management: Konzept und Instrumentarium. In: ZfbF-Kontaktstudium, 30.Jg., 1978, S. 123–132.
Uebele, H. (1981): Verbreitungsgrad und Entwicklungsstand des Controlling in deutschen Industrieunternehmen – Ergebnisse einer empirischen Untersuchung. Arbeitsbericht des Instituts für Markt- und Distributionsforschung, Köln 1981, beziehbar über DBW-Depot Nr. 82-2-7.
Verheyen, H.P. (1978): Marketing-Controlling. In: Marketing (Hrsg.: L.G. Poth), Neuwied 1978, Abschnitt 3.3, S. 1–41.

Wickenhäuser, F. (1970): EDV – Instrument des Controllers. Diss. München 1970.

Wissenbach, H. (1980): Aufbauorganisation des Controlling. In: Handbuch Revision, Controlling, Consulting (Hrsg.: G. Haberland / P.R. Preißler / C.W. Meyer), 3. Nachlieferung, München 1980, Abschnitt Controlling 3, S. 1–18.

Wittek, B.F. (1980): Strategische Unternehmensführung bei Diversifikation. Berlin, New York 1980.

Zünd, A. (1978): Begriffsinhalte Controlling – Controller. In: Handbuch Revision, Controlling, Consulting (Hrsg.: G. Haberland / P.R. Preißler / C.W. Meyer), München 1978, Abschnitt Controlling 1., S. 1–25.

Zünd, A. (1979): Zum Begriff des Controlling – Ein umweltbezogener Erklärungsversuch. In: Controlling – Integration von Planung und Kontrolle. Bd.4 der GEBERA-Schriften (Hrsg.: W. Goetzke / G. Sieben), Köln 1979, S. 15–26.

III. Marketing-Accounting*

1. Marketing-Accounting: Ein Aufgabenbereich an der Schnittstelle zwischen Marketing und Rechnungswesen

In jüngerer Zeit wird in der absatzwirtschaftlichen Literatur dem sog. *Schnittstellen-Management* zunehmende Aufmerksamkeit gewidmet. Dabei geht es um die Frage, wie sachlich interdependente – aber nach der tatsächlichen Zuständigkeitsregelung weitgehend verselbständigte – Arbeitsgebiete bestmöglich aufeinander abgestimmt werden können. Es handelt sich also, ganz allgemein gesprochen, um ein Koordinationsproblem. Das Stichwort »Schnittstelle« betont dabei jedoch, daß nicht nur Teileinheiten eines gleichartigen Tätigkeitsfeldes (z. B. die verschiedenen Stellen einer Verkaufsorganisation) in eine zweckmäßige Kommunikationsbeziehung zu bringen sind, sondern daß es auf die zielgerichtete Verbindung zwischen recht unterschiedlichen und dennoch aufeinander angewiesenen Aufgabenbereichen ankommt.[1]

In diesem Sinne wird gegenwärtig insbesondere das Verhältnis zwischen Marketing und Forschung & Entwicklung diskutiert.[2] Im Blick auf die Verflechtungen einer Unternehmung mit ihrer Umwelt ist die Schnittstelle zwischen absatzwirtschaftlichen Aktivitäten und ökologischen Erfordernissen in den Mittelpunkt gerückt.[3]

Ziemlich selten sind bisher systematische Untersuchungen über das notwendige Wechselspiel von Marketing und Rechnungswesen. Dies liegt nicht zuletzt daran, daß diesen Funktionen zumeist unterschiedliche inhaltliche Schwerpunkte zugewiesen werden, was sich praktisch auch in einer weitgehenden organisatorischen Trennung niederschlägt.[4] Verknüpfungen werden meist nur punktuell für ausgewählte Arten marktbezogener Entscheidungen und Kontrollen hergestellt, wie in dem klassischen Zusammenhang von »Kostenrechnung und Preispolitik«. Dabei kommt aber der Entwurf eines umfassenden Konzepts für das Zusammenwirken von Marketing und Rechnungswesen zu kurz.[5] Im folgenden sollen einige Grundzüge der inhaltlichen wie auch der organisatorischen Gestaltungsaufgaben und -möglichkeiten an dieser Schnittstelle skizziert werden.

Der Ausdruck »*Marketing-Accounting*« wird hier verwendet, weil er in knapper Form zum Ausdruck bringt, daß eine bereichsspezifische und entscheidungsbezogene Nutzung des Rechnungswesens gemeint ist. Der schon länger geläufige, allgemeinere Begriff des Management-Accounting weist ebenfalls darauf hin, daß es auf eine führungsorientierte Aufbereitung von Informationen aus dem Rechnungswesen ankommt. In ähnlichem Sinne gilt: »Marketing accounting ... is concerned with collecting and communicating information relevant to marketing«[6] »to permit informed judgements and decisions by users of the information«.[7]

Es wird in Kauf genommen, daß damit die Fachsprache in der absatzwirtschaftlichen Teildisziplin einen weiteren Anglizismus hinzugefügt bekommt. Deutsche Umschreibungen wie etwa »entscheidungsrelevante Nutzung des Rechnungswesens im Marketing« wirken vergleichsweise umständlich.

---

* Ursprünglich erschienen in: Marketing-Schnittstellen (Hrsg.: G. Specht/G. Silberer/W. H. Engelhardt), Stuttgart 1989, S. 117–139.

1.1. Die Schnittstellenproblematik als Ergebnis organisatorischer und fachlicher Arbeitsteilung

Wäre es möglich, die verschiedenen betriebswirtschaftlichen Funktionen in einer Stelle oder Abteilung von entsprechend umfassend ausgebildeten Fachkräften ausüben zu lassen, so gäbe es keine Sachgebiets-Schnittstellen innerhalb der Unternehmung. Praktisch ist dies aber eine Illusion. Das Erfordernis der Arbeitsteiligkeit bedingt es, daß relativ gleichartige Tätigkeiten jeweils in gesonderten Organisationseinheiten zusammengefaßt werden, um damit die interne Koordination pro Organisationseinheit zu erleichtern. Zugleich entsteht dadurch »jedoch ein Bruch (Schnittstelle) im Gesamtgefüge des Unternehmens«[8], was wiederum abteilungsübergreifende Abstimmungsmaßnahmen erforderlich macht.

In der Sprache des *Transaktionskostenansatzes* ausgedrückt, ist eine Regelung zu suchen, bei der die Informationskosten, wie sie aufgrund der Koordinationsbedingungen anfallen, möglichst niedrig gehalten werden. Zu diesen sog. Transaktionskosten sind aber grundsätzlich auch Opportunitätskosten zu rechnen, die durch entgangene Gelegenheiten infolge inhaltlich unzureichender Abstimmungen entstehen.[9] Es ist deshalb wichtig, daß die unumgängliche Spezialisierung in den getrennten Funktionsbereichen Marketing und Rechnungswesen durch Vorkehrungen ergänzt wird, die einen problemadäquaten Inhalt und wechselseitigen Fluß der Informationen sicherstellen.

Dies ist nicht nur eine Frage der Organisationsstruktur, nämlich der Eingliederung von Verbindungsstellen oder -gremien; vielmehr ist auch die fachliche Ausbildung der an dieser Schnittstelle tätigen Aufgabenträger sehr wesentlich. Sie müssen in der Lage sein, die Kenntnis absatzwirtschaftlicher Entscheidungs- und Kontrollprobleme mit gutem Grundsatzwissen über die Methoden des Rechnungswesens zu kombinieren.

Die typischen Angehörigen von Organisationseinheiten des Rechnungswesens einerseits und von Marketing-Abteilungen andererseits besitzen diese Integrationsfähigkeit zu wenig. So »fehlt es in beiden Bereichen häufig an Kenntnissen der jeweils anderen Seite. Bedingt durch Herkunft, Ausbildung und Spezialisierung sowie Mentalität bestehen Verständigungsschwierigkeiten und Zugangsschranken bei den Vertretern sowohl des Rechnungswesens wie der Absatzwirtschaft«.[10]

Die Schwierigkeiten bei der Bewältigung der Schnittstellenprobleme gehen letztlich auch mit auf eine zu große gegenseitige Isolierung bestimmter Teildisziplinen der Betriebswirtschaftslehre zurück. Die Marketing-Disziplin hat in den letzten zwanzig Jahren die früher bestehende Kluft zu den Verhaltenswissenschaften überbrückt. Dies ist insoweit von Vorteil gewesen, wie dadurch die Erklärung und Prognose absatzwirtschaftlicher Handlungsmöglichkeiten, Maßnahmenwirkungen und Austauschvorgänge verbessert worden ist.[11] Was aber nicht verlorengehen darf, ist die Rückverbindung dieser verhaltensorientierten Blickrichtung zur Betrachtung von Handlungskonsequenzen, wie sie im Sinne ökonomischer Größen des Rechnungswesens zu erwarten oder bereits eingetreten sind. Der absatz*wirtschaftliche* Bezug käme sonst zu kurz.

1.2. Aktuelle Entwicklungen zur verbesserten Verknüpfung von Marketing und Rechnungswesen

In der englischsprachigen Literatur hat es schon in den siebziger Jahren vereinzelt Abhandlungen gegeben, die ausdrücklich auf die besprochene Schnittstelle (»Accounting/Marketing *Interface*«) Bezug genommen haben.[12] Dabei sind überwiegend inhaltliche und zum Teil auch organisatorische Gesichtspunkte der Informationsbereitstellung angesprochen worden. Seit relativ kurzer Zeit wird nun im angelsächsischen Bereich über »Marketing-Accounting«[13] beziehungsweise über die Rolle des »Marketing-Accountant«[14] diskutiert. Auch hierbei stehen die *inhaltlichen* Koordinationsaufgaben an der Schnittstelle im Vordergrund. Parallel dazu gibt es in der deutschsprachigen Betriebswirtschaftslehre Bemühungen, die Informationsanforderungen des Marketing an das Rechnungswesen nach ausgewählten Ordnungsgesichtspunkten zu systematisieren.[15]

An solchen Aufgabenanalysen knüpfen die Überlegungen zur zweckmäßigen *organisatorischen* Verankerung des Marketing-Acccounting an, die allerdings erst neuerdings in konsequenter Weise aufgegiffen werden.[16] Daß diese Organisationsfrage inzwischen auch aus Praxissicht verstärkt beachtet wird, geht z.B. aus einem Hinweis des Engländers Moss hervor, wonach Zuständigkeitsbeschreibungen unter der Bezeichnung »Marketing-Accountant« zunehmend in den Stellenanzeigen zu finden sind.[17]

In den nachstehenden Ausführungen wird sowohl auf Fragen des Informationsinhalts als auch kurz auf Organisationsaspekte eingegangen.

2. Der Bedarf an Rechnungsweseninformationen in Abhängigkeit von der absatzwirtschaftlichen Problemstellung.

Die Zusammenarbeit zwischen Marketing und Rechnungswesen wäre zweifellos erleichtert, wenn es nur einen Typ oder sehr wenige, klar definierte Arten der erforderlichen Datenbereitstellung gäbe. Des öfteren sind in der Vergangenheit dementsprechend auch begrenzte Problemschwerpunkte ausgewählt worden, um Beziehungen zwischen absatzwirtschaftlichen Aufgaben und internen Rechnungsgrundlagen unter einem verhältnismäßig einheitlichen Blickwinkel aufzuzeigen. Die schon obenerwähnte Nutzung der Kostenrechnung und Kalkulation für *preispolitische Entscheidungen* ist dafür ein Beispiel.[18] Der zweckmäßige Aufbau einer auf Absatzfunktionen ausgerichteten *Vertriebskostenrechnung* ist ein weiterer derartiger Teilaspekt gewesen[19], ebenso wie die sog. *Absatzsegmentrechnung* nach Produkten oder Produktgruppen, Kunden(gruppen), Aufträgen, Absatzregionen und Absatzwegen.[20]

Insgesamt gesehen sind jedoch die Analyse- und Entscheidungsfragen im Marketing, zu deren Lösung ökonomische Kriterien und damit Informationen aus dem Rechnungswesen benötigt werden, wesentlich vielfältiger. Es fällt schwer, die verschiedenen Aufgabeninhalte in überschaubarer Weise zu systematisieren.

2.1. Ein Ansatz zur Strukturierung der Analyse- und Entscheidungsdimensionen im Marketing

Durchaus üblich ist es geworden, die rechnerisch gestützte Entscheidungsvorbereitung und Kontrolle nach *Maßnahmen*, d.h. absatzpolitischen Instrumenten, einzuteilen. In diesem Sinne soll das Rechnungswesen nicht nur für die Preispolitik, sondern ebenso auch für produktbeziehungsweise sortimentsbezogene, kommunikations- und distributionspolitische Handlungen Unterlagen liefern.

Als zweite geläufige Untersuchungsdimension lassen sich *Absatzsegmente* (s.o.), auf die sich Maßnahmen im Rahmen der Marktbeziehungen richten, nennen. Praktisch sind dabei Kosten- und Erlösrechnungen für bestimmte Produkte oder Produktgruppen sowie für Verkaufsgebiete und zunehmend auch für Kunden(gruppen) eingeführt worden.[21]

Wo in Unternehmen sogenannte Cost Center, Profit Center oder (zur Ermittlung von

Teilbereichsrenditen) Investment Center eingerichtet sind, gelten drittens auch *Organisationseinheiten* als Bezugsgröße für entsprechend aufgegliederte Rechnungswesendaten.

Diese Dreiteilung der absatzwirtschaftlichen Entscheidungs- und Kontrollbereiche, für die ein Informationsbedarf aus dem Rechnungswesen zu decken ist, bietet sich naheliegenderweise an. Sie läßt sich allerdings durch weitere Merkmale ergänzen, um die inhaltlichen Anforderungen an die Datenbereitstellung zu präzisieren. Ein nach vier Dimensionen gekennzeichnetes, absatzwirtschaftliches Anforderungsprofil gegenüber dem internen Rechnungswesen haben jüngst Engelhardt und Günter vorgelegt.[22] Sie erwähnen zum einen den *Objektaspekt*, unter dem sie die Ermittlung von Produkterfolgen, Spartenerfolgen, Marktsegmenterfolgen und übergreifend die Berechnung des Unternehmenserfolgs erläutern. Hierbei werden also ausgewählte Produkt-Markt-Beziehungen (»Absatzsegmente« im erfolgrechnerisch weitgefaßten Sinne) und Organisationseinheiten in einer Betrachtungsdimension zusammengefaßt. Der *Maßnahmenaspekt* stellt, wie vorstehend auch erwähnt, eine weitere Entscheidungs- und Kontrollebene dar.

Als dritte und vierte Dimension fügen Engelhardt und Günter aber noch den *Zeitaspekt* (Probleme der Periodisierung) hinzu sowie die Unterscheidung operativer vs. strategischer Entscheidungsaufgaben, was sie als *Aspekt des Erfolgspotentials* umschreiben.

In der Tat ist der *Zeitaspekt* ein wesentlicher Anhaltspunkt dafür, welche rechnerischen Informationen im absatzwirtschaftlichen Problemzusammenhang benötigt werden. Unterschiedliche Anforderungen ergeben sich je nachdem, ob ein kurzer oder längerer Planungszeitraum als Betrachtungsperiode gewählt wird. Außerdem erscheint es bedeutsam, ob eine Entscheidung einstufig (gewissermaßen »en bloc«) für einen künftigen Zeitraum zu fällen ist, oder ob eine mehrstufige Entscheidungssequenz zur Debatte steht[23], wie dies übrigens für strategische Überlegungen typisch ist. Schließlich gehört zum zeitlichen Gesichtspunkt auch die Unterscheidung in vorausschauende Planungsrechnungen einerseits, rückblickende Analyse- und Kontrollrechnungen andererseits.

Die *strategische* Sichtweise berührt zum einen die Eigenart des Objektbereiches (künftige Produkt-Markt-Beziehungen; sog. strategische Geschäftsfelder), nicht zuletzt aber auch die für relevant gehaltenen Zielinhalte. Dieser *Zielaspekt* ist eine wesentliche weitere Dimension, die in ein Anforderungsprofil des Marketing an das Rechnungswesen mit eingefügt werden muß; denn die jeweiligen Zielkriterien sind ja dafür ausschlaggebend, welche Daten in die Kalküle eingehen sollen (z.B. Kosten- und Leistungswerte im Sinne der Betriebsbuchhaltung oder Zahlungsstromgrößen oder Kennzahlen, die auch nichtmonetäre Größen – wie etwa die Anzahl der mit einem Medium erreichbaren Werbekontakte – enthalten).

Im folgenden werden somit *fünf absatzwirtschaftliche Analyse- und Entscheidungsdimensionen* berücksichtigt:

– Bestimmte *Absatzsegmente* (Produkt-Markt-Beziehungen) als Entscheidungsgegenstand;
– *Maßnahmen* im Rahmen des absatzpolitischen Instrumentariums;
– absatzwirtschaftlich bedeutsame *Organisationseinheiten*;
– *Zielinhalte*;
– *Zeitaspekte*.

Die Unterscheidung »operativ« oder »strategisch« wird – wie gesagt – nicht ausdrücklich als gesonderte Dimension behandelt, da sie sich innerhalb der Gegenstands-, Zeit- und Zielangaben mit niederschlägt.

Die Abbildung 1 versucht, diese Gesichtspunkte für den Bedarf des Marketing an Rechnungsweseninformationen zusammenfassend darzustellen und durch einige Illustrationsbeispiele zu erläutern.

2.2. Folgerungen für das Marketing-Accounting

2.2.1. Die relevanten Zweige des Rechnungswesens

Soweit Informationen des Rechnungswesens für absatzwirtschaftliche Untersuchungen herangezogen werden, überwiegt praktisch wie auch in der Literatur der Rückgriff auf Kosten- und Erlösdaten. Aus dem Gesamtzusammenhang der Abbildung 1 deutet sich jedoch schon an, daß aufgaben- und zielabhängig auch noch andere Rechnungsgrößen bedeutsam sind. Wichtige Teilgebiete des Rechnungswesens sind[24]

– *Finanzrechnungen*, die sich auf Zahlungsströme (Ein- und Auszahlungen) beziehen;
– *Erfolgsrechnungen*, die Aufwands- und Ertragsgrößen beziehungsweise in streng betriebszweckbezogener Sicht Kosten- und Leistungsgrößen ausweisen (dies kann pro Periode oder für Leistungseinheiten geschehen);
– *Vermögens- und Kapitalrechnungen* (d. h. Bestandsdarstellungen);
– sonstige *statistische Rechnungen*.

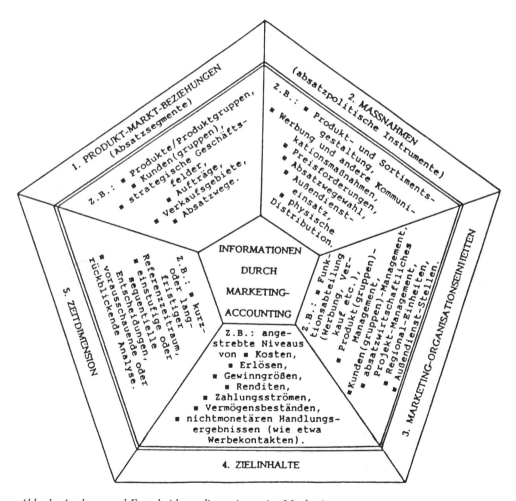

Abb. 1: Analyse- und Entscheidungsdimensionen im Marketing

Finanzrechnungen kommen als Informationsgrundlage in Betracht, wenn die Auswirkungen absatzwirtschaftlicher Entscheidungen auf die Liquidität zu beurteilen sind.[25] Aber auch beim Anwenden dynamischer Investitionskalküle für Marketing-Planungen spielen Ein- und Auszahlungsangaben eine Rolle.

Vermögens- und Kapitalrechnungen hängen insbesondere mit der Analyse absatzwirtschaftlicher Organisationseinheiten zusammen. Zum einen setzen Renditeermittlungen für eine als Investment Center geführte Organisationseinheit (z. B. ein großes regionales Verkaufsbüro) die entsprechende Zurechnung des Kapitaleinsatzes voraus. Zum anderen ist es bemerkenswert, daß in der angelsächsischen Literatur neuerdings ein vermögenswertorientierter, absatzwirtschaftlicher Ansatz diskutiert wird, der sich »*Marketing Asset Accounting*« nennt und neben materiellen Vermögensbeständen im Marketing-Bereich (z. B. in Verkaufsniederlassungen) auch das Problem der Bewertung immaterieller Aktiva – etwa eines gut eingeführten Markennamens – behandelt.[26]

Statistische Rechnungen sind hier nur insoweit gesondert anzuführen, wie sie in den anderen genannten Teilgebieten des Rechnungswesens nicht schon mitenthalten sind. Für die Planung und Kontrolle im Marketing-Bereich ist es geradezu kennzeichnend, daß extern zu beziehende Daten und dabei vor allem auch nichtmonetäre Größen mit intern bereitstellbaren Angaben verknüpft werden müssen. Beispielsweise interessiert das Verhältnis zwischen dem erreichten Bekanntheitsgrad einer Werbebotschaft und den Werbekosten; oder zwischen dem erzielten Distributionsgrad (im Sinne der bekannten Nielsen-Indices) und den Kosten für Außendienstbesuche beziehungsweise für die Organisationseinheit eines handelsgerichteten Großkunden-Managements. Ebenso gibt es Verknüpfungen zwischen nichtmonetären Angaben aus der Unternehmung selbst und monetären Größen; so etwa die rechnerische Beziehung zwischen dem wertmäßigen Auftragseingang aufgrund von Außendienstbesuchen und der Zahl der Außendienstmitarbeiter.

Die sonstigen statistischen Rechnungen liefern also absatzwirtschaftliche *Kennzahlen*.[27] Sie gehören zweifelsohne zum betrieblichen Rechnungswesen, besonders wenn man dieses weitgefaßt versteht als »die Gesamtheit aller wirtschaftlich auswertbaren und sich auf Datenträgern niederschlagenden Akte der Informationsgewinnung und Informationsverarbeitung einer Unternehmung«.[28]

2.2.2. Produkt-Markt-Beziehungen als Untersuchungsgegenstand

Abgesehen von der Kostenanalyse in bezug auf absatzwirtschaftliche Funktionskostenstellen (wie z. B. eine Werbeabteilung oder eine organisatorische Teileinheit des Verkaufs), gehören Erfolgsrechnungen für einzelne *Absatzsegmente* zu den auch praktisch geläufigsten Auswertungen des Marketing-Accounting. Vor allem wird versucht, Erfolgsbeiträge bestimmter Produkte oder Produktgruppen, von Verkaufsgebieten oder neuerdings auch öfter von Kunden(gruppen) getrennt auszuweisen. Bei den Aufträgen ist die Erfolgsbeurteilung unterschiedlicher Auftragsgrößen ein Hauptthema. Erfolgsanalysen nach Absatzwegen kommen seltener vor.[29]

Vorwiegend sind diese Absatzsegmentrechnungen rückblickend ausgerichtet; sie befassen sich mit einer Analyse der abgewickelten Austauschvorgänge im Rahmen des bestehenden Produktangebots auf bereits erschlossenen Märkten. Damit gehören sie meist, auch in ihrem üblichen Bezug zur jeweils letzten Geschäftsperiode, zu einer operativ geprägten Betrachtungsweise. Dies schließt nicht aus, daß dabei aus der aktuellen Feststellung bestimmter Gewinn- oder Verlustquellen Konsequenzen für die Zukunft gezogen werden, die strategischen Charakter besitzen (z. B. Sortimentsbereinigungen).

Vom Rechnungswesen wird erwartet, daß es Informationen liefert, die eine klare und unverzerrte Feststellung der segmentbedingten Erfolgsbeiträge ermöglichen. Es kommt darauf an, jene Kosten und Erlöse zu ermitteln, die bei Nichtexistenz des betreffenden Absatzsegmentes in der abgelaufenen Periode auch nicht entstanden wären. Anzustreben ist also, wie Riebel es nennt, eine »Zurechnung nach dem Identitätsprinzip«.[30] Die herkömmliche und auch im sog. Direct Costing vorherrschende Unterscheidung in beschäftigungsabhängig variable und beschäftigungsunabhängige fixe Kosten reicht für diesen Zweck nicht aus. Kosten, die sich während einer Referenzperiode zwar nicht mit der laufenden Beschäftigung verändern, aber mit dem Verzicht auf ein bestimmtes Absatzsegment entfallen würden, sind diesem Segment bei der Erfolgsanalyse zuzurechnen. Beispielsweise gilt dies im Hinblick auf den Jahres-Werbeetat, der für ein spezielles Markenprodukt festgelegt worden ist, oder bezüglich der jährlichen Kosten für Gebäudemieten in einem bestehenden Verkaufsgebiet.

Das Rechnen mit relativen Einzelkosten beziehungsweise -erlösen und Deckungsbeiträgen ist der Ansatz, der bei Absatzsegmentrechnungen dem Identitätsprinzip entspricht.[31] Er setzt die Erfassung von Rechnungswesendaten in einer Weise voraus, die klare Kennzeichnungen der Zurechenbarkeit auf bestimmte Bezugsgrößen enthält und die Möglichkeit verschiedener segmentbezogener Auswertungen offenhält. Dies kann in sog. *Grundrechnungen* geschehen.[32] Die Abbildung 2 skizziert einen Ausschnitt aus einer solchen Grundrechnung, wobei die direkte Zuordnungsmöglichkeit von Kosten auf die jeweilige Bezugsgröße durch ein Kreuz angedeutet ist. In einer sog. *Bezugsgrößenhierarchie* lassen sich Beträge, die schon auf einer relativ untergeordneten Zurechnungsebene (z.B. Auftrag) als Einzelkosten erfaßt worden sind, der übergeordneten Ebene (z.B. Kunden oder Kundengruppe) gleichermaßen als Einzelkosten weiterbelasten.[33] Die Abbildung 2 deutet in ihrem unteren Teil auch bereits gewisse Gesichtspunkte der *Zeitdimension* an, auf die der Abschnitt 2.2.6. noch näher eingehen wird.

Besonders ist in der Absatzsegmentrechnung darauf zu achten, daß absatzwirtschaftliche *Verbundbeziehungen* nicht mißachtet werden.[34] Beispielsweise geben periodenbezogene Deckungsbeitragsrechnungen für ein einzelnes Produkt dessen Anteil am gesamten Periodenerfolg nur unzulänglich wieder, wenn enge Komplementarität zu einem anderen Erzeugnis vorliegt oder wenn spezielle preisliche Konditionen im Rahmen eines größeren Gesamtauftrages ausgehandelt worden sind. Dies sind typische Beispiele dafür, daß sich Marketing-Accounting nicht nur auf Routineeinteilungen der Kosten- und Erlösträger nach üblichen Standards des Rechnungswesens stützen kann, sondern die rechnerischen Bezugsgrößen mit dem Absatzbereich aufgrund der dortigen Kenntnis marktbedingter Zusammenhänge abstimmen muß.

Schließlich ist zum bisherigen Stand der Absatzsegmentrechnung kritisch anzumerken, daß sie sich vorwiegend auf rückblickende Erfolgsanalysen nach Ablauf einer Periode konzentriert hat. Sie ist noch zu wenig als *Prognoserechnung* ausgebaut. Für die Wahl von Zielmärkten oder enger definierten Käufergruppen sowie für die strategische Festlegung künftiger Geschäftsfelder werden Schätzdaten benötigt, die eine Orientierung an den zu erwartenden Marktvolumina, Marktanteilen bzw. Absatzmengen, Umsatzerlösen und Erfolgsbeiträgen ermöglichen. Die Kosten- und Erlösbetrachtung ist bei diesen vorausschauenden Schätzungen mit Auswertungen des Accounting-Teilbereiches »sonstige statistische Rechnungen« zu verknüpfen, da die methodischen Grundlagen und die Ausgangsdaten für Prognosen – gerade auch, soweit sie nichtmonetäre Größen wie etwa Absatzmengen betreffen – besonders diesem Zweig des Rechnungswesens zugehören.

In *Portfolio-Analysen* als Verfahren zur Beurteilung strategischer Geschäftsfelder kommt die Verbindung mit dem Rechnungswesen bisher zu kurz, und zwar nicht nur bei der Aufstellung von Ziel-Portfolios, sondern ebenso bei der rückblickenden Beurteilung von Ist-Portfo-

Kostenkategorien		Bezugsgrößen (Beispiele)	Kostenarten (z. B.)	Produkte (Artikel)	Produktgruppen	Aufträge	Kunden	Kundengruppen	Verkaufsgebiete	Kostenst. des Absatzbereiches	Sonstige Stellenbereiche (Fertigung usw.)
Mit bestimmten Aktivitäten kurzfristig variierende Kosten (»Leistungskosten«)	Absatzbedingt	Von Akquisitionsmaßnahmen abhängig	Bewirtungskosten bei Kundenbesuchen				x				
			Kosten für Telefongespräche				x				
		Absatzmengenabhängig	Mengenabh. Ausfuhrzölle	x							
		Umsatzwertabhängig	Umsatzprovision	x							
			Umsatzabhängige Lizenzgebühren	x							
		Auftragsabhängig	Frachten			x					
			Verpackungsmaterial			x					
	Erzeugungsbedingt	Erzeugnismengenabhängig	Fertigungsmaterial	x							
			Herstellungsabhängige Lizenzgebühren	x							
		Von der Zahl der Fertigungslose abhängig (losgrößenunabhängig)	Rüstkosten								x
		Einsatzmengenabhängig	Bestimmte Teile der Energiekosten (z. B. bei Schmelzöfen)	x							
Für bestimmte Perioden festgelegte Kosten (»Bereitschaftskosten«)	Jeweils untergliederbar nach Funktionsbereichen (Absatz, Erzeugung usw.)	Monatlich disponibel	Manche Fertigungslöhne								x
		Vierteljährlich disponibel	Gehälter bei vierteljährlicher Kündigung (Beisp.: Kundengruppenmanager)					x			
		Jährlich disponibel	Jahresmiete. Beisp.: für ein Verkaufsbüro						x		
			An Agentur vergebener Jahres-Werbeetat: Beisp.: f. eine Markenartikelgruppe		x						
		Für mehr als ein Jahr festliegend	Beratungskosten bei Mehrjahres-Vertrag							x	
			Kalenderzeitabhängige Abschreibungen (falls kein Anlagenverkauf möglich)								x

Abb. 2: Ausschnitt aus einer Grundrechnung

lios. Darauf hat u.a. Robens aufmerksam gemacht[35]; dies deuten auch Zabriskie und Huellmantel in einer Grundsatzüberlegung zur portfoliobezogenen »Marketing-Finance Interface« an.[36]

2.2.3. Die rechnerische Analyse absatzpolitischer Maßnahmen

Bei dieser Aufgabe des Marketing-Accounting kommt es vor allem darauf an, den Einsatz der absatzpolitischen Instrumente durch Entscheidungsrechnungen zu unterstützen. Soweit in diesem Zusammenhang formalisierte Entscheidungshilfen des Operations Research zur Verfügung stehen (z.B. für die kurzfristige Produktions- und Absatzmengenplanung bei gegebenem Sortiment oder für Optimierungen in der physischen Distribution), hängt deren konkrete Anwendbarkeit vom Bereitstellen fallspezifischer Informationen u.a. aus dem Rechnungswesen ab.

Ein wesentlicher Grundsatz für die maßnahmenbezogene Planungsrechnung ist das »*Prinzip der Veränderungsrechnung*«, das inhaltlich dem schon oben erwähnten Identitätsprinzip entspricht. Es besagt, daß in einen vorausschauenden Entscheidungskalkül nur solche rechnerischen Größen einzubeziehen sind, die sich durch die Wahl einer bestimmten Entscheidungsalternative verändern; die also nicht ohnehin schon fest und unabhängig vom Entscheidungsfall gegeben sind.[37]

Es wäre verfehlt, wenn man annehmen würde, daß diesem Erfordernis mit der bloßen Trennung beschäftigungsvariabler und beschäftigungsfixer Kosten (also mit der einfachen Form des Direct Costing) schon hinreichend entsprochen werden könnte. Bestimmte Entscheidungsalternativen führen bei ihrer Verwirklichung zu einem sprunghaften Ansteigen von Kosten, die sodann im neuen Rahmen wieder beschäftigungsunabhängig – also pro Periode fix – sind. Dies gilt etwa bei einer geplanten Neuprodukteinführung oder bei einer erwogenen Umstellung der Außendienstorganisation von Handelsvertretern auf unternehmenseigene Reisende. In anderen Fällen, z.B. bei in Betracht gezogenen Produkteliminationen, ist die Abbaufähigkeit von Fixkosten mit entscheidungsrelevant.

Außerdem entspricht es dem Prinzip der Veränderungsrechnung, daß in Knappheits- (Engpaß-)Situationen der als Deckungsbeitrag quantifizierbare Nutzenentgang mit berücksichtigt wird, wie er bei der Wahl einer bestimmten Handlungsweise durch den dann notwendigen Verzicht auf real mögliche andere Alternativen hervorgerufen wird. Diese sogenannten *Opportunitätskosten* sind beispielsweise beim Ermitteln der kurzfristigen Preisuntergrenze für einen Zusatzauftrag einzubeziehen, falls knappe Kapazitäten bei Auftragsannahme die Durchführung anderer bestehender Aufträge verhindern.[38]

Gegen den Grundsatz der Veränderungsrechnung wird bei praktischen Entscheidungsvorbereitungen nicht selten verstoßen, wenn nämlich aus dem Rechnungswesen Daten übernommen werden, die nach Standardregeln zugeschlüsselte fixe Gemeinkosten anteilig enthalten. Dies kommt u.a. oft bei Wirtschaftlichkeitsrechnungen für Neuproduktvorhaben vor und ebenso bei vollkostenrechnerischen »Preiskalkulationen«. Im letzteren Falle wäre es – jedenfalls für Güter, deren absetzbare Menge mit der Preishöhe variiert – angemessener, nur die je nach Preis und schätzungsweiser Absatzmenge zu erwartenden Gesamterlös- und Gesamtkosten*veränderungen* zu vergleichen und daraus die vermutlich deckungsbeitragsstärkste Alternative auszuwählen. Dies entspricht übrigens im Kerngedanken der aus der Preistheorie bekannten Cournot'schen Lösung.

Wie bei vorausschauenden Entscheidungsanalysen, so interessiert auch beim rückblickenden Überprüfen von Maßnahmenwirkungen jene *Veränderung* bestimmter Zielgrößen, die auf den erfolgten Aktivitäteneinsatz zurückzuführen ist. Aufgrund von Wechselwirkungen der absatzpolitischen Instrumente im gesamten Marketing-Mix fällt es allerdings praktisch meist sehr schwer, den Anteil einer einzelnen Maßnahme am monetären Erfolg rechnerisch abzugrenzen. Nur unter hinreichend kontrollierten feldexperimentellen Untersuchungsbedingungen, wie sie neuerdings (in Verbindung mit der Scannertechnik) für manche Preis- und Werbewirkungsprüfungen geschaffen worden sind, kann eine solche Abgrenzung einigermaßen gelingen. Dabei ist eine enge Abstimmung des Marketing-Accounting mit der Marktforschung nötig.

Genau gesehen, besteht dieser Verbundeffekt der Maßnahmen im Marketing-Mix (wie er als Problem bei rückblickenden Wirkungsmessungen besonders deutlich wird) natürlich ebenso bei vorausschauenden Entscheidungsanalysen. Wenn dennoch so getan wird, als ob beispielsweise Kosten- und Erlösveränderungen für eine bestimmte Teilhandlung allein vorausgeschätzt werden könnten, so liegt dabei ansonsten eine stillschweigende ceteris paribus-Annahme zugrunde.

2.2.4. Erfolgsermittlungen für Marketing-Organisationseinheiten

Soweit für Stellen oder Abteilungen im Absatzbereich ausschließlich eine Überwachung des bewerteten Ressourceneinsatzes vorgesehen ist, genügt es, an Kostenarten- und Kostenstellengliederungen anzuknüpfen. Wenn Organisationseinheiten aber als *Profit Center* geführt werden sollen, ergibt sich eine enge inhaltliche Verknüpfung mit der Absatzsegmentrechnung. Die Zurechnung von Kosten *und Erlösen* setzt voraus, daß es die betreffende Organisationseinheit in ihrer Tätigkeit mit Objekten beziehungsweise Marktbeziehungen zu tun hat, die zu einer realisierten Erlösentstehung führen. Dies gilt unter den Funktionsbereichen für die Abteilung Verkauf. Ansonsten sind es sog. objektorientierte Organisationseinheiten, die eine rechnerische Zuordnung von Erfolgsgrößen ermöglichen: Stellen oder Abteilungen des Produkt(gruppen)-Managements, des Kunden(gruppen-Managements, des Regional-Managements und manchmal, je nach Projektart, auch des zeitlich befristeten absatzwirtschaftlichen Projekt-Managements.

Rein rechentechnisch läßt sich dabei auf die Deckungsbeiträge zurückgreifen, die für das entsprechende Absatzsegment (z. B. Produkt oder Produktgruppe, Großkunde oder Kundengruppe, Verkaufsgebiet) ermittelt worden sind. Bei Anwendung des Konzepts der relativen Einzelkosten – s. oben 2.2.2. – sind in der Periodenrechnung pro Absatzsegment grundsätzlich auch schon die festen Kosten der zuständigen Organisationseinheit von den Erlösen mit abgezogen. Es ergibt sich also eine formale Übereinstimmung von Segment- und Profit Center-Analyse bei objektbezogenen Organisationsformen.

Inhaltlich ganz anders sind die Zusammenhänge jedoch zu sehen, wenn die Erfolgsüberwachung nach Organisationseinheiten als Beurteilungsmaßstab für die Stellenverantwortlichen dienen soll. Ein solches »*Responsibility Accounting*« kann sich auf die Ergebnisse der Absatzsegmentrechnung pro Periode nur dann stützen, wenn die Verantwortungsträger auch eine uneingeschränkte Zuständigkeit für alle Maßnahmen haben, die zu Kosten und Erlösen führen. »To be held responsible for any results, the individual manager should ... have the power to regulate what is happening«.[39] Dies mag für die Leiter von untereinander weitestgehend unabhängigen Sparten (Divisions, Geschäftsbereichen) gelten. Für Produkt-Manager, Kunden-Manager oder den einzelnen Außendienstmitarbeiter trifft dies nicht ohne Abstriche zu. In manchen Fällen kann es gelingen, bestimmte Kosten- und Erlösveränderungen aus der Verantwortlichkeitsrechnung zu eliminieren, weil sie zweifelsfrei auf Dispositionen einer anderen Organisationseinheit zurückgehen. Ein Produktgruppen-Manager hat es nicht zu vertreten, wenn der Periodenerfolg seines Teilsortiments durch erhöhte Materialkosten aufgrund eines mißglückten Warentermingeschäftes der Einkaufsleitung oder wegen eines direkt von der Geschäftsleitung veranlaßten Sonderpeisnachlasses bei einem bestimmten Kundenauftrag geschmälert wird.

In anderen Zusammenhängen sind solche Einflußüberlappungen in ihren Erfolgskonsequenzen nicht eindeutig nachvollziehbar. Hier zeigen sich Grenzen bei dem Versuch, Organisationseinheiten ergebnisbezogen als Responsibility Center zu betrachten.

In einer nicht rückblickenden, sondern zeitlich vorausschauenden Betrachtungsweise kann das Marketing-Accounting wichtige Beiträge zu Stellen- oder Abteilungsrechnungen erbringen, nämlich beim Erarbeiten von *Budgets*. Budgets sind eine schriftliche Zusammenfassung der geplanten monetären Sollgrößen für bestimmte Organisationseinheiten. Sie werden nicht selten nach Faustregeln oder nach dem Gesichtspunkt der »Erschwinglichkeit« festgelegt, während es ja eigentlich auf eine ziel-, aufgaben- und maßnahmenorientierte Schätzung der anfallenden Kosten bzw. der erforderlichen Auszahlungen sowie der erwarteten Erlöse bzw. Einzahlungen ankommt.[40] »The necessary supportive data on projected costs and revenues should be included«.[41]

Die zuletzt genannte Anforderung bedeutet aber, daß ein enges Wechselspiel zwischen der Marketing-Planung und dem Rechnungswesen hergestellt werden muß. Nur bei inhaltlicher Kenntnis der geplanten absatzwirtschaftlichen Vorhaben ist eine begründete Schätzung der daraus folgenden Sollgrößen möglich.

2.2.5. Die Berücksichtigung verschiedener Zielinhalte

Im Abschnitt 2.2.1. wurde schon angedeutet, daß es von den absatzwirtschaftlichen Aufgaben *und Zielkriterien* abhängt, welche Accounting-Teilgebiete angesprochen sind, d.h. welche Rechnungsgrößen relevant erscheinen. Kosten und Erlöse, Gewinne bzw. Deckungsbeiträge haben bei den obigen Ausführungen im Vordergrund gestanden. Dies entspricht einer Orientierung am Ziel der Erwirtschaftung von *Betriebsgewinnen*. Zudem ist dabei im wesentlichen von der Einperiodenbetrachtung ausgegangen worden, so daß operative Gesichtspunkte überwogen haben.

Eine Mehrperiodenrechnung in bezug auf Gewinngrößen liegt im Ansatz bereits vor, wenn (in Abwandlung der Break-even-Analyse) sog. Payoff-Rechnungen durchgeführt werden, wie sie in der Praxis der Neuproduktplanung durchaus üblich sind. Hier besteht der Zielinhalt lediglich in einem Mindestanspruch: Die Gewinn*schwelle* für ein neu einzuführendes Produkt soll nicht später als nach einem vorgegebenen Höchstzeitraum (etwa nach 2 bis 3 Jahren) erreicht sein. In der Payoff-Analyse wird überprüft, ob dieser Mindestanspruch voraussichtlich erfüllt werden kann. Dabei bleiben aber, unter Verletzung der längerfristig-strategischen Gewinngesichtspunkte, die zeitlich späteren Erfolgsentwicklungen unberücksichtigt.

Es sind investitionsrechnerische Verfahren, die konsequenter auf den Mehrperiodenaspekt und dabei auf *Renditeziele* abstellen, wie z.B. die Kapitalwertmethode. Ihre Anwendung verlangt, da es ja um die Frage der Verzinsung investierter Finanzmittel geht, eine Vorausschätzung der Zahlungsströme (Aus- und Einzahlungen), die sich mit bestimmten absatzwirtschaftlichen Projekten – etwa einer Produktinnovation – verbinden. Die englische Bezeichnung »discounted cash flow method« bringt dies unmittelbar zum Ausdruck.[42] Erstaunlicherweise werden derartige dynamische Renditerechnungen aber im Marketing gar nicht so häufig angewandt. Eher noch findet sich die statische Betrachtung von Renditen, wenn absatzwirtschaftliche (für größere Absatzsegmente zuständige) Organisationseinheiten als »Investment Center« geführt und deren Jahres-Bruttoergebnisse zum dort investierten Kapital in Beziehung gesetzt werden.[43]

Zahlungsströme können in besonderen absatzwirtschaftlichen Zusammenhängen selbst zu Zielgrößen werden. Dies ist beispielsweise der Fall, wenn eine Verkaufsabteilung Maßnahmen (wie u.a. Skontoanreize) plant, um die zeitliche Vorverlegung von Einzahlungsbeträgen zu erreichen.[44] Gegenüber dem Rechnungswesen ergibt sich hieraus die Anforderung, Angaben über die zeitliche und betragsmäßige Struktur von Kundenzahlungen bereitzustellen, so wie dies der Darstellung sogenannter Liquidationsspektren entspricht.⁽⁴⁵⁾

Auch *Vermögensbestände* können unmittelbarer Gegenstand von Zielüberlegungen im Marketing-Bereich sein, obgleich letztlich wiederum im Blick auf erfolgsrechnerische Konsequenzen: Wenn z. B. im Verkauf großzügige Zahlungsziele zur Absatzförderung eingeräumt werden, so erhöht dies die Debitorenbestände. Die durch diese Kapitalbindung hervorgerufenen zusätzlichen Zinskosten hat Rütschi als »heimliche Marketing-Kosten« bezeichnet.⁽⁴⁶⁾ Um sie in Grenzen zu halten, lassen sich Ziele im Hinblick auf Bestands-Obergrenzen formulieren, deren Überwachung regelmäßig aufbereitete Daten des Rechnungswesens bezüglich bestimmter Vermögenspositionen voraussetzt.

Die möglicherweise durchaus vielfältigen Bestandteile eines absatzwirtschaftlichen *Zielbündels* bedingen, daß sich das Marketing-Accounting nicht auf *eine* Art von Rechnungsgrößen – etwa ausschließlich Kosten und Erlöse – beschränken kann. Dies wird noch durch die Tatsache unterstrichen, daß *nichtmonetäre* Ziele in der Marketing-Planung eine wichtige Rolle spielen (wie Werbekontakte, Bekanntheits-, Distributions- und Marktpenetrationsgrade usw.). Das Rechnungswesen kann in Form von Kennzahlen solche Zielgrößen mit monetären Daten – z. B. Kosten – verbinden, um damit Planungs- und später Kontrollangaben für *Effizienzbetrachtungen* im Marketing-Bereich bereitzustellen.

2.2.6. Die Bedeutung der Zeitdimension

Ein unterschiedlicher Zeitbezug besteht bei vorausschauenden Planungsrechnungen einerseits und rückblickenden Analysen bzw. Kontrollrechnungen andererseits. In vergangenheitsbezogenen Untersuchungen – wie etwa Erfolgsaufgliederungen nach Absatzsegmenten – ist die Zurechenbarkeit nach dem Identitätsprinzip zu prüfen; bei Planungsansätzen kommt außerdem das Problem der Schätzung von Zukunftsdaten hinzu. Im Grunde setzen alle Entscheidungskalküle, wie sie z. B. für den optimalen Einsatz absatzpolitischer Maßnahmen vorgeschlagen worden sind, meist stillschweigend eine *prognostische Ausrichtung* des Rechnungswesens voraus. Diese ist in Wirklichkeit aber oft gar nicht oder nur teilweise gegeben. Der Ausbau der Betriebsbuchhaltung und Kalkulation von der Ist- zur Plankostenrechnung ist keineswegs immer realisiert. In die Entscheidungsanalyse gehen dann hilfsweise die aktuell verfügbaren, jüngsten Daten ein; z. B. in preispolitische Überlegungen die produktbezogenen Kosten nach dem letzten Stand der Istkalkulation (oder manchmal auch Normalkostensätze). Noch weniger sind *Erlösplanungen* als regelmäßig erstellter, systematischer Bestandteil des Rechnungswesens üblich. Sie lassen sich ohnehin nur in enger Zusammenarbeit mit den Entscheidungsträgern des Absatzbereiches entwickeln, denn »in der Erlösplanung manifestieren sich absatzpolitische Zielvorstellungen und Mitteleinsätze«.⁽⁴⁷⁾ Angesichts des unvollkommenen Informationsstandes, der bei solchen Vorschaurechnungen unvermeidlich ist, empfehlen sich ergänzende Risikoanalysen, die von bestimmten Wahrscheinlichkeitsverteilungen der Ergebniskomponenten ausgehen.⁽⁴⁸⁾

Der Zeitaspekt betrifft im übrigen vor allem die *Länge des Referenzzeitraumes*, auf den sich Rechnungen des Marketing-Accounting beziehen. Die gebräuchlichen Kosten- und Erlösaufgliederungen nach Absatzsegmenten, absatzpolitischen Instrumenten und Marketing-Organisationseinheiten sind vorwiegend auf *eine* Periode ausgelegt. Oft wird dabei der sachliche Gesamtzusammenhang von Maßnahmen, die ihre Wirksamkeit über eine Reihe von Zeitabschnitten entfalten, künstlich zerschnitten.⁽⁴⁹⁾ Eine Mehrperiodenrechnung ist erforderlich, um die Konsequenzen strategischer Entscheidungen möglichst vollständig abschätzen zu können. Dies erfordert u. a. eine stärkere Verbindung zwischen Absatz- und Investitionsplanung, beispielsweise wenn Markterschließungen, Neuprodukteinführungen, längerfristig angelegte

Werbekampagnen oder der Aufbau von Vertriebssystemen der Entscheidungsgegenstand sind. So gesehen, ist man »über den geringen Stellenwert erstaunt, den die Marketingliteratur investitionstheoretischen Modellen beimißt«.[50]

Längerfristig ausgerichtete Investitionskalküle und eher kurzfristig-operative Kosten- bzw. Erlösrechnungen sind in der Vergangenheit meist als grundlegend verschiedene Analyseverfahren angesehen worden. Es ist bemerkenswert, daß sich in jüngster Zeit Bemühungen verdichten, die beiden rechnerischen Untersuchungsansätze durch eine übergreifende, an mehrperiodigen Erfolgszielen ausgerichtete Konzeption zu verknüpfen: »Im jeweiligen Planungszeitpunkt wird gefragt, wie sich der Kapitalwert durch eine Handlung – beispielsweise die Herstellung einer zusätzlichen Produkteinheit – ändert. Die *Kapitalwertänderung* gibt den Betrag an, welcher der in Erwägung gezogenen Alternative als Kosten- oder Leistungsgröße zuzurechnen ist«.[51] Dabei ist allerdings unterstellt, daß bereits eine längerfristige Planung als Bezugsrahmen vorliegt. Als möglicher Vorteil dieser Verknüpfung wird es angesehen, »auch kurzfristig die unternehmerischen Güterprozesse gemäß den Investitionszielen, wie z.B. Maximierung des Kapitalwertes oder Erreichung eines vorgegebenen positiven Kapitalwertniveaus, zu planen und zu kontrollieren«.[52]

Freilich stellt die Anwendung dieses Grundgedankens wiederum hohe Anforderungen an die Prognosefähigkeit der Planer. Es ist – rein pragmatisch gesehen – einfacher, einem einzelnen absatzwirtschaftlichen Entscheidungsvorhaben bestimmte Kosten zuzurechnen, die nach der üblichen Kostenartenrechnung ermittelt worden sind, als in einer stärker integrierten und mehrperiodigen Gesamtschau *Kapitalwertänderungen* vorauszuschätzen.

Um so wichtiger erscheint es aber dann (wenn schon Investitionsrechnung und herkömmliche Kostenrechnung »nebeneinander« praktiziert werden), daß man die Kostenarten ausdrücklicher nach ihrem *tatsächlichen Referenzzeitraum* kennzeichnet. Dies betrifft zum einen die Angabe der Zeitspanne, für die eine – etwa rechtlich begründete – Ressourcenbindung vorliegt; beispielsweise bedingt ein mehrjähriger Mietvertrag für ein Verkaufsbüro, daß die Mietkosten nicht kurzfristig disponibel sind. Zum anderen gibt es Fälle, in denen ein einmalig in Periode t fälliger Kostenbetrag sachlich die Zeitspanne von t bis t+n betrifft, wie z.B. Projektierungskosten für ein Anlagensystem-Geschäft, dessen Abwicklung sich über mehrere Jahre erstreckt. Ähnliches gilt auf der Erlösseite, wobei ebenfalls mehrjährige Rahmenvereinbarungen die Grundlage bilden können.

Um Entscheidungen in ihrer Erfolgsauswirkung möglichst vollständig abschätzen zu können, kommt es immer auf die Betrachtung des gesamten Zeitzyklus von Entscheidung und Entscheidungswirkungen an (so wie es im übrigen die dynamische Investitionsrechnung am konsequentesten versucht).

Ein weiterer zeitlicher Aspekt sei hier nur kurz angedeutet. Er betrifft die Unterscheidung zwischen *einstufigen oder sequentiellen Entscheidungen*. Für die strategische Marketing-Planung ist es typisch, daß künftige Handlungen von bestimmten Bedingungen abhängig gemacht werden, deren Eintreffen im Planungszeitpunkt noch nicht eindeutig feststeht. So knüpfen längerfristig vorausschauende Überlegungen der Absatzpolitik mitunter am Konzept des Produktlebenszyklus an: Es kann z.B. vorweg erwogen werden, in einem späteren Zeitpunkt die Preisforderung zu senken, sofern dann zu erkennen ist, daß das Produkt in seine Reifephase am Markt gelangt.[53] Ähnlich mögen solche Eventualplanungen vorsehen, daß in einem späteren Zyklusabschnitt zur Distribution über zusätzliche Handelsbetriebsformen übergegangen werden soll. Es ist aber nicht von vornherein genau bekannt, *wann* sich die Reifephase durch stark rückläufige Zuwachsraten der Absatzmenge andeutet.

Wenn in diesem Zusammenhang eine vorausschauende Wirtschaftlichkeitsrechnung für ein Mehrperiodenprojekt – wie eine Neuprodukteinführung – versucht wird, sind unterschiedliche Kosten- und Erlösannahmen pro Periode zu treffen (je nachdem, welche Handlungsmöglichkeit in Abhängigkeit von bestimmten Absatzentwicklungen verwirklicht wird).

Anders als bei einer einstufigen, unbedingten Entscheidung – die im jetzigen Zeitpunkt eine klare Festlegung schafft – muß das Marketing-Accounting bei sequentiellen Entscheidungen Alternativdaten bereitstellen. Zur Berücksichtigung dieser bedingten Vorgänge in einem zusammenfassenden Kalkül bieten sich *Entscheidungsbaumverfahren* an.[54]

3. Organisatorische Anforderungen

Der im Abschnitt 2. skizzierte Überblick hat gezeigt, daß es je nach Untersuchungsgegenstand, Zielinhalten und zeitlicher Betrachtung recht unterschiedliche Informationsbedürfnisse des Marketing-Bereiches gibt. Wenn sichergestellt werden soll, daß das Rechnungswesen diesen vielfältigen Erfordernissen gerecht wird, sind organisatorische Regelungen in verfahrens- und strukturbezogener Hinsicht zu treffen.

3.1. Verfahrensorganisation

Die Hauptschwierigkeit beim Aufbau eines vielseitig nutzbaren Marketing-Accounting liegt in der zweckentsprechenden *Kennzeichnung* der Rechnungswesendaten sowie in ihrer aufgabenspezifischen Verknüpfung. Eine bestimmte Kostenposition, wie z.B. das Gehalt eines Kundengruppen-Managers, weist Merkmale auf, die in verschiedenen Untersuchungszusammenhängen relevant werden: Diese Kostenart kann sowohl Bestandteil einer Absatzsegmentrechnung (Ergebnisbeitrag der Kundengruppe pro Periode) als auch einer Profit-Center-Analyse sein. Darüber hinaus ist es denkbar, daß sie in Kennzahlen mit eingeht, die Wirkungen der absatzpolitischen Maßnahmen mit bestimmten Einsatzkosten vergleichen (z.B. die erreichten Distributionsgrade mit Kosten der akquisitorischen Distributionsbemühungen). Schließlich ist es für Dispositionsrechnungen eine wichtige Information, daß das Gehalt des Kundengruppen-Managers für eine gewisse Vertragszeit als Kostenbelastung feststeht und daß es monatlich auszahlungswirksam ist.

Die in Kapitel 2.2.2. erwähnte *Grundrechnung* müßte so ausgebaut werden, daß außer der direkten Zuordnungsmöglichkeit von Kosten und Erlösen zu bestimmten Bezugsobjekten auch die Merkmale der Zahlungswirksamkeit und der Bindungsdauer bzw. Disponierbarkeit erfaßt sind; d.h. die Rechengrößen »werden durch alle Merkmale gekennzeichnet, die für Auswertungsrechnungen benötigt werden«.[55] Diese Aufgabe erscheint nur bewältigbar, wenn ein Projektteam mit Fachleuten des Rechnungswesens und des Marketing in einer Basisanalyse untersucht, welche Deskriptoren für die regelmäßig anfallenden Rechengrößen festzulegen sind. Deren Kennzeichnung in der Grundrechnung sollte also soweit wie möglich vorweg bestimmt sein, so daß nur bei der Erfassung von Sonderdaten eine fallweise Eingabe von Ordnungsmerkmalen erforderlich wird.

Ein zweites Hauptproblem der Verfahrensorganisation liegt in der vielseitigen *Verknüpfbarkeit* der Grunddaten. »The real problem then becomes one of integrating data from different sources and with different characteristics, and the need to achieve consistency and comparability between data«.[56] Die Entwicklungen auf dem Gebiet relationaler Datenbanken versprechen eine verbesserte Realisierbarkeit dieser Verknüpfungswünsche und damit die Möglichkeit von Analyse- und Entscheidungsrechnungen, die beweglich an verschiedene Auswertungszwecke angepaßt werden können.[57]

Welche Daten für bestimmte Fragestellungen miteinander zu verbinden sind, hängt im einzelnen von der problementsprechenden *Untersuchungsmethode* ab, bei deren Wahl nicht zuletzt die Zielkriterien (s. Kapitel 2.2.5.) und der Referenzzeitraum (s. Kapitel 2.2.6.) eine Rolle spielen. Eine mehrperiodige Rentabilitätsrechnung verlangt andere Dateninputs als z.B. eine Deckungsbeitragsrechnung nach Produktgruppen für die abgelaufene Periode. Im Gesamtsystem des Marketing-Accounting ist damit eine wechselseitige Abstimmung von Datenbanken und Methodenbanken wichtig.

3.2. Strukturorganisation

Die inhaltlichen Aufgaben des Marketing-Accounting können in der Regel weder von den herkömmlichen Stelleninhabern des Marketing-Bereiches noch von jenen des traditionellen Rechnungswesens allein gelöst werden. Zu groß sind oft die Unterschiede in den Spezialisierungsschwerpunkten und in der Problemsicht.[58] Somit müssen organisatorisch besondere Zuständigkeiten für diese »*Interface*«-*Funktion* geschaffen werden. Dabei ist allerdings zu beachten, daß diese Strukturgestaltungen nicht zu aufwendig werden. Es kommt mit anderen Worten darauf an, die Kosten des Informationsaustausches bei der Einschaltung geeigneter Verbindungsstellen mit den entsprechenden Kosten beim Verzicht auf besondere Schnittstellenregelungen – einschließlich der entgangenen Gelegenheiten aufgrund von Informationsmängeln – zu vergleichen (s. die Anmerkungen zur Transaktionskostenbetrachtung im Kapitel 1.1).

Es dürfte sich empfehlen, eine befristete Organisationsform für die Einrichtung eines Marketing-Accounting-Systems zu wählen und dann die laufende Überwachung der Informationsversorgung bei einer Verbindungsstelle in der dauerhaften Organisationsstruktur anzusiedeln. In der Aufbauphase sind unternehmensspezifisch die absatzwirtschaftlichen Analyse- und Entscheidungsaufgaben, die dafür benötigten Untersuchungsmethoden und Datenarten sowie die Gestaltungsanforderungen an eine Grundrechnung zu kennzeichnen. Dies verlangt, daß das Sachwissen von Marketing-Fachleuten, von Experten des Finanz- und Rechnungswesens sowie von EDV-Spezialisten eingebracht wird. Die geeignete befristete Organisationsform für diesen Zweck ist ein *Projektteam*, dem auch unternehmensexterne Berater angehören können. Der relativ hohe, allerdings nur für eine begrenzte Zeit anfallende Aufwand für diese Zuständigkeitsregelung erscheint gerechtfertigt, wenn es damit grundlegend gelingt, eine weitgehende Standardabstimmung zwischen Marketing und Rechnungswesen herzustellen und Verständnismängel der Vergangenheit auszuräumen.

Für die Informationskoordination, die in dem geschaffenen Rahmen dann laufend und bei fallweisen Sonderauswertungen vorzunehmen ist, kommt grundsätzlich der *Marketing-Controller* in Betracht, sofern überhaupt eine betriebliche Controlling-Organisation eingerichtet ist, die diesen dezentralen Aufgabenträger vorsieht. Idealerweise soll ein Marketing-Controller ja Fachkenntnisse sowohl auf dem Gebiet des Rechnungswesens als auch des Marketing aufweisen. Es wird oft vorgeschlagen, ihn disziplinarisch der Marketing-Leitung und fachlich dem Zentralcontrolling zu unterstellen (sog. »Dotted-Line-Prinzip«). Seine Aufgaben schließen allerdings nicht nur das Marketing-Accounting ein, sondern erstrecken sich noch allgemeiner auf die Koordination der Informationsversorgung für absatzwirtschaftliche Planungen und Kontrollen, um damit das Marketing-Management zu unterstützen.

Wo eine Controlling-Organisation nicht ausdrücklich existiert (etwa in kleineren Unternehmungen), besteht immer noch die Möglichkeit, ein Mitglied des Rechnungswesens als gezielten Ansprechpartner für den Marketing-Bereich auszuwählen und mit den besonderen absatzwirtschaftlichen Informationsanforderungen eingehend vertraut zu machen. In diesem Fall ist es günstig, wenn dieser Inhaber der »Interface«-Position zuvor in einem Projektteam mitgewirkt hat, das mit den Grundsatzabstimmungen zwischen Marketing und Rechnungswesen befaßt gewesen ist. In der angelsächsischen Literatur werden solche Fachleute des Rechnungswesens mit Aufgabenzuordnung zum Marketing als »*Marketing-Accountant*« bezeichnet.[59] Für die Tätigkeit des Marketing-Accountant ist es sicherlich hilfreich, wenn auch ein bestimmter Marketing-Mitarbeiter als Kontaktperson benannt ist, die ihrerseits überdurchschnittliche Kenntnisse auf dem Gebiet des Rechnungswesens besitzt, so daß gewissermaßen eine Tandemstruktur zur Bewältigung der Schnittstellenaufgaben entsteht.

Anmerkungen

1) Einen ziemlich umfassenden Überblick über die verschiedensten Schnittstellen zwischen Marketing und anderen betrieblichen Funktionsbereichen gibt *Wind* (1981) S. 238 ff.
2) Vgl. beispielsweise *Brockhoff* (1985); *Benkenstein* (1987); *Specht* (1987); *Brockhoff* (1989).
3) Vgl u.a. *Raffée* (1979); *Meffert* et al. (1986); *Brandt* et al. (Hrsg.) (1988).
4) Vgl. dazu *Köhler* (1985), S. 72.
5) Vgl. in ähnlichem Sinne auch *Engelhardt/Günter* (1988), S. 141 f.
6) *Nduna* (1980), S. 9/10.
7) Ebd., S. 9.
8) *Görgen/Huxold* (1987), S. 7.
9) Vgl. dazu *Picot* (1982), S. 270 f. und S. 279 f.
10) *Engelhardt/Günter* (1988), S. 142
11) Vgl. *Raffée* (1980), S. 320 f.
12) Vgl. beispielsweise *Berry* (1977); *Harrison* (1979); vgl. auch bei *Wilson* (Hrsg.) (1981) die Rubrik »Interface«, Bd. I, S. 81 ff.
13) Vgl. dazu *Nduna* (1980).
14) Vgl. die Verwendung dieses Ausdrucks bei *Moss* (1981) sowie bei *Moss* (1986). Mit dem erforderlichen Marketing-Wissen des »Management-Accountant« befaßt sich *Piercy* (1980).
15) Vgl. *Engelhardt/Günter* (1988), S. 143 ff.
16) Vgl. als eine verhältnismäßig umfassende Darstellung *Görgen/Huxold* (1987); als Beispiel für einen kurzgefaßten Ansatz ist *Trebuss* (1984) S. 527 ff., zu nennen.
17) Vgl. *Moss* (1981), S. 53.
18) Vgl. exemplarisch *Schmalenbach* (1963); *Schmidt* (1930).
19) Vgl. beispielsweise *Fischer* (1963).
20) Vgl. einen Literaturüberblick bei *Köhler* (1981).
21) Vgl. Ausführungen sowohl zum Maßnahmen- als auch zum Objektbezug des Marketing-Accounting z.B. bei *Sevin* (1965); *Wilson* (Hrsg.) (1981), Bd. I und Bd. II; *Shapiro/Kirpalani*, (Hrsg.) (1984).
22) Vgl. *Engelhardt/Günter* (1988), S. 143 ff.
23) Vgl. dazu *Riebel* (1988).
24) Eine ähnliche Einteilung, mit Ausnahme der »sonstigen statistischen Rechnungen«, verwendet *Chmielewicz* (1973).
25) In diesem Sinne hat Hans Raffée bereits vor nahezu dreißig Jahren kurzfristige Preisuntergrenzen kritisch in finanzwirtschaftlicher Sicht erörtert. Vgl. *Raffée*, (1961), S. 146 ff.
26) Vgl. *Piercy* (Hrsg.) (1986).
27) Vgl. dazu *Merkle* (1983).
28) *Coenenberg* (1980), Sp. 1996.
29) Vgl. frühe Darstellungen hierzu bei *Geist* (1963/1974).
30) *Riebel* (1985), S. 76.
31) Erwähnt sei in diesem Zusammenhang der interessante Versuch Gümbels, echte Gemeinkosten in ökonomisch begründeter Weise mit Hilfe des Lagrange-Ansatzes als »hypothetische Einzelkosten« darzustellen. Dabei sind allerdings einschränkend bestimmte Optimalitätsannahmen getroffen. Die praktische Anwendbarkeit auf Absatzsegmentrechnungen erscheint fraglich. Vgl. *Gümbel* (1988), S. 81 ff.
32) Vgl. dazu *Riebel* (1985), S. 444 ff.
33) Quelle der Abbildung 2: *Köhler* (1985), S. 76.
34) Vgl. *Engelhardt/Günter* (1988), S. 144.
35) Vgl. *Robens* (1986), S. 282 und S. 342 ff.
36) *Zabriskie/Huellmantel* (1985), S. 27.

37) *Wilson* (1984), S. 141, spricht von »differential cost« bzw. »incremental or marginal cost« und betont: »Differential costs can also be described as relevant costs«.
38) Darauf hat Raffée in seinen Untersuchungen zur Problematik von Preisuntergrenzen hingewiesen. Vgl. *Raffée* (1974), Sp. 1698f.
39) *Wilson*, (1984), S. 141.
40) Zu verschiedenen »Marketing Budgeting Methods« vgl. *Piercy*, (1986), S. 365ff.; zur tatsächlichen Mitwirkungsrolle des Bereiches Finanz- und Rechnungswesen s. empirische Angaben ebd., S. 370.
41) *Mossman* et al. (1978), S. 120.
42) Vgl. dazu *Anderson* (1981), S. 3f.
43) Vgl. *Schiff* (1986), S. 91–8, wo vom Verhältnis zwischen »contribution margin« und »assets managed« pro Marketing-Organisationseinheit gesprochen wird.
44) Vgl. in diesem Sinne und mit kritischen Anmerkungen zum »cash flow management« *Schiff* (1986), S. 91–12f.
45) Vgl. *Langen* (1965).
46) Näheres bei *Rütschi* (1979), S. 181ff.
47) *Plinke* (1985), S. 7; s. ebenso die Ausführungen bei *Engelhardt* (1977), S. 21f.
48) Vgl. näher *Köhler/Uebele* (1983).
49) Vgl. dazu *Riebel* (1989), S. 63.
50) *Franke* (1982), S. 195. Vgl. zur Kennzeichnung von Fragen der langfristig-strategischen Marketing-Planung als Investitionsprobleme auch *Kropfberger* (1983), Bd. II, S. 159ff.
51) *Küpper* (1989), S. 51; ähnlich *Kloock* (1986), S. 298, sowie *Bohr* (1988), S. 1175.
52) *Kloock* (1986), S. 296.
53) Vgl. dazu *Simon* (1982), S. 286ff.; *Diller* (1985), S. 191ff.
54) Vgl. *Uebele/Zurhelle* (1977), S. 284ff.
55) *Riebel* (1987), S. 1162.
56) *Piercy* (1980), S. 50.
57) Vgl. in diesem Zusammenhang *Sinzig* (1983); weiterhin Haun (1987).
58) Vgl. Anmerkungen dazu bei *Harrison*, (1979), S. 469ff.; *Heinzelbecker* (1982), S. 56; *Stainer* (1984), S. 11.
59) Vgl. dazu wie auch zu einer ganzen Reihe weiterer Organisationsvorschläge *Görgen/Huxold* (1987), S. 31f. und im übrigen S. 23ff. sowie S. 41ff.

Literatur

Anderson, P.F. (1981): Marketing Investment Analysis. In: Research in Marketing, Vol. 4 (1981), S. 1–37.
Berry, D. (1977): Profit Contribution: Accounting and Marketing Interface. In: Industrial Marketing Management, Vol. 6 (1977), S. 125–128.
Benkenstein, M. (1987): F&E und Marketing. Wiesbaden 1987.
Bohr, K. (1988): Zum Verhältnis von klassischer Investitions- und entscheidungsorientierter Kostenrechnung. In: ZfB, 58. Jg. (1988), S. 1171–1180.
Brandt, A./Hansen, U./Schoenheit, I./Werner, K. (Hrsg) (1988): Ökologisches Marketing. Frankfurt, New York 1988.
Brockhoff, K. (1985): Abstimmungsprobleme von Marketing und Technologiepolitik. In: DBW, 45. Jg. (1985), S. 623–632.
Brockhoff, K. (1989): Schnittstellen-Management. Abstimmungsprobleme zwischen Marketing und Forschung und Entwicklung. Stuttgart 1989.
Chmielewicz, K. (1973): Betriebliches Rechnungswesen. Bd. 1 und Bd. 2. Reinbek b. Hamburg 1973.
Coenenberg, A.G. (1980): Rechnungswesen(s), Organisation des. In: HWO, 2. Aufl., hrsg. von E. Grochla. Stuttgart 1980, Sp. 1996–2006.
Diller, H. (1985): Preispolitik. Stuttgart, Berlin, Köln u.a. 1985.
Engelhardt, W.H. (1977): Erlösplanung und Erlöskontrolle als Instrument der Absatzpolitik. In: ZfbF, 29. Jg. (1977), Sonderheft 6, S. 10–26.
Engelhardt, W.H./Günter, B. (1988): Erfolgsgrößen im internen Rechnungswesen aus der Sicht der Absatzpolitik. In: Unternehmenserfolg. Planung – Ermittlung – Kontrolle, hrsg. von M. Domsch, F. Eisenführ, D. Ordelheide und M. Perlitz. Wiesbaden 1988, S. 141–155.
Fischer, K.-P. (1963): Industrielle Vertriebskostenrechnung. Stuttgart 1963.
Franke, G. (1982): Absatzplanung und Investitionstheorie. In: Marketing ZFP, 4. Jg. (1982), S. 195–204.

Geist, M. (1963/1974): Selektive Absatzpolitik auf der Grundlage der Absatzsegmentrechnung. Stuttgart 1963. 2. Aufl., Stuttgart 1974.
Görgen, W./Huxold, St. (1987): Schnittstellenmanagement zur Koordination von Marketing und Rechnungswesen. Arbeitspapier, Institut für Markt- und Distributionsforschung der Universität zu Köln 1987; beziehbar über DBW-Depot 88-1-1.
Gümbel, R. (1988): Haben die Vollkostenrechner wirklich unrecht? Theoretische Grundlagen der Kostenrechnung. In: Betriebswirtschaftliche Steuerungs- und Kontrollprobleme, hrsg. von W. Lücke. Wiesbaden 1988, S. 81–90.
Harrison, G. L. (1979): The Accounting/Marketing Interface – A Marketing Perspective. In: The Australian Accountant, Vol. 49 (1979), No. 7, S. 469–476.
Haun, P. (1987): REMBA: Prototyp für ein daten- und methodenbankgestütztes Rechnungswesen. Diss. Erlangen – Nürnberg 1987.
Heinzelbecker, K. (1982): Über vier Stufen zur Markttransparenz. In: asw, 25. Jg. (1982), H. 8, S. 54–57.
Kloock, J. (1986): Perspektiven der Kostenrechnung aus investitionstheoretischer und anwendungsorientierter Sicht. In: Zukunftsaspekte der anwendungsorientierten Betriebswirtschaftslehre, hrsg. von E. Gaugler, H.G. Meissner und N. Thom. Stuttgart 1986, S. 289–302.
Köhler, R. (1981): Absatzsegmentrechnung. In: HWR, 2. Aufl., hrsg. von E. Kosiol, K. Chmielewicz und M. Schweitzer. Stuttgart 1981, Sp. 19–29.
Köhler, R. (1985): Marketing und Rechnungswesen: »Zwei Welten« oder Partner? In: asw, 28. Jg. (1985), H. 8, S. 72–77.
Köhler, R./Uebele, H. (1983): Risikoanalysen bei der Evaluierung absatzorientierter Projekte. In: WiSt, 12. Jg. (1983), S. 119–127.
Kropfberger, D. (1983): Entscheidungsorientierte Kosten- und Erfolgsrechnung im Marketing. Bd. I und II. 2. Aufl., Linz 1983.
Küpper, H.-U. (1989): Gegenstand und Ansätze einer dynamischen Theorie der Kostenrechnung. In: Zeitaspekte in betriebswirtschaftlicher Theorie und Praxis, hrsg. von H. Hax, W. Kern und H.-H. Schröder. Stuttgart 1989, S. 43–59.
Langen, H. (1965). Betriebliche Zahlungsströme und ihre Planung in dynamischer Sicht. In: ZfB, 35. Jg. (1965), S. 261–279.
Meffert, H./Bruhn, M./Schubert, F./Walther, T. (1986): Marketing und Ökologie – Chancen und Risiken umweltorientierter Absatzstrategien der Unternehmungen. In: DBW, 46. Jg. (1986), S. 140–159.
Merkle, E. (1983): Formeln und Kennzahlen im Bereich der Absatzwirtschaft. In: WiSt, 12. Jg. (1983), S. 21–27.
Moss, C.D. (1981): The Role of the Marketing Accountant. In: Management Decision, Vol. 19 (1981), No. 1, S. 53–61.
Moss, C.D. (1986): The Marketing Accountant in Industry. In: Marketing Asset Accounting, hrsg. von N. Piercy, European Journal of Marketing, Vol. 20 (1986), No. 1, S. 95–103.
Mossman, F.H./Crissy, W.J.E./Fischer, P.M. (1978): Financial Dimensions of Marketing Management. New York, Chichester, Brisbane u.a. 1978.
Nduna, A.J. (1980): A Pragmatic Approach to Marketing Accounting for Decision Making. In: The Quarterly Review of Marketing, Vol. 6 (1980), No. 1, S. 8–15.
Picot, A. (1982): Transaktionskostenansatz in der Organisationstheorie: Stand der Diskussion und Aussagewert. In: DBW, 42. Jg. (1982), S. 267–284.
Piercy, N. (1980): Why Should a Management Accountant Know Anything About Marketing? In: Management Decision, Vol. 18 (1980), No. 1, S. 45–54.
Piery, N. (1986): Marketing Budgeting. London, Sydney, Dover/N.H. 1986.
Piercy, N. (Hrsg.) (1986): Marketing Asset Accounting. European Journal of Marketing, Vol. 20 (1986), No. 1.
Plinke, W. (1985): Erlösplanung im industriellen Anlagengeschäft. Wiesbaden 1985.
Raffée, H. (1961): Kurzfristige Preisuntergrenzen als betriebswirtschaftliches Problem. Köln, Opladen 1961.
Raffée, H. (1974): Preisuntergrenzen. In: HWA, hrsg. von B. Tietz. Stuttgart 1974, Sp. 1692–1706.
Raffée, H. (1979): Marketing und Umwelt. Stuttgart 1979.
Raffée, H. (1980): Grundfragen der Marketingwissenschaft. In: WiSt, 9. Jg. (1980), S. 317–324.
Riebel, P. (1985): Einzelkosten- und Deckungsbeitragsrechnung. Grundfragen einer markt- und entscheidungsorientierten Unternehmensrechnung. 5. Aufl., Wiesbaden 1985.
Riebel, P. (1987): Überlegungen zur Integration von Unternehmensplanung und Unternehmensrechnung. In: ZfB, 57. Jg. (1987), S. 1154–1167.
Riebel, P. (1988): Sequentielle Entscheidungen in Planungs- und Kontrollrechnungen. In: Betriebswirtschaftliche Steuerungs- und Kontrollprobleme, hrsg. von W. Lücke. Wiesbaden 1988, S. 257–283.

Riebel, P. (1989): Probleme der Abbildung zeitlicher Strukturen im Rechnungswesen. In: Zeitaspekte in betriebswirtschaftlicher Theorie und Praxis, hrsg. von H. Hax, W. Kern und H.-H. Schröder. Stuttgart 1989, S. 61–76.

Robens, H. (1986): Modell- und methodengestützte Entscheidungshilfen zur Planung von Produkt-Portfoliostrategien. Frankfurt am Main, Bern, New York 1986.

Rütschi, K.A. (1979): Das Management der heimlichen Marketingkosten. In: Die Unternehmung, 33. Jg. (1979), S. 181–200.

Schiff, M. (1986): Finance and Financial Analysis in Marketing. In: Handbook of Modern Marketing. 2. Aufl., hrsg. von V.P. Buell. New York, St. Louis, San Francisco u.a. 1986, S. 91–3 – 91–17.

Schmalenbach, E. (1963): Kostenrechnung und Preispolitik. 8. Aufl., bearb. von R. Bauer, Köln, Opladen 1963.

Schmidt, F. (1930): Kalkulation und Preispolitik. Berlin, Wien 1930.

Sevin, Ch.H. (1965): Marketing Productivity Analysis. St. Louis, New York, San Francisco u.a. 1965.

Shapiro, S.J./Kirpalani, V.H. (Hrsg.) (1984): Marketing Effectiveness. Insights from Accounting and Finance. Boston, London, Sydney u.a. 1984.

Simon, H. (1982): Preismanagement. Wiesbaden 1982.

Sinzig, W. (1983): Datenbankorientiertes Rechnungswesen. Grundzüge einer EDV-gestützten Realisierung der Einzelkosten- und Deckungsbeitragsrechnung. Berlin, Heidelberg, New York u.a. 1983.

Specht, G. (1987): Schnittstelle Marketing und Technologie. In: Markt-Kommunikation. Jahrbuch der Industriewerbung 1987, hrsg. vom Verlag für Wirtschaft und Technik. Wiesbaden 1987, S. 88–89.

Stainer, G. (1984): Marketing und Finance – Working Together. In: The Accountant's Magazine, Vol. LXXXVIII, No. 931 (January 1984), S. 11–13.

Trebuss, A.S. (1984): Improving Corporate Effectiveness: Managing the Marketing/Finance Interface. In: Marketing Effectiveness. Insights from Accounting and Finance, hrsg. von S.J. Shapiro und V.H. Kirpalani. Boston, London, Sydney u.a. 1984, S. 525–536.

Uebele, H./Zurhelle, U. (1977): »Entscheidungsbäume« im praktischen Einsatz. In: Marketing Journal, 10. Jg. (1977), S. 284–296.

Wilson, R.M.S. (Hrsg.) (1981): Financial Dimensions of Marketing. A Source Book. Bd. I und Bd. II. London, Basingstoke 1981.

Wilson, R.M.S. (1984): Financial Control of the Marketing Function. In: The Marketing of Industrial Products. 2. Aufl., hrsg. von N.A. Hart. London, New York, St. Louis u.a. 1984, S. 130–153.

Wind, Y. (1981): Marketing and the Other Business Functions. In: Research in Marketing, Vol. 5 (1981), S. 237–264.

Zabriskie, N.B./Huellmantel, A.R. (1985): The New Marketing-Finance Interface in Corporate Portfolio Management. In: Managerial Planning, Vol. 33 (March-April 1985), S. 27–35.

IV. Verlustquellenanalyse im Marketing*

1. Aufgaben der Verlustquellenanalyse im Rahmen der Marketing-Konzeption

1.1. Begriff der Verlustquelle

In engster Bedeutung wird als *Verlust* ein perioden- oder objektbezogenes Ergebnis bezeichnet, bei dem die Aufwendungen den Ertrag (bzw. die Kosten den Leistungswert) *absolut* übersteigen. Man kann darüber hinaus aber auch von einer *relativen* Betrachtung ausgehen und jegliche Einbuße gegenüber einer bestimmten Bezugsbasis zum Gegenstand der Verlustquellenanalyse machen. Als Bezugsbasis kommen dabei z. B. Vergangenheitsgrößen in Frage (etwa »Verlust an Marktanteil«; »Umsatz- oder Gewinneinbußen« gegenüber dem Vorjahr). Ebenso können Planziele den Vergleichsmaßstab bilden. In diesem Falle werden unerwünschte Soll-Ist-Abweichungen als negatives Handlungsergebnis aufgefaßt und auf ihre Ursachen untersucht (so z. B., wenn die mit einer neuen Produktsparte erwirtschaftete Rentabilität erheblich unter den Planvorstellungen bleibt und damit im nachhinein einen Renditeentgang gegenüber anderen Investitionsmöglichkeiten anzeigt).

Verlustquellen sind innerbetriebliche oder betriebsexterne Tatbestände, auf die sich negative Resultate im genannten engeren oder weiteren Sinne zurückführen lassen. Soweit sie durch betriebliche Aktivitäten entstanden sind bzw. durch aktive Eingriffe vermeidbar wären, bietet sich eine *entscheidungsbezogene Einteilung* der Verlustquellen an.

Diese wird bewußt in den Mittelpunkt dieses Beitrags gestellt, wobei in erster Linie jene Analysehilfen behandelt werden, die sich aus Routineauswertungen von regelmäßig anfallenden Rechnungs- und Marktdaten ergeben.

Jede Entscheidung weist die vier Komponenten »Entscheidungsträger«, »Entscheidungsvariable«, den vom Maßnahmeneinsatz betroffenen Objektbereich – kurz: den »Entscheidungsgegenstand« – und das »Entscheidungsziel« auf. Beispielsweise entschließe sich ein Verkaufsgebietsleiter (= Entscheidungsträger), für bestimmte Produkte verstärkt Verkaufsförderungsmaßnahmen (= Entscheidungsvariable) einzusetzen, um den Absatz dieser Erzeugnisse bei ausgewählten Abnehmergruppen seines Gebietes (= Entscheidungsgegenstand) gewinnbringend zu steigern (= Entscheidungsziel; dabei ist die angestrebte Absatz- und Gewinnsteigerung in den Planungsunterlagen konkret anzugeben). Stellen sich bei der periodischen Erfolgskontrolle Abweichungen vom Planziel oder evtl. auch absolute Verluste heraus, so kann die eingehende Ursachenanalyse – wenigstens in einem ersten Untersuchungsschritt – bei jenen Entscheidungstatbeständen ansetzen, die im Regelkreisschema der Abb.1 mit I. bis III. gekennzeichnet sind.

Es bleibt im folgenden zu zeigen, wie sich aus diesem grundsätzlichen Betrachtungsansatz eine Systematik der Verlustquellen im Marketing ableiten läßt und welche darauf abgestimmten Analysetechniken verfügbar sind.

---

* Ursprünglich erschienen in: Marketing Enzyklopädie, Bd. 3, München 1975, S. 605–616 (Abdruck mit freundlicher Genehmigung des Verlags Moderne Industrie).

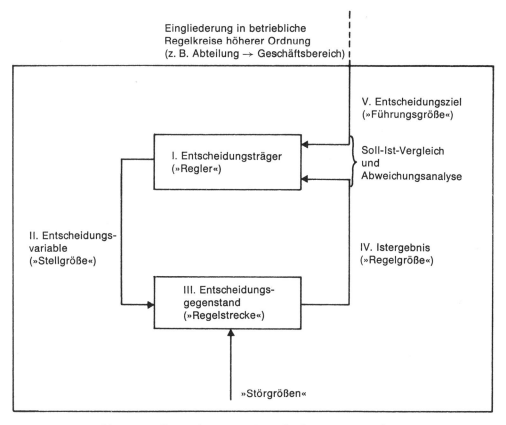

Abb. 1: Regelkreisschema eines Entscheidungszusammenhanges

1.2. Verlustquellenanalyse als Bestandteil einer marktorientierten Unternehmenspolitik

Für Marketing-Konzeptionen ist es kennzeichnend, daß eine koordinierte Ausrichtung aller betrieblichen Aktivitäten an erwarteten künftigen Marktkonstellationen – besonders auch im Blick auf längerfristige Bedarfsänderungen – erfolgt. Diese Denkweise verlangt im Absatzbereich zum einen die Anwendung von Prognosemethoden, die über voraussichtliche Nachfrageentwicklungen wie z.B. über neue Verwendungsbereiche für Stahl oder einen Wandel der Ernährungsgewohnheiten Aufschluß vermitteln. Zu den erforderlichen Informationen gehören aber andererseits auch *ex post-Daten* aus dem internen Rechnungswesen (z.B. nach Artikeln gegliederte Kosten- und Erlösaufstellungen pro Monat) sowie aus Markterhebungen (z.B. Panelangaben über die Zusammensetzung des Käuferkreises für Produkt x). Solche rückblickenden Untersuchungen, die eventuelle »Schwachstellen« der bisherigen Absatzpolitik aufzeigen, erfüllen für das zukunftsbezogene Marketing zweierlei Funktionen: Sie können einmal Hinweise darauf liefern, daß – trotz einer grundsätzlichen Übereinstimmung zwischen den Eigenheiten des Bedarfs und des betrieblichen Leistungsangebots – noch Modifikationen beim Einsatz der absatzpolitischen *Instrumente* vorzunehmen sind, um das gesetzte Erfolgsziel zu erreichen. Als Beispiel hierzu seien preis- bzw. rabattpolitische Differenzierungen aufgrund einer Erfolgskontrolle unterschiedlicher Auftragsgrößen genannt. Außerdem können sich aus regelmäßigen ex post-Untersuchungen aber auch erste Anzeichen dafür ergeben, daß bestimmte Produkte überhaupt nicht mit den Ansprüchen der Bedarfsträger im Einklang stehen, so daß die ungünstige Entwicklung ihres Ergebnisbeitrages selbst durch zusätzliche absatzfördernde Maßnahmen kaum aufzuhalten sein wird. Hierbei handelt es sich also um *Frühwarninformationen*, die den Blick u.a. auf mögliche Bedarfsverschiebungen lenken.

Verlustquellenanalysen haben die Aufgabe, derartige Ergebnisdaten nach Gliederungsmerkmalen aufzubereiten, die die wesentlichen Teilaspekte eines kontrollierbaren Entscheidungszusammenhanges abbilden und entsprechend gezielte Korrektureingriffe bzw. weitergehende Ermittlungen ermöglichen. Sie stellen eine Verbindung zwischen Marktuntersuchungen und betrieblichem Rechnungswesen her, um Orientierungshilfen für eine erfolgversprechende Gestaltung und Allokation der Marketing-Maßnahmen zu liefern.

2. Zur Gliederungssystematik absatzwirtschaftlicher Verlustquellen

Eine Einteilung der potentiellen Verlustquellen sollte zweckmäßigerweise den eingangs dargelegten Entscheidungsbezug besitzen und zugleich eine praktikable Grundlage für die differenzierte Zurechnung betrieblicher Ergebnisgrößen schaffen. Wenn wir an die Überlegung anknüpfen, daß Entscheidungsträger im Betrieb den Einsatz von Marketing-Maßnahmen auf einen bestimmten absatzwirtschaftlichen Objektbereich ausrichten und daß hieraus rechnerisch erfaßbare Handlungsergebnisse entstehen, so lassen sich Verlustquellen nach den *drei* nachstehend aufgezeigten *Dimensionen* unterscheiden (s. Abb.2).

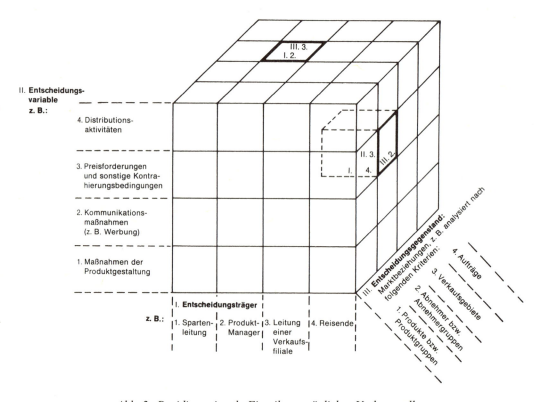

Abb. 2: Dreidimensionale Einteilung möglicher Verlustquellen

Die angeführten Beispiele dienen nur zur Illustration und stellen, vor allem bei der Dimension I, keine vollständige oder im einzelnen unverändert anwendbare Einteilung dar. Im Prinzip bilden aber die drei Betrachtungsebenen stets den Rahmen zur Detailuntersuchung absatzwirtschaftlicher Aktionsergebnisse und zum Lokalisieren etwaiger »Schwachstellen«.

2.1. Der Entscheidungsgegenstand als Zurechnungsobjekt

Marketing-Entscheidungen gelten der Gestaltung von *Marktbeziehungen* zu anderen Wirtschaftseinheiten. Den Gegenstandsbereich, auf den sich in diesem Sinne der Einsatz absatzpolitischer Instrumente richtet, kann man nach Gesichtspunkten untergliedern, wie sie der sog. *Absatzsegmentrechnung* (*M.Geist*, 1963) zugrunde liegen: *Produkte* bzw. Produktgruppen, *Abnehmer* bzw. Abnehmergruppen, *Verkaufsgebiete* und *Aufträge* (vor allem unterschiedliche Autragsgrößen) sind Teilaspekte der Marktbeziehungen, die eine entsprechende rechnerische Aufteilung von Erlös- und Kostengrößen erlauben und sich auf ihren Beitrag zum absatzwirtschaftlichen Gesamtergebnis überprüfen lassen. Dabei schließen Abnehmergruppenanalysen auch die Möglichkeit zur Untersuchung verschiedener *Absatzwege* ein (z. B. Endverwender als Direktabnehmer im Vergleich zum mittelbaren Absatz über Groß- oder Einzelhandelsunternehmungen).

2.2. Entscheidungsträger als organisatorische Zentren der Erfolgsentstehung

Während der soeben erörterte Ansatz die Quelle unbefriedigender Ergebnisse bei bestimmten Absatzleistungen bzw. im Kaufverhalten der Marktpartner sieht, kann andererseits auch versucht werden, vom Erfolgsvergleich organisatorischer Verantwortungsbereiche auszugehen. Die beiden Betrachtungsstandpunkte hängen sehr eng zusammen, da auf dem Gebiet des Marketing Zuständigkeitsabgrenzungen oft nach produkt- oder kundenbezogenen sowie nach regionalen Merkmalen erfolgen. Die in jüngster Zeit vieldiskutierte Bildung sogenannter »*Profit Center*« folgt derartigen Einteilungskriterien. Dennoch sind Verlustquellenanalysen nach Entscheidungsträgern mit Gliederungen nach Entscheidungsgegenständen nicht schlechterdings identisch. Beispielsweise mag eine Produktgruppe, deren Erfolgsbeitrag im Vergleich zu anderen Artikeln des Betriebes *insgesamt* niedrig erscheint, im Zuständigkeitsbereich des einen oder anderen Reisenden durchaus günstig, bei anderen Außendienstmitarbeitern hingegen besonders unbefriedigend abgeschnitten haben. Eine nach organisatorischen Gesichtspunkten angelegte Untersuchung vermittelt in solchen Fällen also zusätzliche Aufschlüsse zur näheren Bestimmung der Einflußfaktoren.

Die instanzenbezogene Verlustquellenanalyse bereitet allerdings dort Schwierigkeiten, wo organisatorische Teileinheiten nach funktionalen Merkmalen aufgebaut sind, also etwa bei Abteilungen für Marktforschung, Absatzplanung, Verkäuferschulung usw. Während hier zwar die pro Aufgabenbereich in Anspruch genommenen Budgets feststellbar sind, ist andererseits eine direkte Zuordnung anteiliger Markterlöse schlecht möglich. Interne Verrechnungspreise für die Inanspruchnahme der Serviceleistung solcher Abteilungen sind nicht ohne weiteres als Quasi-Erlöse anzusehen, aus denen die absatzwirtschaftliche Wirksamkeit der Funktionsausübung zutreffend hervorgeht. Die unmittelbar nach Produkt-, Gebiets- oder Kundenzuständigkeiten gebildeten Stellen bzw. Stellengesamtheiten sind demgegenüber einer ergebnisorientierten Analyse leichter zugänglich.

2.3. Entscheidungsvariablen und ihre Wirksamkeit

Als weitere Komponente des Entscheidungszusammenhanges ist schließlich der Einsatz absatzpolitischer *Instrumente* zu nennen. Eine Änderung von Variablen des Marketing-Mix kann bei den angesprochenen Marktteilnehmern Reaktionen auslösen, die – zusammen mit den dabei enstandenen Kosten – den betrieblichen Periodenerfolg beeinflussen. Eine Werbeaktion beispielsweise, die erhebliche Etatmittel beansprucht, ohne nennenswerte absatzfördernde Überzeugungswirkungen auszuüben, stellt eine Verlustquelle besonderer Art dar.

Es ist vor allem in Werbelehre und Werbepraxis (aber auch für andere Aktionsbereiche wie etwa die Preispolitik) immer wieder versucht worden, eine Zurechnung von Ergebnisgrößen auf einzelne Teile des kombinierten absatzpolitischen Mitteleinsatzes vorzunehmen. Als ökonomischer Werbeerfolg wird in diesem Sinne die Größe E_w wie folgt definiert:

$$E_w = x_w \cdot (p - k_d) - K_w - \Delta K_f$$

(wobei x_w = speziell auf Werbung zurückgehende Absatzmenge; p = Preis und k_d = direkt zurechenbare variable Kosten pro Produkteinheit; K_w = Werbekosten; ΔK_f = eventuell durch Werbung veranlaßte Veränderungen allgemeiner Fixkosten, z.B. für zusätzliches Personal aufgrund werbebedingter Produktionsausweitung).

Die eindeutige Ermittlung der durch Einzelmaßnahmen bewirkten Absatzänderungen – z.B. der Größe x_w – gelingt jedoch nur in kontrollierten Feldexperimenten, wenn unterschiedliche Werte der jeweils interessierenden Entscheidungsvariablen bei ansonsten gleichen Ausgangsbedingungen überprüft werden können (annäherungsweise im Aktionsvergleich auf zwei oder mehreren Testmärkten, falls diese einigermaßen ähnliche Strukturbedingungen aufweisen). Aus den routinemäßigen, periodischen Datenerfassungen und -auswertungen des Rechnungswesens allein können entsprechend genaue Angaben nicht gewonnen werden.

Diese Einschränkung soll aber nicht bedeuten, daß es überhaupt keine Auswertungsmöglichkeit von regelmäßig anfallenden Rechnungsinformationen gibt, aus der sich Anhaltspunkte über Verlustquellen des absatzpolitischen Mitteleinsatzes ableiten ließen: Man kann nämlich – falls die Preishöhe oder die Werbe- bzw. Distributionsetats für ein Erzeugnis in der Vergangenheit öfters variiert worden sind – versuchen, mit Hilfe der statistischen Regressionsrechnung Aufschluß über die Reaktion der Nachfrager auf bestimmte Absatzinstrumente zu erlangen.

Wenn es auf diese Weise gelingt, die *Elastizität* von Absatzgrößen hinsichtlich preis-, kommunikations-, distributions- und evtl. auch produktpolitischer Maßnahmenänderungen zu schätzen, so ist damit eine gewisse Orientierungshilfe zur Beantwortung der Frage geschaffen, ob z.B. eine kostspielige Vermehrung der Kundenbesuche eine wesentliche Ergebnisverbesserung verspricht oder per saldo Erfolgseinbußen verursachen wird. Der konkrete Rechnungsansatz, der übrigens auch eine Berücksichtigung von *Konkurrentenaktivitäten* als Verlustquelle gestattet, wird weiter unten im Abschnitt über die Analysetechniken angedeutet. Jedenfalls sei an dieser Stelle schon festgehalten, daß regelmäßige statistische Vergleiche zwischen dem absatzpolitischen Aktivitätsniveau und dem erzielten Absatz (eine Routineauswertung, die dennoch in der Marketing-Praxis nicht besonders üblich ist) für Analysezwecke sinnvoll erscheinen.

2.4. Kombinationsmöglichkeiten der verschiedenen Untersuchungsdimensionen

Bereits innerhalb ein und derselben Betrachtungsrichtung – in erster Linie beim Entscheidungsgegenstand und bei den Entscheidungsträgern – können einzelne Gliederungs- und Zurechnungsgesichtspunkte miteinander verknüpft werden. So ist beispielsweise die in Abbildung 2 angeführte Ergebnisdarstellung nach Verkaufsregionen (III.3.) mit jener nach Abnehmergruppen (III.2.) oder nach Auftragsgrößen (III.4.) kombinierbar. Dabei würde sich möglicherweise zeigen, daß der ungünstige Erfolgsbeitrag eines bestimmten Gebiets daraus resultiert, daß es besonders stark mit Abnehmergruppen besetzt ist, die wenig gewinnbringende Kleinaufträge erteilen. Ähnliche Detailhinweise ergeben sich, wenn man etwa die Analyse pro Verkaufsgebietsleiter (als weiterer Unterpunkt der Dimension I. denkbar) mit der Erfolgsaufgliederung nach Reisenden (I.4.) verbindet.

Ebenso lassen sich darüber hinaus Daten aus zwei oder auch drei verschiedenen Dimensionen des Entscheidungszusammenhanges miteinander koppeln: So wird es z. B. bei dem auf einen Produkt-Manager zugeschnittenen Rechnungsergebnis zum Beurteilen von Planabweichungen aufschlußreich sein, ob der Vertrieb der vom PM betreuten Produkte in manchen Verkaufs*gebieten* offenbar vernachlässigt worden ist. Unter diesem Aspekt ist die in der Abbildung 2 hervorgehobene Ebene I.2./III.3. angesprochen.

Ein Beispiel für die Verlustquellenanalyse nach *drei* Untersuchungsdimensionen ist folgender Fall: Bei einem Teil der Reisenden hat sich der zum Gesamtergebnis erbrachte Beitrag gegenüber der Vorperiode merklich verschlechtert (I.4.). Es zeige sich, daß die Außendienstmitarbeiter mit dem Verkauf von Artikeln befaßt sind, bei denen seitens der zuständigen Spartenleitung Preiserhöhungen (II.3.) vorgenommen worden sind. Auf diese Preisänderung haben manche Abnehmergruppen sehr stark und wieder andere Käufergruppen nur geringfügig mit einem Rückgang der Bestellungen reagiert. Der Erfolg der einzelnen Reisenden ist also sowohl durch die zentrale Preispolitik als auch durch den ihnen zugeordneten Kundenkreis (III.2.) beeinflußt.

Die verschiedenen Blickrichtungen dieser Analyse, deren kombinierte Auswertung eine vorschnelle Negativbeurteilung der Reisenden vermeiden hilft, spiegeln sich in der Abb. 2 im Würfel I.4./II.3./III.2. wider. Derart vielseitige Verknüpfungen von Marketing-Daten stellen freilich besondere Anforderungen an die Kennzeichnung der Erlöse, Kosten und anderer Rechnungsgrößen nach verschiedenen Ordnungsmerkmalen sowie an die Verkettungstechnik im Rahmen der Datenverarbeitung.

2.5. Erweiterungen der Verlustquellensystematik

Die Feststellung, daß absatzwirtschaftliche Einbußen bei einzelnen Gegenständen, Trägern oder Variablen von Entscheidungen lokalisierbar sind, bedeutet oftmals nur den ersten, wenn auch wichtigen Schritt zur weitergehenden Aufdeckung der *Ursachen*. Nicht immer liegt der betriebsinterne Anlaß im Absatzbereich selbst (z. B. kostenungünstige Dispositionen des Einkaufs). Manche Verlustquellen externer Art entziehen sich überhaupt der betrieblichen Einflußnahme (z. B. eine beschaffungspreissteigernde Verknappung wichtiger Rohstoffe). Es wird jedenfalls erforderlich sein, einen auf die betriebsindividuellen Verhältnisse abgestimmten Katalog von Risikofaktoren aufzustellen, um in einem *zweiten Untersuchungsschritt* zu überprüfen, ob manche dieser Risiken im abgelaufenen Rechnungszeitraum zum Zuge gekommen sind, welche Entscheidungstatbestände speziell davon betroffen wurden und welche Absicherungsmaßnahmen sich künftig anbieten. Eine kasuistische Aufzählung solcher zusätzlichen, nicht unmittelbar aus den Rechnungsdaten hervorgehenden Gesichtspunkte soll hier jedoch nicht erfolgen. (Zu nennen wären beispielsweise Einfuhrbeschränkungen in ausländischen Absatzgebieten; technische Neuentwicklungen der Konkurrenz, die den Absatz eines bisherigen Haupterzeugnisses stark beeinträchtigen; der Ausfall von Fertigungsanlagen usw.)

Primär kommt es darauf an, Auswertungsschemata für das im Rechnungswesen oder aus periodischen Marktforschungsberichten laufend anfallende Zahlenmaterial zu besitzen, um auf dieser Grundlage erst einmal die Entstehungsbereiche von Mißerfolgen möglichst genau einzugrenzen. Erst dann können sich weitergehende qualitative Begründungen anschließen.

Auf Verfahren der Verlustquellenanalyse, die in diesem Sinne einer regelmäßigen Durchleuchtung von Entscheidungstatbeständen gelten, wird nun näher eingegangen.

3. Rechnungstechniken der Verlustquellenanalyse

Periodisch verfügbare absatzwirtschaftliche Daten sind im wesentlichen für differenzierte Umsatz- und Marktanteilsuntersuchungen, für den Erlös- *und* Kostenvergleich sowie zur Rentabilitätsbeurteilung auswertbar. Nicht jede dieser Rechnungsarten ist für alle genannten Typen von Verlustquellen gleichermaßen geeignet. Die Reihenfolge, in der sie besprochen werden, bringt zunehmende Anforderungen an die Vielfalt der Informationsbereitstellung zum Ausdruck.

3.1. Umsatz- bzw. Marktanteilsrechnungen

Umsatzerlöse lassen sich den rechnerisch unterschiedenen Absatzsegmenten – also Produkten bzw. Produktgruppen, Abnehmern oder Abnehmergruppen, Verkaufsgebieten und Aufträgen – grundsätzlich ohne Schwierigkeiten zuordnen, wenn die in der Auftragsbearbeitung und Fakturierung erfaßten Basisdaten von vornherein durch die benötigten Ordnungskriterien gekennzeichnet werden. Eine Verrechnung auf organisatorische Teileinheiten ist unter der gleichen Voraussetzung gut durchführbar, sofern diese Verantwortungsbereiche ihrerseits nach Gesichtspunkten des produkt-, kunden- oder gebietsspezifischen Absatzes abgegrenzt sind. Auffällig unterdurchschnittliche Umsatzentwicklungen bei einzelnen dieser Entscheidungsgegenstände oder -träger können bereits (obwohl die Gegenüberstellung der Kosten noch fehlt) ein wesentliches Alarmsignal sein, das auf drohende Verschlechterungen des Gesamtergebnisses verweist.

Außer den betriebsintern erfaßten Informationen sind es bei der Umsatzanalyse auch extern beziehbare *Panelangaben*, die – von den Marktforschungsinstituten zum Teil schon auf EDV-geeigneten Datenträgern bereitgestellt – detaillierten Einblick in die nach Absatzsegmenten untergliederten Verkäufe vermitteln. Aus regelmäßigen Panelerhebungen ist es u.a. zu erkennen, wenn trotz insgesamt noch ziemlich gleichbleibenden Periodenumsatzes rückläufige Tendenzen bei einer für die künftige Marktposition wichtigen Endabnehmer*gruppe* (z.B. Altersklasse) eintreten. Für Hersteller, die in ihren Absatz an Endabnehmer den Handel eingeschaltet haben, wären entsprechende Hinweise aus der eigenen Absatzstatistik nicht verfügbar.

Was das Beurteilungskriterium *Marktanteil* betrifft, so kommt eine periodische Überprüfung möglicher Verlustquellen nach diesem Merkmal primär für die verschiedenen Produkte oder Produktgruppen in Frage. Sinkende Marktanteile bestimmter Artikel weisen u.U. auf absatzpolitische Konzeptionsschwächen hin, die aus den Umsatzgrößen allein nicht deutlich werden, da diese absolut gesehen sogar noch Zuwächse zeigen mögen. Auch hierzu sind vielfach externe Paneldaten erforderlich, um für die eigenen *und* die Konkurrenzprodukte Angaben über den Absatz an Endverwender zu erlangen. Solche Paneldaten können dann in einer Aufgliederung bezogen werden, die differenzierte Darstellungen der bei wichtigen Käuferklassen oder in verschiedenen Regionen (z.B. Nielsen-Gebieten) erzielten Marktanteile gestattet.

Erhebliche Schwierigkeiten bereitet – wie schon erwähnt – der Versuch, Aussagen über die

Umsatzwirkung absatzpolitischer Aktivitäten (Entscheidungsvariablen) zu gewinnen; es sei denn, daß eigens die Voraussetzungen für kontrollierte Feldexperimente geschaffen worden sind. Allerdings finden sich in jüngerer Zeit einige auch in der Praxis erprobte Ansätze, um auf regressionsanalytischem Wege Informationen über den absatzwirtschaftlichen Effekt einzelner Instrumente des Marketing-Mix zu erlangen. Als abhängige Größe wird dabei in der Regel der Marktanteil betrachtet, der aber bei Kenntnis oder Vorausschätzung des Branchen-Marktvolumens in Umsatzgrößen umgerechnet werden kann. So hat beispielsweise *J.-J. Lambin* (1972) für ein Unternehmen der Mineralölbranche Marktanteilsuntersuchungen angestellt, denen im Prinzip folgender Funktionstyp zugrunde lag:

$$M_{j,t} = \left(\frac{D_{j,t}}{\sum_i D_{i,t}}\right)^{\eta_{D,j}} \cdot \left(\frac{A_{j,t}}{\sum_i A_{i,t}}\right)^{\eta_{A,j}} \cdot \left(\frac{W_{j,t}}{\sum_i W_{i,t}}\right)^{\eta_{W,j}}$$

Dabei ist i ein Index für die verschiedenen Anbieter der Branche (i = 1,...,n); j kennzeichnet speziell die Firma, aus deren Sicht die Analyse anzustellen ist (j in i enthalten); t = Periodenindex; M = Marktanteil; D = Distributionsaktivitäten über Servicestationen und A = Distributionsaktivitäten über andere Außenstellen (hier in beiden Fällen als Anzahl dieser Stellen des Vertriebsnetzes ausgedrückt); W = Werbeausgaben. Preisgrößen könnten in ähnlicher Weise als weiteres Glied eingeführt werden. Die Exponenten η drücken aus, wie mehr oder weniger »elastisch« der eigene Marktanteil gegenüber Veränderungen des Maßnahmeneinsatzes ist. Hierbei werden die unternehmenseigenen Entscheidungsvariablen jeweils im Verhältnis zum gesamten Aktivitätsniveau der Branche (= Summe im Nenner) gesehen. Dadurch schließt der Ansatz mittelbar auch eine Wirkungsanalyse von Konkurrentenentscheidungen mit ein. Die »Elastizitäten« η sind mit Hilfe der Regressionsrechnung zu schätzen, wenn zuvor die Gleichung durch Logarithmieren in eine lineare Form gebracht wird.

Entsprechende, im einzelnen noch durch die Berücksichtigung zeitlicher Wirkungsverzögerungen verfeinerte Ermittlungsarbeiten sind aus Unternehmungen der pharmazeutischen Industrie bekannt.

Derartige Rechnungen setzen eine regelmäßige Erfassung von Entscheidungsvariablen, die im Zeitablauf unterschiedliche Werte annehmen, sowie der Marktanteilsergebnisse voraus. Sie bieten sowohl in der Planung als auch bei der Kontrolle des Absatzes eine Hilfe zum Erkennen aktionsbedingter *Verlustquellen*: Vorausschauend läßt sich ungefähr abschätzen, inwieweit z.B. eine erwogene Einschränkung der eigenen Werbeausgaben – bei vermuteten Etaterhöhungen der Konkurrenten – den Marktanteil beeinträchtigen würde. Rückblickend ergibt sich u.a. darüber Aufschluß, in welchem Umfang eine negative Planabweichung des Marktanteils daraus herrühren dürfte, daß die Wettbewerber ein bestimmtes absatzpolitisches Instrument wesentlich intensiver eingesetzt haben als man es beim Festlegen des eigenen Aktivitätsniveaus ursprünglich erwartet hatte.

3.2. Erlös- und Kostenrechnungen

Obwohl absolut oder im Verhältnis zur Konkurrenz betrachtete Umsatzgrößen bei einer quellenbezogenen Aufgliederung bereits Fingerzeige zum Früherkennen ungünstiger Entwicklungskomponenten liefern, vermittelt doch erst die Einbeziehung von Kostendaten ein vollständigeres Bild des Absatzerfolges und seiner Einflüsse. Zwei Bedingungen sind hierbei für eine entscheidungsorientierte Analyse zu erfüllen: Es wird eine *Erfassungs-* und *Verteilungssystematik* der Rechnungselemente (vor allem der Kosten) benötigt, die vielseitige Auswertungen nach den verschiedenen Entscheidungsgegenständen, -trägern und -variablen erlaubt.

Außerdem ist ein *Meldeprogramm* der Datenverarbeitung erforderlich, das nach festgelegten Bewertungskriterien und in regelmäßigen Zeitabständen auf jene Tatbestände hinweist, die am wenigsten zu einem positiven Gesamtergebnis beitragen. Diesen Faktoren – seien es nun Produkte oder Kundengruppen oder Außendienstmitarbeiter usw. – kann dann als möglichen Verlustquellen nähere Aufmerksamkeit gewidmet werden.

Das Hauptproblem der Erfassungs- und Verteilungssystematik besteht im Entwickeln einer Kosten- und Erlösklassifikation, die es erleichtert, den verschiedenen Arten von Zurechnungsobjekten erst einmal nur die speziell von ihnen »zu vertretenden«, d.h. durch ihr Vorhandensein veranlaßten Daten zuzuordnen. Es geht vor allem darum, zweifelhafte Kostenschlüsselungen zu vermeiden, bei denen die von Willkür nicht freie Wahl der Zuschlagsbasis darüber bestimmt, ob der eine oder der andere absatzwirtschaftliche Sachverhalt als Verlustquelle erscheint.

Unter diesem Gesichtspunkt empfiehlt es sich, vom dem Konzept einer *relativen Einzelkostenrechnung* (*P. Riebel*, 1972) auszugehen. Das bedeutet, daß die anfallenden Kostenpositionen – außer der üblichen Einteilung nach Kostenarten – bei ihrer belegmäßigen Erfassung mit Ordnungsmerkmalen gekennzeichnet werden, aus denen die *direkt* möglichen Zurechnungsobjekte hervorgehen. Auch bei sehr vielseitigen Auswertungsabsichten wird man hierzu meist mit *einem* Ordnungsbegriff pro Kostendatum auskommen; denn es genügt in der Regel, die am *engsten* definierbare unter den geeigneten Bezugsgrößen festzuhalten, wenn der weitere Verrechnungsfluß in der gesamten »Bezugsgrößenhierarchie« grundsätzlich feststeht. Beispielsweise brauchen Fertigungsmaterialkosten oder Sonderkosten des Vertriebs (etwa spezielle Verpackungskosten), die den einzelnen Produkteinheiten unmittelbar zugeordnet werden können, im Erfassungsbeleg nicht auch noch Angaben zur Produktgruppe oder Geschäftssparte aufzuweisen. Diese sachliche Zusammengehörigkeit ist bereits durch absatzwirtschaftliche bzw. organisatorische Einteilungen definiert; und in einer Reihe anderer Fälle gehen die weiteren Stufen der Verrechnungsmöglichkeit aus Aufschreibungen über die abgewickelten Verkaufsvorgänge hervor (z.B. Weiterbelastung von Produkteinzelkosten auf Aufträge, Kunden, Verkaufsgebiete oder Reisende).

Darüber hinaus gibt es dann aber noch Kosten, die ohne Schlüsselung überhaupt erst auf der Zurechnungsstufe der Produktgruppen (z.B. Gehalt eines Produktgruppen-Managers), eines Verkaufsgebietes (z.B. Mietekosten für Außenstellen) oder einer Kundengruppe (z.B. Kosten für spezielles werbliches Informationsmaterial) zugemessen werden können. Das Ordnungskriterium dieser Daten zeigt dann dementsprechend an, zu welchem der etwas globaleren Kontrollobjekte die Einzelkostenrelation erfüllt ist. Ähnliches gilt für die Behandlung der Erlösgrößen. Sie sind allerdings zumeist schon auf der Ebene der Produkteinheiten direkt verteilbar, wenn auch nicht übersehen werden darf, daß manche Preisvereinbarungen und Umsatzwerte eine Artikelmehrheit im ganzen betreffen und dann im nachhinein nicht eindeutig aufgesplittet werden können; so z.B. beim Angebot und Absatz mehrteiliger Fotoausrüstungen zu einem auf die Gesamtabnahme bezogenen Pauschalpreis.

Die Relativität des Einzelkostenbegriffes und die Verkettung von verschiedenen Zurechnungsobjekten ist in der Abb. 3 (die nur eine Teilübersicht darstellt) angedeutet.

Auf jeder Zurechnungsstufe ist die Differenz zwischen den eindeutig erfaßbaren Erlösen und Kosten als *Deckungsbeitrag* anzusehen, den der jeweilige Betrachtungsausschnitt im betrieblichen Erfolgszusammenhang erbringt. Dieser Beitrag steht dann zur Verfügung, um die bis dahin noch unverteilt gelassenen (da erst auf einer globaleren Bezugsbasis direkt entstandenen) Kosten mit abzudecken und letztlich ein positives Gesamtergebnis zu ermöglichen.

Das Deckungsbeitragskonzept erscheint für *Verlustquellenanalysen* besonders geeignet, weil es gezielt von der Frage ausgeht, welche Rechnungsdaten ohne den jeweils zu beurteilenden Entscheidungstatbestand nicht angefallen wären. Dabei kann es allerdings für eine umfas-

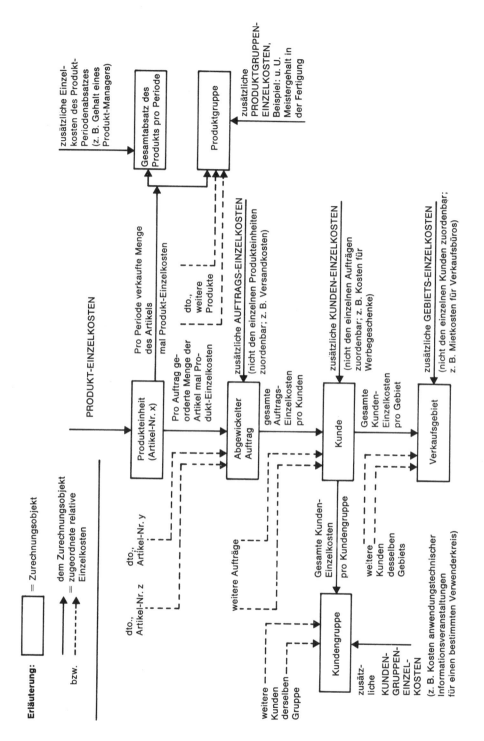

Abb. 3: Bezugsgrößenhierarchie in der relativen Einzelkostenrechnung

sende Beurteilung erforderlich sein, die grundsätzliche Rechenroutine »Einzelerlöse minus eindeutige Einzelkosten des Zurechnungsobjekts« durch weitergehende Schätzungen qualitativer Zusammenhänge zu ergänzen: Wenn beispielsweise ein bestimmter Artikel durch seinen ungünstigen Deckungsbeitrag aufgefallen ist, so bleibt zu überlegen, inwieweit eine Streichung aus dem Sortiment die Erlöse anderer Produkte beeinträchtigen könnte; und ebenso bedarf es einer gesonderten Analyse, ob die Produktelimination doch einen *teilweisen* Abbau der Direktkosten einer globaleren Zurechnungsebene ermöglichen würde. (Z.B. sind Zinsen für das in Fertigungsmaschinen gebundene Kapital – wenn auf den Anlagen wechselnde Erzeugungsabläufe stattfinden – zwar keine Einzelkosten der Periodenmenge eines bestimmten Produktes, sondern höchstens einer Produktgruppe. Dennoch kann es sein, daß der Verzicht auf einen Erzeugnistyp den Verkauf eines Teils der Anlagen und entsprechende Fixkostenminderungen zuläßt. Diese Überlegung wäre im Anschluß an die »normale« Deckungsbeitragsanalyse zusätzlich zu berücksichtigen.)

Die Trennung in beschäftigungsvariable und in fixe Kosten wird bei dem skizzierten Denkansatz wohl vorgenommen. Die Beispiele haben aber gezeigt, daß fixe Beträge keinesfalls in einem völlig unverteilten Block zusammengefaßt bleiben, sondern bei einer Reihe von Untersuchungsobjekten relative Einzelkosten darstellen und den hierfür errechneten Deckungsbeitrag verringern.

An Deckungsbeitragsrechnungen anknüpfende Verlustquellenanalysen haben heute in der Praxis bereits merkliche Verbreitung gefunden, wenn dabei auch die zu kontrollierenden Zurechnungsobjekte sowie die relevanten Erlös-Kosten-Differenzen inhaltlich verschieden festgelegt werden. Verhältnismäßig üblich ist die Variante des sog. *Direct Costing*, die in erster Linie auf Produktbeurteilungen – evtl. ergänzt durch gebiets- oder kundenweise Gliederungen des Produktabsatzes – abstellt und beschäftigungs*variable* Kosten grundsätzlich auf die Artikel bezieht.

Um nur ein Anwendungsbeispiel zu nennen, das nicht auf eine spezielle Unternehmung beschränkt ist, seien die sortiments-, abnehmer- und gebietsorientierten Datenaufbereitungen erwähnt, wie sie die DbO (Aktiengesellschaft für Datenverarbeitung und betriebswirtschaftliche Organisation) als partielle Informationssysteme MESORT, MEGROS und MEREG anbietet. Die periodisch ausgedruckten Berichte, die im übrigen auch nach organisatorischen Zuständigkeitsbereichen wie Verkaufsdirektor – Verkaufsgruppenleiter – Verkäufer differenzieren, heben Planabweichungen bzw. Rückgänge gegenüber Vergleichzeiträumen besonders hervor (vgl. auch *H. Becker*, 1974).

Meldeprogramme dieser Art haben die Aufgabe, Detailüberlegungen hinsichtlich der Abstellbarkeit bestimmter Verlustquellen auszulösen. Es kann sich dabei um eine durchgreifende Elimination (z.B. von besonders erfolgsschwachen Artikeln) oder um kostensenkende bzw. erlössteigernde Teileingriffe handeln (etwa Rabattentfall für Kleinaufträge; Reduktion der Besuchshäufigkeit bei Kunden mit geringem Abnahmepotential; Budgeteinschränkung für einzelne organisatorische Stellenbereiche usw.). Falls es gelingt, für spezielle Absatz*instrumente* außer deren Kosten noch die Umsatzwirkung abzuschätzen, ergibt die Verlustquellenanalyse auch relativ eingehende Hinweise zu einer erfolgssteigernden Änderung des Marketing-Mix.

Freilich ist die Frage nach den konkret zu ergreifenden *Gegenmaßnahmen* komplexer als die rechnerische Feststellung der Verlustquelle. Letztere liefert lediglich die Warninformation. Deshalb schlägt *P. Kotler* (1965) für etwaige Produkteliminationen einen mehrphasigen Entscheidungsablauf vor, der mit erlös- und kostenrechnerischen Routinen sowie mit einer Auflistung der zweifelhaften Artikel beginnt. Die Entscheidungsträger können dann eine Reihe zusätzlicher qualitativer Gesichtspunkte – z.B. die Frage nach dem künftigen Absatzpotential des Artikels oder nach den Aussichten einer Produktmodifikation – anhand einer

Checkliste überprüfen und in Punktwerten zum Ausdruck bringen. Der hieraus zusammenfassend ableitbare »Product Retention Index« bildet die ergänzende Grundlage für den eigentlichen Eliminations- oder Beibehaltungsentschluß.

Es ist schließlich noch besonders zu betonen, daß absolute Deckungsbeiträge unvollständige Informationen darstellen, wenn das untersuchte Zurechnungsobjekt betriebliche *Engpässe* (z. B. knappe Maschinenstunden) in Anspruch nimmt. In diesem Fall gibt erst die Verhältniszahl »Deckungsbeitrag/benötigte Engpaßeinheiten«, als *spezifischer* Deckungsbeitrag bezeichnet, zutreffenden Aufschluß über die Erfolgsergiebigkeit. Eine besondere Form dieser Quotientenbildung stellt die im folgenden erwähnte Rentabilitätsanalyse dar.

3.3. Rentabilitätsrechnungen

Die Beziehung zwischen Erfolgsgrößen und dem eingesetzten Kapital, auch »*Return on Investment (ROI)*« genannt, spielt vor allem für die Kontrolle organisatorischer Teileinheiten einer Unternehmung eine Rolle. Insbesondere bei einer Gliederung nach Sparten (Geschäftsbereichen, Divisions), aber ebenso im Hinblick auf andere Verantwortungsbereiche wie z. B. unternehmenseigene Verkaufsfilialen eines Herstellers, wird die wirtschaftliche Ergiebigkeit nach Rentabilitäts-Kennzahlen beurteilt.

Während für eine Gesamtunternehmung das Verhältnis »Nettogewinn (zuzüglich erfolgswirksam verrechneter Zinsen)/Gesamtkapital« aussagefähig ist, sind jedoch für Teilanalysen Modifikationen des Zählers und des Nenners vorzunehmen: Da den einzelnen Stellen, Abteilungen oder Geschäftsbereichen Nettoergebnisse i.S. einer Vollkostenverteilung nicht ohne gewisse Willkürlichkeit zugemessen werden können, empfiehlt es sich, von Deckungsbeiträgen gemäß den Grundsätzen der relativen Einzelkosten- und Erlösrechnung auszugehen. Diese unmittelbar im zuständigen Verantwortungsbereich anfallenden Bruttogewinne werden dann auch nur auf jenen Kapitaleinsatz bezogen, der eindeutig durch die Errichtung und Tätigkeit des betreffenden Organisationsteils veranlaßt ist. Einer Verkaufsgebietsleitung würde beispielsweise das in regionalen Bürogebäuden, Außenlägern und Fuhrparkeinheiten gebundene Kapital zugerechnet; nicht hingegen die in zentralen Verwaltungen und Fabrikationsstätten der Unternehmung investierten Beträge, es sei denn, daß sich eine alleinige Inanspruchnahme bestimmter zentraler Kapitalbindungen zweifelsfrei für das einzelne Verkaufsgebiet nachweisen ließe.

Die so ermittelten ROI-Größen sind freilich nicht als partielle Rentabilitäten, deren Zusammenfassung zu einem Durchschnittssatz dann der Rendite der Gesamtunternehmung entsprechen würde, zu deuten. Es geht ja nur darum, ausgewählte Ausschnitte des absatzwirtschaftlichen Entscheidungszusammenhanges danach zu beurteilen, wie die speziell dort eingesetzten knappen Kapitalmittel für die Erzielung von direkt zuordenbaren Erlös-Kosten-Überschüssen genutzt werden. Diese Information ist der Suche nach Verlustquellen dienlicher als durchschnittliche Verteilungsrechnungen auf Schlüsselgrundlagen, die den wirklichen Ergebnis*einfluß* des Kontrollobjekts (z.B. einer verantwortlichen Instanz) nicht klar erkennbar machen. Die von Rentabilitäts-Kennzahlen ausgehende Verlustquellenanalyse besitzt verhältnismäßig geringe Aussagekraft für absatzwirtschaftliche Tatbestände, denen nur geringe Beträge des Kapitaleinsatzes eindeutig zumeßbar sind. Im Gegensatz zu manchen Teilbereichen der Marketing-Organisation gilt diese Schwierigkeit weitgehend für Kundengruppen und Auftragsklassen. Ebenso sind die Möglichkeiten zu periodischen ROI-Rechnungen für bestimmte Produkte recht begrenzt, wiewohl sich hier unter Umständen manche Kapitalbindungen in Lägern, spezialisierten Fertigungsanlagen usw. sinnvoll zuordnen lassen.

4. Zur zeitlichen Entwicklung von Verlustquellen

Abschließend ist noch darauf hinzuweisen, daß der *Zeitreihenanalyse* zusammen mit den vorstehend beschriebenen Untersuchungstechniken große Bedeutung zukommt. Für eine mittel- bis längerfristige Vorausschau genügt es nicht, die nach Entscheidungsgegenständen, -trägern und -variablen aufgegliederten Ergebnisse nur für den letzten Kontrollzeitraum zu überprüfen. Oft sind nämlich solche Einperioden-Daten, für sich allein genommen, noch durchaus zufriedenstellend, während erst die Auswertung einer Periodenfolge rückläufige Entwicklungs-*Tendenzen* deutlich macht.

Ohne das Konzept des sog. *Produkt-Lebenszyklus* in seiner Voraussagefähigkeit überschätzen zu wollen, kann man es im vorliegenden Zusammenhang als Beispiel anführen: Ein Artikel möge nach wie vor recht befriedigende Umsatzwerte aufweisen, die im Vergleich zu den Vorjahren sogar gestiegen sind. Die Zuwachs*raten* aber nehmen seit einiger Zeit merklich ab, so daß – zumal der Deckungsbeitrag pro Periode neuerdings schon einen absoluten Rückgang zeigt – ein Eintritt des Produkts in seine sog. »Sättigungs-« und schließlich »Absterbephase« zu befürchten scheint, falls keine wirkungsvolle Konzeptionsänderung erfolgt. Hier wird die eingehende Zeitreihenanalyse, verbunden mit grundsätzlichen Verlaufsannahmen, zum Frühwarninstrument hinsichtlich gravierender Einbußen.

Hinweise auf künftige Verlustquellen können sich auch aus *nichtmonetären* Marktdaten ergeben, soweit sie einen Indikator für die zeitlich nachfolgenden Absatzmöglichkeiten darstellen. So sind etwa niedrige Produkt-*Bekanntheitsgrade* in einzelnen Verkaufsregionen oder die laut Nielsen-Index geringe *Vorratshaltung* für bestimmte Markenartikel bei wichtigen Handelsorganisationen Anzeichen dafür, daß diese Gebiete bzw. Kundengruppen bald unzureichende Erfolgsbeiträge erbringen werden, wenn keine rechtzeitigen Maßnahmen zur Abwendung der Gefahr stattfinden.

Derartige Marktangaben ergänzen, soweit sie in regelmäßigen Zeitabständen verfügbar sind, die periodische Analyse der betriebsinternen Rechnungsunterlagen. Sie erleichtern es, drohende Erfolgsbeeinträchtigungen vorauszuschätzen.

Literatur

Becker, H. (1974): Information nach Maß. Düsseldorf, Wien 1974.
Dichtl, E. (1970): Die Beurteilung der Erfolgsträchtigkeit eines Produktes als Grundlage der Gestaltung des Produktionsprogramms. Berlin 1970.
Geist, M. (1963): Selektive Absatzpolitik auf der Grundlage der Absatzsegmentrechnung. Stuttgart 1963.
Hamelman, P. W. / Mazze, E. M. (1972): Improving Product Abandonment Decisions. In: Journal of Marketing, Vol.36, (April) 1972, S. 20–26.
Henzel, F. (1951): Verlustquellen in der Industrie. Wiesbaden 1951.
v. Kortzfleisch, G. (1964): Kostenquellenrechnung in wachsenden Industrieunternehmen. In: Zeitschrift für betriebswirtschaftliche Forschung, 16. Jg., 1964, S. 318–328.
Kotler, P. (1965): Phasing Out Weak Products. In: Harvard Business Review, Vol. 43, (March-April) 1965, S. 107–118.
Kotler, P. (1974): Marketing During Periods of Shortage. In: Journal of Marketing, Vol. 38,(July) 1974, S. 20–29.
Lambin, J.-J. (1972): A Computer On-Line Marketing Mix Model. In: Journal of Marketing Research, Vol. IX, (May) 1972, S. 119–126.
Meyer, C. W. / Hansen, H. R. (1973): Vertriebsinformatik. Berlin, New York 1973.
Riebel, P. (1972): Einzelkosten- und Deckungsbeitragsrechnung. Grundfragen einer markt- und entscheidungsorientierten Unternehmerrechnung. Opladen 1972.
Viel, J. (1966): Die betriebswirtschaftlichen Risiken und Verlustquellen. Zürich 1966.

V. Die Nutzung des Rechnungswesens für Marketing-Entscheidungen und -Kontrollen

A. Einführung*

1. Zum Verhältnis von Marketing und Rechnungswesen

Marketing und Rechnungswesen sind Aufgabenbereiche, zwischen denen oft eine zu strikte Trennungslinie gezogen wird: Marketing gilt als Inbegriff eines »außenorientierten« Denkansatzes, der sich in erster Linie auf Marktuntersuchungen stützt und diese kreativ für die Entwicklung von Angebotsstrategien auswertet. Dem Rechungswesen wird hingegen häufig eine überwiegend »innenorientierte«, administrative Rolle zugewiesen.

Diese Rollenaufteilung scheint durch manche organisatorische Regelung bekräftigt, wonach die Zuständigkeit für rechnungstechnische Fragen einseitig bei den Verwaltungsressorts liegt.

Von den sachlichen Problemstellungen her läßt sich jedoch eine so weitgehende Trennung der beiden Bereiche nicht aufrechterhalten. Marketing schließt, als unternehmenspolitische Konzeption verstanden, selbstverständlich die systematische Nutzung innerbetrieblichen Datenmaterials für marktgerichtete Entscheidungen und Ergebniskontrollen mit ein.

Das Rechnungswesen andererseits braucht sich nicht unbedingt auf die Verarbeitung intern gewonnener Daten zu beschränken. Es kann auch externe Informationen – die womöglich bereits in maschinenlesbarer Form erworben werden – einbeziehen, um sie mit Zahlen aus der Innensphäre zu kombinieren. Beispiel: Haushaltspaneldaten, die den Absatz eines über den Handel vertriebenen Produktes nach bestimmten Konsumentengruppen aufgliedern, werden mit ebenso gruppierten Angaben über Kosten der Direktwerbung verglichen.

In diesem Sinne wird hier *das Rechnungswesen als Instrument verstanden, das zur zahlenmäßigen Abbildung wirtschaftlich relevanter Sachverhalte innerhalb des Betriebes sowie im Verhältnis des Betriebes zu seiner Umwelt dient.*

Soll dieses Instrument gezielt für Marketing-Entscheidungen eingesetzt werden, so gelingt dies am ehesten, wenn Marketing-Ressorts von sich aus ihre besonderen Planungs- und Kontrollprobleme und ihren Informationsbedarf darlegen, d.h. aktiv auf die problemgerechte Bereitstellung von Rechnungsdaten hinwirken. Marketing-Ressorts sollten sich also in diesem Punkt nicht nur passiv »verwalten lassen«.

---

* Ursprünglich erschienen in: Marketing Journal, 9.Jg., 1976, S. 267 – 271.

2. Teilgebiete des Rechnungswesens

Nach dem grundsätzlichen Sachinhalt der Informationen wird das Rechnungswesen eingeteilt in:

- Finanzrechnungen,
- Erfolgsrechnungen,
- Vermögens- und Kapitalrechnungen,
- sonstige statistische Rechnungen.

Finanzrechnungen geben vergangene oder erwartete Zugänge und Abgänge an Zahlungsmitteln wieder. Sie dienen zur Überwachung der Liquidität, die nur erfüllt ist, wenn Anfangsbestand plus Zugänge an Zahlungsmitteln jederzeit zur Deckung der zwingend erforderlichen Zahlungsmittelabgänge ausreichen.

Für Marketing-Entscheidungen sind Finanzrechnungen immer dann relevant, wenn die Wahl bzw. der differenzierte Einsatz absatzpolitischer Maßnahmen unmittelbar zur Liquiditätssicherung beitragen soll. Beispielsweise kann man Kundengruppen nach ihren Zahlungsgepflogenheiten (durchschnittliche Zeitspanne zwischen Rechnungsausgang und Geldeingang) einteilen. Anhand dieser rechnerischen Grundlage läßt sich dann überprüfen, inwieweit es zweckmäßig erscheint, durch Konditionenanreize eine Vorverlagerung von Zahlungsmittelzuflüssen zu versuchen.

Erfolgsrechnungen orientieren sich in erster Linie am Gewinnziel. Dabei ist zu unterscheiden, ob nur die im engeren Sinne betriebszweckbedingten Erfolge oder auch alle übrigen, »neutralen« Wertveränderungen (z.B. Kursverluste im Wertpapierankauf und -verkauf eines Industriebetriebes) erfaßt werden sollen. Im ersteren Falle handelt es sich um sog. *Kosten- und Leistungsrechnungen*. Bei Einbezug »neutraler« Wertzuwächse oder -einbußen liegen sog. *Aufwands- und Ertragsrechnungen* vor, die sich von Kosten-/Leistungsanalysen im übrigen auch durch eine teilweise abweichende Bewertung der Erfolgsfaktoren abheben.

Für eine erfolgsorientierte Marketing-Planung und Marketing-Kontrolle stehen Kosten- und Leistungsrechnungen im Mittelpunkt. Sie untersuchen den Erfolgsbeitrag bestimmter Produkte oder Aufträge sowie anderer Gewinn- bzw. Verlustquellen, wie sie weiter unten noch näher gekennzeichnet werden.

Vermögens- und Kapitalrechnungen gewinnen aus der Sicht des Marketing Bedeutung, wenn organisatorisch Teileinheiten nach absatzwirtschaftlichen Merkmalen gebildet worden sind, um für sie gesonderte Gewinn- und Renditeberechnungen durchzuführen.

Dies trifft z.B. für Geschäftsbereiche (Sparten) zu, die – nach Produktgruppen oder Kundengruppen abgegrenzt – als sog. Profit- und Investment-Center behandelt werden. Ähnliches gilt für Verkaufsfilialen eines Anbieters. Die Angabe der Rendite (Return on Investment) pro Sparte oder Verkaufsniederlassung setzt eine Ermittlung des dort gebundenen Kapitals voraus.

Sonstige statistische Rechnungen beinhalten innerbetrieblich bereitstellbare Daten, soweit sie nicht schon in den vorgenannten Rechnungszweigen erfaßt sind (z.B. Angaben über die Besuchshäufigkeit des Verkaufsaußendienstes bei verschiedenen Kundenkategorien). *Außerdem können sie extern verfügbare Marktinformationen einbeziehen* und mit internen Daten – auch mit solchen aus den üblichen Finanz-, Erfolgs- und Beständerechnungen – verknüpfen.

Ein Beispiel sind Analysen, in denen Angaben über Konkurrenzaktivitäten (wie Werbeausgaben der Mitanbieter usw.) und andere Umweltdaten, etwa Bevölkerungs- und Kaufkraftkennzahlen, mit unternehmenseigenen Rechnungsgrößen (eigene Werbeausgaben u.ä.) verbunden werden, um so mit der Zeit eine statistische Grundlage zur Vorausschätzung von Nachfrageentwicklungen zu gewinnen.

Es dürfte in Zukunft zur Entscheidungsvorbereitung im Marketing immer wichtiger werden, marktseitige Informationen in regelmäßig auszuwertende Dateien des Rechnungswesens zu integrieren.

3. Auswertungskriterien aus der Sicht des Marketing

Zahlenmaterial aus den erwähnten Zweigen des Rechnungswesens gewinnt an Aussagekraft für das Marketing, wenn es je nach Art der Entscheidungsaufgabe bestimmten absatzwirtschaftlichen Bezugsgrößen zugeordnet wird. Dabei kommen vor allem die folgenden vier Zuordnungsebenen in Frage.

- Absatzobjekte:
  Produkte, Produktgruppen, gesamte Bestellpositionen eines Auftrags;
- Marktsegmente:
  nach absatzrelevanten Merkmalen unterschiedene Kundengruppen; auch regionale Marktausschnitte wie Verkaufsgebiete;
- Marketing-Aktivitäten:
  Produkt- und Sortimentsgestaltung, Werbung und sonstige Kommunikationsmaßnahmen, Preispolitik, Wahl der Absatzwege, Außendiensteinsatz und physische Distribution;
- Teileinheiten der betrieblichen Marketing-Organisation:
  z. B. Sparten, Funktionskostenstellen.

In der Praxis bleibt im Einzelfall festzulegen, welche dieser möglichen Auswertungsgesichtspunkte für Marketing-Planungen und -Kontrollen der eigenen Unternehmung besonders interessieren. *Den für Marketing bzw. Vertrieb/Verkauf zuständigen Stellen obliegt die Initiative, entsprechende Informationswünsche mit den Ressorts des allgemeinen Finanz- und Rechnungswesens* sowie mit den Organisations- und EDV-Abteilungen *abzusprechen*.

In den Fortsetzungsbeiträgen dieser Aufsatzserie wird untersucht, welche Entscheidungshilfen das Rechnungswesen für die Produktpolitik, die Preispolitik, die Werbe- und Verkaufsförderungspolitik, die Steuerung des Außendienstes sowie zur Kostensenkung bei der physischen Distribution liefern kann. Damit sind in erster Linie die oben dargestellten Bezugsebenen »Marketing-Aktivitäten« und »Absatz-Objekte« angesprochen. Im übrigen besteht aber eine enge Verzahnung (teilweise auch Überlappung) aller vier Betrachtungsdimensionen.

Ebenso weisen die vier besprochenen Teilbereiche des Rechnungswesens untereinander enge Verknüpfungen auf. So bilden z. B. Finanz-, Vermögens-/Kapital- und Erfolgsrechnungen ein Gesamtsystem, in dem sich Saldogrößen des einen Rechnungszweiges wiederum in anderen Teilanalysen widerspiegeln (etwa Gewinne als Überschuß im Rahmen der Erfolgsermittlung einerseits, als Kapitalzuwachs andererseits).

4. Anforderungen an die innerbetriebliche Kommunikation

Werden für das Marketing spezielle Datenaufbereitungen aus dem Rechnungswesen erwartet, die über Standardauswertungen im Rahmen gesetzlicher Vorschriften und üblicher Kalkulationen hinausgehen, so setzt dies besondere Kommunikations- und Abstimmungsmaßnahmen innerhalb der Unternehmung voraus. *Die mit absatzwirtschaftlichen Aufgaben befaßten Ressorts müssen ihre typischen Entscheidungs- und Kontrollprobleme* so verständlich machen, daß sich klare Anhaltspunkte für eine dementsprechende Datenorganisation ergeben. Hierfür empfiehlt sich eine fest umrissene Systematik des Vorgehens, wie sie im folgenden Abschnitt vorgestellt wird.

Hilfreich ist es im übrigen, wenn andererseits *im Rechnungswesen* und in der Datenverarbeitung *besondere organisatorische Verbindungsstellen zum Marketing* geschaffen werden. In manchen Unternehmungen sind in diesem Sinne Spezialisten der administrativen Abteilungen ganz bestimmten Bereichen des Informationsbedarfs (wie Marketing bzw. Verkauf, Fertigung usw.) als ständige Berater zugeordnet. Sie üben gewissermaßen die Funktion eines »Produktgruppen-Managers für innerbetriebliche Serviceleistungen« aus.

5. Sieben Schritte zur Nutzung des Rechnungswesens

Nachstehend wird eine *7-Stufen-Systematik* dargestellt, die dem Entscheidungsablauf für verschiedenste Teilaufgaben des Marketing zugrunde gelegt werden kann, wenn es um Koordinationen mit dem Rechnungswesen geht. Die sieben Schritte (PROZEDERE) lauten:

- **Pro**blemstellungen des jeweiligen Marketing-Teilgebietes definieren,
- **Z**ielkriterien angeben,
- **E**ntscheidungsrelevante Rechnungsinformationen kennzeichnen,
- **D**atenbestände auswertungsgerecht organisieren,
- **E**ntscheidungskalküle zur Bewertung von Handlungsstrategien anwenden,
- **R**ückkopplung rechtzeitiger Kontrollmitteilungen sicherstellen,
- **E**ingriffsmöglichkeiten zur Korrektur von Plan-Ist-Abweichungen untersuchen.

Im Grundsatz gilt dazu folgendes:

5.1. Problemstellungen des jeweiligen Marketing-Teilgebietes definieren

Hierbei geht es um eine *Auflistung typischer Entscheidungs- und Kontrollfragen*, wie sie für die Produkt- bzw. Sortimentspolitik, Kommunikationspolitik, Preisgestaltung usw. der Unternehmung wiederholt vorkommen können. Eine derartige Checklist bildet den ersten Ansatzpunkt für die systematische Feststellung des laufenden Bedarfs an Rechnungsinformationen. Sie verdeutlicht außerdem, welche der vier absatzwirtschaftlichen Zurechnungsebenen berücksichtigt werden müssen.

Dazu ein Beispiel: Als typisch wiederkehrender sortimentspolitischer Gesichtspunkt kommt etwa die Überprüfung «eliminationsverdächtiger« Produkte, die keinen befriedigenden Erfolgsbeitrag erbringen, in Betracht. Die für solche Analysen wichtigen Daten des Rechnungswesens sind genauer in einem weiteren Schritt zu bestimmen. Bereits bei der allgemeinen Definition des Problems ist aber abzusehen, ob man Auswertungsmöglichkeiten nach verschiedenen Zurechnungsdimensionen wünscht. So ist zwar primäre Bezugsgröße für diese Rechnung das Produkt selbst (= Absatzobjekt). Es kann aber sehr aufschlußreich sein, die Erfolgsbeiträge des Artikels einmal nach verschiedenen Abnehmergruppen getrennt zu untersuchen (= Marktsegmente). Erst dann läßt sich fundiert beurteilen, ob sich die gänzliche Streichung des Produktes oder eine grundsätzliche Beibehaltung mit differenzierten Maßnahmen gegenüber den verschiedenen Abnehmergruppen – z. B. Konditionenanpassung an unterschiedliche Vertriebskosten – empfiehlt (= Wahl der Marketing-Aktivitäten).

5.2. Zielkriterien angeben

Ohne Angabe quantifizierbarer Entscheidungs-Ziele ist es nicht möglich, die wirklich benötigten Rechnungsgrößen hinreichend genau zu kennzeichnen. Beim Auflisten der typischen Entscheidungsprobleme ist daher anzufügen, welche Kriterien aus dem Katalog denkbarer Kosten-, Umsatz-, Marktanteils-, Gewinnziele, Liquiditätsbedingungen usw. jeweils im Vordergrund stehen. Selbstverständlich können dabei auch kombinierte Ziele zum Zuge kommen, wie etwa das Streben nach Marktanteilssteigerung unter Einhaltung von Mindestgewinnen.

Der Zielinhalt bestimmt nicht nur, welche Daten des Rechnungswesens entscheidungsrelevant sind; von ihm hängt es ebenso mit ab, welche Kalküle zur Bewertung unterschiedlicher Handlungsstrategien in Frage kommen.

5.3. Entscheidungsrelevante Rechnungsinformationen kennzeichnen

Diese Untersuchungsphase stellt das wichtigste Verbindungsglied zwischen der Marketing-Planung und einem für absatzwirtschaftliche Zwecke aussagefähigen Rechnungswesen dar. Feststellung der »Entscheidungsrelevanz« bedeutet:

Kostenarten, Erlöse, Zahlungsmittelströme, Kapitaleinsatz und sonstige Rechnungsgrößen sind daraufhin zu analysieren, ob sie sich durch Maßnahmen eines bestimmten Entscheidungstyps ändern oder davon unberührt bleiben.

Beispielsweise ist es bei nicht voll ausgelasteten Kapazitäten für die Annahme oder Ablehnung eines Zusatzauftrages zu bestimmtem Preis wichtig, den Erlöszuwachs nur der spezifisch auftragsbedingten Kostenzunahme gegenüberzustellen. Ebenso kommt es bei der Streichung oder Neuaufnahme von Produkten in der Sortimentspolitik darauf an, die geschätzten Veränderungen des Gesamterlöses mit den erwarteten entscheidungsabhängigen Kostenab- oder -zunahmen (nicht mit allgemeinen Durchschnittssätzen) zu vergleichen.

Man kann in diesem Sinne, wenn es um Entscheidungsanalysen geht, von einem *Grundsatz der Veränderungsrechnung* sprechen; d.h. daß Daten, die von der Maßnahmenwahl ohnehin unberührt bleiben, in das entscheidungslenkende Zahlenmaterial (Alternativenvergleich) nicht eingehen.

Unter diesem Blickwinkel ist u.a. die Brauchbarkeit von Vollkostenrechnungen oder Teilkostenrechnungen für verschiedene Arten von Entscheidungsaufgaben abzuwägen. Hierauf wird bei den weiteren Aufsätzen dieser Folge immer wieder zurückgekommen.

Ganz allgemein läßt sich sagen, daß die Kennzeichnung der entscheidungsrelevanten Rechnungsgrößen ohne unmittelbare Mitsprache der betroffenen Fachressorts oft unzulänglich ausfällt. Wollen die Entscheidungsinstanzen des Marketing-Bereiches vermeiden, auf Datenmaterial angewiesen zu sein, dessen Bestandteile und Errechnungsgrundsätze sie im einzelnen nicht kennen, so müssen sie sich selbst mit dem gegenwärtigen Stand der Rechnungstechniken vertraut machen und bei ihrer zweckentsprechenden Anwendung mitwirken.

5.4. Datenbestände auswertungsgerecht organisieren

Die im dritten Untersuchungsschritt zu klärenden Relevanzgesichtspunkte betreffen zugleich die Wahl der *Ordnungsmerkmale, die für eine auswertungsbezogene Datenkennzeichnung geeignet sind.*

So sind z.B. Kostenarten gemäß ihrer Veränderlichkeit oder Fixkosteneigenschaft charakterisierbar, wobei sich variable Kosten außerdem nach ihrem Haupteinflußfaktor (umsatzabhängig, fertigungsmengenabhängig usw.) unterteilen lassen.

Darüber hinaus ergeben sich aber auch aus den gewünschten Zurechnungsebenen wichtige Ordnungsmerkmale: Bereits bei der Datenerfassung wird – wie in der Kostenstellenrechnung üblich – die organisatorische Teileinheit festgehalten, der das Zahlenmaterial ohne mehr oder weniger willkürliche Schlüsselung zuzuordnen ist. Ähnlich kommen als Ordnungskriterien auch Produkte oder Produktgruppen, Kundengruppen oder Verkaufsgebiete sowie bestimmte Aktivitätsbereiche wie etwa die Direktwerbung in Frage, soweit eine unmittelbare Zurechnung der Daten auf diese Bezugsgrößen durchführbar ist.

Somit kommen *zwei Arten von Ordnungsmerkmalen für die Datenkennzeichnung* vor: Angaben über »Verhaltens«-Eigenschaften der Rechnungsgrößen einerseits (fix, variabel, ausgabenwirksam usw.) und über Möglichkeiten des direkten Auswertungsbezugs andererseits. Beide Merkmalsarten können kombiniert zur Datenklassifikation herangezogen werden (z. B. variable oder fixe Vertriebskosten pro Kundengruppe A).

Die hier angedeutete Konzeption eines für Marketing-Analysen vielseitig geeigneten Rechnungswesens stellt besondere Anforderungen an die Datenorganisation, worauf jedoch an dieser Stelle nicht im einzelnen eingegangen werden kann.[1]

5.5. Entscheidungskalküle zur Bewertung von Handlungsstrategien anwenden

Für manche Teilgebiete des Marketing-Mix sind in jüngerer Zeit *mathematische Verfahren* entwickelt worden, die sich auch im praktischen Einsatz bewährt haben. Sie *gestatten die Ermittlung der zielentsprechenden (optimalen) Handlungsstrategie, oder sie erleichtern zumindest das rasche Auffinden zufriedenstellender Lösungen* bei der Wahl der Marketing-Maßnahmen.

Vor allem in den Aufgabenbereichen der physischen Distribution, der kurzfristigen Gestaltung des Produktions- und Absatzsortiments und teilweise auch der Werbung (Mediaselektion) stehen solche Kalküle zur Verfügung. Für manche andere Fragestellungen fehlt es zwar an umfassend angelegten und zugleich praktikablen Lösungstechniken; immerhin gibt es aber auch in solchen Fällen gewisse Verfahrenshilfen für den systematischen Vergleich von Handlungsalternativen nach ausgewählten Beurteilungsmaßstäben (z.B. die bekannte Breakeven-Analyse).

Die Anwendbarkeit sogenannter Entscheidungsmodelle hängt von zweierlei ab: Zum einen muß ihr formaler Ansatz den tatsächlich verfolgten Entscheidungszielen entsprechen (s. 2. Untersuchungsschritt). Zum anderen kommt es ausschlaggebend darauf an, daß das zum konkreten Durchrechnen erforderliche Datenmaterial bereitgestellt werden kann. Hierin besteht die enge Verflechtung mit den Untersuchungsschritten 3 und 4.

5.6. Rückkopplung rechtzeitiger Kontrollmitteilungen sicherstellen

Das Rechnungswesen bietet Grundlagen für vorausschauende Marketing-Entscheidungen wie auch für nachträgliche Ergebniskontrollen, die am Anfang eines neuen Planungszyklus stehen. Grundsätzlich richtet sich die Gliederung von Kontrolldaten nach denselben Zuordungskriterien wie bei den vorangegangenen Planungsrechnungen. Hieran kann die Kontrollkonzeption des sog. Management by Exception anknüpfen; sie sieht eine Rückmeldung von Plan-Ist-Differenzen an übergeordnete Führungsinstanzen im einzelnen nur für jene Bezugsgrößen (Produkte, Kunden usw.) vor, bei denen die Abweichungen bestimmte Toleranzgrenzen überschreiten.

Die Bestrebungen beim Aufbau von Marketing-Informationssystemen zielen u. a. darauf ab, *Kontrollmitteilungen so rechtzeitig bereitzustellen, daß Planungsfehler noch korrigierbar sind.* Dies ist nicht zuletzt ein Problem der verarbeitungsgerechten Datenerfassung und Dateiorganisation.

5.7. Eingriffsmöglichkeiten zur Korrektur von Plan-Ist-Abweichungen untersuchen

Mit dieser Phase wird bereits zu einem neuen Entscheidungsablauf übergeleitet, der wiederum den unter 5.1. – 5.6. besprochenen Gesichtspunkten unterliegt. Allerdings lassen sich diese korrigierenden Eingriffe zum Teil durch eine Eventualplanung vorstrukturieren: Man errechnet z. B. die gewinngünstigste Mengenzusammensetzung des Angebotssortiments bei begrenzten Herstellungskapazitäten, wobei wahrscheinlichste Schätzungen der erzielbaren Preise und der Kosten zugrunde liegen. Für andere denkbare Preis- und Kostenkonstellationen werden Zusatzrechnungen durchgeführt, um eventuell erforderliche Maßnahmenänderungen auf diese Weise schon vorweg zu bedenken.

Anmerkungen

1) Vgl. beispielsweise (mit Anwendungsbezug zum Marketing):
Benedicic, W. (1972): Datenbanken. In: Der Markt, H.42, 1972, S. 48–57.
Gahse, S. (1971): Systeme der integrierten Datenverarbeitung. Verkauf. München 1971, S. 86ff.
Kyle, P.W. (1971): A Data Base for a Marketing Information System. In: European Journal of Marketing, Vol.5, No.2, 1971, S. 22–29.
Peemöller, V.H. (1974): Datenbanken im Marketing. In: Marketing Enzyklopädie, Bd.1, München 1974, S. 359–370.

B. Nutzen Sie Ihr Rechnungswesen im Marketing: Für die Produktpolitik*

Im Einführungsbeitrag zu dieser Serie »Nutzen Sie Ihr Rechnungswesen im Marketing« wurde ein *7-Stufen-PROZEDERE* entwickelt:

- **Pro**blemstellungen des jeweiligen Marketing-Teilgebietes definieren,
- **Z**ielkriterien angeben,
- **E**ntscheidungsrelevante Rechnungsinformationen kennzeichnen,
- **D**atenbestände auswertungsgerecht organisieren,
- **E**ntscheidungskalküle zur Bewertung von Handlungsalternativen anwenden,
- **R**ückkopplung rechtzeitiger Kontrollmitteilungen sicherstellen,
- **E**ingriffsmöglichkeiten zur Korrektur von Plan-Ist-Abweichungen untersuchen.

Nach diesem Grundmuster werden nun im folgenden Beitrag die Möglichkeiten der Nutzung von Rechnungsinformationen speziell für produktpolitische Entscheidungen behandelt.

1. Entscheidungssituationen in der Produktpolitik

Entscheidungen über das Produktangebot gliedern sich in einen längerfristig-strategischen und in einen taktischen Aufgabenbereich.

Strategische Entscheidungen:

- Einführung neuer Produkte,
- Produkt-Modifikation,
- Produkt-Elimination.

Taktische Entscheidungen:

Kurzfristige Mengenplanung innerhalb des gegebenen Sortiments:

- ohne internen Kapazitätsengpaß,
- bei einem Kapazitätsengpaß,
- bei mehreren Kapazitätsengpässen.

Der Begriff »Neue Produkte« schließt in diesem Zusammenhang die verschiedensten Neuartigkeitsstufen ein: von bloßen Varianten vorhandener Artikel bis hin zu ausgesprochenen Diversifikationsprodukten. Es muß sich aber aus der Sicht der Nachfrager um eine eigenständige (zusätzlich hinzukommende) »Produktpersönlichkeit« handeln; anderenfalls liegt lediglich eine Produkt-Modifikation vor.

Die rechnerischen Planungsprobleme sind bei allen Fällen der Einführung eines neuen Produktes – wie auch beim Relaunch eines geänderten Produktes – im wesentlichen die gleichen. Die Produkt-Modifikation wird deshalb im weiteren nicht gesondert behandelt.

Für die Zusammenarbeit zwischen Marketing und Rechnungswesen ist es wesentlich, daß *vom Marketing eine Liste der wiederkehrend anfallenden Planungs- und Kontrollprobleme erstellt* wird, *um den damit verbundenen Informationsbedarf zu spezifizieren.*

---

* Ursprünglich erschienen in: Marketing Journal, 9.Jg., 1976, S. 346–351 (Koautor: Herbert Uebele)

Eine solche Listung bietet sich *vor allem im Hinblick auf die taktischen Aufgabenbereiche* an. Denn hier muß in verhältnismäßig kurzen Zeitabständen immer wieder auf Erlös- und Kostendaten des laufenden Rechnungswesens zurückgegriffen werden. Eine solche taktische Fragestellung lautet etwa:

Welche Produkte tragen innerhalb des derzeitigen Sortiments am meisten (oder am wenigsten) zur Gewinnerzielung bei und verdienen deshalb besondere Aufmerksamkeit bei der Planung von Außendienstaktivitäten oder sonstigen verkaufsbeeinflussenden Maßnahmen?

Ebenso können aber auch *manche Erwägungen von strategischer Reichweite* durch regelmäßig aufbereitete Rechnungsinformationen unterstützt werden. Dies trifft z.B. für die Sortimentsbereinigung (Produkt-Elimination) zu, die ja einen Sonderfall der Auswertung laufender Erfolgsanalysen darstellt.

Hingegen lassen sich die Erfolgschancen *neu einzuführender oder modifizierter Produkte* nicht allein aufgrund standardisierter Datenaufbereitungen des laufenden Rechnungswesens abschätzen. Dazu sind Sonderanalysen erforderlich. Allerdings kann eine enge Abstimmung zwischen Marketing und Rechnungswesen sehr wohl dazu beitragen, daß diese Analysen im Einzelfall zielgerecht durchgeführt werden. So ist es beispielsweise wichtig, daß mit dem Rechnungswesen eine klare Trennung der bei neuen Produkten zusätzlich anfallenden Kosten von den etwa zugeschlüsselten Anteilen an bisher ohnehin schon gegebenen Gemeinkosten vereinbart wird.

2. Ziele der Produktpolitik

Ausgehend von den Schwerpunkten des herkömmlichen Rechnungswesens behandeln wir an dieser Stelle nur solche Ziele, die sich in Geldeinheiten oder Absatzmengen messen lassen.

Wenn auch für produktbezogene Planungen und Kontrollen ganz allgemein Gewinn- oder Rentabilitätsziele gelten können, so ist doch für die einzelnen Produktentscheidungen eine *genauere Angabe von Zielinhalt und Zielausmaß* erforderlich. Oft sind auch Hilfskriterien, die nur indirekt auf die Gewinnvorstellung verweisen, bedeutsam. Hierzu zählen z.B. Payoff-Perioden oder Zusatzbedingungen wie etwa Mindestabsatzmengen oder Mindestumsatzwerte für die einzelnen Artikel des Sortiments.

Das Rechnungswesen braucht also vom Marketing möglichst präzise Ziel-Kataloge. *Nur damit ist es möglich, die Datenaufbereitung den besonderen Auswertungszwecken anzupassen.* Anderenfalls besteht die Gefahr, daß z.B. produktbezogene Kosten-Informationen nach einem allgemeinen Zuschlagsschema geliefert werden, obgleich vielmehr die Absatzmenge interessiert, von der ab ein bestehender Fixkostenblock durch die erzielte Deckungsbeitragssumme ausgeglichen wird (Gewinnschwelle).

Ebenso könnte es bei mangelnder Verständigung über absatzwirtschaftliche Ziele vorkommen, daß ein kurzfristig gewinngünstiges Produktions- und Absatzprogramm errechnet wird, in dem relativ gewinnergiebige Produkte nur mit geringen Mengen vorgesehen sind, obwohl dem Marketing vielleicht gerade für diese Artikel Mindestabsatzmengen zur längerfristigen Marktdurchdringung und späteren Gewinnsteigerung notwendig erscheinen.

Schlußfolgerung: die Entscheidungsträger im Marketing müssen dem Rechnungswesen ihre Orientierungsmaßstäbe nennen. Dies sind die Ziele, die bei Produktentscheidungen angesteuert werden. Einige solcher Zielkriterien finden sich in der Übersicht am Ende dieses Beitrags.

3. Entscheidungsrelevante Informationen

Bereits im einführenden Aufsatz zu dieser Serie (S. 220) wurde auf einen wichtigen Umstand hingewiesen, auf den »Grundsatz der Veränderungsrechnung«. Dieser Grundsatz bedeutet: *für die Wahl zwischen verschiedenen Alternativen der Entscheidung sind alle durch die Entscheidung veränderlichen Größen – aber auch nur diese – ausschlaggebend.* Einige Beispiele für derartige Entscheidungsalternativen sind:

- neues Produkt einführen oder nicht,
- bestimmte bisherige Produkte eliminieren oder nicht,
- Mengenzusammensetzung des kurzfristigen Produktions- und Absatzprogrammes bei gegebenem Sortiment.

Der Grundsatz der Veränderungsrechnung verlangt insbesondere *eine Trennung der Kostenarten in zwei Bestandteile: einerseits fixe Kosten während des Betrachtungszeitraumes, andererseits variierende Kostenarten in Abhängigkeit von der Entscheidung.*

Ebenso wichtig – wenn auch praktisch oft nur grob schätzbar – sind *Veränderungen der Gesamt-Erlöse, wie sie mittelbar durch den Absatzverbund mehrerer Produkte im Programm hervorgerufen werden* können. So ist vor der Elimination eines erfolgsschwachen Produktes stets erst zu überlegen, ob durch diese Ausgliederung nicht der Umsatz anderer Programmbestandteile beeinträchtigt wird, so daß man das scheinbar verlustbringende Produkt gar nicht isoliert betrachten darf.

Derartige Verbund-Schätzungen sind zwischen den zuständigen Stellen des Marketing und des Rechnungswesens zu erörtern, um die richtige Kalkülauswahl und Datenbereitstellung zu gewährleisten. Gleiches gilt auch für Stellungnahmen zur vermutlichen Entscheidungsabhängigkeit oder Entscheidungsunabhängigkeit bestimmter Kostenkategorien.

Auf keinen Fall darf das Marketing Informationen vom Rechnungswesen übernehmen, die auf ein »normales« Ermittlungsschema zurückgehen und nicht speziell auf Einzelheiten der Entscheidungsaufgabe im Marketing zugeschnitten sind.

Welche Angaben des Rechnungswesens schließlich entscheidungsrelevant sind, hängt von den jeweiligen Zielen im Marketing ab. Wenn z. B. ein Neuprodukt-Projekt unter Renditeüberlegungen über mehrere Perioden beurteilt werden soll, so sind andere Daten bereitzustellen als bei einer Breakeven-Analyse, die lediglich die Erreichbarkeit der Gewinnschwelle innerhalb eines verhältnismäßig eng begrenzten Planungszeitraumes untersucht.

In der Übersicht am Ende dieses Beitrags sind die wichtigsten Rechnungsinformationen zusammengestellt. Sie wurden bezogen auf ausgewählte Problemstellungen und Zielsetzungen der Produktpolitik. Die in der rechten Spalte genannten Entscheidungskalküle werden im vorliegenden Aufsatz anhand von Beispielen erläutert. In der Übersicht ist im übrigen auf eine nähere Behandlung von Liquiditätsbedingungen verzichtet worden.

4. Die Daten müssen auswertungsgerecht abrufbar sein

Die Daten des Rechnungswesens müssen nach Ordnungskriterien gekennzeichnet sein, die die Entscheidungsrelevanz zeigen, also auf Entscheidungssituationen im Marketing abgestimmt sind. Dies gilt vor allem im Hinblick auf regelmäßig durchzuführende Artikel-Erfolgskontrollen und Programmplanungen.

Für die Produktpolitik spielt die konkrete Einteilung von Kostendaten nach dem Merkmalspaar »fix oder variabel« eine wesentliche Rolle. Gleiches gilt für die Angabe der Zurechnungsebene, auf der die Kostenart ohne Schlüsselung direkt zugeordnet werden kann: z.B. Produkteinheit, gesamte Absatzmenge des Produktes pro Periode, Produktgruppen, aber auch Kundengruppen oder Verkaufsgebiete, an die das Produkt abgesetzt worden ist.

Erst eine Datenorganisation nach diesen Ordnungskriterien schafft die Voraussetzungen dafür, daß die gewünschten Informationen gezielt und ohne Sonderrechnungen vom Marketing »abrufbar« sind. Gezielt bedeutet dabei: gemäß dem jeweiligen Auswertungszweck und Entscheidungskalkül.

Für viele Rechnungsgrößen verlangt dies eine Datenspeicherung nach mehreren möglichen Abrufmerkmalen. Dazu zwei Beispiele: Merkmal 1 »fixe Kosten«; Merkmal 2 »pro Monat direkt der Produktgruppe B zuordenbar, wie etwa das Gehalt eines Produkt-Managers«.[1]

5. Entscheidungsrechnungen für die Produktpolitik

Anhand eines Beispiels werden nun die gebräuchlichsten Rechnungsverfahren und die dabei bedeutsamen Rechnungsinformationen skizziert. Aus Gründen der übersichtlichen Darstellung wurde die tatsächliche Vielfalt und Größenordnung der Zahlenangaben stark vereinfacht.

5.1. Einführung eines neuen Produktes

Im Hinblick auf die Entscheidungssituation »Einführung neuer Produkte« wurde bereits darauf hingewiesen, daß mit dem Rechnungswesen eine klare Trennung der bei neuen Produkten zusätzlich anfallenden Kosten von den etwa zugeschlüsselten Anteilen an bisher ohnehin schon gegebenen Gemeinkosten zu vereinbaren ist. Ferner wurde darauf aufmerksam gemacht, daß die vom Rechnungswesen zu liefernden Daten von den Zielen des Marketing abhängen; z.B.: Renditeüberlegungen über mehrere Perioden oder kurzfristiges Erreichen einer Gewinnschwelle.

Im folgenden werden als »Arbeitshilfen« die Payoff-Rechnung und die Breakeven-Analyse erläutert. Als Schätzdaten für das neue Produkt »N« mögen folgende Angaben vorliegen:

In den nächsten Jahren durchschnittlich erzielbarer Verkaufspreis pro Stück $p = 12,-$
Pro Jahr durchschnittlich erwartete Absatzmenge $x = 1\,000\,\text{St.}$
Zu amortisierende einmalige Investitionen vor der Einführung (z.B. für Sonderwerkzeuge) $EI = 12\,000,-$
Jährlich von neuem anfallende Fixkosten (z.B. Gehälter) $JK_f = 1\,000,-$
Variable Kosten pro Stück $k_v = 5,-$

5.1.1. Die Payoff-Rechnung

Als Zielkriterium wird eine Payoff-Periode von maximal drei Jahren festgelegt. In dieser Zeit sollen die jährlichen Deckungsbeiträge $(p - k_v) x$, nach Abzug der revolvierend anfallenden Fixkosten, die Erstinvestitionssumme amortisiert haben.

$$\text{Payoff-Periode} = \frac{EI}{(p - k_v) \cdot x - JK_f} = \frac{12\,000}{(12 - 5) \cdot 1\,000 - 1\,000} = 2$$

Die Payoff-Periode beträgt also 2 Jahre; das Zielkriterium ist erfüllt.
Wenn nicht, wie im vorliegenden Beispiel, mit ungefähr pro Jahr gleichen p, k_v, x und JK_f

gerechnet werden kann, sind die jährlichen Beträge im Nenner so lange schrittweise zu summieren, bis der gesamte Quotient den Wert 1 annimmt. In diesem Fall entspricht die Anzahl der Schritte (= Jahre) der Payoff-Periode.

5.1.2. Die Breakeven-Analyse

In geringfügiger Abwandlung des vorstehenden Ansatzes wird nach der Breakeven-Menge x_b gefragt, bei der die Gewinnschwelle für das neue Produkt erreicht wird. Mit t ist in der folgenden Formel die Anzahl der Jahre bezeichnet, die zur Erzielung von x_b erforderlich sind.

$$x_b = \frac{EI + JK_f \cdot t}{p - k_v}$$

Bei t = 2 (entsprechend der zuvor geschätzten Amortisationsdauer) gilt:

$$x_b = \frac{12\,000 + 1\,000 \cdot 2}{12 - 5} = 2\,000 \text{ (Stück)}$$

Die herkömmliche, weitgehend bekannte Formel für die Breakeven-Analyse lautet (wobei K_f ganz allgemein für »Fixkosten« steht):

$$x_b = \frac{K_f}{p - k_v}$$

Dabei kommt aber das Problem der periodisch wiederkehrenden Fixkosten (wie etwa bestimmter Gehälter) nicht deutlich genug zum Ausdruck.

5.1.3. Probleme von Gewinnschwellenrechnungen

Bei der Anwendung der Breakeven-Analyse bzw. der Payoff-Rechnung für die Einführungsplanung neuer Produkte ist darauf zu achten, daß die möglichst klare Trennung zwischen allgemein-betrieblichen Fixkosten und den zusätzlich erst durch das neue Produkt veranlaßten festen Belastungen erfolgt. Häufig werden in der Praxis in »K_f« auch Anteile an den ohnehin schon (also entscheidungsunabhängig) anfallenden festen Kosten einbezogen. Das vorgesehene neue Produkt kann auf diese Weise rechnerisch zu pessimistisch beurteilt werden, obwohl es durchaus in der Lage wäre, seine projektspezifischen Fixkosten zu überdecken, und obwohl es – so nehmen wir einmal an – auch keine Engpaßkapazitäten in Anspruch nimmt (d.h. den anderen Erzeugnissen des Sortiments keine knappe Kapazität »wegnimmt«).

Ein Nachteil der Breakeven-Analyse bzw. der Payoff-Rechnung besteht in jedem Fall darin, daß die nach der Gewinnschwelle längerfristig zu erwartende Erfolgsentwicklung vernachlässigt wird. Damit scheiden hierbei auch Aussagen über die Projekt-Rendite aus.

5.1.4. Die Kapitalwertmethode

Den Renditeaspekt versuchen dynamische Kalküle wie die Kapitalwertmethode oder die Methode des internen Zinsfußes zu berücksichtigen.

Theoretisch richtig wäre es, bei der Kapitalwertmethode die mit dem Projekt in den einzelnen Perioden t verbundenen Einnahmen-Ausgaben-Differenzen (also Differenzen von Zahlungsströmen) auf den Planungszeitpunkt abzuzinsen. In der Praxis wird statt dessen häufig auf Kosten- und Erlösschätzungen im Sinne der Betriebsabrechnung zurückgegriffen (was nicht zu denselben Ergebnissen führt!).

Der Kapitalwert C ergäbe sich im letzteren Fall, bei einer angenommenen Produkt-»Lebensdauer« von 5 Jahren, wie folgt (wobei p = Kalkulationszinsfuß):

$$C = \sum_{t=1}^{5} \frac{[(p - k_v) \cdot x - JK_f]_t}{(1 + \frac{p}{100})^t} - EI$$

Das Projekt erscheint vorteilhaft, wenn C ≥ 0; bei C = 0 wird voraussichtlich gerade der verlangte Kalkulationszinsfuß (einschließlich Zinseszinsen) erwirtschaftet.

Die aus der allgemeinen Investitionsrechnung wohlbekannten dynamischen Rechnungsverfahren werden in der Praxis der Neuproduktplanung weit seltener herangezogen als die Breakeven-Analyse. Um sowohl Mindestansprüche (Gewinnschwelle) bei kurzem Planungshorizont als auch Renditeüberlegungen bei längerfristiger Vorausschau zu berücksichtigen, empfiehlt sich eine kombinierte Verwendung der beiden Kalküle.

5.2. Kurzfristige Programmentscheidungen im gegebenen Sortiment

Nehmen wir an, einige Jahre nach der Einführung des neuen Produktes »N« sinkt der pro Stück erzielbare Verkaufspreis auf 10,–; die variablen Stückkosten wie auch die pro Jahr zurechenbaren Fixkosten sind hingegen gestiegen.

Anhand der folgenden Zahlen ist zu beurteilen, ob das Produkt »N« – im Verhältnis zu den anderen Produkten – noch »förderungswürdig« erscheint bzw. welche Produktions- und Absatzmengen dafür kurzfristig vorzusehen sind.

Produkt	Jährliche Absatzhöchstmenge	Preis	Variable Stückkosten	Gesamte Stückkosten	„Stückgewinn"	Deckungsbeitrag
A	500	12,–	7,–	10,50	1,50	5,–
B	600	10,–	5,50	8,–	2,–	4,50
C	400	15,–	8,–	12,–	3,–	7,–
N	1000	10,–	7,–	11,–	./.1,–	3,–

Gemäß unserer Unterteilung der Entscheidungssituationen in der Produktpolitik zu Beginn dieses Beitrages müssen wir nun zwei Situationen gesondert beachten: es besteht kein interner Kapazitätsengpaß; es bestehen interne Kapazitätsengpässe.

5.2.1. Kein interner Kapazitätsengpaß

Eine Orientierung an den »Stückgewinnen« i.S. der Vollkostenrechnung würde zu Fehlschlüssen (evtl. Verzicht auf das Angebot von »N«) führen. *Entscheidungsrelevant sind hier vielmehr die absoluten Deckungsbeiträge.* Beim Verkauf von 1000 Stück des Produktes »N« entsteht keineswegs eine negative Erfolgsveränderung von − 1000,–, sondern ein Beitrag von + 3000,– zur Deckung der ja kurzfristig ohnehin in Kauf zu nehmenden Fixkosten. Von diesen 3000,– wären höchstens noch jene Fixkosten en bloc abzusetzen, die eindeutig nur für das Erzeugnis »N« anfallen.

5.2.2. Interne Kapazitätsengpässe

Bei einem internen Engpaß sind nicht mehr die absoluten Deckungsbeiträge ausschlaggebend, sondern *der relative Deckungsbeitrag pro Stück* = Absoluter Deckungsbeitrag pro Stück, dividiert durch die Anzahl der pro Stück benötigten Engpaßeinheiten.

Dazu ein Beispiel: Ein Rohstoff, der in alle vier Produkte (vgl. Tabelle) eingeht, ist knapp. Je Stück der einzelnen Produkte sind von diesem Rohstoff erforderlich: für A = 2,5 kg; für B = 2,0 kg; für C = 2,5 kg; für N = 1,2 kg. Dies führt zu folgenden relativen Deckungsbeiträgen: C = 2,80; N = 2,50; B = 2,25; A = 2,00.

In dieser Rangfolge sind die Produkte (jeweils im Rahmen der vom Markt her angezeigten Absatzmengenbegrenzungen) in das kurzfristige Produktionsprogramm aufzunehmen, damit der Gesamtgewinn nach Abzug der bestehenden Fixkosten möglichst günstig ausfällt.

Für Entscheidungsträger im Marketing stellen die relativen Deckungsbeiträge bei Engpaßsituationen die wesentlichen Rechnungsinformationen dar, wenn die gesamtbetriebliche Situation im Auge behalten werden soll. Zwischen einzelnen Produkt-Managern, von denen jeder den Absatz seines Produktes forcieren möchte, können sich in diesem Fall Konflikte ergeben, zu deren Lösung aus übergreifender Sicht eine Koordinationsinstanz (etwa Controller) erforderlich ist.

Liegen gleichzeitig mehrere interne Engpässe vor, so kann das Problem der Mengenplanung rechnerisch nur noch durch mathematische Planungsansätze (vor allem mit Hilfe der Linearen Programmierung) gelöst werden.

5.3. Aussonderung von nicht mehr erfolgreichen Produkten

Um »eliminationsverdächtige« Artikel rechtzeitig zu erkennen, empfiehlt sich *ein routinemäßiges Warnsystem,* wie es beispielsweise auch *Kotler* vorgeschlagen hat.[2] Bei derartigen Meldesystemen werden in einer besonderen Liste jene Produkte ausgedruckt, deren relevante Daten (wie Deckungsbeiträge, Absatzmengen, Umsatzwerte, Marktanteile) seit mehreren Perioden rückläufig sind bzw. unter einem Mindest-Zielniveau bleiben. Manche Firmen verwenden für die einzelnen Artikel auch *»Produkt-Charts«,* um diese Zeitreihenentwicklung graphisch zu veranschaulichen. *Ein solches Warnsystem hat den großen Vorteil, daß regelmäßig über den Erfolgstrend der verschiedenen Sortimentsbestandteile informiert wird.* Die eigentliche Eliminationsentscheidung kann sich allerdings nicht allein auf dieses Datenmaterial stützen. Sie muß absatzpolitische Gesichtspunkte, einschließlich eventueller Verbundbeziehungen zwischen den Produkten, mit einschließen. Im übrigen sind oft noch Sonderrechnungen durchzuführen, in denen die Abbaufähigkeit oder anderweitige Auslastbarkeit von Kapazitäten (Fixkosten) nach einer Sortimentsbereinigung berücksichtigt wird.

6. Die aktuelle Rückmeldung erlaubt rasches Handeln

Es verbleiben die beiden letzten Schritte im 7-Stufen-PROZEDERE: Rückkopplung rechtzeitiger Kontrollmitteilungen und Korrektureingriffe. Beide Schritte sind am Beispiel der Vorbereitung von Produkt-Eliminationen bereits mit angesprochen worden.

Ganz allgemein geht es hierbei um eine nach Produkten und Produktgruppen aufgeschlüsselte – dem Informationsbedarf verschiedener Instanzen angepaßte – Aufstellung der Erfolgsbeiträge und ihrer Plan-Ist-Abweichungen. In vielen Firmen sind solche etwa monatlich in Anspruch genommene Kontroll-Datenverarbeitungen für das Marketing gebräuchlich.

Problemstellung:	Zielkriterien:	Entscheidungsrelevante Rechnungsinformationen:	Entscheidungskalküle:
Neuprodukt-Einführung (Strategische Entscheidung) ☐ In unregelmäßigen Zeitabständen auftretendes Problem ☐ Ja/Nein-Entscheidung ☐ Sonderanalysen erforderlich	☐ **Gewinn** (isoliert für das Neuprodukt betrachtet oder unter Berücksichtigung von Verbundeffekten im Sortiment) Hilfskriterien zur Ermittlung von Gewinnschwellen: ☐ Breakeven-Absatzmenge ☐ Payoff-Periode ☐ **Rendite** (isoliert gesehen oder nach Verbundgesichtspunkten) Rechnungskriterien bei dynamischer Betrachtung: ☐ Kapitalwert ☐ Interner Zinsfuß ☐ **Umsatz** (bzw. Absatzmenge) ☐ **Marktanteil**	☐ **Kosten,** unter möglichst klarer Trennung von ☐ eindeutig dem Projekt zurechenbaren Kosten und generellen betrieblichen Gemeinkosten ☐ fixen Kosten und mit der Absatzmenge des Neuproduktes variierenden Kosten ☐ **Absatzmengen- und Erlös-Schätzungen** bei geplantem Marketing Mix ☐ **Kapitaleinsatz** ☐ u. U. (für dynamische Renditerechnungen) **Einnahmen und Ausgaben**	☐ **Breakeven-Analyse** bzw. ☐ **Payoff-Rechnung** ☐ **Kapitalwertmethode** ☐ **Methode des internen Zinsfußes**
Produkt-Elimination (Strategische Entscheidung) ☐ In regelmäßigen Zeitabständen aufgreifbares Problem ☐ Ja/Nein-Entscheidung ☐ Routineinformationen aus dem Rechnungswesen + Sonderanalysen	☐ **Gewinn- bzw. Renditeverbesserung** des Gesamtsortiments Hilfskriterien zur Feststellung der „eliminationsverdächtigen" Produkte: ☐ Deckungsbeiträge ☐ Umsätze bzw. Absatzmengen ☐ Marktanteile	☐ **Kosten,** unter möglichst klarer Trennung von ☐ Produkteinzel- und Produktgemeinkosten ☐ mit der Absatzmenge des Produktes variierenden Kosten sowie abbaufähigen und nicht abbaufähigen fixen Kosten (Nettoerlös – variable Kosten = Deckungsbeitrag) ☐ **Absatzmengen- und Erlösschätzungen** für die Zukunft ☐ Mögliche Veränderungen im **Kapitaleinsatz** ☐ Evtl. **Einnahmen und Ausgaben**	☐ **Einfache Gewinnvergleichsrechnungen** (mit oder ohne Berücksichtigung von Verbundeffekten) ☐ **Desinvestitionsrechnungen** (dynamischer Kalkül unter Berücksichtigung abbaufähiger Ausgaben und abbaubedingter Einnahmen)
Kurzfristige Programmplanung und -kontrolle bei gegeb. Sortiment (überwiegend taktische Entscheidung) ☐ Regelmäßig wiederkehrende Problemstellung ☐ Entscheidung über alternative Produktions- und Absatzmengen im gegebenen Sortiment ☐ Weitestgehend mit Routineinformationen aus dem Rechnungswesen durchführbar	☐ In erster Linie **Perioden-Gewinn,** evtl. unter Berücksichtigung von Nebenbedingungen hinsichtlich Absatzmenge oder Marktanteil bei bestimmten Produkten	☐ **Variable Kosten** ☐ **Absatzmengen** (bei bestimmten Preisen und bestimmtem sonstigen Marketing Mix) ☐ **Deckungsbeiträge** ☐ Ohne Kapazitätsengpaß: absolute Deckungsbeiträge (Nettoerlös ./. variable Kosten) ☐ bei Kapazitätsengpaß: relative Deckungsbeiträge (absoluter D.B., bezogen auf die Anzahl der benötigten Engpaßeinheiten)	☐ **Einfache Vergleichsrechnung** (Bildung einer Produkt-Rangfolge) ☐ **Mathematische Optimierung** (insbes. Lineare Planungsrechnung)

Übersicht: Stichworte zu den wichtigsten produktpolitischen Entscheidungsproblemen

Anmerkungen

1) Vgl. hierzu *Köhler, R.* (1975): Verlustquellenanalyse im Marketing. In: Marketing-Enzyklopädie, Bd. 3, München 1975, S. 605ff.
2) Vgl. *Kotler, P.* (1965): Phasing Out Weak Products. In: Harvard Business Review, Vol.43,(March-April) 1965, S. 107ff.

C. Nutzen Sie Ihr Rechnungswesen im Marketing: Für die Preispolitik*

Für preispolitische Entscheidungen können zwei Teilbereiche des Rechnungswesens wichtige Planungsinformationen bereitstellen: die Kostenrechnung und die absatzwirtschaftliche Statistik.

- Von der *Kostenrechnung* darf zwar unter marktwirtschaftlichen Bedingungen nicht erwartet werden, daß sie allein aufgrund ihrer internen Daten zur »richtigen« Preisvorstellung gelangt. Wohl aber hilft sie festzustellen, wie bestimmte Preisforderungen – je nach den dabei zu erwartenden Absatzmöglichkeiten – voraussichtlich auf den Erfolg des Planungszeitraums wirken.
- Der *absatzwirtschaftlichen Statistik* kommt die Aufgabe zu, die stets erforderliche Vorausschätzung des Zusammenhanges zwischen Preishöhe und Absatzchancen zu erleichtern.

Um sicherzustellen, daß dem Marketing die preispolitisch bedeutsamen Daten entscheidungsgerecht bereitgestellt werden, empfiehlt sich wiederum das bereits auf S. 219 und S. 223 vorgestellte *7-Stufen-PROZEDERE*.

1. Preispolitische Problemstellungen

Zur Kennzeichnung preispolitischer Entscheidungssituationen werden im folgenden vier Kriterien herangezogen. Die Kommunikation zwischen Marketing und Rechnungswesen wird erleichtert, wenn man die anstehenden Planungsaufgaben nach diesen oder ähnlichen Gesichtspunkten klar beschreibt.

1.1. Beziehung zwischen Preishöhe und Absatzmenge

Für standardisierte Güter aus einheitlicher Massen- oder aus Serienproduktion sind zu unterschiedlichem Preisniveau jeweils andere Absatzmengen zu erwarten. In diesem Zusammenhang wird von »*Preis-Absatz-Funktionen*« gesprochen, wobei es praktisch darauf ankommt, zumindest ungefähre Vorstellungen über die Möglichkeit verschiedener Preis-Mengen-Kombinationen zu gewinnen.

Anders stellt sich das Problem *bei individuellen Gütern*, die auftragsabhängig zu projektieren und gestalten sind. Hier hängt es von der Preisforderung ab, ob ein Auftrag überhaupt erteilt wird oder nicht. *Bei dieser strengen Ja/Nein-Alternative gibt eine bestimmte obere Preisgrenze den Ausschlag* in die eine oder andere Richtung. Wie noch gezeigt wird, weichen bei diesen beiden Entscheidungstypen der Bedarf an Rechnungsinformationen wie auch die anwendbaren Kalküle in manchen Punkten voneinander ab.

---

* Ursprünglich erschienen in: Marketing Journal, 9.Jg., 1976, S. 485–492 (Koautor: Albrecht Stölzel)

1.2. Revidierbarkeit der Preisentscheidung

Nicht revidierbare Preisentscheidungen, wofür etwa die Beteiligung an Submissionen ein Beispiel ist, erfordern in besonderem Maße, daß die absatzwirtschaftliche Statistik Angaben über die Wahrscheinlichkeit bestimmter Konkurrenzmaßnahmen und Nachfragereaktionen zu liefern vermag.

Handelt es sich andererseits um im Zeitablauf *revidierbare Preisforderungen,* so hängt viel davon ab, ob das Rechnungswesen die rechtzeitige Rückkopplung von Kontrollmitteilungen (im Sinne des eingangs erwähnten 7-Stufen-PROZEDERE) gewährleistet.

1.3. Strategische oder taktische Bedeutung der Preisentscheidung

Taktische preispolitische Überlegungen beziehen sich auf kurzfristige Preisänderungen, mit denen nur vorübergehend einer besonderen Marktsituation entsprochen werden soll. Sofern dabei für begrenzte Zeit bewußt auf übliche Gewinnmargen verzichtet wird, dienen Sonderanalysen des Rechnungswesens dazu, den wirtschaftlich vertretbaren Spielraum der Preispolitik nach unten zu bestimmen (Ermittlung von Preisuntergrenzen).

Strategische Preisentscheidungen erfordern hingegen einen Rechnungsansatz, der die längerfristige Zielerreichung im Auge behält, d.h. Kostenbelastungen, Möglichkeiten zum Abbau von Kosten und Nachfrageschätzungen über mehrere Perioden einbezieht. Eine strategische Aufgabe ist z.B. die Entwicklung der Preispolitik für neue Produkte. Gleiches trifft aber auch für grundlegend-nachhaltig gemeinte Preisänderungen innerhalb des bisherigen Produktangebots zu.

1.4. Preisbestimmung für einzelne Produkte oder für den Sortimentsverbund

Werden preispolitische Überlegungen sortimentsbezogen angestellt, so sind vom Rechnungswesen anders aufbereitete Informationen bereitzustellen als bei einer abgegrenzten Betrachtung einzelner Produkte. Es interessieren dann die Absatzkopplungen oder Substitutionsbeziehungen zwischen bestimmten Sortimentsbestandteilen, wozu die absatzwirtschaftliche Statistik in manchen Fällen Schätzungen beizusteuern vermag. Kosten- und Deckungsbeitragsanalysen sind bei Mehrproduktbetrachtungen so zu gliedern, daß Gemeinkosten (u.U. auch verbundene Erlöse) bei den Erzeugnisgruppen zugeordnet werden, d.h. auf einer globaleren Rechnungsstufe als z.B. ausgesprochene Produkteinzelkosten. Sortimentsbezogene Preisuntersuchungen ähneln im Denkansatz übrigens weitgehend dem, was in der Praxis als »kalkulatorischer Ausgleich« bezeichnet wird.

Bleiben preisvorbereitende Rechnungen andererseits strikt auf einzelne Produkte begrenzt, so besteht eine gewisse Gefahr, daß die Überlegungen zu starr an Kalkulationsverfahren mit schematischer Gemeinkostenverteilung ausgerichtet werden.

2. Preispolitische Ziele

In der Preispolitik dominieren in Geld- oder Mengeneinheiten quantifizierbare Zielvorstellungen, obgleich noch andere, eher »qualitative« Gesichtspunkte hinzukommen können (z.B. die Festigung eines angestrebten Produkt- oder Firmenimages durch die Höhe bzw. zeitliche

Kontinuität der Preisstellung). *Vom Inhalt und vom Ausmaß der geld- oder mengenmäßigen Ziele hängt es mit ab, welcher Informationsbedarf gegenüber dem Rechnungswesen besteht.*

Zum Beispiel werden bei reinen *Umsatz- oder Marktanteilszielen* ausschließlich die absatzwirtschaftliche Statistik und deren Prognosemöglichkeiten angesprochen. Analysen auf der Grundlage von *Gewinnzielen* setzen hingegen Schätzungen der preisabhängigen Absatzmöglichkeiten *sowie* die Angabe der bei diesen Absatzmengen geltenden Kosten voraus.

Die Kostendaten sind nach der Deckungsdringlichkeit aufzugliedern, wenn kurzfristig das preispolitische Ziel einer *Beschäftigungsverbesserung* im Vordergrund steht, zugleich aber die Bedingung bestimmter *Mindestdeckungsbeiträge* eingehalten werden soll. Hier wird vom Rechnungswesen die Ermittlung von Preisuntergrenzen erwartet, wobei aber je nach Definition der verlangten Mindestdeckung unterschiedliche Kostenkategorien einzubeziehen sind.

Ein Sondertyp unter den recht vielfältigen Arten von Preisuntergrenzen liegt vor, wenn die Summe der kurzfristig mit Ausgaben verbundenen Kosten als Kriterium dient. Die Preispolitik bemüht sich in diesem Fall um die Erfüllung von *Liquiditätszielen*.

Diese ausgewählten Beispiele lassen erkennen, daß eine entscheidungsorientierte Zusammenarbeit zwischen Marketing und Rechnungswesen in der Preispolitik die ausdrückliche Präzisierung der wesentlichsten Planungsziele voraussetzt.

3. Entscheidungsrelevante Rechnungsinformationen

Die Vorstellung, daß für eine richtige Wahl der Preisforderung die *Selbstkosten* (plus Gewinnzuschlag) als wesentliche Information genügen würden, ist zu einseitig und dem heutigen Stand der Rechnungsmethodik nicht angemessen. »Preiskalkulationen«, die allein auf Kostendaten aufbauen, lassen die voraussichtliche Reaktion der Nachfrager außer acht. Vor allem bei standardisierten Gütern besagt ein rein intern errechneter »Stückgewinn« (als Differenz zwischen Selbstkosten und geplantem Preis verstanden) nicht viel, solange die tatsächlich zu erwartende Absatzmenge nicht ausdrücklich mit berücksichtigt wird.

Von erheblicher Entscheidungsrelevanz sind also Gesamterlösschätzungen in Abhängigkeit vom Preis. Der Zweig des Rechnungswesens, der in dieser Hinsicht gewisse statistische Erfahrungsdaten sammeln und in Sonderanalysen auswerten könnte, ist praktisch weit weniger entwickelt als die Kostenrechnung. Deshalb – aber auch bei allzu neuartigen Vorgängen wie Produktinnovationen, für die vergleichbare Preis-Absatz-Daten fehlen – müssen oft subjektive Vermutungen an die Stelle besser untermauerter Angaben treten. Dies ist aber immer noch einer einseitigen Blickverengung auf den Kostenaspekt vorzuziehen.

Kostenrechnungen ihrerseits besitzen vor allem dadurch preispolitischen Entscheidungsbezug, daß sie einer Feststellung des voraussichtlichen Gewinnes oder Verlustes bei bestimmten Preis-Absatz-Konstellationen dienen. Es empfiehlt sich dafür die Trennung in beschäftigungsfixe und beschäftigungsvariable Kosten. Diese Unterscheidung ist nicht so zu deuten, als ob etwa fixe Kosten für die Erfolgsplanung bei Preisüberlegungen unbedeutend wären. Selbstverständlich wirken sie sich auf die absolute Höhe des Gewinnes oder Verlustes aus. Wohl aber gibt es – das wird weiter unten noch gezeigt – preispolitische Entscheidungsaufgaben, bei denen die veränderlichen Kosten allein zur Bestimmung der relativ erfolgsgünstigsten Preisstellung ausschlaggebend (und somit eigentlich entscheidungsrelevant) sind.

4. Die Datenbestände müssen auswertungsgerecht sein

Was *Absatzmengen und Erlöse* bei bestimmten Preisen der Vergangenheit betrifft, so ist die Zuordnung zu Artikeln und Zeitabschnitten *durch die übliche Datenerfassung beim Fakturieren* gewährleistet. Zukunftsgerichtete Sonderuntersuchungen, die z. B. dem Zusammenhang zwischen Preishöhe und Absatz regressionsanalytisch nachgehen wollen, können unmittelbar hieran anknüpfen.

Auf der Kostenseite decken sich die Gliederungserfordernisse weitgehend mit jenen Ordnungsmerkmalen, die schon oben auf S. 225f. hinsichtlich der Datenspeicherung und Datenverarbeitung zu produktpolitischen Auswertungszwecken genannt worden sind:

– Kennzeichnung der *Zugehörigkeit zu fixen oder variablen Kostenarten*;
– Angabe, in bezug auf welche Zurechnungsebene (Produkteinheit, Absatzmenge eines Produktes pro Periode, Produktgruppe usw.) die *Kostenarten als direkt zurechenbare Einzelkosten* angesehen werden können.

Es ist also keineswegs so, daß für die verschiedenen Teilaktivitäten des Marketing jeweils ganz andere Ansprüche an die Datenorganisation gelten. *Für vorausschauende Preisanalysen können die auswertungsgerecht klassifizierten Istkosten der Vergangenheit allerdings nur Anhaltspunkte liefern*, die womöglich durch neuere Erwägungen der *Kostenplanung* zu ergänzen sind.

Auf die Berücksichtigung spezieller Kostenmerkmale, die nur für seltener anfallende Sonderrechnungen bedeutsam sind, wird man in der Routinedatenverarbeitung verzichten (so etwa auf die Angabe der mittelfristigen Abbaufähigkeit von fixen Kosten, wie sie für manche Überlegungen zur Preisuntergrenze eine Rolle spielt).

5. Entscheidungskalküle

Es folgt eine begrenzte Auswahl preispolitischer Entscheidungsaufgaben, wobei jedoch im wesentlichen an die zu Beginn dieses Beitrages dargelegte Systematik der Problemstellungen angeknüpft wird.

5.1. Preisforderung für ein standardisiertes Erzeugnis

Die Fehlerquellen einer zu schematischen Ausrichtung an Selbstkosten aus der Zuschlagskalkulation werden in einem Beispiel verdeutlicht, bei dem der Übersichtlichkeit halber nur grob in Produkt-Einzelkosten sowie in variable und fixe Produkt-Gemeinkosten gegliedert worden ist.

5.1.1. Ausrichtung der Preisforderung an den Selbstkosten

Nehmen wir an, daß eine Beibehaltung der bisherigen Preisforderung von 17,– DM oder eine Preissenkung auf 15,– DM (von der man sich eine erhebliche Absatzsteigerung verspricht) zur Debatte stehe. Folgende Daten sind bekannt oder, was vor allem die voraussichtlichen Absatzmengen betrifft, geschätzt (s. S. 236):

In diesem Falle wäre es abwegig, eine Preisreduktion auf 15,– DM (Alternative B) allein schon mit dem Argument zu verneinen, daß damit nicht einmal die Selbstkosten gedeckt werden können, während dies bei Alternative A durchaus der Fall sei. Es ist nämlich zu bedenken, daß die Verteilung der Fixkosten auf einzelne Produkte meist nach einem fragwürdigen Schematismus erfolgt.

	Alternative A	Alternative B
1. Preisforderung	17,—	15,—
2. Beim jeweiligen Preis absetzbare Menge pro Periode (Produkteinheiten)	1000	1300
3. Fertigungslohn und Fertigungsmaterial pro Stück	6,—	5,80
4. Sonstige Einzelkosten pro Stück	0,50	0,40
5. Variable Gemeinkosten pro St. (auf sachlich begründbarer Bezugsbasis zugeschlüsselt, z. B. Energiekosten der lfd. Fertigung nach anteiligen Maschinenstunden)	1,20	1,10
6. Nach herkömmlichen Zuschlagsverfahren verrechnete Fixkosten des Material-, Fertigungs-, Verwaltungs- und Vertriebsbereichs	8,50	8,—
7. Selbstkosten (Summe 3.–6.)	16,20	15,30

So sind im vorliegenden Beispiel die fixen Kosten nach einem Standard-Zuschlagssatz in bestimmtem Verhältnis zu den variablen Stückkosten geschlüsselt worden (und damit rechentechnisch proportionalisiert). Auf diese Weise ist es zu einer verhältnismäßig hohen Belastung der Alternative B gekommen, obwohl hier bei merklich größerer Absatzmenge rein durchschnittlich ein geringerer Fixkostensatz angebracht wäre.

Die unter Ziff. 7. ausgewiesene Selbstkostensumme kann deshalb nicht ohne Vorbehalte mit dem Preis verglichen werden.

5.1.2. Ausrichtung der Preisforderung am Deckungsbeitrag

Vielmehr erscheint Alternative B gegenüber A erfolgsgünstiger, wenn wir untersuchen, *welche Preisstellung einen höheren Gesamt-Deckungsbeitrag verspricht,* um den annahmegemäß ohnehin bestehenden Block der fixen Kosten auszugleichen und möglichst einen Periodengewinn herbeizuführen.

Der Gesamt-Deckungsbeitrag = (Preis – variable Kosten/St.) x absetzbare Menge, wobei die variablen Kosten pro Stück den Positionen 3.–5. der obigen Tabelle entsprechen mögen.

Alternative A: Gesamt-DB = (17,00 – 7,70) x 1000 = 9300,–
Alternative B: Gesamt-DB = (15,00 – 7,30) x 1300 = 10010,–

Wie hoch der Netto-Periodenerfolg ausfällt, läßt sich ohne Kenntnis der insgesamt abzudeckenden Fixkostensumme zwar nicht unmittelbar sagen. Der höhere Gesamt-Deckungsbeitrag bei B bedeutet aber jedenfalls, daß hier ein relativ größerer Gewinn oder zumindest ein geringerer Verlust als bei A zu erwarten ist. Im bisherigen Rechengang ist allerdings vorausgesetzt, daß der Fixkostenblock während des Betrachtungszeitraums bei beiden Preisen bzw. Absatzmengen genau der gleiche ist.

Folgt man diesem Gedankengang, so entspricht dies dem schon an früherer Stelle betonten *»Grundsatz der Veränderungsrechnung«;* man stellt jeweils nur die voraussichtlichen Erlös-Zuwächse pro Periode den Kosten-Zuwächsen desselben Zeitraums gegenüber, *um die vergleichsweise beste Preis-Absatz-Kombination abzuschätzen.* Die Fixkosten brauchen für diese Art der Entscheidungsrechnung nicht geschlüsselt zu werden.

Sollte für die *bei Preissenkung* erhoffte Ausweitung der Absatzmenge *eine sprunghafte*

Zunahme der Fixkosten zu erwarten sein (z. B. durch Einstellung weiterer Mitarbeiter mit festen Gehältern), so läßt sich diese besondere Kostenveränderung leicht im oben dargelegten Rechengang berücksichtigen:

Alternative A: Gesamt-Deckungsbeitrag = 9300,–
Alternative B: Gesamt-Deckungsbeitrag I (10010,–) abzüglich des als »Sprung« erwarteten Fixkosten-Zuwachses = mit A vergleichbarer Gesamt-Deckungsbeitrag II

Bei standardisierten Gütern der Massen- bzw. Serienfertigung läßt sich, wie gezeigt, recht gut eine retrograde (d.h. von Erlösschätzungen ausgehende) Deckungsbeitragsrechnung für die Preispolitik anwenden. Der Unsicherheitsfaktor ist dabei freilich die Vorhersage der alternativen Preis-Mengen-Möglichkeiten, die gewissermaßen Punkte einer nicht genau bekannten »Preis-Absatz-Funktion« darstellen. Man muß sich aber ganz klar bewußt machen, daß diese Vorausschätzung natürlich auch bei »Preiskalkulationen« auf Vollkostenbasis unentbehrlich bleibt und in der Marktwirtschaft keineswegs durch Kostenrechnungsschemata zu ersetzen ist.

Was die absatzwirtschaftliche Statistik hierzu bei gängigen Produkten versuchen kann, ist eine ungefähre (auf Vergangenheitsdaten aufbauende) *Ermittlung der Absatzreagibilität gegenüber Preisänderungen*. Das geeignete Verfahren ist die Regressionsanalyse. Dabei erscheint im vorliegenden Zusammenhang eine Mehrfachregression unumgänglich, d.h. ein Funktionsansatz, der die Absatzmenge in Abhängigkeit vom Preis und anderen Marketing-Instrumenten sowie evtl. auch von sonstigen (exogenen) Einflußgrößen ausdrückt.

Die Wirkung von Konkurrenzaktivitäten kann in der Form berücksichtigt werden, daß als unabhängige Variable in den Regressionsansatz die Verhältnisse zwischen eigenen Marketing-Aktivitäten und dem gesamten Aktivitätsniveau der Branche eingehen (z. B. eigene Preisforderungen im Verhältnis zu den durchschnittlichen Preisen aller Anbieter). Als abhängige Größe wird bei derartigen Rechnungen der Marktanteil angesehen.

Für neu einzuführende Produkte scheidet freilich diese regressionsanalytische Auswertbarkeit früherer Erfahrungsdaten aus; es sei denn, daß Angaben über sinnvoll vergleichbare ähnliche Artikel vorliegen. Bei Produktinnovationen ist die Preispolitik deshalb ganz besonders auf Marktforschungs-Tests zum Wirkungsvergleich unterschiedlich hoher Preisstellungen angewiesen.

5.2. Preisforderung für Produktgruppen und Teilsortimente

Das im vorhergehenden Zahlenbeispiel angedeutete Verfahren der Deckungsbeitragsrechnung kann ganz analog angewandt werden, um die Wirkung alternativer Preise und Absatzmengen auf den gemeinsamen *Bruttoerfolg mehrerer Produkte abzuwägen*. Die Ermittlung der Deckungsbeiträge erfolgt dabei mehrstufig, da sich manche Fixkostenteile bestimmten Produkten pro Periode direkt zuordnen lassen (z.B. feste Versicherungsprämien für produktspezialisierte Fertigungsanlagen), andere dagegen nur der Produktgruppe (z.B. Gehalt eines Produktgruppen-Managers).

Der ganz grundsätzliche Rechengang entspricht dem folgenden Muster (p = Preis; k_v = variable Kosten pro Stück; DB = Deckungsbeitrag; K_f = Fixkosten; s. S. 238:

Man kann auf diese Weise für die Produktkombination unterschiedliche Preisvorstellungen rechnerisch »durchspielen« und auf ihre voraussichtliche Erfolgswirkung überprüfen. Beim Schätzen der erzielbaren Absatzmengen ist auch an die im Sortimentsverbund möglichen Substitutions- oder Komplementaritätsbeziehungen zwischen den Produkten zu denken.

Aus dieser Mehrproduktbetrachtung wird auch deutlich, daß die Absatzmenge eines Erzeugnisses nicht beliebig durch Preissenkungen gesteigert werden kann, ohne bei begrenzter innerbe-

Produkt 1	Produkt 2	Produkt 3
p_1	p_2	p_3
$- \; k_{v1}$	$- \; k_{v2}$	$- \; k_{v3}$
$=$ Stück-DB$_1$	$=$ Stück-DB$_2$	$=$ Stück-DB$_3$
mal	mal	mal
absetzbare Menge$_1$	absetzbare Menge$_2$	absetzbare Menge$_3$
$=$ Gesamt-DB (I)$_1$	$=$ Gesamt-DB (I)$_2$	$=$ Gesamt-DB (I)$_3$
$- \; K_{f1}$	$- \; K_{f2}$	$- \; K_{f3}$
$=$ Gesamt-DB (II)$_1$	$=$ Gesamt-DB (II)$_2$	$=$ Gesamt-DB (II)$_3$

Σ Gesamt-DB (II)
$-$ K$_f$ der Produktgruppe
$=$ Gesamt-DB (III)

. usw.

trieblicher Kapazität Verkaufseinschränkungen für andere Artikel hinnehmen zu müssen. Auf kurze Sicht sind deshalb nur solche Preis-Mengen-Kombinationen in den Planungsrechnungen zulässig, die sich in den gegebenen Kapazitätrahmen einfügen.

Von seiten des Marketing können als weitere (z. B. mehr längerfristig-strategisch motivierte) Bedingungen Mindest- oder Höchstabsatzmengen für die verschiedenen Produkte vorgegeben werden.

5.3. Preisforderung bei auftragsabhängig zu erstellenden Produkten

Auch wenn sich die »Preis-Absatz-Funktion« gewissermaßen zu einem kritischen Punkt verdichtet (nämlich zur oberen Preisgrenze, bei deren Überschreitung ein potentieller Auftrag verlorengeht), bleibt es die erste Aufgabe der Preispolitik, das voraussichtliche Nachfrageverhalten abzuschätzen. Bei sehr individuellen Erzeugnissen sind jedoch die Anknüpfungsmöglichkeiten an statistische Erfahrungsdaten recht gering.

Unter diesen Umständen vermag die Vollkostenrechnung unmittelbare preispolitische Bedeutung zu gewinnen; nämlich immer dann, wenn man sich einigermaßen darauf verlassen kann, daß das Einhalten bestimmter Kalkulationsverfahren als konventionelle Begründung für eine Preisforderung akzeptiert wird.

Die »Leitsätze für die Preisermittlung aufgrund von Selbstkosten« (LSP) – die bei öffentlichen Aufträgen eingreifen, wenn keine vergleichbaren Marktpreise vorliegen – stellen dafür ein besonders ausgeprägtes Beispiel dar. Ebenso tragen Kalkulationsrichtlinien einer Branche dazu bei, daß die nach üblicher Rechnung gewonnenen Preisvorstellungen eine sachlich anerkannte Verhandlungsgrundlage bilden.

Wenn keine Möglichkeit zu Verhandlungen und Preisrevisionen besteht, so z.B. bei Ausschreibungen, sind allerdings die Selbstkosten – für sich allein – doch wieder nur ein recht riskanter Anhaltspunkt der Preisstellung. *Wenn eine Unternehmung öfter an* derartigen Submissionen teilnimmt, ist die absatzwirtschaftliche Statistik geeignet, zur Wahrscheinlichkeitsschätzung hinsichtlich der Konkurrenzpreisstellung und der Auftragserteilung beizutragen.[1]

Obgleich der Vollkostenrechnung für individuelle Güter praktisches Gewicht in dem beschriebenen Sinne zukommt, ist andererseits doch zu betonen, daß *zeitablaufbezogene Deckungsbeitragsrechnungen auch hierbei eine wesentliche Kontrollmöglichkeit und Entscheidungshilfe* darstellen. Ausgehend von einer Trennung in variable Kosten eines Auftrags und in fixe Kosten pro Periode, werden die bereits erzielten Deckungsbeiträge tabellarisch oder graphisch summiert.

Eine »Fortschrittskontrolle« im Ablauf der Monate zeigt dann, wieviel an Fixkosten durch die künftigen Aufträge noch abzudecken bleibt bzw. ob die Netto-Gewinnzone bereits erreicht ist. Daraus ergeben sich wertvolle Hinweise auf den preispolitischen Spielraum bei der zukünftigen Auftragsgewinnung:

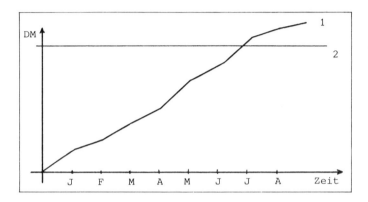

1 = **bisher erwirtschaftete Deckungsbeiträge (kumuliert)**
2 = **bis Jahresende abzudeckende Fixkosten (evtl. graphisch noch nach Kostenartengruppen aufgegliedert)**

5.4. Preisforderung mit Preisuntergrenzen

Preisuntergrenzen (PUG) zeigen jene Entgelthöhe an, die zumindest erwirtschaftet werden muß, damit nicht die gesetzten ökonomischen Ziele verletzt werden und somit ein Verzicht auf den Produktabsatz angebrachter wäre.

Es gibt nicht *die* allgemein errechenbare PUG, da es auf die jeweiligen *Zielvorgaben* und auf gewisse Situationsmerkmale (etwa: betriebliche Vollbeschäftigung oder nicht) ankommt:

Für den Fall unterbeschäftigter Kapazitäten werden oft die variablen Kosten eines Zusatzauftrages als PUG genannt. In der Tat wäre es falsch, in einer derartigen Beschäftigungslage Fixkostenteile schematisch auf die Erzeugnisse zu schlüsseln. Der gebotene Preis erschiene dann u. U. nicht »kostendeckend«, man würde aber durch Auftragsablehnung die Unterbeschäftigung verschlimmern, ohne deswegen sofort die Fixkostenlast zu verringern. (Kurzfristig abbaufähige Fixkosten wären allerdings mit einem geschätzten durchschnittlichen Satz pro Erzeugniseinheit in die PUG-Rechnung einzubeziehen.)

Ob man *unter langfristigen Gesichtspunkten* tatsächlich bis auf die kostenrechnerische PUG zurückgehen wird, ist im übrigen ein strategisches Problem, da hierdurch der spätere Verhaltensspielraum in der Preispolitik empfindlich eingeschränkt werden kann.

Liegt *ein innerbetrieblicher Engpaß* bei einem bestimmten Produktionsfaktor vor, so genügt es nicht, die PUG allein durch die vermeidbaren (also kurzfristig veränderlichen) Kosten zu bestimmen. Wenn mehrere Erzeugnisse um die Nutzung eines Faktorengpasses konkurrieren, müssen zur PUG-Ermittlung noch jene entgangenen Deckungsbeiträge addiert werden, die ein «verdrängtes» anderes Erzeugnis bei gleicher Inanspruchnahme des Engpasses erbracht hätte. Besteht nur ein Engpaß, so gilt also pro Einheit des zu kalkulierenden Produktes:

$$\text{PUG} = \text{Variable Kosten} + \frac{\text{Stück-DB des verdrängten Produktes}}{\text{pro Stück des verdrängten Produktes erforderliche Engpaßeinheiten}} \times \text{pro Stück des zu kalkulierenden Produktes erforderliche Engpaßeinheiten}$$

Das Aufgabengebiet der PUG-Rechnung läßt besonders deutlich erkennen, wie wichtig für die Preispolitik eine Trennung in veränderliche und pro Planungszeitraum feste Kosten (in Verbindung mit der Deckungsbeitragsrechnung) ist.

6. Kontrollmitteilungen und Korrekturen

Zu den Aufgaben der Marketing-Planung zählt es, die preisabhängig erwarteten Absatzmengen bzw. Auftragseingänge und die daraus erhofften Bruttogewinne schriftlich festzuhalten und damit Kontrollgrundlagen zu schaffen. *Möglichst kurzfristige Rückkopplungen der Ist-Daten* gestatten es bei revidierbaren Preisentscheidungen, den Ursachen größerer Abweichungen frühzeitig nachzugehen und ihnen durch veränderte Maßnahmen entgegenzuwirken.

Im übrigen ist die systematische Rückmeldung der Ist-Ergebnisse wichtig, um jederzeit im Bilde über den Erfolgsstand im Zeitablauf zu sein, wie er (s. oben) graphisch veranschaulicht werden kann. Die Technik der Teilkostenrechnung erleichtert dabei eine rasche Kontrollmitteilung der wesentlichsten Daten.

Anmerkung

[1] Vgl. dazu beispielsweise *Edelman, F.* (1974): Ein Verfahren der Preisbestimmung bei Submissionen. In: Marketingentscheidungen (Hrsg.: P. Weinberg / G. Behrens / K.P. Kaas), Köln 1974, S. 93ff.

D. Nutzen Sie Ihr Rechnungswesen im Marketing: Für die Werbe- und VF-Politik*

Werbung und Verkaufsförderung sind innerhalb des Marketing-Mix, was dessen systematische Verknüpfung mit dem Rechnungswesen anlangt, bisher weitgehend »Stiefkinder« geblieben. *Während etwa für die Sortimentskontrolle oder für die Preispolitik bestimmte Ansätze der Kosten- und Erlösrechnung gang und gäbe sind, wird im Kommunikationsbereich statt dessen oft nach Daumenregeln budgetiert.* Der wirtschaftliche Einsatz der bereitgestellten Mittel wird dann überdies zum Teil bei außerbetrieblichen Stellen, wie Werbeagenturen, geplant.

Zwar ist vom ZAW und RKW schon 1966 ein »Gliederungsschema zur Erfassung der Werbekosten in der Industrie« vorgelegt worden. Die Frage aber, *auf welche Bezugsgrößen die so erfaßten Kostenarten sinnvoll zu verteilen sind* und welchen Kommunikationswirkungen sie bei Wirtschaftlichkeitsanalysen gegenübergestellt werden sollen, ist noch in vielen Punkten offen.

Im folgenden wird gezeigt, daß das in den bisherigen Beiträgen dieser Aufsatzserie bekanntgemachte *7-Stufen-PROZEDERE* Anregungen zur organisierten Bereitstellung von Rechnungsinformationen für die Werbe- und Verkaufsförderungspolitik vermitteln kann.

Wir konzentrieren uns dabei *ausschließlich auf Informationen, die durch das laufende Rechnungswesen routinemäßig bereitstellbar sind.* Sondererhebungen, bei denen z.B. Kommunikationswirkungen in einmaligen Experimenten festgestellt und mit dem Mitteleinsatz verglichen werden, bleiben außer Betracht.

1. Werbung und VF haben gemeinsame, wiederkehrende Probleme

Bei allen Abgrenzungsschwierigkeiten zwischen »Werbung« und »Verkaufsförderung« besteht doch Einigkeit, daß beide wesentliche Teilgebiete der Marketing-Kommunikation sind. Die Unterschiede liegen weniger in den Zielgruppen als vielmehr in der Wahl der Kommunikationsmittel und ihres Einsatzortes.

Unabhängig von den Gestaltungsunterschieden stellen sich für jede Kommunikationsaufgabe *zwei periodisch wiederkehrende Probleme:*

– die Programmplanung der Kommunikationsmaßnahmen,
– die Erfolgskontrolle der durchgeführten Maßnahmen.

Zur Lösung beider Probleme können gezielte Angaben aus dem Rechnungswesen eine wertvolle Hilfe bedeuten.

---

* Ursprünglich erschienen in: Marketing Journal, 9.Jg., 1976, S. 578–587 (Koautoren: Heymo Böhler / Klaus Heinzelbecker)

1.1. Informationen für die Programmplanung

Die Planung von Werbe- und Verkaufsförderungsprogrammen umfaßt
- die Budgetbestimmung,
- die Budgetverteilung nach mehreren möglichen Zuordnungsgesichtspunkten.

Wie in der sog. Absatzsegmentrechnung ganz allgemein üblich, kann man auch unter den besonderen Kommunikationsgesichtspunkten versuchen, *Etatsummen nach*
- *Produkten bzw. Produktgruppen,* tatsächlichen und potentiellen *Abnehmern bzw. Abnehmergruppen* sowie nach *regionalen Gesichtspunkten* (z. B. Verkaufsbezirken) aufzuteilen.

Zusätzlich kommt hier die Überlegung hinzu, in welchem Umfang für verschiedene
- *Werbeträger* und
- *Teilperioden* innerhalb des ganzen Planungszeitraumes Budgetmittel vorzusehen sind.

Selbstverständlich setzt eine begründete Antwort auf diese Fragen voraus, daß man möglichst klare Vorstellungen über die eigenen Kommunikationsziele besitzt und daß gewisse Kenntnisse über das Verhältnis zwischen Budgetzuweisung und voraussichtlicher Zielerreichung verfügbar sind.

Besonders der letztgenannte Punkt stellt eine nicht leicht zu erfüllende Anforderung dar, da er in das recht unwegsame Gebiet der Werbewirkungsanalyse führt.

Das laufende Rechnungswesen einschließlich der absatzwirtschaftlichen Statistik vermag jedoch eine Reihe von Kennzahlen zu liefern, die entweder unmittelbar zu dieser Wirkungsanalyse beitragen oder doch *zumindest Anregungen für die Anlage weiterführender Untersuchungen geben.* Solche Kennzahlen werden im Abschnitt über »Entscheidungsrelevante Rechnungsinformationen« genannt.

Wird in einer Unternehmung darauf verzichtet, das Rechnungswesen in diesem Sinne regelmäßig für den Kommunikationsbereich heranzuziehen, so fehlen auch die Grundlagen zur vorausschauend- wirkungsorientierten Budgetbemessung. Es wird dann eine an vergangenen Umsätzen oder Gewinnen ausgerichtete Etatfestlegung überwiegen.

1.2. Informationen für die Erfolgskontrolle

Zur Abgrenzung kommunikationsbedingter Erfolge kann das laufende Rechnungswesen nur etwas beisteuern, wenn es um Ergebnisdaten geht, die routinemäßig erfaßt und gespeichert werden und die außerdem offenkundig ohne bestimmte Kommunikationsmaßnahmen nicht zustande gekommen wären.

Beispielsweise lassen sich Umsätze aus Couponeinlösungen rechnungstechnisch getrennt erfassen und mit den Kosten der Couponaktion verknüpfen (obgleich auch hier einschränkend hinzugefügt werden muß, daß der Kaufentschluß in aller Regel noch auf sonstige Einflüsse – wie auf schon vorhandene Erfahrungen mit dem Produkt, Empfehlungen durch andere Personen usw. – zurückgeht).

Aber auch wenn eine »kausale« Abgrenzung nicht gelingt, liegt durchaus ein Informationswert in den zuvor erwähnten Kennzahlen, z. B. im Vergleich der Relation »Umsatz/Verkaufsförderungskosten« für die verschiedenen Abnehmer auf der Handelsstufe.

Man wird also unterscheiden müssen zwischen einer streng kausalen Erfolgskontrolle, die (wenn überhaupt) nur in experimentellen Sonderuntersuchungen gelingt, und einer *Ergebnisanalyse mit Beziehungszahlen, die nach Absatzsegmenten oder ähnlichen Zurechnungsbereichen gegliedert ist.*

2. Kommunikationspolitische Ziele

Für Werbung und Verkaufsförderung kommen monetäre und nichtmonetäre Ziele in Frage.
Nichtmonetäre Ziele beziehen sich auf Verhaltenswirkungen, die als Vorstufen des künftigen Produktabsatzes angesehen werden. Als Beispiele sind zu nennen:

- Kontaktzahlen, die etwas darüber aussagen, wie viele Personen mit einer kommunizierten Botschaft oder zumindest mit dem Kommunikationsträger in Berührung gekommen sind;
- Bekanntheitsgrade oder speziellere Erinnerungswirkungen;
- Einstellungsänderungen sowie die aufgrund positiver Einstellungen bekundete Kaufabsicht.

Monetäre Ziele sind beispielsweise

- Umsatzwerte bzw. damit verbundene Marktanteile;
- Gewinne bzw. Deckungsbeiträge;
- Renditen.

Für die Zusammenarbeit zwischen Marketing und Rechnungswesen besteht nun folgendes Dilemma: Umsätze, Deckungsbeiträge und ähnliche Angaben werden durch das herkömmliche Rechnungswesen zwar voll erfaßt; man kann dabei aber nicht ohne weiteres feststellen, welcher Anteil dieser Ergebnisse gerade auf die Werbung oder Verkaufsförderung zurückgeht.

Auf der anderen Seite lassen sich die nichtmonetären Wirkungen von Kommunikationsmaßnahmen verhältnismäßig gut feststellen und abgrenzen. Überwiegend liegen dabei aber Sondererhebungen zugrunde, deren Daten keinen regelmäßigen Eingang in das Rechnungsteilgebiet der absatzwirtschaftlichen Statistik finden.

Trotz dieses Dilemmas bestehen doch gewisse Möglichkeiten, das laufende Rechnungswesen stärker als bisher üblich für die Ziele der Werbe- und Verkaufsförderungspolitik heranzuziehen:

- Abgesehen von den schon erwähnten Beziehungszahlen kann das Rechnungswesen versuchen, manchen *Zusammenhängen zwischen Kommunikationsausgaben oder -kosten und monetären Ergebnissen* mit Hilfe der Regressionsanalyse nachzugehen (s. unten). Hieraus sind immerhin Tendenzaussagen ableitbar, die die mehr oder weniger starke Reaktionsneigung der Nachfrager gegenüber Kommunikationsmaßnahmen erkennen lassen.
- *Der Einschluß externer Angaben in das betriebliche Rechnungswesen*, z.B. die Übernahme maschinenlesbarer Standarddaten der Marktforschungsinstitute, ist bei manchen Firmen schon verwirklicht und wird wohl zunehmend gebräuchlich werden. In diesem Rahmen ist es durchaus denkbar, daß nichtmonetäre Wirkungsdaten, wie Bekanntheitsgrade oder Einstellungswerte, regelmäßig bezogen und neben den Kommunikationskosten für Zwecke der absatzwirtschaftlichen Statistik eingespeichert werden. (Eine laufende Übernahme von Bekanntheitsgraden und Angaben zur Sloganpenetration in die unternehmenseigene Datenbank findet sich z.B. bei der Firma Henkel, die außerdem im Vierteljahresturnus über produktbezogene Einstellungsmessungen verfügt.)

Angesichts der hier genannten Möglichkeiten erscheint es geboten, daß *Werbe- und Verkaufsförderungsabteilungen von sich aus an die betrieblichen Rechnungsressorts herantreten* und die Ziele ihrer Kommunikationsprogramme erläutern, damit Wege zur regelmäßigen Bereitstellung von Planungs- und Kontrollinformationen gesucht werden.

3. Entscheidungsrelevante Informationen

Das Rechnungswesen kann folgende Informationen liefern, die von Bedeutung sind, wenn es um Entscheidungen in der Werbung und in der Verkaufsförderung geht:

3.1. Die Kosten der Kommunikation

Der erste Schritt zur kostenrechnerischen Unterstützung der Kommunikation ist *die Gliederung der Kostenarten*, die durch Werbung und Verkaufsförderung veranlaßt sind. Das ZAW/RKW-Schema bietet dazu Anhaltspunkte. Es unterscheidet zwischen Gestaltungskosten, Herstellkosten und Streukosten für die verschiedensten Kommunikationsmittel, deren Aufzählung an dieser Stelle zu weit führen würde. Hinzu kommen die allgemeinen Kosten der für Kommunikation zuständigen Ressorts. Dazu zählen Entgelte für bezogene Fremdleistungen (wie Beratungshonorare, Bezug von Untersuchungsergebnissen der allgemeinen Werbeforschung usw.) sowie Verwaltungskosten, die ohne direkten Bezug zu einzelnen Kommunikationsmaßnahmen anfallen.

Was in vorangegangenen Beiträgen dieser Aufsatzserie zur Produkt- und Preispolitik ausgeführt worden ist, gilt analog auch hier:

– Die verschiedenen Kostenarten sind nach ihrer *Abhängigkeit oder Unabhängigkeit von bestimmten Werbe- bzw. Verkaufsförderungsmaßnahmen* zu kennzeichnen. So lassen sich die Druckkosten für Plakate oder die Entgelte für fremderstelltes Displaymaterial unmittelbar einer Kampagne zurechnen, wenn sie ohne diese überhaupt nicht entstanden wären.

Demgegenüber gibt es z.B. allgemeine Verwaltungskosten der Werbe- und Verkaufsförderungsabteilungen, die von der Durchführung einzelner Aktivitäten unabhängig sind. Sie werden – nach dem *Grundsatz der Veränderungsrechnung* – nicht einbezogen, wenn es etwa um den Wirtschaftlichkeitsvergleich zweier Direktwerbe-Konzeptionen hinsichtlich des Verhältnisses Kontaktzahl/Kosten geht.

– Nach Möglichkeit sind die Kostenarten außerdem mit *Ordnungsmerkmalen* zu versehen, die *eine getrennte Zurechnung auf Absatzsegmente* und ähnliche gesonderte Bezugsebenen gestatten. So ist es z.B. wichtig, Kommunikationskosten und Anfragen, die unter Hinweis auf versandtes Informationsmaterial eingegangen sind, getrennt nach Adressatengruppen oder nach Gebieten zu vergleichen. Ebenso mag es aufschlußreich sein, die zurechenbaren Kommunikationskosten sowie Bekanntheitsdaten für verschiedene Produkte gegenüberzustellen usw.

So wie in der Kostenrechnung ganz generell, gibt es allerdings auch hier Gemeinkosten, die sich nur einer Gruppe von Segmenten insgesamt zumessen lassen (z.B. können manche Streukosten bei bundesweiter Medienwerbung nicht eindeutig nach Verkaufsgebieten aufgegliedert werden). Sie bekommen ein entsprechend höherstufiges Ordnungsmerkmal für globalere Auswertungen.

3.2. Nichtmonetäre Wirkungsdaten

Angaben über nicht in Geldeinheiten ausdrückbare Kommunikationsergebnisse sollten in den absatzwirtschaftlich-statistischen Zweig des Rechnungswesens übernommen werden, *sofern sie periodisch* aus betriebsinternen oder -externen Quellen *bereitstellbar sind*. Dazu gehören u.a.:

- Anfragen aufgrund von Inseraten oder direkt zugesandtem Informationsmaterial;
- Kontaktmeßzahlen der pro Zeitabschnitt gewählten Medieneinschaltungen;
- oder Bekanntheitsgrade.

Es kann versucht werden, auch Wirkungsdaten dieser Art – soweit es geht – getrennt nach mehreren Absatzsegmenten zu erfassen, um zu entsprechend aufgegliederten Kosten-Wirkungs-Untersuchungen zu gelangen.

3.3. Monetäre Ergebnisgrößen

Obgleich Umsätze, Marktanteile und Gewinne ohne kontrollierte Experimentbedingungen nicht anteilig auf betimmte Kommunikationsmaßnahmen zurückzuführen sind, stellen sie doch unter zwei Gesichtspunkten wesentliche Informationen für die Werbe- und Verkaufsförderungspolitik dar:

3.3.1. Kennzahlenbeziehungen für eine differenzierte Kommunikation

Man kann diese Informationen wie die Kosten und eventuell auch wie die nicht in Geld gemessenen Wirkungsgrößen nach verschiedenen Bezugsebenen – z.B. Produkten, Abnehmergruppen, Gebieten – aufgliedern; damit gelangt man zu entsprechend aufgefächerten Kennzahlenbeziehungen, die Anregungen zu einer differenzierten Kommunikationspolitik vermitteln.

3.3.2. Schätzungen über die Elastizität, mit der die Nachfrage auf Kommunikationsmaßnahmen reagiert

Zeitreihen der preisbereinigten Umsatzwerte bzw. der Absatzmengen oder der erzielten Marktanteile lassen sich grundsätzlich für Regressionsrechnungen heranziehen. Ein Beispiel für derartige Regressionsansätze folgt später. Hier sei aber bereits folgendes erwähnt: Die Rechnungsinformation, zu der man so gelangen kann, sind Schätzangaben über die Elastizität, mit der die Nachfrage auf Kommunikationsmaßnahmen reagiert. Damit kann das Rechnungswesen gewisse *Anhaltspunkte dafür liefern, inwieweit und* (wenn eine rechnerische Unterscheidung nach Segmenten möglich ist) *wo sich finanzielle Anstrengungen im Kommunikationsbereich lohnen* dürften.

3.4. Kennzahlen aus der Verknüpfung von Kosten- und Ergebnisgrößen

Kennzahlen, die das Rechnungswesen wiederkehrend liefert, kommen im Kommunikationsbereich auf drei Ebenen in Betracht:

3.4.1. Relationen zwischen nichtmonetären Wirkungen und Kosten

Z. B. »Kontaktsumme/zurechenbare Kosten« oder »Bekanntheitsgrad/zurechenbare Kosten«, bezogen auf eine bestimmte Werbe- oder Verkaufsförderungskampagne bzw. (beim Bekanntheitsgrad) auf deren Argumentationsinhalt.
Beziehungszahlen dieser Art geben einen unmittelbaren Hinweis auf die Wirtschaftlichkeit, mit der die Kommunikationsergebnisse erzielt werden konnten.

3.4.2. Verhältnis zwischen monetären Ergebnisgrößen und nichtmonetären Wirkungen

Z. B. »Umsatz/Kontaktsumme« pro Verkaufsgebiet in einem bestimmten Zeitabschnitt – oder: »Marktanteil eines Artikels/Bekanntheitsgrad dieses Artikels«.

Hier muß man sich zwar schon sehr hüten, diese Quotienten im strengen Sinne eines Ursache-Wirkungs-Verhältnisses zu deuten. Dennoch erhält man durch die regelmäßig wiederholte Analyse solcher rechnerischen Beziehungen ein *Gespür dafür, inwieweit überhaupt ein gleichgerichteter Zusammenhang zwischen Absatzergebnissen und ihren kommunikativen Vorstufen bestehen könnte*. Vor allem werden Vorgänge mit stark vom Durchschnitt abweichenden Quotienten auffallen und dadurch weiterführende Fragen herausfordern.

3.4.3. Beziehungen zwischen monetären Ergebnissen und Kommunikationskosten

Z. B. produktbezogen: »Umsatz/dem Produkt zurechenbare Kommunikationskosten« bzw. »Marktanteil/dem Produkt zurechenbare Kommunikationskosten« oder »Gesamtdeckungsbeitrag pro Periode/dem Produkt zurechenbare Kommunikationskosten«.

Wiederum muß hier ganz klar betont werden, daß das Arbeiten mit solchen Kennzahlen nicht die Annahme eines kausalen Zusammenhanges zwischen den Rechnungsgrößen bedeutet. Die Schwierigkeiten und Unzulänglichkeiten der Werbeerfolgskontrolle lassen sich natürlich nicht durch eine Kennzahlenbildung ausräumen.

Wenn hier dennoch dafür plädiert wird, eine regelmäßige Bereitstellung dieser Rechnungsdaten zu organisieren, so aus folgendem Grund: *Der Zeitvergleich der Kennzahlen zeigt u. U. auffällige Veränderungen an, deren Ursachen man dann eingehender nachgehen kann*. Bleibt beispielsweise der Marktanteil trotz steigender Kommunikationskosten gleich oder verringert er sich sogar, so ist eine genauere Analyse der Konkurrentenbudgets und des übrigen Konkurrenzverhaltens angezeigt.

Vor allem aber bringt eine nach Absatzsegmenten aufgegliederte Kennzahlenermittlung *deutliche Hinweise, bei welchen Produkten, Kundengruppen, Verkaufsregionen usw. eine unterdurchschnittliche »Tragfähigkeit« für Kommunikationskosten* vorliegt, so daß womöglich eine Veränderung der Kommunikationspolitik angebracht ist.

Kurzum: *Die in der vorgeschlagenen Form bereitstellbaren Rechnungsinformationen üben eine nicht gering einzuschätzende Warn- und Anregungsfunktion aus.*

4. Geeignete Formen der Datenorganisation

Um Kennzahlen gesondert auf bestimmte Absatzsegmente oder Kommunikationsmaßnahmen beziehen zu können, müssen die verschiedenen Wirkungs- und Kostendaten nach übereinstimmenden Ordnungskriterien gespeichert werden. Dabei ist auf der Kosten- wie auf der Wirkungsseite zu berücksichtigen, daß nicht alle Rechnungsgrößen den einzelnen Artikeln oder ähnlich eng abgegrenzten Absatzsegmenten direkt zugeordnet werden können. Für die Datenkennzeichnung ist daher eine *stufenweise Bezugsgrößenhierarchie* einzuführen.

Schon die unternehmensinterne Abstimmung zwischen Rechungswesen, Datenverarbeitung und Marketing-Abteilungen erfordert besondere organisatorische Vorkehrungen. *Um so schwieriger ist eine entsprechende Angleichung zu erreichen, wenn es um extern bezogene Wirkungsdaten geht*. Informationsdienste, die Standardangaben zum Teil unmittelbar auf EDV-geeigneten Datenträgern liefern, haben jeweils ihre eigenen Schlüsselsysteme.

Am ehesten lassen sich trotz dieser Unterschiede produktspezifische Untersuchungen unter Einschluß inner- und außerbetrieblicher Angaben durchführen.

Beispielsweise sind Marktanteile aus Panelerhebungen, Bekanntheitsgrade aus Mehrthemenumfragen (etwa Infratest bzw. Census) und Streukosten der Konkurrenten aus der Werbestatistik (Schmidt & Pohlmann) nach denselben produktbezogenen Zuordnungskriterien erhältlich und mit darauf abgestimmten internen Daten kombinierbar. Eine daraus abgeleitete Kennzahl könnte z. B. sein:

$$\frac{B_E/S_E}{B_K/S_K}$$

wobei:

B_E = Bekanntheitsgrad der eigenen Marke (in Prozent der Befragten)
S_E = Werbe-Streukosten für die eigene Marke
B_K = Bekanntheitsgrad der Konkurrenzmarke (in Prozent der Befragten)
S_K = Werbe-Streukosten für die Konkurrenzmarke.

Beim Arbeiten mit dieser Kennzahl sollte man darauf achten, daß nur Artikel verglichen werden, die sich außer in der Werbeintensität weitgehend bezüglich des sonstigen Marketing-Mix ähneln.

Wesentlich problematischer sind entsprechende Datenverknüpfungen nach regionalen oder zielgruppenbezogenen Ordnungsmerkmalen, da hier die Einteilungen durch die verschiedenen Informationsdienste nicht ohne weiteres übereinstimmen.

Um eine integrierte Auswertungsmöglichkeit der Datenbestände zu erreichen, sind also sicherlich noch *weitere Kooperationsschritte der Informationen bereitstellenden Institute untereinander wie auch zwischen diesen Instituten und den Informationsbeziehern* erforderlich.

5. Ansätze zu Entscheidungsrechnungen

Quantitative Entscheidungshilfen sind vor allem zur Bestimmung von Werbebudgets und für die Mediaselektion entwickelt worden. Auf diese mathematischen Modelle wird hier – abgesehen davon, daß sie zuviel Raum beanspruchen würden – aus folgenden Gründen nicht näher eingegangen:

– *Verfahren zur Ermittlung »optimaler« Werbebudgets* – wie etwa die Vorschläge von *Vidale* und *Wolfe* oder von *Kuehn*[1] – stellen Anforderungen an den Dateninput, die im ganzen praktisch äußerst schwer zu erfüllen sind.
– *Mediaselektionsmodelle*[2] andererseits finden praktische Anwendung; sie werden aber überwiegend im Auftrag der werbungtreibenden Firmen »außer Haus«, d.h. bei Werbeagenturen und Verlagshäusern, eingesetzt.

Im folgenden wird deshalb nur auf *eine kleine Auswahl von Methoden* hingewiesen, *die innerhalb der Firmen ohne allzu großen Aufwand angewandt werden können und doch mehr als bloße Faustregeln sind.*

5.1. Die Bestimmung von Kommunikationsbudgets

Für die Budgetfestlegung gibt es zum einen Ansätze, die von recht globalen Zusammenhängen zwischen Werbeausgaben bzw. -kosten und Zielgrößen, wie etwa dem Marktanteil, ausgehen.

5.1.1. Die einfache Rechnung nach Weinberg

Im folgenden wird ein Vorschlag des Amerikaners *Weinberg* skizziert, der verhältnismäßig leicht zu praktizieren ist, aber stark vereinfachenden Annahmen folgt:

Erster Schritt ist die Ermittlung einer Größe »e« (competitive exchange rate) aus Vergangenheitsdaten:

$$e = W_u/U_u : W_k/U_k$$

W_u = Werbeausgaben der eigenen Unternehmung
W_k = Werbeausgaben der Konkurrenten
U_u = Umsatz der eigenen Unternehmung
U_k = Konkurrenzumsatz

Die zur vergangenheitsbezogenen Bestimmung der Größe »e« erforderlichen Rechnungsdaten sind für W_u und U_u unternehmensintern bekannt. W_k und U_k lassen sich über die in Deutschland verfügbaren Angaben der Werbestatistik (jedenfalls was Streukosten betrifft) und der Panelforschung hinreichend ermitteln.

Unter der Voraussetzung, daß die Größe »e« als gleichbleibend angesehen werden kann, ergibt sich *das künftig erforderliche Werbebudget* W_u, je nach dem angestrebten Anteilverhältnis U_u/U_k, aus der ersten Formel wie folgt:

$$W_u = e \cdot U_u \cdot W_k/U_k$$

Die Konstanzannahme für »e« ist allerdings sehr problematisch. Der Branchenumsatz und die Werbeausgaben der Wettbewerber müssen für den Planungszeitraum geschätzt werden. Im übrigen ist die Wirkung sonstiger Marketing-Instrumente vernachlässigt.

5.1.2. Regressionsrechnungen

Die Beschränkung auf die Werbebudgets als einzigen Einflußfaktor können die von uns schon mehrfach erwähnten Regressionsrechnungen aufheben. Ihr Ansatz in verhältnismäßig einfacher Form lautet:

$$\text{Marktanteil} = \left(\frac{\text{Preis d. eigenen Marke}}{\text{Preisniveau d. Branche}}\right)^{\varepsilon_1} \cdot \left(\frac{\text{Werbeausgaben für die eigene Marke}}{\text{Ges. Werbeausgaben der Branche}}\right)^{\varepsilon_2} \cdot \left(\frac{\text{POP-Ausgaben für die eigene Marke}}{\text{Ges. POP-Ausgaben der Branche}}\right)^{\varepsilon_3}$$

Durch die multiplikative Verknüpfung wird der wechselseitige Zusammenhang zwischen den Teilbereichen des Marketing-Mix zum Ausdruck gebracht. Wenn man die Gleichung logarithmiert, bekommt man eine lineare Beziehung mit den ε als Koeffizienten. *Diese dann regressionsanalytisch zu schätzenden Elastizitäten ε geben an, wie empfindlich die Marktanteilsentwicklung gegenüber Veränderungen des Verhältnisses zwischen eigenem und branchengesamtem Aktivitätsniveau ist.*

Die Anwendung der Regressionsanalyse setzt voraus, daß die bisherigen Branchendaten hinreichend bekannt sind. Dies gilt für die Streukosten der Werbung und weitgehend auch für die Preisniveaus. Für Verkaufsförderungsausgaben sind die statistischen Erfassungen noch nicht so weit gediehen.

Untersuchungen in der beschriebenen Richtung hat der Belgier *Lambin* in neun westeuropäischen Ländern für 16 Produktgattungen mit insgesamt 107 Marken vorgelegt.[(3)] Er hat dabei auch sog. Carryover-Effekte berücksichtigt; hierzu werden die abhängigen Größen (hier: Marktanteil) mit Werbeausgaben vorangegangener Perioden in Beziehung gesetzt.

Untersuchungen dieser Art liefern eine Grundlage, um (anhand der aus Vergangenheitsdaten ermittelten ε) Alternativrechnungen durchzuführen, bei denen man von verschiedenen eigenen Aktivitätsniveaus sowie von Schätzannahmen über die Konkurrenzmaßnahmen ausgeht. *Auf diese Weise gelangt man dann zu Hinweisen auf die Höhe des eigenen Kommunikationsbudgets, das zum Erreichen eines bestimmten Marktanteils erforderlich ist.*

Um von der Marktanteils- zur Umsatzbetrachtung (und letztlich zur Gewinnplanung) überzugehen, bedarf es zusätzlich einer Vorausschätzung des erreichbaren Gesamtabsatzes der Branche. Auch hierfür kommen grundsätzlich Regressionsanalysen in Frage, in denen allgemeine Einflußgrößen, wie z. B. die Entwicklung des frei verfügbaren Einkommens, zu berücksichtigen sind.

5.1.3. Die Ziel-Aufgaben-Methode

Die Regressionsrechnung sieht in der geschilderten Form allein die Höhe der Kommunikationsausgaben bzw. -kosten als Einflußfaktor, ohne auf die Gestaltungseigenschaften im einzelnen und auf deren zielgruppenspezifischen Zuschnitt zu achten. Hierin besteht eine gewisse Schwäche dieses Ansatzes.

Derartige *»qualitative« Gesichtspunkte gehen in den Planungsablauf der sog. »Ziel-Aufgaben-Methode« zur Werbebudgetierung* (»Objective-and-task-method«) ein:

1) Festlegung der Absatzziele für die zu bewerbenden Produkte
2) Definition der anzusprechenden Bedarfsträger bzw. Marktsegmente
3) Bestimmung der hierfür adäquat erscheinenden Werbemittel
4) Schätzung der je nach Absatzziel erforderlichen Kontaktzahl pro Adressat
5) Ermittlung der entsprechend geeigneten Medienkombinationen
6) Kostenschätzungen für die Herstellung der Werbemittel und für deren Streuung
7) Zusammenfassung der Kostendaten; Überprüfung und Vergleich mit vorgefaßten Budgetvorstellungen; evtl. neuer Durchlauf der Stufen 1–6.

Bei diesem heuristischen Ansatz kommen *Daten aus dem Rechnungswesen vor allem* in Frage *für die folgenden Schritte:*

– Schritt 1: bisherige Ergebnisdaten der Produkte;
– Schritt 2: z. B. regelmäßig fremdbezogene und eingespeicherte Paneldaten wie auch bisherige Ergebnisanalysen nach Abnehmergruppen;
– Schritt 5: soweit Mediaanalysedaten für wiederholte Auswertungen ins Rechnungswesen integriert sind;
– Schritt 6: als Selbstverständlichkeit.

Der Schritt 4 beinhaltet das bisher nur unvollkommen gelöste Kernproblem der Schätzung von Werbewirkungsfunktionen. Hier wird man nicht ohne subjektive Annahmen, womöglich gestützt durch einige mehr punktuelle Forschungsergebnisse, auskommen.

Die »Ziel-Aufgaben-Methode« ist aber jedenfalls, verglichen mit manchen Faustregelverfahren der Werbebudgetierung, ein sinnvolles Vorgehen. *Die Budgetfestlegung richtet sich dabei nicht einfach nach früheren Umsätzen, sondern nach dem künftig Gewollten.*

5.2. Die Verteilung von Kommunikationsbudgets

Die »Ziel-Aufgaben-Methode« der *Budgetermittlung* beinhaltet bereits unmittelbare Hinweise zur *Budgetverteilung* auf Produkte und Nachfragergruppen.

Weitere Anhaltspunkte können verhältnismäßig einfache Kennzahlen der »marginalen Ergiebigkeit«[4] (ME) vermitteln. *Hierbei werden pro Absatzgebiet, Kundengruppe usw. die Veränderungen bestimmter Rechnungsgrößen im Zeitvergleich herangezogen, z. B.:*

$$ME = \frac{\text{Differenz der Bruttoerfolge}^*}{\text{Differenz d. ausgegebenen Werbebudgets}}$$

*nach Abzug der ohne Schlüsselung zurechenbaren Kosten, einschl. der absatzsegmentbezogenen Werbung

Beispiel: Im Absatzgebiet 1 wurde das zugeteilte Werbebudget um 20 000,– DM erhöht, die Bruttoerfolge fielen um 10 000,– DM. Die marginale Ergiebigkeit beträgt in diesem Falle – 0,5.

Im Absatzgebiet 2 mögen die entsprechenden Zahlen lauten: 10 000,– DM Werbebudgeterhöhung und 30 000,– DM Zunahme der Bruttoerfolge; marginale Ergiebigkeit = + 3.

Nach diesem Konzept müßten vom Absatzgebiet 1 Werbebudgets abgezogen und dem Absatzgebiet 2 zugeteilt werden, da dort anscheinend noch eine stärkere Reaktionsbereitschaft gegenüber Kommunikationsmaßnahmen besteht.

An diesem Beispiel wird aber auch wiederum *deutlich, daß derartige Kennzahlen zwar eine Anregungsfunktion besitzen, d.h. zum bewußten Analysieren solcher »Ergiebigkeits«-Unterschiede auffordern.* Eine richtige Entscheidungsregel beinhalten sie allerdings nicht ohne zusätzliche Untersuchungen; dazu werden in dem oben genannten Quotienten zuviele andere Einflüsse, die sich sonst noch in den Absatzgebieten ausgewirkt haben können, vernachlässigt.

Immerhin sind die zu einer solchen Kennzahlenbildung erforderlichen Rechnungsinformationen leicht bereitstellbar.

6. Kontrollmitteilungen des Rechnungswesens

Auf die Kennzahlenbildung im Kommunikationsbereich ist in diesem Beitrag – bei aller Warnung vor zu unbedachten Interpretationen – besonderes Gewicht gelegt worden, weil sich darauf recht gut Kontrollsysteme aufbauen lassen.

Ganz ähnlich wie bei den an Zeitvergleiche anknüpfenden Melde- und Warnsystemen für die Produktpolitik ist auch für die Werbung und Verkaufsförderung eine *periodische* Auflistung solcher *Kenngrößen* nützlich. Sie helfen mit, die Ergiebigkeit der finanziellen Mittelverteilung für verschiedene Kommunikationsformen und Einsatzschwerpunkte zu beurteilen. Regelmäßige Rückmeldungen ermöglichen es, rechtzeitige Korrekturen der Budgetverteilung zu erwägen.

Anmerkungen

1) Vgl. eine Übersicht z. B. bei: *Meffert, H. / Freter, H.* (1974): Entscheidungsmodelle der Werbebudgetierung. In: WISU (Wirtschaftsstudium), 4. Jg., 1974, H.5, S. 216–222 sowie H.6, S. 264–268.
2) Vgl. hierzu im einzelnen *Schweiger, G.* (1975): Mediaselektion – Daten und Modelle. Wiesbaden 1975.
3) Vgl. *Lambin, J.J.* (1976): Advertising, Competition and Market Conduct in Oligopoly over Time. Amsterdam, Oxford 1976.
4) Vgl. zu diesem Ansatz allgemein *Geist, M.* (1974): Selektive Absatzpolitik auf der Grundlage der Absatzsegmentrechnung. 2. Aufl., Stuttgart 1974, S. 141 ff.

E. Nutzen Sie Ihr Rechnungswesen im Marketing: Zur Steuerung des Außendienstes*

Im Rahmen des Marketing-Mix erfüllt der Außendienst eine Doppelfunktion: Sein Tätigkeitsfeld schließt Kommunikations- wie auch Distributionsaufgaben ein. Dabei besteht oft eine enge Beziehung zwischen persönlicher Direktkommunikation und Auftragsgewinnung. *Eine unmittelbare rechnerische Verknüpfung von Kosten- und Erlösgrößen erscheint hier deshalb eher möglich* als etwa im Bereich der Werbung.

Dies bedeutet, daß sowohl die *Kostenrechnung* als auch die *Verkaufsstatistik Informationen für die Einsatzplanung und -kontrolle des Außendienstes liefern können.*

Welche Angaben im einzelnen benötigt werden, hängt wesentlich von dem gewählten Steuerungssystem ab, mit dem die Tätigkeit der Außendienstmitarbeiter koordiniert und auf die Verkaufsziele der Unternehmung ausgerichtet werden soll. Möglichkeiten zur organisierten, entscheidungsgerechten Datenbereitstellung und Datenauswertung werden im folgenden wieder anhand des *7-Stufen-PROZEDERE* (vgl. die bisherigen Beiträge dieser Serie »Nutzen Sie Ihr Rechnungswesen...«) dargelegt.

Im folgenden wird gezeigt, daß dieses Prozedere *Anregungen zur organisierten Bereitstellung von Rechnungsinformationen für die Außendienststeuerung* vermitteln kann.

1. Problemstellungen der Außendienststeuerung

Ähnlich wie bei der Werbung- und Verkaufsförderung ergeben sich auch für die Außendienststeuerung periodisch die drei Grundsatzaufgaben

- Bemessung des Budgetrahmens,
- Budgetverteilung,
- Erfolgskontrolle.

Da Vertriebsorganisationen eine hierarchische Struktur aufweisen, die sich über verschiedene Ebenen von der zentralen Verkaufsleitung bis hin zu den einzelnen Außendienstmitarbeitern erstreckt, erfordert auch die Budgetierung ein mehrstufiges Vorgehen:

1) *Vorläufige zentrale Festlegung des Budgetrahmens*

In einem ersten Schritt kann die Verkaufsleitung Richtwerte für die Gesamtkosten des Außendiensteinsatzes sowie die angestrebten Ergebnisse vorgeben. Dabei bietet sich bereits eine globale Aufteilung nach Verkaufsgebieten bzw. nach Produkt- oder Kundengruppen an; je nachdem, welche dieser Einteilungsmerkmale bei der nachfolgenden organisatorischen Zuständigkeitsregelung im Vordergrund stehen.

2) *Dezentrale Detailplanung der Außendienstmaßnahmen*

Innerhalb dieser Leitlinien läßt sich in den nachgeordneten Ressorts – z. B. Verkaufsbezirks-

---

* Ursprünglich erschienen in: Marketing Journal, 10. Jg., 1977, S. 61–68 (Koautor: Michael Rudolphi)

leitungen – der Einsatz von Außendienstmitarbeitern im einzelnen bestimmen. Auch hierbei ist die Aufgliederung der Plangrößen nach Tätigkeitsfeldern der Mitarbeiter (Teilgebieten, Kunden, Produkten) von Bedeutung. Die dezentrale Detailplanung, in die Schätzungen der Außendienstkosten und der Nachfragereaktion auf bestimmte Maßnahmen eingehen, kann sich in mehr oder weniger streng festgelegten Orientierungsmaßstäben für die Außendienstmitarbeiter niederschlagen, z. B. in

– Aktivitätsnormen (etwa Besuchsnormen),
– Zielvorgaben ohne strikte Aktivitätenbeschreibung,
– Entlohnungsanreizen, die nicht direkt an die Einhaltung fester Zielvorgaben gebunden sind.

3) *Zusammenfassung der dezentral aufgestellten Budgetvorschläge*
Im Planungsablauf erfolgt sodann eine Rückverbindung zum ursprünglichen Gesamt-Budgetrahmen, um festzustellen, ob sich die übergreifenden Planvorstellungen unter den konkret gegebenen Bedingungen aufrechterhalten lassen. Erscheinen Abweichungen unvermeidlich, so erfolgen

4) *Revisionen des Ausgangsbudgets.*

1.1. Informationen für den Budgetrahmen

Für die anfängliche zentrale Bemessung des gesamten Außendienstbudgets bietet das Rechnungswesen seinerseits nur recht globale Anhaltspunkte, z. B. *Kennzahlen über das Verhältnis zwischen Umsatzerlösen und Außendienstkosten* im Querschnittsvergleich verschiedener Verkaufsgebiete oder im Zeitreihenvergleich. Die vorläufige Festlegung des Budgetrahmens ist in erster Linie eine führungspolitische Entscheidung.

1.2. Informationen für die Detailplanung und Erfolgskontrolle

Hingegen läßt sich die Bereitstellung von Rechnungsinformationen zur dezentralen Planung des Außendiensteinsatzes wesentlich gezielter organisieren. Auf die dabei anfallenden Problemstellungen wird deshalb auch der Schwerpunkt der folgenden Ausführungen gelegt.
Sollen Aktivitätsnormen – wie Besuchshäufigkeiten oder Tourenabläufe - *vorausbestimmt werden,* so setzt dies zum einen eine gute Kenntnis der aktivitätsbedingten Kosten voraus; außerdem werden aber vor allem auch Rechnungsgrundlagen zum Schätzen der aktivitätsabhängigen Wirkungen erforderlich.
Zielvorgaben überlassen zwar dem einzelnen Außendienstmitarbeiter mehr Spielraum bei der Entscheidung, welche Kunden er in welchem zeitlichen Abstand besucht, welche Produkte er bevorzugt anbietet usw. *Um zu realistischen Zielvorstellungen zu gelangen, bedarf es aber einer sorgfältigen Schätzung des Absatzpotentials in bezug auf Kundengruppen und Gebiete. Hierzu kann das Rechnungswesen Indikatoren auf der Grundlage regelmäßig ausgewerteter Besuchsberichte* und bisheriger Erfolgsentwicklungen der einzelnen Absatzsegmente bereitstellen. Im übrigen sind dabei aber ebenso Marktdaten, die nicht im laufenden Rechnungswesen erfaßt sind, und nicht zuletzt auch persönliche Schätzurteile der betroffenen Außendienstmitarbeiter heranzuziehen.
Die regelmäßige Erfolgskontrolle des Außendienstes setzt im Falle der Zielvorgabe bei den Abweichungen zwischen Plan- und Istergebnissen an. Mit Hilfe von noch näher zu beschreibenden Regressionsanalysen und Kennzahlen kann versucht werden, Schwachstellen der Ver-

kaufsleistung aufzuzeigen. Kennzahlenvergleiche geben dabei Hinweise für Mitarbeitergespräche und -beurteilungen.

Bei fest vorbestimmten Aktivitätsnormen richtet sich die Kontrolle zwar vordergründig auf die Einhaltung der vorgesehenen Besuchstätigkeit. Ihre eigentliche Aufgabe besteht aber auch hier darin, etwaige Differenzen zwischen den tatsächlichen und den an sich erwarteten Verkaufsergebnissen zu untersuchen, um so eine Verbesserung der zur Aktivitätenplanung eingesetzten Entscheidungsrechnungen zu erreichen.

1.3. Informationen für Grundsatzentscheide

Der Vollständigkeit halber ist noch zu erwähnen, daß Rechnungsinformationen im Außendienstbereich nicht nur für die bisher besprochenen regelmäßigen Steuerungsaufgaben von Bedeutung sind. Es gibt eine Reihe konstitutiver (einmalig oder nur in größeren Zeitabständen vorkommender) Entscheidungen, für die ein Außendienst-Rechnungswesen wichtige Grundlagen liefert, z. B. die Wahl zwischen Handelsvertretern und Reisenden, die Anzahl der Außendienstmitarbeiter oder die Abgrenzung von Verkaufsbezirken.

2. Zielgrößen konkretisieren den Bedarf an Rechnungsinformationen

Für die Steuerung des Außendienstes kommen unterschiedliche Zielkriterien in Betracht:

- *Umsatzziele* bzw. *Absatzmengenziele* für bestimmte Produkte; die Verkaufsstatistik, nach Absatzsegmenten untergliedert, ist der hierfür relevante Rechnungszweig.
- *Kostenziele* spielen als Budgetlimits für bestimmte Vertriebskostenarten oder als Entscheidungskriterium bei manchen Verfahren der Planungsrechnung eine Rolle (z. B. Kostenminimierung bei der Tourenplanung).
- *Deckungsbeitragsziele* erfordern vom Rechnungswesen die Verknüpfung von Umsatz- und Kostenwerten nach einheitlichen Zuordnungsgesichtspunkten.
- *Marktpositions-Ziele*, womit in erster Linie Marktanteile auf der Endabnehmerstufe sowie Maßzahlen der Handelsdurchdringung (wie numerische und gewichtete Distribution) gemeint sind. Die Aufgliederungsmöglichkeit nach Produkten sowie nach regionalen oder kundengruppenbezogenen Gesichtspunkten ist hier oft durch unzureichende Informationsgrundlagen begrenzt; in manchen Branchen stehen aber genügend untergliederte Paneldaten zur Verfügung.
- *Auftragsgrößenziele* stehen in unmittelbarer Verbindung mit der Kosten- und Erlösplanung, wobei versucht werden kann, erfolgswirtschaftlich angezeigte Auftragskonzentrationen durch Abnehmerrabatte und/oder durch auftragsgrößenabhängige Provisionssätze für den Außendienst herbeizuführen.
- *Liquiditätspolitische Ziele*; dieser Gesichtspunkt wird bei Außendienststeuerung in der Regel zu wenig beachtet. Es empfiehlt sich, die Verkaufsstatistik mit Informationen aus der Debitorenbuchhaltung zu verknüpfen: die durchschnittliche Höhe an Außenständen und eventuellen Forderungsausfällen kann so nach Kunden und Außendienstmitarbeitern überprüft werden, um finanzwirtschaflich problematischen Verkaufsaktivitäten entgegenzuwirken.

Während bei Entscheidungen zur Außendienst-Aktivitätenplanung (s. weiter unten) meist nur ein Zielkriterium ausdrücklich berücksichtigt wird, lassen sich bei einer zusammenfassenden Bestimmung von Zielvorgaben durchaus mehrere Ziele des Außendiensteinsatzes kombinieren.

3. Entscheidungsrelevante Rechnungsinformationen

Entscheidungsbezogene Angaben stammen aus folgenden Datenquellen:

3.1. Die standardisierten Besuchsberichte

Sie erfassen die Außendienstaktivitäten und *schaffen* damit *eine Grundlage für die verursachungsorientierte Zurechnung von Kosten und Verkaufsergebnissen*. Als Zurechnungsbasis kommen z. B. einzelne Kundenbesuche, zusammengesetzte Besuchstouren, aber auch bestimmte Sonderaktivitäten (z. B. vom Außendienst durchgeführte Verkaufsförderungsmaßnahmen auf der Handelsstufe) in Frage.

Eine Gegenüberstellung der auf einzelne Kunden oder Kundengruppen entfallenden Besuchszahlen vermag – besonders in Verbindung mit verkaufsstatistischen Daten – Hinweise auf offensichtliche Ungleichgewichte und erforderliche Änderungen des Außendiensteinsatzes zu liefern.

3.2. Die Vertriebskostenrechnung

Sie hat *die Aufgabe, die mit der Außendiensttätigkeit verbundenen Kostenarten* so *zu gliedern, daß sie den zu untersuchenden Einsatzbereichen (Absatzsegmenten) ohne willkürliche Schlüsselung zugeordnet werden können*.

Dabei ist u. a. auch die Art des gewählten Steuerungs- und Anreizsystems von Bedeutung. Wird beispielsweise als Außendienstvergütung ausschließlich Festgehalt gezahlt, so sind diese *Gehaltskosten* lediglich dem Außendienstmitarbeiter und seinem Verkaufsgebiet als Ganzem zurechenbar.

Bei *Provisionen* als erfolgsabhängigem Entlohnungsbestandteil wird hingegen eine nähere Zurechnung auf das jeweilige Planungsobjekt (Kunde, Besuch, Auftrag, Produktgruppe) möglich.

Ähnlich werden auch die übrigen Kostenarten stets auf der niedrigsten Bezugsebene verteilt, zu der ein unmittelbarer Verursachungszusammenhang besteht. Für *Reisekosten* läßt sich z. B. eine Zuordnung auf einzelne Kundenbesuche oder zumindest auf Besuchstouren (und das hierbei zustande gekommene Auftragsvolumen) durchführen. *Telefonkosten* sind nur mit Hilfe besonderer Zählereinrichtungen mitarbeiter- und kundenbezogen erfaßbar. Sie müssen sonst, genauso wie *allgemeine Kosten der Vertriebsverwaltung*, der betreffenden Verkaufsabteilung bzw. -niederlassung insgesamt belastet werden.

Wie bei der Planung der übrigen Marketing-Maßnahmen, so ist auch für außendienstbezogene Entscheidungsrechnungen der in dieser Artikelserie immer wieder betonte *Grundsatz der Veränderungsrechnung* zu beachten. Er besagt, daß beim Vergleich mehrerer Aktionsmöglichkeiten den Entscheidungsalternativen nur jene Kosten angelastet werden dürfen, die durch die Wahl der betreffenden Maßnahme zusätzlich entstehen würden (Trennung in fixe und variable Außendienstkosten).

3.3. Die Erlösrechnung

Sie muß, ergänzt durch sonstige Angaben der Verkaufsstatistik, nach der gleichen Abgrenzung in Absatzsegmente aufgebaut sein wie die Vertriebskostenrechnung. In diesem Zusammenhang kommen die bereits erwähnten Informationen aus Panelerhebungen sowie gewisse Daten der Debitorenstatistik ergänzend hinzu.

Es ist nicht immer problemlos, Umsatzergebnisse mit ganz bestimmten Außendienstaktivitäten und den dabei entstandenen Vertriebskosten in Verbindung zu bringen. So können scheinbar ergebnislose Besuche für erst später eingehende Aufträge mit ausschlaggebend gewesen sein, ohne daß dies dann noch zu erkennen wäre. Trotzdem ist es für vergleichende Kennzahlenbildungen, für Zeitreihen- und Regressionsanalysen sinnvoll, die unmittelbaren Verkaufsergebnisse pro Besuchsaktivität festzuhalten.

Kennzahlen, die aus der Verknüpfung verschiedener Rechnungsinformationen entstehen, sind z. B. folgende:

- Umsatz/Anzahl der Besuche,
- Umsatz/Zahl der Aufträge,
- Deckungsbeitrag/Anzahl der Besuche,
- Deckungsbeitrag/Zahl der Aufträge.

Derartige Kennzahlen können, je nach Zurechenbarkeit der Daten, für einzelne Kunden oder Kundengruppen, gebietsbezogen und für die einzelnen Außendienstmitarbeiter gebildet werden. *Anhand eines solchen Kennzahlenprofils können sowohl Zeitvergleiche als auch Querschnittsvergleiche zwischen verschiedenen Mitarbeitern, Kunden usw. vorgenommen werden.*

Dabei ist allerdings zu beachten, daß sich auch vom einzelnen Außendienstmitarbeiter nicht zu vertretende Einflüsse auswirken, etwa ein geringes regionales Absatzpotential, besondere Konkurrenzaktivitäten oder ungünstige Saisoneinflüsse.

Mitunter lassen sich aus den Besuchsberichten oder aus extern bezogenen Statistiken Indikatoren gewinnen, die das Absatzpotential in bestimmten Teilgebieten bzw. bei verschiedenen Kundengruppen anzeigen und sich so zu einer »Umgewichtung« der Kennzahlen eignen. Für einen Anbieter von Produktionsgütern bieten beispielsweise Umsätze oder Beschäftigtenzahlen der potentiellen Abnehmer einen derartigen Anhaltspunkt. Die Kennzahlen eines Außendienstmitarbeiters mit von vornherein schwächerem Kundenkreis wären dann für den interpersonellen Vergleich entsprechend aufzuwerten.

4. Auswertungsgerechte Datenorganisation

Um die dargelegten Verknüpfungsbeziehungen herstellen zu können, sind *Außendienst-Aktivitäten, Vertriebskosten und Vertriebsergebnisse dateimäßig* soweit wie möglich *nach übereinstimmenden Ordnungsmerkmalen zu speichern.*

Bei extern bezogenen Daten ist vorab zu prüfen, ob sie sich in das bestehende Bezugsgrößensystem einfügen lassen. Beispielsweise sind Angaben über die numerische und gewichtete Distribution nur begrenzt auswertbar, wenn die Gebietseinteilung des Einzelhandels-Panels die von einer Verkaufsabteilung betreute Region nicht gesondert ausweist.

Um das oft umfangreiche Datenmaterial für die verschiedenen Steuerungsinstanzen einer Verkaufsorganisation nutzbar zu machen, sind in einigen Firmen wie auch von Beratungsunternehmungen *computergestützte Informationssysteme für den Außendiensteinsatz* entwickelt worden. Beispielsweise unterscheiden sich die von der DbO angebotenen Teilsysteme[1] in ihrer Informationsaufbereitung danach, ob für die Außendienststeuerung

- Sortimentsgesichtspunkte (Teilsystem MESORT),
- Kundengesichtspunkte (MEGROS) oder
- regionale Aspekte (MEREG)

im Vordergrund stehen. Hinzu kommt das Teilsystem MERCHAND, das auf den Besuchsberichten aufbaut und u.a. Besuchsdaten sowie Angaben über Auftragserteilung, Fakturierung, Debitorenstand pro Kunde ausweist.

In der Pharmabranche stehen spezielle Informationssysteme für die Planung und Kontrolle von Ärztebesuchen zur Verfügung, in die Besuchsdaten der Herstellerfirma und extern bereitgestellte Informationen über die Zielgruppen der Außendienstbemühungen eingehen (z.B. PARIS, Programmiertes Arzt-Informations-System, der Direct-Marketing-Adressen-Zentrale, Gütersloh).

5. Entscheidungs- und Kontrollrechnungen für die Außendienststeuerung

Im folgenden wird nun auf einige Ansätze für die Ermittlung von Zielvorgaben und Aktivitätsnormen sowie auf Rechnungsgrößen für die anschließende Erfolgskontrolle hingewiesen.

5.1. Rechenhilfen für die Ermittlung von Zielvorgaben

Grundsätzlich besteht die Möglichkeit, *anhand von Regressionsanalysen* Erklärungsgleichungen für die Verkaufsergebnisse zu bestimmen. Diese Erklärungsgleichungen liefern dann *eine gewisse Grundlage für die Leistungsbeurteilung von Außendienstmitarbeitern* wie auch für Prognosezwecke und damit für die Bestimmung von Zielvorgaben.

Z. B. ist *Böcker*[2] *in einem praktischen Entscheidungsfall*, bei dem die Absatzsituation für das von einer Chemieunternehmung angebotene Industriereiniger-Programm zu analysieren war, im wesentlichen von folgender Gleichung ausgegangen:

$$\overline{U}_i = b_0 + b_1 \cdot I_i + b_2 \cdot \sqrt{F_i}$$

Dabei sind

$\overline{U}_i$ = Normalumsatz für den von einem Außendienstmitarbeiter betreuten Verkaufsbezirk i
I_i = Markt-Index für den Verkaufsbezirk i. (Dieser Index berücksichtigt, daß die Abnehmerbranchen abweichende Verbrauchsintensitäten aufweisen und zudem in unterschiedlichem Umfang in den einzelnen Verkaufsbezirken vertreten sind.)
F_i = Fläche des Verkaufsbezirkes i. (Die Wurzel bringt zum Ausdruck, daß bei gleichem Markt-Index ein degressiver Zusammenhang zwischen dem erreichbaren Umsatz und der Gebietsfläche vermutet wird.)

b_0, b_1 und b_2 sind die Regressionskoeffizienten, die anhand der bereitstellbaren Zahlenwerte für alle I_i, F_i und U_i (als den Ist-Umsätzen) nach der Methode der kleinsten Quadrate zu bestimmen sind.

Sind diese Regressionskoeffizienten aus dem Datenmaterial aller Verkaufsbezirke ermittelt, *so lassen sich für den einzelnen Außendienstmitarbeiter* (bzw. dessen Bezirk) *die Normalumsätze* $\overline{U}_i$ *nach der Ausgangsgleichung errechnen*.

Diese $\overline{U}_i$ sind allerdings an durchschnittlichen Vergangenheitsergebnissen orientiert; darin besteht, wenn es um die Ermittlung von Vorgaben geht, eine gewisse Schwäche. *Sie liefern aber jedenfalls Anhaltspunkte für eine vergleichende Beurteilung der verschiedenen Reisenden.*

Zur Festlegung der Vorgabewerte wird dann vom Vergleich der rechnerischen Normal- und der bisherigen Ist-Umsätze ausgegangen. Bei Unterschreitung der Normalwerte können von der Verkaufsleitung höhere Steigerungsraten vorgegeben werden als für Reisende, die bereits relativ bessere Leistungen erbracht haben.

Die oben angeführte Regressionsgleichung stellt lediglich ein Beispiel dar. Im Einzelfall sind je nach der vorliegenden Marktsituation möglicherweise andere unabhängige Variablen zu berücksichtigen. *Regressionsanalysen sind* aber grundsätzlich *ein flexibles Instrument, um Soll-Leistungswerte für die Außendienstmitarbeiter abzuleiten.*

Ist darüber hinaus vorgesehen, daß erst bei Erreichung der Soll-Leistungswerte das Einkommen des Außendienstmitarbeiters durch Provisionszahlung steigt, so ist die Regressionsrechnung Grundlage für eine *Budgetierung der Personalkosten.*

Auch für andere Kostenarten, die einzelnen Außendienstmitarbeitern zurechenbar sind, können auf diese Weise Budgetansätze, die einen steuernden Einfluß ausüben, gewonnen werden. So wären für die Reisekosten regressionsanalytisch bestimmte Limitwerte festzulegen, die die Zahl der Kunden, deren geographische Verteilung und die Ausdehnung des Verkaufsbezirks als Einflußgrößen berücksichtigen.

5.2. Rechenhilfen für die Besuchsplanung

Erster Schritt für eine Besuchsnormenplanung ist die Ableitung sog. Sales-Response-Funktionen, die Abhängigkeiten zwischen Besuchshäufigkeit und Umsatzergebnissen aufzeigen. *Der Beitrag des Rechnungswesens könnte darin bestehen, die Umsatzdaten der Vergangenheit für einzelne Kunden oder Kundengruppen mit den entsprechenden Besuchshäufigkeiten zu verknüpfen,* um auf diese Weise Elastizitätsschätzungen zu ermöglichen.

Selbst wenn es dabei gelingt, für ein bestimmtes Intervall der Besuchshäufigkeiten den Verlauf einer solchen Wirkungsfunktion zu schätzen, so bleibt es dennoch problematisch, dessen unveränderte Gültigkeit auch für den kommenden Planungszeitraum zu unterstellen.

Aus diesem Grund werden in den jüngst entwickelten und bereits praktisch eingesetzten Besuchsnormenmodellen auch *subjektive Schätzungen der Außendienstmitarbeiter zur Bestimmung von Sales-Response-Funktionen* verwendet. In dem von *Lodish*[3] entwickelten und inzwischen in verschiedenen Branchen angewandten »CALLPLAN-System« sind für jeden Kunden oder jede Kundengruppe die erwarteten Umsätze bei fünf alternativen Besuchshäufigkeiten (einschließlich der bisherigen Besuchszahl) als Schätzdaten einzugeben. *Dazu können aus dem Rechnungswesen bereitstellbare Angaben über Umsatz-Besuchshäufigkeits-Relationen der Vergangenheit* eine willkommene Schätzhilfe darstellen.

Vor allem bei Investitionsgütern tritt der Fall auf, daß mehrere Außendienstbesuche durchzuführen sind, ehe es auf der Nachfragerseite zu einer Entscheidung für oder gegen den Kauf kommt. Unter diesen Voraussetzungen erscheint ein Rechnungsansatz von *Boyd* und *Massy*[4] brauchbar, anhand dessen *die Zahl der Besuche* bestimmt werden kann, *die zu überschreiten sich nicht lohnt.* Es gilt:

$$G_e = p \cdot DB_A - c \cdot n_e$$

G_e = erwarteter (Brutto-)Gewinn aus einem eventuellen Auftrag;
p = Wahrscheinlichkeit für den Erhalt des Auftrags;
DB_A = Deckungsbeitrag des Auftrags (vor Abzug der direkt zurechenbaren Besuchskosten);
c = Kosten pro Besuch;
n_e = Besuchszahl, die erwartungsgemäß bis zur endgültigen Entscheidung über Auftragserteilung oder -nichterteilung erforderlich wird.

Wird eine bestimmte Höhe von G_e als Mindestnorm pro Auftrag angesehen, so läßt sich *anhand der obengenannten Formel die zulässige Maximalbesuchszahl ermitteln*. Ist die schätzungsweise zur Auftragserlangung erforderliche Besuchszahl höher, so spricht dies dafür, die Außendienstaktivität stärker auf andere Kunden zu richten.

Informationen des Rechnungswesens, die eine Entscheidung auf der Basis dieses Ansatzes erleichtern würden, sind – neben dem Deckungsbeitrag des Auftrags (DB_A) – aus Vergangenheitsdaten ermittelte, kundenbezogene Erfahrungswerte für p, c und n_e.

Eindeutige Angaben über die Besuchskosten c setzen voraus, daß im Rahmen einer Besuchstour stets nur ein (!) Kunde aufgesucht wird. Gerade diese Annahme muß, wenn eine flexibel gestaltbare Besuchstourenplanung beabsichtigt ist, aufgehoben werden. Den zu diesem Zweck konzipierten Entscheidungskalkülen liegt die *Fragestellung* zugrunde, *welche Kunden in eine bestimmte Besuchstour einzubeziehen sind und welche Fahrtroute zu nehmen ist.*

In einem Entscheidungsansatz von *Cloonan*[5] wird so verfahren, daß *für jeden Kunden in einem bestimmten Gebietsteil der Wert eines Besuchs (WB) und dessen Kosten (KB) zu bestimmen sind.*

Nehmen wir an, es sei für die Weiterfahrt nach einem geplanten Besuch des Kunden X zu prüfen, ob der Außendienstmitarbeiter den nächstgelegenen Kunden Y aufsuchen soll oder gleich den darauffolgenden Kunden Z. Der zu schätzende Wert eines Besuchs bei Y hängt u.a. von der Zeit ab, die seit dem letzten Außendienstbesuch vergangen ist. Er wird bis zu einer gewissen Grenze als desto höher angesehen, je länger der letzte Besuch zurückliegt.

Die Kosten eines Besuchs bei Y werden durch den (in Geldeinheiten bewerteten) Zeitverlust ausgedrückt, der aufgrund von Mehrfahrt und Gespräch entsteht, wenn Y in die Besuchstour hereingenommen wird. Ist die Relation zwischen WB_Y und KB_Y ungünstig, d.h. unterschreitet der Quotient aus diesen Größen einen von der Verkaufsleitung festzulegenden Richtwert, so wird der Kunde Y in der zu planenden Besuchstour nicht berücksichtigt. Anschließend wird die Besuchstourenplanung mit derselben Prüfprozedur für den Kunden Z fortgesetzt.

Dieses Planungskonzept kann innerhalb des Rechnungswesens durch die *absatzwirtschaftliche Statistik* in zwei Punkten gestützt werden:

– Einmal sind Daten bereitzustellen, die die Bewertung eines Besuchs bei einem bestimmten Kunden ermöglichen. Hier wäre nicht nur an die Zeit seit dem letzten Außendienstkontakt zu denken, sondern auch an kundenspezifische Kriterien wie Umsatzvolumen, saisonale Nachfrageschwankungen usw.
– Zum zweiten könnte die für einen Kunden anzusetzende Dauer eines Gesprächs, die in die Kostenbetrachtung einfließt, anhand von Besuchsberichten erfaßt werden.

Es bleibt natürlich immer fraglich, ob und unter welchen Bedingungen eine genaue Besuchstourenplanung von den Außendienstmitarbeitern akzeptiert wird. Die Durchführung solcher Aktivitätenplanungen erscheint am ehesten für den Fahrverkauf oder den Frischdienst geeignet.

Zu diesem Zweck lassen sich im übrigen auch Entscheidungskalküle benutzen, die auf eine Minimierung der Reisekosten ausgerichtet sind, ohne daß die Erfolgschancen bzw. der Wert bestimmter Kundenbesuche ausdrücklich berücksichtigt werden. Das Ergebnis sind starre Besuchstourenpläne.

5.3. Rechenhilfen für die Erfolgskontrolle

Wie sich Regressionsanalysen zur Messung der Außendienstleistung verwenden lassen, ist bereits am Beispiel der Bestimmung von Zielvorgaben erläutert worden. Der Vorteil eines solchen Ansatzes liegt darin, daß sich dabei auch Einflußgrößen wie das Marktpotential oder die Konkurrenzintensität berücksichtigen lassen, die das Verkaufsergebnis erheblich beeinflussen, aber nicht dem einzelnen Außendienstmitarbeiter zuzuschreiben sind. Dessen *Leistung wird* vielmehr *danach beurteilt, wie sich der* für ihn *gebietsspezifisch berechnete Sollwert zum erreichten Istwert* bei bestimmten Maßgrößen (z. B. Umsatz, Deckungsbeitrag) *verhält*.

Als Maßgröße kommt natürlich nur das Ziel in Frage, auf das die Leistungsmotivation des Außendienstes – sei es durch Vorgabewerte, sei es durch eine entsprechende Entlohnung – ausgerichtet ist.

Unabhängig davon, welcher Maßstab zur Leistungsbeurteilung im einzelnen verwendet wird, sind Deckungsbeitragsrechnungen, die das Zustandekommen von Erfolgen nach mehreren Absatzsegmenten gegliedert untersuchen, ein wesentliches Kontrollinstrument. Als Beispiel einer deckungsbeitragsrechnerischen Erfolgsanalyse wird in der Tabelle auf Seite 260 eine auf einen bestimmten Außendienstmitarbeiter bezogene Auswertung dargestellt, die zugleich die getrennte Zurechnung auf verschiedene Besuchstouren und Aufträge einbezieht.

Ähnlich können nach Kunden oder Kundengruppen gegliederte Kontrollrechnungen pro Außendienstmitarbeiter aufgebaut sein.

Entsprechend detaillierte Erfolgsanalysen sind allerdings nicht durchführbar, wenn Auftragserteilung und Besuchstätigkeit des Außendienstes nur in einem relativ losen Zusammenhang zu sehen sind, d.h. wenn einzelne Aufträge in der Regel nicht einem bestimmten Besuch zugeordnet werden können.

Notwendige Veränderungen der Außendiensttätigkeit, die durch solche Erfolgsanalysen angeregt werden, können dann in neuen Zielvorgaben für die Außendienstmitarbeiter berücksichtigt werden. Damit bilden Erfolgsanalysen und künftige Leistungsmessung eine sinnvolle Ergänzung.

6. Änderung des Außendiensteinsatzes aufgrund der Kontrollmeldungen

Das beschriebene System der Sollwertplanung und Erfolgskontrolle läßt sich – mit EDV-Unterstützung – zu einem »Regelkreis« des Außendiensteinsatzes ausbauen. Um rechtzeitige Eingriffsmöglichkeiten sicherzustellen, sind die Meldeintervalle möglichst kurz (etwa nach Monaten oder zumindest Quartalen) zu bemessen. Bei der Rückkopplung von Abweichungsinformationen kommt es auf zwei Dinge an:

- Den zuständigen Instanzen wird *keine Flut von Einzeldaten* mitgeteilt, *sondern nur eine komprimierte Aufstellung von Plan-Ist-Differenzen* pro Außendienstmitarbeiter, die eine vorweg festgelegte Toleranzgrenze überschreiten.
- Außerdem ist die rechnerische *Untergliederung der Abweichungsangaben nach Kunden(gruppen) und Produkten* eine notwendige Hilfe, um zu einer aussagefähigen Ursachenanalyse zu gelangen. Liegen die Abweichungsursachen auf der Nachfragerseite, so ist eine Veränderung der Außendienstmaßnahmen zu erwägen. Gehen die Differenzen hingegen offensichtlich auf unterdurchschnittliche Mitarbeiterleistungen zurück, so ist das bestehende Anreizsystem bzw. die Personalauswahl zu überprüfen.

	Besuchstour 1			Besuchstour 2	Besuchstour 3		Anderweitig erhaltene Aufträge	
Aufträge	A_1	A_2	A_3	A_4	A_5	A_6	A_7	A_8
Bruttoerlös	20 000	5 000	35 000	3 000	45 000	12 000	30 000	1 000
./. Rabatte und andere Erlösschmälerungen	1 000	500	2 000	–	3 000	–	1 000	–
Nettoerlös	19 000	4 500	33 000	3 000	42 000	12 000	29 000	1 000
./. direkt zurechenbare Kosten der Erzeugnisse	10 000	1 900	20 000	2 500	22 000	7 000	17 000	800
Deckungsbeitrag I pro Auftrag	9 000	2 600	13 000	500	20 000	5 000	12 000	200
./. Auftragseinzelkosten (ohne Provision)	400	200	200	200	200	200	500	50
Deckungsbeitrag II pro Auftrag	8 600	2 400	12 800	300	19 800	4 800	11 500	150
./. Provision	344	96	512	12	792	192	460	6
Deckungsbeitrag III pro Auftrag	8 256	2 304	12 288	288	19 008	4 608	11 040	144
Deckungsbeitrag I pro Besuchstour		22 848		288		23 616		
./. Reisekosten		848		300		416		
Deckungsbeitrag II pro Besuchstour		22 000		–12		23 200		
Deckungsbeitrag I des Außendienstmitarbeiters				56 372				
./. Telefonkosten				372				
./. Festgehalt				2 000				
Deckungsbeitrag II des Außendienstmitarbeiters				54 000				

Tab. 1: Beispiel einer deckungsbeitragsorientierten Erfolgsanalyse eines Außendienstmitarbeiters »X« in einem Verkaufsbezirk »Y« im Monat »Z«

Anmerkungen

1) Vgl. hierzu *Becker, H.* (1975): So steuern Sie Ihren Außendienst. In: MARKETING JOURNAL, 8. Jg., 1975, S. 376ff.
2) Vgl. *Böcker, F.* (1975): Die Evaluierung der Leistungen von Außendienstmitarbeitern. Eine Fallstudie. In: Zeitschrift für Betriebswirtschaft, 45. Jg., 1975, S. 187ff.
3) Vgl. *Lodish, L.M.* (1971): CALLPLAN. An Interactive Salesman's Call Planning System. In: Management Science, Vol. 18, No. 4, Part II, (December) 1971, S. P-25ff.; deutsche Übersetzung in: Entscheidungshilfen im Marketing (Hrsg.: R. Köhler / H.-J. Zimmermann), Stuttgart 1977, S. 162ff.
4) Vgl. *Boyd, H.W. / Massy, W.F.* (1972): Marketing Management. New York usw. 1972, S. 416ff.
5) Vgl. *Cloonan, J.B.* (1970): An Analysis of Sales Tours. In: Applications of Management Science in Marketing (Hrsg.: D. B. Montgomery / G. L. Urban), Englewood Cliffs, N.J., 1970, S. 368ff.

F. Nutzen Sie Ihr Rechnungswesen im Marketing: Zur Kostensenkung in der Distribution*

Die Distributionspolitik umfaßt Entscheidungen über die Wahl der Absatzkanäle einerseits sowie die Gestaltung der physischen Warenverteilung andererseits.

Bei den Absatzkanälen geht es um die Einschaltung geeigneter Handelsstufen bzw. Handelsbetriebsformen, selbständiger Handelsvertreter und sonstiger Absatzmittler sowie um den Einsatz unternehmenseigener Verkaufsorgane. Damit werden akquisitorische und vertragliche Grundlagen des Absatzes geschaffen.

Die physische Warenverteilung zielt darauf ab, die Produkte nach Art, Menge, Termin und Auslieferungsort nachfragegerecht und zu möglichst niedrigen Distributionskosten bereitzustellen. Man hat sich erst in jüngster Zeit so recht bewußt gemacht, daß dieses Aufgabengebiet nicht lediglich der Abwicklung erhaltener Aufträge dient; die physische Warenverteilung hat ihrerseits auch präferenzbildende, auftragsgewinnende Bedeutung. Sie ist somit Bestandteil des Marketing-Mix.[1]

Die marktbezogene Planung und Steuerung der physischen Distribution wird auch Marketing-Logistik genannt. Gedanklicher Ansatzpunkt für logistische Überlegungen ist das Netzwerk, das aus den Produktionsstätten des Herstellers, den Lägern, den (End- oder Zwischen-) Abnehmern sowie den entsprechenden Transportwegen gebildet wird. Die Marketing-Logistik befaßt sich folglich mit der Strukturierung, Steuerung und Kontrolle des Warenflusses bzw. der Warenbestandshaltung innerhalb dieses Netzwerkes.

Obwohl nach Schätzung von Experten in der physischen Distribution noch große Rationalisierungsmöglichkeiten liegen, ist es bisher in vielen Unternehmen versäumt worden, das Rechnungswesen systematisch auf Problemstellungen der Marketing-Logistitk zuzuschneiden.

Möglichkeiten zur Nutzung des Rechnungswesens für Entscheidungen zur Logistik werden in diesem Beitrag aufgezeigt. Dabei gehen wir wiederum von dem *7-Stufen-PROZEDERE* aus, das dieser Artikelserie zugrunde gelegt wurde (S. 219 und S. 223).

1. Aufgabenbereiche der physischen Distribution

Sollen Daten aus dem Rechnungswesen sinnvoll und einsetzbar für die physische Distribution angeboten werden, bedarf es zuerst einer klaren Beschreibung, welches die Aufgabenbereiche der physischen Distribution in der Unternehmung sind. Wir unterscheiden drei Aufgaben: Strukturierungsaufgaben, Steuerungsaufgaben und Kontrollaufgaben.

---

* Ursprünglich erschienen in: Marketing Journal, 10.Jg., 1977, S. 138–147 (Koautor: Hartmut Koch)

1.1. Strukturierungsaufgaben

Entscheidungen über den grundsätzlichen Aufbau des logistischen Netzwerkes haben längerfristig wirksamen Charakter. Es handelt sich dabei vor allem um:

- Lagerhaus-Errichtung, insbesondere Bestimmung der Anzahl sowie der Standorte und Bestandskapazitäten von Auslieferungslägern;
- Zuordnung von Kunden oder Kundengruppen zu einzelnen Lägern;
- Zuordnung von Produktgruppen zu bestimmten Lagerhäusern, falls nicht alle Produkte in allen Lägern geführt werden sollen (selektive Lagerhaltung);
- Grundsatzentscheide über die Art sowie über Eigen- oder Fremdbetrieb der Transportmittel;
- Grundsatzentscheide hinsichtlich der Verpackungsgestaltung, soweit sie ihrerseits die Lager- und Transportmöglichkeiten mitbestimmt.

Für solche Strukturplanungen werden zwar Sonderrechnungen außerhalb der routinemäßigen Datenbereitstellung erforderlich. Dennoch ist es wichtig, das betriebliche Rechnungswesen von vornherein auf den dabei entstehenden Informationsbedarf einzustellen:
Kostenanalysen der bisherigen Lager- und Transporteinrichtungen wie auch absatzstatistische Untersuchungen über regionale Nachfrageentwicklungen liefern Anhaltspunkte zur Bewertung der geplanten Strukturierungsmaßnahmen.

1.2. Steuerungsaufgaben

In diesen Bereich der laufenden Disposition fallen:

- Lagerbestandsführung einschl. Ermittlung von Bestellzeitpunkten und Bestellmengen;
- Auftragsabwicklung einschl. Verpackungsprozesse;
- Einsatz der verfügbaren Transportmittel einschl. Transportmengen- und Routenplanung.

Für die Steuerung und die damit zusammenhängende Kontrolle (s. unten) werden relativ kurzfristig bereitstellbare, weitgehend standardisierte Kosten- und Nachfrageinformationen benötigt. Hier liegt deshalb das hauptsächliche Feld für eine enge Kooperation zwischen Marketing-Logistik und Rechnungswesen.

1.3. Kontrollaufgaben

Ergebnisorientierte Kontrollen untersuchen Abweichungen zwischen Plan- und Istgrößen; sie setzen die Festlegung überprüfbarer Zielgrößen voraus. Im Logistikbereich handelt es sich vor allem um die *Einhaltung von Kosten- und Lieferservice-Zielen.* Differenzen zwischen Soll und Ist weisen darauf hin, daß entweder bestimmte Entwicklungen und Abhängigkeitsbeziehungen nicht richtig vorausgeschätzt worden sind oder daß in manchen Fällen nicht die eigentlich angemessenen Maßnahmen der physischen Distribution verwirklicht werden konnten.

Damit liefert die Logistik-Kontrolle zugleich *Hinweise auf erforderliche Prognosekorrekturen* (Änderung der Prognosefunktionen oder Anpassung der dabei verwendeten Parameter, z.B. bei Bedarfsvorausschätzungen).

Außerdem gibt die Logistik-Kontrolle *Anregungen für eine Korrektur der Distributions-Maßnahmen,* z.B. für die Neufestsetzung von Sicherheitsbeständen, Übergänge vom Stückgut- zum Sammelversand, Differenzierung der Belieferungsintervalle nach Kunden-Umsatzklassen, geänderte Tourenzusammenstellungen usw.

Will man diese Eingriffe gezielt bei den ökonomischen »Schwachstellen« des Distributionsbereiches vornehmen, so muß man *die Rechnungsdaten so weit wie möglich nach Produkt- und Abnehmergruppen, nach Regionen sowie nach Logistikeinheiten* (Läger, Transportmittelarten usw.) *gliedern.*

2. Zielkriterien

Als spezielles Logistik-Ziel wird üblicherweise die Sicherstellung eines bestimmten *Lieferservice* hervorgehoben. Die damit verbundenen *Kosten* sind die zweite wichtige Zielgröße, die aber stets in ihrer Beziehung zum angestrebten Serviceniveau zu sehen ist.

Kostensenkung bedeutet also genau genommen, *daß es gelingt, die gleichen Logistik-Leistungen wie zuvor mit geringeren Kosten zu erbringen.*

»Lieferservice« ist allerdings ein recht allgemeiner Begriff. Zu seiner konkreten Messung kommen folgende Merkmale in Frage:

- Lieferzeit oder Länge der Auftragsperiode: d.h. die Zeitspanne von der Auftragserteilung bis zum Eintreffen der Ware beim Kunden;
- Lieferbereitschaft: pro Artikel definiert als jener Prozentanteil der Nachfrage, der innerhalb der vorgesehenen Lieferzeit befriedigt werden kann;
- Lieferzuverlässigkeit: damit ist die ordnungsgemäße Ausführung des Auftrags nach Art, Menge und qualitativer Beschaffenheit der Waren sowie die Einhaltung des vereinbarten Zustellungsortes gemeint. (Die oft gesondert genannten Servicekomponenten »Lieferbeschaffenheit« oder »Liefergenauigkeit« lassen sich begrifflich hier mit einordnen.) Die Häufigkeit von Reklamationen, nach Möglichkeit für die verschiedenen genannten Zuverlässigkeitsmerkmale getrennt erfaßt, kann in diesem Zusammenhang als Indikator dienen.
- Sonstige, oft branchenabhängige Liefermodalitäten (beispielsweise die Anpassung von Transport- bzw. Entladehilfsmitteln an die Beschaffungseinrichtungen des Abnehmers).

Als ein zusammenfassendes Ziel der betrieblichen Distributionsmaßnahmen ist die Erwirtschaftung zufriedenstellender *Deckungs- bzw. Gewinnbeiträge* (nach Abzug der zurechenbaren Marketing- bzw. Vertriebskosten einschließlich der Logistik-Kosten) zu nennen.

Freilich muß dazu angemerkt werden, daß hier – genauso wie z.B. bei der Werbung und Verkaufsförderung – das Zurechnungsproblem im allgemeinen kaum eindeutig zu lösen ist: Der Umsatz geht nicht allein auf den Lieferservice, sondern auf alle Marketing-Maßnahmen zurück. Deshalb ist es zwar auf der einen Seite möglich, bestimmte Service-Kosten-Relationen ausschließlich dem Logistik-Bereich zuzuordnen; die Deckungsbeiträge (etwa eines Verkaufsgebietes mit Auslieferungslägern) sind andererseits nicht nach ebenso klaren Verursachungsgesichtspunkten der Logistik zuzuschreiben.

Das hindert jedoch nicht, *Kennzahlen zur Steuerung der physischen Distribution* zu bilden, in die Umsätze oder Deckungsbeiträge als Bezugsgröße eingehen. So ist es aufschlußreich, für bestimmte Kundengruppen oder Auftragsgrößen die Verhältniszahl aus

- Umsatz : zurechenbare Logistik-Kosten,
- Deckungsbeitrag : zugerechnete Logistik-Kosten

zu untersuchen. Hieraus ergeben sich Anregungen für eine nähere Überprüfung rechnerisch »unergiebiger« Distributionsbemühungen; und in diesem Sinne sind Umsätze bzw. Bruttogewinne in den Katalog der Logistik-Zielgrößen aufzunehmen.

Ein besonderes Planungs- und Kontrollproblem besteht darin, daß es bei Serviceänderungen in der physischen Distribution zu partiellen Kostensenkungen kommen kann, die aber in anderen Logistik-Teilbereichen Kostenerhöhungen nach sich ziehen (und umgekehrt). So stehen etwa Transportkostensenkungen oft mit einer Erhöhung der Lagerhaus- bzw. Lagerbestandskosten in Konflikt.

Die betriebswirtschaftlich sinnvolle Zielgröße sind hierbei selbstverständlich die *gesamten Logistik-Kosten, die auf bestimmte Maßnahmen zurückzuführen sind. Dies verlangt vom Rechnungswesen ein zusammenhängendes System der Kostenarten-, Kostenstellen- und Einflußgrößenrechnung,* auf das im folgenden Abschnitt eingegangen wird.[2]

3. Entscheidungsrelevante Rechnungsinformationen

Innerhalb des Vertriebssektors ist die *Logistik-Kostenrechnung* nur wenig systematisch ausgebaut worden. Die bisherigen Industrie- und Handelskontenrahmen haben hierzu keine eingehenden Vorschläge gebracht.

Die Schwierigkeiten einer Logistik-Kostenrechnung hängen u.a. damit zusammen, daß die Teilaufgaben der physischen Distribution häufig in ganz verschiedenen betrieblichen Ressorts (Produktion, Verkauf, Versand, allgemeine Lagerverwaltung usw.) »angehängt« sind, ohne einer koordinierenden Logistik-Leitung zu unterstehen. Dadurch ist häufig auch versäumt worden, die zur physischen Distribution zählenden Verantwortungsbereiche zu kennzeichnen und stellenmäßig abzugrenzen.

3.1. Logistik-Kostenstellen

Hier wird der enge Zusammenhang von Rechnungswesen und Organisation deutlich. Bei der Kostenstellenbildung kann von den wesentlichen Tätigkeitsbereichen der Logistik ausgegangen werden, d.h. von

– der Fertigwaren-Lagerhaltung in Werks- und Außenlägern,
– der Auftragsabwicklung,
– den Verpackungsaufgaben,
– dem Transport,
– den Kundendienstleistungen, die in direkter Beziehung zur Auslieferung stehen (z.B. Montage, Einweisung in die Bedienung von gelieferten Anlagen usw.).
– Hinzu kommen die Organisationseinheiten, die mit der Planung, Koordination und Kontrolle von Distributionsmaßnahmen beschäftigt sind.

Im einzelnen kann daraus eine recht tiefe Gliederung der Logistik-Kostenstellen entstehen, so etwa im Fall zahlreicher Lagerstellen oder bei getrennten Zuständigkeiten für verschiedene Typen von Transportmitteln. Es mag mitunter schwierig sein, bestimmte Aufgabenträger eindeutig der Logistik zuzuordnen, so etwa in der Auftragsabwicklung, bei der manche Sachbearbeiter noch mit sonstigen Tätigkeiten der kaufmännischen Verwaltung betraut sind. In solchen Fällen ist es erforderlich, gesonderte Verrechnungs-Kostenstellen einzurichten, in die anteilige Logistik-Kosten – aufgrund eindeutiger Erfahrungsmaßstäbe bestimmt oder notfalls auch nur geschätzt – übernommen werden.

3.2. Logistik-Kostenarten

Als Grobraster bietet sich eine Kostenarten-Einteilung nach den Funktionsbeschreibungen der Stellen an, wie dies in den Bezeichnungen

- Lagerhaltungskosten,
- Verpackungskosten,
- Transportkosten,
- Versandkosten (für Auftragsbearbeitung, Kommissionierung und Beladen)

zum Ausdruck kommt. Im einzelnen sind dann diese Kostenarten-Gruppen noch näher nach den verschiedenen Einsatzfaktoren zu gliedern, d.h. nach Personalkosten, Abschreibungen, Mieten, Zinsen, Steuern, Versicherungen, Verpackungsmaterial, Frachten, Treibstoffverbrauch, etwaige Ein- und Auslagerungsgebühren usw.

3.3. Bezugsgrößen für die Kostenzurechnung

Bezugsgrößen sind zum einen die Produkte bzw. Produktgruppen, vor allem in einer Kostenträger-Zeitrechnung (z.B. pro Monat oder Quartal) betrachtet. In einer Kalkulation pro Artikeleinheit fällt es hingegen besonders schwer, Logistik-Kosten zuzurechnen, ohne dabei auf mehr oder weniger willkürliche Schlüsselungen und grob geschätzte Durchschnittssätze zurückzugreifen.

Wichtige Bezugsgrößen sind außerdem:

- Aufträge oder Auftragsgrößenklassen,
- Kunden oder Kundengruppen,
- Verkaufsgebiete,
- Auslieferungstouren,
- verschiedene Typen von Logistik-Maßnahmen, für die ein Kostenvergleich angestrebt wird. So wäre daran zu denken, daß eine vorausschauende Kostenrechnung für alternative Transportmittelverwendungen oder für unterschiedliche Lieferzeiten durchgeführt wird. Derartige Fragestellungen sind in erster Linie das Anwendungsfeld für Untersuchungen, die das gesamte Logistik-System mit seinen Kosteninterdependenzen umfassen.

Es ist wichtig, die Bezugsgrößen von vornherein mit dem Rechnungswesen zu vereinbaren, weil dann schon bei der Datenerfassung eine Kennzeichnung der Kostenarten nach den direkt (d.h. ohne Schlüsselung) ansprechbaren Zurechnungsebenen erfolgen kann. So lassen sich u.a. Produktgruppen-, Auftrags-, Kunden-, Gebiets- oder Touren-Einzelkosten unterscheiden.

3.4. Kosten-Einflußgrößen

Eine ganze Reihe von Logistik-Kosten sind kalenderzeitabhängig, d.h. innerhalb eines gegebenen Planungszeitraumes fix. Dies gilt z.B. für Abschreibungen auf Lagerhausgebäude, Gehälter, Lkw-Versicherungen und -Steuern.

Andere Kostenarten hängen in ihrer Höhe unmittelbar von der Auftragsgröße ab (z.B. Verpackungsmaterial) oder vom Bestandswert der Lagervorräte (bestandsbedingte Zinsen), von der Länge der Auslieferungswege (variable Transportkosten) usw.

Entsprechende Einflußanalysen und Kostenkennzeichnungen sind erforderlich, um im konkreten Entscheidungsfall nach dem Prinzip der Veränderungsrechnung vorgehen zu können. Dieser

Grundsatz besagt, daß den Handlungsalternativen bei einer Vergleichsbetrachtung nur jene Kosten zuzurechnen sind, die aufgrund der jeweiligen Maßnahmen zusätzlich anfallen würden.

Im Logistik-Bereich bedeutet dies, daß für grundlegende Strukturierungsentscheidungen andere Kostenarten zu berücksichtigen sind als für laufende Steuerungsaufgaben in einem gegebenen Distributionsnetz: Wenn es beispielsweise um die Errichtung und Standortplanung von Lagerhäusern geht, sind zusätzlich entstehende Fixkosten entscheidungsrelevant. Wird hingegen im Rahmen gegebener Distributionseinrichtungen eine günstigste Lösung des Transportproblems gesucht (welche Mengen von welchem Auslieferungs- zu welchem Nachfragepunkt?), so sind für diese kurzfristige Entscheidung nur die transportabhängigen, variablen Kosten von Bedeutung.

3.5. Daten der absatzwirtschaftlichen Statistik

Im vorangegangenen Abschnitt ist schon auf die wichtigen Meßgrößen des *Lieferservice* hingewiesen worden. In der einschlägigen Literatur fehlt es nicht an theoretischen Vermutungen über den Zusammenhang von Lieferservice und Umsatz. *Die absatzwirtschaftliche Statistik eines Betriebes kann zur konkreten Bestimmung dieses Zusammenhanges beitragen, indem sie Lieferservice und zugehörige Umsatzdaten aus verschiedenen Perioden sammelt und zueinander in Beziehung setzt.* Eine einfache Abhängigkeitsanalyse ist dabei allerdings problematisch, wenn im Zeitablauf die anderen umsatzbeeinflussenden Marketing-Maßnahmen sehr unterschiedlich zum Einsatz gekommen sind.

Die absatzwirtschaftliche Statistik erfüllt außerdem eine sehr wichtige Funktion für die Logistik, indem sie Zeitreihen-Entwicklungen der Nachfrage untersucht und damit Grundlagen für die Anpassung der erforderlichen Lagerbestände und für längerfristige Strukturüberlegungen schafft. U. a. haben dabei die Verfahren der exponentiellen Glättung zur Bedarfsprognose praktische Bedeutung erlangt.

3.6. Kennzahlen

Für Kontrollzwecke sind Kennzahlen aufschlußreich, die Kosten oder Deckungsbeiträge mit bestimmten Logistik-Leistungen oder »Leistungsempfängern« verknüpfen.

Solche Kennzahlen liefern auch dann Anregungen für die weitere Logistik-Planung, wenn sie keine strengen Ursache-Wirkungs-Beziehungen wiedergeben. Nur beispielhaft seien folgende Verhältniszahlen genannt:

- Transportkosten pro Kundengruppe oder pro Verkaufsgebiet;
- Lagerkosten pro Produktgruppe;
- Deckungsbeitrag (nach Abzug der Logistik-Kosten) pro Auftragsgrößenklasse, Produktgruppe, Kundengruppe oder Gebiet;
- Deckungsbeitrag pro regionalem Auslieferungslager.

4. Anforderungen an die Datenorganisation

Organisationsformen der Datenspeicherung bzw. Datenverknüpfung, die dem Systemzusammenhang der Auftragsbearbeitung entsprechen, tragen unmittelbar zu einem verbesserten Lieferservice bei. Die Verbindung von Kundenstamm-, Artikelstamm-, Auftrags-, Konditionen- und Lagerbestandsdateien ermöglicht eine EDV-gestützte Auftragsabwicklung, bei der die gesamte Durchlaufzeit verkürzt und die gewünschte Lieferbereitschaft leichter eingehalten wird.[3]

Es ist wichtig, daß diese mehr abwicklungstechnischen Datenauswertungen durch Kosten- und Erlösinformationen ergänzt werden, die ebenfalls nach Kunden, Produkten, Aufträgen, Lägern und Gebieten oder nach Transporteinrichtungen gegliedert sind und zur Wirtschaftlichkeitsanalyse dienen.

Für die Erlöse ergibt sich eine kunden-, artikel- und auftragsbezogene Erfassung unmittelbar beim Fakturieren. Die Logistik-Kosten könnten zwar auch über Gemeinkostensätze mehr oder weniger pauschal in die Artikelkalkulation und von dort beim Fakturieren in die Kunden- oder Auftragsanalyse eingehen. Dies ist jedoch nicht der Weg, der zu einer aussagefähigen, differenzierten Bezugsgrößenrechnung führt.

Zweckmäßiger ist es, die einzelnen Kostendaten bei ihrer Erfassung durch Ordnungsmerkmale zu kennzeichnen, aus denen die ohne Schlüsselung in Frage kommenden Zurechnungsebenen hervorgehen (z.B. Logistik-Kostenstelle, Produktgruppe, Auftrag bzw. Kunde oder Gebiet). Der Datenabruf kann dann vielseitiger nach den Besonderheiten des jeweiligen Planungs- oder Kontrollproblems erfolgen.

5. Entscheidungskalküle

5.1. Auftragsabwicklung und Rechnungswesen

Die schon erwähnten *EDV-gestützten Systeme der Auftragsabwicklung schließen die Auftragsdatenerfassung und -prüfung, Bonitätskontrollen, Termin- und Lagerdisposition, Auftragsbestätigung, Fakturierung, Erstellung der Versandpapiere sowie die Debitoren- bzw. Inkassoüberwachung ein.*[4] *Sie stellen keine ausgesprochene Entscheidungsrechnung dar, aber eine Ablaufhilfe, deren Einsatz das Niveau des Lieferservice erhöht* und grundsätzlich umsatzfördernd wirkt.

Für die laufende Anwendung muß das Rechnungswesen auf eine jederzeitige Abrufbarkeit von Informationen aus der

– Kundenstatistik,
– Auftragsstatistik,
– Lagerstatistik,
– Terminstatistik,
– Versand- bzw. Transportstatistik

eingerichtet sein.

Umgekehrt trägt die integrierte Auftragsabwicklung ihrerseits dazu bei, diese Teilgebiete der absatzwirtschaftlichen Statistik stets kurzfristig mit den neu hinzukommenden Daten zu versorgen.

5.2. Entscheidungsrechnungen für die Lagerbestandsplanung

Die Probleme der Lagerbestandsplanung bestehen im wesentlichen in der Bedarfsvorhersage, der Bestimmung von Sicherheitsbeständen, die auch bei Vorhersagefehlern oder Verzögerungen des Wareneinganges die Lieferbereitschaft aufrechterhalten, der Bestellmengenrechnung und der Ermittlung von Bestellterminen.

5.2.1. Die Bedarfsvorhersage

Für die Bedarfsvorhersage sind Verfahren der exponentiellen Glättung praktisch recht gebräuchlich geworden; sie werden auch in EDV-Programmsystemen der Lagerbewirtschaftung (wie HOREST, IMPACT, ALDOS u. a.) angewandt.

Das Rechnungswesen stellt für derartige Vorausschätzungen der Lagerinanspruchnahme die Zeitreihendaten unmittelbar aus der Absatz- bzw. Lagerabgangsstatistik bereit.

5.2.2. Die Bestimmung von Sicherheitsbeständen

Sicherheitsbestände sind rechnerisch anhand der bisherigen Vorhersagefehler bestimmbar, die (als Zufallsabweichung) normalverteilt angenommen werden. Wie hoch auf dieser statistischen Grundlage der Sicherheitsbestand anzusetzen ist, hängt letztlich von der distributionspolitisch angestrebten Größenordnung der Lieferbereitschaft ab.

5.2.3. Die Bestellmengenrechnung

Die Bestellmengenrechnung hat sich mit dem Problem zweier gegenläufiger Kostentendenzen auseinanderzusetzen: Werden die Läger relativ häufig mit kleineren Zugangsmengen bestückt, so sind zwar die vom durchschnittlich gebundenen Bestandswert abhängigen Lagerkosten pro Periode niedrig; dafür fallen aber mehr Kosten für die Vielzahl der Bestellvorgänge (mittelbare Beschaffungskosten) an. Umgekehrt bedeuten große Bestellmengen, d.h. wenige Bestellvorgänge, daß die mittelbaren Beschaffungskosten gering bleiben, während dafür höhere Lagerbestandskosten entstehen.

Das Rechnungswesen muß bei der Bestellmengenrechnung außer der Prognose des Bedarfs für den gesamten Planungszeitraum Angaben für die pro Bestellvorgang anfallenden mittelbaren Beschaffungskosten und den Lagerkostensatz pro DM-Wert der Bestandseinheit liefern. Dabei ist zu beachten, daß die gesamten mittelbaren Beschaffungs- und die Lagerkosten pro Periode als abhängig von der Bestellmenge angesehen werden.

Seitens der Logistik-Kostenrechnung bleibt also zu überprüfen, welche mit dem Bestellvorgang und der Warenlieferung verbundenen Kostenarten bzw. welche wertabhängigen Lagerbestandskosten tatsächlich in ihrer Gesamthöhe schwanken, wenn mehr oder weniger (kleinere oder größere) Lagerzugänge erfolgen.

Es ist nach dem *Prinzip der Veränderungsrechnung* nicht richtig, etwa die Festgehälter der Einkaufs-, Warenprüfungs- und Lagerstellen in den Beschaffungskostensatz einzubeziehen, wenn diese Gehälter während des Planungszeitraumes durch die Anzahl der Bestellvorgänge überhaupt nicht beeinflußt werden. Gleiches trifft beim Lagerkostensatz zu.

Etwas anderes würde natürlich gelten, wenn wir es mit einer längerfristigen Strukturplanung zu tun hätten, bei der zu überlegen wäre, wie sich eine bestimmte Bestell- und Bevorratungspolitik auf die erforderliche Dimensionierung der Lagerhäuser und auf den Personalbestand auswirkt.

Pro Periode insgesamt bestellmengenabhängige Beschaffungskosten sind z.B. Treibstoffkosten des Fuhrparks, der die Außenläger mehr oder weniger oft anfahren muß. Ebenso sind die gesamten Zinskosten pro Periode für das in Lagerbeständen durchschnittlich gebundene Kapital in der Tat abhängig vom Umfang der Bestellmengen.

Hier wird deutlich, daß man in einem Distributionsnetz nicht mehr mit der Bestellmengenrechnung für die einzelnen Auslieferungsläger auskommt, sondern die Bestandsbindung im gesamten betrieblichen Logistiksystem berücksichtigen muß.

5.2.4. Die Ermittlung von Bestellterminen

Die Ermittlung von Bestellterminen geht von der Berechnung eines Meldebestandes aus. Dieser signalisiert eine notwendig werdende Bestellung. Der Meldebestand M ergibt sich wie folgt:

$$M = A \cdot D + S$$

A = durchschnittlicher Lager-Abgang pro Zeiteinheit (z. B. Tag)
D = Beschaffungs-Dauer in Zeiteinheiten (z. B. Tagen)
S = Sicherheitsbestand.

Das Rechnungswesen muß hierzu statistische Daten hinsichtlich des Bedarfs (tägliche Lagerinanspruchnahme) und der Dauer von Wiederbeschaffungsvorgängen liefern.

5.3. Entscheidungsrechnungen für die Tourenplanung

Sind mehrere Kunden vom selben Lager aus mit einem Transportmittel (z. B. Lkw) zu beliefern, so stellt sich das sog. Rundreiseproblem, bei dem die kostenminimale Route gesucht ist. Es gibt für dieses Problem exakte mathematische Lösungsmethoden, die jedoch oft so rechenaufwendig sind, daß statt dessen heuristische Ansätze bevorzugt werden.

Hierzu gehört das Verfahren der sog. »Savings« (Ersparnisse). Der einfache Grundgedanke lautet dabei, daß Zusammenfassungen von Einzeltouren zu Rundreisen die zurückzulegenden Gesamtdistanzen und damit die Transportkosten verringern können.

Schrittweise werden jeweils die beiden Orte eines Distributionsnetzes miteinander verbunden, deren Kombination am meisten zur Transportkostenersparnis beiträgt. Eine Strecke wird so lange erweitert, bis die Kapazität des Transportmittels durch die auszuliefernde Menge ausgeschöpft ist. Für weitere Touren wird dann ein neues Transportmittel eingesetzt.

Vom Rechnungswesen werden für diese Planung im wesentlichen die Entfernungsangaben des Netzwerks bzw. diesbezügliche Transportkostendaten benötigt; außerdem Fuhrparkdaten und Liefermengenangaben lt. Auftragsstatistik. Für routinemäßige Anwendungen dieses Ansatzes stehen Computerprogramme wie z. B. TROPHI (Transport-Optimierung für Handel und Industrie) zur Verfügung.[5]

5.4. Umfassende Systemplanungen

Die besprochenen Techniken der Bedarfsvorhersage, Lagerdisposition und Transportoptimierung können zu Programmpaketen zusammengefaßt werden, mit denen außerdem auch noch die Struktur des Lagerhaus-Gesamtnetzes sowie die Transportmittelstrategie aufgrund mittelfristiger Bedarfsprognosen geplant wird.

Auf solche kombinierte Entscheidungshilfen für die Distribution kann hier nicht näher eingegangen werden. Als Beispiele für diese übergreifende Planungskonzeption sind die Systeme DIOS (Distribution Information Optimizing System) und VOBIS (Verteil-, Optimierungs-, Bedarfsrechnungs- und Informations-System) zu nennen.[6]

6. Kurzfristige Kontrollmitteilungen

Zwei Typen von Kontrollmitteilungen sind im Logistik-Zusammenhang zu unterscheiden:

6.1. Rückmeldung von Prognosefehlern

Zum einen handelt es sich um die Rückmeldung von Prognosefehlern der Bedarsvorausschätzung. Sie führt bei EDV-Einsatz zu einem automatisierten Anpassungsvorschlag für Glättungskonstante, Sicherheitsbestände, Bestellpunkte usw. Diese Art der »Rückkopplung« ist praktisch schon recht häufig eingeführt.

6.2. Regelmäßige Auflistung von Kennzahlen

Zum anderen ist an die regelmäßige Auflistung von Kennzahlen zu denken, deren Analyse einen Anstoß zu (nicht automatisierbaren) Entscheidungen geben kann. Hierbei handelt es sich um Angaben wie z. B. »(Transportkosten: Auftragsvolumen) pro Kunde«, »Deckungsbeitrag pro Auslieferungslager«, oder »(Kosten des Fuhrparks: Verkaufswert der ausgelieferten Waren) pro Verkaufsgebiet«. Hinzu kommen Kenngrößen des tatsächlich erreichten Lieferservice.

Ein solches Kontrollsystem setzt den oben skizzierten Aufbau einer Logistik-Kostenrechnung und einer aussagefähigen Distributions-Statistik voraus. In diesem Punkt steht sicherlich noch manches an Entwicklungsarbeit bevor. Hier liegen aber auch die Rationalisierungsmöglichkeiten einer an Kosten- und Erlösdaten ausgerichteten, selektiven Distributionspolitik.

Anmerkungen

1) Vgl. zu dieser Eingliederung der Logistik in das Marketing-Mix beispielsweise *Pfohl, H.-C.* (1972): Marketing-Logistik. Mainz 1972, S. 38ff.; *Poth, L.G.* (1973): Praxis der Marketing-Logistik. Heidelberg 1973, S. 33ff.; *Traumann, P.* (1976): Marketing-Logistik in der Praxis. Mainz 1976, S. 33ff.
2) Vgl. näher zu Wechselbeziehungen zwischen verschiedenen Logistik-Kosten *Pfohl, H.-C.* (1972): Marketing-Logistik, a.a.O., S. 168ff.
3) Vgl. dazu beispielsweise *Steinle, K.H. / Riebel, H.* (1976): Ein integriertes System für die Auftragsbearbeitung, Disposition und Bestandsführung. In: IBM-Nachrichten, 26.Jg., 1976, H. 232, S. 269ff.
4) Vgl. eine ausführliche Darstellung z.B. bei *Meyer, C.W. / Hansen, H.R.* (1973): Vertriebsinformatik. Berlin, New York 1973, S. 446ff.
5) Vgl. als praktische Anwendungsbeschreibung z.B. *Kiessling, B. W. / Schmidtgen, D.* (1976): Wenn der Computer Touren trimmt. In: Rationeller Handel, 19. Jg., 1976, H.1, S. 44ff.
6) Vgl. hierzu eingehend *Böcker, F.* (1977): Computergestützte Standardprogramme zur Planung u. Kontrolle der Distributionspolitik. In: Entscheidungshilfen im Marketing (Hrsg.: R. Köhler / H.-J. Zimmermann), Stuttgart 1977, S. 348ff.

VI. Absatzsegmentrechnung*

1. Definition von Absatzsegmenten

Als *Absatzsegmente* werden gedanklich unterscheidbare Teilbereiche der betrieblichen Marktbeziehungen und Absatztätigkeit bezeichnet, denen sich Kosten und Erlöse gesondert zurechnen lassen. Es handelt sich also um eine Gruppierung bestimmter Merkmalsträger zum Zwecke der *Erfolgsaufspaltung*. Nach welchen Merkmalen derartige Segmente abzugrenzen sind, hängt von den jeweiligen Entscheidungs- bzw. Kontrollproblemen ab. Üblich ist folgende grundlegende Einteilung *(Geist* 1974; *Böcker* 1988. Zur entsprechenden praktischen Verwendung in den USA siehe Survey-Ergebnisse bei *Mossman/Fischer/Crissy* 1974):

- Abnehmer
- Aufträge
- Produkte
- Absatzgebiete
- Absatzwege (und andere Bestandteile der »Absatzmethode« i.S. *Gutenbergs*).

Innerhalb jeder dieser Betrachtungsdimensionen können dann Teilklassen (wie Kundengruppen, Auftragsgrößenklassen, Produktgruppen) gebildet bzw. Einzelfalluntersuchungen durchgeführt werden, so daß u.U. mehrstufige *Absatzsegment-Hierarchien* entstehen.

Die eingangs genannte allgemeine Segmentdefinition schließt grundsätzlich auch die Ergebnisaufgliederung nach *Organisationseinheiten* des Vertriebs – wie Abteilungen, Filialen – oder nach *Aktivitätsbereichen* – z.B. Verfahren der Auftragsgewinnung, Verkaufsförderungsaktionen usw. – mit ein (vgl. auch *Riebel* 1964; *Lönneker* 1976; *Rayburn* 1977). Diese zusätzlichen Gesichtspunkte werden hier aber nicht weiter erörtert, zumal Ergebnisanalysen in bezug auf Organisationseinheiten eher unter anderen Bezeichnungen (*Profit Center*) geläufig sind und weil bei Absatzaktivitäten meist eine eindeutige Erfolgszurechnung auf einzelne Bestandteile des *Marketing-Mix* ausscheidet.

2. Aufgaben der Absatzsegmentrechnung

Absatzsegmentrechnungen erfüllen zunächst *Kontrollzwecke*: Sie weisen auf Gewinn- oder Verlustquellen hin und lassen damit im einzelnen erkennen, wo Abweichungen vom gesamtbetrieblichen Erfolgsplan entstanden sind bzw. wo sich künftige Erfolgseinbußen oder -steigerungsmöglichkeiten anbahnen (*Köhler* 1975).

Für die weitere Planung ergeben sich hieraus Ansatzpunkte zu Selektions- und *Eliminationsentscheidungen*, wobei allerdings die rückblickende Analyse durch Absatz- und Kosten-

---

* Ursprünglich erschienen in: Handwörterbuch des Rechnungswesens, 2. Aufl. (Hrsg.: E. Kosiol/ K. Chmielewicz/M. Schweitzer), Stuttgart 1981, Sp. 19–29. Ergänzt durch Aktualisierungen in der 3. Aufl. des HWR (Hrsg.: K. Chmielewicz/M. Schweitzer), Stuttgart 1991 (im Druck).

prognosen zu ergänzen ist. Eine *selektive Absatzpolitik* konzentriert die Angebotsbemühungen auf jene Kunden, Gebiete, Produkte, Aufträge und Vertriebskanäle, die einen hohen Beitrag zur Erfüllung der betriebswirtschaftlichen Ziele des Anbieters versprechen. Dieses Auswahlkonzept wird in den USA seit langem unter dem Stichwort »selective selling« behandelt (*Smith* 1928; *Sevin* 1948). Im Anschluß daran hat *Hundhausen* 1953 den Begriff der ›*Selektiven Markterfassung*‹ geprägt (hierzu ausführlich *Geist* 1974).

Der Selektion erfolgträchtiger Absatzsegmente stehen auf der anderen Seite eingeschränkte Aktivitäten in bezug auf betriebswirtschaftlich unergiebige Absatzteilbereiche gegenüber. Die Elimination (z. B. von Produkten aus dem Sortiment, von Zwischenhändlern aus dem Absatzweg, von Kleinstaufträgen unterhalb einer Mindestgrenze) ist der weitestgehende Schritt dieser bewußten Einschränkung.

3. Kosten- und erlösrechnerische Voraussetzungen

3.1. Die Konzeption einer vielseitig auswertbaren Grundrechnung

Die von *Schmalenbach* so genannte *Grundrechnung* (dazu weiterführend *Riebel*, u.a. 1964, 1974, 1985) ist eine kombinierte Kostenarten- und Bezugsgrößenrechnung. Sie unterscheidet sich vom herkömmlichen *Betriebsabrechnungsbogen* durch eine eingehendere Gliederung der Kostenarten nach *Kostenkategorien* und – über die Kostenstellenbildung hinaus – durch einen vielfältigeren Ausweis von Zurechnungsobjekten. Beispielsweise werden die Kostenarten nach ihrer Abhängigkeit von Einflußgrößen, nach ihrer Variabilität bzw. Unveränderlichkeit innerhalb bestimmter Fristen charakterisiert; neben den üblichen Kostenstellen erscheinen in der Grundrechnung die Absatzsegmente im oben definierten Sinne als mögliche Zurechnungsbereiche für die Kostenverteilung.

Ähnlich lassen sich die Nettoerlöse in Einflußkomponenten gliedern und Erlösentstehungsbereichen zuordnen (*Laßmann* 1973; *Engelhardt* 1977; *Männel* 1983).

Im Rahmen der Absatzsegmentanalyse ist das Konzept der Grundrechnung wichtig, weil es die Bausteine für verschiedenartige, dem jeweiligen Entscheidungs- oder Kontrollproblem angepaßte Datenauswertungen liefert.

3.2. Bezugsgrößenhierarchien und Datenverdichtung

Für eine vielseitige Absatzsegmentrechnung sind *Bezugsgrößenhierarchien* mit möglichst eindeutiger logischer Verkettung zu bilden.

In der Regel ist die einzelne bei der Auftragsabwicklung fakturierte Position (Auftragszeile) das Ausgangsdatum, von dem aus sich stufenweise die Beziehung zu verschiedenen Absatzsegmenten herstellen läßt. Die Auftragsposition verweist durch die Artikelnummer unmittelbar auf ein bestimmtes Teilabsatzsegment im Abrechnungsbereich »Produkte« und (über den Auftrag als Ganzes bzw. die Auftraggeber-Nummer) mittelbar auf das Teilabsatzsegment »Kunde x«. Von dort aus sind weiterschreitende Aggregationen zu Produktgruppen, Kundengruppen sowie Verkaufsgebieten möglich. Dies setzt voraus, daß die entsprechenden Schritte der möglichen Datenverdichtung eindeutig durch *Produktdeskriptoren* (Produkt – Produktgruppe) und *Kundendeskriptoren* (Kunde – Kundengruppe sowie Kunde – Verkaufsgebiet) bestimmt sind; *Auftragsdeskriptoren* beschreiben die Einordnung des einzelnen abgerechneten Auftrags in Auftragsarten bzw. -größenklassen.

Ähnlich sind die anfallenden *Kosten*- und *Erlösdaten* durch Deskriptoren so zu kennzeichnen, daß zum einen die niedrigste Ebene einer logischen Bezugsgrößenfolge definiert ist, bei der das Datum gerade noch ohne Schlüsselung zugerechnet werden kann; zum anderen läßt sich durch derartige Beschreibungsmerkmale die für Dispositionen wichtige Zugehörigkeit zu bestimmten Kosten- bzw. Erlöskategorien speichern (*Mertens/Hansen/Rackelmann* 1977).

Neben den bei Auftragsabwicklung anfallenden Rechnungsinformationen gibt es eine ganze Reihe von Kosten, die nur auf einer *globaleren* Segmentebene erfaßbar und erst dort schlüsselungsfrei zuzurechnen sind. Z.B. gehen die Gehaltskosten für einen im regionalen Verkaufsbüro tätigen Gebietsleiter in die Bezugsgrößenrechnung mit dem Deskriptor »Verkaufsgebiet y« ein. Eine weitere Verdichtung ist hier u.U. hinsichtlich größerer Regionaleinheiten (wie Länder) sowie in bezug auf übergreifende Kostenstellenbereiche (wie »Verkauf«) möglich.

Das System des logischen Zusammenhangs zwischen den verschiedenen Bezugsgrößen (als Modul für eine vielseitige Absatzanalyse) wird ausschnittweise in *Abb. 1* veranschaulicht (in Anlehnung an *Riebel 1964; Dreßler* 1975; *Köhler* 1975; *Mertens/Hansen/Rackelmann* 1977; zu Absatzsegment-Hierarchien vgl. ferner *Dunne/Wolk* 1977).

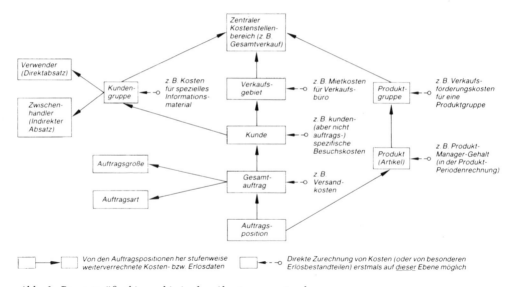

Abb. 1: Bezugsgrößenhierarchie in der Absatzsegmentrechnung

3.3. Das Rechnen mit relativen Einzelkosten bzw. Einzelerlösen und Segment-Deckungsbeiträgen

Die beiden in der Legende zu Abb. 1 erläuterten Symbole verdeutlichen, daß es bei den Absatzsegmenten zwei Arten der schlüsselungsfreien Zurechenbarkeit von Kosten- und Erlösdaten geben kann.

Die *durchgezogenen Pfeile* bedeuten, daß die Rechnungsdaten schon auf einer vorgelagerten Bezugsgrößenebene direkt zugeordnet werden konnten; sie sind dann auch für die nachfolgende Verdichtungsstufe Einzelkosten bzw. -erlöse. Datenverarbeitungstechnisch liegen hier *Verkettungsstrukturen* vor, die den Grundstein für eine flexible Informationsaufbereitung im Hinblick auf die unterschiedlichen Absatzsegmente bilden.

Die *unterbrochenen Pfeile* besagen, daß hier dem Segment Daten zugerechnet werden, die auf den vorgelagerten Ebenen der Bezugsgrößenhierarchie noch nicht eindeutig aufteilbar waren, da sie dort für mehrere Untersuchungsobjekte *gemeinsam* angefallen sind (siehe etwa das Beispiel der nicht auftragsspezifischen Kunden-Besuchskosten). Solche Rechnungsdaten verweisen dann mit ihrem Deskriptor auf jenes Segment, das gewissermaßen die erste »Einstiegsstelle« in nachfolgende Bezugsgrößen-Verkettungen darstellt.

Eine auf diesen Grundsätzen aufbauende Analyse entspricht dem Konzept der *relativen Einzelkostenrechnung (Riebel* 1959, 1985): Kosten werden nur jenen Absatzsegmenten belastet, denen sie sich direkt aufgrund eindeutiger Sachzusammenhänge zuordnen lassen *(Segment-Einzelkosten)*. Diese Eigenschaft können sie – in einer von unten nach oben aufsteigenden Richtung der Bezugsgrößenverkettung – bei mehreren Segmenten zugleich besitzen. Für *Gemeinkosten* gilt dieselbe *relative* Betrachtung. Auf ihre Schlüsselung wird in jedem Fall verzichtet, um sachliche Verbundbeziehungen nicht auf rechnungstechnischen Umwegen zu zertrennen.

Im übrigen macht es wohl erst dieser Ansatz (erleichtert durch die EDV-Technik) möglich, daß Erfolgsbeiträge zugleich für *mehrere,* verschiedenartige Absatzsegmente überprüft werden können. Gemeinkostenschlüsselungen, die schon allein bei der produktbezogenen Stückkostenkalkulation zahlreiche und mit vielen Annahmen verbundene Rechnungsschritte erfordern, wären diesen wechselnden Untersuchungsperspektiven nur sehr schwer anzupassen.

Verbundbeziehungen, d.h. die *gemeinsame* Bedingtheit durch mehrere Teilabsatzsegmente, gibt es nicht nur auf der Kosten-, sondern auch auf der Erlösseite. Allerdings ist die Unterscheidung von relativen *Einzel-* und *Gemeinerlösen* bislang wenig geläufig. Auf den ersten Blick scheint es ja auch so, als ob sich auf allen Ebenen der Segment-Hierarchie die *Erlöse* jeder Bezugsgröße direkt (gemäß den dort statistisch ausgewiesenen Absatzmengen und Nettopreisen) zuordnen lassen. Rechenschematisch ist dies in der Tat ohne Schlüsselungen möglich; hingegen zeigt die sachinhaltliche Interpretation, daß mehrere Bezugsgrößen zusammen auf die Erlösentstehung eingewirkt haben können *(Männel* 1972). Dies gilt beispielsweise im Segment »Produkte« für Artikel, deren Absatz durch enge *Komplementarität* verflochten ist (Verbund hinsichtlich der Mengenkomponente). Um *Produkt*-Gemeinerlöse handelt es sich genau genommen ebenso, wenn das von einem Kunden z gezahlte Entgelt letztlich durch einen Gesamtumsatzrabatt pro Periode bestimmt wird (Verbund hinsichtlich der Nettopreiskomponente); relativ zum Teilabsatzsegment »Kunde z« liegen hier andererseits gesondert zurechenbare Einzelerlöse vor.

Die Berücksichtigung eines *Erlösverbundes* erscheint zumindest dann geboten, wenn aufgrund von Absatzsegmentrechnungen weitreichende Selektions- oder Eliminationsentscheidungen zu fällen sind.

Ganz allgemein folgt die *Ergiebigkeitsrechnung für Absatzsegmente* dem bekannten Schema der stufenweisen *Deckungsbeitragsanalyse,* d.h. einer von Nettoerlösen ausgehenden Betrachtung, bei der Schritt für Schritt die relativen Einzelkosten aufeinanderfolgender Bezugsebenen abgezogen werden.

So sind bei produktbezogenen Untersuchungen pro Periode zuerst die Einzelkosten eines jeden Artikels von dessen Nettoerlösen zu subtrahieren (Deckungsbeitrag I). Wird anschließend auf der Ebene der Produkt*gruppen* eine Summierung der Deckungsbeiträge I vorgenommen (hier ließen sich im übrigen auch etwaige Gemeinerlöse beachten!), so folgen als nächster Abzugsposten die Produktgruppen-Einzelkosten. Es ergibt sich ein Deckungsbeitrag II. Dieses immer stärker aggregierende Rückwärtsrechnen kann in einem weiteren Schritt Kostenstellen bzw. Stellenbereiche (z. B. »Verkauf«) einschließen und so zu Deckungsbeiträgen III bzw. IV führen.

Die Abb. 2 verdeutlicht die Grundzüge des Vorgehens an einem Beispiel aus dem Segmentzusammenhang »Aufträge – Kunden – Verkaufsgebiet«.

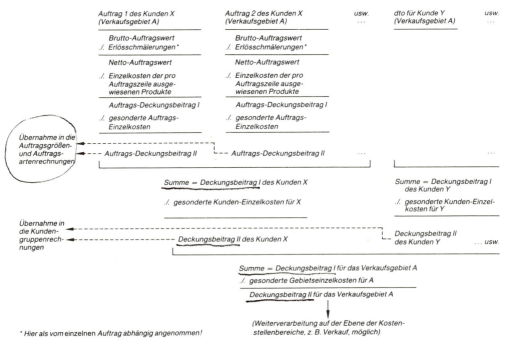

Abb. 2: Stufenweise Deckungsbeitragsrechnung für verschiedene Absatzsegmente der Bezugsgrößenhierarchie

Produktdeckungsbeitragsrechnungen sind, neben der regionalen Ergebnisaufspaltung nach Absatzgebieten, in der Praxis am häufigsten verwirklicht. In jüngerer Zeit nehmen außerdem die Bemühungen zu, kunden(gruppen)bezogene Erfolgsanalysen durchzuführen. Dies gilt vor allem für Unternehmungen, die ein *Key Account Management* eingerichtet haben. In *Kundendeckungsbeitragsrechnungen* werden zunächst von den Nettoerlösen die direkten Kosten aller mit dem Kunden abgewickelten Aufträge abgezogen (wobei die verkauften Produkte üblicherweise mit ihren variablen Kosten in Ansatz kommen). Im nächsten Schritt erfolgt die Subtraktion aller sonstigen Kosten, die dem Kunden unmittelbar ohne Schlüsselung zugeordnet werden können, wie z. B. Werbekostenzuschüsse oder Kosten für Informationsmaterial und Displays (*Schröder* 1978; *Deyhle* 1985).

Eine relativ neue Form der Absatzsegmentrechnung nach Artikeln stellt die Analyse der »*Direkten Produkt-Profitabilität*« (DPP) dar. Aus Handelssicht geht es dabei um den Versuch, über eine bloße Spannenrechnung hinaus artikelgenaue Deckungsbeiträge zu bestimmen. Zu diesem Zweck werden vom Nettoverkaufspreis der Netto-Netto-Einkaufspreis und sodann die »direkten Produktkosten«, die auf der Handelsstufe anfallen, abgezogen. DPP soll den Beitrag eines Artikels zur Abdeckung der nicht zurechenbaren Kosten und zur Gewinnerzielung darstellen (*Institut für Selbstbedienung und Warenwirtschaft e. V.* 1988; *Behrends* 1988; *Zentes* 1987). Die oft auch verwendete Bezeichnung »*Direkte Produkt-Rentabilität*« (DPR) ist irreführend, da es sich um keine Verhältniszahlen in bezug auf Kapitaleinsatz oder Umsatz handelt, sondern um eine absolute Größe.

Das Hauptproblem der DPP-Analyse besteht in der Bestimmung der »direkten Produktkosten«. Hierbei finden nämlich Schlüsselungen statt, wobei auch fixe Kosten (wie Personal-, Raum-, Geräte- und Einrichtungskosten) anteilig auf die Artikeleinheiten verrechnet werden. Dies geschieht anhand artikelbezogener Zeit-, Flächen-, Volumen- oder Kontaktstreckenmessungen. Berücksichtigt werden nur die Kosten solcher Funktionsstellen, deren Leistungen (z.B. Warenannahme, Ein- oder Auslagern, Transport zum Regal, Plazieren, Kassieren, Leerguthandling) der Artikel unmittelbar in Anspruch genommen hat. Leerkosten bei unterbeschäftigter Kapazität bleiben dabei außer Betracht.

Beim DPP-Konzept wird das *Verursachungsprinzip* nicht i.S. einer »causa efficiens« gedeutet, sondern weitergefaßt als »causa finalis«, d.h. die Kostenzurechnung wird mit der für den Artikelverkauf vorgehaltenen Betriebsbereitschaft begründet. Damit wird, trotz der Bezeichnung »direkte Produktkosten«, von den sonst üblichen, strengeren Grundsätzen der *Deckungsbeitragsrechnung* abgewichen.

Für alle o.g. Varianten der Absatzsegmentrechnung ergeben sich durch die Entwicklung der Informationstechnik verbesserte Möglichkeiten der praktischen Anwendung (*Heinzelbecker* 1985). Der ISIS Software Report weist in seinem Abschnitt »Vertriebsplanung/Vertriebssteuerung« mehrere Standard-Programmsysteme zur Erfolgsanalyse nach Produkten, Kunden, Regionen usw. aus. Anspruchsvolle Konzepte schaffen die Möglichkeit, daß für Analysen im Rahmen von Bezugsgrößenhierarchien »jedes beliebige Untersuchungsobjekt, auf dem Kosten und Erlöse gegenübergestellt werden sollen, einbezogen werden kann« (*Sinzig* 1989, S. 117). Hierzu weisen relationale Datenbanken grundsätzlich eine gute Eignung auf, da sie die Speicherung von Informationen bezüglich mehrerer Auswertungsdimensionen sowie unterschiedliche Datenverknüpfungen erleichtern (*Riebel/Sinzig* 1981). Die Verwirklichung dieser vielfältigen Absatzsegmentrechnungen nach dem Prinzip der relativen Einzelkosten- und Deckungsbeitragsrechnung ist inzwischen schon recht weit gediehen (*Dreßler* 1975; *Sinzig* 1983; *Puhl* 1983).

4. Mehrdimensionale Segmentuntersuchungen

Abb. 1 und 2 zeigen die Absatzsegmentrechnung zwar im Gesamtzusammenhang verschiedener Untersuchungsebenen; dennoch handelt es sich dabei auf jeder Stufe der Bezugsgrößenhierarchie noch um eindimensionale Angaben. Eine *mehrdimensionale* Datenverknüpfung liegt vor, wenn bestimmte Teilabsatzsegmente *im Rahmen* anderer Teilabsatzsegmente (also eine Schnittmenge) und deren Erfolgsbeiträge betrachtet werden (siehe z.B. *Köhler* 1975; *Buzby/Heitger* 1976; *Denk* 1977; *Röhrenbacher* 1985; *Weigand* 1989). Hierzu zählt beispielsweise die Frage, ob sich innerhalb eines Verkaufsgebietes mehrere *Kundengruppen* in ihren Erfolgsbeiträgen stark voneinander unterscheiden und ob dabei eventuell Besonderheiten der *Produkt*nachfrage pro Kundengruppe eine Rolle gespielt haben; oder es kann um die Frage gehen, ob die von vergleichbaren *Reisenden* erwirtschafteten Periodenergebnisse auffällig in der Zusammensetzung nach *Produkt*-Deckungsbeiträgen voneinander abweichen.

Diese Verbindung mehrerer Betrachtungsdimensionen erleichtert die Suche nach den Entstehungsfaktoren von Segment-Erfolgsbeiträgen.

5. Kurz- und längerfristige Analysen

Für Entscheidungen auf kurze Sicht genügt es, wenn in der Absatzsegmentrechnung die Differenz zwischen den Nettoerlösen und den kurzfristig mit bestimmten Aktivitäten variierenden Kosten zugrunde gelegt wird. So ist es z.B. in den Entscheidungsmodellen zur Kurzfristplanung des Produktions- und Absatzprogramms üblich, bei der Ermittlung des Zielfunktionswertes von Produkt-Deckungsbeiträgen aus »Preis minus variable Produktkosten« auszugehen (wobei im Falle von Kapazitätsengpässen eine relative Betrachtung dieser Deckungsbeiträge, bezogen auf die pro Erzeugnisstück benötigten Einheiten des Engpaßfaktors, erforderlich wird).

Wenn der Planungshorizont eine Zeitspanne einschließt, in der sonst als »fix« bezeichnete Kosten disponibel werden, ist bei *Selektions- und* insbesondere *Eliminationsentscheidungen* die *Abbaumöglichkeit* dieser Belastungsposten zu überprüfen. Ebenso erscheint es absatzpolitisch unerläßlich, über die Ergebnisse der rückblickenden Segmentrechnung hinaus *längerfristige Absatzerwartungen* und -ziele einzubeziehen. Die Entscheidung, bestimmte Teilabsatzsegmente wegen derzeit ungenügender Erfolgsbeiträge aufzugeben, könnte sich ohne vorausschauende Abstimmung mit der gesamten Absatzkonzeption und mit Absatzprognosen auf Dauer als nachteilig erweisen (*Dichtl* 1970; *Denk* 1977; *Denk* 1978; *Reinöhl* 1981; *Brauckschulze* 1983).

So ist die Kennzeichnung von *Bereitschaftskosten* nach ihrer *Disponierbarkeit* eine wichtige Vorbedingung für Untersuchungen, inwieweit sich durch Einschränkung der Absatzbemühungen bei einzelnen Segmenten oder durch Aufgabe bestimmter Produkte, Kunden usw. Kosten- und Erfolgsveränderungen herbeiführen ließen.

Als in diesem Zusammenhang wichtige Informationen bei automatisierter Datenverarbeitung schlagen *Mertens/Hansen/Rackelmann* vor, sogenannte *Konzentrationszahlen* pro Teilabsatzsegment zu speichern. Diese Konzentrationszahlen sollen angeben, zu welchem Anteil einzelne Produkte, Kunden oder andere Teilsegmente abbaufähige Kapazitäten in Anspruch nehmen, »so daß aufgezeigt werden kann, wieviel Kosten wegfallen, wenn ein Produkt oder ein Kunde eliminiert wird« (*Mertens/Hansen/Rackelmann* 1977, S.79).

Literatur

a) Einführende Werke

Geist, M. (1974): Selektive Absatzpolitik auf der Grundlage der Absatzsegmentrechnung. 2. Aufl., Stuttgart 1974.
Köhler, R. (1975): Verlustquellenanalyse im Marketing. In: Marketing Enzyklopädie, Bd. 3, München 1975, S. 605–618.
Mertens, P. / Hansen, K. / Rackelmann, G. (1977): Selektionsentscheidungen im Rechnungswesen. In: DBW, 37. Jg., 1977, S. 77–88.
Riebel, P. (1985): Einzelkosten- und Deckungsbeitragsrechnung. 5. Aufl., Wiesbaden 1985.
Böcker, F.: Marketing-Kontrolle. Stuttgart et al. 1988.

b) Weitere Spezialschriften

Smith, G. C. (1928): Selective Selling as a Means of Reducing Marketing Costs. AMA Marketing Executives Series Nr. 55, New York 1928.
Sevin, C. H. (1948): How Manufacturers Reduce their Distribution Costs. Washington, D.C. 1948.
Hundhausen, C. (1953): Die Vertriebskosten als Problem der Industrie. In: ZfhF N. F., 5. Jg., 1953, S. 509–533.
Riebel, P. (1959): Das Rechnen mit Einzelkosten und Deckungsbeiträgen. In: ZfhF N. F., 11. Jg., 1959, S. 213–238.
Geist, M. / Mann, G. / Witt, J. (1962): Erfolgskontrolle der Absatzwege. Hamburg, Berlin, Düsseldorf 1962.
Fischer, K.-P. (1963): Industrielle Vertriebskostenrechnung. Stuttgart 1963.
Riebel, P. (1964): Die Deckungsbeitragsrechnung als Instrument der Absatzanalyse. In: Absatzwirtschaft (Hrsg.: B. Hessenmüller, E. Schnaufer), Baden-Baden 1964, S. 595–627.
Geist, M. / Witt, J. (1965): Erfolgskontroller der Verkaufsbezirke. Hamburg, Berlin, Düsseldorf 1965.
Sevin, Ch. H.: Marketing Productivity Analysis. St. Louis et al. 1965.
Hessenmüller, B. (1966): Kosten- und Erfolgsrechnung im industriellen Vertrieb. Baden-Baden 1966.
Alewell, K. (1970): Absatzkalkulation. In: HWR (Hrsg.: E. Kosiol), Stuttgart 1970, Sp. 2–12.
Dichtl, E. (1970): Die Beurteilung der Erfolgsträchtigkeit eines Produktes als Grundlage der Gestaltung des Produktionsprogramms. Berlin 1970.
Fischer, P. M. / Adler, J. / Bolger, J. P. / Kinney, W. / Mossman, F. / Rayburn, G. / Wolk, H. J. (1972): Report of the Committee on Cost and Profitability Analysis for Marketing. In: Acc. R, Supplement, Vol. 47, 1972, S. 575–615.
Männel, W. (1972): Zurechnung von Erlösen auf Haupt- und Zusatzleistungen. In: BB, 27. Jg., 1972, Beil. zu H. 31, S. 107–116.
Beik, L. L. / Buzby, St. L. (1973): Profitability Analysis by Market Segments. In: JMark, Vol. 37, Nr. 3, (Juli) 1973, S. 48–53.
Crissy, W. J. E. / Fischer, P. / Mossman, F. H. (1973): Segmental Analysis: Key to Marketing Profitability. In: Business Topics, Vol. 21, Spring 1973, S. 42–49.
Hasenauer, R. / Bednar, L. (1973a): Selektive Absatzpolitik und lineare Programmierung. In: Der Markt, Nr. 45, 1973, S. 14–25.
Hasenauer, R. / Bednar, L. (1973b): Selektive Absatzpolitik und Dynamische Optimierung. In: Der Markt, Nr. 47, 1973, S. 72–78.
Laßmann, G. (1973): Gestaltungsformen der Kosten- und Erlösrechnung im Hinblick auf Planungs- und Kontrollaufgaben. In: Wpg, 26. Jg., 1973, S. 4–17.
Becker, H. (1974): Information nach Maß. Düsseldorf, Wien 1974.
Geist, M. (1974): Markterfassung, selektive. In: HWA (Hrsg.: B. Tietz), Stuttgart 1974, Sp. 1343–1349.
Höfner, K. / Kopp, M.: Artikelerfolgsrechnung. In: Marketing Enzyklopädie, Bd. 1, München 1974, S. 85–102.
Mossman, F. H. / Fischer, P. M. / Crissy, W. J. E. (1974): New Approaches to Analyzing Marketing Profitability. In: JMark, Vol. 38, Nr. 2, (April) 1974, S. 43–48.
Riebel, P. (1974): Deckungsbeitragsrechnung im Handel. In: HWA (Hrsg.: B. Tietz), Stuttgart 1974, Sp. 433–455.
Schmitz, G. (1974): Die Deckungsbeitragsrechnung als Instrument der Handelsbetriebsführung. In: Arbeitsgemeinschaft f. Rationalisierung des Landes Nordrhein-Westfalen. H. 156, Dortmund 1974, S. 8–37.
Böcker, F. / Dichtl, E. (Hrsg.) (1975): Erfolgskontrolle im Marketing. Berlin 1975.
Dreßler, P. (1975): Strategisches Rechnungswesen mit COMET. T. 1: Wirksame Erfolgskontrolle durch Absatzsegmentrechnung. In: Data Report. 10. Jg., 1975, H. 1, S. 24–29.
Buzby, St. L. / Heitger, L. E. (1976): Profit Oriented Reporting for Marketing Decision Makers. In: Business Topics, Vol. 24, Summer 1976, S. 60–68.
Laßmann, G. (1976): Die Deckungsbeitragsrechnung als Instrument der Verkaufssteuerung. In: ZfbF-Kontaktstudium, 28. Jg., 1976, S. 87–93.
Lönneker, W. (1976): Marketing im Handel durch ein computergestütztes Rechnungswesen. In: KRP, H. 3, 1976, S. 131–136.
Denk, R. (1977): Selektions- und Exklusionsentscheidungen im Absatzbereich der Unternehmung. Wien 1977.
Dunne, P. M. / Wolk, H. I. (1977): Marketing Cost Analysis: A Modularized Contribution Approach. In: JMark, Vol. 41, Nr. 3, (Juli) 1977, S. 83–94.

Engelhardt, W.H. (1977): Erlösplanung und Erlöskontrolle als Instrument der Absatzpolitik. In: ZfbF, Sonderheft 6/1977, S. 10–26.

Rayburn, L.G. (1977): Accounting Tools in the Analysis and Control of Marketing Performance. In: Industrial Marketing Management, Vol. 6, 1977, S. 175–182.

Denk, R. (1978): Simultane Selektions- und Programmentscheidungen in der selektiven Absatzpolitik. In: Der Markt, Nr. 65, 1978, S. 16–24.

Schröder, E.F. (1978): Neuland: Die kundenorientierte Gewinnsteuerung. In: Absatzwirtschaft, 21. Jg., 1978, H. 10, S. 50–55.

Jackson, D.W./ Ostrom, L.L.: Grouping Segments for Profitability Analyses. In: Business Topics, 28. Jg., 1980, Nr. 2, S. 39–44.

Layer, M.: Artikel-Erfolgsrechnungen – Grundlage von Sortimentsentscheidungen? In: Unternehmungsführung aus finanz- und bankwirtschaftlicher Sicht, hrsg. v. E. Rühli, J.-P. Thommen, Stuttgart 1981, S. 431–447.

Reinöhl, E.: Probleme der Produkteliminierung. Bonn 1981.

Riebel, P. / Sinzig, W.: Zur Realisierung der Einzelkosten- und Deckungsbeitragsrechnung mit einer relationalen Datenbank. In: ZfbF, 33. Jg., 1981, S. 457–489.

Brauckschulze, U.: Die Produktelimination. Münster 1983.

Kropfberger, D.: Entscheidungsorientierte Kosten- und Erfolgsrechnung im Marketing. Teil I und Teil II. 2. Aufl., Linz 1983.

Männel, W.: Zur Gestaltung der Erlösrechnung. In: Entwicklungslinien der Kosten- und Erlösrechnung, hrsg. v. K. Chmielewicz, Stuttgart 1983, S. 119–150.

Puhl, W.: Entwurf und Realisierung eines Kosten- und Erlösinformationssystems auf der Basis einer Datenbank und einer Methodensammlung. Diss. Nürnberg 1983.

Sinzig, W.: Datenbankorientiertes Rechnungswesen. Berlin et al. 1983.

Shapiro, S.J. / Kirpalani, V.H. (Hrsg.): Marketing Effectiveness. Insights from Accounting and Finance. Boston et al. 1984.

Deyhle, A.: Kundenergebnisrechnung. In: Controller Magazin, 10. Jg., 1985, H. 4, S. 167–174.

Heinzelbecker, K.: Marketing-Informationssysteme. Stuttgart et al. 1985.

Paul, H.: Erfolgsanalyse im Absatzbereich. 2. Aufl., Eschborn 1985.

Röhrenbacher, H.: Die Kosten- und Leistungsrechnung im Handelsbetrieb unter besonderer Berücksichtigung der industriellen Vertriebskosten- und Absatzsegmenterfolgsrechnung, Berlin 1985.

Zentes, J.: EDV-gestütztes Marketing. Berlin et al. 1987.

Behrends, Ch.: DPR: Direkte-Produkt-Rentabilität. In: Handelsforschung 1988, hrsg. v. V. Trommsdorff, Heidelberg 1988, S. 193–211.

Bonoma, T.V. / Clark, B.H.: Marketing Performance Assessment. Boston, Mass. 1988.

Institut für Selbstbedienung und Warenwirtschaft e.V. (Hrsg.): DPR '88. Direkte Produkt-Rentabilität. Köln 1988.

Sinzig, W.: Interaktives Vertriebscontrolling. In: Controlling, 1. Jg., 1989, S. 116–121.

Spelsberg, H.: Das Rechnungswesen als Informationsquelle für Planung und Kontrolle der Produktpolitik. Köln 1989.

Weigand, Ch.: Entscheidungsorientierte Vertriebskostenrechnung. Wiesbaden 1989.

VII. Überwachung des Marketing*

1. Begriffliche Abgrenzungen

Im Einklang mit der vorherrschenden Definition wird »*Überwachung*« auch für den Marketing-Bereich als Oberbegriff verstanden, der Kontrollen und Prüfungen (Audits, Revisionen) einschließt (*Baetge* 1984; anders *Böcker* 1988, der einen sehr weitgefaßten Begriff der Marketing-Kontrolle verwendet, der alle Überwachungsaufgaben beinhaltet). Immer geht es dabei um die Gegenüberstellung eines ermittelten Ist-Zustandes mit einem Vergleichsmaßstab, der einen geplanten bzw. für richtig gehaltenen Zustand zum Ausdruck bringt.

Uneinheitlich wird in der Literatur allerdings die genauere Abgrenzung zwischen »Kontrolle« und »Prüfung« vorgenommen (s. als kritischen Überblick *Zünd* 1973). Im Wirtschaftsprüfungs- und Treuhandwesen hat sich weitgehend die Auffassung durchgesetzt, daß es sich bei *Kontrollen* um Überwachungsvorgänge handelt, die »von direkt oder indirekt prozeßabhängigen Personen oder Personengesamtheiten vorgenommen« werden (*v. Wysocki* 1988, S. 6). *Prüfungen* sind demnach eine Überwachung durch betriebszugehörige oder betriebsexterne Personen, die in keiner Weise selbst in die zu untersuchenden Abläufe eingebunden sind.

Diese an sich klare, aber ganz auf die *Träger der Überwachung* abstellende Unterscheidung ist in der Marketing-Praxis weniger üblich, zumal hier offizielle Prüfungen durch Außenstehende eine bisher weit geringere Rolle gespielt haben als z.B. im Finanz- und Rechnungswesen. Auf dem Gebiet des Marketing überwiegt vielmehr eine Differenzierung nach dem *Sachinhalt der Überwachung*:

Von *Marketing-Kontrollen* wird dann idR. gesprochen, wenn Vergleiche zwischen einem ausdrücklich vorgegebenen absatzwirtschaftlichen Soll und dem tatsächlichen Ist erfolgen (*Zündorf* 1989). Solche Kontrollen lassen sich ergebnis- oder ablaufbezogen durchführen (*Frese* 1968). Bei *Ablaufkontrollen* geht es beispielsweise um die Einhaltung von Besuchsnormen des Verkaufsaußendienstes oder von Terminplänen für Neuprodukteinführungen. *Ergebniskontrollen* betreffen die Soll-Ist-Gegenüberstellung von Handlungsresultaten. Sie können sich auf monetäre Größen (z.B. Umsätze oder Deckungsbeiträge) beziehen, aber ebenso auch auf nichtmonetäre Ergebnisse (beispielsweise Grade der Markenbekanntheit oder der Distribution i.S. von Nielsen-Indices).

Häufig finden solche Beurteilungen allerdings ex post auch statt, ohne daß von vornherein bestimmte Sollvorgaben festgelegt gewesen sind. Dann kann – streng genommen – nicht von Ergebnis*kontrollen* die Rede sein, sondern lediglich von kritischen Ergebnis*analysen*.

Besondere Bedeutung haben in jüngerer Zeit sog. *Marketing-Audits* erlangt. Sachinhaltlich gesehen, setzen sie (verglichen mit Kontrollen) gewissermaßen auf einer *Meta-Ebene* an: Nicht die Handlungsabläufe und -ergebnisse selbst sind Gegenstand der Überwachung, sondern deren Prämissen und Rahmenbedingungen. Es wird also gefragt, ob die Planungs-, Koordinations- und Kontrollmethoden sowie die Organisation des Marketing-Bereiches den aktuellen Anforderungen und dem allgemein verfügbaren Know-how entsprechen. Marketing-Audits

---

* Erscheint in: Handwörterbuch der Revision, 2. Aufl. (Hrsg.; A.G. Coenenberg/K.v. Wysocki), Stuttgart 1991.

gelten somit dem marktorientierten Führungssystem im ganzen (*Sutcliffe* 1975; *Kotler/Gregor/ Rodgers* 1977; *Kiener* 1978; *Sommer* 1984; *Töpfer* 1986; *Droege* 1989). Sie sind nicht so sehr rückblickend ausgerichtet, sondern als Verbesserungsansatz im wesentlichen zukunftsorientiert. Wohl auch deshalb werden sie verhältnismäßig selten als *Marketing-Revision* bezeichnet. Eher ist synonym der Ausdruck »*Marketing-Prüfung*« gebräuchlich (*Fries* 1975). Der Vergleichsmaßstab ist hierbei idR. nicht als ausdrücklich geplante Größe vorgegeben, sondern muß oft erst während des Auditing-Prozesses aufgrund des allgemeinen Sachwissens der Prüfer gefunden werden.

Die eingangs erwähnte personenbezogene und die sachinhaltliche Unterscheidung zwischen Marketing-Kontrolle und Marketing-Prüfung können sich durchaus decken. In vielen Fällen ist »im Marketing der Product Manager zuständig für die Kontrolle seiner Produkte(gruppe), der Leiter des Aussendienstes für seine Gebiete und Abnehmergruppen, der Marketingleiter für alle Marktbearbeitungsaktivitäten...« (*Hill/Rieser* 1990, S. 525), während Audits z.B. durch außenstehende Berater oder durch nicht zur Marketingabteilung gehörende *Controller* durchgeführt werden.

In der Praxis ist es aber durchaus gebräuchlich, auch dann von *Kontrollen* zu sprechen, wenn regelmäßige Soll-Ist-Vergleiche durch prozeßunabhängige Marketing-Controller vorgenommen werden, denen außerdem noch inhaltlich anders definierte Audit-Aufgaben übertragen sind (*Zahn* 1987). Und umgekehrt findet sich mitunter der Vorschlag, in Marketing-Audits auch »die für die Realisierung Verantwortlichen« mit einzubeziehen (*Töpfer* 1986, S. 261). Hier dominiert dann nicht die personelle, sondern eine sachinhaltliche Unterscheidung von Kontrollen und Audits, die im folgenden ebenfalls zugrunde gelegt wird.

2. Marketing-Kontrollen

2.1. Kontrollmaßstäbe und Kontrollobjekte

Maßgrößen für Marketing-Ergebniskontrollen sind vor allem Kosten, Erlöse, Deckungsbeiträge bzw. Gewinne, Kapitaleinsätze, Renditen; außerdem auch Angaben über Mengen (z.B. Absatzvolumen, Lagerbestände), die diese wertmäßigen Handlungsresultate mitbeeinflussen.

Hinzu kommen Soll-Ist-Vergleiche für Variablen, die (obwohl im herkömmlichen Rechnungswesen nicht erfaßt) wichtige Indikatoren für die bei potentiellen Käufern erreichte Wirkung von Marketing-Maßnahmen darstellen. Solche Kontrollgrößen sind z.B. Bekanntheitsgrade bzw. Erinnerungswerte, Einstellungs- bzw. Präferenzangaben, Maße der Marktpenetration, Distributionsgrade, Wiederkaufraten. Alle diese Ergebnismaße lassen sich untereinander sowie in Kombination mit Konkurrenzdaten zu einem *Kontrollsystem mittels Kennzahlen* verknüpfen (*Koch* 1972; *Radke* 1974; *Sieberts* 1974; *Topritzhofer* 1975; *Bentz* 1983; *Merkle* 1983).

Als Grundlage für Marketing-Ergebniskontrollen dienen somit in erster Linie die Kostenrechnung – insbesondere die *Absatzkostenrechnung* –, die *Erlösrechnung* und eine ausgebaute *absatzwirtschaftliche Statistik*, die auch Informationen aus der Marktforschung (u.a. aus Paneluntersuchungen) einschließt. Absatzkosten- und Erlösrechnungen sind üblicherweise nach Kosten- bzw. Erlösarten, -stellen und -trägern gegliedert (*Alewell* 1981; *Laßmann* 1973; *Engelhardt* 1977). Für *Kontrollüberlegungen* kommen jedoch noch zwei weitere Gesichtspunkte hinzu:

Die Kosten- und Erlös*arten* sind danach zu klassifizieren, inwieweit sie durch Marketing-

Entscheidungen beeinflußt werden können (*Relevanzkriterium*; *Böcker* 1988). Dies bedeutet einerseits, daß Erfolgskomponenten, die außerhalb der absatzwirtschaftlichen Einwirkungsmöglichkeiten liegen (wie spezifisch einkaufs- oder erzeugungsabhängige Produktkosten) für die Interpretation von Soll-Ist-Abweichungen gesondert gekennzeichnet werden. Andererseits verlangt das Relevanzkriterium aber auch, darauf zu achten, daß *indirekt* durch Absatzentscheidungen veranlaßte Kosten – die sog. *»heimlichen Marketingkosten«* – in die Marketing-Kontrolle mit einbezogen werden. Hierher gehören beispielsweise Zinsbelastungen durch erhöhte Debitorenbestände aufgrund großzügiger Zahlungszielgewährung im Verkauf (*Rütschi* 1979).

Zweitens reicht die herkömmliche rechnungstechnische Unterscheidung von *Stellen*, in denen Güterverbrauch bzw. Erlöse entstehen, und von Produkten als Kosten- bzw. Erlös*trägern* nicht aus, um den Gegenstand von Ergebniskontrollen im Marketing zu beschreiben. Vielmehr sind in etwas weitergefaßter Betrachtung drei Arten möglicher *Kontrollobjekte* zu unterscheiden, nämlich (1) *Produkt-Markt-Beziehungen,* die durch sog. Absatzsegmentrechnungen abgebildet werden; (2) *Marketing-Organisationseinheiten* und (3) *Marketing-Maßnahmen* (*Köhler* 1989). Die Abbildung 1 vermittelt einen Überblick über diese drei Gegenstandsbereiche der Marketing-Kontrolle.

Grundsätzlich lassen sich Ergebnisanalysen auch unter Kombination verschiedener Kontrollobjekte durchführen. Ein Beispiel ist die Erfolgsermittlung für bestimmte Produkte, die dann zusätzlich nach Verkaufsgebieten oder nach Kundengruppen differenziert wird. Ebenso kommt z. B. eine Verknüpfung der Absatzsegmentrechnung mit der Überwachung organisatorischer Zuständigkeitsbereiche in Betracht (wenn etwa die Deckungsbeiträge eines Produktes gesondert für einzelne Verkaufsbüros untersucht werden). Auf diese Weise gelangt man zu einer *mehrdimensionalen* Darstellung von Gewinn- oder Verlustquellen (*Spelsberg* 1989).

Die in Abbildung 1 gezeigte Einteilung der Kontrollobjekte ist nicht nur für verfeinerte Ergebniskontrollen von Bedeutung, sondern kann auch für eine Systematisierung von Ablaufkontrollen herangezogen werden.

MARKETING-KONTROLLEN (Soll-Ist-Vergleiche und Abweichungsanalysen)		
Kontrolle der PRODUKT-MARKT-BEZIEHUNGEN (Absatzsegmente)	**Kontrolle der MARKETING-ORGANISATIONS-EINHEITEN**	**Kontrolle der MARKETING-MASSNAHMEN**
z. B. in bezug auf – Produkte oder Produktgruppen – Kunden oder Kundengruppen – Verkaufsgebiete – Absatzwege – Auftragsarten oder Auftragsgrößen	z. B. in bezug auf – Produkt-Management – Key Account Management – Verkaufsbüros – Außendienststellen – Kundendienstabteilung	z. B. in bezug auf – Werbe- oder andere Kommunikationsmaßnahmen – Preisforderungen – Physische Distribution (etwa Strecken- oder Lagergeschäft) – Akquisitorische Distribution (etwa Besuchstouren) – Änderungen der Produktgestaltung

Abb. 1: Kontrolldimensionen im Marketing

2.2 Kontrolle der Produkt-Markt-Beziehungen (Absatzsegmente)

Die *Absatzsegmentrechnung* ist im Marketing das geläufigste Instrument einer aufgegliederten Ergebnisanalyse und (soweit auch Planvorgaben entsprechend unterteilt sind) der Ergebniskontrolle. *Absatzsegmente* sind gedanklich abgrenzbare Teilbereiche aus der Gesamtheit der betrieblichen Produkt-Markt-Beziehungen, denen sich Kosten und Erlöse gesondert zurechnen lassen. Es handelt sich vor allem um Produkte, Abnehmer, Verkaufsgebiete, Absatzwege und Aufträge, die nach zusätzlichen Klassifikationsmerkmalen gruppiert werden können (*Geist* 1974; *Köhler*, 1981 a; *Böcker* 1988). Der Zweck einer absatzsegmentbezogenen Kontrolle besteht u. a. in der Feststellung von *Gewinn-* bzw. *Verlustquellen* und in der Vorbereitung entsprechender *Selektionsentscheidungen*. Voraussetzung hierfür ist eine an absatzwirtschaftlichen Problemen ausgerichtete, flexible Gestaltung des Rechnungswesens in Form der *mehrstufigen Deckungsbeitragsrechnung*. In einer Grundrechnung werden die Möglichkeiten einer schlüsselungsfreien Verteilung von Kosten und Erlösen auf die verschiedenen Stufen der sog. Bezugsgrößenhierarchie untersucht (*Köhler* 1989).

Nach den Gesichtspunkten einer Absatzsegmentgliederung können auch *nichtmonetäre* Ergebnisgrößen kontrolliert werden; beispielsweise Einstellungsurteile über ein Produkt bzw. Wiederkaufraten in verschiedenen Kundengruppen oder die erreichte Marktpenetration nach Verkaufsgebieten usw.

Ebenso lassen sich manche *Ablaufkontrollen* speziell auf Absatzsegmente zuschneiden; z. B. wenn es um die terminlich und streutechnisch plangemäße Durchführung einer Direktwerbeaktion bei bestimmten Verwender-Zielgruppen geht.

2.3. Kontrolle der Marketing-Organisationseinheiten

Bei *Ablaufkontrollen* ist die Verbindung zwischen einer Überwachung von Aktivitäten und zuständigen Aufgabenträgern unmittelbar gegeben. Eine Soll-Ist-Analyse der Termineinhaltung bei Verkaufsförderungsmaßnahmen schließt beispielsweise den dafür verantwortlichen Verkaufsleiter bzw. den (handelsorientiert tätigen) Key Account Manager mit ein.

Sollen hingegen *Ergebniskontrollen* nach Organisationsgesichtspunkten aufgegliedert werden, so sind zusätzliche Vorbedingungen zu schaffen: Weist das Unternehmen im Marketing-Bereich vorwiegend *funktionsbezogene* Organisationsformen auf, so ist die Zurechnungsmöglichkeit monetärer Ergebnisse begrenzt. Einem Leiter der Werbeabteilung, der Marktforschung oder der Marketing-Logistik können im allgemeinen keine eindeutigen Umsatz- und Gewinnbeiträge zugeschrieben werden, da solche Funktionsbereiche entweder nur indirekt zur Umsatzerzielung beitragen (wie etwa die Marktforschungsabteilung) oder jedenfalls im Wirkungsverbund mit den absatzpolitischen Maßnahmen anderer Organisationseinheiten. Hier lassen sich lediglich Kosten, Kapitalbindungen und manche nichtmonetären Wirkungsgrößen (wie z. B. Urteile der Kunden über den logistisch erreichten Lieferservice) stellen- oder abteilungsbezogen kontrollieren.

Die klare Zuordnung von Umsatzerlösen und Erlös-Kosten-Differenzen auf Organisationseinheiten ist nur möglich, wenn letztere *objektbezogen* gebildet sind. Auf der Ebene unmittelbar unter der Geschäftsleitung entspricht dies der Einteilung in Sparten (Geschäftsbereiche, Divisions). Innerhalb des Marketing-Bereiches sind das Produkt-Management, das Kunden-(gruppen)-Management und regionale Zuständigkeiten (wie ein Verkaufsbüro) Beispiele für objektorientierte Organisationsformen. Die Kontrolle eines sog. *Profit Center* oder, unter Einschluß von Kapitalbindungen und Renditen, eines sog. *Investment Center* knüpft hier an (*Köhler* 1988).

Allerdings ist bei den entsprechenden Ergebnisanalysen wohl zu unterscheiden, ob die Organisationseinheit von ihren Kompetenzen her für Soll-Ist-Abweichungen alleinverantwortlich gemacht werden kann (»*Responsibility Center*«), oder ob es sich doch nur um eine rechnerische Zuordnung der Ergebnisgrößen handelt, wie sie durch die Kosten- und Erlösaufteilung nach den Objekten Produkt, Abnehmergruppe bzw. Absatzregion ermöglicht wird (»*Accounting Entity*«). In der zuletzt genannten Hinsicht besteht ein enger Zusammenhang zwischen der Ergebniskontrolle von Organisationseinheiten und der Absatzsegmentrechnung.

2.4. Kontrolle der Marketing-Maßnahmen

Verhältnismäßig geringe meßtechnische Probleme werfen *Ablaufkontrollen* für bestimmte Marketingaktivitäten auf. Wenn durch Pläne festgelegt ist, welche zeitlichen Bedingungen (z.B. bei einer Produkteinführung), welche Mengenvorgaben (z.B. Besuchshäufigkeit durch den Außendienst) oder welche qualitativen Anforderungen (z.B. Argumentationsinhalt von Werbeaussagen) einzuhalten sind, ist die Zuordnung zwischen Kontrollobjekt, Ist-Vorgang und Soll eindeutig bestimmbar. Praktische Kontrollschwierigkeiten sind hier eher durch eine lückenhafte Bereitstellung von Istangaben bedingt, etwa im Außendienstberichtswesen.

Wesentlich schwierigere meßtechnische Fragen gehen mit der *Ergebniskontrolle* einzelner Maßnahmen einher; denn dabei treten im Wirkungsverbund des sog. Marketing-Mix Zurechnungsprobleme auf. Viele Soll-Ist-Vergleiche beschränken sich deshalb darauf, Umsätze bzw. Marktanteile oder Deckungsbeiträge pro Periode pauschal als Ergebnis *aller* Marketing-Aktivitäten zu überwachen (»Annual-Plan Control nach *Kotler* 1988, S. 730ff.; »Gesamtmixbezogene Marketingkontrolle« nach *Meffert* 1986, S. 561ff.). Diese *gesamtmixbezogene Betrachtungsweise* dominiert auch, wenn Periodenergebnisse weiter nach Absatzsegmenten oder nach Organisationseinheiten aufgespalten werden; ebenso bei Einstellungsmessungen zur Kontrolle der erreichten Imageposition bestimmter Produkte.

Die *submixbezogene* bzw. auf *Einzelmaßnahmen* zugeschnittene Ergebniskontrolle kann sich den Zurechnungsschwierigkeiten nur entziehen, wenn die Ergebniswirkungen sonstiger Einflußfaktoren durch experimentelle Vorkehrung neutralisierbar sind oder wenn Ergebnismaße zur Verfügung stehen, die in ganz eindeutigem Sachzusammenhang mit der überwachten Teilaktivität stehen. Letzteres ist beispielsweise der Fall, wenn sich eine *Werbewirkungskontrolle* auf den sog. Berührungserfolg (als Ausdruck der erzielten Werbekontakte) oder auf die Wiedererkennung von Slogans beschränkt.

Quasi-experimentelle Bedingungen werden z.B. in kontrollierten Testmärkten geschaffen. Hier ergeben sich ungefähre Anhaltspunkte, welche Wirkungen – auch monetäre Ergebnisbeiträge – auf die Veränderung einzelner Produktgestaltungs-, Preis-, Kommunikations- oder Distributionsmaßnahmen zurückgehen.

In jüngster Zeit ist es vereinzelt gelungen, Testbedingungen so zu verfeinern, daß von *echten Feldexperimenten* zur Kontrolle bestimmter Maßnahmenwirkungen gesprochen werden kann. Dies gilt z.B. für das *BehaviorScan-System* der GfK (Gesellschaft für Konsum-, Markt- und Absatzforschung). Hierbei ist es durch die gezielte Ansteuerung einer Haushaltsstichprobe mit Kabel-TV-Werbespots und durch die anschließende Erfassung der entsprechenden Kaufdaten mittels Scanner-Kassen möglich, die Absatzwirkung einer Werbemaßnahme rechnerisch zu isolieren; nämlich als Differenz zur Kaufmenge einer statistisch vergleichbaren zweiten Haushaltsstichprobe, die die Werbespots nicht sehen konnte (*Litzenroth* 1986).

Bei vielen ex post durchgeführten Ergebnisrechnungen liegen jedoch nichtexperimentell erhobene Daten, z.B. aus üblichen Panelerhebungen, zugrunde. Sie erlauben keine eindeutige Abgrenzung des Einflusses sonstiger eigener Maßnahmen und externer »Störfaktoren« (*Bidlingmaier* 1970; *Pflaum* 1975). Hierauf beruhende *Wirkungskennzahlen* (Kennzahlen der »Efficiency Control« nach *Kotler* 1988, S. 742f.) sind dann nur als durchschnittliche Verhältnisgrößen ohne kausale Deutbarkeit anzusehen; so z.B. Beziehungen wie »Produktabsatzmenge: Werbekosten für das Produkt« oder »Durchschnittlicher Umsatzerlös pro Außendienstbesuch«.

Trotz dieser Einschränkungen des Aussagegehalts besitzen solche *Kennzahlen* im Rahmen regelmäßig wiederkehrender Kontrollen eine gewisse Signalfunktion: Eine Verschlechterung der Relationen fordert jedenfalls dazu auf, den möglichen Ursachen näher nachzugehen.

2.5. Operative und strategische Marketing-Kontrollen

Bei *operativen Kontrollen* handelt es sich um die Gegenüberstellung von Istgrößen mit Sollgrößen, die für einen kurzen Planungszeitraum festgelegt worden sind, wie z.B. nach Produkten aufgegliederte Jahresumsätze und Deckungsbeiträge. Diese Art der Überwachung führt zu *Feedback-Informationen*, die im nachhinein auf Abweichungen hinweisen und Korrekturmaßnahmen zu einem dann allerdings relativ späten Zeitpunkt veranlassen.

Strategische Kontrollen sollen demgegenüber einen stärker frühaufklärenden Charakter haben (*Coenenberg/Baum* 1987). Sie setzen aktuell festgestellte Ist-Zustände in Beziehung zu Zielen, die für einen längeren künftigen Zeitraum – in der Absicht, dauerhaft Erfolgspotentiale zu sichern – geplant worden sind. Dabei spielen neben monetären Betrachtungen (z.B. Kostensenkungszielen auf längere Sicht, abgeleitet aus dem Erfahrungskurvenkonzept) gerade im Marketing auch nichtmonetäre Planvorstellungen eine besondere Rolle. Beispiele sind Entwicklungsziele im Bereich der Produktinnovation, die angestrebte Erschließung neuer Märkte und das stufenweise Erreichen bestimmter Grade der Marktpenetration oder der mehrperiodige Aufbau eines angestrebten Markenimages.

Typisch für strategische Kontrollen ist es, daß dabei die Istdiagnose nicht lediglich zu einer rückblickenden Abweichungsanalyse führt, sondern daß antizipierend versucht wird »aus frühen Beobachtungen ausgewählter Indikatoren auf die Erreichbarkeit der strategischen Pläne zu schließen« (*Döpke* 1986, S. 93). Hiermit verbinden sich Prognoseprobleme, da aufgrund eines jetzigen Zustands geschätzt werden muß, wie sich die überwachten Zielgrößen weiter entwickeln würden, falls keine steuernden Eingriffe erfolgten (*Köhler* 1976; *Sharma/Achabal* 1982). Strategische Kontrollen erfüllen eine *Feedforward-Funktion*. Dennoch sind sie nicht völlig losgelöst von den operativen Kontrollen zu sehen, da eine Soll-Ist-Abweichung beim kurzfristigen Plan auch Indikator für langfristig zu erwartende Zielerreichungslücken sein kann. Solche frühzeitigen Warnsignale müssen auf ihre Bedeutung näher untersucht werden, wobei sich möglicherweise herausstellt, daß die strategische Planung auf inzwischen unzutreffenden *Prämissen* beruht (*Schreyögg/Steinmann* 1985). Hier ergibt sich eine unmittelbare Nahtstelle von Kontrollen und Prämissen-Audits (s. unten 3.2).

3. Marketing-Audits

Marketing-Audits dienen »einer rechtzeitigen und umfassend koordinierten Anpassung des marktbezogenen Führungssystems an Umweltveränderungen, unter Berücksichtigung der sich ständig weiterentwickelnden Informations- und Planungstechnologien« (*Köhler* 1981 b, S. 662). »Im Marketing-Audit erfolgt eine Überprüfung des Marketing-Systems sowie der relevanten Rahmenbedingungen« (*Droege* 1986, S. 160). Diese Art der vorwiegend zukunftsorientierten Überwachung ist praktisch noch nicht so weit verbreitet wie rechnerische Ergebnisanalysen, obwohl entsprechende Ansätze in den USA schon seit den fünfziger Jahren diskutiert worden sind (*American Management Association* 1959).

Objekte des Marketing-Audit sind im wesentlichen das Gesamtsystem der marktgerichteten Planungs- und Kontrollverfahren, die Grundlinien der verfolgten Marketing-Strategie und des taktischen Marketing-Mix-Einsatzes sowie die organisatorische Verankerung der Marketing-Zuständigkeiten im Unternehmen (s. zur Übersicht Abbildung 2. Andere, meist ausführlichere Einteilungen finden sich z.B. bei *Kotler/Gregor/Rodgers* 1977; *Kühn* 1977; *Kiener* 1978 und *Kiener* 1980; *Töpfer* 1986; *Böcker* 1988).

Diese Gegenstandsbereiche werden auf ihre Vereinbarkeit mit bestimmten Wissens- und Gestaltungsstandards sowie auf ihre Kosten- und Nutzenkonsequenzen überprüft, d.h. unter *Konsistenz- und Wirtschaftlichkeitsgesichtspunkten*.

Mitunter werden neben den in Abbildung 2 genannten Teilgebieten auch noch Erfolgsanalysen unter dem Stichwort »Wirkungs-Audit« angeführt (*Kühn* 1977). Herkömmliche Ergebnisuntersuchungen bzw. -kontrollen sollen hier jedoch von den auf einer »Meta-Ebene« angesiedelten System- und Planungsprozeßprüfungen abgegrenzt bleiben; letztere haben im wesentlichen eine grundlegend-strategische Ausrichtung (*Mokwa* 1986).

MARKETING-AUDITS	
VERFAHRENS-AUDIT: Prüfung der – Planungsverfahren – Kontrollverfahren – Informationsversorgung	**STRATEGIEN-AUDIT:** Prüfung der – zugrunde gelegten Prämissen – strategischen Ziele – Konsistenz von Schlußfolgerungen
MARKETING-MIX-AUDIT: Prüfung der – Vereinbarkeit mit strategischen Grundkonzeptionen – wechselseitigen Maßnahmenabstimmung – Mittel-Zweck-Angemessenheit	**ORGANISATIONS-AUDIT:** Prüfung der – vollständigen Berücksichtigung von Marketing-Aufgaben – aufgabenentsprechenden Organisationsform – Koordinationsregelungen

Abb. 2: Prüfungsgebiete im Rahmen von Marketing-Audits

3.1. Verfahrens-Audit

Die Prüfung der Planungs- und Kontrollmethodik sowie des damit verbundenen Informationswesens (*Verfahrens-Audit*) wird oft auch als Teil eines »System-Audit« (*Kotler* 1988; *Kiener* 1980) oder als »Prozeß-Audit« (*Kühn* 1977) bezeichnet. Es handelt sich dabei nicht um inhaltliche Analysen von Planungsergebnissen oder von Abweichungsdaten aus Kontrollen, sondern um eine eher formale Beurteilung der Verfahrenskonzeptionen und der verwendeten Techniken. Hierzu ist als Grundlage eine Übersicht über die typischen Planungs- und Kontroll*probleme* im Marketing-Bereich des Unternehmens sowie über innerbetriebliche und marktbezogene *Kontextfaktoren* erforderlich. Zeigt sich beispielsweise, daß das Unternehmen immer wieder mit Problemen logistischer Art zu tun hat und auf eine Verbesserung des Lieferservice hinarbeiten will, so hängt es im übrigen von den Produktions- und Standortbedingungen sowie von der Struktur der Marktbeziehungen ab, welche Modelle und Techniken der Logistik-Planung angemessen erscheinen.

Das Verfahrens-Audit befaßt sich unter diesen Gesichtspunkten mit der Zweckmäßigkeit der eingesetzten *Methoden und Modelle* bzw. untersucht, welche Planungs- und Kontrollvorgänge (soweit sie überwiegend intuitiv gehandhabt worden sind) durch erprobte formale Hilfsmittel unterstützt werden könnten (s. ein Fallbeispiel bei *Kotler/Gregor/Rodgers* 1977).

Weiterhin ist zu prüfen, ob die Informationsbereitstellung aus der *Marktforschung* und aus dem *innerbetrieblichen Rechnungswesen* den Problemstellungen sowie den modell- bzw. methodenabhängigen Datenerfordernissen gerecht wird. Das Verfahrens-Audit schließt in diesem Sinne eine Revision der vorhandenen *Informationssysteme* ein; ebenso aber auch Überlegungen, wie die Nutzung des verfügbaren Informationsangebotes verbessert werden kann. Nicht zuletzt befaßt sich das Verfahrens-Audit mit *Planungs- und Kontrollrichtlinien*, die ein koordiniertes Zusammenwirken aller zuständigen Stellen erleichtern sollen.

3.2. Strategien-Audit

Die strategische Planung und die Kontrolle strategischer Pläne sind in *formaler* Hinsicht – d. h. soweit es um die Verwendung geeigneter Such- und Bewertungtechniken geht – Gegenstand des o. g. Verfahrens-Audit. Das *Strategien-Audit* gilt hingegen den *inhaltlichen* Grundlagen und Leitlinien von Marketing-Konzeptionen, wobei die Überwachungsaufgabe im wesentlichen als Konsistenzprüfung zu verstehen ist.

Im Mittelpunkt steht eine kritische Betrachtung der markt- bzw. unternehmensbezogenen *Annahmen*, die in Strategieentwürfe eingegangen sind und unvollständig sein mögen oder situativ bedingten Änderungen unterliegen. Hierfür wird manchmal die spezielle Bezeichnung »*Prämissen-Audit*« verwendet (*Kühn* 1977). Auch das im angelsächsischen Bereich oft gesondert hervorgehobene »*Environmental Audit*« läßt sich dieser Annahmenprüfung zuordnen (*Naylor/Wood* 1978; *Kotler/Gregor/Rodgers* 1977 und nach ihnen z. B. *Kling* 1985 sprechen von »Marketing Environment Audit«).

Strategische Marketing-Ziele, die längerfristig und im Kern verhältnismäßig global angelegt sind (z. B. auf einer Portfolio-Analyse aufbauend), gehören ebenfalls zum Gegenstand des Strategien-Audit. Die Prüfung konzentriert sich hier auf die Vereinbarkeit mit angenommenen Umwelt- und Unternehmensdaten bzw. -entwicklungen, auf die Widerspruchsfreiheit der grundlegenden absatzwirtschaftlichen Ziele untereinander sowie auf eine Übereinstimmung mit dem Basis-Zielsystem des Unternehmens insgesamt.

In einer dritten Stufe ist schließlich die Konsistenz von Annahmen, Zielen und geplantem Vorgehen (*Handlungs-Schlußfolgerungen*) zu beleuchten.

3.3. Marketing-Mix-Audit

Die inhaltliche Planung des taktischen Mitteleinsatzes unterliegt Prüfungen (hier auch manchmal »*Maßnahmen-Audits*« genannt) unter drei Aspekten:

Erstens ist, falls ausdrückliche Strategieangaben vorliegen, die *Übereinstimmung* bestimmter Aktivitäten mit der *strategischen Leitlinie* zu überwachen. So wären etwa kostspielige Verkaufsförderungsaktionen, die ein Produkt-Manager mit dem Ziel der weiteren Marktanteilssteigerung vorschlägt, in Frage zu stellen, wenn das Produkt zu einem Geschäftsfeld ohne künftiges Marktwachstum gezählt wird und als übergreifende Normstrategie ein defensives Vorgehen (mit Cash-Flow-Bereitstellung für andere Markterschließungen) vorgegeben ist.

Zum zweiten wird im Marketing-Mix-Audit (dem Begriff entsprechend) auch auf die *wechselseitige Abstimmung aller Instrumente* geachtet, die in einem bestimmten Produkt-Markt-Zusammenhang einzusetzen sind. Es ist sonst z.B. bei starker Aufgabendezentralisierung nicht ohne weiteres sichergestellt, daß Produkt-, Kommunikations-, Preis- und Distributionspolitik in schlüssiger Weise an der Umsetzung einer bestimmten Marktbearbeitungs-Konzeption mitwirken.

Drittens schließlich sollen Maßnahmenprüfungen systematisch feststellen, ob die taktische Planung des Mitteleinsatzes, gemessen an den Zwecksetzungen, *Effizienzgesichtspunkte* beachtet. Besonders sind von dieser Frage jene Teile des absatzpolitischen Instrumentariums betroffen, für die Budgets oft einfach »fortgeschrieben« oder als Prozentanteil des Umsatzes bzw. anderer Bezugsgrößen errechnet werden. Dies gilt für die Werbung, bei der etwa die sog. *Ziel- und -Aufgabenmethode* zu einer wesentlich effizienteren Mittelzuteilung führen kann als Routinebudgetierungen. Ähnliche Überlegungen lassen sich u.a. für die Dimensionierung und die Einsatzplanung des Außendienstes oder regionaler Verkaufsbüros anstellen; ebenso für die Beschickung von Messen und Ausstellungen.

Das sog. »*Zero-Base Budgeting*« kann als ein Hilfsmittel zur Berücksichtigung des Effizienzdenkens bei der Maßnahmenplanung dienen. Der Grundgedanke dieses Ansatzes besteht ja darin, statt einer Fortschreibung bisheriger Budgets schrittweise sachlich begründete Etatvorschläge zu erarbeiten, so als ob die betreffenden Aktivitäten von Grund auf neu zu überdenken wären. Dies stellt allerdings auch erhöhte Anforderungen an die Vorausschätzung bestimmter Maßnahmenwirkungen. Speziell unter den zuletzt genannten Gesichtspunkten weist das Marketing-Mix-Audit eine enge Verbindung zum Verfahrens-Audit auf, da die Auswahl effizienzfördernder Planungstechniken mit zur Debatte steht. Schwerpunktartig ist beim Marketing-Mix-Audit aber auf die konkreten Planungsinhalte einzugehen.

3.4. Organisations-Audit

Organisations-Audits brauchen nicht unbedingt mit derselben Regelmäßigkeit stattzufinden wie die anderen genannten Prüfungen, weil es dabei großenteils um Strukturregelungen geht, die kaum in kurzen Intervallen änderbar sind. Grundsätzlich ist aber von Zeit zu Zeit die Frage aufzuwerfen, ob überhaupt alle Aufgabengebiete, die nach dem neueren allgemeinen Wissensstand zur marktorientierten Führung gezählt werden, in einer genügend *integrierten Marketing-Organisation* zusammengefaßt sind. Beispielsweise ist es bis heute keineswegs in allen Unternehmen gang und gäbe, daß offizielle Stellen für eine systematische Markterkundung, für formelle Marketing-Planung oder für Fragen der sog. Marketing-Logistik eingerichtet sind.

Nach Prüfung der Gesamtverankerung von Marketing-Zuständigkeiten im Unternehmen beschäftigt sich das Organisations-Audit im einzelnen mit den marktbezogenen Organisationseinheiten. Dabei stellt sich das Problem, ob die Organisationsform und die damit verbundenen Kompetenzzuordnungen den Merkmalen der betrieblichen Leistungspalette und Marktbeziehungen entsprechen. Ab einer gewissen Unternehmensgröße, bei sehr unterschiedlicher Marktausrichtung der Produkte oder Produktgruppen sowie bei großem absatzpolitischen Gewicht bestimmter Teilmärkte bzw. Kunden(gruppen) bieten sich statt der rein *funktionalen* Gliederung *objektbezogene Organisationsformen* an (wie z.B. das Produkt-Management oder das Key Account Management).

Zum Organisations-Audit gehört weiterhin noch die Beurteilung der bestehenden *Koordinationsregelungen*. Es geht dabei um die wechselseitige Information und Abstimmung der Stellen innerhalb des Marketing-Bereiches sowie des Marketing mit allen übrigen Organisationseinheiten des Unternehmens. Hierbei ergibt sich wiederum ein enger Zusammenhang mit dem Verfahrens-Audit, soweit die Möglichkeit einer Koordination durch Pläne Prüfungsgegenstand ist.

3.5. Beurteilungsmaßstäbe

Anders als auf manchen sonstigen Gebieten der Überwachung ist es für Marketing-Audits kennzeichnend, daß eine *Standardisierung der Beurteilungsmaßstäbe* weitgehend fehlt (*Capella/Sekely* 1978). Dies hängt damit zusammen, daß dazu im einzelnen keine gesetzlich vorgeschriebenen Prüfnormen bestehen und daß im Marketing meist nicht eindeutig vorgegeben werden kann, welche Kriterien allgemein einzuhalten sind, um einen bestimmten angestrebten Zustand in den Marktbeziehungen kausal zu erreichen. Vielmehr spielen hier subjektive Schätzungen und Bewertungen eine nicht geringe Rolle.

Dementsprechend beschränken sich Leitfäden für Marketing-Audits bislang auf mehr oder weniger umfangreiche *Checklisten*, die die Prüfungsgegenstände ordnen, ohne stets das *Soll*-Objekt eingehend zu präzisieren (Beispiele u. a. bei *John* 1977; *Kotler* 1977; *Kiener* 1978; *Arbeitskreis Petter* 1979 und 1980). Für die Zukunft ist es aber denkbar, daß Expertensysteme (etwa in der Funktion »intelligenter Checklisten«) eine verbesserte, EDV-basierte Unterstützung für Marketing-Audits bieten können.

4. Organisation der Überwachung

Ergebnis- und Ablauf*kontrollen* werden im Marketing vielfach von Personen ausgeübt, die selbst Organisationseinheiten des Marketing-Bereiches angehören; z. B. von Produkt-Managern. Dabei ist das durch *v. Wysocki* 1988 definitorisch hervorgehobene Merkmal der direkten oder indirekten Prozeßabhängigkeit gegeben. Laufende Soll-Ist-Vergleiche (insbesondere im Rahmen der Absatzsegmentrechnung und der Profit Center-Analyse) obliegen öfter aber auch gesondert eingerichteten, internen *Controller-Stellen*, die von den Marketing-Abteilungen unabhängig sind. Dennoch wird dann in praxi meist (wie schon unter 1. erwähnt) von Marketing-Erfolgs*kontrollen* gesprochen.

Audits sind im Marketing-Bereich vorwiegend an prozeß*un*abhängige Experten übertragen. Dies können (mit einem Teil ihres gesamten Aufgabenspektrums) wiederum interne *Controller* sein oder auch externe Sachverständige, meist *Unternehmens-* bzw. *Marketing-Berater*.

Mitunter werden jedoch für inhaltlich komplexe Prüfungsprobleme *Audit-Teams* vorgeschlagen, denen neben völlig unabhängigen Begutachtern auch Mitglieder des betroffenen Sachgebietes angehören können, um spezielle Informationsgrundlagen direkt einzubringen (*Sutcliffe* 1975; *Kiener* 1978; *Kling* 1985; ähnlich auch *Böcker* 1988).

Literatur

a) Einführende Literatur

American Marketing Association (Hrsg.): Analyzing and Improving Marketing Performance. »Marketing Audits« in Theory and Practice. AMA Management-Report No. 32, New York 1959.
Baetge, J.: Überwachung. In: Vahlens Kompendium der Betriebswirtschaftslehre, Bd. 2. München 1984, S. 159–200.
Böcker, F.: Marketing-Kontrolle. Stuttgart et al. 1988.
Kotler, P./Gregor, W.T./Rodgers, W.H.: The Marketing Audit Comes of Age, In: Sloan Management Review, 18. Jg. 1977, No. 2, S. 25–43. (Wiederabdruck mit einem ergänzenden Kommentar der Autoren in: Sloan Management Review, 30. Jg. 1989, No. 2, S. 49–62.)
Töpfer, A.: Marketing-Audit als strategische Bilanz marktorientierter Unternehmungsführung. In. Realisierung des Marketing, Bd. I, hrsg. v. Ch. Belz. Savosa, St. Gallen 1986, S. 253–274.

b) Weiterführende Literatur

Alewell, K.: Absatzkosten. In: HWR, 2. Auflage, hrsg. v. E. Kosiol/K. Chmielewicz/M. Schweitzer, Stuttgart 1981, Sp. 1–12.
Angehrn, O.: Erfolgsanalyse und Erfolgskontrolle im Marketing. In: Marketing Enzyklopädie, Bd. 1. München 1974, S. 579–591.
Arbeitskreis Petter: Revision des Verkaufsbereiches. In: ZIR, 14. Jg. 1979, S. 235–248.
Arbeitskreis Petter: Revision des Verkaufsbereiches. In: ZIR, 15. Jg. 1980, S. 44–54.
Bentz, St.: Kennzahlensysteme zur Erfolgskontrolle des Verkaufs und der Marketing-Logistik. Frankfurt a.M., Bern, New York 1983.
Bidlingmaier, J.: Die Kontrolle des wirtschaftlichen Werbeerfolges. In: Handbuch der Werbung, hrsg. v.K.Ch. Behrens, Wiesbaden 1970, S. 773–812.
Bircher, B./Praxmarer, W.: Marketing-Evaluation. In: Industrielle Organisation, 47. Jg. 1978, S. 393–397.
Böcker, F./Dichtl, E. (Hrsg.): Erfolgskontrolle im Marketing. Berlin 1975.
Bonoma, T.V./Clark, B.H.: Marketing Performance Assessment. Boston 1988.
Capella, L.M./Sekely, W.S.: The Marketing Audit: Methods, Problems and Perspectives. In: Akron Business and Economic Review, 9. Jg. 1978, No. 3, S. 37–41.
Coenenberg, A.G./Baum, H.-G.: Strategisches Controlling, Stuttgart 1987.
Döpke, U.: Strategisches Marketing-Controllership, Frankfurt a.M., Bern, New York 1986.
Droege, W.P.J.: Marketing-Audit: Basis zur Erfolgssicherung. In: Handbuch Strategisches Marketing, hrsg. v. *N. Wieselhuber/A. Töpfer.* 2. Aufl., Landsberg/Lech 1986, S. 154–174.
Droege, W.P.J.: Marketing-Audit. In: Strategisches Marketing, hrsg. v. H. Raffée/K.-P. Wiedmann, 2. Aufl., Stuttgart 1989, S. 169–184.
Eichholz, R.E.: Mittel und Methoden der Marketingkontrolle. In: Jahrbuch der Absatz- und Verbrauchsforschung, 22. Jg. 1976, S. 264–290.
Engelhardt, W.H.: Erlösplanung und Erlöskontrolle als Instrument der Absatzpolitik. In: ZfbF, 29. Jg. 1977, Sonderheft 6, S. 10–26.
Frese. E.: Kontrolle und Unternehmungsführung, Wiesbaden 1968.
Fries, P.: Die Marketingprüfung. Diss. Freiburg (Schweiz) 1975.
Geist, M.: Selektive Absatzpolitik auf der Grundlage der Absatzsegmentrechnung. 2. Aufl., Stuttgart 1974.
Grashof, J.F.: Conducting und Using a Marketing Audit. In: Readings in Basic Marketing, hrsg. v. E.J. McCarthy/J.F. Grashof/A.A. Brogowicz. Homewood 1975, S. 318–329.
Hill, W./Rieser, I.: Marketing-Management. Bern, Stuttgart 1990.
John, E.: Marketing-Prüfliste. Schwachstellen im Absatzbereich erkennen und beseitigen. 2. Aufl., Frankfurt a.M. 1977.
Kiener, J.: Marketing-Audit. In: Absatzwirtschaft, 21. Jg. 1978, S. 68–73.
Kiener, J.: Marketing-Controlling, Darmstadt 1980.
Koch, H.-P.: Die Kontrolle der Marketing-Konzeption mit Hilfe elektronischer Datenverarbeitung. Winterthur 1972.
Kling, N.D.: The Marketing Audit: An Extension of the Marketing Control Process. In: Managerial Finance, 11. Jg. 1985, S. 23–26.
Köhler, R.: Die Kontrolle strategischer Pläne als betriebswirtschaftspolitisches Problem. In: ZfB, 46. Jg. 1976, S. 301–318.

Köhler, R.: Absatzsegmentrechnung. In: HWR, 2. Aufl., hrsg. v. E. Kosiol/K. Chmielewicz/M. Schweitzer. Stuttgart 1981 a, Sp. 19–29.
Köhler, R.: Marketing-Audit. In: DBW, 41. Jg. 1981 b, S. 662–663.
Köhler, R.: Profit Center im Marketing. In: Marketing, hrsg. v. L.G. Poth. 2. Aufl., Neuwied 1988, Abschnitt 54, S. 1–37.
Köhler, R. : Marketing-Accounting. In: Marketing-Schnittstellen, hrsg. v. G. Specht/G. Silberer/W.H. Engelhardt. Stuttgart 1989, S. 117–139.
Kotler, P.: From Sales Obsession to Marketing Effectiveness. In: Harvard Business Review, 55. Jg. 1977, November–December, S. 67–75.
Kotler, P.: Marketing Management, 6. Aufl., Englewood Cliffs 1988.
Kühn, R.: Marketing-Audit, ein Führungsinstrument. In: Die Unternehmung, 31. Jg. 1977, S. 199–212.
Laßmann, G.: Gestaltungsformen der Kosten- und Erlösrechnung im Hinblick auf Planungs- und Kontrollaufgaben. In: WPg, 26. Jg. 1973, S. 4–17.
Litzenroth, H.A.: GfK-BehaviorScan: Experimentelle Messung der Auswirkungen klassischer Werbung auf das effektive Käuferverhalten. In: Werbewirkungsforschung ex ante und ex post, 1. Bd., hrsg. v. K.-F. Holm, Hamburg 1986, S. 137–151.
Meffert, H.: Marketing. 7. Aufl., Wiesbaden 1986.
Mellerowicz, K.: Kontrolle in der Absatzwirtschaft. In: HWA, hrsg. v. B. Tietz. Stuttgart 1974, Sp. 1104–1116.
Merkle, E.: Formeln und Kennzahlen im Bereich der Absatzwirtschaft. In: WiSt, 12. Jg. 1983, S. 21–27.
Meyer, P.W.: Wirkungs- und Erfolgskontrollen im Marketing. In: Werbung im Wandel, hrsg. v. C. Hundhausen. Essen 1972, S. 151–157.
Mokwa, M.P.: The Strategic Marketing Audit: An Adoption/Utilization Perspective. In: The Journal of Business Strategy, 6. Jg. 1986, No. 4, S. 88–95.
Naylor, J./Wood, A.: Practical Marketing Audits. London 1978.
Paul, H.: Erfolgsanalysen im Absatzbereich. 2. Aufl., Eschborn 1985.
Pflaum, D.: Verkaufsförderung, Erfolgskontrolle in der. In: Marketing Enzyklopädie, Bd. 3. München 1975, S. 471–482.
Radke, M.: Absatzkennzahlen. In: Marketing Enzyklopädie. Bd. 1, München 1974, S. 13–22.
Rütschi, K.A.: Das Management der heimlichen Marketingkosten. In: Die Unternehmung, 33. Jg. 1979, S. 181–200.
Schreyögg, G./Steinmann, H.: Strategische Kontrolle. In: ZfbF, 37. Jg. 1985, S. 391–410.
Schwarz, J.U.: Die Stellung und Bedeutung des Marketing-Audit im Prozeß der langfristigen Marketingplanung. Diss. Zürich 1979.
Sevin, Ch.H.: Marketing Productivity Analysis. St. Louis et al. 1965.
Shapiro, S.J./Kirpalani, V.H. (Hrsg.): Marketing Effectiveness. Boston et al. 1984.
Sharma, S./Achabal, D.D.: STEMCOM: An Analytical Model for Marketing Control. In: Journal of Marketing, 46. Jg. 1982, No. 2, S. 104–113.
Sieberts, H.: Kennzahlen, absatzwirtschaftliche. In: HWA, hrsg. v. B. Tietz. Stuttgart 1974, Sp. 995–1001.
Sommer, K.: Marketing-Audit. Bern, Stuttgart 1984.
Spelsberg, H.: Das Rechnungswesen als Informationsquelle für Planung und Kontrolle der Produktpolitik, Köln 1989.
Sutcliffe, J.: The Marketing Audit. Richmond 1975.
Topritzhofer, E.: Der Aufbau von Kennzahlensystemen im Marketing. In: Erfolgskontrolle im Marketing, hrsg. v. F. Böcker/E. Dichtl. Berlin 1975, S. 337–345.
Träger, H.: Marketingkontrolle. In: Marketing Enzyklopädie, Bd. 2, München 1974, S. 555–564.
v.Wysocki, K.: Grundlagen des betriebswirtschaftlichen Prüfungswesens, 3. Aufl., München 1988.
Zahn, E.: Marketing- und Vertriebs-Controlling. Teil I: Grundlagen. Landsberg/Lech 1987.
Zünd, A.: Kontrolle und Revision in der multinationalen Unternehmung, Bern, Stuttgart 1973.
Zündorf, W.: Kontroll-Management aus absatzpolitischer Sicht. Bergisch Gladbach, Köln 1989.

Zusammenfassendes Literaturverzeichnis*

Aaker, D. A.: Strategisches Markt-Management, Wiesbaden 1989.
Abell, D. F.: Defining the Business. The Starting Point of Strategic Planning. Englewood Cliffs, N. J. 1980.
Abell, D. F. / Hammond, J.S.: Strategic Market Planning. Englewood Cliffs, N. J. 1979.
Aguilar, F. J.: Scanning the Business Environment. New York, London 1967.
Albach, H.: Strategische Unternehmensplanung bei erhöhter Unsicherheit. In: ZfB, 48. Jg., 1978, S. 702–715.
Albach, H.: Das Management der Differenzierung. In: ZfB, 60. Jg., 1990, S. 773–788.
Alewell, K.: Absatzplanung. In: HWB, 4. Aufl., Bd.1 (Hrsg.: E. Grochla / W. Wittmann), Stuttgart 1974, Sp. 64–78.
Alewell, K.: Absatzorganisation. In: HWO, 2. Aufl. (Hrsg.: E. Grochla), Stuttgart 1980, Sp. 30–42.
Alewell, K.: Absatzkosten. In: HWR, 2. Aufl. (Hrsg.: E. Kosiol/K. Chmielewicz / M. Schweitzer), Stuttgart 1981, Sp. 1–12.
Ames, B. Ch.: Payoff from Product Management. In: HBR, 41. Jg., 1963, S. 141–152.
Anderson, P. F.: Marketing Investment Analysis. In: Research in Marketing, Vol. 4, 1981, S. 1–37.
Andresen, G. A.: Product-Management. In: Management Enzyklopädie, Bd.4, München 1971, S. 1201–1220.
Angehrn, O.: Erfolgsanalyse und Erfolgskontrolle im Marketing. In: Marketing Enzyklopädie, Bd.1, München 1974, S. 579–591.
Ansoff, H. I.: Corporate Strategy. New York et al. 1965.
Ansoff, H. I.: Strategic Management. London, Basingstoke 1979.
Ansoff, H. I.: Strategic Issue Management. In: Strategic Management Journal, Vol. 1, 1980, S. 131–148.
Ansoff, H. I.: Implanting Strategic Management. Englewood Cliffs, N. J. et al. 1984.
Arbeitskreis »Langfristige Unternehmensplanung« der Schmalenbach-Gesellschaft: Strategische Planung. In: ZfbF, 29. Jg., 1977, S. 1–20.

Baligh, H. H. / Burton, R. M.: Marketing in Moderation – The Marketing Concept and the Organization's Structure.: In Long Range Planning, Vol. 12, No. 2, (April) 1979, S. 92–96.
Barth, H.: Die Absatz- und Marketingorganisation der Unternehmung. Zürich, Frankfurt/M., Thun 1976.
Barzen, D.: Marketing-Budgetierung. Frankfurt am Main et al. 1990.
Bauer, H. H.: Marktabgrenzung. Berlin 1989.
Baumgartner, B.: Die Controller-Konzeption. Theoretische Darstellung und praktische Anwendung. Bern, Stuttgart 1980.
Baumgartner, U.: Marketing-Organisationen unter Berücksichtigung der neuen Führungs- und Motivationstheorien. Diss. Linz 1972.
Becker, J.: Marketing-Konzeption. Grundlagen des strategischen Marketing-Managements. 3. Aufl., München 1990.
Bednarczuk, P.: Strategische Kommunikationspolitik für Markenartikel in der Konsumgüterindustrie. Gestaltung und organisatorische Umsetzung. Offenbach 1990.
Behrends, Ch.: DPR: Direkte-Produkt-Rentabilität. In: Handelsforschung 1988 (Hrsg.: V. Trommsdorff), Heidelberg 1988, S. 193–211.
Beik, L. L. / Buzby, St.L.: Profitability Analysis by Market Segments. In: JMark, Vol. 37, Nr.3, (July) 1973, S. 48–53.
Belz, Ch.: Marketing-Führungshilfen zwischen starrem Konzept und Aktionismus. In: IO, 53. Jg., 1984, S. 556–560.

---

* Es handelt sich um eine Auswahl aus den einzelnen Literaturverzeichnissen der in diesem Band abgedruckten Beiträge, ergänzt um zusätzliche Quellen aus jüngster Zeit.

Benkenstein, M.: F&E und Marketing. Wiesbaden 1987.
Benson, G. / Chasin, J.: The Structure of New Product Organization. New York 1976.
Bentz, S.: Kennzahlensysteme zur Erfolgskontrolle des Verkaufs und der Marketing-Logistik. Frankfurt am Main et al. 1983.
Berekoven, L.: Die Absatzorganisation. Herne, Berlin 1976.
Berry, D.: Profit Contribution: Accounting and Marketing Interface. In: Industrial Marketing Management, Vol. 6, 1977, S. 125–128.
Bidlingmaier, J.: Marketingorganisation. In: DU, 27. Jg., 1973, S. 133–154.
Biel, A.: Vertriebs-Controlling. In: Controller Magazin, 6. Jg., 1981, S. 5–11.
Bircher, B. / Praxmarer, W.: Marketing-Evaluation. In: IO, 47. Jg., 1978, S. 393–397.
Bleicher, K.: Organisationsformen, mehrdimensionale. In: HWO, 2. Aufl. (Hrsg.: E. Grochla), Stuttgart 1980, Sp. 1517–1525.
Bleicher, K. / Meyer, E.: Führung in der Unternehmung. Formen und Modelle. Reinbek 1976.
Böcker, F.: Marketing-Kontrolle. Stuttgart et al. 1988.
Böcker, F.: Marketing, 3. Aufl., Stuttgart 1990.
Böcker, F. / Dichtl, E. (Hrsg.): Erfolgskontrolle im Marketing. Berlin 1975.
Böcker, F. / Treis, B.: Produktmanagement – Garant für eine erfolgreiche Produktpolitik? In: Jahrbuch der Absatz- und Verbrauchsforschung, 17. Jg., 1971, S. 59–78.
Böhler, H.: Methoden und Modelle der Marktsegmentierung. Stuttgart 1977.
Böhler, H.: Strategische Marketing-Früherkennung. Habilitationsschrift Köln 1983.
Böhler, H.: Marktforschung. Stuttgart et al. 1985.
Böhler, H.: Portofolio-Analysetechniken. In: HWPlan (Hrsg.: N. Szyperski mit Unterstützung von U. Winand), Stuttgart 1989, Sp. 1548–1559.
Böhler, H. / Gottschlich, W.: Strategisches Marketing und strategische Unternehmensführung. In: WISU, 14. Jg., 1985, S. 247–252.
Boll, P.: Die Funktion des Produkt Managers bei der Schaffung neuer Produkte. Diss. Innsbruck 1969.
Bonoma, T. V. / Clark, B. H.: Marketing Performance Assessment. Boston, Mass. 1988.
Bothe, B. / Koetz, A. G.: Strategisches Marketing-Controlling. In: Handbuch Strategisches Marketing (Hrsg.: N. Wieselhuber / A. Töpfer), 2. Aufl., Landsberg am Lech 1986, S. 116–132.
Bramsemann, R.: Handbuch Controlling. Methoden und Techniken. München, Wien 1987.
Brandt, A. / Hansen, U. / Schoenheit, I. / Werner, K. (Hrsg.): Ökologisches Marketing. Frankfurt, New York 1988.
Brauckschulze, U.: Die Produktelimination. Münster 1983.
Brings, K.: Kompetenz und Verantwortung der Entscheidungsträger in mehrdimensional strukturierten Organisationssystemen. Frankfurt/M., Zürich 1977.
Brockhoff, K.: Abstimmungsprobleme von Marketing und Technologiepolitik. In: DBW, 45. Jg., 1985, S. 623–632.
Brockhoff, K.: Schnittstellen-Management. Abstimmungsprobleme zwischen Marketing und Forschung und Entwicklung. Stuttgart 1989.
Brunner, L.: Product Management in der Konsumgüterindustrie unter besonderer Berücksichtigung der Stellung des Product Managers. Diss. Mannheim 1969.
Buchinger, G. (Hrsg.): Umfeldanalysen für das strategische Management. Konzeptionen – Praxis – Entwicklungstendenzen. Wien 1983.
Buell, V. P.: The Changing Role of the Product Manager in Consumer Goods Companies. In: JMark, 39. Jg., 1975, S. 3–11.
Büschgen, H. E.: Controlling und Marketing. In: Rechnungswesen im Dienste der Bankpolitik (Hrsg.: J. Krumnow / M. Metz), Stuttgart 1987, S. 159–180.
Buschbeck, J.: Marketing-Controlling. In: Harvard Manager, Jg. 1982, H. 3, S. 87–96.
Busse von Colbe, W.: Budgetierung und Planung. In: HWPlan (Hrsg.: N. Szyperski mit Unterstützung von U. Winand), Stuttgart 1989, Sp. 176–182.
Buzby, St.L. / Heitger, L. E.: Profit Oriented Reporting for Marketing Decision Makers. In: Business Topics, Vol. 24, Summer 1976, S. 60–68.
Buzzell, R.: Marketing in an Electronic Age. Cambridge, Mass. 1985.

Capella, L. M. / Sekely, W. S.: The Marketing Audit: Methods, Problems and Perspectives. In: Akron Business and Economic Review, Vol. 9, No.3, Fall 1978, S. 37–41.
Capon, N. / Glazer, R.: Marketing and Technology: A Strategic Coalignment. In: JMark, Vol. 51, 1987, No. 3, S. 1–14.
Chandler, A. D.jr.: Strategy and Structure. Chapters in the History of the Industrial Enterprise. Cambridge, Mass., London 1962.

Clewett, R. M. / Stasch, S. F.: Shifting Role of the Product Manager. In: HBR, Vol. 53, (Jan.-Febr.) 1975, S. 65–73.
Coenenberg, A. G. / Baum, H.-G.: Strategisches Controlling. Stuttgart 1987.
Corey, R. E. / Star, S. H.: Marktorientierte Unternehmensplanung. Essen 1973.
Corsten, H. (Hrsg.): Die Gestaltung von Innovationsprozessen. Berlin 1989.
Corsten, H. / Meier, B.: Organisationsstruktur und Innovationsprozesse. Teil 1 und Teil 2. In: WISU, 12. Jg., 1983, S. 251–256 und S. 299–302.
Cox, K. K. / McGinnis, V. J. (Hrsg.): Strategic Market Decisions. Englewood Cliffs, N. J. 1982.
Cravens, D. W.: Strategic Marketing. Second Edition, Homewood, Ill. 1987.
Crawford, C. M.: The Trajectory Theory of Goal Setting for New Products. In: Journal of Marketing Research, Vol. III, 1966, S. 117–125; deutsche Übersetzung: Das Leitlinienkonzept in der Absatzplanung. In: Marketingtheorie (Hrsg.: W. Kroeber-Riel), Köln 1972, S. 254–269.
Crissy, W. J.E. / Fischer, P. / Mossman, F. H.: Segmental Analysis: Key to Marketing Profitability. In: Business Topics, Vol. 21, Spring 1973, S. 42–49.
Cunningham, M. T./Clarke, C. J.: The Product Management Function in Marketing. In: European Journal of Marketing, 9. Jg., 1975, S. 129–149.

Day, G. S.: Diagnosing the Product Portfolio. In: JMark, Vol. 41, (April) 1977, S. 29–38.
Day, G. S.: Strategic Market Analysis and Definition: An Integrated Approach. In: Strategic Management Journal, Vol. 2, 1981, S. 281–299.
Day, G. S.: Strategic Market Planning. St. Paul 1984.
Day, G. S.: Analysis for Strategic Market Decisions. St. Paul et al. 1986.
Day, G. S. / Shocker, A. D. / Srivastava, R. K.: Customer-Oriented Approaches to Identifying Product-Markets. In: JMark, Vol. 43, Fall 1979, S. 8–19.
Dearden, J.: Appraising Profit Center Managers. In: HBR, Vol. 46, No.3, (May-June) 1968, S. 80–87.
Dearden, J.: Measuring Profit Center Managers. In: HBR, Vol. 65, No.5, (September-October) 1987, S. 84–88.
Denk, R.: Selektions- und Exklusionsentscheidungen im Absatzbereich der Unternehmung. Wien 1977.
Denk, R.: Simultane Selektions- und Programmentscheidungen in der selektiven Absatzpolitik. In: Der Markt, Nr.65, 1978, S. 16–24.
Deyhle, A.: Ertragszentren (Profit Centers). In: Marketing Enzyklopädie, Bd.1, München 1974, S. 593–603.
Deyhle, A.: Controlling im Verkauf mit Soll-Ist-Vergleich und Erwartungsrechnung. In: Controller Magazin, 1. Jg., 1976, S. 147–156.
Deyhle, A.: Regionale Profit Centers und Kundendeckungsbeitragsrechnung. In: Controller Magazin, 6. Jg., 1981, S. 51–54.
Deyhle, A.: Kundenergebnisrechnung. In: Controller Magazin, 10. Jg., 1985, H. 4, S. 167–174.
Diller, H.: Das Selbstverständnis der Produkt-Manager. In: ZfO, 44. Jg., 1975, S. 86–94.
Diller, H.: Produkt-Management und Marketing-Informationssysteme. Berlin 1975.
Diller, H. (Hrsg.): Marketingplanung. München 1980.
Diller, H.: Preispolitik. Stuttgart et. al. 1985.
Diller, H. / Gaitanides, M.: Das Key-Account-Management in der deutschen Lebensmittelindustrie – Eine empirische Studie zur Ausgestaltung und Effizienz. Hamburg 1988.
Diller, H. / Kusterer, M.: Beziehungsmanagement. In: Marketing ZFP, 10. Jg., 1988, S. 211–220.
Döpke, U.: Strategisches Marketing-Controllership. Frankfurt am Main, Berlin, New York 1986.
Dominguez, G. S.: Praxis des Produkt- und Marken-Managements (übersetzt v. E.E. Scheuing), Heidelberg 1974.
Droege, W. P. J.: Marketing-Audit. Darstellung einer Methodik zur Identifizierung von Erfolgsfaktoren und Beseitigung von Engpaßfaktoren im Marketing. In: Strategisches Marketing (Hrsg.: H. Raffée / K.-P. Wiedmann), Stuttgart 1985, S. 169–184.
Droege, W. P. J.: Marketing-Audit: Basis zur Erfolgssicherung. In: Handbuch Strategisches Marketing (Hrsg.: N. Wieselhuber / A. Töpfer), 2. Aufl., Landsberg am Lech 1986, S. 154–174.
Dunne, P. M. / Wolk, H. I.: Marketing Cost Analysis: A Modularized Contribution Approach. In: JMark, Vol. 41, Nr.3, (July) 1977, S. 83–94.
Dunst, K. H.: Portfolio Management. Konzeption für die strategische Unternehmensplanung. Berlin, New York 1979.

Ebskamp, K.: Strategische Planung in der Praxis. In: ZfbF-Kontaktstudium, 31. Jg., 1979, S. 11–20.
Ehlcke, M.: Das Marketing-Controlling: organisatorische Zuordnung, Aufgaben, Entwicklungstendenzen. In: Handbuch Marketing (Hrsg.: J. Koinecke), Bd.I, Gernsbach/Baden 1978, S. 335–344.

Ehrlinger, E.: Kundengruppen-Management. Erfahrungen mit einer neuen Organisationsform im Vertrieb. In: DBW, 39. Jg., 1979, S. 261–273.

Eichholz, R. E.: Mittel und Methoden der Marketingkontrolle. In: Jahrbuch der Absatz- u. Verbrauchsforschung, 22. Jg., 1976, S. 264–290.

Eifler, G.: Kre-Aktiveres Marketing durch Marketing-Control. In: Controller Magazin, 1. Jg., 1976, S. 141–146.

Eisenführ, F.: Lenkungsprobleme der divisionalisierten Unternehmung. In: ZfbF, 26. Jg., 1974, S. 824–842.

Engelhardt, W. H.: Erlösplanung und Erlöskontrolle als Instrument der Absatzpolitik. In: ZfbF, 29. Jg., Sonderheft 6/1977, S. 10–26.

Engelhardt, W. H.: Absatzfunktion und strategisches Marketing – eine Schnittstellenanalyse. In: Marketing-Schnittstellen (Hrsg.: G. Specht / G. Silberer / W. H. Engelhardt), Stuttgart 1989, S. 103–115.

Engelhardt, W. H. / Günter, B.: Erfolgsgrößen im internen Rechnungswesen aus der Sicht der Absatzpolitik. In: Unternehmungserfolg. Planung – Ermittlung – Kontrolle (Hrsg.: M. Domsch / F. Eisenführ / D. Ordelheide / M. Perlitz), Wiesbaden 1988, S. 141–155.

Eschenbach, R. (Hrsg.): Marketing-Controlling. Wien 1986.

Evans, G. H.: The Product Manager's Job. AMA Research Study 69, New York 1964.

Evans, G. H.: Der Produkt-Manager. In: Marketing-Management und Organisation (Hrsg.: St. H. Britt /H. W. Boyd jr.), dt. Bearb. v. P. Linnert, München 1971, S. 113–131.

Evers, P.: Vertriebs-Controlling in einem mittleren Pharma-Industrie-Betrieb. In: Controller Magazin, 4. Jg., 1979, S. 177–182.

Feider, J. / Schoppen, W.: Prozeß der strategischen Planung – Vom Strategieprojekt zum strategischen Management. In: Handbuch Strategische Führung (Hrsg.: H. A. Henzler), Wiesbaden 1988, S. 665–689.

Fiedler, F. E.: A Theory of Leadership Effectiveness. New York 1967.

Fiedler, J.: Marketingplanung. In: Marketing (Hrsg.: L. G. Poth), 2. Aufl., Kapitel 17., Neuwied 1987, S. 1–38.

Finkenrath, R.: Deckungsbeitragsorientierte Vertriebssteuerung mit Profit-Centers. In: KRP, Jg. 1986, H. 6, S. 213–218.

Fischer, A. J.: Marketing-Organisation. In: Management Enzyklopädie. Bd.7, München 1975, S. 2312–2321.

Fischer, E.: Deckungsbeitragsrechnung als Instrument der Vertriebsanalyse und -steuerung. In: KRP, Jg. 1983, H. 5, S. 207–215.

Fox, H. W.: The Marketing Controller as Planner. In: Managerial Planning, Vol. 23, No.1 (July/August) 1974, S. 33.

Franke, G.: Absatzplanung und Investitionstheorie. In: Marketing ZFP, 4. Jg., 1982, S. 195–204.

Frese, E.: Koordination von Entscheidungen in Sparten-Organisationen. In: BFuP, 27. Jg., 1975, S. 217–234.

Frese, E.: Führungsmodelle. In: RKW-Handbuch Führungstechnik und Organisation (Hrsg.: E. Potthoff), Kennzahl 1098, Berlin 1979, S. 1–21.

Frese, E.: Die Unternehmungsorganisation im Spannungsfeld zwischen Produkt und Markt. In: DU, 35. Jg., 1981, S. 209–228.

Frese, E.: Grundlagen der Organisation. 4. Aufl., Wiesbaden 1988.

Frese, E. (unter Mitarbeit von H. Mensching und A. v. Werder): Unternehmungsführung. Landsberg am Lech 1987.

Freter, H.: Strategien, Methoden und Modelle der Marktsegmentierung bei der Markterfassung und Marktbearbeitung. In: DBW, 40. Jg., 1980, S. 453–463.

Freter, H.: Marktsegmentierung. Stuttgart et al. 1983.

Fries, P.: Die Marketingprüfung. Konzeption und Formalisierung. Diss. Freiburg (Schweiz) 1975.

Fronhoff, B.: Die Gestaltung von Marketingstrategien. Bergisch Gladbach, Köln 1986.

Fulmer, R. M.: Product Management: Panacea or Pandora's Box?. In: Cal.Man.R., 7. Jg., 1965, S. 63–74.

Fulmer, R. M. / Brunner, L.: Analysis of U. S. and German Practice of Product-Management. In: Management International Review, Vol. 8, No. 2/3, S. 33–36.

Gabele, E.: Neuere Entwicklungen der betriebswirtschaftlichen Planung. In: DU, 32. Jg., 1978, S. 115–135.

Gabele, E.: Unternehmungsstrategie und Organisationsstruktur. In: ZfO, 48. Jg., 1979, S. 181–190.

Gabele, E. / Esser, W.-M.: Divisionalisierung im Marketing. In: Marketing Enzyklopädie, Bd.1, München 1974, S. 453–460.
Gälweiler, A.: Unternehmensplanung. Grundlagen und Praxis. Frankfurt, New York 1974.
Gälweiler, A.: Zur Kontrolle strategischer Pläne. In: Planung und Kontrolle. Probleme der strategischen Unternehmensführung (Hrsg.: H. Steinmann), München 1981, S. 383–399.
Gälweiler, A.: Marketingplanung im System einer integrierten Unternehmungsplanung. In: Marketing (Hrsg.: L. G. Poth), 2. Aufl., Kapitel 19., Neuwied 1987, S. 1–46.
Gaitanides, M.: Strategien und Strukturen des Marktmanagements. In: WiSt, 15. Jg., 1986, S. 275–281.
Gaitanides, M. / Diller, H.: Großkundenmanagement – Überlegungen und Befunde zur organisatorischen Gestaltung und Effizienz. In: DBW, 49 Jg., 1989, S. 185–197.
Gansera, H. / Röske, W.: Strategisches Marketing. Ein Vorschlag für ein computergestütztes Marketing-Support-System in den 80er Jahren. In: Datenverarbeitung im Marketing (Hrsg.: R. Thome), Berlin, Heidelberg, New York 1981, S. 25–97.
Gaydoul, P.: Controlling in der deutschen Unternehmenspraxis. Darmstadt 1980.
Gehrig, W.: Zentrales Product Management in der pharmazeutischen Industrie. Aulendorf/ Württ. 1973.
Geist, M.: Selektive Absatzpolitik auf der Grundlage der Absatzsegmentrechnung. 2.Aufl., Stuttgart 1974.
Geldern, M. v.: Objektorientierte Organisationsformen. Eine Erläuterung und Abgrenzung der Produktmanagement-, Sparten- und Matrixorganisation. In: WiSt, 8. Jg., 1979, S. 564–572.
Geml, R.: Marketing-Controlling. In: Marketing. Ein Handbuch (Hrsg.: H.-G. Geisbüsch / L. M. Weeser-Krell / R. Geml), Landsberg am Lech 1987, S. 173–194.
Gemmill, G. R. / Wilemon, D. L.: Interpersonal Barriers to Effective Product Management. In: British Journal of Marketing, Winter 1970/71, S. 208–214.
Gemmill, G. R. / Wilemon, D. L.: The Product Manager as an Influence Agent. In: JMark, Vol. 36, (Jan.) 1972, S. 26–30.
Godiwalla, Y. M. / Meinhart, W. A. / Warde, W. D.: Environmental Scanning – Does it help the Chief Executive?. In: Long Range Planning, Vol. 13, October 1980, S. 87–99.
Goehrmann, K. E.: Verkaufsmanagement. Stuttgart et al. 1984.
Görgen, W. / Huxold, S.: Schnittstellenmanagement zur Koordination von Marketing und Rechnungswesen. Arbeitspapier des Instituts für Markt- und Distributionsforschung der Universität zu Köln. Köln 1987 (DBW-Depot 88–1–1).
Gomez, P.: Frühwarnung in der Unternehmung. Bern 1983.
Goretsky, M. E.: Frameworks of Strategic Marketing Information Needs. In: Industrial Marketing Management, Vol. 12, 1983, S. 7–11.
Grashof, J. F.: Conducting and Using a Marketing Audit. In: Readings in Basic Marketing (Hrsg.: E. J. McCarthy / J. F. Grashof / A. A. Brogowicz), Homewood, Ill. 1975, S. 318–329.
Grebenc, H.: Die langfristige operative Planung. München 1986.
Grebenc, H. / Geiger, U. /Klotz, A. / Maaßen, H.: Das Managementsystem der langfristigen operativen Planung und Kontrolle. In: Managementsysteme. Planung und Kontrolle (Hrsg.: W. Kirsch / H. Maaßen), München 1989, S. 341–382.
Grimm, U.: Analyse strategischer Faktoren. Wiesbaden 1983.
Grochla, E.: Einführung in die Organisationstheorie. Stuttgart 1978.
Groenewald, H.: Der Product Manager in der deutschen Wirtschaft. In: Betriebswirtschaftliche Umschau, 40. Jg., 1970, S. 317–328.
Groß, G. H.: Einrichtung vertriebsbezogener Profit-Center in einem kleineren Unternehmen. Ein Praxisbeispiel. Eschborn 1980 (RKW-Schrift Nr. 677).
Grün, O.: Duale Organisation. In: HWPlan (Hrsg.: N. Szyperski mit Unterstützung von U. Winand), Stuttgart 1989, Sp. 304–316,
Grüneberg, N.: Das Produkt-Management. Seine Funktionen im Marketing. Wiesbaden 1973.
Grünewald, H.-G.: Erfahrungen beim Einsatz strategischer Analysehilfen in der Unternehmenspraxis. In: DBW, 39. Jg., 1979, S. 107–117.
Gümbel, R.: Haben die Vollkostenrechner wirklich unrecht? Theoretische Grundlagen der Kostenrechnung. In: Betriebswirtschaftliche Steuerungs- und Kontrollprobleme (Hrsg.: W. Lücke), Wiesbaden 1988, S. 81–90.
Gutenberg, E. (Hrsg.): Absatzplanung in der Praxis. Wiesbaden 1962.

Haag, J.: Controlling und Marketing – Miteinander statt Gegeneinander. In: Der Controlling-Berater (Hrsg.: E. Mayer / R. Mann), Ordner 1, Gruppe 6 (Controlling und Marketing), Freiburg i. Br. 1985, S. 59–82.

Haag, J.: Marketing – Controlling. In: Handbuch Controlling (Hrsg.: E. Mayer/J. Weber), Stuttgart 1990, S. 175–209.
Hadaschik, M.: Die Einsatzbedingungen organisierter langfristiger Unternehmensplanung. Diss. FU Berlin 1979.
Hadaschik, M.: Aufgaben des Marketing- und Vertriebscontrolling – ein Überblick. In: Der Controlling-Berater (Hrsg.: E. Mayer / R. Mann), Ordner 1, Gruppe 6 (Controlling und Marketing), Freiburg i. Br. 1984, S. 33–57.
Haedrich, G. (Hrsg.): Operationale Entscheidungshilfen für die Marketingplanung. Berlin, New York 1977.
Haedrich, G.: Entwicklung von Marketingstrategien. In: Marketing, Zeitschrift f. Forschung und Praxis, 5. Jg., 1983, S. 175–180.
Hahn, D.: Organisation des Controlling in der deutschen Industrie. In: Controlling – Integration von Planung und Kontrolle. Bd.4 der GEBERA-Schriften (Hrsg.: W. Goetzke / G. Sieben), Köln 1979, S. 73–97.
Hahn, D. / Krystek, U.: Betriebliche und überbetriebliche Frühwarnsysteme für die Industrie. In: ZfbF, 31. Jg., 1979, S. 76–88.
Hahn, D. / Taylor, B. (Hrsg.): Strategische Unternehmungsplanung. 4. Aufl., Heidelberg, Wien 1986.
Hall, D. J. / Saias, M. A.: Strategy Follows Structure!. In: Strategic Management Journal, Vol. 1, 1980, S. 149–163.
Hamelman, P. W. / Mazze, E. M.: Improving Product Abandonment Decisions. In: JMark, Vol. 36, (April) 1972, S. 20–26.
Hamermesh, R. G.: Making Strategy Work. New York et al. 1986.
Hammann, P.: Entscheidungsanalyse im Marketing. Berlin 1975.
Hammann, P.: Absatzplanung. In: HWPlan (Hrsg.: N. Szyperski mit Unterstützung von U. Winand), Stuttgart 1989, Sp. 1–8.
Hammer, R. M.: Unternehmungsplanung. München, Wien 1985.
Hammer, R. M.: Strategische Planung und Frühaufklärung. München, Wien 1988.
Hansen, H. R. (Hrsg.): Computergestützte Marketing-Planung. München 1974.
Hansen, U.: Verbraucherabteilungen als Frühwarnsysteme. In: ZfB, 49. Jg., 1979, Ergänzungsheft 2 (Frühwarnsysteme. Schriftleitung: H. Albach/D. Hahn/P. Mertens), S. 120–134.
Harrison, G. L.: The Accounting/Marketing Interface – A Marketing Perspective. In: The Australian Accountant, Vol. 49, 1979, No. 7, S. 469–476.
Harrmann, A.: Prüfung des Verkaufsbereichs. In: ZIR, 13. Jg., 1978, S. 214–224.
Hasselberg, F.: Strategische Kontrolle im Rahmen strategischer Unternehmensführung. Frankfurt am Main et al. 1989.
Haun, P.: REMBA: Prototyp für ein daten- und methodenbankgestütztes Rechnungswesen. Diss. Erlangen-Nürnberg 1987.
Hayhurst, R. / Wills, G.: Organizational Design for Marketing Futures. London 1972.
Hecking-Binder, E. E.: Führungsmodelle und Marketingorganisation. Wiesbaden 1974.
Heidrick and Struggles International Inc.: Der Marketing-Leiter in Deutschland 1985. Düsseldorf 1985.
Heidrick and Struggles International Inc.: Der Vertriebsleiter in Deutschland 1986. Düsseldorf 1986.
Heins, J.: Kontrollen im Marketing-Konzept. Grundlagen eines Marketing-Kontroll-Systems. Diss. Wien 1973.
Heinzelbecker, K.: Marketing-Informationssysteme. Stuttgart et al. 1985.
Hesse, J.: Funktionale Marketing-Organisation. In: Integrierte Marketingfunktionen (Hrsg.: P. W. Meyer / A. Hermanns), Stuttgart et al. 1978, S. 168–189.
Hill, W.: Marketing. Bd.1 und Bd.2. 6.Aufl., Bern, Stuttgart 1988.
Hill, W. / Rieser, I.: Marketing-Management. Bern, Stuttgart 1990.
Hinterhuber, H. H.: Strategische Unternehmungsführung, Bd.I: Strategisches Denken. Bd.II: Strategisches Handeln. 4.Aufl., Berlin, New York 1989.
Hinterhuber, H. H. / Kirchebner, M.: Die Analyse strategischer Gruppen von Unternehmungen. In: ZfB, 53. Jg., 1983, S. 854–868.
Höfner, K.: Marketingplanung. In: Marketing Enzyklopädie, Bd.2, München 1974, S. 659–673.
Höfner, K. / Kopp, M.: Artikelerfolgsrechnung. In: Marketing Enzyklopädie, Bd.1, München 1974, S. 85–102.
Hoffmann, J.: Die Konkurrenz. Erkenntnisse für die strategische Führung und Planung. In: Praxis der strategischen Unternehmensplanung (Hrsg.: A. Töpfer / H. Afheldt), Frankfurt am Main 1983, S. 183–205.
Hoffmann, J.: Integration strategischer und operativer Planung. In: HWPlan (Hrsg.: N. Szyperski mit Unterstützung von U. Winand), Stuttgart 1989, Sp. 763–770.

Hoffmann, K.: Die Konkurrenzuntersuchung als Determinante der langfristigen Absatzplanung. Göttingen 1979.
Hoffmann, K. / Wolff, V.: Zur Systematik von Absatzstrategien als Grundlage langfristig wirkender Entscheidungen im Absatzbereich. In: Jahrbuch d. Absatz- u. Verbrauchsforschung, 23. Jg., 1977, S. 161–175.
Hopkins, D. S. / Bailey, E. L.: Organizing Corporate Marketing. New York 1984.
Horváth, P.: Entwicklungstendenzen des Controlling: Strategisches Controlling. In: Unternehmungsführung aus finanz- und bankwirtschaftlicher Sicht (Hrsg.: E. Rühli / J.-P. Thommen), Stuttgart 1981, S. 397–415.
Horváth, P.: Controlling. 3. Aufl., München 1990.
Horváth, P.: Die Aufgaben des Marketing-Controllers. In: Marketing-Controlling (Hrsg.: R. Eschenbach), Wien 1986, S. 7–29.
Horváth, P. / Stark, H.: Controlling für das Marketingmanagement. In: Marketing, Zeitschrift f. Forschung und Praxis, 4. Jg., 1982, S. 183–194.
Huber, M.: Markt-Konkurrenz-Angebotskombinationen. Diss. St. Gallen 1984.
Hüttner, M.: Produkt-Management. In: Wirtschaftsdienst, 46. Jg., 1966, S. 277–281.
Hüttner, M.: Markt- und Absatzprognosen. Stuttgart et al. 1982.
Hüttner, M.: Auf dem Wege zur »Strategischen Marktforschung«?. In: Thexis, 3. Jg., 1986, H. 4, S. 10–21.
Hüttner, M. / Czenskowsky, T.: Strategische Orientierung der Marktforschung und ihre Konsequenzen. In: Marktforschung, 30. Jg., 1986, H. 3, S. 74–78.
Huppert, E.: Instrumente der Scanning-Marktforschung. In: Scanning – Zukunftsperspektiven für Handel, Industrie und Marktforschung. Veröffentlichungen der Wissenschaftlichen Arbeitsgemeinschaft für Technik und Wirtschaft des Landes Nordrhein-Westfalen, Bd. 238, (Hrsg.: R. Krumsiek), Düsseldorf 1985, S. 22–35.
Huxold, St.: Marketingforschung und strategische Planung von Produktinnovationen. Berlin 1990.
Hytha, R.: Das System des Product Managers. In: Der Markt, H. 31, 1969, S. 85–89.

Institut für Selbstbedienung und Warenwirtschaft e.V. (Hrsg.): DPR '88. Direkte Produkt-Rentabilität. Köln 1988.

Jackson, D. W. / Ostrom, L. L.: Grouping Segments for Profitability Analyses. In: Business Topics, 28. Jg., 1980, Nr. 2, S. 39–44.
Jain, S. C.: Marketing Planning and Strategy. Cincinnati, Ohio 1981.
Jerke, A.: Konzepte für eine innerbetriebliche Marketing-Organisation. In: Modernes Marketing – Moderner Handel (Hrsg.: .J Bidlingmaier), Wiesbaden 1972, S. 163–178.
John, E.: Marketing-Prüfliste. Schwachstellen im Absatzbereich erkennen und beseitigen. 2.Aufl., Frankfurt/M. 1977.
Josten, F. A.: Determinanten von Product-Management-Strukturen. Eine empirische Untersuchung in den USA. Frankfurt/M., Bern, Las Vegas 1979.

Kaas, K. P.: Zeitbezogene Untersuchungspläne. Neue Analysemethoden der Marktforschung. In: Marketing, Zeitschrift für Forschung und Praxis, 4. Jg., 1982, S. 237–245.
Kaas, K. P.: Marktforschung 2000. Zur Entwicklung von Angebot und Nachfrage auf dem Markt für Marketinginformationen. In: Marketing 2000. Perspektiven zwischen Theorie und Praxis (Hrsg.: Ch. Schwarz / F. Sturm / W. Klose für MTP, Marketing zwischen Theorie und Praxis e.V.), Wiesbaden 1987, S. 123–137.
Kaindl, K.: Ein geschlossenes System des Vertriebs-Controlling. In: Operationale Entscheidungshilfen für die Marketingplanung (Hrsg.: G. Haedrich), Berlin, New York 1977, S. 259–268.
Kellner, J.: Produktmanagement. In: Marketing (Hrsg.:L. G. Poth), Neuwied 1977, 4.2.1. S. 1–54.
Kemna, H.: Key Account Management: Verkaufserfolg der Zukunft durch Kundenorientierung. München 1979.
Keppler, W. / Bamberger, I. / Gabele, E.: Organisation der Langfristplanung. Theoretische Perspektiven und empirische Ergebnisse. Wiesbaden 1977.
Khandwalla, P. N.: Uncertainty and the »Optimal« Design of Organizations. Working Paper, TIMS XIX. Meeting, Houston, Texas 1972; deutsche Übersetzung: Unsicherheit und die »optimale« Gestaltung von Organisationen. In: Organisationstheorie (Hrsg.: E. Grochla), 1. Teilband, Stuttgart 1975, S. 140–156.
Kiener, J.: Marketing-Audit. In: Absatzwirtschaft, 21. Jg., 1978, H. 4, S. 68–73.
Kiener, J.: Marketing-Controlling. Darmstadt 1980.

Kieser, A.: Der Einfluß der Umwelt auf die Organisationsstruktur der Unternehmung. In: ZfO, 43. Jg., 1974, S. 302–314.

Kieser, A. / Fleischer, M. / Röber, M.: Die Struktur von Marketingentscheidungsprozessen. In: DBW, 37. Jg., 1977, S. 417–432.

Kieser, A. / Kubicek, H.: Organisation. 2. Aufl., Berlin, New York 1983.

King, W. R. / Cleland, D. J.: Information for More Effective Strategic Planning. In: Long Range Planning, Vol. 10, (Febr.) 1977, S. 59–64.

Kirsch, W.: Marketing und die Idee des Strategischen Managements. In: Marketing im Wandel (Hrsg.: H. Meffert), Wiesbaden 1980, S. 63–76.

Kirsch, W. / Trux, W.: Strategische Frühaufklärung und Portfolio-Analyse. In: ZfB, 49. Jg., 1979, Ergänzungsheft 2 (Frühwarnsysteme. Schriftleitung: H. Albach/D. Hahn/P. Mertens), S. 47–69.

Klein, H.: Elektronische Datenverarbeitung im Vertrieb. Stuttgart, Wiesbaden o.J. (1975).

Kling, N. D.: The Marketing Audit: An Extension of the Marketing Control Process. In: Managerial Finance, Vol. 11, No. 1, 1985, S. 23–26.

Klotz, A. / Geiger, U. / Grebenc, H. / Maaßen, H.: Das Managementsystem der kurzfristigen operativen Bereichsplanung. In: Managementsysteme. Planung und Kontrolle (Hrsg.: W. Kirsch / H. Maaßen), München 1989, S. 385–431.

Koch, H.-P.: Die Kontrolle der Marketing-Konzeption mit Hilfe elektronischer Datenverarbeitung. Winterthur 1972.

Köhler, R.: Operationale Marketing-Ziele im Rahmen des »Management by Objectives«. In: NB, 24. Jg., (Mai/Juni) 1971, S. 19–29.

Köhler, R.: Das Informationsverhalten im Entscheidungsprozeß vor der Markteinführung eines neuen Artikels. Bericht über eine empirische Erhebung. Wiesbaden 1972.

Köhler, R.: Systemforschung und Marketing. In: Systemforschung in der Betriebswirtschaftslehre (Hrsg.: E. Jehle), Stuttgart 1975, S. 53–86.

Köhler, R.: Die Kontrolle strategischer Pläne als betriebswirtschaftspolitisches Problem. In: ZfB, 46. Jg., 1976, S. 301–318.

Köhler, R.: Marketing-Audit. In: DBW, 41. Jg., 1981, S. 662 f. (DBW-Stichwort).

Köhler, R.: Marketingplanung in Abhängigkeit von Umwelt- und Organisationsmerkmalen. In: Marktorientierte Unternehmungsführung (Hrsg.: J. Mazanec / F. Scheuch), Wien 1984, S. 581–602.

Köhler, R.: Zur Problematik der Markteffizienz der Unternehmung. In: Probleme der Unternehmungseffizienz im Systemvergleich, (Hrsg.: G. Dlugos / M. Napierala), Bad Honnef 1984, S. 227–248.

Köhler, R.: Marketing und Rechnungswesen: »Zwei Welten« oder Partner?. In: Absatzwirtschaft, 28. Jg., 1985, H. 8, S. 72–77.

Köhler, R.: Strategisches Marketing: Auf die Entwicklung eines umfassenden Informations-, Planungs- und Organisationssystems kommt es an. In: Marketing, Zeitschrift für Forschung und Praxis, 7. Jg, 1985, S. 213–216.

Köhler, R.: Anforderungen des strategischen Marketing an die Marktforschung. In: Marktforschung für kreative Entscheidungen (Hrsg.: BVM, Berufsverband deutscher Markt- und Sozialforscher e.V.), Düsseldorf 1987, S. 39–56.

Köhler, R.: Informationen für die strategische Planung von Produktinnovationen. In: Distributionspolitik. Sonderheft 35 der Mitteilungen des Instituts für Handelsforschung an der Universität zu Köln (Hrsg.: F. Klein-Blenkers), Göttingen 1987, S. 79–103.

Köhler, R.: Marketing-Controlling im Produktgeschäft. TV-Lehrbrief Weiterbildendes Studium Technischer Vertrieb, Freie Universität Berlin, Berlin 1987.

Köhler, R.: Strategie 2000. Anforderungen an das strategische Marketing angesichts veränderter Umfeldbedingungen. In: Marketing 2000. Perspektiven zwischen Theorie und Praxis (Hrsg.: Ch. Schwarz / F. Sturm / W. Klose für MTP, Marketing zwischen Theorie und Praxis e.V.), Wiesbaden 1987, S. 151–168.

Köhler, R.: Marketing-Effizienz durch Controlling. In: Controlling, Zeitschrift für erfolgsorientierte Unternehmenssteuerung, 1. Jg., 1989, S. 84–95.

Köhler, R. / Fronhoff, B. / Huxold, St.: Ansatzpunkte für ein Indikatorensystem zur strategischen Planung von Produktinnovationen. Arbeitspapier des Instituts für Markt- und Distributionsforschung der Universität zu Köln. Köln 1988 (DBW-Depot 88–5–3).

Köhler, R. / Horst, B. /Huxold, St.: Aufbau und praktische Nutzung von Früherkennungssystemen für die Produktinnovationsplanung. Arbeitspapier des Instituts für Markt- und Distributionsforschung der Universität zu Köln. Köln 1990 (DBW-Depot 90–5–3).

Köhler, R. / Hüttemann, H.: Marktauswahl im internationalen Marketing. In: HWInt (Hrsg.: K. Macharzina / M. K. Welge), Stuttgart 1989, Sp. 1428–1440.

Köhler, R. / Tebbe, K.: Die Organisation von Produktinnovationsprozessen. Arbeitspapier des Instituts für Markt- und Distributionsforschung der Universität zu Köln. Köln 1985 (DBW-Depot 85-4-2).
Köhler, R. / Tebbe, K.: Organizational Conditions for Product Innovations in Small and Medium-Sized Firms. In: Economia Aziendale (Four Monthly Review of the Accademia Italiana di Economia Aziendale), Vol. IV, 1985, No. 3, S. 427-443.
Köhler, R. / Tebbe, K.: Organisational Design for Effective Product Innovation. In: Irish Marketing Review, Vol. 2, 1987, S. 43-50.
Köhler, R. / Tebbe, K. / Uebele, H.: Der Einfluß objektorientierter Organisationsformen auf die Gestaltung absatzpolitischer Entscheidungsprozesse. Arbeitspapier des Instituts für Markt- und Distributionsforschung der Universität zu Köln. Köln 1983 (DBW-Depot 84-1-3).
Köhler, R. / Uebele, H.: Planung und Entscheidung im Absatzbereich industrieller Großunternehmen. Ergebnisse einer empirischen Untersuchung. Arbeitspapier Nr. 77/9 des Instituts für Wirtschaftswissenschaften, RWTH Aachen, Aachen 1977 (DBW-Depot 78-2-5).
Köhler, R. / Uebele, H.: Risikoanalysen bei der Evaluierung absatzorientierter Projekte. In: WiSt, 12. Jg., 1983, S. 119-127.
Köhler, R. / Uebele, H.: Planning Techniques: Conditions for their Application and Acceptance. In: Empirical Research on Organizational Decision-Making (Hrsg.: E. Witte / H.-J. Zimmermann), Amsterdam, New York, Oxford, Tokyo 1986, S. 139-170.
Köhler, R. / Zimmermann, H.-J. (Hrsg.): Entscheidungshilfen im Marketing. Stuttgart 1977.
Körlin, E.: Profit Centers im Verkauf. Gauting 1972.
Körlin, E.: Gewinnorientierte Steuerung des Verkaufs über Profit Center. Landsberg am Lech 1983.
Koppelmann, U.: Produktmarketing. 3. Aufl., Stuttgart et al. 1989.
Koppelmann, U.: Marketing. Einführung in die Entscheidungsprobleme des Absatzes und der Beschaffung. 2. Aufl., Düsseldorf 1990.
Koppelmann, U. / Paass, W.: Zum Konzept des Produktmanagements. In: WiSt, 6. Jg., 1977, S. 559-566.
Kortzfleisch, H. v.: Das Produktmanagement in der pharmazeutischen Industrie. In: Betriebswirtschaftliche Unternehmensführung (Hrsg.: G. v. Kortzfleisch / H. Bergner), Berlin 1975, S. 219-238.
Kotler, P.: Phasing Out Weak Products. In: HBR, Vol. 43, (March-April) 1965, S. 107-118.
Kotler, P: From Sales Obsession to Marketing Effectiveness. In: HBR, Vol. 55, (November-December) 1977, S. 67-75.
Kotler, P.: Marketing Management. Analysis, Planning, and Control. 6. Aufl., Englewood Cliffs, N. J. 1988.
Kotler, P. / Gregor, W. / Rodgers, W.: The Marketing Audit Comes of Age. In: Sloan Management Review, Vol. 18, 1977, Nr.2, S. 25-43. (Wiederabdruck mit einem ergänzenden Kommentar der Autoren in: Sloan Management Review, Vol. 30, 1989, No. 2, S. 49-62).
Kramer, R. / Bechtoldt, T.: Stellenbeschreibungen Marketing und Verkauf. München 1975.
Krautter, J.: Marketing-Entscheidungsmodelle. Wiesbaden 1973.
Kreikebaum, H.: Strategische Unternehmensplanung. Stuttgart et al. 1981.
Kreikebaum, H.: Ansätze der strategischen Marketingplanung und Probleme ihrer organisatorischen Umsetzung. In: Strategisches Marketing (Hrsg.: H. Raffée / K.-P. Wiedmann), Stuttgart 1985, S. 283-298.
Kreikebaum, H. / Grimm, U.: Strategische Unternehmensplanung. Ergebnisse einer empirischen Untersuchung. Arbeitspapier des Seminars für Industriewirtschaft der Universität Frankfurt, Frankfurt a.M. 1978.
Kreilkamp, E.: Strategisches Management und Marketing. Berlin, New York 1987.
Kreutzer, R. / Raffée, H.: Organisatorische Verankerung als Erfolgsbedingung eines Global-Marketing. In: Thexis, 3. Jg., 1986, H. 2, S. 10-21.
Kreuz, A.: Der Produkt-Manager. Seine Rolle im Marketing-Prozeß. Essen 1975.
Kreuz, A.: Marketing-Organisation. Grundlagen der praktischen Marketing-Organisation. Bielefeld, Köln 1981.
Kroeber-Riel, W.: Computergestützte Datenerhebung: Neue Methoden der Marktforschung. In: Marktorientierte Unternehmungsführung (Hrsg.: J. Mazanec / F. Scheuch), Wien 1984, S. 441-453.
Kroeber-Riel, W.: Strategie und Technik der Werbung. Stuttgart et al. 1988.
Kroeber-Riel, W. / Neibecker, B.: Elektronische Datenerhebung: Computergestützte Interviewsysteme. In: Innovative Marktforschung (Hrsg.: Forschungsgruppe Konsum und Verhalten), Würzburg, Wien 1983, S. 193-208.
Kropfberger, D.: Entscheidungsorientierte Kosten- und Erfolgsrechnung im Marketing. Bd. I: Vollkostenrechnung versus Teilkostenrechnung. Bd. II: Steuerung und Kontrolle von Marketing und Vertrieb. 2. Aufl., Linz 1983.

Kropfberger, D.: Der erweiterte situative Ansatz in der Planungsforschung – Einsatzbedingungen von Marketing und Marketing-Planung in Industrie und Gewerbe. In: Marktorientierte Unternehmungsführung (Hrsg.: J. Mazanec / F. Scheuch), Wien 1984, S. 603–623.
Kühn, R.: Marketing-Audit, ein Führungsinstrument. In: DU, 31. Jg., 1977, S. 199–212.
Kühn, R.: Frühwarnung im strategischen Bereich. In: IO, 49. Jg., 1980, S. 497–499 und S. 551–555.
Kühn, R. / Walliser, M.: Problementdeckungssystem mit Frühwarneigenschaften. In: DU, 32. Jg., 1978, S. 223–246.
Kuß, A.: Computereinsatz bei der Datenerhebung in der Marktforschung. In: Thexis, 2. Jg., 1985, H. 3, S. 12–15.
Kyle, P. W.: A Data Base for a Marketing Information System. In: European Journal of Marketing, Vol. 5, No.2, 1971, S. 22–29.

Lambin, J.-J.: Grundlagen und Methoden strategischen Marketings. Hamburg et al. 1987.
Lange, M.: Marketing-Controlling. In: Controller Magazin, 1. Jg., 1976, S. 135–140.
Laßmann, G.: Die Deckungsbeitragsrechnung als Instrument der Verkaufssteuerung. In: ZfbF-Kontaktstudium, 28. Jg., 1976, S. 87–93.
Law, P. u.a. (Hrsg.): Product-Management. London et al. 1974.
Lawrence, P. R. / Lorsch, J. W.: New Management Job: The Integrator. In: HBR, Vol. 45, (Nov.-Dec.) 1967, S. 142–151.
Layer, M.: Artikel-Erfolgsrechnungen – Grundlage von Sortimentsentscheidungen? In: Unternehmungsführung aus finanz- und bankwirtschaftlicher Sicht (Hrsg.: E. Rühli / J. P. Thommen), Stuttgart 1981, S. 431–447.
Levitt, T.: Marketing Myopia. In: HBR, Vol. 38, No.4, (July-August) 1960, S. 45–56.
Liebl, W. F.: Marketing-Controlling. Das rationale Element im Marketing. In: Controller Magazin, 6. Jg., 1981, S. 13–17.
Linnert, P.: Produkt-Management in Deutschland. Hamburg 1973.
Linnert, P.: Produkt-Manager. Aufgaben und Stellung im Unternehmen. Gernsbach 1974.
Litzenroth, H. A.: Neue Perspektiven für die Panelforschung durch hochentwickelte Technologien. In: Jahrbuch der Absatz- und Verbrauchsforschung, 32. Jg., 1986, S. 212–240.
Löcher, W. / Schumacher, F.: Die Nutzung von Datenbanken. Düsseldorf 1985.
Lorange, P.: Implementation of Strategic Planning. Englewood Cliffs, N. J. 1982.
Luck, D. J. / Nowak, Th.: Product Management – Vision Unfulfilled. In: HBR, 43. Jg., Nr. 2, (May – June), 1965, S. 143–154.
Lucke, K.: Wachablösung. Markt- statt Produktmanagement. In: Absatzwirtschaft, 20. Jg., 1977, S. 62–68.
Lüninghöner, K.-H.: Strategische Marktforschung auch in kleinen und mittleren Pharmaunternehmen. In: Strategische Planung, Bd. 2, 1986, S. 183–192.

Macharzina, K.: Führungstechniken im Marketing. In: Marketing Enzyklopädie. Bd.1, München 1974, S. 775–796.
Männel, W.: Flexible Preiskalkulation auf Basis relevanter Kosten. In: WISU, 12. Jg., 1983, S. 203–211.
Männel, W.: Zur Gestaltung der Erlösrechnung. In: Entwicklungslinien der Kosten- und Erlösrechnung (Hrsg.: K. Chmielewicz), Stuttgart 1983, S. 119–150.
Magyar, K. M.: Das Marketing-Puzzle. Rorschach 1985.
Marettek, A.: Produkt-Manager-System in der Investitionsgüterindustrie. In: BFuP, 19. Jg., 1967, S. 218–231.
Matschke, M. J. / Eickel, D. Th.: Kontingenzplanung. In: HWPlan (Hrsg: N. Szyperski mit Unterstützung von U. Winand), Stuttgart 1989, Sp. 874–881.
Mayer, E. (Hrsg.): Controlling-Konzepte. Perspektiven für die 90er Jahre. 2. Aufl., Wiesbaden 1987.
Mayer, E. / Pawlowski, E.: Kernbaustein Deckungsbeitragsrechnung im Controlling mit den Anwendungsbeispielen Sortimentsbereinigung, Umsatzplanung, Nutzenprovision (Erfahrungsbericht). In: Praxis des Rechnungswesens, Heft Nr.4, Gruppe 11, Freiburg 1980, S. 499–546.
Mayer, E. / Pawlowski, E.: Frühwarn- und Steuerungssysteme im Controlling eines Fertigungsbetriebes. Sortimentsbereinigung – Umsatzplanung – Nutzenprovision. In: E. Mayer mit Autorenteam der AWW: Entwicklungen und Erfahrungen aus der Praxis des Controlling (I), Bd.7 der GEBERA-Schriften (Hrsg.: W. Goetzke / G. Sieben), 2.Aufl., Köln 1981, S. 157–206.
Meffert, H.: Absatzorganisation. In: HWB, 4.Aufl. (Hrsg.: E. Grochla / W. Wittmann), Bd.1, Stuttgart 1974, Sp. 51–63.
Meffert, H.: Das PM-Konzept verlangt nach Anpassung. In: Marketing Journal, 11. Jg., 1978, S. 424–431.

Meffert, H.: Status und Zukunftperspektiven des Produktmanagement. In: Unternehmung und Markt (Hrsg.: H. Weinhold-Stünzi), Zürich 1978, S. 203–239.

Meffert, H.: Die Einführung des Kundenmanagements als Problem des geplanten organisatorischen Wandels. In: Humane Personal- und Organisationsentwicklung (Hrsg.: R. Wunderer), Berlin 1979, S. 285–320.

Meffert, H.: Marketing-Strategie, Teil I. Strategische Planung in gesättigten, rezessiven Märkten. In: Absatzwirtschaft, 23. Jg., 1980, H. 6, S. 89–97.

Meffert, H.: Marketing-Strategie, Teil II. Marktführer in gesättigten Märkten. In: Absatzwirtschaft, 23. Jg., 1980, H. 7, S. 54–59.

Meffert, H.: Absatzplanungsrechnung. In: HWR, 2.Aufl. (Hrsg.: E. Kosiol / K. Chmielewicz / M. Schweitzer), Stuttgart 1981, Sp. 12–19.

Meffert, H.: Marketing und Neue Medien. Stuttgart 1985.

Meffert, H.: Zur Bedeutung von Konkurrenzstrategien im Marketing. In: Marketing, Zeitschrift f. Forschung und Praxis, 7. Jg., 1985, S. 13–19.

Meffert, H.: Marketing. Grundlagen der Absatzpolitik. 7. Aufl., Wiesbaden 1986.

Meffert, H.: Marktforschung. Grundriß mit Fallstudien. Wiesbaden 1986.

Meffert, H.: Strategische Unternehmensführung und Marketing. Wiesbaden 1988.

Meffert, H./ Steffenhagen, H.: Marketing-Prognosemodelle. Stuttgart 1977.

Meffert, H. / Bruhn, M. /Schubert, F. /Walther, T.: Marketing und Ökologie – Chancen und Risiken umweltorientierter Absatzstrategien der Unternehmungen. In: DBW, 46. Jg., 1986, S. 140–159.

Meffert, H. / Wagner, H. (Hrsg.): Vom operativen zum strategischen Marketing. Arbeitspapier Nr. 24 der Wissenschaftlichen Gesellschaft für Marketing und Unternehmensführung e.V., Münster 1985.

Meissner, H. G.: Strategisches Internationales Marketing. Berlin et al. 1987.

Meissner, H. G.: Marketing-Controlling für Multinationale Unternehmen. In: Controlling-Praxis (Hrsg.: T. Reichmann), München 1988, S. 215–221.

Mellerowicz, K.: Kontrolle in der Absatzwirtschaft. In: HWA (Hrsg.: B. Tietz), Stuttgart 1974, Sp. 1104–1116.

Menz, W.-D.: Die Profit Center Konzeption. Theoretische Darstellung und praktische Anwendung. Bern, Stuttgart 1973.

Merkle, E.: Formeln und Kennzahlen im Bereich der Absatzwirtschaft. In: WiSt, 12. Jg., 1983, S. 21–27.

Mertens, P. / Hansen, K. / Rackelmann, G.: Selektionsentscheidungen im Rechnungswesen – Überlegungen zu computergestützten Kosteninformationssystemen. In: DBW, 37. Jg., 1977, S. 77–88.

Mertens, P. / Plattfaut, E.: Ansätze zur DV-Unterstützung der Strategischen Unternehmensplanung. In: DBW, 45. Jg., 1985, S. 19–29.

Meyer, P. W.: Wirkungs- und Erfolgskontrollen im Marketing. In: Werbung im Wandel (Hrsg.: C. Hundhausen), Essen 1972, S. 151–157.

Moss, C. D.: The Role of the Marketing Accountant. In: Management Decision, Vol. 19, 1981, No. 1, S. 53–61.

Moss, C. D.: The Marketing Accountant in Industry. In: Marketing Asset Accounting (Hrsg.: N. Piercy), European Journal of Marketing, Vol. 20, 1986, No. 1, S. 95–103.

Mossman, F. H. / Crissy, W. J.E. / Fischer, P. M.: Financial Dimensions of Marketing Management. New York et al. 1978.

Mossman, F. H. / Fischer, P. M. / Crissy, W. J.E.: New Approaches to Analyzing Marketing Profitability. In: JMark, Vol. 38, No.2, (April) 1974, S. 43–48.

Mowka, M. P.: The Strategic Marketing Audit: An Adoption/Utilization Perspective. In: Journal of Business Strategy, Vol. 6, (Spring) 1986, S. 88–95.

Muchna, C.: Stand und Entwicklungstendenzen der Investitionsgütermarktforschung. In: Marketing, Zeitschrift für Forschung und Praxis, 6. Jg., 1984, S. 195–202.

Muchna, C.: Strategische Marketing-Früherkennung auf Investitionsgütermärkten. Wiesbaden 1988.

Muser, V.: Führungsaufgaben und Organisation des Verkaufs. In: Zukunftsorientiertes Marketing für Theorie und Praxis (Hrsg.: A. Hermanns / A. Meyer), Berlin 1984, S. 73–87.

Müller, G.: Strategische Frühaufklärung. München 1981.

Müller, G.: Strategische Suchfeldanalyse. Wiesbaden 1986.

Müller, W.: Planung von Marketing-Strategien. Frankfurt am Main, Bern, New York 1986.

Müller-Hagedorn, L.: Einführung in das Marketing. Darmstadt 1990.

Müller-Merbach, H.: Frühwarnsysteme zur betrieblichen Krisenerkennung und Modelle zur Beurteilung von Krisenabwehrmaßnahmen. In: Computergestützte Unternehmensplanung (Hrsg.: H.-D. Plötzeneder), Stuttgart 1977, S. 419–438.

Naylor, J. / Wood, A.: Practical Marketing Audits. London 1978.

Nduna, A.J.: A Pragmatic Approach to Marketing Accounting for Decision Making. In: The Quarterly Review of Marketing, Vol. 6, 1980, No. 1, S. 8–15.
Neisen, G.: Marketing-Controlling in einem Multinationalen Unternehmen am Beispiel der 3M Deutschland GmbH. In: Controlling-Praxis (Hrsg.: T. Reichmann), München 1988, S. 222–240.
Neske, F.: Marketing-Organisation. Gernsbach 1973.
Neubauer, F.-F.: Portfolio-Management. In: Marketing (Hrsg.: L. G. Poth), Abschnitt 3.1.3., Neuwied 1979, S. 1–61.
Neumann, U. E.: Kurzfristige Absatzplanung. Diss. Bochum 1971.
Nieschlag, R. / Dichtl, E. / Hörschgen, H.: Marketing, 15. Aufl., Berlin 1988.
Nöhmayer, K. A.: Der Computer als Instrument der Marktforschung. In: Werbeforschung & Praxis, 30. Jg., 1985, S. 168–175.
Numrich, K. J.: Marketinggerechte Organisationsformen. In: Führung in Organisationen (Hrsg.: V. H. Peemöller), Berlin 1979, S. 99–110.

Ogilvie, R. G.: Strategische Marketingplanung im Investitionsgüterbereich. Landsberg am Lech 1987.

Parfitt, J. H. / Collins, B. J.K.: Use of Consumer Panels for Brand-Share Prediction. In: Journal of Marketing Research, Vol. V., 1968, S. 131–145; deutsche Übersetzung: Prognose des Marktanteils eines Produktes auf Grund von Verbraucherpanels. In: Marketingtheorie (Hrsg.: W. Kroeber-Riel), Köln 1972, S. 171–207.
Paul, H.: Marketing-Controlling. In: Handbuch Revision, Controlling, Consulting (Hrsg.: G. Haberland / P. R. Preißler / C. W. Meyer), 1. Nachlieferung, München 1979, Abschnitt Controlling 10.3, S. 1–20.
Paul, H.: Erfolgsanalyse im Absatzbereich. 2. Aufl., RKW-Schrift Nr. 499, Eschborn 1985.
Perlitz, M.: Organisation des Planungsprozesses. In: HWPlan (Hrsg.: N. Szyperski mit Unterstützung von U. Winand), Stuttgart 1989, Sp. 1299–1309.
Pessemier, E. A.: Product Management. Strategy and Organization. Santa Barbara u.a. 1977.
Pflaum, D.: Verkaufsförderung, Erfolgskontrolle in der. In: Marketing Enzyklopädie, Bd.3, München 1975, S. 471–482.
Pfohl, H.-Ch. / Drünkler, W.: Stand der Anwendung moderner Planungs- und Entscheidungstechniken in Betriebswirtschaften. In: Anwendungsprobleme moderner Planungs- und Entscheidungstechniken (Hrsg.: H.-Ch. Pfohl/ B. Rürup), Königstein/Ts. 1978, S. 99–112.
Piercy, N.: Why Should A Management Accountant Know Anything About Marketing?. In: Management Decision, Vol. 18, 1980, No. 1, S. 45–54.
Piercy, N.: Marketing Organisation: An Analysis of Information Processing, Power and Politics. London, Boston, Sydney 1985.
Piercy, N. (Hrsg.): Marketing Asset Accounting. Sonderheft des European Journal of Marketing, Vol. 20, No. 1, 1986.
Piercy, N.: Marketing Budgeting. London, Sydney, Dover / N. H. 1986.
Poensgen, O. H. / Hort, H.: Die situativen Einflüsse auf die unternehmerische Planung. In: ZfB, 51. Jg., 1981, S. 3–32.
Porter, M. E.: Competitive Strategy. New York 1980.
Porter, M. E.: Competitive Advantage. New York 1985.
Poth, L.: Produkt-Management in der deutschen Markenartikelindustrie. Düsseldorf 1968.
Poth, L. G.: Marketingorganisation. In: Marketing Enzyklopädie, Bd.2, München 1974, S. 633–657.
Powelz, H. / Leib, P.: Ein Programm zur Umsatzanalyse als Beitrag zum Gewinn-Marketing. In: Marketing, Zeitschrift f. Forschung und Praxis, 4. Jg., 1982, S. 5–14.
Pümpin, C.B.: Langfristige Marketingplanung. 2.Aufl., Bern, Stuttgart 1970.
Pümpin, C. / Gälweiler, A. / Neubauer, F.-F. / Bane, W. T.: Produkt-Markt-Strategien. Neue Instrumente erfolgreicher Unternehmungsführung. Bern 1981.
Puhl, W.: Entwurf und Realisierung eines Kosten- und Erlösinformationssystems auf der Basis einer Datenbank und einer Methodensammlung. Diss. Nürnberg 1983.

Radke, M.: Absatzkennzahlen. In: Marketing Enzyklopädie, Bd.1, München 1974, S. 13–22.
Raffée, H.: Grundfragen der Marketingwissenschaft. In: WiSt, 9. Jg., 1980, S. 317–324.
Raffée, H.: Strategisches Marketing. In: Strategische Unternehmensführung und Rechnungslegung (Hrsg.: E. Gaugler / O. H. Jacobs / A. Kieser), Stuttgart 1984, S. 61–81.
Raffée, H.: Grundfragen und Ansätze des strategischen Marketing. In: Strategisches Marketing (Hrsg.: H. Raffée / K.-P. Wiedmann), 2. Aufl., Stuttgart 1989, S. 3–33.
Raffée, H. / Wiedmann, K.-P. (Hrsg.): Strategisches Marketing. 2. Aufl., Stuttgart 1989.
Rayburn, L. G.: Accounting Tools in the Analysis and Control of Marketing Performance. In: Industrial Marketing Management, Vol. 6, 1977, S. 175–182.

Reber, G. / Strehl, F.: Organisatorische Bedingungen von Produkt-Innovationen. In: Marktorientierte Unternehmungsführung (Hrsg.: J. Mazanec / F. Scheuch), Wien 1984, S. 625–649.
Reichmann, T.: Controlling mit Kennzahlen. München 1985.
Reinöhl, E.: Probleme der Produkteliminierung. Bonn 1981.
Remmerbach, K.-U.: Markteintrittsentscheidungen. Wiesbaden 1988.
Riebel, P.: Die Deckungsbeitragsrechnung als Instrument der Absatzanalyse. In: Absatzwirtschaft (Hrsg.: B. Hessenmüller und E. Schnaufer), Baden-Baden 1964, S. 595–627.
Riebel, P.: Deckungsbeitragsrechnung im Handel. In: HWA (Hrsg.: B. Tietz), Stuttgart 1974, Sp. 433–455.
Riebel, P.: Einzelkosten- und Deckungsbeitragsrechnung. 5. Aufl., Wiesbaden 1985.
Riebel, P.: Probleme der Abbildung zeitlicher Strukturen im Rechnungswesen. In: Zeitaspekte in betriebswirtschaftlicher Theorie und Praxis (Hrsg.: H. Hax / W. Kern / H.-H. Schröder), Stuttgart 1989, S. 61–76.
Riebel, P. / Sinzig, W.: Zur Realisierung der Einzelkosten- und Deckungsbeitragsrechnung mit einer relationalen Datenbank. In: ZfbF, 33. Jg., 1981, S. 457–489.
Rieser, I.: Frühwarnsysteme. In: DU, 32. Jg., 1978, S. 51–68.
Rieser, I.: Frühwarnsysteme für die Unternehmungspraxis. München 1980.
Rippel, K.: Die Erfolgsmessung im betrieblichen Marketing. Rinteln 1972.
Robens, H.: Schwachstellen der Portfolio-Analyse. In: Marketing, Zeitschrift für Forschung und Praxis, 7. Jg., 1985, S. 191–200.
Robens, H.: Modell- und methodengestützte Entscheidungshilfen zur Planung von Produkt-Portfoliostrategien. Frankfurt am Main, Bern, New York 1986.
Robinson, R. K.: An Organizational Study of Marketing Research Acquisition in Product Management. Doctoral Dissertation, Evanston/Ill. 1975.
Röhrenbacher, H.: Die Kosten- und Leistungsrechnung im Handelsbetrieb unter besonderer Berücksichtigung der industriellen Vertriebskosten- und Absatzsegmenterfolgsrechnung. Berlin 1985.
Römer, E. M.: Konkurrenzforschung. Informationsgrundlage der Wettbewerbsstrategie. In: ZfB, 58 Jg., 1988, S. 481–501.
Rösner, H. J.: Produkt-Manager: Konzept, Integration und Einsatz-Kontrollverfahren. Berlin, New York 1979.
Ross, C. D.: The Role of the Marketing Accountant. In: Management Decision, Vol. 19, 1981, No. 1, S. 53–72.
Roventa, P.: Portfolio-Analyse und Strategisches Management. München 1979.
Rudolphi, M.: Außendienststeuerung im Investitionsgütermarketing. Frankfurt a.M., Bern, Cirencester 1981.
Rüfenacht, P.: Operative Marketingplanung. Diss. St. Gallen 1979.
Ruekert, R. W. / Walker jr., O. C. / Roering, K. J.: The Organization of Marketing Activities: A Contingency Theory of Structure and Performance. In: JMark, Vol. 49, (Winter) 1985, S. 13–25.
Rüschen, G.: Marketing und Controlling. In: Controller Magazin, 2. Jg., 1977, S. 167–178.
Rütschi, K. A.: Das Management der heimlichen Marketingkosten. In: DU, 33. Jg., 1979, S. 181–200.
Rumler, A.: Konsumentenbezogenes Marktmanagement. Wiesbaden 1990.
Rupp, M: Produkt/Markt-Strategien. Ein Leitfaden zur marktorientierten Produktplanung für kleinere und mittlere Unternehmungen der Investitionsgüterindustrie. Zürich 1980.

Sabel, H.: Absatzplanung. In: Handwörterbuch der Wirtschaftswissenschaft, Bd.1 (Hrsg.: W. Albers et al.), Stuttgart, New York et al. 1977, S. 20–31.
Sandler, G.: Account-Management in der Praxis. In: Marketing, Zeitschrift f. Forschung und Praxis, 2. Jg., 1980, S. 225–228.
Sands, S.: Problems of Organising for Effective New-Product Development. In: European Journal of Marketing, Vol. 17, 1983, No. 4, S. 18–33.
Saval, G. A.: Rationale Absatzplanung. Wiesbaden 1972.
Schadenhofer, L.: Analyseinstrumente für die strategische Marketingplanung. Wien 1982.
Schendel, D. E.: Strategic Management and Strategic Marketing: What's Strategic About Either One? In: Strategic Marketing and Management (Hrsg.: H. Thomas / D. Gardner), Chichester et al. 1985, S. 41–63.
Scheppach, J.: Möglichkeit der Institutionalisierung von Marketingfunktionen in der Unternehmensorganisation. Arbeitspapier Nr. 1/83 des Lehrstuhls Schwerpunkt Marketing der Universität Augsburg. Augsburg 1983 (DBW-Depot 84–1–6).
Schiff, M.: Finance and Financial Analysis in Marketing. In: Handbook of Modern Marketing (Hrsg.: V. P. Buell), 2. Aufl., New York et al. 1986, S. 91–3 – 91–17.

Schinzer, H.: Marketing- und Ergebnisplanung unter Risikobedingungen. In: Marketing (Hrsg.: L. G. Poth), 2. Aufl., Kapitel 18., Neuwied 1986, S. 1–69.

Schinzer, H.: Preispolitik mit Hilfe der Kosten- und Ergebnisrechnung und -planung. In: Marketing (Hrsg.: L. G. Poth), 2. Aufl., Kapitel 31., Neuwied 1986, S. 1–48.

Schmitz, G.: Die Deckungsbeitragsrechnung als Instrument der Handelsbetriebsführung. In: Arbeitsgemeinschaft f. Rationalisierung des Landes Nordrhein-Westfalen, H. 156, Dortmund 1974, S. 8–37.

Schmitz, G.: Marketing und Rechnungswesen. In: Studienhefte für operatives Marketing (Hrsg.: U. Dornieden / A. Scheibler / J. Weihrauch), H. 4, Wiesbaden 1978, S. 265–339.

Schnedlitz, P.: Aktuelle Trends in der Marktforschung. In: Marktforschung, 30. Jg., 1986, S. 52–57.

Scholz, Ch.: Strategisches Management. Ein integrativer Ansatz, Berlin, New York 1987.

Schostek, L.: Marketing-Controlling-Checklist. In: Controller Magazin, 3. Jg., 1978, S. 145–161.

Schreyögg, G.: Umwelt, Technologie und Organisationsstruktur. Eine Analyse des kontingenztheoretischen Ansatzes. Bern, Stuttgart 1978.

Schreyögg. G. / Steinmann, H.: Strategische Kontrolle. In: ZfbF, 37. Jg., 1985, S. 391–410.

Schröder, E. F.: Neuland: Die kundenorientierte Gewinnsteuerung. In: Absatzwirtschaft, 21. Jg., 1978, H. 10, S. 50–55.

Schröder, E. F.: Operationalisierung strategischer Pläne. In: E. Mayer mit Autorenteam der AWW: Entwicklungen und Erfahrungen aus der Praxis des Controlling (II), Bd.11 der GEBERA-Schriften (Hrsg.: W. Goetzke / G. Sieben), Köln 1982, S. 195–220.

Schwarz, J. U.: Die Stellung und Bedeutung des Marketing-Audit im Prozeß der langfristigen Marketingplanung. Diss. Zürich (Univ.) 1979.

Schweitzer, M. / Hettich, G. O.: Absatzorganisation, betriebliche. In: HWA (Hrsg.: B. Tietz), Stuttgart 1974, Sp. 61–70.

Sevin, Ch. H.: Marketing Productivity Analysis. St. Louis et al. 1965.

Servatius, H.-G.: Methodik des strategischen Technologie-Managements. Berlin 1985.

Shapiro, S. J. / Kirpalani, V. H. (Hrsg.): Marketing Effectiveness. Insights from Accounting and Finance. Boston et al. 1984.

Sieberts, H.: Kennzahlen, absatzwirtschaftliche. In: HWA (Hrsg.: B. Tietz), Stuttgart 1974, Sp. 995–1001.

Sihler, H.: Brief an einen Produkt-Manager. In: Plus, 1. Jg., 1967, S. 21–24.

Silverblatt, R. / Korgaonkar, P.: Strategic Market Planning in a Turbulent Business Environment. In: Journal of Business Research, Vol. 15, 1987, S. 339–358.

Simon, H.: Preismanagement. Wiesbaden 1982.

Simon, H.: Bessere Marketingentscheidungen mit Scanner-Daten. In: Scanning – Zukunftsperspektiven für Handel, Industrie und Marktforschung. Veröffentlichungen der Wissenschaftlichen Arbeitsgemeinschaft für Technik und Wirtschaft des Landes Nordrhein-Westfalen, Bd. 238, (Hrsg.: R. Krumsiek), Düsseldorf 1985, S. 5–21.

Simon, H.: Goodwill und Marketingstrategie. Wiesbaden 1985.

Simon, H.: Management strategischer Wettbewerbsvorteile. In: ZfB, 58. Jg., 1988, S. 461–480.

Simon, H. / Kucher, E. / Sebastian, K.-H.: Scanner-Daten in Marktforschung und Marketingentscheidungen. In: ZfB, 52. Jg., 1982, S. 555–579.

Simon, H. / Tacke, G.: Marketing bringt die Organisationsevolution. In: Thexis, 7. Jg., 1990, S. 26–28.

Sinzig, W.: Datenbankorientiertes Rechnungswesen. Berlin et al. 1983.

Sinzig, W.: Interaktives Vertriebscontrolling, In: Controlling, 1. Jg., 1989, S. 116–121.

Solc, Z.: System der strategisch-operativen Marketingplanung in der pharmazeutischen Industrie. Bern, Stuttgart 1980.

Sommer, K.: Marketing-Audit. Anwendungen der Marketingtheorie bei der Beurteilung der Marketingpraxis. Bern, Stuttgart 1984.

Souder, W. E.: Effectiveness of Product Development Methods. In: Industrial Marketing Management, Vol. 7, 1978, S. 299–307.

Specht, G.: Grundprobleme eines strategischen markt- und technologieorientierten Innovationsmanagements. In: WiSt, 15. Jg., 1986, S. 609–613.

Specht, G. / Michel, K.: Integrierte Technologie- und Marktplanung mit Innovationsportfolios. In: ZfB, 58. Jg., 1988, S. 502–520.

Specht, G. / Zörgiebel, W. W.: Technologieorientierte Wettbewerbsstrategien. In: Marketing, Zeitschrift für Forschung und Praxis, 7. Jg., 1985, S. 161–172.

Spelsberg, H.: Das Rechnungswesen als Informationsquelle für Planung und Kontrolle der Produktpolitik. Köln 1989.

Spillard, P.: Organisation and Marketing. London 1985.

Sprengel, F.: Informationsbedarf strategischer Entscheidungshilfen. Thun, Frankfurt am Main 1984.

Staehle, W. H.: Management. Eine verhaltenswissenschaftliche Einführung. 3. Aufl., München 1987.
Stainer, G.: Marketing and Finance – Working Together. In: The Accontant's Magazine, Vol. LXXXVIII, No. 931, January 1984. S. 11–13.
Stauss, B. / Schulze, H. S.: Internes Marketing. In: Marketing ZFP, 12. Jg., 1990, S. 149–158.
Steffenhagen, H.: Marketing. Eine Einführung. Stuttgart et al. 1988.
Steidle, B. / Hauskrecht, M. /Schnelle, A.: Organisationsformen im Marketing. In: Marketing (Hrsg.: L. G. Poth), Neuwied 1977, Abschn. 4.2., S. 1–59.
Steinle, C.: Führung. Stuttgart 1978.
Steinmann, H. (Hrsg.): Planung und Kontrolle. Probleme der strategischen Unternehmensführung. München 1981.
Steinmann, H. / Hasselberg, F.: Die strategische Kontrolle von Differenzierungsstrategien und der Beitrag des Marketing. In: DBW, 48. Jg., 1988, S. 371–392.
Still, R. R. / Cundiff, E. W. / Govoni, N. A. P.: Sales Management. 4. Aufl., Englewood Cliffs, N. J. 1981.
Sundhoff, E.: Absatzorganisation. Wiesbaden 1958.
Sundhoff, E.: Absatzplanung. In: HWR, 1. Aufl. (Hrsg.: E. Kosiol), Stuttgart 1970, Sp. 12–25.
Sutcliffe, J.: The Marketing Audit. Richmond/ Victoria 1975.
Szyperski, N. / Müller-Böling, D.: Gestaltungsparameter der Planungsorganisation. Ein anwendungsorientiertes Konzept für die Gestaltung von Planungssystemen. Arbeitsbericht Nr. 32 des Seminars für Allgem. BWL und Betriebswirtschaftliche Planung der Universität zu Köln, Köln 1980.
Szyperski, N. / Winand, U.: Strategisches Portfolio-Management: Konzept und Instrumentarium. In: ZfbF-Kontaktstudium, 30. Jg., 1978, S. 123–132.
Szyperski, N. / Winand, U.: Duale Organisation – Ein Konzept zur organisatorischen Integration der strategischen Geschäftsplanung. In: ZfbF-Kontaktstudium, 31. Jg., 1979, S. 195–205.
Szyperski, N. /Winand, U.: Grundbegriffe der Unternehmungsplanung. Stuttgart 1980.

Tebbe, K.: Die Organisation von Produktinnovationsprozessen. Stuttgart 1990.
Thanheiser, H. / Patel, P.: Strategische Planung in diversifizierten deutschen Unternehmen. Fontainebleau, Wiesbaden 1977.
Thom, N.: Innovationsfördernde Organisations- und Führungsformen: Projekt- und Produktmanagement. In: Der Betriebswirt, 15. Jg., 1974, S. 118–125.
Thomas, H. / Gardner, D. (Hrsg.): Strategic Marketing and Management. Chichester et al. 1985.
Thomas, P. S.: Environmental Scanning – The State of the Art. In: Long Range Planning, Vol. 13, (Febr.) 1980, S. 20–28.
Tietz, B.: Die Grundlagen des Marketing. Bd.3: Das Marketing-Management. München 1976.
Töpfer, A.: Planungs- und Kontrollsysteme industrieller Unternehmungen. Eine theoretische, technologische und empirische Analyse. Berlin 1976.
Töpfer, A.: Erfolgsfaktoren des strategischen Marketing in deutschen Unternehmen. In: Handbuch Strategisches Marketing (Hrsg.: N. Wieselhuber / A. Töpfer) 2. Aufl. Landsberg am Lech 1986 S. 49–66.
Töpfer, A.: Innovationsmanagement. In: Handbuch Strategisches Marketing (Hrsg.: N. Wieselhuber / A. Töpfer) 2. Aufl. Landsberg am Lech 1986, S. 391–407.
Töpfer, A.: Marketing-Audit als strategische Bilanz marktorientierter Unternehmungsführung. In: Realisierung des Marketing (Hrsg.: C. Belz), Savosa, St. Gallen 1986, S. 253–274.
Töpfer, A. / Afheldt, H. (Hrsg.): Praxis der strategischen Unternehmensplanung. Frankfurt am Main 1983.
Topritzhofer, E.: Der Aufbau von Kennzahlensystemen im Marketing. In: Erfolgskontrolle im Marketing (Hrsg.: F. Böcker / E. Dichtl), Berlin 1975, S. 337–345.
Träger, W.: Marketingkontrolle. In: Marketing Enzyklopädie, Bd.2, München 1974, S. 555–564.
Trebuss, A. S.: Improving Corporate Effectiveness: Managing the Marketing/Finance Interface. In: Marketing Effectiveness. Insights from Accounting and Finance (Hrsg.: S. J. Shapiro / V. H. Kirpalani), Boston et al. 1984, S. 525–536.
Troll, K. H.: Der Product-Manager. In: Marketing Journal, 5. Jg., 1972, S. 238–241.
Trommsdorff, V. / Schuster, H.: Strategie- und Imageplanung für junge Technologiefirmen. In: Absatzwirtschaft, 28. Jg., 1985, H. 9, S. 116–121.
Trux, W. / Kirsch, W.: Strategisches Management oder: Die Möglichkeit einer »wissenschaftlichen« Unternehmensführung. In: DBW, 39. Jg., 1979, S. 215–235.
Trux, W. / Müller, G. / Kirsch, W. (Hrsg.): Das Management strategischer Programme. 2 Halbbände, München 1984.
Tull, D. S. / Kahle, L. R.: Marketing Management. New York, London 1990.

Uebele, H.: Einsatzbedingungen und Verhaltenswirkungen von Planungstechniken im Absatzbereich von Unternehmen. Diss. Aachen 1980.

Uebele, H.: Verbreitungsgrad und Entwicklungsstand des Controlling in deutschen Industrieunternehmen – Ergebnisse einer empirischen Untersuchung. Arbeitsbericht des Instituts für Markt- und Distributionsforschung der Universität zu Köln, Köln 1981, beziehbar über DBW-Depot Nr. 82–2–7.

Vanderhuck, R. W.: Führung und Motivation von Außendienst-Mitarbeitern. Landsberg am Lech 1981.

Velte, M.: Rentabilitäts-Check für das Marketing. In: Absatzwirtschaft, 29. Jg., 1986, H. 11, S. 94–96.

Velte, M.: Steuern Sie Ihre Kunden-Besuche »erfolgs«-orientiert. In: Marketing Journal, 20. Jg., 1987, S. 128–132.

Venkatesh, A. / Wilemon, D. L.: Interpersonal Influence in Product Management. In: JMark, Vol. 40, No. 4, (Oct.) 1976, S. 33–40.

Verheyen, H. P.: Marketing-Controlling. In: Marketing (Hrsg.: L. G. Poth), Neuwied 1978, Abschnitt 3.3, S. 1–41.

Voegeli, F.: Das Produkt-Manager-Konzept. In: DU, 23. Jg., 1969, S. 61–76.

Vogel, R.: Der Prozeß der Produktelimination aus entscheidungsorientierter Sicht, Thun, Frankfurt am Main 1989.

Wagner, H.: Gestaltungsmöglichkeiten einer marketingorientierten Strukturorganisation. In: Marketing heute und morgen (Hrsg.: H. Meffert), Wiesbaden 1975, S. 279–297.

Walters, M.: Marktwiderstände und Marketingplanung. Wiesbaden 1984.

Weber, H. K.: Funktionsorientierte und produktorientierte Organisation der industriellen Unternehmung. In: ZfB, 38. Jg., 1968, S. 587–604.

Weber, H. K.: Das Produkt-Management als Ausdruck marktbewußter Unternehmensführung. In: GFM-Mitteil., 2. Jg., 1969, S. 41–52.

Weigand, Ch.: Entscheidungsorientierte Vertriebskostenrechnung. Wiesbaden 1989.

Weinberg, P. / Behrens, G. / Kaas, K. P. (Hrsg.): Marketingentscheidungen. Köln 1974.

Weinhold-Stünzi, H.: Marketing und Kostenrechnung. In: Thexis, 7. Jg., 1984, H. 3, S. 1–3.

Weirich, W.: Das Produkt-Management als Führungs- und Organisationssystem. Berlin 1979.

Weitz, B. / Anderson, E.: Organizing the Marketing Function. In: Review of Marketing (Hrsg.: B. M. Enis / K. J. Roering), Chicago 1981, S. 134–142.

Welge, M. K.: Profit Center. In: HWB, 4.Aufl. (Hrsg.: E. Grochla / W. Wittmann), Bd.2, Stuttgart 1975, Sp. 3179–3188.

Welge, M. K.: Profit-Center-Organisation. Wiesbaden 1975.

Werner, J.: Ein strategisches Früherkennungssystem für die Marketing-Praxis. In: Jahrbuch der Absatz- und Verbrauchsforschung, 33. Jg., 1987, S. 78–91.

Wiedmann, K.-P.: Entwicklungsperspektiven der strategischen Unternehmensführung und des strategischen Marketing. In: Marketing, Zeitschrift für Forschung und Praxis, 7. Jg., 1985, S. 149–160.

Wiedmann, K.-P.: Konzeptionelle und methodische Grundlagen der Früherkennung. In: Strategisches Marketing (Hrsg.: H. Raffée / K.-P. Wiedmann), 2. Aufl., Stuttgart 1989, S. 301–348.

Wiedmann, K.-P. / Kreutzer, R.: Strategische Marketingplanung – Ein Überblick. In: Strategisches Marketing (Hrsg.: H. Raffée / K.-P. Wiedmann), 2. Aufl., Stuttgart 1989, S. 61–141.

Wiersema, F. D.: Strategic Marketing: Linking Marketing and Corporate Planning. In: European Journal of Marketing, Vol. 17, 1983, No. 6, S. 46–56.

Wieselhuber, N. / Töpfer, A. (Hrsg.): Handbuch Strategisches Marketing. 2. Aufl. Landsberg am Lech 1986.

Wild, J.: Product-Management. 2. Aufl., München 1973.

Wild, J.: Produktmanagement. In: Marketing Enzyklopädie, Bd.2, München 1974, S. 1155–1169.

Wild, J.: Budgetierung. In: Marketing Enzyklopädie, Bd. 1, München 1974, S. 325–340.

Wille, F.: Management mit Profit Centers. München 1970.

Wilson, R. M.S. / Institute of Cost and Management Accountants (Hrsg.): Financial Dimensions of Marketing. A Source Book. Vol. 1 und 2, London et al. 1981.

Wilson, R. M.S.: Financial Control of the Marketing Function. In: The Marketing of Industrial Products (Hrsg.: N. A. Hart), 2. Aufl., London et al. 1984, S. 130–153.

Wind, Y.: Marketing and the Other Business Functions. In: Research in Marketing, Vol. 5, 1981, S. 237–264.

Wittek, B. F.: Strategische Unternehmensführung bei Diversifikation. Berlin, New York 1980.

Wolf, M.: Erfahrungen mit der Profit-Center-Organisation. Frankfurt am Main 1985.

Wolter, F.-H.: Steuerung und Kontrolle des Außendienstes. Gernsbach 1978.

Wolter, F.-H.: Großkundenmanagement. München 1985.

Wunderer, R. / Grunwald, W.: Führungslehre. Bd.1.: Grundlagen der Führung. Bd. 2.: Kooperative Führung. Berlin, New York 1980.

Zabriskie, N. B. / Huellmantel, A. R.: The New Marketing-Finance Interface in Corporate Portfolio Management. In: Managerial Planning, Vol. 33, (March – April) 1985, S. 27–35.
Zahn, E.: Marketing- und Vertriebscontrolling. Landsberg am Lech 1987.
Zahn, E.: Strategische Planung. In: HWPlan (Hrsg.: N. Szyperski mit Unterstützung von U. Winand), Stuttgart 1989, Sp. 1903–1916.
Zemann, E.: Kurzfristige Planungs- und Kontrollrechnung als Instrument der taktischen Marketingplanung und ihre Stellung in einem integrierten Planungs- und Informationssystem: ein Marketing-Steuerungsmodell. Diss. Linz 1973.
Zentes, J.: Außendienststeuerung. Stuttgart 1980.
Zentes, J. (Hrsg.): Neue Informations- und Kommunikationstechnologien in der Marktforschung. Berlin et al. 1984.
Zentes, J.: EDV-gestütztes Marketing. Berlin et al. 1987.
Zentes, J.: Neuere Entwicklungen in der Marktforschung: Datengewinnung. In: Marketing, Zeitschrift f. Forschung und Praxis, 9. Jg., 1987, S. 37–42.
Zimmermann, G. B.: Kundengruppen-Management. In: Marketing (Hrsg.: L. G. Poth), Abschnitt 4.2.3., Neuwied 1978, S. 1–24.
Zörgiebel, W. W.: Technologie in der Wettbewerbsstrategie. Berlin 1983.
Zündorf, W.: Kontroll-Management aus absatzpolitischer Sicht. Bergisch-Gladbach, Köln 1989.

Stichwortverzeichnis

Abhängigkeitsbeziehungen 126
Ablaufkontrollen 337, 340 f.
Absatzobjekte 275
Absatzorganisation 124, 139 ff.
–, externe 139, 151
–, funktionale 140 ff.
–, interne 139, 151
–, mehrdimensionale 149
–, objektorientierte 144 ff.
Absatzplanung 5, 124
Absatzpolitik, selektive 326 f., 329
Absatzsegmente 216, 227, 245 f., 266, 328, 332, 339 f.
Absatzsegmentrechnung(en) 9, 182, 210, 227 f., 246 f., 263, 328, 330
Abschöpfungspreisstrategie 12
Abweichungsanalyse 56, 261
Account Management 117, 161
Accounting Entity 174, 182, 190, 204 ff., 210, 341
Aggregation 30
Aggregationsniveau 15
Analysetechniken, multivariate 60, 65, 75
Anlagensystemgeschäft 156, 160
Anpassungsvermögen 196
Anreizsysteme 163
Antwortzeitmessung 63, 65
Audit(s) 70 f., 76, 230
Audit-Teams 346
Aufgabenformalisierung 126
Auftragsabwicklung 324
Auftragsdeskriptoren 330
Aufwands- und Ertragsrechnungen 274
Aus- und Weiterbildung 160
Ausgleich, kalkulatorischer 290
Ausgliederungsprinzip 148
Außendienst 308
Außendienstbereich 160
Außendienstbesuch 315
Außendienstbudget 309
Außendiensteinsatz 309, 316
Außendienstleistung 316
Außendienstmanagement 116
Außendienstmitarbeiter 164, 190, 203 f.
Außendienststeuerung 162 ff., 308, 310, 312 f.
Außendienstvergütung 311

Bedarfsvorhersage 325
Befragung 61 ff.
Befragungssysteme, computergestützte 62
Behavior Scan-Werbetestsystem 64, 341

Bekanntheitsgrad(e) 34, 36, 39, 226, 300, 304
Beobachtung 61, 63
Beobachtungsverfahren, apparative 63
Bereichseinzelkosten 204 ff.
Bereichsgemeinkosten 204 ff.
BERI-Index 55
Berichtssysteme 227
Beschaffungsmanager 160
Beschaffungsmarketing 162
Bestellmengenrechnung 325
Bestelltermine 326
Besuchsberichte 311
Besuchskosten 315
Besuchsnormen 164, 309
Besuchsnormenplanung 314
Besuchstourenplanung 315
Bewertungs- und Optimierungsmethoden 14
Beziehungsmanagement 152
Bezugsgrößenhierarchie 205, 227 f., 247, 268 f., 303 f., 329 ff., 332 f.
Bezugsgrößen-Verkettungen 331
Bildschirmbefragung(ssysteme) 62, 64 f., 73
Bildschirmdialog 62, 72
Bildschirmtext 62
Blickaufzeichnungsverfahren 63
bottom up 16 f., 30, 67
Breakeven-Analyse 226, 284
Budget(s) 175 f., 199, 227, 251
–, operative 95
–, strategische 90
Budgetbemessung 299
Budgetierung 13, 37 f., 226
–, langfristige 85
Budgetkontinuität 95
Budgetverteilung 307
Business Mission 12
Buying Center 160

CALLPLAN-System 314
Carryover-Effekte 305
Cash Flow 30, 54, 74
Charting-System 174
Computerbefragung 62 f., 72
Conjoint Measurement 65
Controller 217 f., 230, 233 f.
Controller-Organisation 231
Controlling 215, 217 ff., 220 f., 222 f., 225, 233 f.
–, strategisches 218
–, zentrales 231
Cost Center 204

Datenanalyse(verfahren) 60, 65
Datenbanken 60, 70, 73
–, relationale 254, 333
Datengewinnung 60f.
Datenkennzeichnung, auswertungsbezogene 277
Datenorganisation 278, 283, 292, 303, 312, 323
Datenverdichtung 203
DATEX-P-Netz 60
Deckungsbeitrag 164, 268, 270, 293
–, spezifischer (relativer) 271, 286
Deckungsbeitragsanalyse, stufenweise 331
Deckungsbeitragsrechnung(en) 9, 270, 294, 297, 316, 333
–, mehrstufige 207f., 340
–, stufenweise 227, 332
–, zeitablaufbezogene 293ff.
Defining the Business 10, 25, 29, 33, 42, 68, 71ff., 85, 159, 221
Deskriptor(en) 254, 330
DEMON-Modell 75
Dezentralisierung (Dezentralisation) 150, 231
Dilemma, organisatorisches 161
Direct Costing 247, 249, 270
Direktkommunikation, persönliche 308
Diskontinuitäten 39f., 49
Diskontinuitätenbefragung 41
Distribution 326
–, physische 318, 321
Distributionsdaten 225
Distributionsgrade 226
Distributionsindizes 202
Distributionskanäle 188
Distributionskennzahlen 9
Distributionspolitik 318
Diversifikation 12, 24f., 197
Diversifikationsgrad 234
Dotted-Line-Prinzip 231f., 255
DPP (Direkte Produkt-Profitabilität) 332f.
DPR (Direkte Produkt-Rentabilität) 332
Dynamik 122, 143, 147

Effizienz der Organisation (von Organisationsformen) 111, 178
Effizienzkriterien der Absatzorganisation 139f.
Effizienzmaße 112, 120
Effizienzwirkung 127
Einstellungen 34
Einstellungsurteile 202, 226
Einstellungswerte 300
Einzelerlöse, relative 330f.
Einzelkosten, relative 227, 247, 270, 330f., 333
Einzelkostenrechnung, relative 268f.
Elastizität(en) 264, 305
Eliminationsentscheidungen 328, 331, 334
Entlohnungssysteme 164
Entscheidung(en) 260
–, sequentielle 253
Entscheidungsbaumverfahren 254
Entscheidungsdimensionen im Marketing 243ff.
Entscheidungsgegenstand 260ff.

Entscheidungskalküle 278, 292, 324
Entscheidungsmodelle 278
Entscheidungsprobleme, produktpolitische 287
Entscheidungsrelevanz 277
Entscheidungsrechnungen 283, 304
Entscheidungsträger 260ff.
Entscheidungsunterstützungssysteme 66
Entscheidungsvariable 260ff., 264
Entscheidungsziel 260f.
Entwicklungsprognosen 10, 85
Environmental Audit 344
Environmental Scanning 68, 222
Erfahrungskurve 31f.
Erfahrungskurvenkonzept 55, 342
Erfolgsanalyse 317
–, mehrdimensionale 216
Erfolgsaufspaltung, mehrdimensionale 207
Erfolgskontrolle 299, 316
Erfolgskontrolle des Außendienstes 309f.
Erfolgspotentiale 21, 29, 31
Erfolgsrechnungen 245, 274
Erfolgsverantwortlichkeit 182f., 185, 190
Ergebnisanalysen 13, 337
Ergebniskontrolle(n) 38, 224, 227, 337, 340f.
Ergebnisverantwortung 173f.
Ergiebigkeitsrechnung 331
ERIM-Scan-Panel 64
Erlösrechnung 312, 338
Erlös- und Kostenrechnungen 267
Euronet DIANE 60
Eventualplanungen 253
Expense Center 204
Experimente 61, 64
Expertendiskussionen 57
Expertensysteme 346
Expertenurteile 55f.
EXPRESS 15, 66

Feedback-Informationen 342
Feedforward-Funktion 342
Feldexperimente, kontrollierte 264, 341
Finanzrechnungen 245f., 274
Fixkosten 292
Fixkostenblock 293
Fixkostenzuwachs 294
Forschung und Entwicklung 7
Früherkennung, strategische 49, 51, 56f.
Früherkennungsinformationen 49ff., 53, 57, 70
Früherkennungssysteme 3, 76
Frühindikatoren 55
–, strategische 52
Frühwarnindikatoren 38, 40
Frühwarninformation(en) 39f., 262
Frühwarnsysteme 39ff.
Führung 156f., 161ff.
–, marktorientierte 222
Führungsentscheidungen konstitutiver Art 24
Führungskontext 159
Führungskonzeptionen 20
Führungsstil 158, 164f.

Führungstechniken 163
Funktionendiagramme 173 ff.
Funktionserfüllung 25 ff., 68

Gap-Analyse 13, 35, 40, 229
Gatekeeper 160
Gemeinerlöse 205
–, relative 331
Gemeinkosten, relative 331
GENIOS 60
Geschäftseinheiten, strategische 41 f.
Geschäftsfelddiagnose 33
Geschäftsfelder 49, 92
–, strategische 29 ff., 41 f., 69, 74, 101
Gewinn- oder Verlustquellen 190, 206, 210, 340
Gewinnschwelle 251, 281, 284
GfK-Behavior-Scan 78
Glättung, exponentielle 325
Global Marketing 150
Grundrechnung 247 f., 254, 329
Gruppen, strategische 73

Handelspanel 62
Haushaltspanel 62

Identitätsprinzip 247, 249
Imageposition 34, 39, 226
Imagetransfer 76
Imagewerte 31
Impact-Analyse 52, 54
Implementierungslücke 84
Indikator(en) 32, 40, 55, 272, 312
Industrial Organization-Forschung 74
INFACT 62
Informationen, entscheidungsrelevante 282, 301
Informationsanforderungen 71
Informationsaspekt 219
Informationsbedarf 68 f., 195, 223, 291
–, strategischer 59, 70
Informationsbereitstellung 13 f.
Informations- und Kommunikationstechniken, elektronische 60
Informationsverarbeitung 14 f., 178, 195
Informationsversorgung 144, 147, 224
INMARKT 62
Innovationsgrad 157, 159, 161, 163
Innovationsfähigkeit 144, 147, 196
Innovationsmanagement 179
Instrumente, absatzpolitische 245, 249
Interaktion, persönliche 158 f., 163
Interaktionsfelder 158
Interface-Funktion 222, 255
Interventionsanalyse 55
Intervieweffekt 63
Investitionskalküle (Investitionsrechnung) 253
Ist-Portfolio 40
Investment Center 191, 251, 340

Kabelfernsehen 62, 64
Käuferanteil, kumulativer 34

Käuferstruktur 224
Kapazitätsengpaß 283 f.
Kapitalwert(-Methode) 251, 284 f.
Kapitalwertänderung 253
Kategorien-Management 101, 109
Kaufmengen-Index 34
Kausalanalyse 65
Kennzahl(en) 199 f., 246, 299, 302 ff., 307, 309, 312, 320, 323, 327, 338, 342
Kennzahlen-Systeme 231
Key-Account-Management 117, 161, 332
Key-Account-Manager 145, 147
Kohortenanalyse 73
Kollegien 42
Kommunikation, innerbetriebliche 275
Kommunikation, persönliche 130
Kommunikationsbudget(s) 304, 306 f.
Kommunikationskosten 301
Kompetenzbilder 173 f., 175
Komplexität 122, 124, 126, 143, 147, 150, 157, 159, 161, 163
Konfliktausgleich 176
Konflikthandhabung 119, 161
Konkurrentenanalyse (Konkurrenzanalyse) 9, 52, 225
Konkurrentendatei 225
Konkurrentenprofile 73
Konkurrenz 52
Kontextbedingungen 153, 231 f.
Kontextfaktoren 231
Kontextvariablen 111, 120, 123
Kontingenzansatz 112, 123
Kontingenzmodell 158
Kontingenzpläne 90
Kontraktmarketing 151, 159
Kontrollaufgaben 319
Kontrollbarrieren 38
Kontrolldimensionen 216, 339
Kontrolle(n) 230, 337 f.
– der Marketing-Maßnahmen 339, 341
– der Marketing-Organisationseinheiten 339 f.
– der Produkt-Markt-Beziehungen 339 f.
– strategischer Pläne 101, 228
Kontrollmaßstäbe 338
Kontrollmitteilung(en) 278, 286, 290, 307, 327
Kontrollobjekte 338
Konzentrationszahlen 334
Koordination 16, 141, 158, 167, 175, 178, 197 ff., 202, 210, 222 f., 242
Koordinationsaspekt 220
Koordinationsfähigkeit 143, 147
Koordinationsinstrumente 198
Korrespondenzthese 120
Kosten, entscheidungsrelevante 227
Kosteneinflußgrößen 322
Kostenführerschaft 11
Kostenrechnung(en) 289, 291, 338
Kostenträger 322
Kosten- und Leistungsrechnungen 274
Kundenanalyse 9

Kundendatei 224
Kundendeckungsbeitragsrechnungen 332
Kundendeskriptoren 329
Kunden-Marketing-Plan 116
Kunden-Portfolio 9
Kunden(gruppen)-Management 101, 109, 116f., 130, 145, 161, 167, 176, 185ff., 203
Kunden(gruppen)-Manager 116, 119, 130, 145, 223, 230
Kurzfrist-Budgets 99
Kurzfristplanung 334

Lagerbestandsplanung 324
Langfrist-Budgets 86, 88f., 95
Lead-Country-Konzept 150
Lebenszyklusphasen 37
Leistungsdifferenzierung 11
Leistungsprogramm 168
LISREL-Ansatz 65
Leitsätze für die Preisermittlung aufgrund von Selbstkosten (LSP) 295
Lieferbereitschaft 320
Lieferservice 320, 323f., 327
Lieferzeit 320
Lieferzuverlässigkeit 320
Linienorganisation des Absatzes 142f.
Liquidationsspektren 252
Liquidität 274
Logistik-Kontrolle 319
Logistik-Kosten 320
Logistik-Kostenarten 322
Logistik-Kostenrechnung 321, 325
Logistik-Kostenstellen 321
Logistik-Ziele 320

Magnitudeskalierung 64f.
Makro-Umwelt 49, 52, 54
Management, strategisches 20, 42, 59, 66f.
Management-Accounting 241
Management by Exception 278
Management by Objectives 162
Marketing 156ff., 167, 192, 219, 220, 222, 273, 275
–, strategisches 66f., 220
–, taktisch-operatives 220
– und Rechnungswesen 215, 241, 243
–, vertikales 9, 116, 151
Marketing-Accountant 153, 243, 256
Marketing-Accounting 215, 241, 243, 245
Marketing Asset Accounting 246
Marketing-Aktivitäten 275
Marketing-Audit(s) 16, 96, 229, 337f., 342f., 346
Marketing-Aufgaben 157f.
Marketing-Ausschuß 199
Marketing-Berater 346
Marketing-Budgets, kurzfristige 99
Marketing-Controller 153, 215, 230ff., 255, 338
Marketing-Controlling 152, 215, 217, 220ff., 224ff., 230, 232ff.
Marketing-Führung 157, 161
Marketing-Führungskontext 158

Marketing-Informationssysteme 14f.
Marketing-Komitee 176
Marketing-Kommunikation 298
Marketing-Kontrolle(n) 337ff.
–, operative 342
–, strategische 342
Marketing-Konzeption 192, 201, 260f.
Marketing-Koordination 234
Marketing-Kosten, heimliche 252, 339
Marketing-Leiter 160, 176, 230
Marketing-Leitung 169f., 185, 231f.
Marketing-Logistik 318f.
Marketing-Management 217, 219
Marketing-Mix 28, 37, 219, 264, 267, 341
Marketing-Mix-Audit 229, 343ff.
Marketing-Mix-Konzeption(en) 69, 71, 75, 85
Marketing-Mix-Planung 10
–, kurzfristige 12
–, langfristige 11f.
Marketing-Mix-Strategien 86, 88, 93, 97
Marketing-Organisation 110, 139, 275
–, integrierte 345
Marketing-Organisationseinheiten 245, 250
Marketing-Plan (-Pläne) 123, 162
–, operative(r) 84, 96ff.
–, strategische(r) 84ff., 91, 97
Marketing-Planung 3, 5f., 17
–, operative 7f., 91ff., 224
–, strategische 7f., 15, 20f., 38, 44, 49, 84f., 224, 253
Marketing-Produkt-Pläne 177
Marketing-Projektmanager 131
Marketing-Prüfung 338
Marketing-Ziel(e) 7, 12, 85, 156f.
–, strategische 344
Marketing-Zielplanung 225
Markoffketten-Modelle 10
Marktanalyse 51
Marktanpassungsfähigkeit 144, 147
Marktanteil 30f., 34, 36, 39, 54f., 202, 266f.
–, relativer 30ff.
Marktanteil-Marktwachstum-Matrix 31f.
Marktanteil-Marktwachstum-Portfolio 33
Marktanteilsrechnungen 266
Marktattraktivität 32
Marktattraktivität-Wettbewerbsstärke-Portfolio 33
Marktattraktivität-Wettbewerbsvorteil-Portfolio 74
Marktbearbeitung 7, 11
Marktdaten-Kommunikation 64
Marktdatenbanken 52, 60, 74
Marktdurchdringung 24
Marktdynamik 168
Marktentwicklung 12, 24
Markterfassung, selektive 329
Marktfelder 7
Marktforschung 13f., 59f., 61, 66f., 70ff.
–, strategische 4, 15
Marktführerschaft 31

Marktinformation(en) 178, 195, 222
Marktinformationsdienste, standardisierte 60ff.
Marktinterdependenzen 146
Marktkomplexität 168
Markt-Management 110, 116f., 130, 176, 185
Marktmodelle, mehrdimensionale 76
Marktorientierung 156
Marktpenetration 12, 37, 39, 75, 202, 226
Marktposition, strategische 224
Marktprognosen 10
Marktsegmente 25, 27f., 73, 275
Marktsegmentierung 10f., 27
Marktstellung 29ff., 201
Marktteilnehmerstrategien 86f., 92f., 97
Markttests, kontrollierte 64
Marktvolumen 32
Marktwachstum 31
Marktwahlstrategien 86f., 91, 97
Massenmarktstrategie 11
Maßnahmen-Audit 344
Maßnahmenplan 98
Maßnahmenplanung 37, 226
Matrixorganisation 118f., 131f., 148, 171ff., 188f., 210, 223
Mediaselektionsmodelle 304
Mehrperiodenrechnung 251f.
Meldebestand 326
Meldeprogramme 270
Meldesystem 286
Meßinstrumente 61, 64
Meßtechniken 75
Mini-Testmärkte 64
Mittelaspekt 219
Motivation 202
Motivationswirkung 194f.
Mustererkennung 56

Nachfragergruppen 51, 68
Nachfragerverhalten 72
Nachfragesektoren 25ff.
Neuprodukt-Abteilung 118, 131, 145, 161
Neuproduktplanung 75, 159
Niedrigpreisstrategie 11
Nielsen-Indices 9, 34, 225f.
Normstrategien 16, 34, 92

Objective-and-task-method 306
Objektprinzip 167, 182f., 188, 195, 209
Opportunitätskosten 200, 249
Organisation der Überwachung 346
Organisation des Rechnungswesens 203
Organisation, duale 41, 43, 102
Organisations-Audit 153, 229, 343, 345
Organisationseinheit, distributive 193
–, integrative 193f.
Organisationsentwicklung 112
Organisationsformen, funktionsbezogene (funktionsorientierte) 114, 183
–, mehrdimensionale 132, 148

–, objektbezogene (objektorientierte) 114, 126f., 146, 161, 167, 191, 223
Organisationsforschung 76
Organisationsprüfung 224
Organisationsstruktur 111, 113, 120f., 161f., 167, 169, 184, 186, 231
–, absatzwirtschaftliche 125
–, mehrdimensionale 119
–, objektorientierte 17

Paneldaten 266
Panelerhebungen, scannergestützte 72
Panelforschung 60
Panelstudien 73, 76
Payoff-Periode 283f.
Payoff-Rechnung 251, 283
Penetration 34ff.
Persönlichkeitseigenschaften (Persönlichkeitsmerkmale) 160, 194
Pfadanalyse 65
PIMS-Analysen 54
PIMS-Datenbank 45
PIMS-Programm 30f., 52, 55, 74
PIMS-Statistiken 33
PIMS-Studien 40
Planabstimmung, organisatorische Probleme 101f.
Plan-Ist-Abweichungen 279
Planungsintensität 123, 127
Planungsklima 132
Planungsmentalität 113
Planungsorganisation 15f.
Planungsprozeß 15, 17
Planungsstab, strategischer 102
Planungsteams 160
Planungstechniken 13, 17, 109, 127, 130
Planungsverhalten 111, 113, 119, 121, 124f., 126, 128, 131, 146
Portfolio-Analyse 15, 22, 29, 31ff., 44, 55, 69, 71, 74, 92, 221, 225, 247
Positionierung 69, 71, 75f., 93
Positionierungsrechnungen 94
Positionierungsstrategie 12
Positionierungsstudie 9, 75
Positionsmacht 158f., 161
Präferenzbildung 11
Prämien 164, 209f.
Prämienzahlungen 174
Prämissen-Audit 344
Preis-Absatz-Funktion 289, 294f.
Preisentscheidungen, nicht revidierbare 290
Preisentscheidungen, revidierbare 290, 297
Preisentscheidungen, strategische 290
Preisforderung 292ff.
Preisgrenze 289, 295
Preiskalkulation(en) 249, 291, 294
Preispolitik 289
Preispositionierung 93
Preisuntergrenze(n) 290f., 296
Primärerhebungen 61f.

Primärforschung 60
Problemanalyse 38
Problemlösungen 51
Problemlösungsangebote 67, 70ff.
Problemlösungsaspekt 219
Problemlösungsbereiche 23, 25
Produkt, neues 280, 283
Produkt-Ausschuß 176
Produkt-Budget 100, 177
Produkt-Charts 286
Produktdeckungsbeitragsrechnungen 332
Produktdeskriptoren 329
Produkt-Einzelkosten 292
Produktelimination 270, 280f., 286
Produktentwicklung 12, 24
Produkt-Gemeinkosten 292
Produktinnovationen 179, 196f., 294
Produkt-Komitees 131
Produktkosten, direkte 333
Produkt-Lebenszyklus 37, 253, 272
Produkt-Leitstelle 171f.
Produktlinie 16
Produkt-Management 100f., 109, 114f., 124, 126f., 128, 145, 161f., 167ff., 176, 183, 206
Produkt-Manager 114f., 119, 127, 147, 167f., 170, 173ff., 178ff., 190, 195, 203, 206, 223, 230, 286
Produkt-Marketing-Plan 116
Produkt-Markt-Kombination(en) 7, 9, 16, 29, 42, 49, 68ff., 72, 74, 91f.
Produkt-Markt-Matrix 24
Produkt-Modifikation 280
Produkt-Neueinführung 34
Produktpolitik 280f., 283
Produktpositionierung 11f., 93
Produktqualität 31
Produktsparte(n) 172, 188, 191, 205
Produkt-Status-Analyse 177
Produktionsprogramm, kurzfristiges 286
Profit Center 110, 147, 182ff., 188, 190ff., 195ff., 201f., 206f., 209f., 250, 263, 274, 340
Profit-Center-Analyse 228
Profit-Center-Beurteilung 200
Profit-Center-Erfolgsanalyse 202, 210
Profit-Center-Ergebnisrechnung 208
Profit-Center-Koordination 200f.
Profit-Center-Leiter 190
Profit-Center-Leitung 206f., 209
Profit-Center-Organisation 182, 191f., 194, 196, 198, 204
Profit-Center-Steuerung 199
Prognose- und Entscheidungsmodelle 14
Programmanalysatoren 65
Programmentscheidungen, kurzfristige 285
Projekt-Management 162, 168
–, absatzwirtschaftliches 110, 118, 130, 145
Projektorganisation 161
Projektteams 160, 255
Provision(en) 311
Provisionsanreize 164

PROZEDERE 276, 280, 289, 298, 308, 318
Punktbewertungen 32

Querschnittskoordination 114, 116, 119, 144, 161, 167, 171f., 224

Ratingskalen 65
Reaktionsdringlichkeit 56f.
Reaktionsschätzung 12
Rechenschaftsdruck 146
Rechnungsinformationen 310
–, entscheidungsrelevante 277, 291, 311, 321
Rechnungstechniken der Verlustquellenanalyse 266
Rechnungswesen 14, 202, 215, 222, 227, 245f., 273ff., 289, 299f.
–, entscheidungsorientiertes 226
Regelkreis 218f., 316
Regelkreisschema 261
Regional-Management 167, 185
Regionalsparten 172
Regressionsanalyse (Regressionsrechnung) 40, 264, 267, 294, 302, 305, 313f.
–, multiple 30, 52
Relaunch 280
Relevanzkriterium 339
Rentabilitätskennzahlen 271
Rentabilitätsrechnungen (Renditerechnungen) 251, 271
Residualgewinn 209
Responsibility Accounting 207f., 210, 250
Responsibility Center 174, 182, 190, 204, 251, 341
Ressourcennutzung, wirtschaftliche 144, 197
Return on Investment 30, 54, 74, 121, 209, 271, 274
Rollenverteilung 160

Sales-Response-Funktionen 314
Scanner-Kassensysteme 78
Scanner-Technologie 60
Scanning 62ff., 75
Schlüsselfaktoren 30
–, strategische 52, 69, 74
Schnittstellen-Management 139, 241
Schnittstellenorganisation 152
Schnittstellenproblematik 242
Segment-Deckungsbeiträge 330
Segmentuntersuchungen, mehrdimensionale 333
Sekundärauswertungen 61
Sekundärforschung 60
Selbstkosten 291f., 295
Selektionsentscheidungen 9, 328, 331, 334, 340
Sicherheitsbestände 325
Signale, schwache 39ff., 56
Situationsanalyse 7, 85
Situativer Ansatz 111f., 119ff., 127
Skalierungsmethode 65
Sloganpenetration 300

Sortiment 285
Sortimentsbereinigung 286
Sortiments-Portfolio 9, 11f.
Sortimentsverbund 290, 294
Spartenorganisation 123, 126, 141, 145, 168, 178, 183
Stabsabteilung Marketing 142
Stabsprinzip 148
Stärken-Schwächen-Analysen 73
Stärken-Schwächen-Profile 225
Stärken-Schwächen-Vergleich 9, 68
STATIS-BUND 60
Statistik, absatzwirtschaftliche 289f., 294f., 300, 315, 323f., 338
Stellenbeschreibungen 173f., 230
Steuerungsaufgaben 319
Steuerungssystem 219, 224
Stoßrichtung, strategische 85
Strategien-Audit 229, 343f.
Strategie-Implementierung 85
Strategieplan, kundenbezogener 130
Strukturierungsaufgaben 319
Strukturorganisation 255
Stufenkonzept der strategischen Marketing-Planung 22
Stufenziele, langfristige 71, 75
Submission 295
Suchfeldanalyse 10f.
Suchfeldmatrizen 68
Such- und Strukturierungstechniken 14
Synergie 16
Systembedarf 161
Systemberatung 185, 198
Systems Selling 118

Task Forces 41f.
Team(s) 161, 176, 202, 232
Teamform der Organisation 42
Technologie(n) 25ff., 51, 68
Technologiemanagement 7
Teilkostenrechnung(en) 216, 277, 297
Tensororganisation 118f., 131, 149
top down 16f., 30, 67f.
Tourenplanung 326
Trainingsmaßnahmen 160
Trajektorienkonzept 35
Transaktionskostenansatz 151, 242

Überwachung des Marketing 337
Umfeldanalyse 68, 72
Umsatzrechnungen 266
Umweltbereiche, relevante 49
Umweltdynamik 126, 178, 196, 220
Umweltkomplexität 124
Unique Selling Proposition (USP) 38
Unternehmensführung, marktorientierte 191
Unternehmensgesamtplanung 224
Unternehmensplanung 5f.
–, strategische 21
Unternehmenspolitik, marktorientierte 261

Unternehmenssituation 111, 121
Unternehmenssteuerung, marktorientierte 217
Unternehmensstrategie 22
Ursachenanalyse 56

Validität 62f.
Variabilität der Marktbeziehungen 122
Veränderungsrechnung, Prinzip der (Grundsatz der) 216, 227, 249, 277, 282, 293, 301, 311, 322, 325
Verbraucherurteile 39
Verbundbeziehungen 247, 331
Verfahrens-Audit 229, 343f.
Verfahrensorganisation 254
Verfahrensprogramme 163
Verkauf und Marketing 141
Verkaufsbezirk 313
Verkaufsförderung 298, 300f.
Verkaufsgebietsleitung 203
Verlust 260
Verlustquelle 260, 262, 268, 272
Verlustquellenanalyse 260ff., 268, 270f.
Vermögens- und Kapitalrechnungen 245f., 274
Verrechnungspreise 198ff., 206
Vertriebskoordination 199
Vertriebskostenrechnung 311
Vertriebssysteme, vertragliche 11, 151
Vertriebswegsparten 188
Verursachungsprinzip 333
Vollkostenrechnung(en) 277, 285, 295

Warnsystem 286
Werbeakzeptanz-Forschung 65
Werbebudget(s) 304, 305
Werbebudgetierung 306
Werbeerfolg 264
Werbeerfolgskontrolle 303
Werbekosten 298
Werbe-Streukosten 304
Werbe- und Verkaufsförderungsprogramme 299
Werbewirkungsanalyse 299
Werbewirkungsforschung 64
Werbewirkungsfunktion 306
Werbewirkungskontrolle 341
Werbung 298, 300f.
Wettbewerbsanalyse 73
Wettbewerbsstärke, relative 32
Wettbewerbsstrategie 11
Wiederkaufrate 13, 34ff., 39, 75, 202, 226
Wirkungsprognosen 10, 12, 226

Zeitdimension 245, 252
Zeitreihenanalyse 272
Zentral-Controller 231
Zentral-Controlling 232f.
Zentralisierung (Zentralisation) 150
Zero-Base Budgeting 345
Ziel-Aufgaben-Methode 306f., 345
Zielausmaß 281
Zielbündel 35, 201, 252

Ziele, kommunikationspolitische 300
–, monetäre 157, 300
–, nichtmonetäre 34, 157, 201, 225, 300
–, preispolitische 290
–, strategische 86, 88, 92, 94
Zielgröße 310
Zielgruppenaspekt 219
Zielgruppenausrichtung 192, 196
Zielhierarchie 13
Zielinhalt(e) 245, 251, 281
Zielkonflikte 162
Zielkriterien 277, 281, 320

Zielmärkte 7
Zielplan, kurzfristiger 98
Ziel-Portfolio 33, 40
Ziel-Stufenplanung 34
Zielsystem 175
Ziel-Trajektorie(n) 13, 16, 37, 39, 69, 75, 85, 95
–, mehrdimensionale 33
Zielvorgaben 313
Ziel-Zwischenkontrollen 40
Zufriedenheit der Mitarbeiter 144, 147, 150
Zuschlagskalkulation 292
Zwischenkontrolle 69, 71, 76, 229

Angaben zum Autor

Prof. Dr. *Richard Köhler*, geb. am 30. 12. 1936 in Schweinfurt, gehört seit 1979 der Universität zu Köln an. Er ist Direktor des dortigen Seminars für Allgemeine Betriebswirtschaftslehre, Marktforschung und Marketing (Marketing-Seminar) sowie des Instituts für Markt- und Distributionsforschung.

Nach dem Abitur und einer anschließenden Ausbildung zum Bankkaufmann studierte er Betriebswirtschaftslehre in Würzburg und Mannheim. Er promovierte 1965 in Mannheim zum Dr. rer. pol., war wissenschaftlicher Assistent und übte während der Jahre 1963–1971 eine freie Mitarbeitertätigkeit in einer Wirtschaftsprüfungspraxis aus. 1973 erfolgte die Habilitation für das Fach Betriebswirtschaftslehre an der Universität Mannheim.

Von 1973–1979 war Köhler ord. Professor für Betriebswirtschaftspolitik und Marketing sowie Direktor des Instituts für Wirtschaftswissenschaften an der Rheinisch-Westfälischen Technischen Hochschule Aachen. Er hatte weitere Rufe an die Universitäten Bochum, Freiburg i. Br. und Innsbruck. 1989 war er Gastprofessor an der Keio-Universität Tokio. Von 1981–1984 gehörte er dem Vorstand des Verbandes der Hochschullehrer für Betriebswirtschaft e. V. an, in den letzten beiden Jahren als stellv. Vorstandsvorsitzender. Er ist u.a. Mitglied der Schmalenbach-Gesellschaft/Deutsche Gesellschaft für Betriebswirtschaft e.V. (deren Beirat er auch angehört), der Deutschen Werbewissenschaftlichen Gesellschaft, der American Marketing Association und der European Marketing Academy. 1977 gehörte er zu den Gründern des Marketing-Club Aachen e.V., dessen Ehrenmitglied er heute ist. 1983 wurde er zum ord. Akademiemitglied der Accademia Italiana di Economia Aziendale, Bologna, gewählt.

Hauptarbeitsgebiete: Strategisches Marketing, Marketing-Controlling, Marketing-Organisation, Marktforschung, empirische Entscheidungsforschung und Innovationsforschung.

Buchveröffentlichungen: Theoretische Systeme der Betriebswirtschaftslehre im Lichte der neueren Wissenschaftslogik (1966); Arbeitsbuch zu »Finanzierung« (zusammen mit W. Zöller, 1971); Das Informationsverhalten im Entscheidungsprozeß vor der Markteinführung eines neuen Artikels (1972); Entscheidungshilfen im Marketing (Hrsg., zusammen mit H.-J. Zimmermann, 1977); Empirische und handlungstheoretische Forschungskonzeptionen in der Betriebswirtschaftslehre (Hrsg., 1977); Finanzen und Finanzierung der Unternehmung (3. Aufl., zusammen mit C. Sandig, 1979); Beiträge zur internationalen technisch-wirtschaftlichen Zusammenarbeit (Hrsg., zusammen mit H.A. Havemann, 1980); Aktuelle ökonomische und technische Fragen für den Diplomwirtschaftsingenieur (Hrsg., zusammen mit H. Vormbaum, 1980); Unternehmungsverfassung (Hrsg., zusammen mit K. Chmielewicz et al., 1981); Die Führung des Betriebes (Hrsg., zusammen mit M.N. Geist, 1981); deutsche Übersetzung von P.E. Green / D.S. Tull: Research for Marketing Decisions, fourth edition (Methoden und Techniken der Marketingforschung, 1982); Marktsegmentierung in der Industrieelektronik (zusammen mit H. Uebele, 1983).

Rd. 90 *Arbeitsberichte* und *Aufsätze* in Fachzeitschriften, Handwörterbüchern und sonstigen Sammelwerken.

Köhler ist *Mitherausgeber* der Zeitschrift Die Betriebswirtschaft (DBW), des Handbook of German Business Management (GBM), der 5. Aufl. des Handwörterbuchs der Betriebswirtschaft (HWB) und der Kohlhammer Edition Marketing.

Das Forum der deutsch-sprachigen Betriebswirtschaftslehre

Die Herausgeber der DBW
Prof. Dr. Klaus **Chmielewicz**, Seminar für Theoretische Wirtschaftslehre, Ruhr-Universität Bochum
Prof. Dr. Adolf G. **Coenenberg**, (Geschäftsführender Herausgeber) Lehrstuhl für Betriebswirtschaftslehre, Universität Augsburg
Prof. Dr. Alfred **Kieser**, Lehrstuhl für Allgemeine Betriebswirtschaftslehre und Organisation, Universität Mannheim
Prof. Dr. Richard **Köhler**, Seminar für Allgemeine Betriebswirtschaftslehre, Marktforschung und Marketing, Universität zu Köln
Prof. Dr. Heribert **Meffert**, Institut für Marketing, Westfälische Wilhelms-Universität Münster
Prof. Dr. Gerhard **Reber**, MBA, Institut für Betriebswirtschaftliche Organisationsforschung, Johannes Kepler, Universität Linz
Prof. Dr. Norbert **Szyperski**, Seminar für Allgemeine Betriebswirtschaftslehre und Betriebswirtschaftliche Planung, Universität zu Köln

DBW-Schwerpunkte
Klaus Chmielewicz/Adolf Gerhard Coenenberg/Richard Köhler/Heribert Meffert/Gerhard Reber/Norbert Szyperski (Hrsg.)
Unternehmensverfassung
1981. XIV, 320 Seiten. Kart. DM 44,–
Vorzugspreis für Abonnenten der Fachzeitschrift „Die Betriebswirtschaft (DBW)": DM 34,–
ISBN 3-7910-0305-4

Ständige Rubriken der DBW
- **Fachaufsätze und Übersichtsartikel** über Grundprobleme und aktuelle Diskussionen in Theorie und Praxis. einschließlich gesetzgeberischer Reformwerke.
- **Rezensionen** Vergleichende Besprechung mehrerer Werke als Sammelrezension oder zusammenfassende Darstellung des literarischen Diskussionsstandes eines Sachgebietes.
- **DBW-Depot** zur Bekanntmachung von unveröffentlichten Forschungsergebnissen (graue Literatur).
- **DBW-Stichwort** Kurzdarstellung aktueller, betriebswirtschaftlich relevanter Begriffe.
- **DBW-Dialog** Leserbriefe zu betriebswirtschaftlichen Problemen und Repliken zu DBW-Beiträgen.
- **Informationen aus Wissenschaft und Praxis (IWP)** Kurzberichte über betriebswirtschaftlich relevante Fachtagungen. Kongresse, Kommissionen, Studienreformaktivitäten, Förderpreise u.s.w.

Die DBW ist eine der ältesten betriebswirtschaftlichen Zeitschriften

Bezugsbedingungen
Der Jahrgang umfaßt 6 Hefte, mit jeweils ca. 112 Seiten, die in 2-monatigem Abstand erscheinen. Bezugspreise: Einzelheft DM 27,– (Jahrgänge 1977 bis 1984: DM 35,–); Jahresabonnement DM 126,–, für Studenten und Assistenten DM 96,– (gegen Studienbescheinigung); jeweils zuzüglich Porto. Abbestellungen für den folgenden Jahrgang bis spätestens 30. September. Bitte weiteres Informationsmaterial und kostenloses Probeheft anfordern.

Sonderheft
Kommission Rechnungswesen im Verband der Hochschullehrer für Betriebswirtschaft e.V.
Reformvorschläge zur handelsrechtlichen Rechnungslegung und 4. EG-Richtlinie mit den Gesetzestexten. Herausgegeben von K. Chmielewicz, W. Busse von Colbe, E. Castan, A. G. Coenenberg, K. D. Haase, G. Laßmann, Th. Schildbach, D. Schneider M. Wohlgemuth, K. v. Wysocki.
39. Jahrgang, Heft 1a/März 1979, DBW-Sondernummer. 70 Seiten. Kart. DM 18,–
Für Abonnenten der DBW ist dieses Heft im Abonnementspreis für 1979 enthalten.

C. E. Poeschel Verlag
Kernerstraße 43
Postfach 10 32 41
D-7000 Stuttgart 10
Telefon (07 11) 2 29 02-0
Telefax (07 11) 2 29 02 90

VERLAG C. E. POESCHEL